Daniela Mohr
Existenz im Herzen der Kirche

Studien zur systematischen und spirituellen Theologie

28

Herausgegeben von
Gisbert Greshake, Medard Kehl
und Werner Löser

Daniela Mohr

Existenz im Herzen der Kirche

Zur Theologie der Säkularinstitute in Leben und Werk Hans Urs von Balthasars

echter

Die Deutsche Bibliothek – CIP-Einheitsaufnahme

Mohr, Daniela:
Existenz im Herzen der Kirche : zur Theologie der Säkularinstitute in Leben und Werk Hans Urs von Balthasars / Daniela Mohr. – Würzburg : Echter, 2000
(Studien zur systematischen und spirituellen Theologie ; Bd. 28)
Zugl.: Frankfurt (Main), Philos.-Theol. Hochsch. St. Georgen, Diss., 1999
ISBN 3-429-02223-1

Gesamtherstellung: Druckerei Lokay e. K., Reinheim
ISBN 3-429-02223-1

Vorwort

Die vorliegende Dissertation wurde im April 1999 an der Philosophisch-Theologischen Hochschule St. Georgen/Frankfurt am Main zur Erlangung des Doktors der Theologie angenommen. Sie trägt den Titel: »Existenz im Herzen der Kirche. Zur Theologie der Säkularinstitute in Leben und Werk Hans Urs von Balthasars«. Allen, die an der Entstehung dieser Arbeit in irgendeiner Weise beteiligt waren, möchte ich ausdrücklich danken. Für die Hilfe bei der Themenfindung und jahrelange freundliche Unterstützung, besonders was die Druckkosten betrifft, danke ich vor allem meinem Arbeitgeber und Diözesanbischof Dr. Dr. Karl Lehmann. Dem Moderator meiner Arbeit Prof. Dr. Medard Kehl SJ danke ich für seine freundschaftliche, kritische und konstruktive Begleitung, mit der er seinen Doktoranden zur Verfügung steht. Daneben sollen wegen ihrer sachkundigen Beratung in der Frage der Säkularinstitute Frau Dr. Gertrud Pollak und bezüglich der Theologie Hans Urs von Balthasars Herr Prof. Dr. Werner Löser SJ ausdrücklich erwähnt sein. Nicht zuletzt verdienen die Mitglieder der *Johannesgemeinschaft*, unter ihnen vor allem Frau Cornelia Capol, für die Bereitschaft, mir in das Leben und den Geist ihrer Gemeinschaft Einblick zu gewähren und meine Arbeit mit Wohlwollen und tatkräftiger Hilfe zu begleiten, meinen herzlichen Dank. Auch alle, die mir seit über zehn Jahren in der Schönstatt-Bewegung geistliche Heimat schenken und in mir das Interesse für die Sendung der Laien in Kirche und Welt geweckt haben, möchte ich dankbar nennen; unter ihnen vor allem die Mitglieder des Institutes *Frauen von Schönstatt*, denen ich dieses Buch widme. Schließlich möchte ich den vielen danken, die in den vergangenen Jahren in Freundeskreis und Familie die »Geburtswehen« meines Doktorates mit mir ertragen haben, besonders diejenigen, die mit gesundem Menschenverstand, Korrekturarbeiten und Computerkenntnissen zur Seite gestanden haben. Wenn Nicht-Fachtheologen einen Gewinn aus meiner Arbeit davontragen könnten, wäre mir das die größte Freude.

Mainz, den 18. November 1999 *Daniela Mohr*

Inhaltsverzeichnis

Einleitung 1
I. Auf der Suche nach einer Theologie der Säkularinstitute . 1
II. Hans Urs von Balthasar - Theologe der Säkularinstitute? . 3
III. Die Gliederung der Untersuchung. Lesemöglichkeiten . . 6
IV. Perspektivität der Arbeit 8

ERSTER TEIL

Historischer Gang

Methodische Vorbemerkungen 10

Erstes Kapitel: Biographische Weichenstellungen 16

I. Neigung zum künstlerisch-literarischen Beruf 16
1. Familiäre Herkunft und musikalische Veranlagung . . . 17
2. Prägung durch die Germanistik und die ersten Studienjahre 20
II. Ignatianische Exerzitien 23
III. Die Jahre im Jesuitenorden 27
1. Ausbildung im Jesuitenorden 28
a) Die philosophischen Studienjahre 28
b) Die theologischen Studienjahre 30
2. Tätigkeit als Studentenseelsorger in Basel 36
a) Studentische Schulungsgemeinschaft 37
b) Akademische Arbeitsgemeinschaft 40

IV. Vom Jesuitenorden zur Johannesgemeinschaft 40
1. Begegnung mit Adrienne von Speyr 43
a) Das Leben Adriennes von Speyr bis zur Begegnung mit Hans Urs von Balthasar 43
b) Grundlinien des geistlichen Weges bis zur Konversion 47
2. Konversion Adriennes von Speyr und dauerhafte Begleitung durch Hans Urs von Balthasar 52
3. Gemeinsames theologisches Schaffen 55
4. Gründung einer Gemeinschaft 60
a) Historischer Verlauf der Gründung 61
b) Prägung der Gemeinschaft durch Adrienne von Speyr 68
5. Die Beziehung zwischen H.U.v. Balthasar und A.v. Speyr als Charisma im Dienst der neuen Laiengemeinschaften 81
V. Trennung vom Jesuitenorden 84
1. Der äußere Verlauf der Trennung vom Orden 85
2. Der innere Impuls zur Trennung vom Orden: Treue zu Ignatius und zur Sendung 90
3. Stimmen zu Hans Urs von Balthasars Entscheidung .. 94
4. Späte Rehabilitierungsversuche 99
5. Die Jahre nach der Trennung vom Jesuitenorden 101

Zweites Kapitel: Bezüge zu den Säkularinstituten im theologischen Werk 104

I. Autorentätigkeit 109
1. Explizite und hauptsächliche Bezugnahme auf die Säkularinstitute 110
2. Widmung an die Säkularinstitute 132
3. Die Frage nach dem christlichen »Stand«, insbesondere nach dem Ort der Laien und des Rätelebens 135
a) Allgemeine »Ständetheologie« 135
b) Theologie der christlichen Laien 136
c) Rätetheologie und Ordenstheologie 140
d) Gesellschaftliche und kirchliche Zeitanalyse im Horizont der Weltsendung der Christen 149
e) Christologische Grundlegung des Rätelebens 152

II. Übersetzung und Herausgabe zeitgenössischer Schriftsteller 153
III. Herausgabe der Reihe »Der neue Weg« 156

Erste Zusammenfassung: Balthasars Beitrag zur Gestaltfindung und öffentlichen Anerkennung der Säkularinstitute 159

ZWEITER TEIL

Systematischer Gang

Methodische Vorbemerkungen 165

A. EKKLESIOLOGISCHE BESTIMMUNG DER LEBENSFORM

Hinführung 167

Erstes Kapitel: Problemstellung angesichts einer neuen Form des Rätelebens 172

I. »Ordensleute als Laien« oder »Laien im Rätestand«? 172
II. Zeitanalyse und Zeiterfordernis 174
1. Säkularismus - Säkularität 177
2. Massenmensch - Persönlichkeit 180
3. Nivellierung - Ständebewußtsein 184
4. Pluralismus - Katholizität 189

Zweites Kapitel: Das Volk Gottes in der gegenseitigen Bezogenheit von Laien und Amt 192

I. Wer ist ein Laie? 193

II. Kritische Würdigung der Katholischen Aktion als Exempel des Verhältnisses zwischen Laien und Amt 195

III. Kritische Würdigung neuer Laien-Bewegungen 200

Exkurs: Priester im Säkularinstitut? 202

IV. Rückbindung an die Berufung aller im Volk Gottes: Maria und Johannes - Typoi der Gesamtkirche 206

Drittes Kapitel: Das Volk Gottes in der gegenseitigen Bezogenheit von Ehe- und Rätestand 209

I. Der Laie im Rätestand und der Laie im Ehestand - Exklusivität und Verwiesenheit 210

1. Ehe- und Rätestand zwischen Paradies und Vollendung 210

2. Allgemeine und besondere Berufung im NT 214

3. Kreuzesnachfolge im Weltstand und im Rätestand 217

4. Teilhabe aller an der Wirklichkeit Braut-Kirche 219

5. Rätestand im Dienst am Weltstand 222

II. Die Brückenfunktion der Säkularinstitute 225

III. Die Säkularinstitute in ihrem Gegenüber zum Ordensleben 230

1. Verhältnisbestimmung zwischen Orden und Säkularinstituten 231

a) Stehen im profanen Beruf als erstes Charakteristikum der Säkularinstitute 231

b) Negativ-Abgrenzung von den Orden 234

c) Nicht Auswurzelung aus der Welt, sondern Einwurzelung 236

d) Unterscheidung zwischen Orden und Säkularinstituten unter geschichtstheologischer Perspektive 239

2. Balthasars Stellungnahme zur kirchenrechtlichen Einordnung der Säkularinstitute in den offiziellen Dokumenten 240

3. Die Auseinandersetzung mit Karl Rahner um den ekklesiologischen Ort der Lebensform 244

a) Sind die Mitglieder der Säkularinstitute Laien? 245

b) Differenzen im Nachfolge-Begriff 250
IV. Rückbindung an die gemeinsame Berufung aller Laien: Salz, Licht und Sauerteig 255

Zweite Zusammenfassung: Die ekklesiale Brückenfunktion der Laien im Säkularinstitut 258

B. TRINITARISCH-THEOLOGISCHE BESTIMMUNG DER LEBENSFORM

Hinführung 265

Erstes Kapitel: Aus der Schöpfung des Vaters - Die Säkularinstitute im Spannungsfeld von Gott und Welt . . . 269

I. Schöpfung trinitarisch im Horizont der "Analogia entis" . . 272
1. Trinität als Urdifferenz 274
2. Schöpfung - "Analogia trinitatis" 277
a) Die Positivität des Endlichen 280
b) Die Positivität des Einzelnen 282
3. Welt als Schöpfung des Vaters im Sohn 284
II. Natur und Gnade 287
1. Wissen und Glaube: natürliche und übernatürliche Wahrheit 291
2. Kunst und Offenbarung: natürliche Ästhetik und göttliche Herrlichkeit 295
3. Gottes- und Nächstenliebe: Christus und der Bruder/die Schwester 299
a) Christliche Ehe als Anwendungsfall des Ineinanders von Gottes- und Nächstenliebe 303
b) Räteleben als Anwendungsfall des Verhältnisses von Gottes- und Nächstenliebe 306
III. Schöpfung und Erlösung, Geschichte und Eschaton 309
1. Evolution und Finalität der Schöpfung auf Christus hin - Dialog mit den Naturwissenschaften 312

2. Atheistischer Humanismus und christliche Weltgestaltung - Dialog mit dem Kommunismus 318
IV. Welt und Kirche 320
Exkurs: Integration oder Integralismus? 324

Dritte Zusammenfassung: Die Verhältnisbestimmung von Gott und Welt als Ansatzpunkt für eine genuine Laienspiritualität . . . 330

Zweites Kapitel: In der Form des Sohnes - Die spezifische Christusnachfolge der Säkularinstitute 335

I. Ausgespannt zwischen den christologischen Grundgeheimnissen 337
1. Inkarnation 341
2. Paschamysterium - Theologie der drei Tage 346
a) Karfreitag - Heilender Keim einer neuen Welt 349
b) Karsamstag - Zeugnis der Freude in der Solidarität des Dunkels 354
Nachfolge in den Karsamstag konkret: Therese von Lisieux 357
Nachfolge in den Karsamstag konkret: Adrienne von Speyr 360
Nachfolge in den Karsamstag konkret: die Säkularinstitute 363
c) Auferstehung - Österliche Siegesgewißheit für diese Welt 367
II. Geprägt von den christologischen Grundgeheimnissen in der Sendung des Vaters 369
1. Weihe für die Welt und Weltverzicht 370
2. Weltgestaltung und Ohnmacht 373
3. Aktion und Kontemplation 377
4. Ausgesetzt und geborgen 384

Vierte Zusammenfassung: In Jesus Christus Existenz im Herzen der Kirche 389

Drittes Kapitel: Unter der Regel des Geistes - Räteleben mit welthaften Vorzeichen 392

I. Die Einheit von Geist und Regel 393

1. Geist und Regel trinitarisch 394

2. Geist und Regel ekklesiologisch 396

3. Geist und Regel der Johannesgemeinschaft 399

II. Grundzüge der Balthasarschen Rätetheologie 401

1. Räteleben als Christus- und Marienförmigkeit 402

2. Die Dreizahl der evangelischen Räte als Ausdruck der menschlichen Ganzheit 405

3. Die evangelischen Räte als Ausdruck der christlichen Martyria 407

III. Grundzüge einer welthaften Rätetheologie im Sinne Hans Urs von Balthasars 409

1. Grundlagen einer welthaften Theologie der Armut im Sinne Balthasars 411

a) Spezifizierung im Hinblick auf die Säkularinstitute . 415

2. Grundlagen einer welthaften Theologie des Gehorsams im Sinne Balthasars 419

a) Spezifizierung im Hinblick auf die Säkularinstitute . 423

3. Grundlagen einer welthaften Theologie der Jungfräulichkeit im Sinne Balthasars 429

a) Spezifizierung im Hinblick auf die Säkularinstitute . 434

IV. Die rechtliche Bindung in den Säkularinstituten 437

Fünfte Zusammenfassung: Auf dem Weg zu einer *welthaften* Gestalt des Rätelebens 443

Zum Schluß 448

I. Hans Urs von Balthasar - Theologe eines Säkularinstitutes 449

II. Die Theologie des Karsamstags - Schlüssel zur Gemeinsamkeit aller Säkularinstitute 450

III. Berufung zum »Milieu-Grenzgänger« - Unterscheidungsmerkmal zum Ordensleben hin 452

IV. Geweihte Welthaftigkeit -
in Verbundenheit mit der gesamten Laienwelt 453
V. Eine Frage am Ende:
Haben die Säkularinstitute ausgedient? 454

Literaturverzeichnis 456

Einleitung

I. Auf der Suche nach einer Theologie der Säkularinstitute

Mit der Bischofssynode des Jahres 1994 über »Das gottgeweihte Leben in Kirche und Welt« wurden all jene Christen neu in den Blickpunkt des öffentlichen Interesses gerückt, die im Rahmen einer kirchlich anerkannten Form nach den sogenannten evangelischen Räten in Armut, Gehorsam und Ehelosigkeit leben[1]. Unter ihnen nehmen die *Säkularinstitute* oder auch *Weltgemeinschaften*, wie sie im deutschen Sprachraum zuweilen genannt werden, eine Sonderstellung ein: Als jüngste Rechtsform unter den Formen des gottgeweihten Lebens stellen sie eine direkte Antwort auf die zunehmende Trennung zwischen Kirche und Welt, zwischen Glauben und Leben dar, von der das 20. Jahrhundert in bis dahin ungekanntem Ausmaß geprägt ist. Das zentrale Anliegen der Säkularinstitute, als Rätechristen »mitten drin« in Beruf und Familie, Gesellschaft, Politik, Kultur und Wissenschaft einen Beitrag zu leisten zur Glaubensnot unserer Zeit, ließ die Gründerinnen und Gründer dieser Gemeinschaften auf die Suche gehen nach einer neuen und anderen Gestalt der evangelischen Räte.
Obgleich die Säkularinstitute 1997 mit dem 50. Jahrestag ihrer kirchlichen Anerkennung durch die Apostolische Konstitution *Provida*

[1] Vgl. die vor- und nachsynodalen Schreiben: Das gottgeweihte Leben und seine Sendung in Kirche und Welt. Lineamenta zur Bischofssynode. 9. November 1992, hrsg. vom Sekretariat der Deutschen Bischofskonferenz, Bonn o.J. (= *Lineamenta*); Synode der Bischöfe. IX. Ordentliche Vollversammlung. Das gottgeweihte Leben und seine Sendung in Kirche und Welt. Instrumentum Laboris, hrsg. vom Generalsekretariat der Bischofssynode, Vatikanstadt 1994 (= *Instrumentum Laboris*); Papst Johannes Paul II., Nachsynodales Apostolisches Schreiben VITA CONSECRATA. 25. März 1996, hrsg. vom Sekretariat der Deutschen Bischofskonferenz, Bonn o.J. (= *Vita Consecrata*).

Mater[2] durchaus schon eine Zeit der Bewährung und Konsolidierung hinter sich haben, können im Bereich der theologischen Reflexion über die Lebensform gewisse Defizite nicht übersehen werden. Während die kirchenrechtliche Einordnung der Säkularinstitute als weitgehend abgeschlossen und vielfältig reflektiert gelten darf[3], stehen unter dem Blickwinkel der systematischen Theologie nach wie vor viele Fragen offen. Für den deutschen Sprachraum kann nur ein einschlägiger Beitrag namhaft gemacht werden: die historisch-systematische Studie von Gertrud Pollak »Der Aufbruch der Säkularinstitute und ihr theologischer Ort«[4]. Gertrud Pollak - als Teilnehmerin mit dem Status einer Expertin an der oben genannten Synode mit der neueren Entwicklung der Säkularinstitute bestens vertraut - hat in den vergangenen nachsynodalen Jahren mehrfach auf die ausstehende theologische Vertiefung der Frage der Säkularinstitute hingewiesen. So stellte sie etwa anläßlich des Jubiläums von *Provida Mater* 1997 stellvertretend für die Säkularinstitute manche unbequeme Frage der Selbstreflexion: »Mich beschäftigt und beunruhigt die Entwicklung der letzten Jahre. Viele Dokumente und kirchliche Aussagen zu unserer Lebensform zitieren einfach Früheres und wiederholen, was schon oft zu Papier gebracht ist. Sind wir bereits so archivierungswürdig? Was erwarten wir selber nach unserem 50. Geburtstag?«[5]
Wer die vor- und nachsynodalen offiziellen Schreiben näher besieht, könnte in der Tat den Eindruck gewinnen, inhaltlich gäbe es nichts Neues und Erhellendes zu den Säkularinstituten mehr zu sagen. Vielmehr scheint die neue Lebensform im kirchlichen Bewußtsein den übrigen, älteren Formen des gemeinschaftlichen Rätelebens fraglos sub-

---

[2] Pius XII., APOSTOLISCHE KONSTITUTION »Provida Mater« über die kanonischen Stände und Weltgemeinschaften zur Erlangung der christlichen Vollkommenheit. 2. Februar 1947, deutsche Übersetzung in: Die kirchlichen Urkunden für die Weltgemeinschaften. Gesammelt von Jean Beyer S.J./Mit einem Vorwort von Hans Urs von Balthasar, Einsiedeln 1963 (= *Die kirchlichen Urkunden*), 12-41.

[3] Vgl. G. Pollak, Zum Weltbezug des gottgeweihten Lebens, in: Ordenskorrespondenz 36 (1995) 400-411, hier 402.

[4] Vallendar-Schönstatt 1986 (= *Der Aufbruch der Säkularinstitute*). Die Arbeit wurde 1986 als Dissertation von der Theologischen Fakultät der Albert-Ludwigs-Universität Freiburg im Breisgau angenommen und von Prof.Dr.Dr. Karl Lehmann begleitet.

[5] G. Pollak, Ein Fest der Berufung. 50 Jahre »Provida Mater«, 21, in: Regnum 32 (1998) 14-26.

summiert worden zu sein, weshalb ihr Spezifikum in den synodalen Texten mit wenigen Zeilen umrissen werden kann, die zudem meist Altbekanntes wiederholen, ohne eine wirkliche Vertiefung anzudeuten[6]. Von hier aus stellt sich die Frage: Sind die Säkularinstitute in dem ihrer spezifischen Form zugrunde liegenden theologischen Fundament wirklich den übrigen, älteren Formen des Rätelebens einzureihen? Oder verbindet sich mit dieser neuen Form auch eine neue inhaltliche Bestimmung der evangelischen Räte, so daß von einer den Säkularinstituten eigenen Theologie gesprochen werden muß, die weit mehr als einen Übertrag von Ordenstheologie in die profanen Lebensverhältnisse hinein darstellt? Die mit der zweiten Frage provozierte Behauptung, es könne mit Recht von einer eigen geprägten *Theologie der Säkularinstitute* gesprochen werden, bildet die Ausgangsposition und das leitende Interesse der vorliegenden Arbeit.

II. Hans Urs von Balthasar - Theologe der Säkularinstitute?

Auf der Suche nach einer systematischen Vertiefung der *Theologie der Säkularinstitute* begegnet dem Interessierten im deutschen Sprachraum unübersehbar der Basler Schriftsteller und Theologe Hans Urs von Balthasar mit seinem Leben und seinem Werk. Als Mitbegründer des Säkularinstitutes *Johannesgemeinschaft* zeichnete Balthasar sich durch ein starkes persönliches Interesse in der Sache aus, was auf die Dauer unübersehbare Spuren im gesamten Werk des Autors hinterlassen hat. Balthasar wollte zur theologischen Erhellung der neuen Lebensform beitragen. So erwähnte er im Blick auf die Apostolische Konstitution *Provida Mater* schon 1956 die fehlende theologische Reflexion über die Säkularinstitute und ihre geringe öffentliche Kenntnisnahme, wenn er schrieb:

---

[6] Vgl. Lineamenta, 31f; Instrumentum Laboris, 44f; Vita Consecrata, 15f.

> »die darin [in Provida Mater] und in den zugehörigen kirchlichen Veröffentlichungen mit der größten Klarheit ausgedrückte Theologie und daraus sich ergebende Praxis ist so kühn, daß sie selbst von den besten Kirchentheologen unserer Zeit noch nicht eingeholt, geschweige denn ausgeschöpft worden ist. Viel weniger noch hat das weitere Kirchenvolk, Religiosen, Priester, Laien, bisher von der Tragweite des Ereignisses Kenntnis genommen.«[7]

An dieser nüchternen Bestandsaufnahme dürfte sich gemäß dem oben Gesagten bis 1997, dem Jubiläumsjahr von *Provida Mater*, was die systematische Theologie betrifft, wenig geändert haben. *Ein* Beitrag zur ausstehenden theologischen Erschließung mag die Beschäftigung mit Leben und Werk Hans Urs von Balthasars selbst sein.

Balthasar hat sich immer dagegen gewehrt, sein Werk nachträglich systematisieren zu lassen[8]. Er wählt bewußt den unsystematischen Weg: »das Ganze im Fragment«, als die angemessene Weise, von Gott zu sprechen, weshalb er im Hinblick auf Dissertationen über seine Theologie das Urteil fällt: »Meine Bücher sind keine zünftige Theologie, darum für Dissertationen auch nicht sonderlich geeignet.«[9]. Auf diesem Hintergrund kann es nicht darum gehen, in der vorliegenden Arbeit den einheitlichen, geschlossenen Entwurf einer *Theologie der Säkularinstitute* aus dem Werk Hans Urs von Balthasars »herauszufiltern«. Einen solchen wollte er selbst nicht schaffen. Sehr wohl aber ist es im Sinne Balthasars, die in seinem Werk vorhandenen Aspekte einer solchen Theologie zu benennen und auf jene Ganzheit hin zu ordnen, die in den Säkularinstituten begegnet. Das Ergebnis einer solchen Arbeit wird kein System sein, sondern »Gestalt«, die sich im Hinschauen auf Leben und Werk Hans Urs von Balthasars und im Nachspüren

---

[7] Wesen und Tragweite der Säkularinstitute, 197. Das Werk Hans Urs von Balthasars wird im Gesamt der Arbeit in der Regel nur mit Titel und Seitenzahl zitiert, es sei denn, weitere bibliographische Angaben sind für den Sinnzusammenhang von Bedeutung (genaue bibliographische Angaben vgl. Literaturverzeichnis).

[8] Vgl. zu diesem Spezifikum Balthasarschen Denkens M. Lochbrunner, Analogia Caritatis. Darstellung und Deutung der Theologie Hans Urs von Balthasars, Freiburg 1981 (= *Analogia Caritatis*), 53-76: »Denk- und Sprachgestalt, Theologieverständnis«.

[9] Geist und Feuer, 73.

der spezifischen Nachfolgeform der Säkularinstitute erschließt.
Die zu überprüfende Ausgangs-These behauptet, daß wir in Hans Urs von Balthasar einen »Theologen der Säkularinstitute«[10] vor uns haben: dies natürlich nicht in dem Sinne, daß in ihm der einzige Theologe zu finden wäre, der sich ausführlich mit der Frage der Säkularinstitute beschäftigt hätte; zahlreiche andere Gründergestalten von Säkularinstituten haben ebenfalls eine *geistlich und so auch implizit theologische* Fundierung ihrer Gründungen geleistet. Daß Balthasar als Mitbegründer eines Säkularinstitutes zugleich *theologischer Schriftsteller* war und seine Gründung als *Theologe* fundieren wollte, zeichnet ihn allerdings gegenüber anderen Gründern und Gründerinnen aus. Es wird zu zeigen sein, daß er sein gesamtes Schaffen im Dienst an der entstehenden kirchlichen Lebensform der Säkularinstitute verstanden hat. Diese gewagte Behauptung stützt sich auf Balthasars wiederholte Selbstaussage und erstaunt trotzdem. Unter den vielen inzwischen erschienenen und in Arbeit befindlichen wissenschaftlichen Arbeiten sowie Biographien über Hans Urs von Balthasar widmet sich keine der vorliegenden Thematik direkt und ausschließlich. Selten werden ausführlichere Hinweise auf die Affinität zwischen Leben und Werk Hans Urs von Balthasar und einer Theologie und Praxis der Säkularinstitute benannt[11]. Dem gegenüber steht sein eigenes, seit 1955 vielfach bezeugtes Selbstverständnis, mit dem er sich in den ausdrücklichen Dienst an

---

[10] Vgl. diesen Topos bei G. Pollak, Der Aufbruch der Säkularinstitute, 204-213. Hier ist die Frage nach Balthasar als einem »Theologen der Säkularinstitute« lediglich in einem Exkurs angerissen, wohl wissend, daß eine »eigene Arbeit dazu [...] aber Strukturlinien skizzieren, formale Aspekte sowie Inhalte erheben« könnte (ebd. 213). Die von G. Pollak vorgeschlagenen drei Zugänge: »als Christen vor der Welt, und durch Christus in die Welt«, »Glaubhaft ist nur Liebe« und »In Gottes Einsatz leben« (ebd.) sind - wenn auch nicht explizit - in die ekklesiologischen, schöpfungstheologischen sowie christologisch-trinitarischen Durchsichten dieser Arbeit eingeflossen.

[11] Vgl. z.B. E. Guerriero, Hans Urs von Balthasar. Eine Monographie, Freiburg 1993 (= *Monographie*), 156-162; T. R. Krenski, Hans Urs von Balthasar. Das Gottesdrama, Mainz 1995 (= *Das Gottesdrama*), 95-100; P. Henrici, Der Weltauftrag des Christen, in: Hans Urs von Balthasar-Stiftung (Hrsg.), Vermittlung als Auftrag. Vorträge am Symposion zum 90. Geburtstag von Hans Urs von Balthasar 27. - 29. September 1995 in Fribourg (Schweiz), Einsiedeln/Freiburg 1995. Vgl. auch die zahlreichen Hinweise bei M. Scheuer, Die Evangelischen Räte. Strukturprinzip systematischer Theologie bei H. U. v. Balthasar, K. Rahner, J. B. Metz und in der Theologie der Befreiung, Würzburg 1990, 23-153; Scheuer legt eine »Theologie der Räte« im Sinne einer strukturbildenden Metaebene des gesamten Werkes Hans Urs von Balthasars vor, aber keine Theologie der Säkularinstitute (vgl. ebd. 27).

der neuen Lebensform gerufen wußte und sein ganzes Lebenswerk dieser Sendung zugeordnet wissen wollte[12].

Balthasars Rätetheologie weist jene breiteste Fundierung im Gesamt von Ekklesiologie, Schöpfungstheologie, Trinitätstheologie, Christologie, Pneumatologie, Soteriologie, Protologie und Eschatologie auf (um nur die zentralsten Bezüge zu nennen), die einem Novum wie den Säkularinstituten überhaupt erst »theologischen Raum« eröffnet. Dieser Raum mußte in der Theologie unseres Jahrhunderts in der Tat erkämpft und erlitten werden, nachdem die neuzeitliche Verdrängung der Rätetheologie aus dem Gesamt der Dogmatik in den Bereich der Moral sowie die Trennung von christlicher Theorie und Praxis den Ort des Rätelebens im Gefüge der Kirche verdunkelt und eine gesellschaftlich bedeutsame Stellung der Rätechristen verunmöglicht hatte[13]. Die Frage, ob Balthasar mit seiner Theologie schon eine *Theologie der Säkularinstitute* grundgelegt hat oder nicht eher »nur« eine erneuerte Theologie des Rätelebens vorlegt, soll vorab dahingehend beantwortet werden, daß sich für ihn aus der Perspektive der Säkularinstitute eine neue Rätetheologie erschloß, die nicht minder den alten Orden wie den jungen Gemeinschaften einen neuen Standort im Spannungsgefüge von Kirche und Welt ermöglichen wollte.

III. Die Gliederung der Untersuchung. Lesemöglichkeiten

Hans Urs von Balthasar hat sowohl in seiner Theologie ein »Programm« für diese Lebensform gezeichnet, als auch in einer entsprechenden Gemeinschaft, der von ihm und Adrienne von Speyr gegründeten *Johannesgemeinschaft*, einen Ort der »Erfahrung« für diese Lebensform geschaffen. Dieser Konvergenz in Leben und Werk Hans

---

[12] Vgl. zuerst: Kleiner Lageplan zu meinen Büchern, in: Mein Werk, 35.

[13] Vgl. M. Scheuer, Die Evangelischen Räte, 12.

Urs von Balthasars auf die Säkularinstitute hin nachzugehen, ist Aufgabe des ersten Teils der Arbeit. Dieser einführende Teil bietet einen historisch orientierten Gang durch die Biographie (Erster Teil. Erstes Kap.) und einen chronologisch-systematisch geordneten Literaturüberblick (Erster Teil. Zweites Kap.), bevor im zweiten Teil eine systematisch-theologische Durchsicht versucht wird. Diese systematische Durchsicht stellt, zunächst beim *Phänomen* Säkularinstitute ansetzend, den ekklesiologischen Befund im Hinblick auf die Lebensform dar (Zweiter Teil. A), um dann hinter diesen ekklesiologischen Entwurf zurückzufragen, indem die trinitätstheologischen Prämissen der Ekklesiologie erhellt werden (Zweiter Teil. B).
Die Entscheidung, im ersten Teil der Arbeit biographisch-chronologisch vorzugehen, um im zweiten Teil die Kategorien der systematischen Theologie auf das Werk des Autors anzuwenden, schien im Rahmen der Untersuchung sinnvoll, muß aber bei der Lektüre der Arbeit nicht beibehalten werden. Viele Aspekte der systematischen Verortung der Säkularinstitute werden thesenhaft im ersten Teil vorausgesetzt, bevor sie im zweiten Teil erschlossen werden. Wem eine biographische, lebensnahe Einführung ins Thema näher liegt, der folgt der hier vorgeschlagenen Reihenfolge. Der Leser, die Leserin kann sich aber genausogut für den umgekehrten Weg entscheiden und der »Biographie« und dem »Literaturüberblick« die »Theologie« vorziehen, um die Linien einer *Theologie der Säkularinstitute* zuerst grundsätzlich zu sichten, bevor sie im »Historischen Gang« auf Leben und Werke Hans Urs von Balthasars angewendet werden.
Ebenso kann für den Leser und die Leserin die Reihenfolge innerhalb des zweiten Teils zur Disposition gestellt werden. Die trinitätstheologische Grundlegung des zweiten Teils (Zweiter Teil. B) kann der ekklesiologischen Phänomenbeschreibung (Zweiter Teil. A) bei der Lektüre vorangestellt werden. Sinnvoll wäre diese alternative Reihenfolge unter der Rücksicht systematischer Theologie allemal, im Verlauf der Untersuchung schien die hier gebotene Reihenfolge jedoch einfacher, weil sie ein konzentrisches Vorgehen vom Äußeren zum Inneren hin ermöglichte: vom ekklesialen Phänomen der Säkularinstitute, wie es jedem kundigen Christen sichtbar ist, hin zu dessen verborgener Begründung im Geheimnis des dreifaltigen Gottes.

IV. Perspektivität der Arbeit

Selbstredend ist die hier vorgelegte Lektüre von Leben und Werk Hans Urs von Balthasars auf eine *Theologie der Säkularinstitute* hin perspektivisch und persönlich geprägt. Sie geschieht aus der Perspektive einer Mitteleuropäerin, auf dem Erfahrungshintergrund der kirchlichen Situation in Deutschland, in der näheren Kenntnis deutschsprachiger - und das heißt *nur* deutschsprachiger - Säkularinstitute. Eine weitere perspektivische Sicht ergibt sich durch die Zugehörigkeit der Autorin zur Schönstatt-Bewegung, die hier und dort, vor allem in den auswertenden Teilen, ihre Spuren hinterlassen hat und als Interpretationsschlüssel für manche kritische Anfrage herangezogen werden muß. Auf diesem Hintergrund möchte die vorliegende Arbeit keineswegs den Anspruch erheben, umfassend die Frage einer *Theologie der Säkularinstitute* angegangen zu sein.
Zudem ergibt sich eine klare Begrenzung durch die Themenstellung im Hinblick auf den zu bearbeitenden Theologen Hans Urs von Balthasar: Die vorliegende Arbeit hat sich streng perspektivisch diesem Autor genähert unter der Fragestellung, welchen Beitrag Balthasar für die Frage einer *Theologie der Säkularinstitute* leisten wollte und leisten kann. Andere, womöglich prägendere Aspekte seines Schaffens mußten zugunsten dieser Fragestellung beiseite gelassen oder lediglich am Rande erwähnt werden. Balthasar-Kennern wird sich von hier aus womöglich die Frage aufdrängen, ob mit dem Versuch, die Frage einer *Theologie der Säkularinstitute* an das Werk Hans Urs von Balthasars anzulegen, nicht eine eher künstliche Engführung vollzogen wird, die der Weite seines Denkens nicht entspricht - wiewohl der Intention der Autorin dieser Arbeit. Hier scheint es wichtig, im Auge zu behalten, daß nicht behauptet wird, mit der Frage nach einer *Theologie der Säkularinstitute in Leben und Werk Hans Urs von Balthasars* sei *der* zentrale Deuteschlüssel für sein Werk gefunden, sondern eben *ein* Zugang, freilich ein äußerst integrativer Zugang, der einer Vielzahl von Themen in Leben und Werk des Autors eine schlüssige Interpretation ermöglicht und ihnen einen adäquaten Ort zuweist.

Zum Abschluß der Einleitung soll noch ein Wort zur äußerst breiten Zitation der Schriften Hans Urs von Balthasars gesagt sein. Es schien der geringen Beachtung, die bisher der Frage der Säkularinstitute für Leben und Werk Hans Urs von Balthasars zuteil geworden ist, angemessen, zunächst einfach möglichst breit *darzustellen*: die Bezüge im *Leben* des Autors zur Fragestellung, die zahlreichen Bezüge im gesamten *Werk*. Ziel war es dabei, Hans Urs von Balthasar in seinem Anliegen selbst zu Wort kommen zu lassen. Was bei dieser Vorgehensweise entstanden ist, so die Hoffnung der Autorin, ist weit mehr als die Summe vieler Fragmente. Ein theologischer Kosmos soll in den Blick kommen, der letztlich nur höchst unzureichend in seiner Ganzheit abgebildet werden kann.

ERSTER TEIL

Historischer Gang

Methodische Vorbemerkungen

Der historische Gang dieser Arbeit widmet sich der Frage nach dem Entstehungszusammenhang der *Theologie der Säkularinstitute in Leben und Werk Hans Urs von Balthasars*. Dabei schreibt das erste Kapitel eine *theologische Biographie*, während das zweite Kapitel einen *chronologisch-systematischen Literaturüberblick* bietet. Zur methodischen Erschließung dieses ersten Teils ist zunächst zu fragen: Was meint *theologische Biographie*, welchen methodischen Kriterien folgt sie?
Ein erstes methodisches Kriterium soll im Anschluß an Johann Baptist Metz formuliert werden. Metz hat in seinem 1976 veröffentlichten Beitrag »Theologie als Biographie«[14] eine »lebensgeschichtliche Dogmatik«, »eine Art Existentialbiographie« eingeklagt, die dem neuzeitlichen »tiefgreifenden Schisma zwischen theologischem System und religiöser Erfahrung, zwischen Doxographie und Biographie, zwischen Dogmatik und Mystik«[15] entgegentritt. Dieser Forderung folgt für

---

[14] Theologie als Biographie. These und ein Paradigma, in: Concilium 12 (1976) 311-315. Metz vermerkt in Anm. 1 zum Entstehungszusammenhang seiner hier vorgestellten These: »Der Text verarbeitet eine Laudatio auf Karl Rahner, die der Verfasser zu dessen 70. Geburtstag gehalten hat und die in vollem Wortlaut erschienen ist unter dem Titel: 'Karl Rahner - ein theologisches Leben. Theologie als mystische Biographie eines Christenmenschen heute', in: Stimmen der Zeit, Mai 1974, 305-316. - Die 'These' im Text ist also ursprünglich vom 'Paradigma' her entwickelt, und nicht umgekehrt.« Wie von Karl Rahner ein »theologisches Leben« ausgesagt werden kann, gilt dies wohl nicht weniger von Hans Urs von Balthasar.

[15] Ebd. 311.

Metz die Berechtigung, das »Subjekt in die Dogmatik ein[zu]führen, [...] den Menschen in seiner religiösen Lebens- und Erfahrungsgeschichte zum objektiven Thema der Dogmatik [zu] erheben«[16]. Dieser Forderung von Metz und ihren inhaltlichen Implikationen folgend, scheint es für die vorliegende Arbeit gerechtfertigt, ihr dogmatisches Anliegen biographisch zu verorten, d.h. der Frage nach einer *Theologie der Säkularinstitute* im *Werk* Hans Urs von Balthasars deren lebensgeschichtlichen Entstehungszusammenhang im *Leben* des Autors voranzustellen. Diese geschichtliche Erhebung beansprucht gemäß dem von Metz vorgestellten Programm, schon Dogmatik im eigentlichen Sinne zu sein, insofern sie den Graben »zwischen Doxographie und Biographie« durch ihren methodischen Ansatz überwindet.

Was Balthasar im eigenen Denken darzustellen versucht, das Zueinander von *Idee und Leben*, soll so als methodischer Schlüssel in ausdrücklicher Weise auf ihn selbst angewandt werden. Daß Leben und Werk Hans Urs von Balthasars für eine solche Vorgehensweise geradezu prädestiniert sind, wird sich im Verlauf der Arbeit erweisen müssen. Vorab mag das zusammenfassende Urteil von Medard Kehl zu Wort kommen: »Beides läßt sich in einem ganzheitlich gelebten Leben nicht voneinander trennen: Balthasars Theologie ist ununterscheidbar in seine Lebensgeschichte hineinverwoben; sie bildet sich durch sein Leben in und mit der kirchlichen communio.«[17]

Konkret heißt dies, daß - in Anlehung an M. Lochbrunner[18] - die von Balthasar gewählte Methode der biographischen Erschließung kirchlicher Gestalten, wie er sie in der Monographie über Therese von Lisieux' »Geschichte einer Sendung«[19] durchgeführt hat, nun *auf ihn selbst* angewandt wird. Balthasar beschreibt seine Methode: »Man wird nur so vorgehen können, daß man leise und sorgsam durch alles Bio-

---

[16] Ebd. 312.

[17] M. Kehl, Ein Porträt, 23, in: M. Kehl/W. Löser (Hrsgg.), In der Fülle des Glaubens. Hans Urs von Balthasar-Lesebuch, Freiburg 1980, 13-60 (= *Ein Porträt*).

[18] Vgl. M. Lochbrunner, Unterwegs zu einer Balthasar-Biographie?, in: IkaZ Communio 25 (1996) 75-90, hier v.a. 82.

[19] Therese von Lisieux. Geschichte einer Sendung, Olten 1950. Wiederveröffentlicht in: Schwestern im Geist. Therese von Lisieux und Elisabeth von Dijon, Einsiedeln 1970; diese zweite Ausgabe wird im folgenden zitiert (= *Geschichte einer Sendung*).

graphische hindurch die Umrisse der Sendung sich abzeichnen läßt.«[20] Deshalb interessiert weniger »die biographisch-psychologische Entwicklung von unten her«, als vielmehr »eine Art *übernatürliche Phänomenologie* der großen Sendung von oben her«[21]. Biographische Daten werden dabei nicht einfach uninteressant, aber sie gewinnen ihre Wertigkeit erst von der gottgeschenkten Sendung her. Im Mittelpunkt dieser Sendung - so die erste Teilthese dieser Arbeit - steht Hans Urs von Balthasars Einsatz für die Säkularinstitute, was sich für ihn primär im Dienst an der *Johannesgemeinschaft* konkretisiert. Wer dieses theologische und seelsorgerliche Tun als *Sendung* bezeichnet, der setzt voraus, daß Balthasar seine seelsorgerliche und theologische Tätigkeit für die Säkularinstitute nicht aus einer subjektiven Beliebigkeit heraus aufgenommen hat, sondern von dem Wissen geleitet, daß hierin für ihn der Auftrag Gottes bestehe.
Von den Implikationen einer *Theologie als Biographie* und vom Aspekt der *Sendung* her ergibt sich auch die klare Eingrenzung für den historischen Gang, daß keine allgemeine Biographie über Hans Urs von Balthasar vorgelegt werden soll, sondern eine selektive Geschichtsschreibung unter dem Blickwinkel der Säkularinstitute. Eine umfassende biographische Erschließung der Gestalt Hans Urs von Balthasars bedürfte einer ausgesprochen historischen Studie, die bisher noch nicht in Angriff genommen ist und hier auch nicht geleistet werden kann[22]. Das gesteckte Ziel verfolgt lediglich die Absicht, einen spezifischen und - wie zu zeigen sein wird - zentralen Aspekt des Werkes Hans Urs von Balthasars, nämlich seinen Dienst für die neue Lebensform, im lebensgeschichtlichen Entstehungszusammenhang nachzuzeichnen.
Hinsichtlich der Quellenlage auf dem momentanen Standpunkt der Balthasar-Forschung ergibt sich eine weitere Eingrenzung: Als Quellen werden nur die bisher veröffentlichten und zugänglichen Selbstaus-

---

[20] Ebd. 27.

[21] Ebd. 22.

[22] Vgl. den mit einer Frage versehenen Beitrag von M. Lochbrunner: Unterwegs zu einer Balthasar-Biographie?

sagen[23] Hans Urs von Balthasars sowie von anderen Autoren geleistete biographische Hinführungen[24] herangezogen, um von dort her jene Aspekte zu erschließen, die Balthasars Verbundenheit mit den Säkularinstituten geweckt haben und verdeutlichen können. Die Bezüge sind schon beim heutigen biographischen Forschungsstand - hat sich einmal der Blick für die Fragestellung geschärft - außerordentlich vielfältig. Weitere Primärquellen - etwa Familiendokumente, die im Besitz des Jesuitenordens befindlichen Akten, kirchenamtliche Dokumente und mündliche Zeitzeugenaussagen - werden nicht herangezogen.
Balthasar selbst hat seinen Lebensauftrag als Doppelsendung in Ergänzung durch die Mystikerin und Mitbegründerin der *Johannesgemeinschaft* Adrienne von Speyr begriffen. Dem versucht der historische Gang Rechnung zu tragen, indem er gleichermaßen den Blick auf Adrienne von Speyr wie auf Hans Urs von Balthasar wirft. Diese Inblicknahme Adriennes von Speyr lenkt dabei keineswegs vom Thema einer *Theologie der Säkularinstitute in Leben und Werk Hans Urs von Balthasars* ab. Sie führt vielmehr mitten hinein in die für eine theologische Erschließung dieser Lebensform zentrale Frage der Vermittlung zwischen theologischem Inhalt und alltäglichem Leben. Für Hans Urs von Balthsar ist die Begegnung mit Adrienne von Speyr der Schlüssel

---

[23] H. U. v. Balthasar, Mein Werk. Durchblicke, Freiburg 1990 (hierin Durchsichten des Werkes von 1945 bis 1988); Geist und Feuer. Ein Gespräch mit Hans Urs von Balthasar (Interview mit Michael Albus), in: Herder Korrespondenz 30 (1976) 72-82; H. U. v. Balthasar, Unser Auftrag. Bericht und Entwurf, Einsiedeln 1984; ders., Prüfet alles - das Gute behaltet (Interviews mit Angelo Scola), Ostfildern 1986; wichtig auch die erstmals veröffentlichten Selbstaussagen im Anhang bei E. Guerriero, Monographie, 399-431. Daneben vor allem die Selbstaussagen Hans Urs von Balthasars in den Tagebüchern über Adrienne von Speyr *Erde und Himmel* (= Bd. 8-10 der *Nachlaßbände* Adriennes von Speyr). Die Tagebücher umfassen drei Bände aus den Jahren 1940 bis 1967; sie werden im folgenden immer mit der Bandzahl und der entsprechenden Ziffer (nicht Seitenzahl) zitiert.

[24] Zur Einführung in Gestalt und Werk vgl.: M. Kehl, Hans Urs von Balthasar. Ein Porträt, in: M. Kehl/W. Löser (Hrsgg.), In der Fülle des Glaubens. Hans Urs von Balthasar-Lesebuch, Freiburg 1980, 13-60 (= *Ein Porträt*); K. Lehmann/W. Kasper (Hrsgg.), Hans Urs von Balthasar. Gestalt und Werk, Köln 1989 (= *Gestalt und Werk*), darin besonders: P. Henrici, Erster Blick auf Hans Urs von Balthasar, 18-61 (= *Erster Blick*); D. L. Schindler (Hrsg.), Hans Urs von Balthasar. His Life and Work, San Francisco 1991; E. Guerriero, Hans Urs von Balthasar. Eine Monographie, Einsiedeln/Freiburg 1993 (nach der italienischen Ausgabe: E. Guerriero, Hans Urs von Balthasar, Milano 1991, übertragen von C. F. Müller, durchgesehen von F. Pitschl und C. Capol) (= *Monographie*); T. R. Krenski, Das Gottesdrama; A. Scola, Hans Urs von Balthasar - ein theologischer Stil, Paderborn 1995.

zur Erfahrung einer neuen Einheit von Glauben und Leben, von Dogmatik und Mystik, von *Theologie und Heiligkeit*[25] geworden. Im »Raum« dieser Begegnung ist die *Johannesgemeinschaft* entstanden, deren Begleitung Hans Urs von Balthasar fortan zur zentralen Lebensaufgabe wurde und die ihn zum Austritt aus dem Jesuitenorden veranlaßt hat. Diese Zusammenhänge werden darzustellen sein, ohne dabei in eine allgemeine Einführung in Leben und Werk Adriennes von Speyr abzuschweifen.

Im Hinblick auf das methodische Vorgehen im ersten Kapitel ist es schließlich notwendig, darauf hinzuweisen, daß der biographische Zugangsweg zur Frage einer *Theologie der Säkularinstitute in Leben und Werk Hans Urs von Balthasars* auch vom *Objekt* der Untersuchung her gerechtfertigt und höchst angemessen erscheint. Wenn sich in den Säkularinstituten eine spezifische Weise der *Nachfolge* artikuliert, so kann eine angemessene theologische Erschließung dieses Nachfolgeweges nur erfolgen durch gelebte, theologisch reflektierte Nachfolge auf eben diesem Weg[26]. Der Anspruch, eine *Theologie der Säkularinstitute* zu formulieren, wie Balthasar ihn zumindest implizit artikulierte, kann so zuletzt nur rückgebunden sein an seine eigene Christus-Nachfolge. Nachfolge kann nur durch Nachfolge erschlossen werden. Dies gilt es im ersten Kapitel des ersten Teils aufzuweisen.

Das zweite Kapitel des ersten Teils legt einen detaillierten, *chronologisch-systematisch* geordneten *Literaturüberblick* vor, in dem die für eine *Theologie der Säkularinstitute* relevanten Teile im Werk Hans Urs von Balthasars gesichtet werden. Formal bedient sich der Literaturüberblick zweier parallel zu lesender Koordinaten. Die *chronologische* Koordinate orientiert sich am jeweiligen Zeitpunkt der Abfassung und Veröffentlichung der für unsere Fragestellung relevanten Texte im Werk Balthasars. Die *systematische* Koordinate ordnet die vorzustellenden Texte gemäß ihren Bezugspunkten zur *Theologie der Säkularinsti-*

---

[25] Vgl. den gleichnamigen Aufsatz: H. U. v. Balthasar, Theologie und Heiligkeit, in: Wort und Wahrheit 3 (1948) 881-896; wiederaufgenommen in: Verbum Caro, 195-225. Vgl. J. Konda, Das Verhältnis von Theologie und Heiligkeit im Werk Hans Urs von Balthasars, Würzburg 1991.

[26] Vgl. M. Schneider, Theologie als Biographie. Eine dogmatische Grundlegung, St. Ottilien 1997.

tute: von den direkten Bezügen zu den weiter entfernt liegenden Bezügen im Kontext der Fragestellung. Schließlich sind alle Tätigkeitsfelder Hans Urs von Balthasars zu nennen, in denen er nicht als Autor, sondern als Übersetzer, Kommentator und Herausgeber im kirchlichen Dialog um die Lebensform in Erscheinung getreten ist.

Erstes Kapitel

Biographische Weichenstellungen

Das erste, augenfällige Charakteristikum der Säkularinstitute besteht darin, daß sich hier (zumeist, wenn auch nicht ausschließlich) *Laien* - in der Regel im *profanen* Beruf tätig - in einer verbindlichen Form von Ehelosigkeit, Gehorsam und Armut zusammentun. Von hier aus sind in einem ersten Schritt all jene Linien im Lebensverlauf Hans Urs von Balthasars für unsere Frage aufschlußreich, die ihn in besondere Nähe zur Aufgabe der *Laien* in der Kirche gebracht haben. Diese hinführenden Linien markieren den Zeitraum von 1905 bis 1940, die ersten fünfunddreißig Lebensjahre Hans Urs von Balthasars.

I. Neigung zum künstlerisch-literarischen Beruf

Das priesterliche Wirken Hans Urs von Balthasars hat sich in allen Phasen seiner Tätigkeit dadurch ausgezeichnet, daß er es in den Dienst von *Laien* stellte, gleichsam auf ihrer Seite, ohne je das Spezifische seiner priesterlichen Aufgabe zu verleugnen. Nichts war ihm ferner als Klerikalismus. Diese Feinfühligkeit für die Berufung der Laien gründet in seiner eigenen Anlage, die ihn nicht weniger für ein künstlerisch-literarisches Schaffen prädestinierte als für den priesterlichen Dienst. Es ist wohl nicht überzogen zu behaupten, daß Balthasars priesterlicher Berufung die Berufung zum künstlerisch-literarischen Schaffen und somit zum Dienst des Laien in der Welt vorausgeht und sie lebenslang begleiten wird. Dies gilt so sehr, daß Balthasar in seiner Rechenschaft »Warum ich Priester wurde« bekennt: »wenn ich damals, als es nur darum ging, mich hinzugeben, schon die Lebensform der

Säkularinstitute gekannt hätte, hätte ich wohl auch in einem weltlichen Beruf die Lösung für mein Problem finden können: mich Gott ganz zur Verfügung zu stellen«[27]. Natürlich prädestiniert eine künstlerisch-literarische Begabung noch nicht zum Leben in einem Säkularinstitut, noch viel weniger zur Gründung eines solchen. Aber gerade Kunst und Literatur sind die Wege, über die sich für Balthasar von seiner frühen Kindheit an der Zugang zu einer grundsätzlich bejahenden Haltung der geschöpflichen Welt und dem menschlichen Schaffen gegenüber ausprägte. Deshalb lohnt es für unsere Fragestellung, dieser künstlerisch-literarischen Linie beim jungen Balthasar eigens nachzugehen und anhand ihrer eine Einführung in seine Kindheit und Jugend zu geben.

1. Familiäre Herkunft und musikalische Veranlagung

Zur auffallend starken musischen Begabung des 1905 als erstem von drei Geschwistern geborenen Hans Urs von Balthasar mögen das Erbe seines Vaters Oskar Ludwig Carl von Balthasar (1872-1946), eines hervorragenden Luzerner Architekten, sowie die feine Bildung der Mutter, geborene Gabrielle Pietzcker (1882-1929), wesentlich beigetragen haben[28]. Hans Urs von Balthasars Vater - aus einem alten Luzerner Patriziergeschlecht stammend - bekleidete über dreißig Jahre hinweg das Amt des Kantonsbaumeisters von Luzern, war Mitglied der Baukommission sowie Präsident der Planungskommission für die kantonale Kunstgewerbeschule[29]. Die Mutter, Mitbegründerin und erste Zentralsekretärin des Schweizerischen Katholischen Frauenbundes, stammte mütterlicherseits aus ungarischem Adel und hatte ihren Mann im Jahr 1903 in der von ihrer Mutter Baronin Margit Apor de Altorja geführten, damals renomierten Luzerner Pension Felsberg kennengelernt. Eben diese Großmutter Hans Urs von Balthasars,

---

[27] Warum ich Priester wurde, 401; abgedruckt in: E. Guerriero, Monographie, 399-401.

[28] Zur familiären Herkunft vgl. P. Henrici, Erster Blick, 19f.

[29] Zur beruflichen Laufbahn von Oskar von Balthasar vgl.: E. Guerriero, Monographie, 26-28.

Baronin Margit Apor de Altorja (1859-1940), übte neben dem Elternhaus auf die Entwicklung ihres Enkels offenbar starken Einfluß aus; die beiden standen sich menschlich sehr nahe, wie Balthasar später bezeugt. In der weltoffenen Pension Felsberg verbrachte er einen großen Teil seiner Kindheit[30]. Anscheinend legten die Eltern von Hans Urs von Balthasar Gewicht auf die Ausbildung seines musischen Talentes; der mit absolutem Gehör begabte Hans Urs bekam Klavierunterricht bei einer Schülerin Klara Schumanns, die ihn in die Romantik einführte[31].

Neben der familiären Prägung kamen für Balthasar die schulischen Eindrücke[32] hinzu. Die unteren vier Klassen des Gymnasiums von 1917-1921 verbrachte er an der »Stiftsschule Engelberg«. 1921 wechselte er an das Gymnasium der Jesuiten in Feldkirch/Voralberg, übersprang dabei die 5. Gymnasialklasse. Im Verlauf des 8. Gymnasialjahres verließ Balthasar schließlich vorzeitig die Schule in Feldberg und meldete sich in Zürich für das »Fremdenabitur« an, das er am 24. März 1924 bestand. Während dieser Gymnasialjahre und der ersten Studienjahre wurde die in der Familie grundgelegte musische Begabung weiter gepflegt. Noch 1984 wußte Hans Urs von Balthasar bewegt diese Zeit zu beschreiben:

> »Der Hauptinhalt meiner Jahre vor dem Gymnasium war Musik; seit den ersten umwerfenden musikalischen Eindrücken: der Es-dur-Messe von Schubert (etwa fünfjährig) und der Pathéthique von Tschaikowsky (etwa achtjährig) verbrachte ich endlose Stunden am Klavier; im Kolleg Engelberg kam das Mitwirken in Orchestermessen und Opern hinzu,

---

[30] Balthasars Vetter Peter Henrici schreibt über diese Zeit (in: P. Henrici, Erster Blick, 19f): »In der von seiner Großmutter geführten Pension Felsberg, wo er zusammen mit einer nur wenig älteren Tante einen großen Teil seiner Kindheit verbrachte, waren Weltoffenheit und Dreisprachigkeit (Deutsch, Französisch und Englisch) selbstverständlich. Er lernte dort die geistreich-gehobene Lebensweise der reisenden Engländer kennen, später, im ersten Weltkrieg, kriegsverwundete französische Soldaten und schließlich 1918 die durchreisende Habsburger Kaiserfamilie.«

[31] Zur musikalischen Entwicklung vgl. Balthasars Selbstaussagen: Dank des Preisträgers an der Verleihung des Wolfgang Amadeus Mozart-Preises am 22. Mai 1987 in Innsbruck, in: E. Guerriero, Monographie, 419-424; vgl. auch P. Henrici, Erster Blick, 20.

[32] Vgl. die genauen biographischen Angaben in: M. Lochbrunner, Unterwegs zu einer Balthasar-Biographie?, 79.

aber als ich mit Freunden für die letzten zweieinhalb Gymnasialjahre nach Feldkirch hinüberwechselte, war die dortige 'Musikabteilung' so lärmig, daß einem die Lust am Spielen verging.«[33]

Auf dem Hintergrund dieser Selbstaussage verwundert es nicht, daß die allererste Veröffentlichung des 20-Jährigen »Die Entwicklung der musikalischen Idee«[34] zum Inhalt hatte. In diesem 39-seitigen Essay schreibt Balthasar: »Musik ist jene Form, die uns dem Geist am nächsten bringt, sie ist der dünnste Schleier, der uns von ihm trennt. Aber sie teilt das tragische Los aller Kunst: Sehnsucht bleiben zu müssen, und daher ein Vorläufiges. [...] Sie ist ein Grenzpunkt des Menschlichen, und an dieser Grenze beginnt das Göttliche.«[35]
Dieser summarische Blick auf Kindheit und Jugend läßt unschwer erkennen, daß die Hans Urs von Balthasar kennzeichnende umfassende Bildung und die ihn auszeichnende grundsätzliche Weltbejahung in diesen Kinder- und Jugendjahren ihre Ausprägung gefunden hatten. Das Aufscheinen des Göttlichen im Geschöpflichen vermittelte sich für den jungen Balthasar ursprünglich von der reichen musikalischen Erfahrung her, wie sie ihm in Familie und Schule erschlossen wurde. Auch daß sich in seiner späteren theologischen Ausrichtung, die in der Kreuzestheologie und in der Person des Gekreuzigten und zur Hölle Abgestiegenen mündete, nie so etwas wie ein Ressentiment gegen gehobene Kultur und Gesellschaftsschicht einstellte, legt sich von der beschriebenen familiären Herkunft her nahe. Hier hatte Balthasar in der durch künstlerisches Gespür, adelige Herkunft und weltbürgerliche Größe geprägten Umgebung jenes Fundament gefunden, das ihn die grundsätzliche Bejahung des Endlichen nie aus den Augen verlieren ließ. Das benannte dreisprachige Ambiente der Pension Felsberg mag endlich dazu beigetragen haben, daß Balthasars literarischen Vorliebe, die sich während der gymnasialen Schuljahre neben der musischen

---

[33] Unser Auftrag, 31.

[34] Die Entwicklung der musikalischen Idee. Versuch einer Synthese der Musik, Braunschweig 1925; wiederveröffentlicht in: Die Entwicklung der musikalischen Idee - Bekenntnisse zu Mozart (Studienausgabe 1), Einsiedeln/Freiburg 1998; hiernach zitiert.

[35] Ebd. 57.

Neigung entwickelt hatte, bei der Wahl des ersten Studienfaches für den 19-Jährigen schließlich den Ausschlag gab. Diese Entwicklung müssen wir nun nachgehen.

2. Prägung durch die Germanistik und die ersten Studienjahre

Das Interesse für Literatur lief beim jugendlichen Balthasar der musikalischen Neigung parallel. Die Liebe zur Dichtung »unterwanderte« anscheinend die Gymnasialzeit und ließ die Neigung gegenüber der Pflicht den Sieg davontragen. Balthasar beschreibt später einem Schulfreund diese erwachende Begeisterung an der Literatur während der gemeinsamen Gymnasialjahre in Engelberg (1917-1921): »Du warst damals schon ganz schrecklich fleißig, während ich ewig musizierte und Dante las und nachts auf dem Schlafsaalbett stand, um ein wenig Licht für den 'Faust' zu erhaschen.«[36] So verwundert es nicht, daß Balthasar sich am Ende seiner Schulzeit dann doch trotz der oben beschriebenen Liebe zur Musik für die Literatur entschied und zum Sommersemester 1924 mit dem Germanistikstudium[37] in Zürich begann, das er in den folgenden Jahren in Wien und Berlin fortsetzte. Zum Wintersemester 1927/28 kehrte er nach Zürich zurück, um dort im Herbst 1928 mit seiner Arbeit zur »Geschichte des eschatologischen Problems in der modernen deutschen Literatur«[38] sein Doktorexamen abzulegen. Das Thema der Arbeit erlaubt Rückschlüsse auf Balthasars intensive Auseinandersetzung mit dem deutschen Idealismus, die in der Folge für seine Theologie prägend werden sollte: Balthasar suchte der idealistischen Abwertung des Endlichen und Konkreten dessen grundle-

---

[36] Über Amt und Liebe in der Kirche. Ein offener Brief an Alois Schenker, in: Neue Züricher Nachrichten (Beilage »Christliche Kultur«, Nr. 29) vom 17. Juli 1953; zitiert nach: K. Lehmann/W. Kasper (Hrsgg.), Gestalt und Werk, 20f.

[37] Über die germanistischen Studienjahre im Überblick vgl. P. Henrici, Erster Blick, 20f. Zu Jahreszahlen, Studienorten und Professoren während dieser Zeit vgl. M. Lochbrunner, Unterwegs zu einer Balthasar-Biographie? 78-80 (besonders auch die detailierten Angaben im Fußnoten-Apparat).

[38] Geschichte des eschatologischen Problems in der modernen deutschen Literatur. Abhandlung zur Erlangung der Doktorwürde der philosophischen Fakultät I der Universität Zürich, Selbstverlag des Verfassers, Zürich 1930, 219 S; wiederveröffentlicht Einsiedeln/Freiburg 1998 (Studienausgabe 2); hiernach zitiert.

gende Positivität entgegenzusetzen[39]. Als solches weist das Thema der Doktorarbeit schon unverkennbar in die Richtung einer Theologie, die der Positivität des Endlichen eine Schlüsselstellung zuweist.
Schon hier wird deutlich, daß Balthasars Prägung durch die Germanistik schließlich auch seinem theologischen Schaffen die konkrete Ausformung geben sollte. Im Sinne dieser Beeinflussung seiner Theologie durch die Germanistik versieht der Züricher Germanist A. M. Haas ihn mit dem Titel »Germanist mit theologischer Absicht«[40] und schreibt über dieses Verhältnis von Germanistik und Theologie: »Gleichwohl liebte er es bisweilen im privaten Gespräch, leicht ironisch darauf hinzuweisen, daß er von Hause aus und im zünftigen Sinne eigentlich Germanist und nicht Theologe sei. Die Pointe dieser Selbstortung lag wohl darin, daß es die Theologie war, die dann seine wissenschaftliche und kulturelle Schriftstellerei innerlich und äußerlich bestimmen sollte.«[41] Eben dieser »Germanist mit theologischer Absicht« fand schließlich bei Goethe »eine ihm gemäße philosophische Weltanschauung«[42], die ihn geradewegs hineinführen sollte in die Mitte seiner theologischen Absicht, »das Preislied der Seienden gerechter, gültiger zu gestalten«[43].
Im Hinblick auf eine allgemeine Wertung kann gesagt werden, daß die germanistischen Studienjahre alles andere als eine Engführung in diesem einen Fach erzeugten. Vielmehr verstand und nutzte Balthasar seine erste Studienzeit eher als Möglichkeit zu umfassender geisteswissenschaftlicher Bildung[44]: Germanistik und Philosophie (etwa die Wiener Vorlesung von Hans Eibl über Plotin oder Guardinis Kierkegaard-Vorlesung in Berlin), nebenbei Sanskrit und Indogermanistik und

---

[39] Vgl. M. Scheuer, Die Evangelischen Räte, 32.

[40] A. M. Haas, Hans Urs von Balthasars »Apokalypse der deutschen Seele«, in: Gestalt und Werk, 67.

[41] Ebd. 62. Dies bestätigt auch Balthasars Selbstzeugnis anläßlich seines Interviews mit Michael Albus: Geist und Feuer, 73: »Erstens habe ich nie einen theologischen Doktor gemacht; ich bin von Haus aus Germanist.«

[42] M. Kehl, Ein Porträt, 25.

[43] Mein Werk, 34.

[44] Vgl. zu den Studienjahren die Selbstbeschreibung in: Unser Auftrag, 31f.

schließlich »eine Überfülle an Konzerten, Opern, Orchestermessen«[45] prägten diese Zeit[46]. Auffallenderweise fand sich unter Balthasars Professoren niemand, der auf den Studenten einen nachhaltigen Einfluß ausgeübt hätte. Einzig der oben schon erwähnte Rudolf Allers, »Arzt, Psychiater, Philosoph und Theologe«[47], profunder Kenner Thomas' von Aquin und Anselms von Canterburry, den Balthasar während der Studienjahre in Wien kennenlernte, wurde zu einer prägenden Gestalt[48]. Von ihm sagte Balthasar in der Einleitung zu seiner Doktorarbeit: »Das Wertvolle, das sich unter diesen Ausführungen finden mag, ist in dieser Freundschaft gereift«[49]. Allers ist es wohl mit zu verdanken, daß Balthasar sich während dieser ersten Studienjahre die Grundlagen einer nahezu universalen geisteswissenschaftlichen Bildung aneignete, derentwegen ihm Henri de Lubac bescheinigte, daß er »vielleicht der gebildetste Mann seiner Zeit«[50] sei. Diese breitgefächerte Grundbildung machte ihn später zum gesuchten Gesprächspartner und geschätzten Freund für Menschen aus verschiedensten Fachdisziplinen und künstlerischen Sparten[51], insbesondere aber zum Weggefährten von Dichtern, »denen er sich wahlverwandt fühlte«[52]. Die in den frühen Studienjahren erworbene Sicht ließ ihn zeitlebens die Problematik der akademischen Laien aus eigener Erfahrung verstehen.

---

[45] Ebd. 31.

[46] Allerdings wird der Einschätzung M. Lochbrunners Recht zu geben sein, daß »die germanistische Ausbildung Balthasars überhaupt noch nicht erforscht ist« (Unterwegs zu einer Balthasar-Biographie? 79), weil sich bisher alle biographischen Untersuchungen über Balthasar sowie seine Selbstaussagen auf einen summarischen Überblick beschränken.

[47] Mein Werk, 70.

[48] Vgl. die Ausführungen über Allers bei: P. Henrici, Hans Urs von Balthasar: his cultural and theological education, in: B. Mc Gregor O.P./Th. Norris (Hrsgg.), The Beauty of Christ. An Introduction to the Theology of Hans Urs von Balthasar, Edinburgh 1994, 10-22 (= *Education*), hier 13f.

[49] Geschichte des eschatologischen Problems in der modernen deutschen Literatur, Vorwort, 9.

[50] H. de Lubac, Ein Zeuge Christi in der Kirche: Hans Urs von Balthasar, in: IkaZ Communio 4 (1975) 392.

[51] Vgl. die Ausführungen über Hans Urs von Balthasars »Bekanntschaft mit Künstlern« in: M. Lochbrunner, Analogia Caritatis, 191f.

[52] M. Lochbrunner, Unterwegs zu einer Balthasar-Biographie? 81; dort die Nennung von Reinhold Schneider, Gertrud von le Fort und Paul Claudel. Vgl. auch Erster Teil. Zweites Kap.II: »Übersetzung und Herausgabe zeitgenössischer Schriftsteller«.

II. Ignatianische Exerzitien

Der innere Weg zur Theologie und zur ausdrücklichen Nachfolge Jesu, der sich während der Jahre des Germanistik-Studiums von der Philosophie her schon angedeutet hatte, erhielt seine entscheidende Wende durch die 30-tägigen ignatianischen Exerzitien, an denen Hans Urs von Balthasar im Sommer 1927 gemeinsam mit anderen studierten Laien teilnahm. Diese Tagen wurden für ihn zur Weichenstellung, die alles bisherige in ein neues Gefüge rückte: »Alle meine ersten Interessen, Musik, Literatur, Psychologie blieben etwas Vorläufiges bis zur Begegnung mit dem hl. Ignatius von Loyola; nicht ich habe ihn gewählt, er hat mich wie ein Blitz in Brand gesetzt.«[53] Die Exerzitien fanden in Wyhlen (bei Basel) statt, unter der Leitung von Friedrich Kronseder SJ[54]. Initiiert waren sie vom *Michaelsbund*, einer akademischen Laienvereinigung zur philosophisch-theologischen sowie spirituellen Fundierung des im Studium erworbenen Wissens[55]. Ende

---

[53] Hans Urs von Balthasar, Le Sorgenti della mia vita, in: La realtà e la gloria, 49; deutsch zitiert nach: H. U. v. Balthasar, Texte zum ignatianischen Exerzitienbuch. Auswahl und Einleitung von Jacques Servais SJ, Einsiedeln/Freiburg 1993, 24 (= *Exerzitienbuch*).

[54] Über den inneren Vorgang vgl. die Ausführungen von Jacques Servais ebd. 23-25. Diese von Servais vorgelegte Textsammlung ist hervorgegangen aus der Erarbeitung der Dissertation: J. Servais, Théologie des Exercices spirituels. H. U. von Balthasar interprète Saint Ignace, Bruxelles 1996. Ebenfalls über die Berufungssituation vgl. E. Guerriero, Monographie, 41-47.

[55] Josef Pieper, ebenfalls Teilnehmer der Wyhlener-Kurse beschreibt in seinen autobiographischen Aufzeichnungen die Zielsetzung der Vereinigung: »Im Grunde handelte es sich um einen Versuch, das Unvermögen der Universität wettzumachen, von welcher wirkliche Menschenbildung und auch nur eine philosophisch-theologische Fundierung des fachlichen Wissens offenbar nicht erwartet werden konnte. Wir verpflichteten uns also, durch zwei Jahre hindurch, jeweils in den großen Semesterferien an einer Art *studium universale* teilzunehmen. Es begann übrigens mit dreißigtägigen 'Geistlichen Übungen' in einem weltabgeschiedenen Kloster in der Nähe von Basel [...] Auf die dreißigtägigen Exercitia folgten in den nächsten Jahren zwei philosophische und ein theologischer Ferienkurs, je fünf Wochen lang. Das Wort 'Ferienkurs' läßt allerdings kaum etwas ahnen von der, gemessen am durchschnittlichen Semesterbetrieb der Universität, enormen Arbeitsintensität [...] Ungewöhnlich aber war vor allem wiederum der Lehrmeister und der innere Stil seines Denkens wie auch seines Lehrens. Es dürfte damals in Deutschland kaum jemanden gegeben haben, der so gründlich wie Erich Przywara in der großen traditionellen Philosophie und Theologie, und nicht allein in der europäischen, zu Hause war«. J. Pieper, Noch

der fünfziger Jahre - dreißig Jahre nach der entscheidenden Weichenstellung im Jahre 1927 - legte Hans Urs von Balthasar Rechenschaft darüber ab, welche Wende diese Exerzitien bedeutet und in welcher Weise sie ihn auf den Priesterberuf verwiesen hatten. Er beschreibt in einem zeugnishaften Text »Warum ich Priester wurde« die damalige Perspektive:

> »Noch heute, nach dreißig Jahren, könnte ich auf dem verlorenen Waldweg im Schwarzwald unweit von Basel den Baum wiederfinden, unter dem ich wie vom Blitz getroffen wurde. Ich war damals Student der Germanistik und folgte einem Exerzitienkurs für Laienstudenten. In diesen Kreisen wurde es als ein Unglück betrachtet, wenn einer sich absetzte, um Theologie zu studieren. Doch es war weder die Theologie noch das Priestertum, was damals blitzartig vor meinen Geist trat; es war einzig und allein dies: Du hast nichts zu wählen, du bist gerufen; du wirst nicht dienen, man wird sich deiner bedienen; du hast keine Pläne zu machen, du bist nur ein kleines Steinchen in einem Mosaik, das längst bereitsteht. [...] und wenn mir der Gedanke aufstieg, daß der Liebe Gott mir einen sicheren Ort angewiesen und mich mit einer klar umrissenen Sendung begabt hatte, so stellte ich doch fest, daß er frei war, das Ganze in einem Augenblick, trotz der Ansicht und Angewöhnung des Werkzeugs, das ich war, über den Haufen zu werfen. Bemerkenswert bleibt dabei allein, daß mir dieses Lebensgesetz, das uns zerbricht und im Zerbrechen heilt (wie das Bein des hl. Ignatius) schon ganz zu Beginn als eine Art unsichtbares Lebensthema erschien.«[56]

Diese Aussagen über das zentrale Exerzitienerlebnis sind in mehrerer Hinsicht für unsere Ausgangsfrage nach dem Verhältnis Hans Urs von Balthasars zur Aufgabe der Laien in der Kirche interessant, insofern der hier geschenkten Gotteserfahrung folgende inhaltliche Konnotationen einhergingen:

- Der 22-jährige Balthasar verstand sich ganz vom Blickwinkel des

wußte es niemand. Autobiographische Aufzeichnungen 1904-1945, München 1976, 73-75.

[56] Warum ich Priester wurde, 400f.

kirchlichen Laien her;
- die priesterliche Berufung traf ihn mehr als etwas absolut Unerwartetes;
- inhaltlich gestaltete sich diese Berufung als Aufforderung zur totalen Verfügbarkeit, zum Dienst an einer bereitliegenden Sendung;
- darin einbeschlossen lag auch die Möglichkeit, das von Gott Zugewiesene jederzeit wieder genommen zu bekommen, »zerbrochen« zu werden um eines höheren Gutes willen.

Wenn Hans Urs von Balthasar sein Berufungserlebnis auch aus dem Abstand von dreißig Lebensjahren und vom bis dahin Erlebten her formuliert hat, so muß doch davon ausgegangen werden, daß er authentisch die Inhalte des *damals* Erlebten wiedergeben wollte. Wir werden später sehen, wie sehr sich in der Berufungserfahrung dieser ersten Exerzitien der zu beschreitende weitere Lebensweg vorzeichnete, ohne daß dies dem jungen Balthasar damals in irgendeiner Weise bewußt gewesen wäre.
Ihre Konkretisierung fand die Exerzitienentscheidung von 1927 mit dem Eintritt in den Jesuitenorden, der im Herbst 1929 folgte. Wie ihm die Exerzitien des heiligen Ignatius den Weg gewiesen hatten, sich bedingungslos dem Willen und der Wahl Gottes zur Verfügung zu stellen, so erblickte Hans Urs von Balthasar im Orden des heiligen Ignatius die ihm angemessene Weise, dieser Herausforderung Gottes zu antworten, entsprechend den ignatianischen Grundworten »Wahl«, »Indifferenz« und »Gehorsam«; dies alles als Weise, sich der Haltung Jesu vor Gott, dem Vater immer mehr anzugleichen und sich ihr dienend einzufügen. In dieser Angleichung des »Knechtes« an den »Meister« Jesus Christus erblickte Balthasar sein Lebensthema, wie es auch sein Primizspruch »Benedixit, fregit, deditque« zum Ausdruck bringt: in allem ging es ihm um »Verfügbarkeit, die sich [...] im Dienst Gottes und seiner Kirche zerbrechen läßt«[57].
In der Tat wurde der 1927 eingeschlagene Weg in den Jesuitenorden später »über den Haufen geworfen« und der Erfahrung des Zerbro-

[57] Warum ich Priester wurde, 401.

chenwerdens ausgesetzt - zugunsten einer Berufung, die nach Balthasars eigener Einschätzung schon 1927 latent anwesend gewesen war, aber noch keine Möglichkeit der Realisierung hatte erkennen lassen: in seinem Dienst an der werdenden *Johannesgemeinschaft* und der Sendung der *Laien* in der Kirche, speziell derjenigen in den Säkularinstituten. Diese spätere Ausrichtung seiner Tätigkeit als Theologe und Priester schien sich von langer Hand angebahnt zu haben. Findet sich doch im bereits zitierten Zeugnis »Warum ich Priester wurde« schon beim 22-jährigen Balthasar eine Affinität zur Lebensform der Säkularinstitute: »wenn ich damals, als es nur darum ging, mich hinzugeben, schon die Lebensform der Säkularinstitute gekannt hätte, hätte ich wohl auch in einem weltlichen Beruf die Lösung für mein Problem finden können: mich Gott ganz zur Verfügung zu stellen«[58].
Sicher darf aus dieser Aussage nicht abgeleitet werden, daß Hans Urs von Balthasar keine eigentlich priesterliche und ignatianische Berufung gehabt habe. Im Gegenteil: Gerade in diesem Kern seiner Berufung - sich Gott ganz zur Verfügung zu stellen - sah er im Rückblick auch durchaus die Führung hin zum Priesterberuf und zur Nachfolge in der *Gesellschaft Jesu*. Balthasar beschreibt diese Entsprechung: »Kurz vor der Priesterweihe ließ sie [die Vorsehung] mich verstehen, daß das Priestertum sich mit dieser Haltung der Verfügbarkeit deckt, einer Verfügbarkeit, die sich so - auf die Art kommt es nicht an - im Dienst Gottes und seiner Kirche zerbrechen läßt.«[59] Wenn es somit zu einer Deckung kam zwischen Balthasars Kernerlebnis der Berufung zu einer totalen Verfügbarkeit für Gott und dem priesterlichen Dienst, so waren diese beiden Größen für ihn doch nicht einfach identisch. Der priesterliche Dienst war für Balthasar die nächstliegende, aber nicht einzig mögliche Konkretisierung der Haltung der Verfügbarkeit. Elio Guerriero sagt von Hans Urs von Balthasar, er habe »nach dem johanneischen 'verschwindend Verbinden'« gestrebt, »worin er den tiefsten Sinn

---

[58] Warum ich Priester wurde, 401. Im Anschluß an diese Selbstsaussage Balthasars kommentiert Guerriero, Monographie, 42: »Seine Berufung hätte ihn auch in ein Säkularinstitut führen und im Leben der evangelischen Räte in Ausübung eines weltlichen Berufes bestehen können, doch die Zeit war dafür noch nicht reif.«

[59] Warum ich Priester wurde, 401.

seiner Berufung wie seiner Theologie sah«[60]. In diesem »verschwindend Verbinden« ist jene verborgene Aufgabe der Vermittlung zwischen Gott und Mensch, zwischen Kirche und Welt, zwischen dem Dienst des kirchlichen Amtes und dem der Laien benannt, die auch die Mitte des Lebensentwurfes in den Säkularinstituten ausmacht. Der Entwicklung, allgemeinen Anerkennung und theologischen Durchdringung dieses Lebensentwurfes zur Verfügung zu stehen, wurde immer mehr zum umfassenden Horizont der priesterlichen Tätigkeit Hans Urs von Balthasars. Seine gesamte Tätigkeit als Jesuit und Priester kann im Rückblick unschwer als eine solche Vermittlung gedeutet werden. Dies wird deutlicher, wenn wir einen Blick auf die Ausbildungsjahre im Jesuitenorden werfen, die sich den ersten germanistischen Studienjahren anschlossen, sowie auf die folgende Tätigkeit des Basler Studentenseelsorgers Hans Urs von Balthasar.

III. Die Jahre im Jesuitenorden

Das Berufungserlebnis von 1927 war für Hans Urs von Balthasar unbestreitbar eine durch Ignatius von Loyola vermittelte Erfahrung. Wie schon zitiert, schreibt er über diesen Vorgang: »Alle meine ersten Interessen, Musik, Literatur, Psychologie blieben etwas Vorläufiges bis zur Begegnung mit dem hl. Ignatius von Loyola; nicht ich habe ihn gewählt, er hat mich wie ein Blitz in Brand gesetzt.«[61] Was in der ersten entscheidenden Begegnung mit Ignatius während der Exerzitien von 1927 aufgeflammt war, vertiefte sich zwei Jahre später mit dem Eintritt ins Noviziat des Jesuitenordens, wo Balthasar im Dezember 1929 ein zweites Mal die Schule der Exerzitien durchlief. Er schrieb am Ende der Exerzitien an seinen Vater: »So ist also der heilige Monat

---

[60] E. Guerriero, Monographie, 12.

[61] Le Sorgenti della mia vita, in: La realtà e la gloria, 49, zitiert nach: Exerzitienbuch, 24.

auch zu Ende - mit wirklichem Nutzen und großer Freude. Ich werde mich wohl dauernd hier niederlassen und kaum je in die Versuchung kommen, einen so schönen, freudenvollen Beruf mit einem weltlichen zu vertauschen.«[62] Diese Aussage bestätigt nochmals deutlich, daß Hans Urs von Balthasar im Eintritt in den Orden nicht etwa eine zweite Wahl in Ermangelung einer besseren Alternative sah und daß ihm nichts ferner lag, als diese nun ergriffene Lebensform zugunsten einer »weltlichen« Tätigkeit aufzugeben. Dieses Urteil über die starke innere Verbundenheit mit dem Orden und seinem Gründer sowie mit dem priesterlichen Dienst sollte im Hinblick auf die spätere Entwicklung im Auge behalten werden.

1. Ausbildung im Jesuitenorden

Ein Blick in die von Balthasar gewählten Schwerpunkte der philosophischen und vor allem theologischen Studienjahre[63] läßt die Weichenstellung erkennen, die sich im Hinblick auf die priesterliche und theologische Tätigkeit anbahnte. Die Spannungspole »Schöpfung« und »Christologie« bilden dabei die Kernpunkte der angezielten Synthese.

a) Die philosophischen Studienjahre

Für die philosophischen Studienjahre, die Hans Urs von Balthasar im Anschluß an das zweijährige Noviziat in Pullach bei München absolvierte (von 1931-33), ist für unsere Fragestellung eine einzige Begegnung relevant: die mit Erich Przywara, dem späteren Verfasser der »Analogia entis«. Ansonsten ließ Hans Urs von Balthasar die neuscholastisch ausgerichtete Philosophie über sich ergehen, zumal er sich mit den ihn bewegenden philosophischen Fragestellungen schon während des Germanistikstudiums befaßt hatte. Wenn auch nicht unter seinen philosophischen Lehrern, so übte der in München ansässige Przywara

[62] Undatierter Brief an seinen Vater, zitiert nach: E. Guerriero, Monographie, 43.

[63] Zum Ganzen vgl. P. Henrici, Erster Blick, 24-27. Außerdem die Selbstaussagen in: Prüfet alles - das Gute behaltet, bes. 8-13.

auf Balthasar während dieser ersten Studienjahre im Orden den größten Einfluß aus. In Przywara, dem führenden Licht des katholischen Dialogs mit der Moderne im Münchner Studentenbetrieb[64], fand Balthasar das eigene Anliegen repräsentiert. Przywaras »Analogia entis«, erstmals erschienen 1932, d.h. während Balthasars Pullacher Zeit, wurde hierbei zum Schlüsselerlebnis: »eine solche Verbindung von Tiefe und Fülle, ordnender Klarheit und allumfassender Spannweite ist mir nie mehr begegnet«[65], so urteilte Balthasar später über die damalige Begegnung mit Erich Przywara und seinem Werk. Eben jene »Spannweite« seines Denkens als die Fähigkeit zur Synthese, zur Gesamtschau von Gott und Welt, von Gnade und Natur, von Schöpfung und Erlösung, die Przywara im Kernwort von der *Analogia entis* zum Ausdruck gebracht hatte, sollte fortan auch zum Schlüssel der Balthasarschen Theologie werden[66]. So verdankte Hans Urs von Balthasar etwa die Erarbeitung des eingangs benannten Momentes »Schöpfung« den philosophischen Studienjahren, insbesondere der Begegnung mit Przywara. Diese Beeinflussung geschah allerdings nicht ohne kritische Abhebung. Balthasar selbst beurteilt das Verhältnis: »Przywaras Einfluß auf meine ersten philosophischen Versuche ist evident, auch wenn ich später von seiner Neigung zu einer extremen negativen Theologie abrückte und ihn auf meine Sicht umzudeuten versuchte.«[67] Die Gleichnishaftigkeit der Schöpfung auf Christus hin als positives Moment der Analogie sollte in Balthasars Schöpfungstheologie auf Dauer das stärkere Gewicht gegenüber der von Przywara hervorgehobenen Unähnlichkeit zwischen Schöpfer und Geschöpf behalten[68].

---

[64] So P. Henrici, Education, 14. Vgl. auch M. Kehl, Ein Porträt, 26-31.

[65] Mein Werk, 70. Einen ersten Niederschlag fand diese Faszination in Balthasars Aufsatz *Die Metaphysik Erich Przywaras*, in: Schweiz. Rundschau 6 (1933) 489-499.

[66] Vgl. zur Analogia-entis-Lehre Przywaras in ihrer Auswirkung auf Balthasar: W. Löser, Im Geiste des Origenes. Hans Urs von Balthasar als Interpret der Theologie der Kirchenväter, Frankfurt a. M. 1976, 15-17 (dort auch Literaturangaben); K.-H. Menke, Stellvertretung. Schlüsselbegriff christlichen Lebens und theologische Grundkategorie, Freiburg ^{2}1997, 266f.

[67] Unser Auftrag, 32.

[68] Vgl. die Beurteilung von M. Kehl in: Ein Porträt, 30: »Während Przywara zunehmend den Widerspruch, die Nicht-Identität betont und alle Identität davon gleichsam 'verschlingen' läßt (in einer Art 'Unersättlichkeit nach dem Nichts'), behält für Balthasar die 'Positivität des Endlichen' und seine unbedingte Bejahung ihr bleibendes

Dieser geschöpfliche Transparenz-Charakter auf Gott hin wird für die Grundlegung der *Theologie der Säkularinstitute* von Bedeutung sein, spezieller im Hinblick auf die inhaltliche Bestimmung von »Welt«, worauf im schöpfungstheologischen Teil noch näher einzugehen ist (vgl. Zweiter Teil. B. Erstes Kap.). Über diese erste Berührung zwischen Balthasar und Przywara hinaus verband die beiden Theologen eine lebenslange, gegenseitige, treue Freundschaft.

b) Die theologischen Studienjahre

Für die theologischen Semester[69], die Hans Urs von Balthasar in der Ausbildungsstätte der Jesuiten in Lyon verbrachte, ist ähnliches zu sagen wie für die philosophischen: Wieder war es nicht der geregelte Schulbetrieb, der ihn innerlich bewegte und voranbrachte, wieder war es keiner der regulären Lehrer, der ihn beeinflußte, sondern einzig der an der Lyoner Universität lehrende Ordensbruder Henri de Lubac[70]. Dieser verwies Balthasar auf die Kirchenväter[71], denen für die Dauer der Studienjahre fortan sein theologisches Hauptinteresse galt; unter ihnen vor allem *Gregor von Nyssa*, *Irenäus*, *Origenes* und *Maximus Confessor*[72]. Wie de Lubac in den Kirchenvätern die Gewährsmänner

---

Gewicht.«

[69] Vgl. hierzu die Schilderung bei E. Guerriero, Monographie, 48-51; daneben die biographische Selbstdarstellung der prägenden Eindrücke der theologischen Studienjahre in: Unser Auftrag, 33-38.

[70] Über die Trostlosigkeit des scholastischen Schulbetriebes schreibt Balthasar in den Tagebüchern über Adrienne von Speyr, die auch vielfältige persönliche Notizen über seine eigene Person beinhalten (Erde und Himmel II, 1579): »Das ganze Studium im Orden hindurch war ein verbissenes Ringen mit der Trostlosigkeit der Theologie, dem, was die Menschen aus der Herrlichkeit der Offenbarung gemacht haben: ich konnte diese Gestalt des Wortes Gottes nicht ertragen, hätte mit der Wut eines Samson um mich hauen können, mit seiner Kraft den ganzen Tempel einreißen wollen und mich selber darunter begraben«. Zu den Auswirkungen der Begegnung mit Henri de Lubac auf die Theologie Balthasars vgl. M. Kehl, Ein Porträt, 39-49.

[71] Vgl. Ch. Kannengießer, In der Schule der Väter. Balthasars Beschäftigung mit der patristischen Theologie, in: K. Lehmann/W. Kasper (Hrsgg.), Gestalt und Werk, 78-84; M. Kehl, Ein Porträt, 42-49; H. de Lubac, Ein Zeuge Christi in der Kirche, in: Communio 4 (1975) 390-409, hier 400f.

[72] Vgl. die Nennung dieser vier Theologen in: Unser Auftrag, 33-37. Detailuntersuchungen über die Bedeutung der vier Theologen im Werk Balthasars finden sich bei W. Löser, Im Geiste des Origenes (Gregor von Nyssa: 100-118; Irenäus: 67-75;

für eine neue Verhältnisbestimmung von Natur und Gnade gefunden hatte sowie für die umfassende Katholizität der Kirche, verdankte auch Balthasar ihrem Studium die Eckdaten seiner Theologie[73]. Als späterer Verleger im eigenen Johannes Verlag wurde Balthasar nicht müde, das hier Gehobene einer breiten Leserschaft zugänglich zu machen.

Über *Gregor von Nyssa* sagt Hans Urs von Balthasar in seiner Einführung zum Hoheliedkommentar des Kirchenvaters: »Kaum ein Kirchenvater ist [...] weniger Platoniker als Gregor.«[74] Inhaltlich bestimmt Balthasar den Kirchenvater mit dieser Aussage vor allem als konsequenten Vertreter der christologischen Zweinaturenlehre und des Nizänums[75]. Dieser antiplatonische Akzent wird für die *schöpfungstheologisch-christologischen* Implikationen einer *Theologie der Säkularinstitute* prägend sein; Gregor wird zum frühesten Vertreter des Natur-Gnade-Verhältnisses und der *Analogia entis* im Sinne Balthasars[76]. In der Einleitung zum Hoheliedkommentar folgert Balthasar aus Gregors Theologie: »Für die Seele heißt der Weg fortan Nachfolge Christi: nicht mehr aus der Welt hinaus zu einem weltlosen Gott blickend, sondern mit dem menschgewordenen Gott in die Welt hineingehend.«[77] Ist hier die Bewegungsrichtung *jedes* Christen in der Nachfolge benannt, so wird sie für die *Säkularinstitute* zum Konstitutivum ihrer Lebensform: bejahende Zuwendung zur Welt, die von der Menschwerdung Gottes her grundlegend erneuert und geheiligt ist.

Direkt anknüpfend an diese »inkarnatorische Bewegungsrichtung« kann *Irenäus von Lyon* genannt werden, den Hans Urs von Balthasar fast überschwänglich betitelt: der »antignostische Theologe der Leibwerdung des Wortes«[78], »der unplatonische«, der »besonders hell leuch-

---

Origenes: 83-98; Maximus: 181-212).

[73] Vgl. P. Henrici, Education, 15.

[74] H. U. v. Balthasar, Einleitung zu: Gregor von Nyssa, Der versiegelte Quell. Auslegung des Hohen Liedes, 11.

[75] Vgl. W. Löser, Im Geiste des Origenes, 104.

[76] Vgl. ebd. 102-106.

[77] Ebd. 22.

[78] Unser Auftrag, 34.

tet«[79]. W. Löser resümiert die Irenäus-Rezeption Hans Urs von Balthasars: »Der Gedanke der Positivität des Endlichen und damit der Analogie des Seins zieht sich wie ein roter Faden durch die Deutung, die von Balthasar von Irenäus' Werk gibt.«[80] Diese »Positivität des Endlichen« ist es, von der aus der Weltauftrag des Christen und eine welthafte Spiritualität angedacht werden müssen. Was Balthasar über Irenäus sagt, könnte er ebenso sein eigenes Programm nennen: »Irenäus ist der ausgesprochene Vater des 'Realismus' der christlichen Theologie. Diese Erde und keine andere, dieser Leib und kein anderer muß die Gnade in sich aufnehmen können, wenn es überhaupt Erlösung geben soll«[81]. Wieder liegt also, wie schon bei Gregor, in der *Inkarnation*, im Glauben an die weltbejahende Tat Gottes in Jesus Christus ein Schlüssel zu Balthasars *Theologie der Säkularinstitute* bereit. Hinzu kommt, daß Balthasar bei Irenäus im Moment der Leiblichkeit - im Gegensatz zu einer neuplatonisch beeinflußten christlichen Theologie der Mystik - einen Schlüssel gefunden hatte zum Verständnis der Mystik Adriennes von Speyr, der Mitbegründerin der *Johannesgemeinschaft*.

An dritter Stelle ist Hans Urs von Balthasars Beschäftigung mit *Origenes* zu benennen[82], die im Hinblick auf die Theologie der Säkularinstitute unter *eschatologischem* Aspekt prägend werden sollte. Die Eschatologie des Origenes mit ihrer Tendenz zur »All-Erlösung« führte Balthasar in die Grundproblematik von Erlösung und Hölle ein, die später in der Karsamstagserfahrung Adriennes von Speyr ihre Entsprechung fand. Insofern bei Origenes allerdings »der Kenosisgedanke unterbewertet wird«[83], muß Origenes geradezu als Negativfolie für die ganz von der Kenosis her entwickelte »Theologie der drei Tage« gedeutet werden, wie Balthasar sie entfaltet. Jener Jesus Christus, der

---

[79] Mein Werk, 65. Vgl. die Textauswahl: Irenäus, Gott in Fleisch und Blut. Ein Durchblick in Texten. Ausgewählt und übertragen von Hans Urs von Balthasar, Einsiedeln 1981.

[80] W. Löser, Im Geiste des Origenes, 68.

[81] Einleitung zu: Irenäus, Geduld des Reifens, 2. verb. Aufl., Einsiedeln 1956, 14; zitiert nach W. Löser, a.a.O. 69.

[82] Vgl. W. Löser, Im Geiste des Origenes, 83-99.

[83] Ebd. 93.

als menschgewordener Gott zwischen Karfreitag und Ostern die Hölle durchlitten hat, ist jener, der an den äußersten Rand menschlicher Wege und Unwege geraten ist, um von dort her alle zu erlösen, die sich seinem Tun nicht entgegenstellen. Inwiefern das Sterben Jesu Christi in diesen Unort der Gottlosigkeit hinein eine bescheidene Entsprechung im Selbstverständnis der Säkularinstitute findet, indem ihre Mitglieder sich an alle Orte und Unorte der Welt senden lassen, wird im christologischen Teil dieser Arbeit zu entfalten sein (vgl. Zweiter Teil. B. Zweites Kap.). Auch mit seiner bewußten Absetzung von der spiritualistischen Gefahr des Origenismus hat Balthasar einen Gegenentwurf formuliert zur Theologie dieses von ihm am meisten verehrten Kirchenvaters[84]; entsprechend wird sichtbar werden, daß die schöpfungstheologischen Implikationen einer *Theologie der Säkularinstitute* frei sind von jeder spiritualisierenden Tendenz (vgl. Zweiter Teil II. B. Erstes Kap.).

Als letzter der Kirchenväter ist *Maximus der Bekenner* zu nennen, dem Balthasar seine erste große Kirchenväterstudie *Kosmische Liturgie*[85] widmete. Bei ihm wird das »ungetrennt und unvermischt« der christologischen Zweinaturenlehre von Chalkedon geradezu zur »Weltformel«[86], insofern durch die *unvermischte* Wahrung der menschlichen Natur Christi im Gegenüber zu seiner göttlichen Natur das Geschöpfliche generell in seinem positiven Eigenstand im Gegenüber zum Schöpfer garantiert ist[87] und so "die Rechte der *Natur* gegenüber

---

[84] Löser resümiert (ebd. 99): »Wie kein anderer Kirchenvater hat Origenes über von Balthasars eigenes philosophisch-theologisches Denken Macht gewonnen, und dies vor allem bezüglich der Theologie des WORTES in all ihren Dimensionen. Dennoch ist von Balthasar Origenes nicht blind verfallen; vielmehr hat er deutlich auch über die Schwächen und Gefahren gesprochen, die dem Denken des Origenes anhaften. Sein Bemühen geht dahin, an der Überwindung der Einseitigkeiten, die von Origenes her die Geschichte der christlichen Theologie belasten, mitzuwirken.«

[85] Kosmische Liturgie. Höhe und Krise des griechischen Weltbilds bei Maximus Confessor, Freiburg 1941. Zweite, völlig veränderte Auflage: Kosmische Liturgie. Das Weltbild Maximus des Bekenners, Einsiedeln 1961; zitiert nach ^{3}1988.

[86] Ebd. 57; vgl. auch W. Löser, Im Geiste des Origenes, 189.

[87] Vgl. W. Löser, Im Geiste des Origenes, 189-210. Bei Balthasar vgl. Kosmische Liturgie, 205: »Hier erhält das Prinzip seine Rechtfertigung; denn erst im Erscheinen Christi wurde unwiderleglich klar, daß das Geschöpf kein reines Negativum Gottes ist, also nicht einseitig durch mystische Auflösung in Gott, sondern - bei aller Erhebung zur Gott-Teilhabe, bei allem Absterben dieser Welt - doch nur in ausdrück-

einem schrankenlosen Supranaturalismus"[88] gewahrt werden. Balthasar schöpft das hier Angelegte nicht nur im Hinblick auf seine Schöpfungstheologie aus (vgl. Zweiter Teil. B. Erstes Kap.), sondern spürt auch den anthropologischen Implikationen einer solchen Weltsicht nach. Indem von der Christologie her »allererst die Beziehung zwischen Schöpfergott und wurzelhafter Kontingenz der Welt aufgegangen war«, wurde auch der Weg frei, daß »zum ersten Mal auch der volle Begriff und das metaphysische Wesen des Personseins ablesbar wurde«[89]. Die Eigenwertigkeit des Endlichen und die analoge Bezogenheit von Schöpfer und Geschöpf ist so bei Maximus in ihrer anthropologischen Konsequenz schon anfanghaft erfaßt. Diese anthropologische Konsequenz der Theologie Maximus' ist es insbesondere, die Balthasar für seine eigene Theologie auswertet: »An ihm [Maximus] wird innerhalb der Catholica ablesbar, was Kierkegaard mit dem Einzelnen gemeint hat«[90] - jener Einzelne, der zum ungeschützten Zeugnis für Jesus Christus aufgerufen ist, das den Bekenner zum Martyrer macht, wenn nicht leiblich wie Maximus den Bekenner, so doch in der Erfahrung der inneren Bedrängnis. Dieser Einzelne, das christliche Individuum ist gefragt, wenn man Kriterien für eine Berufung zum Säkularinstitut benennen möchte; ebenso ist jener Christ gefragt, dessen Lebenszeugnis von einer vorbehaltlosen Weltoffenheit geprägt ist, wie Balthasar sie Maximus dem Bekenner zuerkennt[91].

Der summarische Blick auf die vier von Balthasar bevorzugten Kirchenväter läßt deutlich werden, wie sehr er durch die Schule ihrer Theologie gegangen ist: teils indem Balthasar sich in seiner eigenen Theologie zu Korrekturen der Kirchenväter veranlaßt sah, teils indem

---

licher Bewahrung und Vollendung seiner Natur erlöst werden kann.« Auf dieser Linie liegt auch die korrigierende Funktion, die Maximus für Balthasar auf die spiritualisierende Tendenz des Origenes ausübt; vgl. ebd. 254: »Gerade dann, wenn Gott und Mensch sich am nächsten rücken und in einer einzigen Person begegnen, wird, gleichsam aus nächster Nähe, sichtbar, daß Gott der ewig und uneinholbar andere ist als der Mensch, daß der Mensch demnach sein Heil nicht in der Richtung auf Preisgabe seiner Natur zu suchen hat.«

[88] Kosmische Liturgie, 63.

[89] Ebd. 208.

[90] Unser Auftrag, 37.

[91] Vgl. Kosmische Liturgie, 51-53; vgl. auch W. Löser, Im Geiste des Origenes 207.

er eine neue Zusammenschau des bei den Kirchenvätern Vorgefundenen leistete. Hier fand er jene Frage vielfach angedacht, die W. Löser als die zentrale des gesamten Balthasarschen Denkens formuliert hat: »ob und unter welchen Bedingungen die Welt in all ihrer Endlichkeit bejaht werden kann«[92]. Die Weite der *Catholica* alleine bietet für Balthasar die umfassende Antwort, wie er sie vor allem bei den Vätern gefunden hat: »Patristik hieß für uns: Christenheit, die noch in den unbegrenzten Raum der Völkerwelt hinausdenkt und die Hoffnung auf die Erlösung der Welt hat.«[93] Was für die Kirchenväter die Universalität des räumlichen Kosmos bedeutet hatte, das wurde für Balthasar die Universalität des inneren Kosmos aller geschöpflichen Tiefen. In diese letzten Tiefen hinein dem inkarnierten Wort nachzusteigen, wurde immer mehr zur treibenden Kraft seiner Theologie. Somit leistete das Studium der Kirchenväter den Brückenschlag zwischen der modernen Geistesverfassung und den christlichen Grundgeheimnissen. Ch. Kannengießer resümiert in diesem Sinne: »Das Studium der patristischen Strukturen hat also bei Balthasar zu einem Denkstil und einem Niveau der Betrachtung geführt, das ihm erlaubte, den Herausforderungen der Moderne zu begegnen, anstatt sich von ihr abzuwenden.«[94] - Unschwer liest sich dies nicht nur als allgemeines Kirchenprogramm, sondern auch speziell als Programm der Weltgemeinschaften.

Das Verweilen am Studienort Lyon legte es nahe, daß der literarisch interessierte Balthasar während seiner theologischen Studienjahre nicht nur die Kirchenväter entdeckte, sondern auch die zeitgenössische französische Literatur: Péguy, Bernanos und Claudel, mit dem ihn in diesen Jahren auch eine persönliche Begegnung verband[95]. Hier genügt ein Hinweis auf die Ausstrahlungskraft, die diese zeitgenössischen

[92] W. Löser, Im Geiste des Origenes, 211. K.-H. Menke, Stellvertretung, 267, faßt diese Frage ausführlicher: »Nach Balthasar ist dies die Kernfrage der patristischen Theologie: wie das Absolute im Endlichen bzw. das Endliche im Absoluten so sein kann, daß das Endliche nicht nur nicht aufgehoben oder absorbiert, sondern umgekehrt in dem Maße 'es selber' wird, in dem es mit dem Absoluten verbunden ist.«

[93] Mein Werk, 38. Vgl. die Beurteilung von E. Guerriero, Monographie, 62.

[94] Ch. Kannengießer, In der Schule der Väter, 82.

[95] Vgl. Prüfet alles - das Gute behaltet, 11.

Dichter - allesamt zugleich Laien und überzeugte Christen - auf den jungen Balthasar ausübten.

2. Tätigkeit als Studentenseelsorger in Basel

Als folgenreichste Weichenstellung hin zu einem Auftrag, der sich dem Leben der christlichen Laien verbunden weiß, wird Hans Urs von Balthasars Entscheidung gewertet werden müssen, sich ab Herbst 1939 in Basel niederzulassen. Zuvor hatte er seit 1937 in der Redaktion der von den deutschen Jesuiten herausgegebenen Zeitschrift *Stimmen der Zeit* mitgearbeitet, nach Kriegsbeginn schien es aber geraten, Deutschland zu verlassen[96]. Balthasar war vom Orden die Wahl zwischen einer Lehrtätigkeit an der Gregoriana in Rom oder der Funktion als Studentenseelsorger in der Schweiz angeboten worden. Er entschied sich für die Studentenseelsorge in Basel, und dies hieß auch: für den priesterlichen Dienst an jungen Menschen *aller* Fachrichtungen statt des akademischen Dienstes im Lehrbetrieb der Theologenausbildung. Entsprechend vielfältig gestaltete sich dann die von Hans Urs von Balthasar in Basel aufgenommene Arbeit; Peter Henrici charakterisierte sie als »katholische Kulturarbeit«[97], die im Erwachen des Schweizer Katholizismus der Kriegsjahre ihr Ambiente hatte. Neben der direkten Seelsorge an den Studierenden entfaltete Balthasar hier seine verlegerischen und literarischen Fähigkeiten, die er im Studium und während der Münchner Zeit schon unter Beweis gestellt hatte. Seit 1940 war ihm vom Verlag Benno Schwabe die Leitung der *Europäischen Reihe Klosterberg* anvertraut, deren Zielsetzung in der »Rettung des Kulturerbes«[98] angesichts der Zerstörung des christlichen Erbes durch den Nationalsozialismus lag. Daneben griff Balthasar die während der Studien in Frankreich entdeckte Vorliebe für den *Renouveau Catholique* wieder auf und übersetzte unter anderem den *Seidenen Schuh* von Paul Claudel und verhalf ihm 1944 zur deutschen Erstaufführung. Eine

---

[96] Vgl. P. Henrici, Erster Blick, 27.

[97] Ebd. 28.

[98] Ebd.

breite Vortragstätigkeit in den verschiedenen Studentenverbindungen[99] und zahlreiche Kontakte zu Dozierenden der Stadt Basel kamen hinzu. Die zunächst theologisch motivierte, freundschaftliche Beziehung zu Karl Barth ist hier besonders zu nennen, in der es Balthasar um den »Dialog zwischen Barth und Przywara über die analogia entis«[100] ging.

a) Studentische Schulungsgemeinschaft

Unter den jungen Studenten fand Hans Urs von Balthasar bald Interessierte, mit denen er 1941 die *Studentische Schulungsgemeinschaft*«[101] gründete, »eine Vereinigung von Studenten, die ihre Studienjahre als Vorbereitung auf ein intensiv gelebtes christliches Leben innerhalb ihres profanen Berufes verstanden«[102]. Mitbegründer und Initiator der Schulungsgemeinschaft war Robert Rast, Student der Kulturphilosophie, später kurzzeitig erster Leiter der Gemeinschaft. Peter Henrici charakterisiert ihn als jenen Menschen, »der Balthasar vielleicht am ähnlichsten war«[103]; beide wiesen manche Parallelen in Herkunft und Ausbildung auf und besaßen so etwas wie eine geistige Kongenialität. In einer handgeschriebenen Chronik berichtet Robert Rast über den Gründungsimpuls der *Schulungsgemeinschaft*:

»Irgendeinmal, ich glaube, es war im Herbst 1940, wanderten zwei

---

[99] Vgl. die Titel der jährlichen Vortragsreihen in: Unser Auftrag, 62, Anm. 3.

[100] P. Henrici, Erster Blick, 31. - Vgl. K.-H. Menke, Stellvertretung, 266f; J. Thompson, Barth and Balthasar: an ecumenical dialog, in: B. McGregor/T. Norris (Hrsgg.), The Beauty of Christ. An Introduction to the Theology of Hans Urs von Balthasar, Edinburgh 1994, 171-192; vgl. auch die aus diesem Dialog entstandene Studie von 1951 »Karl Barth, Darstellung und Deutung seiner Theologie«, der eine Vortragsreihe Hans Urs von Balthasars über Karl Barth vorausgegangen ist; Barth selbst hat daran interessiert teilgenommen.

[101] Zum Ganzen: P. Henrici, Erster Blick, 29f, 43f; E. Guerriero, Monographie, 104f; A. Cadotsch, Dank an den Seelsorger, in: Hans Urs von Balthasar 1905-1988. Privatdruck der Akademischen Arbeitsgemeinschaft, Basel 1989, 24-27.

[102] E. Guerriero, Monographie, 104. Hier auch weitere Informationen über die folgenden Ausführungen.

[103] So das Urteil von P. Henrici, Erster Blick, 29. Robert Rast entstammte ebenfalls einer alten Luzerner Familie, folgte Balthasar in den Jesuitenorden, wurde allerdings noch im Noviziat schwer lungenkrank und starb 1946.

Menschen, der Studentenseelsorger und ein Student im ersten Semester - *modo magistri discipulique* hätte einer gesagt, der sie sah -, von Basel in die Landschäftler Hügel und Berge hinaus. Noch hatten beide das Gefühl, daß etwas Gemeinsames geschehen müsse [...] Mitten in dem Grün der Natur tauchte gegenüber ihnen das kleine Nest Wyhlen auf. Dies rief im *magister* eine starke Erinnerung wach, denn dort hatte er im sog. Michaelsinstitut, das sich der religiösen und philosophischen Akademikerbildung widmete, entscheidende Exerzitien gemacht. Mit Begeisterung und etwas Wehmut über das nun ausgelöschte Institut erzählte er von der dort geleisteten Arbeit. Beim *discipulus* schug die Idee ein: Dringend durchzuführen auch bei uns! Trotz gewisser Bedenken war allsogleich der Plan einhellig gefaßt, ohne viel Worte saß er zumindest fest [...]. Dies war der erste Geburtstag.«[104]

Zumal er selbst im *Michaelsbund* während der eigenen Studienzeit die entscheidenden Weichenstellungen erfahren hatte, ließ Hans Urs von Balthasar sich gerne darauf ein, sich auf die Initiative Robert Rasts hin an der Neugründung einer solchen Schulungsgemeinschaft zu beteiligen. Die inhaltliche Konzeption der *Studentischen Schulungsgemeinschaft* glich dann auch weitgehend derjenigen des *Michaelsbundes*. In einem der Gründungstexte der Gemeinschaft heißt es:

»Allen Einsichtigen ist es klar, daß eine Zeit größter geistiger und religiöser Entscheidungen und Umwälzungen bevorsteht. Wer aber mit offenem Blick durch unsere Hochschulen geht, wird sich kaum verhehlen können, daß die Zahl derer, die sich auf einen vollen persönlichen Einsatz in diesem geistigen Kampf vorbereiten, gering ist. Die einen setzen sich mit unbeschwertem Optimismus über die tiefen Zeitfragen hinweg; andere sehen in hilfloser Resignation an ihren schönsten Aufgaben vorbei; wieder andere verfechten mit Begeisterung Programme, deren Tragweite sie kaum ermessen. Demgegenüber wäre es die Pflicht gerade des katholischen Studenten, sich nicht bloß ein tüchtiges Fachwissen zu erwerben, sondern sich bewußt darauf vorzubereiten, dieses auch mit voller christlicher Entschiedenheit und Verantwortung

---

[104] Zitiert nach: M. Greiner, Die Johannesgemeinschaft, 136, in: K. Lehmann/W. Kasper (Hrsgg.), Gestalt und Werk, 133-151.

zu gebrauchen.«[105]

In dieser spirituellen Grundhaltung der *Studentischen Schulungsgemeinschaft* spricht sich - wenn auch in unverbindlicherem institutionellem Rahmen - schon jene laikale Spiritualität aus, die die Gründung der *Johannesgemeinschaft* inspirieren sollte: der aus christlichem Geist motivierte verantwortungsbereite Einsatz gebildeter Laien zur Erneuerung der im Umbruch befindlichen Gesellschaft[106]. Daß diesem Einsatz immer die Kontemplation vorausgehen und diesen begleiten muß, war dabei selbstverständliche Voraussetzung, weshalb es zu den Pflichten der Mitglieder der *Schulungsgemeinschaft* gehörte, »täglich eine kurze Zeit der Sammlung vor Gott zu halten und das betrachtende Gebet zu lernen«[107]. Mit zahlreichen Betrachtungspunkten und kleineren Veröffentlichungen zur Spannungseinheit von »Kontemplation und Aktion« versuchte Balthasar in diese Grundhaltung einzuführen[108]. Ignatianische Exerzitien zur Standeswahl sowie je zwei philosophische und theologische Sommerkurse waren die inhaltlichen Eckpfeiler des Lebens der *Studentischen Schulungsgemeinschaft*. Zu den Sommerkursen konnte Balthasar zahlreiche namhafte Theologen und Philosophen aus dem In- und Ausland gewinnen[109], die Exerzitien hielt er immer selbst. Daneben stand Balthasar der Gemeinschaft durch Studentengottesdienste und in der geistlichen Begleitung einzelner sowie in freundschaftlicher Nähe über Jahrzehnte hinweg zur Verfügung[110].

---

[105] Zitiert nach: W. Gut, Zum Gedenken an Dr. Hans Urs von Balthasar, Gründer der Studentischen Schulungsgemeinschaft und der Akademischen Arbeitsgemeinschaft - Abschiedsgruß seiner Vaterstadt, 34 (= *Zum Gedenken*), in: Hans Urs von Balthasar. 1905 - 1988, 33-37.

[106] C. Capol weist auf diese Kontinuität zwischen *Studentischer Schulungsgemeinschaft* und dem später gegründeten Säkularinstitut hin. Vgl. M. Greiner, Die Johannesgemeinschaft, 136.

[107] W. Gut, Zum Gedenken, 35.

[108] Vgl. Aktion und Kontemplation, in: Die katholische Schweizerin 29 (1942) 115-120, sowie der gleichnamige Artikel in: Geist und Leben 21 (1948) 361-370, um nur Balthasars erste Veröffentlichungen zu diesem Thema zu nennen.

[109] Vgl. die Aufzählung von E. Guerriero, Monographie, 105; ausführlicher: P. Henrici, Erster Blick, 29.

[110] Zur inneren Ausgestaltung der Studentischen Schulungsgemeinschaft: W. Gut, Zum Gedenken, 33-36.

b) Akademische Arbeitsgemeinschaft

Seit 1947 schlossen sich ehemalige Kursbesucher der Angebote der *Studentischen Schulungsgemeinschaft* zur *Akademischen Arbeitsgemeinschaft* zusammen, um sich »in offenen Triduen, die der Orientierung über wichtige Gegenwartsfragen und dem freundschaftlichen Kontakte dienten«[111], regelmäßig zu treffen. Wie in der *Studentischen Schulungsgemeinschaft* bot Hans Urs von Balthasar hier den jungen Akademikern - Männern und Frauen, Laien und Priestern - die Möglichkeit zum Kontakt mit bedeutenden Persönlichkeiten wie Karl Rahner, Martin Buber, Yves Congar, Henri de Lubac, um nur ein paar wenige Namen zu nennen. Jährliche Einkehrtage, die Balthasar zum Beginn der Adventszeit in Maria Einsiedeln hielt, bildeten das geistliche Rückgrat der Gemeinschaft.

Die in der *Studentischen Schulungsgemeinschaft* und in der *Akademischen Arbeitsgemeinschaft* gesammelten Erfahrungen mit jungen, christlichen Akademikern wurden zur Grundlage für Balthasars spätere Parteinahme für die Sendung der Laien in Kirche und Gesellschaft und für die allmählich reifende Idee eines »Laien-Ordens«. Der Zugangsweg zur Gründung der *Johannesgemeinschaft* ist von hier aus nachzuzeichnen.

IV. Vom Jesuitenorden zur Johannesgemeinschaft

»Die Offenbarung Gottes in Christus ist für Johannes die Fleischwerdung des Wortes in diesem Einen, Einzigen, Geliebten, Angebeteten; Ignatius erscheint mir als der Punkt in der Geschichte, wo die Begegnung des Menschen mit dem Gott, der das Wort ist und hat, der anredet, wählt und ruft, unausweichlich geworden ist. Im geistigen Raum zwischen Johannes und Ignatius spielt sich für mich alles Entscheidende

[111] Ebd. 34; dort auch Einzelheiten über die folgenden Informationen; vgl. auch E. Guerierro, Monographie, 105.

ab.«[112]

Mit diesen prägnanten Sätzen über das Zueinander von Johannes, dem Evangelisten und dem Ordensvater Ignatius beschreibt Hans Urs von Balthasar in der 1955 verfaßten Handreichung für seine Leser *Kleiner Lageplan zu meinen Büchern*[113] die eigene theologische Wahl, die ihn gleichermaßen Johannes dem Evangelisten wie seinem Ordensvater Ignatius verpflichtete. Was für ihn theologisch galt, daß sich »im geistigen Raum zwischen Johannes und Ignatius« alles Entscheidende abspielt, hatte für Balthasar im persönlichen Leben seine direkte Entsprechung. »Reinlich ist beides nicht zu trennen; im Buch muß vieles von dem sich spiegeln, was einer, der auch schreibt, seinem Dasein an Sinn zu geben sucht«[114], formuliert er im selben genannten »Lageplan«. Allerdings verbindet sich damit auch die Erfahrung, daß »dieser Sinn noch öfters gegen Willen und Vermuten aufgeprägt wird«[115]: Hans Urs von Balthasars Weg von Ignatius zu Johannes war kein selbst gesuchter und kein geradliniger; er wurde - so verstand es zumindest Balthasar selbst - von Gott gefügt und auch zugemutet.
Wenn im folgenden die historischen Linien dieser Entwicklung nachgezeichnet werden, in deren Verlauf Hans Urs von Balthasar den Jesuitenorden verlassen hat, um sich der Weitergründung des werdenden Säkularinstitutes *Johannesgemeinschaft* widmen zu können, so ist die Autorin sich bewußt, zu einem nicht geringen Politikum zwischen dem Jesuitenorden und Hans Urs von Balthasar bzw. der *Johannesgemeinschaft* Stellung zu nehmen. Auch zehn Jahre nach Hans Urs von Balthasars Tod ist hier eine Vielzahl an Problemkreisen ungeklärt: etwa die Frage, ob die Trennung Hans Urs von Balthasars vom Jesuitenorden notwendig und irreversibel hätte sein müssen; eng damit verbunden die Frage, welcher Art das Verhältnis zwischen Adrienne von Speyr und Balthasar war, welche Abhängigkeit zwischen ihrem und seinem theologischen Werk besteht; auch die Frage, ob es - zu-

[112] Mein Werk, 18.
[113] Wiederveröffentlicht in: Mein Werk, 15-36.
[114] Ebd. 15.
[115] Ebd.

mindest für die Gründungsphase - der *Johannesgemeinschaft* nicht dienlicher gewesen wäre, unter dem Patronat des Jesuitenordens verbleiben zu können.
Natürlich können diese Fragen im Rahmen der vorliegenden Arbeit nicht erschöpfend beantwortet werden. Hierzu bedürfte es einer eigenen Detailuntersuchung, die auch ordensinterne, unveröffentlichte Dokumente zu berücksichtigen sowie Zeitzeugenberichte heranzuziehen hätte; vor allem bedürfte das Nachlaßwerk Adriennes von Speyr einer offiziellen kirchlichen Prüfung. Dies alles kann und soll hier nicht geleistet werden. Lediglich Balthasars eigene Sicht der Dinge soll wiedergegeben werden, insofern sie für die Gründungsgeschichte der *Johannesgemeinschaft* und das sich daraus ergebende Engagement Hans Urs von Balthasars für eine *Theologie der Säkularinstitute* relevant ist. Damit verbindet sich freilich eine »sympathische Beurteilung«, die der Sicht Balthasars ihre Gültigkeit zuerkennt. Als Quellen hierfür werden die von Balthasar veröffentlichten Dokumente herangezogen: *Erster Blick auf Adrienne von Speyr*, eine kurz nach dem Tod Adriennes erschienene erste Einführung in Leben und Werk, die Tagebücher *Erde und Himmel*, in denen sich vornehmlich Adriennes innerer Werdegang nach 1940 sowie Balthasars geistlich-geistiger Prozeß der Ablösung vom Jesuitenorden spiegeln, *Unser Auftrag*, Balthasars letzte Rechenschaft über das Verhältnis zu Adrienne von Speyr und das Wesen der *Johannesgemeinschaft*, die wenige Jahre vor seinem Tod außerordentliches Furore hervorgerufen hat, schließlich einige Beurteilungen dritter Personen, wie sie sich in der Sekundärliteratur über Hans Urs von Balthasar finden. Daß dabei nahezu keine kritische Sicht zu Wort kommt, liegt in der Natur der Sache: kritische Stimmen zum Verhältnis zwischen Hans Urs von Balthasar und Adrienne von Speyr sowie zu Balthasars Trennung vom Jesuitenorden haben sich zumeist nur im privaten Bereich geäußert und sind von daher einer Zitation nicht zugänglich. Trotzdem mag der hier vorgestellte Gedankengang manche dort aufgeworfenen Fragen berücksichtigen.

1. Begegnung mit Adrienne von Speyr

Wie schon dargestellt, übte Hans Urs von Balthasar seit 1940 die vom Orden zugewiesene Aufgabe als Studentenseelsorger in Basel aus. Mehr noch als der damit verbundene Kontakt zu zahlreichen akademischen Laien beeinflußte die Begegnung mit der Baseler Ärztin Adrienne Kaegi - von Speyr[116] Balthasars Hinwendung zu den kirchlichen Laiengemeinschaften. Dies erstaunt um so mehr, als Frau von Speyr - bisher Protestantin, in zweiter Ehe mit Prof. Werner Kaegi verheiratet, aus erster Ehe mit Prof. Emil Dürr mit der Sorge für zwei Kinder betraut, zudem als gefragte Ärztin in ihrer Praxis tätig - keinerlei Disposition für die Gründung einer Gemeinschaft zu haben schien, die sich den evangelischen Räten verpflichtet. Balthasar selbst bezeichnete im späten Rückblick von 1984 jedoch gerade dies als »Hauptauftrag[s], den wir zusammen zu erfüllen hatten: den Auf- und Ausbau der Johannesgemeinschaft«[117]. Ein grober Abriß der Vorgeschichte Adriennes von Speyr bis zur Begegnung mit Hans Urs von Balthasar im Jahr 1940 soll erhellen, wie es zu dieser Zusammenarbeit kam und welche Affinität zwischen dem Anliegen der Säkularinstitute und der geistig-geistlichen Prägung Adriennes von Speyr besteht.

a) Das Leben Adriennes von Speyr bis zur Begegnung mit Hans Urs von Balthasar

Am 20. September 1902 in La Chaux-de-Fonds geboren[118], wuchs

---

[116] In der Regel wird im folgenden, einem sich einbürgernden Sprachgebrauch folgend, der Einfachheit halber der Mädchenname Adriennes von Speyr verwendet. Zweimal verheiratet trug sie jeweils zusätzlich den Namen ihres Mannes Prof. Emil Dürr bzw. Prof. Werner Kaegi.

[117] Unser Auftrag, 97. Zum direkten Einfluß, den Adrienne von Speyr auf Balthasars Interesse an der Frage der Säkularinstitute hatte, vgl. M. Kehl, Ein Porträt, 50.

[118] Vgl. zum Ganzen den summarischen Überblick in: E. Guerriero, Monographie, 130-139; Adriennes posthum veröffentlichte Selbstbeschreibung bis zum 25. Lebensjahr: Aus meinem Leben, Einsiedeln 1968 (= *Aus meinem Leben*); daneben die im seelsorglichen Dialog mit H. U. v. Balthasar entstandenen autobiographischen Aufzeichnungen: A. v. Speyr, Geheimnis der Jugend. Die Nachlaßwerke herausgegeben und eingeleitet von Hans Urs von Balthasar, Bd. VII, Privatdruck des Johannes Verlags, Einsiedeln 1966 (= *Geheimnis der Jugend*). Balthasar beschreibt Adriennes Lebenslauf in: Erster Blick auf Adrienne von Speyr, 15-43; Unser Auftrag, 18-30.

Adrienne von Speyr in der französischen Schweiz auf, durch das familiäre Umfeld immer schon in direkter Nähe zum medizinischen Beruf. Der Vater Theodor von Speyr war Augenarzt, ebenso war ihr Onkel Prof. Wilhelm von Speyr Arzt, tätig als Direktor einer psychiatrischen Anstalt bei Bern. Adrienne verbrachte nahezu alle Ferien der Kinder- und Jugendzeit als Gast im Haushalt des Onkels und in der angrenzenden psychiatrischen Anstalt, wo sie kleine Dienste versah; ihr Einfühlungsvermögen in die Patienten und die frühe medizinische Vorliebe machten diese Aufenthalte für die Jugendliche zu einem willkommenen Zeitvertreib. Adriennes Elternhaus war protestantisch geprägt, mit dem damals üblichen stark antikatholischen Affekt; dasselbe antikatholische Milieu begegnete ihr in der Schule, zuerst in La Chaux de Fonds, später in Basel. Mit der älteren Schwester Helen sowie den zwei jüngeren Brüdern Wilhelm und Theodor teilte sich Adrienne die Gunst der Mutter Laure von Speyr, die von je her unbeholfen im Umgang mit ihrer zweiten Tochter war und ihr mit zahlreichen Ungerechtigkeiten das Leben schwermachte. Anscheinend gab schon das Kind Adrienne seiner Umwelt zahlreiche Rätsel auf, denen die Mutter in keiner Weise gewachsen war: die auffällige Verschlossenheit in die eigene Innenwelt, ein unbegründetes Wissen um katholisches Gedankengut, die einem Mädchen des beginnenden 20. Jahrhunderts unangemessene Neigung zum Arztberuf, die hervorstechende Intelligenz, mit der sie trotz permanenter Widerstände der Mutter und jahrelanger Krankheit die Schule bis zum Abitur absolvierte. Verständnis für ihre Eigenart brachte nur Adriennes Großmutter mütterlicherseits auf, in deren Haus Adrienne vorbehaltlos sie selbst sein durfte, und dies hieß vor allem, nicht reden zu müssen[119]. Als die Großmutter 1913 starb, zog Adrienne sich noch mehr als zuvor in sich selbst zurück. Wenn der Vater den Erziehungsmaßnahmen der Mutter auch nicht widersprach, so ließ er Adrienne doch über alle Jahre hinweg seine stille Solidarität und innere Nähe spüren; auch dieser tragende Grund ging verloren, als der Vater von Speyr am Beginn des Jahres 1918 unerwartet und infolge medizinischer Versäumnisse

---

[119] Vgl. Aus meinem Leben, 339-357 (Anhang »Das Haus der Großmutter«).

starb[120]. Infolge des Todes ihres Vaters schienen sich die Schwierigkeiten zwischen Adrienne und ihrer Mutter zuzuspitzen. Erst nach einem jahrelangen Tauziehen zwischen Tochter und Mutter und gegen den Widerstand der gesamten Verwandtschaft gelang es Adrienne von Speyr schließlich doch, im Sommer 1923 das Medizinstudium aufzunehmen[121]. Nach dem Tod des Vaters war die Familie nach Basel umgesiedelt, weshalb sich Adrienne in Basel immatrikulierte und im elterlichen Haushalt eine Mansarde bewohnte, von den übrigen Familienmitgliedern weitgehend ignoriert. Obwohl die Familie über finanzielle Mittel verfügte und nach dem Tod des Vaters vom Onkel mitversorgt wurde, mußte Adrienne sich ihr Studium mit zahllosen Nachhilfestunden selbst verdienen. Trotz dieser widrigen Umstände profilierte sie sich zusehends unter den zumeist männlichen Mitstudenten und erregte auch manches Aufsehen durch die Gewissenhaftigkeit, mit der sie das ärztliche Ethos gegenüber Professoren und Kommilitonen verteidigte[122].
Diese erste Beschreibung könnte den Eindruck erwecken, als habe Adrienne von Speyr eine durchweg dramatische Jugend verlebt. Dies war sicher nicht der Fall. Gerade die Gymnasialjahre boten ihr einen Ort, an dem sie adäquat gefördert war und ihre Fragen artikulieren konnte. Dem ihr gegebenen unkomplizierten Umgang mit Gleichaltrigen verdankte sie einen Freundeskreis vornehmlich junger Männer; Adrienne hatte eine starke Vorliebe für Tanzveranstaltungen, die sie während der Studienjahre genußvoll auslebte[123]. Ähnlich vernarrt, wenn auch tiefer, war sie in das Klavierspiel, das sie schließlich dem Medizinstudium opferte[124].
Der Juni des Jahres 1927 markierte einen folgenschweren Einschnitt im Leben Adriennes von Speyr. Mit einer geschenkten Geldsumme genoß sie in San Bernadino den ersten Urlaub während der Studienjahre. Der Zufall wollte es, daß sich dort zur selben Zeit auch einige Basler

---

[120] Zur Gestalt des Vaters vgl. ebd. 47-50, 143-155.

[121] Vgl. zum Beginn des Medizinstudiums ebd. 217, 223ff.

[122] Hierzu aufschlußreich die Beschreibung der »Affäre Neergard«; ebd. 291-310.

[123] Vgl. Geheimnis der Jugend, 114.

[124] Vgl. Aus meinem Leben, 236.

Bekannte eingefunden hatten, unter ihnen der verwitwete Basler Geschichtsprofessor Emil Dürr mit seinen zwei Kindern. Professor Dürr verliebte sich in Adrienne und machte ihr einen Heiratsantrag, unterstützt von seinen Basler Freunden. Hans Urs von Balthasar schreibt über diese Begebenheit: »Dürr verliebte sich sofort, wie viele andere vorher, in die temperamentvolle Studentin, man veranstaltete ein wahres Kesseltreiben, um die beiden zusammenzubringen.«[125] Adrienne ihrerseits willigte nach einigen inneren Kämpfen Dürrs Kindern zuliebe in eine Heirat ein. Schon im September 1927, vor Beginn des neuen Semesters war sie verheiratet und lebte von nun an bis zum Ende ihres Lebens im historischen Haus »Auf Burg« - mit direktem Blick auf den Rhein und das Basler Münster - am Münsterplatz 4. Ein Jahr nach der Heirat legte Adrienne von Speyr das Staatsexamen ab, 1931 eröffnete sie nach verschiedenen Vertretungstätigkeiten ihre eigene ärztliche Praxis, die sie bis 1954 aufrecht erhielt, als sie infolge ihres eigenen schlechten gesundheitlichen Zustandes keinen regelmäßigen ärztlichen Dienst mehr versehen konnte. Die Ehe mit Professor Emil Dürr, die unter sehr ungünstigen, hastigen und nahezu zwanghaften Vorzeichen eingeleitet worden war, entwickelte sich zu einer glücklichen Zeit in Adriennes Leben: »Die Familie Dürr wohnte in einem schönen Basler Haus am Münsterplatz über dem Rhein, wo Emil und Adrienne ein ruhiges Leben führten und sich dabei tiefer kennen und lieben lernten. In ihren Gesprächen kam Gott oft vor. Sie unternahmen Reisen, besuchten zusammen italienische Kirchen. Sie waren glücklich.«[126] Kinder waren den beiden nicht beschieden; infolge der starken beruflichen Belastung hatte Adrienne von Speyr mehrere Fehlgeburten.

Das Glück dieser ersten Ehe nahm ein jähes Ende, als Emil Dürr nach nur sechs gemeinsamen Jahren am 12. Februar 1934 an den Folgen einer Kopfverletzung starb. Adrienne von Speyr war durch diesen Tod zutiefst erschüttert, nicht nur wegen des menschlichen Verlustes ihres Ehepartners, sondern auch in geistlicher Hinsicht, weil ihr von nun an die Bitte des Vaterunsers »Dein Wille geschehe« wie eine Lüge er-

---

[125] Erster Blick auf Adrienne von Speyr, 25.

[126] E. Guerriero, Monographie, 136.

schien[127]; diese Not steigerte sich zu dem bedrängenden Unvermögen, dieses Gebet und damit letztlich jedes andere Gebet zu sprechen. Trotz dieser Krise heiratete sie schon zwei Jahre später Professor Werner Kaegi, Schüler und Nachfolger auf dem Lehrstuhl ihres Mannes, wieder aus vorwiegend altruistischer Motivation heraus: »Ich hatte ganz unpersönlich das Gefühl: er braucht jemanden, eine Frau. Und er möchte das Gute, aber ist so unsicher im Leben. Auf die Idee, daß er mich als Frau brauche, bin ich nicht gekommen.«[128] Hinzu kam das Anliegen, den zwei verwaisten Söhnen Emil Dürrs wieder einen Vater zu geben. Diese zweite eingegangene Ehe blieb der äußere Lebensrahmen Adriennes von Speyr bis zu ihrem Tod am 17. September 1967. Wie die erste Ehe mit Emil Dürr war auch die zweite Verbindung mit Werner Kaegi von großer gegenseitiger Verehrung der Partner geprägt. Adrienne von Speyr schuf ihrem Mann den nötigen Freiraum für die wissenschaftliche Arbeit - Professor Werner Kaegi war der Verfasser eines mehrbändigen Werkes über den Basler Historiker Jacob Burckhardt. Er seinerseits anerkannte selbstverständlich den aufopferungsvollen Dienst seiner Frau als Ärztin. Auch die noch zu beschreibende Zusammenarbeit zwischen Hans Urs von Balthasar und Adrienne von Speyr wäre ohne das selbstverständliche Entgegenkommen ihres Mannes nicht möglich gewesen. Werner Kaegi überlebte seine Frau um einige Jahre; er starb 1979.

b) Grundlinien des geistlichen Weges bis zur Konversion

Dieser äußeren Lebenslinie parallel gingen die inneren Linien, die im Rückblick sowohl durch Hans Urs von Balthasar als auch durch Adrienne von Speyr selbst als geradlinige Hinführung zu jenem Charisma gewertet wurden, das mit der Begegnung zwischen Balthasar und Frau von Speyr im Sommer 1940 und der darauf folgenden Konversion gleichsam zum »Ausbruch« kam, in diesem Charisma einbegriffen die Gründung der *Johannesgemeinschaft*. Drei hinführende Linien können

---

[127] Vgl. Erster Blick auf Adrienne von Speyr, 26f. Detaillierte Beschreibung auch in: Unser Auftrag, 47f.

[128] Geheimnis der Jugend, 297.

unterschieden werden[129].

Suche nach der Fülle der katholischen Glaubensgestalt

Ohne erkennbaren Anstoß von außen hatte Adrienne von Speyr von Kindheit an ein radikales Ungenügen an der evangelischen Glaubensgestalt empfunden. Wenn auch konkrete Vertreter des protestantischen Umfeldes wie etwa Religionslehrer und Pastoren durch ihre Reaktionen auf die Fragen der jugendlichen Adrienne dies noch verschärften, so waren sie doch keineswegs Auslöser hierfür. Adriennes Ungenügen betraf zunächst ihr leidenschaftliches Verhältnis zur Wahrheit. Intuitiv erfaßte sie, daß der Gott der Heiligen Schrift größer und anders sein mußte als jener, der ihr in der ihr begegnenden Form des Protestantismus vermittelt wurde und daß es eine Weite der Kirche gab, die weit über die Grenzen der Konfessionen hinausging. So konnte Adrienne als Dreizehnjährige im Gymnasium einen Aufsatz über Vorurteile verfassen, in dem sie darlegte, »Daß man uns von den andern Religionen nicht reden will, damit wir mit Scheuklappen versehen bleiben. Die Scheuklappen sind das, was sie im [Neuen] Testament alles auslassen«[130]; diese Ausführungen wurden verständlicherweise von der Umgebung nicht positiv aufgenommen. Die Wahrheit, die Adrienne im eigenen Herzen von Gott her aufleuchtete, war anders und größer als das, was Eltern, Lehrer und Pastoren als solche vermittelten. Dabei war Adrienne keineswegs überheblich; im Gegenteil spürte sie im Angesicht dieser unbedingten Wahrheit ihre eigene Halbheit, weshalb sie bis zu ihrer Konversion von früher Jugend an von der Sehnsucht umgetrieben wurde, beichten zu dürfen[131].

---

[129] Natürlich müßte eine Vielzahl von Aspekten genannt werden, um Adrienne von Speyr umfassend zu charakterisieren und in ihrem Charisma zu beschreiben. Hier sollen nur jene Aspekte herausgegriffen werden, die eine direkte Fortsetzung in Geist und Leben der *Johannesgemeinschaft* gefunden haben und als direkte Motivation für den Gründungsimpuls gewertet werden können. Als Quelle für die folgenden Ausführungen vor allem: Unser Auftrag, 18-30; Erster Blick auf Adrienne von Speyr, 16-28.

[130] Geheimnis der Jugend, 21.

[131] Vgl. Unser Auftrag, 21-23.

Affinität zum Jesuitenorden und zu Ignatius von Loyola

Dieser Liebe zur Wahrheit korrespondierte ein ebenso äußerlich unbegründetes Wissen der jugendlichen Adrienne um Geisteshaltungen des Jesuitenordens. So berichtet Adrienne in ihren biographischen Aufzeichnungen »Aus meinem Leben«, daß sie als fünfzehnjährige Schülerin höchst engagiert aus dem Stehgreif einen Vortrag über die »restrictio mentalis« gehalten habe[132]. Daß Wahrheit mit Liebe und Gerechtigkeit gekoppelt sein muß, war Adrienne zutiefst vertraut[133]. Sie sagte von sich selbst, daß ihr diese Erkenntnisse - neben vielen anderen - von ihrem Engel vermittelt wurden, der sie begleitete und mit dem sie als Kind in direktem, selbstverständlichem Gespräch stand. Damit rühren wir an ein zentrales Phänomen im Leben Adriennes von Speyr: ihr geradezu natürlicher Umgang mit Personen der *himmlischen Welt*. Was nach ihrer Konversion im Jahre 1940 gleichsam zum Alltag wurde, hatte sich von der Kindheit her angebahnt. Adrienne berichtet, daß sie als Sechsjährige Ignatius von Loyola *begegnet* sei (im Sinne einer optischen und akustischen Erscheinung, die sich nicht von alltäglichen Begegnungen unterschied), der sie einlud, mit ihm zu kommen[134]. Die nach der Konversion zahlreich erfolgenden *Begegnungen* mit Ignatius machten jene Identifizierung der Person möglich, welche die Sechsjährige nicht hatte leisten können. Trotzdem wußte auch die jugendliche Adrienne - nach eigener Aussage über ihren Engel vermittelt - um den Jesuitenorden und hegte im Alter von fünfzehn Jahren den Wunsch, »Jesuit« zu werden. Diesem Wunsch parallel ging das Berufsziel der Ärztin[135]; wie beides zu vereinen sei, wußte sie nicht.

Begegnung mit Maria, der Mutter Jesu, als Erschließung christlicher Jungfräulichkeit

Daß in der protestantischen Glaubensverkündigung die »Mutter an der

---

[132] Vgl. Aus meinem Leben, 34.

[133] Vgl. Geheimnis der Jugend, 300.

[134] Ausführlich beschrieben in: Aus meinem Leben, 25f.

[135] Vgl. Geheimnis der Jugend, 21.

Seite des Herrn« fehlt, war für Adrienne schon als Kind in der Sonntagsschule eine Selbstverständlichkeit[136]. Nach eigener Aussage begegnete sie dieser Mutter unvermittelt als Fünfzehnjährige in einer bildhaften Vision. Diese Vision hinterließ in Adrienne den Eindruck der überragenden Schönheit der Mutter Jesu und einer großen Freude; sie wußte von da an, daß sie dieser Mutter zugehörig war[137]. Dies galt für sie in einem totalen, auch und gerade den Leib umfassenden Sinn, weil Adrienne seit der Marienvision eine Wunde unter der linken Brust trug[138]. Ohne daß Adrienne von Speyr reflex um den Sinn christlicher Ehelosigkeit gewußt hätte, war ihr von diesem Ereignis her klar, daß ihr Leib in einer Weise in die Verfügung Gottes hineingenommen war, daß sich die Möglichkeit der Ehe an sich nicht mehr stellte[139]. Daß sie trotzdem wie oben erwähnt zweimal heiratete, lag daran, daß Adrienne von Speyr in ihrer protestantischen Zeit keine adäquate Möglichkeit fand, diese Ehelosigkeit als *endgültig gewählte Lebensform* zu verwirklichen[140]. Zugleich war sie aber überzeugt, daß sie irgend etwas *entschieden wählen mußte*, um sich in einer konkreten Lebensform Gott ganz zur Verfügung stellen und an ihn binden zu können. Angesichts der mangelnden Alternative entschied sie sich daher zweimal für die Ehe: beide Male mit Partnern, deren Bedürftigkeit sie nicht ausweichen zu können meinte und für die sie echte Zuneigung empfand. Diese Ehen waren in der rückblickenden Wertung keine Notlösungen; beide Ehemänner begegneten dem medizinischen Beruf und der religiösen Berufung Adriennes von Speyr mit ehrfürchtiger Zurückhaltung und stützten ihre Gottsuche. Adrienne von Speyr war auch nach ihrer Konversion und in den Jahren des Aufbaus der *Johannesgemeinschaft* zu allererst Ehefrau ihres zweiten Mannes

---

[136] Vgl. Aus meinem Leben, 46f.

[137] Eine ausführliche Beschreibung der Vision in: Geheimnis der Jugend, 24f.

[138] Vgl. ebd. 26; auch: Erster Blick auf Adrienne von Speyr, 25.

[139] Zum Zusammenhang zwischen dieser Wunde und Adrienne von Speyrs Zug zur Ehelosigkeit vgl. Erster Blick auf Adrienne von Speyr, 25.

[140] Der Weg der Diakonissen erschien ihr als halbe Lösung, insofern hier keine endgültig verbindliche Entscheidung fällt, sondern lebenslange Offenheit die Lebensform begleitet; vgl. Adriennes Ausführungen über ihren Aufenthalt im Diakonissenhaus Saint-Loup September bis Dezember 1920 in: Aus meinem Leben, 187-195.

und Mutter der ihr vom ersten Ehemann anvertrauten Kinder.
Durch diese hier kurz gezeichneten auch für Außenstehende zuweilen aufscheinenden *inneren Linien* im Leben Adriennes von Speyr wurden gute Bekannte über die Jahre hinweg wiederholt veranlaßt, sie auf die Möglichkeit einer Konversion oder gar des Ordenseintrittes hinzuweisen. Aber für sie selbst schienen diese Wege sich nicht zu öffnen, sie blieb in einem eigentümlichen inneren Wartezustand. Eine letzte Ambivalenz blieb trotz der geglückten Ehen und des endlich erreichten Zieles, als Ärztin tätig zu sein, bestehen. Hans Urs von Balthasar wertet die Jahre bis 1940 in ihrer Vorläufigkeit wie folgt:

> »Ein großer Teil dessen, was sie ihre ganze Jugend hindurch angestrebt hatte, ohne es noch mit beruflicher Kompetenz durchführen zu können, war jetzt möglich geworden: ganz im Dienst des Nächsten zu stehen, und zwar im Auftrag Gottes, aus der Gebetsverbundenheit mit Gott und so, daß sie von Gott her immer die ganze Persönlichkeit des Patienten, sein leibliches, seelisches und religiöses Wohl gleichzeitig im Auge behielt. [...]
> Und doch war damit die Synthese noch nicht erreicht, nach der sie von jeher gesucht hatte, der Ort, auf den hin die vielen Zeichen und Andeutungen in ihrer Jugend wie punktierte Linien konzentrisch zuliefen, noch nicht gefunden. [...] Eine einfache 'Synthese' zwischen Gottverhältnis und Nächstenliebe in der Ehe war nicht das Letztgemeinte, sie konnte gleichsam nur etwas Vorläufiges sein, für die Zeit, da die endgültige Lösung noch gar nicht in Sicht kommen konnte. All dies wird aus ihrer zweiten Selbstbiographie[141] vollkommen klar. So ging auch in den Jahren angestrengtester Berufsarbeit das religiöse Suchen unvermindert weiter: immer wieder suchte sie nach einer Gelegenheit, endlich mit einem katholischen Priester ihr Grundanliegen zu klären, immer wieder entglitt ihr diese zu ihrer großen Enttäuschung.«[142]

Dieser aus späterer Kenntnis heraus beschriebene innere Zustand Adriennes von Speyr blieb bestehen bis zur Begegnung mit Balthasar.

---

[141] Gemeint ist: A. v. Speyr, Geheimnis der Jugend.

[142] Nachwort Hans Urs von Balthasars in: Aus meinem Leben, 334.

2. Konversion Adriennes von Speyr und dauerhafte Begleitung durch Hans Urs von Balthasar

Es dauerte nicht lange, bis der neue Studentenseelsorger Hans Urs von Balthasar im Jahre 1940 in Basel bekannt wurde und sein Name auch zu Adrienne von Speyr drang. Sie hatte den Sommer über wegen eines Herzinfarktes, dem Beginn einer dann chronisch werdenden Herzschwäche, im Krankenhaus gelegen und erbat sich einen Besuch des Studentenseelsorgers. So fand im Sommer 1940 die erste Begegnung zwischen den beiden statt: auf der Terrasse des Hauses Kaegi - von Speyr am Münsterplatz 4. Nach einem ersten Gespräch über Claudel und Péguy, an deren Übersetzung Balthasar gerade arbeitete, drang schon das folgende Gespräch zur wesentlichen Frage nach dem Vaterunser vor, mit der sich Adrienne von Speyr seit dem Tod ihres ersten Mannes quälte. Balthasar beschreibt den Verlauf dieses Gespräches:

> »Bei meinem zweiten Gepräch mit A. vor ihrer Konversion gestand sie mir, daß sie seit Emils Tod das Vaterunser nicht mehr beten konnte, weil sie das Wort 'Dein Wille geschehe' nicht über die Lippen brachte. Sie fürchtete sich, diese Worte nicht tief genug zu bejahen. Ein protestantischer Pfarrer hatte ihr nahegelegt, diese provisorisch auszulassen. Bei unserem Gespräch sagte ich ihr, sie müsse diese Worte unbedingt sprechen und deren Erfüllung der Gnade Gottes anheimstellen. Von diesem Augenblick an konnte sie wieder richtig beten.«[143]

Nachdem Adrienne von Speyr durch diese schlichte Anweisung von der Last befreit war, die Zustimmung zum Willen Gottes selbst leisten zu müssen, waren alle inneren Blockaden gelöst: Sie konnte beten und war endlich frei, konkrete Schritte auf die lange aufgeschobene Konversion hin zu tun. Hans Urs von Balthasar schildert diese von ihm unerwartete Wendung, die sich im Verlauf der Konversions-Gespräche zunehmend einstellte:

> »als ich ihr zeigte, daß wir mit 'Dein Wille geschehe' nicht unsere

---

[143] Erde und Himmel I, 34.

eigene Leistung Gott anbieten, sondern unsere Bereitschaft, von *seiner* Leistung übernommen und wohin immer versetzt zu werden, war es, als hätte ich unversehens auf einen elektrischen Knopf gedrückt, der auf einen Schlag alle Lichter im Saal entzündete. Adrienne war von allem Hemmenden losgekettet, ihr Gebet begann sie wie lang aufgestaute Fluten fortzureißen. Im Unterricht verstand sie alles sofort, als hätte sie nur - und wie lang! - darauf gewartet, gerade dies zu hören, um es zu bejahen. Sie wurde am Fest Allerheiligen getauft«[144].

Am selben Tag empfing Adrienne ihre Erstkommunion, wenige Wochen später das Firmsakrament. Man kann sich die hier im Bild des abrupt erleuchteten Saales geschilderte Wucht der Gebetsgnaden, die Adrienne von Speyr seit dem Tag ihrer Aufnahme in die katholische Kirche überschwemmten und den Rest ihres Lebens nicht mehr abbrechen sollten, wohl nicht überwältigend genug vorstellen - und zwar für den Geistlichen Begleiter kaum weniger als für die Betroffene selbst. Balthasar beschreibt den Vorgang:

»Sogleich nach der Konversion beginnt ein wahrer Katarakt mystischer Gnaden sich über Adrienne zu ergießen, in einem scheinbar regellosen Sturmwind, der sie nach allen Richtungen gleichzeitig wirbelt. Gebetsgnaden vor allem: Hinweggerissenwerden aus allem mündlichen Beten und selbstgeführten Betrachten zu Gott, um nach unbestimmter Zeit mit neuen Erkenntnissen, neuer Liebe, neuen Entschlüssen irgendwo abgestellt zu werden.«[145]

Auffällig war auch, daß von nun an jene schon benannten Zugänge zu Ignatius von Loyola und zur Mutter Jesu vertieft wurden, die Adrienne von Speyr von Kindheit an geprägt hatten. Was damals einmalige, intuitiv erfaßte Begegnungen des Kindes und der Jugendlichen gewesen waren, wurde nun zu alltäglicher Selbstverständlichkeit:

»Gnaden der Schau: nach einem ersten noch verschleierten Sichzeigen

---

[144] Erster Blick auf Adrienne von Speyr, 27. Die Taufe wurde *sub conditione* für den Fall der Ungültigkeit ihrer Kindertaufe gespendet.

[145] Ebd. 29.

der Mutter Gottes ein immer offeneres, ein Umgang mit ihr von solcher Zartheit und Ehrfurcht, aber auch von so selbstverständlicher Familiarität, daß alle 'Geschichten', die sie mir von Maria erzählte, einen Hauch des Vertrauten und zugleich wundersam-unausdenkbar Schönen an sich tragen. Der Umgang mit Ignatius ist nicht minder häufig, erfolgt in einem Zueinanderpassen und Einverständnis, das eigentlich vollkommen scheint«[146].

Die äußerst bodenständige Ärztin war über diese Erfahrungen mehr als verwirrt und konnte sich nur durch die klärende und bestätigende Begleitung Hans Urs von Balthasars darauf einlassen; er seinerseits sah seine Aufgabe darin, auf eine immer stärkere Integration von Mystik und alltäglichen Vollzügen im Leben Adriennes von Speyr hinzuwirken[147]. Von der Echtheit dessen, was Hans Urs von Balthasar seit der ersten - hier bewußt ausführlich geschilderten - Begegnung mit Adrienne von Speyr bis zu ihrem Tod im Jahre 1967 beobachten konnte, war er von Anbeginn überzeugt. Er begleitete sie während dieser Jahre nicht nur kontinuierlich, sondern war auch bereit, für das hier begegnende Charisma mit dem eigenen Leben einzustehen:

»Da mir in diesen siebenundzwanzig Jahren trotz genauester Beobachtung ihres inneren Lebens als Beichtvater und Seelenführer nie die geringsten Zweifel an der Richtigkeit ihres Auftrages und an der schlichten Lauterkeit, mit der sie ihn lebte und weitergab, kamen, habe ich nicht nur die härtesten Entschlüsse meines Lebens - so den meines Ordensaustritts - auf ihre Weisung hin gefaßt, sondern auch meinen Blickwinkel auf die christliche Offenbarung dem ihrigen anzugleichen versucht.«[148]

Die hier formulierte Nachordnung des eigenen kirchlichen Auftrages hinter das Charisma Adriennes von Speyr frappiert zunächst. Aber nur von hier aus lassen sich alle weiteren Entscheidungen, die in den folgenden Jahren das Leben Hans Urs von Balthasars prägen sollten,

---

[146] Ebd.

[147] Vgl. Unser Auftrag, 48f.

[148] Erster Blick auf Adrienne von Speyr, 11.

erklären.

3. Gemeinsames theologisches Schaffen

Frucht der Gebetsgnaden Adriennes von Speyr waren vor allem immer tiefere Einsichten in die Heilige Schrift. Diesen inneren Einsichten folgend, begann sie ab Mai 1944, eine Vielzahl von biblischen Kommentaren zu diktieren; den Schriftkommentaren folgten später thematische Abhandlungen[149]. Hans Urs von Balthasar sah seinen Auftrag darin, dieses geistliche Geschehen der Auslegung von Offenbarung und Schrift durch seinen seelsorgerlichen und theologischen Dienst zu begleiten und sich als Sekretär und Herausgeber zu betätigen[150]. Er beschreibt diese Zusammenarbeit mit Adrienne von Speyr:

> »Durch ein Jahrzehnt ungefähr hat Adrienne nunmehr Bücher der Heiligen Schrift ausgelegt, nach den johanneischen Schriften einiges von Paulus, die katholischen Briefe, die Apokalypse, Bücher oder Buchteile des Alten Testaments. In späteren Jahren konnte man ihr jeden beliebigen Text der Schrift mit der Aufforderung einhändigen, ihn sogleich auszulegen; sie schloß ein paar Sekunden die Augen und begann dann mit ihrer ruhigen, sachlichen Stimme zu sprechen, in Sätzen, die beinah druckfertig waren. Meist diktierte sie nachmittags, wenn sie von der Zweiuhr-Sprechstunde heimgekehrt war und eine Tasse Tee genommen hatte, selten länger als eine halbe Stunde im Tag.«[151]

Daß das so Mitgeschriebene sich ganz der Autorenschaft Adriennes von Speyr verdankte, hat Hans Urs von Balthasar mehrfach betont.

---

[149] Einen Gesamtüberblick über das Werk bietet: E. Guerriero, Monographie, 140-152. Ausführlicher die beiden Bände von B. Albrecht, Eine Theologie des Katholischen. Einführung in das Werk Adriennes von Speyr (Band I: Durchblick in Texten, Einsiedeln 1972; Band II: Darstellung, Einsiedeln 1973).

[150] Die Gründung des Johannes Verlages ergab sich aus dieser Zusammenarbeit, weil kein bestehender Verlag sich bereit fand, den Johanneskommentar Adriennes von Speyr herauszugeben.

[151] Erster Blick auf Adrienne von Speyr, 32.

Seinen Beitrag sah er darin, »für die Drucklegung unfertige Sätze zu ergänzen, Worte umzustellen u. dgl.«[152], vor allem half er durch sein Zuhören beim Finden des sprachlichen Ausdrucks für die geschauten Inhalte[153]. Den noch zu Lebzeiten Adriennes von Speyr herausgegebenen Werken folgten nach ihrem Tod die Nachlaßbände[154].
Eine Sonderstellung im Werk haben alle Kommentierungen des Paschamysteriums, darunter vor allem: »Die Abschiedsreden. Betrachtungen über Johannes 13-17«[155], »Geburt der Kirche. Betrachtungen über Kapitel 18-21 des Johannesevangeliums«[156] sowie die im Nachlaß erschienenen zwei Bände »Kreuz und Hölle«[157]. Diese Werke sind Niederschlag einer »experimentellen Dogmatik«, d.h. eines jahrelangen erlebnismäßigen Einbezogenwerdens Adriennes von Speyr in die Todesangst Jesu, in Kreuz und Hölle. Vor allem hier kam Hans Urs von Balthasar die Aufgabe zu, das Erlebte in den theologischen Kontext einzuordnen und von dort her tragbar und verständlich zu machen[158]. Balthasars »Theologie der drei Tage«, insbesondere die Karsamstagstheologie, ist Frucht dieses Dialoges. Im Hinblick auf eine *Theologie der Säkularinstitute* wird diese Thematik im Kontext der Christologie (vgl. Zweiter Teil II. B. Zweites Kap.) nochmals aufgegriffen werden.
Neben der Auslegung des Paschamysteriums haben die johanneischen Schriften eine Vorrangstellung im Werk Adriennes von Speyr. Die Erschließung der Johannesgestalt im Balthasarschen Werk hat hier ihre Wurzeln und strahlt aus bis hinein in die ekklesiologische Verortung

---

152 Unser Auftrag, 51f.

153 Zum ganzen Vorgang der Diktate vgl. Unser Auftrag, 50-53.

154 Eine Übersicht über die Nachlaßbände bietet Balthasar in: Erster Blick auf Adrienne von Speyr, 95f.

155 A. v. Speyr, Die Abschiedsreden. Betrachtungen über Johannes 13-17, Einsiedeln 1948.

156 A. v. Speyr, Geburt der Kirche. Betrachtungen über Kapitel 18-21 des Johannesevangeliums, Einsiedeln 1949.

157 A. v. Speyr, Kreuz und Hölle I: Die Passionen (Die Nachlasswerke Bd. III), Einsiedeln 1966; Kreuz und Hölle II: Die Auftragshöllen (Die Nachlasswerke Bd. IV), Einsiedeln 1972; herausgegeben und eingeleitet von Hans Urs von Balthasar (= *Kreuz und Hölle I* und *II*).

158 Hans Urs von Balthasar deutete rückblickend die Jahre seiner theologischen Ausbildung als providentielle Vorbereitung seines Verständnishorizontes für die Mystik Adriennes von Speyr; vgl. Unser Auftrag, 30-38.

der Säkularinstitute (vgl. Zweiter Teil. A. Zweites Kap.IV).
Hans Urs von Balthasar sah sich also keineswegs nur als Gebender und Begleiter im Verhältnis zu Adrienne von Speyr. Ein erster Widerhall dieser Erfahrung erreichte die Leser in seiner »Rechenschaft - 1965«[159], wo Balthasar erstmals öffentlich den Konnex zwischen seinem Werk und dem Adriennes von Speyr beschrieb: »Adrienne von Speyr war es, die den erfüllenden Weg von Ignatius zu Johannes wies, und damit den Grund zum meisten legte, was seit 1940 von mir veröffentlicht wurde. Ihr Werk und das meine sind weder psychologisch noch philologisch auseinanderzutrennen, zwei Hälften eines Ganzen, das als Mitte eine einzige Gründung hat.«[160] Schon hier klingt an, daß Balthasar die Gründung der *Johannesgemeinschaft* als Sinnspitze dieser theologischen Zusammenarbeit versteht.
1975 gab Balthasar in der Handreichung für seine Leser »Noch ein Jahrzehnt«[161] erneut Hinweise darauf, wie sehr seine eigene Theologie von dieser Zusammenarbeit - auch über den Tod Adriennes von Speyr hinaus - profitierte: »Ein abschließendes Wort ist nötig, um die Vorstellung zu zerstreuen, ich hätte in den genannten und anderen Büchern einfach meine eigenen Einfälle wiedergegeben. Das meiste dessen, was ich schrieb, ist eine Übersetzung dessen, was auf eine unmittelbarere, weniger 'technische' Weise in dem gewaltigen Werk Adriennes von Speyr, das erst teilweise zugänglich ist, niedergelegt wurde.«[162] Um den Lesern seiner Werke den korrespondierenden Bezugspunkt anbieten zu können, legte Balthasar daher größten Wert auf die Veröffentlichung und Erschließung des Werkes Adriennes von Speyr. Was 1975 noch weitgehend Zukunftsmusik war - das synchronische Lesen und Erschließen der Werke beider Autoren -, bleibt für ihn dennoch unabdingbar: »Die hier [im Werk Adriennes von Speyr] eingeborgene Fülle wird erst in späterer Zeit kundwerden können. Man wird dann auch sehen, wie stark die Intuitionen dieser Frau meine Bücher beeinflußt haben - *Herz der Welt, Gottesfrage, Theologie der*

[159] Wiederveröffentlicht in: Mein Werk, 37-73.
[160] Ebd. 71.
[161] Wiederveröffentlicht in: Mein Werk, 74-88.
[162] Ebd. 85.

drei Tage und manches andere ist im wesentlichen theologische Transkription des von ihr unmittelbar Erkannten. Das ist eine Behauptung, die sich erst später verifizieren lassen wird.«[163] Heute ist eine solche synchrone Lesung der beiden Autoren möglich, wenn auch nur in Anfängen verwirklicht, zumal die Kenntnis beider Werke für die allermeisten Leser mengenmäßig kaum zu bewältigen ist.

Anscheinend hatten die klaren Stellungnahmen zu Adrienne von Speyr bei Freunden und Kritikern Hans Urs von Balthasars nicht die erwartete Kenntnisnahme gefunden, so daß er sich 1984 im vorgerückten Alter nochmals genötigt sah, für die Verflochtenheit zwischen seinem und dem Werk Adriennes von Speyr Zeugnis abzulegen. Diesmal galt dem Anliegen ein ganzes Buch: pointiert »Unser Auftrag«[164] genannt. Programmatisch hob diese Veröffentlichung im ersten Satz an: »Dieses Buch hat vor allem einen Zweck: zu verhindern, daß nach meinem Tod der Versuch unternommen wird, mein Werk von dem Adriennes von Speyr zu trennen. Es beweist, daß dies in keiner Hinsicht möglich ist, weder was die Theologie noch was das begonnene Institut angeht.«[165] Für die Gründung der *Johannesgemeinschaft* ist die hier bezeugte Zusammenarbeit der beiden Personen ohne weiteres einsichtig zu machen (vgl. Erster Teil. Erstes Kap.IV.4 und IV.5). Kritiker haben sich vor allem für die in »Unser Auftrag« vorgetragene Behauptung gefunden, daß das *theologische* Werk Hans Urs von Balthasars sich in Thematik und Denkform der Inspiration durch Adrienne von Speyr mitverdanke. *Unser Auftrag* führt diese Selbstbewertung Hans Urs von Balthasars flankiert von einer Fülle an überaus persönlichen Informationen aus[166]. Für sämtliche seiner Hauptwerke seit 1940

---

[163] Ebd. 85f.

[164] Unser Auftrag. Bericht und Entwurf, Einsiedeln 1984. Darin der »Bericht« (9-97) über das Verhältnis zwischen Hans Urs von Balthasar und Adrienne von Speyr sowie ein »Entwurf« (99-197) von »Gestalt, Geist und Sinn« (ebd. 101) der *Johannesgemeinschaft*.

[165] Ebd. 11.

[166] Vgl. die Selbstbewertung a.a.O. 61: »Es sei abschließend bemerkt, daß alle hier beschriebenen Hauptthemen im Werk Adriennes in meinen Büchern vor 1940 keine Rolle spielen [...] Wenn diese Themen nach 1940 in meinen Büchern und Vorträgen auftauchen, so aufgrund von Übernahmen des von Adrienne Gelernten [...], wobei natürlich meine eigene Thematik und Denkform durch das von Adrienne Empfangene nicht ausgelöscht, sondern bereichert worden ist. In diesen späten Werken das Ihre

weist er diesen Einfluß Adriennes von Speyr nach[167], wobei das Kernanliegen seines sowie des theologischen Werkes Adriennes von Speyr für Balthasar in der theologisch-spirituellen Begleitung der *Johannesgemeinschaft* und in der Erschließung des Anliegens der neuen Lebensform liegt. Balthasar vermerkt dementsprechend in »Unser Auftrag« zur Relevanz des Werkes Adriennes von Speyr für eine *Theologie der Säkularinstitute*, d.h. vorab für eine Theologie der *Johannesgemeinschaft*:

> »Zudem sei schon hier bemerkt, daß die außergewöhnlichen Charismen der Gründerin nicht nur der Gesamtkirche zugute kommen sollten, wie etwa aus ihren Schriftbetrachtungen sehr deutlich wird, sondern sich noch spezieller im Alltag der 'Johannesgemeinschaft' auswirken können und sollen: etwa ihr Verständnis der Gemeinschaft der Heiligen im Himmel und auf Erden, ihre Sicht der Einheit von 'Beichthaltung' (totaler Offenheit), Liebe und Gehorsam, ihre Verbindung von tiefer Kontemplation mit nüchterner Aktion im weltlichen Beruf.«[168]

Ein »Entwurf« für Geist und Praxis der *Johannesgemeinschaft* bildet von daher das Kernstück des Buches *Unser Auftrag*[169]. Dennoch sah Balthasar das Charisma Adriennes von Speyr nicht einfach begrenzt auf die Fragen der Säkularinstitute oder der eigenen Gründung *Johannesgemeinschaft*; die Sinnspitze ihres Lebens und Werkes hatte für ihn vielmehr einen denkbar weiten Horizont: es ging um »eine vertiefende Deutung der Offenbarung«[170], um einen ausgesprochenen Dienst für die Gesamtkirche und um eine geistliche Gesamtschau analog dem »theologischen Kosmos«, den Hans Urs von Balthasar im eigenen Werk hinterlassen hat.
Es ist an dieser Stelle in keiner Weise möglich oder beabsichtigt, auf die Frage der »Echtheit« der im Leben Adriennes von Speyr begegnen-

---

und das Meine reinlich scheiden zu wollen, dürfte ein aussichtsloses Unterfangen sein.«

[167] Vgl. ebd. 81-97 (»Meine Arbeit seit 1940«).

[168] Ebd. 13.

[169] Vgl. ebd. 101-153.

[170] Ebd. 7.

den mystischen Phänomene und auf die daraus resultierende Wertigkeit ihrer Theologie einzugehen. Damals wie heute scheiden sich an dieser Frage, die letztlich nicht rein rational auflösbar ist, die Geister. Die vorliegende Arbeit setzt voraus, daß uns in Hans Urs von Balthasar ein theologisch und menschlich glaubwürdiger Interpret der Geschehnisse um Adrienne von Speyr begegnet. Seine Sicht der Dinge wurde darstellend übernommen und als Grundlage der folgenden Ausführungen über die Gründung der *Johannesgemeinschaft* vorausgesetzt. Wer der hier dargelegten Sicht über Adrienne von Speyr nicht folgen kann, wird trotzdem die vor allem im zweiten Teil der Arbeit dargestellte *Theologie der Säkularinstitute* mitvollziehen können. Aber für die biographische Aufhellung der Genese dieser Theologie schien es unerläßlich, Rechenschaft zu geben über den unübersehbaren Einfluß Adriennes von Speyr auf Leben und Werk Hans Urs von Balthasars, wie er sich in der theologischen Zusammenarbeit der beiden Autoren niedergeschlagen und in der Gründung der *Johannesgemeinschaft* verdichtet hat.

4. Gründung einer Gemeinschaft

Am 8. Dezember 1944 wurde im kleinen Kreis von vier jungen Frauen sowie den Gründern Adrienne von Speyr und Hans Urs von Balthasar die *Johannesgemeinschaft* ins Leben gerufen[171]. Ein schlichter Gottesdienst mit Predigt und eucharistischem Segen in der Kapelle des katholischen Studentenhauses an der Herbergsgasse in Basel bildete den äußeren Rahmen. Alle Interessentinnen, die es ermöglichen konnten, in Basel anwesend zu sein, hatten sich eingefunden; andere schal-

---

[171] Zum Ganzen: Unser Auftrag, 39-47; Monographie, 156-162; M. Greiner, Die Johannesgemeinschaft; Ein Mitglied [anonym veröffentlicht], Kurze Darstellung der Johannesgemeinschaft, in: H. U. v. Balthasar u.a. (Hrsgg.), Adrienne von Speyr und ihre kirchliche Sendung, 49-57; J. Servais, La Comunità San Giovanni, in: »Solo l'amore è credibile«. Rivista Internazionale di Teologia e Cultura: communio. - Milano. No. 120 (1991) 116-126 (im folgenden zitiert nach der deutschen Übersetzung von C. Capol unter dem Titel *Die Johannesgemeinschaft*); sowie die in den Tagebüchern Adriennes von Speyr *Erde und Himmel* Bd. I und Bd. II (Einsiedeln 1975) im folgenden erwähnten Ziffern.

teten sich geistig in das Geschehen mit ein. Nach der liturgischen Feier traf man sich in der Wohnung der Familie Kaegi - von Speyr, um zu besprechen, worum es nun gehen sollte. Ein Gründungsmitglied berichtet: »Wir beschlossen - natürlich auf Anregung vom Herrn Doktor[172] und Adrienne -, jeden Tag eine gewisse Zeit zu betrachten, am Morgen so zu beginnen und unser Tagwerk so zu beenden. Wir wollten versuchen, unser ganzes Leben im Lichte dieser Betrachtungen zu leben. - Das war der allererste Anfang.«[173] Die gemeinschaftliche Verbundenheit durch die Verpflichtung auf die evangelischen Räte und das Verbleiben im Laienberuf bildeten die Koordinaten der neuen Gemeinschaft, wobei von Anfang an klar war, daß nur die geistliche Rückbindung im Gebet, vornehmlich in der täglichen Betrachtung, das Gelingen dieser Spannungseinheit gewährleisten konnte.

a) Historischer Verlauf der Gründung

Wie war es zu diesem Anfang gekommen? Die von Balthasar aufgezeichneten Tagebücher[174] Adriennes von Speyr geben Zeugnis davon, daß die erste Initiative zu dieser Gründung schon kurze Zeit nach ihrer

---

[172] So die gängige Anrede Hans Urs von Balthasars durch die Gemeinschaftsmitglieder.

[173] M. Greiner, Die Johannesgemeinschaft, 135. Dasselbe Ereignis beschreibt Hans Urs von Balthasar in »Erde und Himmel« (I,944): »A. ist den ganzen Tag sehr glücklich. Obwohl sie stark erkältet und stockheiser ist, nur flüstern kann, redet sie doch ständig von ihrem Glück, daß man heute vom 'Kind' etwas sehen wird. Am Abend kamen wir zusammen zu einer Marienfeier mit Ansprache, Gebet und Segen in der Kapelle: A., Frl.M.G., Frl.Chr., Frl.B., Frl.Bt. Nachher versammelte man sich bei A. und sprach über die Gemeinschaft: Jede schilderte, was sie sich darunter vorstellte und was zunächst zu tun sei. Frl.Bt.: Studium anderer Unternehmungen, um zu lernen und Fehler zu vermeiden. Frl.Chr.: praktische Arbeit unter dem einfachen Volk: Unterricht, Sammlung der jungen Mädchen. Frl.G.: Wirken im Kreis der Kollegen. Frl.B.: an der Uni arbeiten: die Kollegen aufklären, Vorurteile wegräumen, zumal bei Nichtkatholiken. Wir beschließen, uns öfter zu treffen, inzwischen gemeinsam das 'Suscipe' zu beten und täglich ein wenig zu betrachten.« (»A.« ist in den den Tagebüchern das durchgängige Kürzel für Adrienne von Speyr; »das Kind« meint die gemeinsame Gründung *Johannesgemeinschaft*.) Balthasar hat die Zusammenkunft vom 8. Dezember 1944 in den Tagebüchern fälschlicherweise in den Kontext des Jahres 1943 eingeordnet, wie M. Lochbrunner nach Rücksprache mit der Gemeinschaft in seinem Beitrag »Auf dem Weg zu einer Balthasar-Bibliographie?« richtigstellt. Auch die Ziffer [1005] ist wohl ein Jahr zu früh eingeordnet.

[174] Die Nachlaßwerke Band VIII, IX und X, unter dem Titel: »Erde und Himmel«, Einsiedeln 1975-1976.

Konversion von Adrienne von Speyr ausgegangen war. Im März 1941 erfährt Adrienne sich im Gebet von der Mutter Jesu auf die Sorge um junge Frauen verwiesen: »es lägen dort so viele Berufungen im Keime, denen man zur Entfaltung verhelfen solle«[175]. Und bereits im Sommer 1941, nach manchem Studium über bestehende Orden und Kongregationen, kristallisiert sich, ausgehend von diesem ersten Impuls, die Grundidee für eine zu gründende Gemeinschaft heraus: »Sie kennt eine Anzahl junger gebildeter Mädchen, die zwar nicht in ein eigentliches Kloster gehören, aber doch einige Zeit aus der Welt verschwinden müßten, um sich zu sammeln und innerlich auszubilden und dann als vollwertige Kräfte in die Welt zurückzukehren.«[176] Am 1. Juli 1941 führen Hans Urs von Balthasar und Adrienne von Speyr auf ihre Initiative hin ein erstes längeres Gespräch über das zu gründende Institut[177]: Grundlinien über die Auswahl der zukünftigen Mitglieder, über ihre Erziehung, über Grundstrukturen und Spiritualität werden konkret. Während Adrienne Ende Juli bis Anfang August 1941 mit ihrem Mann und einem der Söhne im Urlaub auf der Riffelalp weilt, mehren sich die geistlichen Eindrücke, die sie im Gebet für die neue Gemeinschaft empfängt. Nach einem dortigen Besuch dokumentiert Balthasar: »A. war fröhlich, ausgeruht, wir sortierten die Notizen, die sie gemacht hatte, und sprachen die fraglichen Punkte durch. [...] lauter Détails, die aber in ihrer Präzision von einer innern klaren Übersicht über das Ganze zeugten. Manches war ungeschickt wegen ihrer Unkenntnis der kirchlichen Einrichtungen oder unbrauchbar, weil der Fall durch das kirchliche Gesetzbuch bereits in anderer Weise geregelt war.«[178] Diese Notiz dokumentiert in typischer Weise die Art der Zusammenarbeit, wie sie sich - nicht nur was die Gemeinschaftsgründung betrifft - von nun an mehr und mehr zwischen Adrienne von Speyr und Hans Urs von Balthasar entwickelt: Während sie aus der inneren Inspiration heraus das geistliche Profil dessen formuliert, was von Gott her gefordert scheint, hat er die Aufgabe, diesem geistli-

[175] Erde und Himmel I,40.

[176] Erde und Himmel I,95.

[177] Vgl. Erde und Himmel I,107.

[178] Erde und Himmel I,147.

chen Profil seinen kirchlichen Ort zuzuweisen und ihm die theologische Form zu geben.

Trotz der zunehmend klaren Konturen kann in den Jahren 1941 bis 1944 noch nicht an eine Gründung gedacht werden, weil die möglichen Kandidatinnen für dieses Unternehmen entweder noch nicht in Sicht sind oder noch nicht die erforderlichen Bedingungen mitbringen[179]. So bleibt Tuchfühlung mit Studentinnen - dem vornehmlichen Adressatenkreis - zunächst das einzige, was man für eine zukünftige Gemeinschaft tun kann[180]. Anfang 1943 drängt Adrienne von Speyr dann darauf, Hans Urs von Balthasar solle Exerzitien für Studentinnen geben[181], um den inzwischen gewonnenen Interessentinnen eine Möglichkeit zur Klärung ihrer Berufungsfrage zu geben. Da sich ihr gesundheitlicher Zustand im Laufe des Jahres 1943 todesbedrohlich verschlechtert, sie sich aber dennoch unbedingt zur Mithilfe bei dieser Gemeinschaftsgründung berufen weiß, ist diese Eile Adriennes von Speyr nicht unbegründet[182]. In diesen Jahren vor der direkten Gründung leidet sie im wahrsten Sinne des Wortes körperliche und seelische Geburtswehen um die Gemeinschaft - das »Kind«, wie sie es seit geraumer Zeit nennt -, für die sie sich als Werkzeug der Mutter Jesu verantwortlich weiß[183]. Wo sie kann, hält sie klärende Gespräche mit Interessentinnen, die vornehmlich durch den Studentenseelsorger Hans Urs von Balthasar auf die Idee einer Laiengemeinschaft aufmerksam werden[184].

Am 8. Dezember 1944 ist es dann endlich soweit, daß mit einigen jungen Frauen die oben erwähnte Gründungsfeier stattfinden kann. Ihr folgt im Jahr 1945 die Suche nach einem Gemeinschaftshaus in Basel. Diese Suche findet einen günstigen Ausgang, als den jungen Frauen durch Pfarrer Blum von der Pfarrei St. Clara/Kleinbasel im Juni 1945

---

179 Vgl. z.B. Erde und Himmel I,209.

180 Vgl. Erde und Himmel I,231.

181 Vgl. Erde und Himmel I,590.

182 Vgl. Erde und Himmel I,670.

183 Vgl. Erde und Himmel I,678; I,874.

184 Vgl. die Ausführungen von Gründungsmitgliedern in: Greiner, Die Johannesgemeinschaft, 133, 136 und 137.

ein Haus in der Wettsteinallee 6 zur Miete angeboten wird[185]. Mit dem Abend des 5. August 1945 beginnen in Estavayer die Gründungsexerzitien der Gemeinschaft; mit Adrienne von Speyr nehmen neun Personen daran teil[186], Hans Urs von Balthasar ist der Exerzitienleiter. Während dieser Exerzitien beginnt Adrienne mit dem Kommentar des elften und zwölften Kapitels der Johannesapokalypse[187]; das biblische Motiv der gebärenden apokalyptischen Frau steht in offensichtlichem Zusammenhang mit dem Gründungsgeschehen der Gemeinschaft. Am 12. August gehen die Exerzitien zu Ende[188].
Dank der freundlichen Hilfe von Pfarrer Blum, dem gerade die Erbschaft eines kompletten Hausrates angeboten wird, sowie verschiedener Spenden kann das Haus in der Wettsteinallee mit »Mobiliar, Küche und Keller, samt Kohle und Brennholz«[189] schon am 29. September bezugsfertig der Gemeinschaft übergeben werden; drei Mitglieder bilden die anfängliche Besetzung. Eine kleine Anekdote aus der Erinnerung eines Gründungsmitgliedes kann dieses Ereignis verlebendigen:

»Ja, das war am 29. September 1945. Frau Professor [Adrienne von Speyr] hatte damals ein Haus eingerichtet. Auf diesen Tag fällt eine kleine Episode: Als es soweit war, zögerte ich wirklich, den letzten Schritt zu tun: darüber habe ich natürlich kein Wort verloren. Mir war schon klar, daß ich trotz aller Hemmungen eintreten müßte. Dann kam Adrienne mit ihrem Wagen und sagte: 'So, packen Sie Ihre Bücher hier in den Wäschekorb, dann nehme ich die schon mal mit. Ich fahre sowieso an die Wettsteinallee.' Dort hatte sie das Haus gemietet. Also gut, ich habe meine Bücher eingepackt, und sie fuhr mit dem Korb los. Und von dem Moment an, da die Bücher drüben waren, hatte ich diese Schwellenangst nicht mehr. Ich bin dann quasi nachgefolgt.«[190]

Auch wenn die Mitglieder der neuen Gemeinschaft weitgehend in

---

[185] Vgl. Erde und Himmel II,1308; II,1326.
[186] Vgl. Erde und Himmel II,1333.
[187] Vgl. Erde und Himmel II,1336-1344.
[188] Zum Verlauf der gesamten Exerzitien vgl. Erde und Himmel II,1333-1349.
[189] Erde und Himmel II,1357.
[190] M. Greiner, Die Johannesgemeinschaft, 138f.

ihrem normalen beruflichen Umfeld blieben, wurde der Schritt der Gemeinschaftsgründung und des Umzuges in das gemeinsame Haus doch als einschneidend erlebt. Man war sich bewußt, daß es um eine endgültige Entscheidung zur Nachfolge Jesu in einer verbindlichen Form der evangelischen Räte ging, die einer neuen Lebensordnung bedurfte. Adrienne von Speyr und Hans Urs von Balthasar, die selbst natürlich nicht das Leben der Wohngruppe teilten, trugen dem einschneidenden Ereignis durch ihre Begleitung Rechnung. Ein anderes Gründungsmitglied berichtet aus seiner Erinnerung:

> »Ja, ihre Menschenkenntnis war hervorragend, sie hatte wirklich ein gutes Gespür. Ende August noch hatte ich ihr irgendetwas wegen Schwierigkeiten geschrieben. Darauf bekam ich eine Karte mit den Worten: 'Wer die Hand an den Pflug legt und zurückschaut, ist meiner nicht wert. Herzliche Grüße Ihre A.K.' Das war alles. Man ließ uns im neuen Haus zunächst so etwas wie eine Karenzzeit, etwa vierzehn Tage. Nachher hat der Herr Doktor das Haus eingesegnet, und wir bekamen eine Art Hausordnung.«[191]

Besagte Einsegnung des Hauses fand am 15. Oktober 1945 statt[192]; der äußere Rahmen für die neue Lebensform war gegeben. Die äußere Lebensordnung begleitete eine intensive innere Formung. Über drei Jahre hinweg - in der Zeit zwischen dem 11. Oktober 1945 und dem 7. März 1948 - hielt Adrienne von Speyr der kleinen Gemeinschaft fast täglich sogenannte »Punkte«: Betrachtungen über das Markusevangelium[193], in denen sie immer wieder den Bezug zur neuen Lebensform herstellte. Es folgte in späteren Jahren »ferner die ganze Apostelgeschichte, zu einzelnen Festen gab es eigene Punkte, dazu viele Instruktionen über den Geist der evangelischen Räte und deren besondere

---

[191] Ebd. 139.

[192] Vgl. Erde und Himmel II,1368.

[193] Diese ersten Betrachtungspunkte sind veröffentlicht in: A. v. Speyr, Markus. Betrachtungspunkte für eine Gemeinschaft, Einsiedeln 1971 (736 Seiten). Diesen ersten Betrachtungen folgten in späteren Jahren weitere, unveröffentlichte Schriftkommentierungen für die Gemeinschaft, etwa über Partien des Lukasevangeliums, die gesamte Apostelgeschichte, den Judasbrief (vgl. Erster Blick auf Adrienne von Speyr, 92f).

Anwendung in der Gemeinschaft«[194]. Nach der Mittagssprechstunde in ihrer Praxis und vor den anschließenden Hausbesuchen bei ihren Patienten oder auch am Abend widmete die Ärztin sich in dieser Weise dem geistlichen Wachstum der Gründung; zusätzlich gab sie in der ersten Zeit mehrmals wöchentlich Instruktionen zum Gebetsleben und zu praktischen Fragen[195].
Neben dem Mühen um geistig-geistliche Formung war Adrienne von Speyr auch sehr darauf bedacht, daß sich die jungen Frauen im Anliegen ihres Auftrages einen gewissen kulturellen Horizont aneigneten: Sie wurden gezielt »ins Ausland geschickt, nach Frankreich oder Italien, später nach England, mit einem wirklichen, wenn auch nicht in den Einzelheiten vorgeschriebenen Programm«[196]. Basel, bis in die Mitte des vergangenen Jahrhunderts hinein weitgehend protestantisch geprägt, hatte keine gewachsene katholische Bevölkerung, sondern beherbergte ein Konglomerat von Katholiken aus zumeist niedrigen Bildungsschichten. In dieser von evangelischen Vorurteilen geprägten Umgebung wollte man Zeichen setzten, wie ein Gründungsmitglied die Situation erklärt: »Auch von daher erklären sich Adriennes Vorstellungen von einer Gemeinschaft junger gebildeter Frauen. Es galt, in Basel in eine Diaspora hineinzuwachsen und zu zeigen, daß Katholiken nicht dumm zu sein brauchen. Es geht dabei bis heute weniger um akademische Grade als um eine geistige Wachheit.«[197]
Der Dienst Hans Urs von Balthasars an der Gemeinschaft gestaltete sich zunächst eher unauffällig im Rahmen seiner Tätigkeiten als Studentenseelsorger: Die Mitglieder besuchten seine morgendliche Eucharistiefeier im Studentenhaus an der Herbergsgasse. Daneben veranstaltete er in den ersten Jahren eigens für die Mitglieder, die ja allesamt keine Theologinnen waren, Seminarien und Dogmatikvorlesungen, so z.B. über Scheeben und den Römerbrief[198]. Wann immer er in Basel anwesend war, hielt er der Gemeinschaft über viele Jahre hinweg

---

194 Erster Blick auf Adrienne von Speyr, 37.
195 Vgl. Erde und Himmel II,1369; II,1389.
196 M. Greiner, Die Johannesgemeinschaft, 141.
197 Ebd.
198 Vgl. ebd. 140.

sonntags Betrachtungspunkte, in denen er aus der Fülle seines theologischen Wissens schöpfte und weitergab[199]. Hinzu kamen die jährlichen Exerzitien für die Gemeinschaft, die Hans Urs von Balthasar bis zum Ende seines Lebens begleitete.
Von ihrer Umgebung wurden die jungen Frauen mit ihrer neuen, noch kirchenrechtlich unbestimmten Lebensform sehr verschieden aufgenommen. In ihren Familien begegneten sie dem ganzen Spektrum von totalem Unverständnis über Skepsis bis zu verständnisvoller Anerkennung[200]. In der Basler Bevölkerung war man in der Regel reserviert, zumal Hans Urs von Balthasar in der ersten Zeit seiner Tätigkeit als Studentenseelsorger zahlreiche, zum Teil bekannte Personen zur Konversion geführt hatte und als »Konvertitenmacher« verschrieen war. Glücklicherweise hatte die Gemeinschaft in ihrem Ortspfarrer der St. Klara-Gemeinde einen freundlichen Gesprächspartner gefunden, der nicht nur das erste Haus in der Wettsteinallee zur Miete vermittelte, sondern auch später im Jahr 1950, als dieses erste Haus zu klein geworden war, bei der Suche nach einer neuen Unterkunft behilflich war. Eine zusammenfassende Darstellung der ersten Jahre, wie Hans Urs von Balthasar sie gibt, soll diesen Einblick in die Gründungsphase der *Johannesgemeinschaft* abschließen:

> »Schon bald nach der Konversion wußte sie [A. v. Speyr], daß sie mit mir zusammen eine neue Gemeinschaft gründen sollte (wir wußten damals noch nichts von schon bestehenden 'Säkularinstituten', und ich wurde auf die Konstitution 'Provida Mater' erst längere Zeit nach deren Erscheinen aufmerksam, die Männern und Frauen das Leben nach den evangelischen Räten mitten in der Welt und in allen christlich vertretbaren weltlichen Berufen erlaubte). Ich gab jährlich Exerzitien für Studenten, öfter auch für Studentinnen. Einige fanden sich ein; für uns 'Obere' kamen Jahre, die einer harten Rekrutenschule glichen; es ging darum, Berufe zu erkennen, sie zu führen, viele Verluste und Rückschläge waren zu ertragen, Adriennes Einsatz war unerhört groß, und man darf hoffen, daß er für diese Gemeinschaften vom Himmel

---

[199] Aus diesen Gemeinschaftsbetrachtungen ist hervorgegangen: H. U. v. Balthasar, Der dreifache Kranz. Das Heil der Welt im Mariengebet, Einsiedeln 1977.

[200] Vgl. Erde und Himmel I,1005.

her Frucht tragen wird.«[201]

Es kann an dieser Stelle nicht darum gehen, den weiteren geschichtlichen Verlauf der Entwicklung der *Johannesgemeinschaft* nachzuzeichnen; so sind etwa die beiden später gegründeten männlichen Zweige der Gemeinschaft - Priester und männliche Laien - hier noch nicht zur Sprache gekommen. Lediglich der Grundimpuls der Gründungszeit sollte aufgezeigt werden und die darin aufscheinende Zusammenarbeit zwischen Hans Urs von Balthasar und Adrienne von Speyr. Dieses Vorgehen scheint auch dadurch legitimiert, daß Balthasar seinerseits den Bericht über die Gemeinschaftsgründung, wie er ihn in »Unser Auftrag« hinterlassen hat, nach der Schilderung der Gründungsphase des weiblichen Zweiges beendet. Ihm geht es vor allem darum, aufgewiesen zu haben, daß Adrienne von Speyr die eigentliche Initiatorin der Gemeinschaft gewesen ist. Er bemerkt hierzu in der abschließenden Wertung:

> »Die weiteren Schicksale der Gemeinschaft brauchen hier nicht mehr geschildert zu werden; wichtig in diesem Abschnitt war nur der Beweis, wie sehr die Idee und die Pläne dazu von A. ausgingen, die mich immer mehr von der Dringlichkeit dieses Auftrages überzeugte, auch von meiner Verantwortung für das Ganze, die mich schließlich zu dem schwersten Opfer veranlaßte, 'das von mir verlangt werden konnte': dem Verlassen der Gesellschaft Jesu.«[202]

b) Prägung der Gemeinschaft durch Adrienne von Speyr

Es ist deutlich geworden, wie sehr sich der Gründungsverlauf der *Johannesgemeinschaft* nicht weniger den Anregungen Adriennes von Speyr als der theologischen und geistlichen Begleitung Hans Urs von Balthasars verdankt. Wenn dies so ist, steht zu vermuten, daß die Mitgründerin und Initiatorin auch *inhaltlich* stark prägend auf die Gemeinschaft gewirkt hat und daß ihre theologischen Schriften zahlrei-

---

[201] Erster Blick auf Adrienne von Speyr, 36.

[202] Unser Auftrag, 46.

che Bezüge zu einer *Theologie der Säkularinstitute* aufweisen. Insbesondere die innere Wechselwirkung zwischen dem theologischen Schaffen Hans Urs von Balthasars und der ausgesprochen theologischen Mystik Adriennes von Speyr läßt erwarten, daß vergleichbar einer *Theologie der Säkularinstitute in Leben und Werk Hans Urs von Balthasars* auch von der *Theologie der Säkularinstitute in Leben und Werk Adriennes von Speyr* gehandelt werden könnte. Ein kurzer Themenaufriß kann dies verdeutlichen: So wäre etwa die Sicht der kirchlichen »Stände« bei Adrienne von Speyr in den Blick zu nehmen, das Zueinander von Erde und Himmel im Erleben der Mystikerin wäre auf das Verhältnis von Natur und Gnade hin auszulegen; ihr Verständnis von Mystik wäre vom Spannungsverhältnis Aktion-Kontemplation her zu beleuchten; das durchgängige Gewicht auf dem Inkarnatorischen in Adriennes Theologie wäre für den Begriff der »Welthaftigkeit« in den Säkularinstituten auszuwerten; ihre Karsamstagserfahrungen wären im Horizont der Geistesverfassung des modernen Menschen zu deuten, um nur ein paar wenige Bezüge zu nennen. Das alles kann an dieser Stelle nur als Frage an das Werk *Adriennes von Speyr* angerissen werden (die *Themen* werden im zweiten Hauptteil der Arbeit freilich ausführlich behandelt, weil sie nicht weniger in die Mitte der Theologie *Hans Urs von Balthasars* weisen wie sie zum Gedankengut Adriennes von Speyr zählen). Lediglich die persönliche Lebensführung Adriennes von Speyr soll auf die äußeren Koordinaten eines Lebens im Säkularinstitut hin: nämlich *Beruf* und *Räteleben*, kurz beleuchtet werden, um die biographische Linie des ersten Teils zu Ende zu führen. Einer hoffentlich folgenden Forschungsarbeit muß es überlassen bleiben, auch an Hand der Schriften Adriennes von Speyr Grundzüge einer *Theologie der Säkularinstitute* in ihrem Werk aufzuweisen, entsprechend der Analyse des Werkes Hans Urs von Balthasars in dieser Arbeit.

Die äußere Gestalt der *Johannesgemeinschaft* bestimmte sich von Anfang an von der Spannungseinheit *Beruf-Räteleben* her. Es sollte eine Gemeinschaft gegründet werden, in der die »besten Kräfte an allen wichtigen Posten des öffentlichen Lebens einsetzbar«[203] wären; dies

---

[203] Erde und Himmel I,107.

in Abhebung vom üblichen Muster der Ordensgemeinschaften oder der Kongregationen, die ihren Mitgliedern ein berufliches Engagement zumeist lediglich im Rahmen der gemeinschaftsinternen Institutionen ermöglichen: etwa als Lehrerin an der ordenseigenen Schule, als Krankenschwester am ordenseigenen Krankenhaus, als Professor der ordenseigenen Hochschule etc. Im Gründungsimpuls der *Johannesgemeinschaft* - und vergleichbarer Säkularinstitute - ging es hingegen darum, nicht mehr gleichsam als kirchliche *Institution* der Welt zu begegnen, sondern den einzelnen Rätechristen im jeweiligen beruflichen Umfeld zu belassen, um so über die *einzelne Person* einen Berührungspunkt zwischen Kirche und Welt zu schaffen. Was für jeden Laien gilt, sollte hier eine exemplarische Gestalt innerhalb des Rätestandes gewinnen: daß für Getaufte die restlose Hingabe an Gott *und* der ebenso totale (berufliche) Einsatz für die Welt einander nicht ausschließen müssen, sondern in Synthese lebbar sind.
Dieses Anliegen hatte schon vor der Gemeinschaftsgründung die äußere Lebensführung Adriennes von Speyr geprägt. Schon im Blick auf die Lebensjahre vor ihrer Konversion - die Studienjahre und die anschließenden Jahre als Ärztin, Ehefrau und Mutter - spricht Hans Urs von Balthasar von ihrer »bewußt durchgehaltenen Einheit von restloser Gottgehörigkeit und ebenso restlosem Einsatz im weltlichen Beruf für die Menschen«[204]; er stellt sogar die These auf: »sie lebt vorweg die Existenzform des zu gründenden Instituts«[205]. Dieses Urteil galt für Hans Urs von Balthasar um so mehr nach der Konversion Adriennes von Speyr zur katholischen Kirche. Balthasar war davon überzeugt, daß sich bei Adrienne von Speyr die Linie des *Berufes* und die Linie des *Rätelebens* in einer gelebten Einheit gefunden hatten, die dem im Säkularinstitut Angezielten entsprach.
Gegenüber der hier vorgetragenen Betonung einer inneren Kontinuität zwischen Leben und Werk Adriennes von Speyr und dem zu gründenden Institut scheint es allerdings - gerade im Hinblick auf die evangelischen Räte - auch wichtig zu betonen, daß ihr theologisches Charisma und die damit einhergehenden mystischen Erfahrungen, insbesondere

---

204 Unser Auftrag, 25.

205 Ebd.

die Erfahrungen im Umkreis des Paschamysteriums, eine Eigengesetzlichkeit besaßen, die den Rahmen des in den Säkularinstituten Angestrebten weit sprengten und die persönliche Lebensführung Adriennes von Speyr auch abhoben von den Implikationen eines Lebens im Säkularinstitut. Viele ihrer Erfahrungen haben im Dienst ihrer mystischen und theologischen Sendung durchaus ihren Ort: etwa ein jede natürlich-menschliche Neigung ausschließendes, rein sachliches Eingehen in die Gehorsamshaltung Jesu. Dem gegenüber kann z.B. ein *welthafter*, d.h. den Anliegen der Säkularinstitute verpflichteter Gehorsam andere Implikationen fordern, die nicht einfach aus der Erfahrung und Theologie Adriennes von Speyr ablesbar sind. Ähnliches wäre für Armut und Jungfräulichkeit zu sagen. Wenn im folgenden also von den Bezugspunkten zwischen der Lebensführung Adriennes von Speyr und der Grundform der Säkularinstitute die Rede ist, wird jeweils die Kontinuität *und* die Diskontinuität zwischen beiden Größen in Rechnung zu stellen sein. Anhand der Aspekte *Beruf und Berufung* sowie der Räte *Gehorsam, Armut, Jungfräulichkeit* soll dies kurz ausgeführt werden.

Beruf und Berufung

Im Blick auf ihre persönliche Einstellung zum Beruf ist zunächst die Affinität Adriennes von Speyr zur Zielsetzung der Säkularinstitute unschwer zu erkennen und uneingeschränkt anzuerkennen. Beruf und Berufung waren für sie ineinanderfallende, wenn auch nicht identische Größen. Von je her war der Arztberuf die Weise, wie Adrienne von Speyr dem Anspruch der Menschen und darin dem Anruf Gottes entsprechen wollte. So hieß etwa Gehorsam Gott gegenüber schon für die junge Erwachsene, sich den Anforderungen des Medizinstudiums zu stellen - gegen den Willen ihrer Familie. Adrienne schreibt über ihre Entscheidung zum Arztberuf: »ja, es galt, sich durchzusetzen beim Onkel, bei Maman und auch bei so vielen anderen. Aber sich durchsetzen hieß vielleicht vor allem das durchsetzen müssen, was Gott durchgesetzt haben wollte. Und ob das immer verständlich sein würde?«[206] Ein Leben nach dem Willen Gottes konkretisierte sich für sie also zunächst negativ in der Widerstandshaltung gegen die eigene Familie, die sich Adriennes Zukunft bestenfalls als Sekretärin beim Basler Bankverein vorgestellt hätte[207]. Nachdem das Medizinstudium dann allerdings einmal begonnen war, verlangte der Gehorsam Gott gegenüber vor allem gründliches Studium, sachgemäße Einstellung zum künftigen Beruf, ethische Wertung des Medizineralltags[208]. Adrienne von Speyr hat von dieser Haltung, die sie sich während des Studiums und dann in den Jahren ihrer Praxistätigkeit aneignete, in vielen kleineren Schriften Rechenschaft abgelegt[209]. Was sich in diesem Sinne vor der Konversion durch ihre Tätigkeit als Ärztin schon angedeutet hatte, wurde vollends sichtbar nach dem Schritt in die katholische Kirche, der Adrienne von Speyr zugleich die Türen öffnete, dem eigenen Anliegen in einer Gemeinschaftsgründung über das persönliche Leben hinaus Gestalt zu verleihen. Balthasar fand sich mit seinen persönlichen und theologischen Anliegen in diesem Programm der totalen Verfügbarkeit für Gott im weltlichen Beruf, wie oben aufgezeigt werden konnte, nicht weniger wieder als die Mitgründerin. Und doch sah er in *ihr* diejenige, die als Laie: als Ärztin, Ehefrau und Mutter, in ihrer eigenen Existenz erkämpft hatte und nun exemplarisch vorlebte, was für die eintretenden Mitglieder gelten sollte:»das von Madeleine Gallet [einer Freundin Adriennes] aufgestellte Entweder-Oder für Adriennes Berufung: 'Entweder Ärztin oder Kloster', war nach der Konversion überholt: die unmöglich scheinende Synthese wurde ihr geschenkt, sie wurde zur Gründerin eines Säkularinstituts, das gerade diese Synthese zur Lebensform ihrer Mitglieder macht: evangelische Räte mitten in den weltlichen Berufen, und Adriennes Anliegen war, daß diese Einheit so rein, kompromißlos und glaubhaft als möglich gelingen sollte.«[210]

---

206 Aus meinem Leben, 229.

207 Vgl. ebd. 224.

208 Vgl. die zahlreichen ethisch motivierten Entscheidungen der Studentin im Kapitel »Affäre Neergard« in: Aus meinem Leben, 291-310.

209 Zuletzt zusammengefaßt in: Arzt und Patient, Einsiedeln 1983.

210 Soweit Balthasar im Nachwort zu: Aus meinem Leben, 335.

In dieser Aussage kommt zugleich der zweite zu erweisende Aspekt zum Tragen: Hans Urs von Balthasars Überzeugung, Adrienne von Speyr habe nicht nur, was das *berufliche* Leben betrifft, exemplarisch das Anliegen eines Säkularinstitutes vorweggenommen, sondern auch im Hinblick auf die *evangelischen Räte*[211].

Der Rat des *Gehorsams* ist unter dem Aspekt des Berufs als gottgewollter Berufung schon angeklungen. »Ihr ganzes Medizinstudium und ihre Praxis war als ein Gehorsam an Gott gedacht«[212], so die straffende Aussage Balthasars. Der medizinische Beruf ist jener Ort, an dem sich Adrienne von Speyr lange vor ihrer Konversion und einer Einbindung in kirchliche Gehorsamsformen an Gott gebunden erfahren hat: Gehorsam im Sinne einer inneren Hellhörigkeit, die sich durch die Herkunft aus einer Arztfamilie von Kindheit an auf die Medizin verwiesen weiß; Gehorsam als Treue zu den eigenen Neigungen, die sich allen von außen herangetragenen Berufswünschen widersetzt; Gehorsam in der Konsequenz, mit der Adrienne von Speyr bereit ist, für den medizinischen Beruf andere Vorlieben zu opfern; Gehorsam als Sachlichkeit, die allen im Beruf begegnenden Situationen ethisch verantwortet zu entsprechen versucht. Diese gleichsam »vorkirchlich-natürliche« Gehorsamshaltung fand seit der Konversion ihre Weitung in den christlichen Gehorsam hinein[213]. Die innere Nähe zum ignatianischen Gehorsamsverständnis fand hierbei für Adrienne von Speyr eine herausragende Stellung[214].

Von zentraler Bedeutung für ihr Gehorsamsverständnis scheint zu sein, daß Adrienne von Speyr seit 1941 Jahr für Jahr im inneren Mitgehen der »drei Tage«: Karfreitag, Karsamstag und Ostern, tiefer in den

---

[211] Vgl. B. Albrecht, Eine Theologie des Katholischen: Bd. 1, 192- 201 (dort zahlreiche Textbeispiele); Bd. 2, 227-241.

[212] Erde und Himmel II,1665.

[213] Vgl. die Zusammenstellung: A. v. Speyr, Bereitschaft. Dimensionen christlichen Gehorsams, Einsiedeln 1975.

[214] Vgl. die Abhandlung »Schule des Gehorsams« in: A. v. Speyr, Ignatiana (Die Nachlasswerke Bd. XI), Einsiedeln 1974, 245-332.

Gehorsam Jesu hineingenommen wurde[215]. Die innere Erfahrung erschloß ihr sowohl den mitgehenden Gehorsam Mariens[216] als auch die totale Gehorsamshaltung Jesu vor Gott, seinem Vater[217]. Ausgehend von dieser Erfahrung buchstabierte Adrienne von Speyr zahlreiche Weisungen für die Gehorsams-Praxis der *Johannesgemeinschaft*. Im Rahmen ihrer mystischen Erfahrungen nahm sie vor allem die Position der Gehorchenden dem Beichtvater gegenüber ein, während sie als Oberin ihrer Gemeinschaft in der Position derjenigen stand, die andere in den christlichen Gehorsam einzuführen hatte. In der theologischen Entfaltung wird auf die sich von hier aus ergebende Konkretisierung des Gehorsams, wie Balthasar sie für die Säkularinstitute denkt, näher einzugehen sein (vgl. Zweiter Teil. B. Drittes Kap.III.2)

Im Hinblick auf die *Armut* Adriennes von Speyr ergibt sich ein überaus differenziertes Bild. Das 1985 von Papst Johannes Paul II. initiierte römische Symposion über die kirchliche Sendung Adriennes von Speyr widmete den vielfältigen Bezugspunkten zur Armut im Leben der Mystikerin einen eigenen Beitrag. Als weichenstellend hebt der dort vorgetragene Text »Arm um zu bereichern«[218] das Beispiel der Großmutter Adriennes von Speyr heraus; ihr hatte Adrienne es zu verdanken, daß sie ein Leben lang mit wachen Augen die materiell Armen im Blick behielt:

> »Das Vorbild ihrer Großmutter hat sie in dieser Richtung zweifellos stark geprägt. Wie oft hat sie diese nicht, in den 'Tilleuls', mit einer Arbeit für die Armen beschäftigt gesehen! In der Primarschule beginnt sie das gleiche zu tun und gründet bald mit einigen Freundinnen eine Vereinigung, um den Allerärmsten beizustehen. Ihr ganzes Leben lang wird Adrienne besorgt sein, Bedürftigen warme Kleider zu verschaffen. An der höheren Mädchenschule, wohin die Mutter sie nach den ersten

[215] Vgl. Kreuz und Hölle I und II.

[216] Vgl. ihre Schriften: Magd des Herrn, Trier [3]1988; Maria in der Erlösung, Einsiedeln 1979.

[217] Vgl. A. v. Speyr, Bereitschaft.

[218] Ein Jesuit, Arm um zu bereichern, in: Adrienne von Speyr und ihre kirchliche Sendung. Akten des römischen Symposiums, Einsiedeln 1986, 36-39; der Beitrag ist anonym veröffentlicht.

Gymnasialjahren schickt, lernt sie Madeleine Gallet kennen: zusammen nähen und stricken beide, verfertigen Hemden und Hosen für die Armen, vorab für die Kinder, die sie mit ihren Arbeiten beschenken. Während ihrer Genesungszeit in Leysin organisiert sie einen Bazar für russische Emigranten, die von der Revolution überrascht worden waren und nicht mehr in ihre Heimat zurückkehren konnten. Noch in ihren letzten Lebensjahren, da sie kraftlos und fast völlig erblindet ein zurückgezogenes, ganz dem Gebet hingegebenes Leben führt, strickt sie noch immer«[219].

Neben dieser Sorge für die Kleider der Armen, die Adrienne von Speyr auch ihrer Gemeinschaftsgründung als Vermächtnis weitergegeben hat, ragt ihre ärztliche Praxis als Ort der Konfrontation mit vielfältigen Formen der Armut heraus; Balthasar beschreibt den beruflichen Alltag:

»Die ärztliche Sprechstunde, 1931 bei der mittleren Rheinbrücke eröffnet, war bald überfüllt; bis in die Mitte der fünfziger Jahre, als die Krankheit zur Einschränkung und bald zur völligen Aufgabe der Praxis zwang, war sie das große Feld ihres äußeren, sowohl ärztlichen wie seelsorglichen Wirkens. Bis zu sechzig und achtzig Patienten sah sie an einem Tag, und doch kam jeder auf seine Rechnung, immer wurde die ganze menschliche Situation ins Auge gefaßt: die Verhältnisse in der Familie, die sittliche Lebenseinstellung, das Religiöse, wo solches vorhanden war; Ehen wurden geheilt, Abtreibungen verhütet (an die tausend sagte Adrienne einmal). Für ledige Mütter und ihre Kinder wurde gesorgt; die - mehrheitlich - armen Leute wurden umsonst behandelt.«[220]

Adrienne von Speyr sorgte sich nicht nur um Arme und Kranke, sie mußte sich immer wieder selbst in dieser bedürftigen Situation zurechtfinden - nicht zuletzt bedingt durch das zuweilen geradezu schikanöse Verhalten ihrer eigenen Mutter. Pointiert beschreibt dies wiederum der erwähnte Beitrag des Symposions:

---

219 Ebd. 36.

220 Erster Blick auf Adrienne von Speyr, 28.

»Nach dem Tod ihres Gatten lebte Frau von Speyr [gemeint ist Adriennes Mutter] in der fixen Idee, zu wenig Geld zu haben. Sie übergibt ihrer mit Schulaufgaben schon beladenen Tochter die ganze Verantwortung für den Haushalt. Da diese, überarbeitet, an doppelter Tuberkulose erkrankt und zur Kur in Leysin weilt, scheint die Mutter sie völlig zu vergessen; Adrienne ist allein, ohne Geld, um auch nur Kleider zu kaufen. 'Schließlich', schreibt sie, 'lernte ich in meinem Innersten, was es heißt, ein Bettler zu sein.' [...] Schließlich wiederhergestellt und zu ihrer Familie zurückgekehrt, trägt sie ihren Vorsatz, Ärztin zu werden, vor. Der Onkel weigert sich, ihr das Studium zu bezahlen [...] So gab sie Privatstunden, fünfzehn bis zwanzig in der Woche, meist spät abends [...] Mehr als einmal setzte die erboste Mutter, die sie mit einem Bankangestellten mit sicherem Einkommen hätte verheiraten wollen, sie auf die Straße. In den späteren Jahren, während des Krieges, wird Adrienne mehrfach ihrem Beichtvater anvertrauen, daß sie kein Geld mehr hat, um ihr Haus zu führen, eine Rechnung zu bezahlen, sich das Nötigste an Kleidern anzuschaffen.«[221]

Allerdings ließ Adrienne von Speyr es schon als Jugendliche keinesfalls dabei bewenden, sich in diese von außen auferlegten Armutserfahrungen einzufügen, vielmehr suchte sie auch von sich aus immer wieder Möglichkeiten des Verzichts. Z.B. verschenkte die Studentin nahezu 20 Prozent eines höheren Betrages, den sie 1924 von ihrem Onkel zur Anschaffung eines Mikroskopes erbeten hatte. Nachdem sie sich von dem Geld nicht nur das Mikroskop, sondern auch die längst nötige Kleidung hatte anschaffen können, meinte Adrienne, jetzt sei sie »well settled« und gab den erheblichen Restbetrag anonym in verschiedene Opferstöcke katholischer Kirchen. Während sie an andere großzügig weiterschenkte, nahm sie für sich selbst weniger als das Nötigste in Anspruch. Dieser Zug der Bedürfnislosigkeit verstärkte sich außerordentlich nach Adriennes Konversion; zuweilen verlor sie jede Relation für Anschaffungen des persönlichen Bedarfs, weshalb Hans Urs von Balthasar sie als Beichtvater ermahnen mußte, sich neue Kleidung

[221] Ein Jesuit, Arm um zu bereichern, 37.

anzuschaffen[222]. Solche Ermahnungen erschienen ihm nicht nur wegen ihrer Gesundheit dringend geboten, sondern auch wegen ihres gesellschaftlichen Standes: sie solle so leben wie andere[223] - gemäß dem Spezifikum *welthafter* Armut in den Säkularinstituten.

Trotz dieser extremen persönlichen Bedürfnislosigkeit verlor Adrienne von Speyr nicht das Gespür dafür, daß die ihr anvertrauten Mitglieder der *Johannesgemeinschaft* sich gepflegt und standesgemäß kleiden sollten. Es dürfte allerdings die Frage sein, ob sie für sich selbst eine dem weltlichen Beruf angepaßte Armutsform gefunden hat. Für den äußeren Beobachter drängt sich doch eher der Eindruck auf, daß Adrienne von Speyr in ihrer von den mystischen Erfahrungen her getragenen totalen inneren Armutshaltung[224] zwar Leitlinien für den *Geist* der Armut an die neue Gemeinschaft weitergeben konnte, sich aber schwertat, einen dem Säkularinstitut gemäßen Armuts*stil* vorzuleben. Offensichtlich mußte das korrigierende Eingreifen des Beichtvaters nachhelfen, auch im äußeren Vollzug das Maß zu finden. Wie schon im Hinblick auf den Gehorsam wird deutlich, daß die sich von der Mystik her ergebende Sicht einer Vermittlung mit dem Anliegen *welthafter* Armut im Säkularinstitut bedarf, für die im theologischen Teil die Grundlinien aufzuzeigen sein werden (vgl. Zweiter Teil. B. Drittes Kap.I).

Bleibt die Frage nach den Bezugspunkten zum Rat der christlichen *Jungfräulichkeit* in Adrienne von Speyrs Leben. Der biographische Blick auf die »Grundlinien des geistlichen Weges bis zur Konversion« (vgl. Erster Teil. Erstes Kap.IV.1.b) hat darauf hingewiesen, daß Adrienne von Speyr sich in den Jahren vor ihrer ersten Ehe intensiv

---

222 Vgl. Erde und Himmel II,1541: »Ich tadle sie auch wegen ihrer Armut. Sie sagt: 'Ich wollte nur einmal sehen, wie es ist, wenn es ernst wird mit der Armut, wenn man wirklich nichts mehr kaufen kann.' So hat sie den ganzen letzten Winter [1946/47] überhaupt keine warmen Kleider mehr angehabt, was sie bei ihrer schlechten Zirkulation zu einem ständigen Frieren verurteilte. Nun fiel mir auf, daß auch ihre Oberkleider zum Teil schon Risse und Löcher zeigten. Ich verlangte von ihr, sie müßte neue Kleider kaufen, was sie nach einigem Seufzen versprach.«

223 Vgl. Erde und Himmel II,1398.

224 Vgl. zu diesem Zusammenhang zwischen Mystik und Armut bei Adrienne von Speyr: Erde und Himmel III,2103. Dort der markante Satz: »Das Gelübde der Armut ist ja ein Akt innern Vertrauens auf Gott.«

mit der Frage christlicher Ehelosigkeit konfrontiert sah, in ihrem evangelischen Milieu aber keine Antwort auf die damit aufgeworfene Frage finden konnte. Der Eintritt in die katholische Kirche eröffnete ihr nun schlagartig den Einblick in das Zueinander der christlichen Lebensformen Ehe und Jungfräulichkeit. Es wurde auch sichtbar, daß die Ehe- und Leib-Erfahrung Adriennes von Speyr zunehmend zum integrierenden Bestandteil der nun geschenkten mystischen Erfahrungen wurde und von dort her ihren Sinn erhielt. Balthasar hat dieses Verhältnis von Leib und geistlicher Erfahrung bei Adrienne von Speyr wiederholt zu erhellen versucht, trotz aller zu befürchtenden Fehlinterpretationen, denen er die geschilderten Phänomene damit aussetzte. Seiner Deutung soll vor allen fremden Interpretationen an dieser Stelle der Vorrang gegeben werden:

> »Wir hörten, daß Adrienne seit der ersten Marien-Erscheinung 1917 eine Wunde unter der Brust besaß, die sie wie ein geheimnisvolles Siegel und eine Mahnung und Verheißung empfand; nach der Konversion akzentuiert sich diese Wunde stark, und mit ihr treten zeitweise andere Stigmen hervor. Wenn vieles in Adriennes Leiblichkeit einstweilen und für immer geheimnisvoll bleiben wird, sicher ist, daß sie in einer besonderen Weise dazu ausersehen war, die Wahrheiten der christlichen Offenbarung nicht nur geistig zu verstehen oder geistig-mystisch zu erleben, sondern in ihrer Gesamtexistenz, auch leiblich, zu erfahren. [...] In der gleichen Linie liegt es, daß ihr aufgetragen war, von der Sphäre der reinen Agape her durch diesen Prozeß der Inkarnierung die Sphäre des Eros christlich durchzudenken und damit der paulinischen Grundidee zu entsprechen, das Verhältnis von Mann-Frau (ohne Sublimierungen, in ihrer echten geschaffenen Geschlechtlichkeit) vom Verhältnis zwischen Christus und der Kirche her auszulegen. Sie hat in allen geschlechtlichen Dingen eine ähnliche Unbefangenheit gehabt wie die von ihr so hochgeschätzte Hildegard, beide waren ja Ärztinnen und kannten keinerlei Prüderie, aber umgekehrt auch keinerlei trübe Begierlichkeit. Der Durchklärung des Eros von der Agape her hat Adrienne vielerlei Notizen gewidmet, die einmal zu einem Buch gerundet werden können [...]. Adrienne als Gründerin einer Gemeinschaft mit evangelischen Räten hat an vielen Stellen ihrer Werke die Jungfräulichkeit gepriesen, sie freilich immer (marianisch) im funktio-

nellen Zusammenhang mit dem Gehorsam gesehen.«[225]

Diese Ausführungen weisen in gedrängter Form die zahlreichen Bezüge zu Ehe und Jungfräulichkeit in Adrienne von Speyrs Leben auf: Durch die Herzwunde der Jugendlichen und die ihr folgenden Stigmen der Erwachsenen erfuhr sie eine innere Nähe zur christlichen Jungfräulichkeit, in welcher der Mensch die Verfügung über den eigenen Leib verzichtend Gott überläßt; aus der geistlichen Durchdringung ihres eigenen Ehelebens und ihrer Praxis als Ärztin gewann Adrienne von Speyr eine gleichermaßen natürliche wie geistliche Sicht der Sexualität[226], in der das Verhältnis zwischen Mann und Frau sich vom Typos *Christus-Kirche* her bestimmt; dieses ekklesiologische Moment des bräutlichen Verhältnisses der Kirche zu Christus weist seinerseits auf den Sinn christlicher Jungfräulichkeit zurück, der sich für Adrienne von Speyr vor allem von der totalen Verfügbarkeit Mariens her erschloß und so dem christlichen Gehorsam zugeordnet war. Stellvertretend für die Vielzahl der in diesem Sinne durch Adrienne von Speyr verfaßten Texte kann ein Kommentar-Ausschnitt über 1 Joh 2,16 zitiert werden:

»Es kann sich aus der Liebe heraus der Weg des Verzichts öffnen, der Weg jener Liebe, die aus Liebe zum Vater zum Leben der Liebe in den Gelübden führt. Auch diese Form der Liebe verachtet die Welt des Vaters nicht, obwohl sie verzichtet. Sie liebt sie vielmehr durch den Sohn so sehr, daß sie in Anlehnung an dessen verzichtende und erlösende Liebe zur Welt ihm alles anbietet, was ein Mensch nur anbieten kann, in einer Liebe, die noch viel brennender ist als die geschlechtliche Liebe, einer Liebe, die unmittelbar sich speist aus der verzichtenden Liebe des Vaters und der gekreuzigten Liebe des Sohnes zur Welt.

Das Wort des Apostels: *Habt nicht die Welt lieb, noch das, was in der Welt ist*, ist nur der Ausgangspunkt der wahren positiven Liebe des

---

225 Erster Blick auf Adrienne von Speyr, 82f.

226 Vor allem greifbar in: A. v. Speyr, Theologie der Geschlechter (Die Nachlasswerke Bd. XII), Einsiedeln 1969; daneben in einem frühen, selbst herausgegebenen Bändchen: Christiane. Briefe über Liebe und Ehe, Luzern 1947, aber auch in zahlreichen Bezügen quer durch die biblischen Kommentare.

Vaters in uns; und je mehr diese im Menschen sich verlebendigt, um so lebendiger werden ihm auch die Dinge dieser Welt, die jetzt nicht mehr der Welt gehören, sondern Gott. Verzicht auf diese Dinge darf niemals Abkehr von der Schöpfung Gottes sein. Auch wer auf die Ehe verzichtet, soll es im klaren Wissen um die unerhörte Schönheit des göttlichen Geschenks tun, das im Geschlechtlichen liegt; er soll verzichten, *weil* es so schön ist und weil er dankbar ist, Gott etwas so Schönes anbieten zu dürfen.«[227]

Was hier im Hinblick auf den Rat der Jungfräulichkeit gesagt ist: daß der Verzicht geleistet wird, »*weil* es so schön ist«, kann unschwer mit der im theologischen Hauptteil darzustellenden *welthaft* verstandenen Jungfräulichkeit in Verbindung gebracht werden. Adrienne von Speyr stand als Verheiratete, die sich zugleich dem Dienst an einer dem Rat der Jungfräulichkeit verpflichteten Gemeinschaft verschrieben hatte, mit ihrer eigenen Person für eine Theologie, welche die gegenseitige Verwiesenheit der ehelichen und jungfräulichen Berufung reflektiert; sie stand für eine Theologie, welche die christliche Ehe im Bund Gottes mit den Menschen verortet und die christliche Jungfräulichkeit von der in Christus begründeten Leibbejahung her deutet. Nachdem für Adrienne von Speyr die eigenen Fragen um Ehe und Ehelosigkeit, die sie vor ihrer Konversion umgetrieben hatten, mit Hilfe des geistlichen Begleiters zu einer Klärung gelangt waren, konnte sie so eine Brückenfunktion zwischen Ehelosen und Verheirateten wahrnehmen, wie sie für eine *welthafte*, den Säkularinstituten eigene Theologie des Rates der Jungfräulichkeit kennzeichnend ist. Die ekklesiologische Bestimmung der Säkularinstitute wird hierauf näher einzugehen haben (vgl. Zweiter Teil. A). Vorerst kann festgehalten werden, daß Adrienne von Speyr bei der ekklesiologischen Verortung und theologischen Durchdringung des Rates christlicher Jungfräulichkeit für Hans Urs von Balthasars Theologie eine exemplifizierende Rolle gespielt hat.

---

[227] Zitiert nach: B. Albrecht, Eine Theologie des Katholischen, Bd. 1, 194.

5. Die Beziehung zwischen H. U. v. Balthasar und A. v. Speyr als Charisma im Dienst der neuen Laiengemeinschaften

In dieser abschließenden Auswertung der Beziehung zwischen Hans Urs von Balthasar und Adrienne von Speyr geht es nicht darum, daß Gesamt des Verhältnisses zwischen dem Theologen und der Mystikerin zu werten - so wenig, wie eine Gesamtdarstellung der beiden Personen und ihrer Werke geleistet werden kann. Ein Aspekt soll allerdings herausgegriffen sein: eine Wertung des Verhältnisses zwischen Hans Urs von Balthasar und Adrienne von Speyr im Hinblick auf die Laiengemeinschaften, vorab die *Johannesgemeinschaft*.

Prinzipiell gilt es zunächst anzumerken, daß Hans Urs von Balthasar sein eigenes Lebenswerk und das Adriennes von Speyr im Sinne einer »Doppelsendung«[228] verstanden hat. Er selbst scheute sich nicht, dieses Zueinander am Ende seines Lebens ausführlich zu benennen und im Kontext der großen Doppelsendungen der Kirche zu deuten: »Als Urbild dafür kann gelten die Zusammenführung Marias und Johannes' durch den Gekreuzigten, um die jungfräuliche Urzelle der Kirche zu bilden (Adrienne kommt oft auf dieses Thema zurück), Nachbilder sind unter anderm die Zusammenarbeit Johannes' vom Kreuz und Theresias, des hl. Johannes Eudes und Maries des Valées, Franz von Sales' und Jeannes de Chantal.«[229] Gerade *Maria* und *Johannes*, die erstbenannte »Urzelle« der Kirche, sind - neben Ignatius von Loyola - die urbildlichen Gestalten (Typen) für das Selbstverständnis der *Johannesgemeinschaft*: Verfügbarkeit für die Kirche in marianischer Bereitschaft und johanneischer Liebe, dies als Gemeinschaft, die in sich die gegenseitige Ergänzung von Mann und Frau zu leben versucht[230]. Was für die *Johannesgemeinschaft* als ganze gelten sollte, fand in der gegenseitigen Ergänzung Hans Urs von Balthasars und Adriennes von Speyr

[228] Unser Auftrag, 13. Zur generellen Deutung solcher Doppelsendungen äußert sich Balthasar in: Christlicher Stand, 366f.

[229] Unser Auftrag, 14.

[230] Vgl. ebd. 105-108.

eine erste personale Verwirklichung[231].

Zudem war Adrienne von Speyr für Hans Urs von Balthasar gleichsam »locus theologicus«[232], so wie er den Heiligen generell diesen Stellenwert zusprach[233]. Der jahrelange, selbstlose Dienst an der theologischen Botschaft der Mystikerin war für ihn das Exerzierfeld der Rückgewinnung jener Einheit von Theologie und Heiligkeit, die Balthasar immer wieder bei anderen eingeklagt und von sich selbst erwartet hat. Alle großen Linien seines Werkes hat er an ihrer »experimentellen Dogmatik«[234] ablesen und in »literarische Dogmatik« umsetzen können. Daß Adrienne von Speyr diese Funktion einer »experimentellen Dogmatik« bezüglich der Karsamstagstheologie Hans Urs von Balthasars innehat, ist weithin anerkannt. Daß sie auch im Hinblick auf seine *Theologie der Säkularinstitute* ein solcher »locus theologicus« ist, sollte in Umrissen aufgezeigt werden. Sicherlich würde das von Adrienne von Speyr hinterlassene Werk fehlinterpretiert, wenn man es auf eine »experimentelle Theologie der Säkularinstitute« hin engführen wollte. In ihrem weiten Werk finden sich kaum *ausdrückliche* Bezüge zu den Säkularinstituten generell, wiewohl zur eigenen Gemeinschaft. Dennoch könnte eine ausstehende Gesamtwertung ihres Werkes ans Licht bringen, daß Hans Urs von Balthasar in ihr gleichsam einen »Nährboden« für die bei ihm - dann allerdings ausdrücklich - formulierte *Theologie der Säkularinstitute* vorgefungen hat.

Bleibt am Ende die Frage, welches Lebenswerk der beiden dem je anderen zu dienen hatte, nach welcher Richtung die stärkere Abhängigkeit verläuft. Hans Urs von Balthasar mußte sich zuweilen den Vorwurf gefallen lassen, er überinterpretiere Adrienne von Speyr in ihrer Bedeutung für sein Werk und stelle das eigene Licht unter den Scheffel. Sehr früh schon war allerdings für beide klar, daß nicht Hans Urs von Balthasar seine Sendung der Sendung Adriennes von Speyr ein-

---

[231] Zur theologischen Erhellung der Beziehung zwischen Adrienne von Speyr und Hans Urs von Balthasar vgl. J. G. Roten, Die beiden Hälften des Mondes, in: K. Lehmann/W. Kasper (Hrsgg.), Gestalt und Werk, 104-132.

[232] M. Lochbrunner, Analogia Caritatis, 71.

[233] Vgl. ebd. 70-74.

[234] Balthasar führt diesen Begriff ein in: Erster Blick auf Adrienne von Speyr, 75.

zuordnen hatte, sondern daß ihre mystische Sendung als Dienst an seiner größeren theologischen Sendung für die Kirche zu deuten sei. 1946 notierte Balthasar in diesem Sinne in sein Tagebuch:

»Am *9. Oktober* sagte A.: SPN [Sanctus Pater Noster, der heilige Ignatius] habe ihr etwas ganz Neues gezeigt. Sie habe eigentlich, ohne darüber eigens nachzudenken, immer gemeint, meine Sendung sei irgendwie in der ihrigen enthalten, ich hätte an den Offenbarungen, die ihr zuteil werden, einen Dienst zu erfüllen. SPN aber habe ihr heute gezeigt, daß es umgekehrt sei: meine Sendung habe früher begonnen und werde später aufhören, und die ihrige sei zwischenhinein gestellt, eigentlich um der meinigen die rechte Höhe zu geben, die sie allein nicht erhalten hätte.«[235]

Seine Sendung sah Balthasar - wie gezeigt werden konnte - zuvorderst in seinem theologischen und priesterlichen Dienst an den Säkularinstituten, insbesondere an der *Johannesgemeinschaft*, um gerade in diesem konkreten, partikulären Brennpunkt der Gesamtkirche einen Dienst anzubieten, der ihrer heutigen Not entspricht; diesem ersten Auftrag war der verlegerische Dienst am theologisch-mystischen Werk Adriennes von Speyr ein- und untergeordnet; an dritter Stelle folgte seine eigene theologisch-schriftstellerische Tätigkeit, wie Balthasar durch Klarstellungen zur »persönlichen Wertehierarchie« mehrfach bezeugte. Stellvertretend für andere Texte soll eine relativ späte Aussage aus dem Jahr 1976 zitiert werden:

»Im Zentrum steht die Johannesgemeinschaft, die zusammen mit Adrienne von Speyr entworfen worden ist. Für diese und für die Menschen in ihr bin ich zuerst da. Nur wenn solche Gemeinschaften wie die zu gründende entstehen, wird, glaube ich, der Kirche von heute ernsthaft geholfen. An zweiter Stelle kommt mein Verlag. Der Geist der Johannesgemeinschaft soll darin ausgedrückt werden. Darin kommt zunächst einmal der riesige Nachlaß Adriennes von Speyr zum Druck [...] Dann erst, an dritter Stelle, würde ich meine eigene Produktion einstufen: Hilfe auch für unsere Gemeinschaft und für Menschen, die

[235] Erde und Himmel II,1597.

an diesem Geist interessiert sind.«[236]

Nicht Adrienne von Speyr wurde somit zum auslösenden Faktor für den Austritt aus dem Jesuitenorden, sondern vielmehr die Hans Urs von Balthasar und Adrienne von Speyr je auf ihre Weise *gemeinsame* Sendung im Dienst an den Säkularinstituten. In Hinblick auf den Stellenwert Adriennes von Speyr in diesem Geschehen bleibt anzuerkennen, daß Hans Urs von Balthasar ohne ihre Initiative wohl nie auf die Idee gekommen wäre, sich als Mitbegründer eines Säkularinstitutes zu engagieren und sein theologisches Schaffen in solcher Ausdrücklichkeit in den Dienst dieser neuen Lebensform zu stellen. Gleichwohl hatte das in den Säkularinstituten bzw. der *Johannesgemeinschaft* konkretisierte Anliegen schon lange vor der Begegnung mit Adrienne von Speyr gestaltbildend auf Leben und Werk Hans Urs von Balthasars eingewirkt.

V. Trennung vom Jesuitenorden

In einem letzten Schritt der biographischen Erhebung soll das wohl dunkelste und für ihn persönlich schmerzvollste Kapitel im Leben Hans Urs von Balthasars beschrieben werden: sein Austritt aus dem Jesuitenorden. Auch hier müssen die näheren Zusammenhänge mit der Person Adrienne von Speyr und der Gründung *Johannesgemeinschaft* zur Sprache kommen, insofern sie Teil des lebensgeschichtlichen Kontexts sind, in dem sich die theologische Sicht der Säkularinstitute bei Hans Urs von Balthasar formierte. Ohne einer soliden und aufrichtigen Geschichtsschreibung vorzugreifen, sollen die Zusammenhänge im Rückgriff auf die heute zugänglichen Quellen kurz dargestellt werden[237].

[236] Geist und Feuer, 72.

[237] Zum Ganzen: die zumeist zitierten Tagebücher »Erde und Himmel«; Unser Auftrag, 66f; P. Henrici, Erster Blick, 33-43; Monographie, 160-162.

1. Der äußere Verlauf der Trennung vom Orden

Schon seit Ende des Jahre 1941 muß Hans Urs von Balthasar zur Kenntnis nehmen, daß er bei Mitbrüdern im Orden auf Unverständnis bezüglich seiner Zusammenarbeit mit Frau von Speyr stößt und Gerede unter den Schweizer Jesuiten und in der Stadt Basel entsteht[238]. Kurz nach Ostern 1945 tritt für ihn dann zum ersten Mal ausdrücklich der Gedanke auf, er »könnte vielleicht irgendeinmal gezwungen werden, aus der S.J. auszutreten«[239]. Die Überlegung entsteht im Kontext der Frage, ob verschiedene junge Männer, die sich im Umkreis des Studentenseelsorgers Hans Urs von Balthasar für das Räteleben interessieren, in den Jesuitenorden eintreten sollen oder eigentlich der werdenden Gemeinschaft zuzuordnen wären. Hinter diesen Überlegungen stehen die Frage nach dem Verhältnis von *Johannesgemeinschaft* und *Jesuitenorden* sowie grundsätzlicher der zum damaligen Zeitpunkt noch unklare Charakter der *Johannesgemeinschaft*; die Realisierung eines Männer- bzw. Priesterzweiges derselben ist Mitte der vierziger Jahre noch nicht in Sicht. In der Folge treten die erwähnten männlichen Interessenten in den Jesuitenorden ein - und später teilweise wieder aus. Balthasar kommentiert in *Unser Auftrag* diesen Vorgang:

> »Es dürfte wichtig sein, hier zu betonen, daß weder sie [Adrienne von Speyr] noch ich eine Ahnung hatten, daß damals schon verschiedene Arten von ähnlichen Versuchen existierten, für die erst 1947 von Papst Pius XII. ein kirchenrechtliches Statut ('Provida mater', gefolgt von andern Schreiben) erlassen wurde. Die Folgen dieser Unkenntnis waren, daß ich zunächst Studenten, die bei mir Exerzitien gemacht hatten und sich zu einem Leben in den evangelischen Räten berufen fühlten, in verschiedene Orden, vorab in die Gesellschaft Jesu zu schicken suchte und (noch 1948) ein Büchlein unter dem verkehrten Titel 'Der Laie und der Ordensstand' (statt: 'der Rätestand') herausgab.«[240]

---

[238] Vgl. Erde und Himmel I,192; Unser Auftrag, 66.

[239] Erde und Himmel II,1293.

[240] Unser Auftrag, 40.

In ersten, noch unklaren Umrissen zeichnet sich durch diese Vorgänge ab, daß Balthasars Einsatz für die *Johannesgemeinschaft* nicht einfach zur Deckung gebracht werden kann mit seinem Auftrag als Mitglied der *Gesellschaft Jesu.* Eine Tagebuch-Notiz aus dem Jahr 1945 beschreibt Balthasars damalige Haltung bezüglich eines Austrittes aus dem Orden: »ich sagte: ich würde natürlich einen solchen Gedanken erst dann ins Auge fassen, wenn er als der ganz klare Wille Gottes erscheine. Aber ich würde den Willen Gottes dem Orden vorziehen. [...] Ich bot mich in jenen Tagen auch zu diesem Opfer an, das gewiß das schwerste wäre, das von mir verlangt werden könnte.«[241] Im Sommer 1945 wird dann auch erstmals von einem Zuständigen in der Schweizer Ordensprovinz die Frage geäußert, ob Hans Urs von Balthasar »noch ganz zur S.J. stehe«[242]. Sein Anliegen bleibt es hingegen nach wie vor, die Begleitung der *Johannesgemeinschaft* in seine Tätigkeit als Jesuit zu integrieren. Er erklärt einem Ordensbruder, daß ihm »ein Verzicht auf die S.J. das schwerste Opfer bedeuten würde, das überhaupt verlangt werden kann«[243].

Im Januar 1946 bahnt sich dann zusätzlich ein Konflikt zwischen dem Jesuitenorden und Hans Urs von Balthasar um die Kirchlichkeit der theologischen Aussagen Adriennes von Speyr an; Balthasar möchte den ersten der von ihr diktierten Johanneskommentare herausgeben, erhält aber vom Orden kein Imprimatur[244]. Der ihm bisher freundlich gesonnene Provinzial verhandelt im selben Monat die Sache im Generalat des Ordens in Rom[245], bringt aber »eher düstere Nachrichten heim [...] 'Johannes' wird von drei Zensoren als unkorrigierbar abgelehnt«[246]. Verschärfend kommt die zeitliche Dringlichkeit der aufgeworfenen Fragen hinzu, weil Hans Urs von Balthasar im August 1946 ordnungsgemäß seine feierliche Ordensprofeß hätte ablegen sollen,

---

[241] Erde und Himmel II,1293.

[242] Erde und Himmel II,1321.

[243] Erde und Himmel II,1321. Besagter Ordensbruder wird nicht namentlich, sondern nur mit dem Kürzel »P.G.« angeführt, vermutlich der Provinzial.

[244] Vgl. Erde und Himmel II,1456.

[245] Vgl. Erde und Himmel II,1460.

[246] Erde und Himmel II,1469.

»wobei ihm aber bedeutet wird, daß die Gesellschaft Jesu die Verantwortung für Frau Prof. Kaegi und die *Johannesgemeinschaft* nicht übernehmen könne. Balthasar bittet um Prüfung der Echtheit ihrer Visionen und bis dahin um Aufschub seiner Gelübde.«[247] Der ihm zugewiesene Visitator kommt zu einem negativen Ergebnis und befiehlt Hans Urs von Balthasar - entgegen der Anweisung des Schweizer Provinzials, »Frau K. völlig aufzugeben, ebenso ihre Werke, und die 'Leitung der Novizen' abzutreten«[248]. Schließlich stellt sich auch der Provinzial, in dem er anfänglich noch eine Stütze erfahren konnte, gegen Balthasar und verbietet den Novizen der *Gesellschaft Jesu*, mit ihm »über das Geringste zu sprechen, was Frau K. angeht«[249].
Anscheinend kann man sich im Orden kein gemeinsames Urteil bilden[250], einigt sich aber von offizieller Seite Mitte Februar 1947 darauf, Hans Urs von Balthasar mit der Auflage zu versehen, daß er mit Adrienne von Speyr nicht mehr in ihrer Privatwohnung, sondern nur noch im Haus der Studentenseelsorge auf der Herbergsgasse zusammentreffen dürfe[251]; offensichtlich möchte man die Zusammenarbeit zwischen Hans Urs von Balthasar und Frau von Speyr auf das Maß einer normalen geistlichen Begleitung zurückstraffen. Der Ordensaustritt beginnt sich als unausweichlich abzuzeichnen[252], da anders die Reihe der biblischen Kommentare Adriennes von Speyr, von deren Inspiriertheit Hans Urs von Balthasar nach wie vor überzeugt ist, nicht fortgesetzt und veröffentlicht werden kann. Nachdem im Monat März von Seiten des Ordensgenerals eine Vorentscheidung gefallen ist[253], findet am 22. April 1947 ein erstes, ergebnisloses Gespräch zwischen P. General Johann Baptist Janssens SJ und Hans Urs von Balthasar statt, in dem immerhin die Meinungen über die Schriften Adriennes von Speyr und die Gemeinschaftsgründung freundschaftlich ausge-

[247] P. Henrici, Erster Blick auf Hans Urs von Balthasar, 34.

[248] Ebd.; gemeint sind wohl die Kandidatinnen der *Johannesgemeinschaft*.

[249] Erde und Himmel II,1519.

[250] Vgl. ebd.

[251] Vgl. Erde und Himmel II,1483; Unser Auftrag, 67.

[252] Vgl. Erde und Himmel II,1485, 1489.

[253] Vgl. Erde und Himmel II,1759.

tauscht werden[254]. Im Kern geht es darum, daß Hans Urs von Balthasar nur unter der Bedingung, die *Johannesgemeinschaft* weiter begleiten zu dürfen, meint, seine feierlichen Gelübde ablegen zu können, während der General eine *bedingungslose* Zustimmung zum Gehorsam und den Gelübden fordert. Der Gesprächsverlauf ergibt keine Annäherung; Balthasar bleibt bei seiner persönlichen Überzeugung, im Gehorsam vor Gott und der von ihm gegebenen Sendung der Forderung seines Ordens, die Leitung der *Johannesgemeinschaft* aufzugeben, nicht entsprechen zu können.

In den folgenden Monaten stellen sich sowohl die Zuständigen der Schweizer Ordensprovinz als auch der Bischof und einzelne Angehörige von Mitgliedern der *Johannesgemeinschaft* gegen die junge Gründung[255]. Aber gerade in dieser aufreibenden Entscheidungszeit gewinnt Balthasar von der entstehenden Laiengemeinschaft eine mehr und mehr gesamtkirchliche Sicht: daß es sich um ein eigenes, neues Charisma für die Kirche in dieser Zeit handelt, das zwar eine Ergänzung zu den alten Orden - etwa zum Jesuitenorden - darstellt, aber doch einer starken Eigenständigkeit bedarf. In diesem Sinne versucht er die sich anbahnende, folgenschwere Trennung vom Jesuitenorden positiv zu deuten[256].

Dem ersten Gespräch mit P. General Johann Baptist Janssens folgt ein zweites am 26. November des Jahres 1947, das nach Balthasars eigener Aussage über den Austritt entscheidet, weil die im ersten Gespräch skizzierten Positionen auf beiden Seiten unverändert geblieben sind[257]. Immerhin wird vereinbart, daß Hans Urs von Balthasar ein weiteres klärendes Gespräch mit P. Rondet in Lyon führen wird; auch dieses bringt allerdings den Dialog nicht mehr voran[258]. Es folgt ein Brief an P. General Janssens vom 20. April 1948, in dem Hans Urs

---

[254] Vgl. Erde und Himmel II,1785; dort eine Beschreibung des genaueren Gesprächsverlaufs.

[255] Vgl. Erde und Himmel II, 1874. 1921.

[256] Vgl. Erde und Himmel II,1879.

[257] Zum Gespräch mit P. General Janssens vgl.: Erde und Himmel II,1922 (dort der genauere Gesprächsverlauf); summarisch erwähnt in: Unser Auftrag, 67.

[258] Zum Gespräch mit P. Rondet vgl. Erde und Himmel II,1998 (Anm. 1).

von Balthasar nochmals seine Position begründet[259]. Zuletzt begibt er sich bei dem ihm zugewiesenen Exerzitienmeister P. Donatien Mollat ein drittes Mal in seinem Leben in die Schule der Exerzitien. Sie finden mit gegenseitigem Einvernehmen zwischen Exerzitand und Exerzitienmeister im Juli 1948 ihren Abschluß und besiegeln die Entscheidung zum Austritt aus dem Orden, der am 11. Februar 1950 erfolgen wird[260].

Hinzu kommt für Hans Urs von Balthasar in diesen Jahren die theologische Ungesicherheit, bedingt durch die Kritik an den Theologen des *Renouveau catholic*; hier hat sich der Streit zwischen Rom und den betroffenen Theologen seit August 1946 zugespitzt. Balthasar und P. de Lubac treffen sich im März 1946 in Basel, wo de Lubac Frau von Speyr kennenlernt. De Lubac »geht mit den besten Eindrücken von ihr fort, überzeugt von der Echtheit ihres Auftrags«[261], so Balthasar in den Tagebuchaufzeichnungen. Dies tröstet ihn allerdings nicht über den Streit um die französischen Theologen hinweg, er weiß sich mitbetroffen als Schüler Pater de Lubacs: »die Verdächtigung seines Freundes de Lubac hat ihn und sein theologisches Werk aufs tiefste betroffen. Er kann sich nun auch theologisch nicht mehr frei bewegen.«[262]

---

[259] Den Brief an P. General Janssens zitiert Balthasar im »Abschiedsbrief an die Gesellschaft Jesu« in: E. Guerriero, Monographie, 402-408.

[260] Zum Exerzitienverlauf vgl. Erde und Himmel II, 1998-2001. Peter Henrici beschreibt die Monate und Jahre des Ringens und der Unklarheit bis zum endgültigen Austritt Hans Urs von Balthasars aus der *Gesellschaft Jesu* am 11. Februar 1950: »Am 26. November spricht er in Rom zum zweiten Mal mit P. General, der ihn zu einem klärenden Gespräch mit P. Rondet nach Lyon schickt. Dieser vermag die Echtheit der Visionen Adrienne von Speyrs und des an Balthasar gegangenen göttlichen Auftrags nicht anzuerkennen. Auch der Bischof von Basel, Franziskus von Streng, hat Vorbehalte gegen die *Johannesgemeinschaft* und wird diese auch später nicht aufgeben. In dieser ausweglosen Lage verfügt P. General, Balthasar solle bei P. Donatien Mollat, dem Johannesspezialisten, Exerzitien machen und in diesen Exerzitien seine endgültige Entscheidung treffen. Die Exerzitien finden Ende Juni 1948 in Borollières bei Lyon statt, und Balthasar entscheidet sich, mit Zustimmung des Exerzitienmeisters, für einen Ordensaustritt, wenn anders die Gesellschaft Jesu seinen Auftrag nicht ernsthaft prüfen will. Es folgen anderthalb Jahre qualvolle Wartezeit, während der Balthasar vergeblich versucht, einen Bischof zu finden, der ihn aufnehmen will, und die Mitbrüder vergeblich versuchen, ihn von seinem Vorhaben abzubringen. Nach einem neuerlichen Briefwechsel mit P. General erfolgt am 11. Februar 1950 der Ordensaustritt.« (Erster Blick, 35)

[261] Erde und Himmel II,1517.

[262] P. Henrici, Erster Blick, 35.

2. Der innere Impuls zur Trennung vom Orden: Treue zu Ignatius und zur Sendung

Der bisher in einigen markanten Daten und äußeren Ereignissen geschilderte Weg bis zum Austritt aus dem Jesuitenorden war für Hans Urs von Balthasar in keiner Weise ein leichter und freudiger Weg, so sehr er ihn auch im Gehorsam vor Gott gegenüber gehen zu müssen glaubte[263]. *Unser Auftrag*, jene fünf Jahre vor seinem Tod herausgegebene Schrift, die endgültig Rechenschaft über das Verhältnis zu Adrienne von Speyr und über die Bedeutung der *Johannesgemeinschaft* ablegen sollte, spiegelt deutlich, daß Hans Urs von Balthasar zeitlebens den Bruch mit der eigenen Ordensfamilie nicht verwunden hat und noch über dreißig Jahre später mit Bitterkeit auf die Zusammenhänge der Trennung vom Orden zurückblickte[264]. Daß damals ohne eine gründliche Sichtung der Schriften Adriennes von Speyr entschieden worden war und bis in die Gegenwart hinein ohne entsprechende Kenntnis geurteilt wurde, war dem feinfühligen Theologen die schwerste Last. Adrienne von Speyr ihrerseits litt schwer an ihrer Mitver-

---

[263] Vgl. den *Abschiedsbrief an die Gesellschaft Jesu* (in: E. Guerriero, Monographie, 402-408) sowie den Brief *An meine Freunde und Bekannten* (Text der Briefkarte, mit der Balthasar seinen Freunden und Bekannten den Entschluß zum Austritt aus dem Jesuitenorden mitteilte): »An meine Freunde und Bekannten. Am 11. Februar 1950 habe ich, vor Ablegung meiner letzten Gelübde, im Frieden mit den Obern, aber unwiderruflich, den Jesuitenorden verlassen. Ich tat den für beide Seiten harten und folgenschweren Schritt, nachdem ich lange die Sicherheit geprüft, die ich im Gebet erlangt hatte: von Gott zu bestimmten Aufgaben im Raum der Kirche gerufen zu sein, zu deren ungeteilter Durchführung der Orden nicht meinte mich freistellen zu können. Die kleine Schrift 'Der Laie und der Ordensstand' (Johannesverlag 1948, Herderverlag 1949) deutet an, in welcher Richtung die Hauptarbeit liegt. Der vollzogene Schritt bedeutet also für mich eine Anwendung des christlichen Gehorsams vor Gott, der jederzeit das Recht hat, einen Menschen nicht nur aus seiner leiblichen Heimat oder aus seiner Ehe, sondern genauso aus seiner geistigen Wahlheimat im Orden herauszurufen, um ihn zu seinen Zwecken innerhalb der Kirche zu verwenden. Ob im weltlichen Umraum jetzt und später Vor- oder Nachteile sich ergäben, stand nicht zur Diskussion und war nicht in Rechnung zu ziehen. Zu Art. 51 der BV steht mein Entschluß in keinerlei Beziehung. Meine Freunde und Bekannten aber darf ich bitten, sich christlich zu erinnern, daß eine Minute Gebet mir nutzbringender sein, wird, als eine Stunde Gerücht und Gerede. Hans Urs von Balthasar.« (Zitiert nach: M. Lochbrunner, Unterwegs zu einer Balthasar-Biographie?, 85 (Anm. 9); von Lochbrunner versehen mit dem erklärenden Zusatz: »Mit der Abkürzung BV verweist Balthasar auf die Bundesverfassung der Schweiz aus dem Jahr 1974. Der Art. 51 formulierte das erst 1973 nach einem Referendum aufgehobene Jesuitenverbot.«)

[264] Vgl. Unser Auftrag, 66f.

antwortung für die Trennung vom Orden[265]. Trotzdem hatte sich für beide nach reiflicher Überlegung die Alternative nicht gestellt. Im ersten, nach dem Tod Adriennes von Speyr veröffentlichten Buch *Erster Blick auf Adrienne von Speyr* schrieb Balthasar 1968 über die Motive der Entscheidung:

> »Wirklich über Menschenkraft aber ging der ihr [A. v. Speyr] aufgeladene Teil von Verantwortung, mich zum Austritt aus dem Jesuitenorden zu bewegen, als keine Aussicht mehr bestand, den uns übergebenen Auftrag der Neugründung innerhalb des Rahmens der Gesellschaft Jesu durchführen zu können. Gewiß: ich selbst hatte der Beweise übergenug, daß dieser Auftrag bestand und so und nicht anders zu deuten war. Wer will Gott die Möglichkeit absprechen, sich seinem Geschöpf gegenüber (und gerade in der Kirche) unmißverständlich auszudrücken. Mir war die Gesellschaft liebste, selbstverständliche Heimat; der Gedanke, daß man mehr als einmal im Leben 'alles verlassen' müsse, um dem Herrn nachzufolgen, auch einen Orden, war mir nie gekommen und traf mich wie ein Schlag. Hatte ich also meine Beweise und handelte ich aufgrund eigener Verantwortung - was ich seither keine Stunde bereut habe -, so war für Adrienne als Vermittlerin die Mitverantwortung doch ungemein schwer.«[266]

Obwohl der Gedanke eines Ausscheidens aus dem Jesuitenorden von Hans Urs von Balthasar als »Schlag« erlebt wurde, hat er den dann beschrittenen Weg nie als Abkehr vom Charisma seines Ordensvaters Ignatius verstanden. Im Gegenteil verhalf ihm gerade die Besinnung auf den Gründungsimpuls des heiligen Ignatius dazu, sein persönliches Charisma für den Dienst an den kirchlichen Laien und an ihrer Weltgestaltung zu entfalten. Diesen Dienst hätte Balthasar *als Jesuit in der Sendung seines Ordensvaters* ausüben mögen, zutiefst überzeugt, daß die werdende *Johannesgemeinschaft* nicht zuletzt inspiriert war vom Geist des heiligen Ignatius und daß die Anliegen beider Gemeinschaften sich ergänzten.
Aufschlußreich für diese ignatianische Ausrichtung bei der Gründung

---

[265] Vgl. ebd. 16f.

[266] Erster Blick auf Adrienne von Speyr, 37f.

der neuen Laiengemeinschaft sind Balthasars Ausführungen über »Die Lehre der Geschichte« in *Der Laie und der Ordensstand* von 1948, jener ersten Abhandlung, in der er der kirchlichen Öffentlichkeit erstmals ausführlich die Frage der »weltlichen Institute« vorlegte. In einer kritischen Durchsicht der bald zweitausendjährigen Geschichte des Rätelebens geht Balthasar hier insbesondere auf die zunehmende Klerikalisierung nahezu aller großen Ordensgemeinschaften - inklusive des Jesuitenordens - ein. Von Ignatius sagt er: »Priestertum und Laientum sind für ihn wie etwas Sekundäres eingeschlossen in einer einzig wichtigen Ordenshaltung der Indifferenz, die, nachdem die göttliche Berufung zum Ordensstand begriffen und angenommen worden ist, aus dem Munde des Obern die nähere Differenzierung erwartet.«[267] Wenn aber diese Differenzierung - ob der Orden einem Mitglied die sakramentale Weihe zum Dienstamt nahelegt oder nicht - keinerlei Wertung der Ordensberufung bedeutet und nur nach Kriterien der Dienlichkeit für den jeweiligen Auftrag entschieden wird, erstaunt um so mehr »der unvoreingenommene Betrachter der Ordensgeschichte darüber, daß heute für den gebildeten Laien innerhalb des Standes der Vollkommenheit kein Raum ist«[268]. Das hier formulierte und als negativ qualifizierte Abrücken vom Gründungsimpuls der großen Ordensgründungen - auch von der des heiligen Ignatius - ist für Balthasar der Ansatzpunkt zu einer zurückzugewinnenden *laikalen* Ordensform und zur Gründung der *Johannesgemeinschaft*.

Was Hans Urs von Balthasar durch persönliche Intuition und theologisches Studium - insbesondere der eigenen Ordensgeschichte - hier gegriffen hatte, wäre ihm ein *ordensinternes* Anliegen gewesen, wenn er nicht zum Austritt genötigt worden wäre. Er entschied sich letzlich für den Dienst an der werdenden *Johannesgemeinschaft*, dem er sich stärker verpflichtet wußte. Daß er mit diesem Anliegen zugleich der Spur seines Ordensvaters treu blieb, war ihm dabei eine Selbstverständlichkeit. Im Todesjahr Adriennes von Speyr schrieb Balthasar: »was Ignatius in seiner Zeit gewollt hatte, hieß fortan für mich eindeutig Weltgemeinschaft; das harte Opfer, das der Übergang forderte,

---

267 Der Laie und der Ordensstand, 36.

268 Ebd. 39.

war begleitet von der Gewißheit, der gleichen Idee exakter zu dienen«; der beschrittene Weg wird hier beschrieben in der Richtung »von Ignatius zu Johannes«[269]. Als Patron der *Johannesgemeinschaft* steht der Lieblingsjünger und Evangelist gleichermaßen für die Mitte der Theologie Adriennes von Speyr wie für das Programm der Säkularinstitute[270]. Dieses Programm läßt sich gedrängt beschreiben als der »Ernstfall« der Einheit von Natur und Gnade, von Wissen und Leben im Rätestand[271]. Von hier aus wird deutlich: Der Weg »von Ignatius zu Johannes« beschreibt keine Diskontinuität im Lebenslauf Hans Urs von Balthasars, sondern steht für die Kontinuität des geistlichen Weges in den Spuren von Ignatius und Johannes. Beide - der Evangelist und der Ordensvater - stehen für eben jene geistliche Schule, in der Wissen und Leben eine Einheit bilden. So kann Balthasar über das Verhältnis von Ignatius zur johanneischen Theologie schreiben: »Ohne im geringsten eine 'neue Theologie' inaugurieren zu wollen [...], setzte er unmittelbar an dem johanneischen Punkt an, wo Wissen und Leben identisch zu werden haben. Die Exerzitien erstreben eine 'Wahl' aus der Fülle der Kontemplation des Lebens des Herrn, eine Existenz aus der Fülle der christlichen Idee.«[272]

Gerade die Exerzitien waren es, denen Hans Urs von Balthasar glei-

---

[269] Mein Werk, 71.

[270] Die Johannesgestalt ist in der Theologie Hans Urs von Balthasars eine typologische Größe, in der die personelle Einheit des Lieblingsjüngers, des Evangelisten und des Verfassers der Geheimen Offenbarung vorausgesetzt wird (vgl. Zweiter Teil. A. Zweites Kap.IV und Zweiter Teil. B. Zweites Kap.I.2.a).

[271] Bei Adrienne von Speyr ist dasselbe Programm am dichtesten zu greifen in der Einleitung zum ersten Buch des Johanneskommentares (A. v. Speyr, Johannes I. Das Wort wird Fleisch, Einsiedeln 1949, 5): »Das Wesen des Apostels Johannes läßt sich am besten dort fassen, wo Natur und Übernatur in ihm zu einer Einheit verwoben sind und immer wieder aus dieser Einheit herausstreben, um sie neu zu bilden und zu deuten und ihr in den Glaubenden einen Mitvollzug zu ermöglichen, der alles in ihren Dienst nimmt, was im Menschen natürlich und übernatürlich sein kann. Johannes ist der Apostel, den der Herr liebt, übernatürlich und christlich und göttlich, aber unbedingt auch menschlich. Und Johannes erfährt den Sohn Gottes als seinen Herrn und als seinen Freund, und alles Menschliche und Freundschaftliche im Herrn öffnet ihm Perspektiven der Übernatur, des Göttlichen, der Liebe des Sohnes zum Vater, des dreieinigen Gottes. Sowohl der Herr wie Johannes benützen die naturhafte Liebe, um die göttliche zu erhellen, um zu erklären, wie der Vater die Menschen bei der Schöpfung geliebt hat, wie er sie liebt bei der Sendung des Sohnes, so sehr, daß er sie durch seine Liebe lieben lehrt.«

[272] Theologie und Heiligkeit, 203.

chermaßen als Leiter der *Johannesgemeinschaft* wie zuvor als Jesuit treu blieb und die die Achse seines seelsorgerlichen Tuns und persönlichen Lebens vor wie nach dem Austritt aus dem Jesuitenorden bildeten. Neben der benannten Einheit von Wissen und Leben, wie sie die Exerzitien anstreben, erblickte er im ignatianischen »Jemehr« ein Bindeglied zwischen Ignatius und Johannes. »*Die Exerzitien*«, so schreibt er, »versuchte ich daher so zu übersetzen, daß im Wort das lodernde Feuer des personalen Jemehr - der gemeinsame Rhythmus von Ignatius und Johannes durchtönt.«[273] Hinter dieser Redlichkeit des Übersetzers der Exerzitien verbarg sich die geistliche Redlichkeit, mit der er sich an den Wegkreuzungen seines Lebens selbst der Schule des heiligen Ignatius anvertraute. So wie Hans Urs von Balthasar durch die ignatianischen Exerzitien den Weg in den Orden gewiesen bekommen hatte, wurden auch die Exerzitien zur Entscheidungszeit für den Austritt[274]. Dem einmal gewählten Fundament blieb er zeitlebens treu, ob als Jesuit oder als priesterlicher Begleiter der *Johannesgemeinschaft*. Vielfältige Stimmen von Mitbrüdern und Freunden innerhalb wie außerhalb des Jesuitenordens bezeugen diese Treue.

3. Stimmen zu Hans Urs von Balthasars Entscheidung

Abschließend sollen einige Stimmen - insbesondere von ehemaligen Ordensbrüdern - der Beurteilung des hier dargestellten Weges vom Jesuitenorden zur *Johannesgemeinschaft* zu Wort kommen, um das entstandene Bild durch einige Außensichten zu ergänzen. Zum größten Teil decken sie sich mit der Selbsteinschätzung Hans Urs von Balthasars, deren Darstellung hier Vorrang gegeben wurde.

Als erster soll Balthasars Ordensbruder Charles Kannengießer SJ zitiert werden. Er widerspricht der gerade in den Jahren des Austritts vielfach geäußerten Kritik, Balthasar sei mit seinem Sprechen von ignatianischem Gehorsam und von entsprechender Kirchlichkeit durch die eigene Lebenspraxis unglaubwürdig geworden:

---

[273] Mein Werk, 18f.

[274] Zum Entscheidungsprozeß der Exerzitien vgl. J. Servais in: Exerzitienbuch, 26f.

»Daß er sich zu diesem Schritt verpflichtet fühlte, bedeutete keineswegs, daß sich an seiner Hingabe zur kirchlichen Lehre etwas geändert hätte. Im Gegenteil, als er frei war, dem selbsterteilten Auftrag im Dienst der Kirche auf eigenem Wege nachzukommen, verstärkte er noch die inneren Bande zur ignatianischen Identität, wie sie in ihm seit 1929 durch die *Geistlichen Übungen* grundgelegt waren.«[275]

Ähnlich betont Werner Löser SJ ausdrücklich die Treue Hans Urs von Balthasars zu Ignatius von Loyola und zum Jesuitenorden - wiewohl in der kritischen Distanz des Außenstehenden:

»Gut 20 Jahre lang hat Balthasar in der Gesellschaft Jesu gelebt und so den aus der Spiritualität der Exerzitien lebenden Orden von innen her kennengelernt. Der Austritt aus dem Orden im Jahre 1950 war keine Abkehr von Ignatius und erfolgte nach der Überzeugung Balthasars im Gehorsam einem neuen Auftrag gegenüber - gemeint ist die Gründung und Begleitung der *Johannesgemeinschaft* (zusammen mit Adrienne von Speyr). [...] Auch nach dem Austritt blieb Balthasar der Gesellschaft Jesu, von der er 1968 einmal sagte, sie sei ihm die 'liebste, selbsverständlichste Heimat' gewesen, in vielfacher Weise verbunden. Bisweilen äußerte sich diese Verbundenheit auch in besorgter Kritik.«[276]

Manfred Lochbrunner unterstreicht die in den vorherigen Kapiteln vielfach belegte Bedeutung der Gründung *Johannesgemeinschaft* für den Austritt aus dem Orden. Dies soll hier nochmals ausdrücklich erwähnt werden, zumal bis in die letzten Lebensjahre Adriennes von Speyr hinein böse Zungen behaupteten, ihre Person und nicht zuvorderst die *Johannesgemeinschaft* sei der eigentlich auslösende Faktor für den Austritt gewesen. Lochbrunner schreibt hierzu:

»Ein neuer Weg christlicher Existenz gewinnt für Balthasar Gestalt in den Weltgemeinschaften (Instituta saecularia). Um diesem neuen Auf-

---

[275] Ch. Kannengiesser SJ, In der Schule der Väter. Balthasars Beschäftigung mit der patristischen Theologie, 80, in: K. Lehmann/W. Kasper (Hrsgg.), Gestalt und Werk, 78-84.

[276] W. Löser, Die Ignatianischen Exerzitien, 153f, in: K. Lehmann/W. Kasper (Hrsgg.), Gestalt und Werk, 152-174.

trag - er wird zum eigentlichen Lebenswerk Balthasars werden - besser zu dienen, bringt Balthasar das schwere Opfer, die Gesellschaft Jesu, die ihm zur selbstverständlichen Wahlheimat geworden war, zu verlassen. Adrienne von Speyr nimmt es auf sich, den Ordensaustritt mitzuverantworten, der 1950 vollzogen wurde.«[277]

Hans Urs von Balthasar sah sich also um der Säkularinstitute willen genötigt, diesen Schritt zu tun. Der spätere schwierige Verlauf der Ereignisse legt allerdings auch die kritische Anfrage nahe, die Balthasars Vetter Peter Henrici SJ stellte, ob nicht »möglicherweise die Gründung der Gemeinschaft ohne den Ordensaustritt besser vonstatten gegangen«[278] wäre. Im heutigen Rückblick allerdings werden sowohl der Jesuitenorden als auch die *Johannesgemeinschaft* dankbar sein für die gegenseitige Unabhängigkeit, die durch den Ordensaustritt herbeigeführt wurde. Gerade die totale rechtliche und strukturelle Unabhängigkeit beider Gemeinschaften ermöglicht auf lange Sicht vielleicht eher, was Hans Urs von Balthasar ein bleibendes Anliegen war: die gegenseitige Ergänzung und Bereicherung der *alten* und *jungen* Modelle des Rätelebens sowie die profilierte Unterscheidung der Säkularinstitute vom Ansatz des Ordenslebens.
Iso Baumer bestätigt in diesem Sinne, daß Hans Urs von Balthasar die Ansätze der Weltgemeinschaften und insbesondere die eigene Gründung *Johannesgemeinschaft* ursprünglich als Chance der zeitgemäßen Erneuerung des Ordenslebens, vorab des eigenen Ordens, verstanden wissen wollte. Gleichwohl sieht Baumer auch kritisch, daß Balthasar mit seinem »olympischen Feuer« nicht nur Begeisterung - innerhalb wie außerhalb des Jesuitenordens - entfacht, sondern auch versengend gewirkt habe:

»Balthasar war von Herkunft und Begabung her ein Weltkind; dem Ruf, in die Nachfolge Christi im striktesten Sinne einzutreten, hat er unverzüglich Folge geleistet. Dieser Ruf besagte für ihn nicht einfach Theologie als Wissenschaft, auch nicht weitere Pflege der Kultur ad

---

[277] M. Lochbrunner, Analogia Caritatis, 36.
[278] Erster Blick, 37.

majorem Dei gloriam, sondern Sendung in die Welt, und nicht nur für ihn, sondern für einen weiteren Kreis. Schon bald zeichnete es sich nach seiner Begegnung mit Adrienne ab, daß es um eine Erneuerung, eine zeitgemäße Anpassung und Ausweitung des Jesuitenordens ging, die sie dann allerdings nicht innerhalb des Ordens weiterführen durften. Die jungen Menschen, die er zwischen 1940 und 1950 mit seinem olympischen Feuer ansteckte (oder versengte), waren wohl als Vortrupp dieser Erneuerung gedacht. Alles schien zum Scheitern verurteilt, einige traten wieder aus, andere starben früh, und wieder andere gliederten sich der Gesellschaft Jesu ein, ohne Balthasars und Adriennes Ideen in ihrem Sinne weitertragen zu können (oder zu wollen). [...] Was er in Lehre und Leben - und hier wiederum als Vermittler - vorzeigen wollte, war die strikteste Nachfolge Christi als Sendung in die Welt. Er meint zunächst die Nachfolge im Sinne der drei Gelübde.«[279]

Dieses Zeugnis von Iso Baumer läßt die ganze Ungeklärtheit und Ungesichertheit erspüren, in die hinein der Gründungsimpuls der *Johannesgemeinschaft* erging: weder waren systematisch-theologische Klärungen über den neuen Weg erfolgt noch eine kirchenrechtliche Einordnung vorhanden, die der jungen Gründung ein eindeutiges Profil verliehen hätten; persönliche Fehlentscheidungen und Fehlinterpretationen der Interessenten konnten so offenbar nicht ausbleiben.
Peter Henrici SJ möchte Balthasars Ordensaustritt schließlich trotz der oben erwähnten kritischen Sicht den positiven Aspekt abgewinnen, daß er nun als Diözesanpriester die evangelischen Räte im *welthaften* Milieu leben konnte, ja daß seine persönliche Lebensführung sogar eine weitestgehende Annäherung an das Leben eines »normalen Laien« fand - gemäß dem von ihm mitgegründeten Institut:

»Durch seinen Ordensaustritt steht Balthasar selbst wieder 'in der Welt'; er lebt mehr das Leben eines Weltchristen als das eines Diözesanpriesters - und hier mag vielleicht, im Rückblick, der tiefere Sinn zu suchen sein, den seine Entscheidung für seinen Auftrag hatte: daß

---

[279] Iso Baumer, Vermittlung des Unzeitgemäßen, 100f, in: K. Lehmann/W. Kasper (Hrsgg.), Gestalt und Werk, 85-103.

Lebensform und Auftrag besser zur Deckung kamen.«[280]

Als beschönigende Überinterpretation dürfte hingegen das Urteil Manfred Lochbrunners gelten, Hans Urs von Balthasar habe sich durch den Austritt aus dem Jesuitenorden selbst den adäquaten laikalen Rahmen seiner schriftstellerischen Tätigkeit geschaffen und gewählt. Balthasar hat seine Schriftstellerei so sehr als Dienst an der Kirche im Auftrag seines Ordens verstanden, daß es ihm nie in den Sinn gekommen wäre, sich um der *Schriftstellerei* willen einen Freiraum außerhalb des Ordens zu suchen. Dies gilt wohl um so mehr, als der Orden ihm für die Dauer seiner Zugehörigkeit alle Freiheit für diese Tätigkeit, in der seine große Begabung lag, zuerkannt hatte. Lochbrunners Sicht lautet hingegen:

> »Es war für Hans Urs von Balthasar nicht immer leicht, den ihm gemäßen Standort zu finden. Im Laufe seines Lebens aber hat er sich einen Weg errungen, der ihm nun ein freies und unabhängiges Arbeiten ermöglicht. Das Jahr 1948 dürfte für die geistige Entwicklung Balthasars wohl den entscheidenden Schritt in der Selbstfindung gebracht haben. In diesem Jahr erscheinen sowohl der Aufsatz 'Theologie und Heiligkeit' wie auch die kleine, aber wichtige Schrift 'Der Laie und der Ordensmann' [sic!]. Was in 'Theologie und Heiligkeit' als Programm theoretisch reflektiert wird, dem weist 'Der Laie und der Ordensmann' die konkrete Lebensform zu. Beide Schriften stehen also in einem Verhältnis wie Theorie und Praxis zueinander. 'Der Laie und der Ordensmann' zeigt die existentielle Lebensform auf, in der Balthasar sein Programm von 'Theologie und Heiligkeit' leben will. Im *Säkularinstitut* also findet er seinen Standort, konkretisiert sich seine 'Sendung'. Der ehemalige Ordensmann, der dem Geist des heiligen Ignatius seine unverminderte Treue bewahrt hat, wählt sich als geistlicher Leiter seines Säkularinstitutes die *Existenzform eines freischaffenden Schriftstellers*, die ihm eine günstige Voraussetzung für sein schöpferisches theologisches Werk geworden ist.«[281]

---

280 Erster Blick, 40.

281 M. Lochbrunner, Analogia Caritatis, 74f. Der korrekte Titel des von Lochbrunner erwähnten Werkes heißt »Der Laie und der Ordensstand«.

Die oben vorgestellte Rekonstruktion des Gründungsverlaufes der *Johannesgemeinschaft* widerlegt eindeutig die hier vorgetragene Sicht, Hans Urs von Balthasar habe sich um der eigenen Schriftstellerei willen die Lebensform des Säkularinstitutes gewählt und selbst geschaffen. Seinen Dienst an der Gründung dieses Institutes hat er niemals als Mittel zum Zweck der eigenen beruflichen Tätigkeit geleistet, sondern in ausschließlichem Dienst am Charisma Adriennes von Speyr und an der Berufung der ihm anvertrauten Laien. Zudem hätte Balthasar sich einer solchen verklärenden Sicht seines unfreiwilligen Austritts aus dem Orden wohl nie angeschlossen. Dies bestätigen auch die großen Hoffnungen, die er in die Rehabilitierungsversuche setzte, die von Seiten des Ordens während seiner letzten Lebensjahre angestrengt wurden.

4. Späte Rehabilitierungsversuche

Im Jahr 1984 wurde Hans Urs von Balthasar der *Internationale Preis Paul VI.* verliehen. Diese Auszeichnung stellte ohne Zweifel eine späte Anerkennung seines Lebenswerkes und seiner Person von höchster kirchlicher Stelle aus dar. Balthasar hat dieses Ereignis zum Anlaß genommen, ein weiteres Mal in seinem Leben - diesmal dem Heiligen Vater, Papst Johannes Paul II. persönlich - darzulegen, daß der »Weg von Ignatius zu Johannes« ein Weg des Gehorsams sowohl Gott als auch dem eignen Ordensvater gegenüber gewesen war. Er sagte anläßlich der Preisverleihung:

> »Auf meinem Primizbild, das den vom Arm Jesu umschlungenen Liebesjünger zeigt, hatte ich die Worte setzen lassen
>
> Benedixit, fregit, deditque.
>
> Die vorausgeahnte Brechung wurde tatsächlich vollzogen, als ich, um einem anderen ausdrücklichen Befehl des heiligen Ignatius zu gehorchen, - wiesehr wider meinen Willen - meine geistige Heimat, die Gesellschaft Jesu verlassen mußte, um eine Art Weiterführung seiner Idee in der Welt zu verwirklichen. Da wurde uns der heilige Johannes gezeigt als der vorbildliche Gefährte Jesu, der einzige Jünger, der ihm

bis zum Ende gefolgt ist«[282].

Hans Kolvenbach, derzeitiger General der Gesellschaft Jesu, hat dieses Ereignis im Jahr 1984 zum Anlaß genommen, Hans Urs von Balthasar seine Glückwünsche auszusprechen und den Dialog mit ihm zu suchen. Die Möglichkeit einer Wiedereingliederung in den Orden wurde erwogen. Ein Jahr später folgte auf die Initiative Papst Johannes Paul II. hin das Symposion »Adrienne von Speyr und ihre kirchliche Sendung«, veranstaltet vom Instituto di studi per la transizione (ISTRA). Damit war von höchster kirchlicher Stelle auch eine erste Würdigung der Person und des Werkes Adriennes von Speyr erfolgt. Zugleich bedeutete dieses Symposion für Balthasar eine Würdigung des persönlichen Einsatzes, der seelsorgerlichen Begleitung und der verlegerischen Arbeit, die er im Dienst Adriennes von Speyr, ihres Werkes und der *Johannesgemeinschaft* geleistet hatte.
Daß es schließlich trotz dieser Bestätigung, die Hans Urs von Balthasar in den letzten Lebensjahren erfuhr, nicht zur Wiedereingliederung in die Gesellschaft Jesu kam, lag nicht - wie zuweilen behauptet - daran, daß sein Tod im Jahr 1988 diesem Ereignis zuvorgekommen wäre, sondern hatte inhaltliche Motive. Eine Wiedereingliederung wurde von Seiten des Ordens an die Bedingung geknüpft, daß Balthasar die Leitung der *Johannesgemeinschaft* aufgebe[283], wohingegen Balthasar seine Rückkehr in den Orden an die Zusage geknüpft sehen wollte, daß die Gesellschaft Jesu sich auch über seinen Tod hinaus für die *Johannesgemeinschaft* verantwortlich wisse. So wenig wie im Jahr 1950 eine Einigung in dieser Frage des Verhältnisses zwischen *Johannesgemeinschaft* und Jesuitenorden hatte erzielt werden können, war dies am Lebensabend Hans Urs von Balthasars möglich. Die von ihm ersehnte Wiedereingliederung in den Orden blieb aus.
Hans Urs von Balthasar hat nie nach kirchlicher Anerkennung gesucht, sie wurde ihm - zuletzt in der Kardinalsernennung wenige Wochen vor seinem Tod - zuerkannt, weil er wie kaum eine andere Gestalt unseres

---

[282] Zitiert nach: J. Servais, in: Exerzitienbuch, 27f.

[283] Ich stütze mich mit dieser Bewertung auf die mündliche Aussage von Frau Cornelia Capol.

Jahrhunderts in seiner Person geistliche Tiefe und theologische Weisheit vereint hatte. Die von ihm seit 1948 in immer neuen Anläufen reflektierte Synthese von *Theologie und Heiligkeit*, womöglich sein persönliches Lebensthema, hatte seine eigene Existenz geprägt.

5. Die Jahre nach der Trennung vom Jesuitenorden

Nachdem eine klare Sicht erreicht ist, welchen hervorgehobenen Stellenwert die Sendung der Laien in der Kirche, die Gründung der *Johannesgemeinschaft* und darin einbegriffen das Werk Adriennes von Speyr im Leben Hans Urs von Balthasars eingenommen haben, kann der biographische Teil der vorliegenden Arbeit mit einem summarischen Blick auf die Lebensjahre nach der Trennung vom Jesuitenorden abgeschlossen werden.

Nach dem Ordensaustritt Anfang des Jahres 1950 mußte Hans Urs von Balthasar zunächst schlicht ein Dach über dem Kopf suchen[284]. In Zürich wurde ihm von einer Bekannten eine Wohnung angeboten, die er bezog. Die zweite entscheidende Frage war die Suche nach einem Bischof, der bereit gewesen wäre, Balthasar in seiner Diözese zu inkardinieren. In den Schweizer Diözesen waren vorerst alle Türen verschlossen, die Gerüchteküche hatte zu hohe Wellen geschlagen. Immerhin erteilte der Bischof von Chur Hans Urs von Balthasar die Zelebrationserlaubnis und später auch Beichtvollmacht, so daß er weiterhin Exerzitien halten und die Mitglieder der Gemeinschaft geistlich begleiten konnte. Damit war freilich die materielle Lebenssicherung nicht geklärt. Vornehmlich durch Vortragstätigkeit im In- und Ausland versuchte Balthasar den finanziellen Engpaß zu überbrücken. So war gerade das Anliegen einer kontinuierlichen Begleitung der *Johannesgemeinschaft* und Adriennes von Speyr, derentwillen er die Gesellschaft Jesu hatte verlassen müssen, vorerst nur sehr sporadisch möglich. Im Frühjahr 1954 notierte Balthasar:

---

[284] Die Informationen des folgenden Absatzes finden sich in: Erde und Himmel III,2089.

»Viele Besuche. Öfters Reinhold Schneier, C.J. Burckhardt, Guardini, Heuß: Ich habe noch immer mein Zimmer in Zürich, bin nirgends inkardiniert. Viele Kurse: Exerzitien oder Fortbildungswochen, so nach Ostern, an Himmelfahrt, im Juni: Ende Juli und Anfang August in Spanien, dann in Löwen. Erst am 17. August treffe ich A. in Paris, von wo wir nach St. Quay fahren. Nach den Ferien erneut Kurse und Tagungen. So ist A. viel allein.«[285]

Als er am 2. Februar 1956 anläßlich seines fünfzigsten Geburtstages auf das Drängen einiger Zürcher Laienfreunde in der Diözese Chur inkardiniert wurde, war Balthasar von der Existenznot der »freiberuflichen« Tätigkeit befreit; auch einer Rücksiedelung nach Basel stand nichts mehr im Weg. Er konnte sich wieder konzentrierter seinen eigenen Veröffentlichungen und der Begleitung der *Johannesgemeinschaft* widmen, wenn dies auch keineswegs ein ruhigeres Leben bedeutete. Gerade die Jahre nach dem Ordensaustritt waren die große Schaffensperiode im Leben Hans Urs von Balthasars - bis ins hohe Alter hinein[286].
Zuletzt mag noch einmal Peter Henrici zu Wort kommen. Er kommentiert die Zeit nach der Trennung vom Jesuitenorden trotz ihres seelsorgerlichen und schriftstellerischen Vielerlei als Zentrierung auf die von Balthasar angestrebte Mitte hin. Zwar war das Vielerlei der Tätigkeiten zunächst auferlegt durch die ausstehende Inkardination in eine Diözese, später durch die freischaffende schriftstellerische Tätigkeit. Doch hatte Balthasar durch die Auseinandersetzung mit dem Orden anscheinend an Griffsicherheit für den eigenen Auftrag gewonnen und nahm allen Widrigkeiten zum Trotz zielsicher sein Tätigkeitsfeld in Angriff. P. Henricis Beurteilung kann das dargestellte biographische Bild abrunden; gleichzeitig führt sie in die inhaltliche Ausrichtung des Werkes Hans Urs von Balthasars auf die Frage der Säkularinstitute ein:

»Und doch hat Balthasar in jenen Jahren seiner Lebensmitte zu seiner

---

[285] Erde und Himmel III,2196.

[286] Zum ganzen Abschnitt vgl. P. Henrici, Erster Blick, 38.

eigentlichen Mitte gefunden. Er steckt sie ab mit zwei Büchlein, die bei ihrem Erscheinen ziemliches Aufsehen erregt haben und die auch heute noch zu Recht als Marksteine seines Denkens gelten: das schon genannte *Der Laie und der Ordensstand* von 1948 und vier Jahre später *Die Schleifung der Bastionen* (1952). Auf diese Mitte hin richtet er in seinem fünfzigsten Jahr den *Kleinen Lageplan zu meinen Büchern* aus, und zehn Jahre später nimmt die *Rechenschaft*, selbstsicher und angriffiger geworden, von dieser Mitte ihren Ausgang. Es geht um die Kirche in der Welt - nicht um ein Ausstrahlen aus dem kirchlichen Heiligtum in die profane Welt hinein, sondern um Durchsäuerung der Welt von innen her, um das Sichtbarmachen der Herrlichkeit Gottes, die in dieser Welt immer schon strahlt. Die Mitte der Kirche, sagt Balthasar, ist dort, wo man gewöhnlich ihre Peripherie sieht: in ihrem Weltauftrag. Deshalb müssen die abwehrenden Bollwerke geschleift und zu gangbaren Boulevards umgestaltet werden. Dieser Weltauftrag der Kirche muß von den Laien, den ganz und gar in der Welt Stehenden getragen werden. Doch diese müssen, um den Auftrag erfüllen zu können, wirklich 'Salz' und 'Sauerteig' sein, von der Mitte des Christlichen her leben, in der Schmach des Kreuzes, in Gebet und Verzicht. Hier sieht Balthasar die Aufgabe der Weltgemeinschaften, wie sie 1947 von *Provida mater* entworfen wurden, und wie sie die *Johannesgemeinschaft* zu verwirklichen versucht.«[287]

---

[287] Erster Blick, 39f.

Zweites Kapitel

Bezüge zu den Säkularinstituten im theologischen Werk: chronologisch-systematischer Literaturüberblick

Im Nachzeichnen der biographischen Linien ist sichtbar geworden, wie sehr die Sendung der Laien in der Kirche, insbesondere derer in den Säkularinstituten, mehr und mehr zum Grundimpuls im Leben Hans Urs von Balthasars geworden ist, dem er alle persönlichen Lebensentscheidungen folgen ließ. Was für die persönliche Lebenslinie gilt, läßt eine Entsprechung im theologischen Werk erwarten, denn wie Balthasar von sich selbst sagt: »Reinlich ist beides nicht zu trennen; im Buch muß vieles von dem sich spiegeln, was einer, der auch schreibt, seinem Dasein an Sinn zu geben sucht«[288]. Deshalb soll nun im letzten Schritt des *Historischen Gangs* ein chronologisch-systematischer Literaturüberblick vorgelegt werden, der die Werkgestalt Hans Urs von Balthasars auf ihre Relevanz für eine *Theologie der Säkularinstitute* hin sichtet[289].

Balthasar selbst hat in den Durchblicken, die er in Zehnjahresabständen vorlegte, um seinen Lesern eine Übersicht über das ständig wachsende Opus zu erleichtern, immer neu Rechenschaft abgelegt von der Verflochtenheit seines Werkes mit den Fragen der Laien in der Kirche,

---

[288] Mein Werk, 15.

[289] Überblicksartige Hinführung zum Werk bieten: M. Lochbrunner, Analogia Caritatis; M. Kehl, Hans Urs von Balthasar. Ein Porträt. Kehl schreibt in seinem Porträt im Sinne des vorgelegten Versuchs: »Das Porträt eines Menschen sollte ja (ohne Gewaltsamkeit freilich) die innere Einheit von Person und Werk, also hier von Biographie und Theologie darstellen, aus der deutlich wird, daß die ganze Vielfalt eines Lebens und Tuns gleichsam von einer zentralen 'Leitidee' geeint und zu einem stimmigen Bild geformt wird.« (ebd. 21) Inwiefern die von Kehl vorgestellte »Leitidee«, die er in die Formel kleidet: »in kirchliche Form gefaßte Fülle der Liebe Gottes, die sich an die Welt weiter verschenkt« (ebd.), inhaltliche Bezüge aufweist zur Grundoption der Säkularinstitute im Sinne Balthasars als »Einheit von universaler Weltbejahung und konketer kirchlicher Bindung« (ebd. 26), wird im theologischen Hauptteil zu erschließen sein.

spezieller mit der Ortsbestimmung der Säkularinstitute. Einleitend zum Literaturüberblick sollen diese Selbstzeugnisse zur Sprache kommen. Sie belegen, daß wir uns keineswegs auf eine Überinterpretation versteifen, wenn wir die Frage der Säkularinstitute als einen zentralen, wenn auch nicht den einzig möglichen Schlüssel zum Gesamtwerk Hans Urs von Balthasars anlegen, daß damit vielmehr lediglich in gebührender Weise Ernst gemacht wird mit dem Zeugnis, das er von sich selbst gibt. In diesem Sinne kann der Literaturüberblick bestätigen, was schon die biographische Erhebung nahelegt: daß das Anliegen der Säkularinstitute gleichsam zur »Entelechie« im Leben Hans Urs von Balthasars geworden ist[290].
Erstmals in der Übersicht *Kleiner Lageplan zu meinen Büchern*[291] aus dem Jahr 1955 bringt Balthasar die neuen Laiengemeinschaften als Kernanliegen seines Schaffens zur Sprache:

> »Alles bliebe literarisches Gerede, stünde es nicht im Dienst und Gefolge eines kirchlichen, nicht selbstgewählten, zugewiesenen Tuns. Das ist die Mitte; alles übrige hat sich - auch wenn es früher entstand - darum gelagert. Das Geheimnis, das von Johannes und Ignatius ausgeht und als Dienst und Sendung innerhalb der Kirche, aber ausdrücklicher als bisher in der Welt gelebt werden soll, wird hier zum noch unbenennbaren Ideal des Christen: mitten in der Welt, ohne seinen Posten zu verlassen, den Räten Jesu zu folgen. Es ist nicht Ordensstand im alten Sinn; es ist Radikalismus des Evangeliums in der Besonderheit unserer Zeit. *Der Laie und der Ordensstand* hat davon erste, noch ungenaue Umrisse gezeichnet; schon der Titel ist mißverständlich, das Ganze ist zu überholen, noch einfacher, unentwegter zu denken. Nur gelebte Erfahrung, kein geschriebenes Programm kann jetzt genügen. Gewiß hat die vorsorgende Kirche als *Provida mater* für diese Lebensform bereits ausreichende kanonische Rahmen geschaffen. Doch fehlt noch die ausgeruhte Erfahrung und die umfassende Spiritualität.«[292]

---

[290] Vgl. J. Servais, Die Johannesgemeinschaft, 3.

[291] Zuerst veröffentlicht in: Schweizer Rundschau 55 (1955) 212-225, später aufgenommen in: Mein Werk. Durchblicke, Einsiedeln/Freiburg 1990, 15-36 (hiernach zitiert).

[292] Mein Werk, 35.

Die Ergebnisse der biographischen Erhebung klingen hier im Selbstzeugnis wieder an: mit der Sache der Laiengemeinschaften verfolgt Balthasar keine persönliche Vorliebe, sondern einen von Gott zugewiesenen Auftrag; dieses Tun ist für ihn »Mitte« allen übrigen theologischen Schaffens; Johannes und Ignatius sind Kerngestalten des inneren Anliegens, äußerlich geht es dabei um Räteleben »mitten in der Welt«. Seinen Auftrag als Theologe sieht Balthasar nun darin, sich als Glied der *Provida mater ecclesia* mit seinem theologischen und priesterlichen Tun in den Dienst dieser neuen Lebensform zu stellen, wovon das hier genannte, später vorzustellende kleine Buch *Der Laie und der Ordensstand* aus dem Jahr 1948 einen ersten Niederschlag darstellt. Und was er an umfassender Weite und Integrationskraft für die Ausrichtung der Säkularinstitute einfordert, stellt Balthasar wohl auch in gleicher Weise als Forderung an seine eigene Theologie: »Sie wird sehr offen und umarmend sein müssen, bis zu einer *coincidentia oppositorum*, die nur von innen her und im Zug des Lebens verwirklicht, von außen bloß angezweifelt und kritisiert werden kann.«[293] Dieses Los der Säkularinstitute teilt bis heute auch Balthasars Theologie: zutiefst nur von innen verstehbar und bleibend der nichtverstehenden Kritik ausgesetzt zu sein.
Zehn Jahre später in der *Rechenschaft 1965*[294] hat sich Balthasars Anliegen stärker herauskristallisiert. Die theologische Kernbotschaft seines Schaffens liest sich inzwischen wie die Charta des Weltauftrags der Laien:

> »es galt die künstlichen Mauern der Angst, die die Kirche zur Welt hin um sich aufgerichtet, zu schleifen, sie zu sich selbst zu befreien, indem sie ihrer Sendung in die volle und ungeteilte Welt überantwortet wurde. Denn der Sinn der Kunft Jesu Christi ist es doch, die Welt zu erlösen, ihr gesamthaft den Weg zum Vater zu öffnen: Kirche ist nur Mittel, ein Strahlen, das vom Gottmenschen in alle Räume hinausdringt

---

[293] Ebd.

[294] Rechenschaft 1965 (Christ heute 5/7). Mit einer Bibliographie der Veröffentlichungen Hans Urs von Balthasars, zusammengestellt von Berthe Widmer, Einsiedeln 1965; wiederveröffentlicht in: Mein Werk, 37-73 (hiernach zitiert).

durch Verkündigung, Beispiel und Nachfolge.«[295]

Zugleich sieht Balthasar in diesem Jahr des Konzilsendes aber auch scharf, daß es mit der *Schleifung der Bastionen*[296] und dem Überstieg der Kirche in die Welt hinein allein nicht getan ist. Hinzu kommen muß unbedingt der Geist der evangelischen Räte, um das volle Programm der Laiensendung in der Kirche zu umschreiben:

> »Die letzten zehn Jahre haben nun unerbittlich gezeigt: das dynamischste christliche Programm der Öffnung zur Welt bleibt einseitig (und wird dabei äußerst gefährlich), wenn es nicht mit steigender Bewußtheit den Gegen-Teil ausbildet und sich so erst ins Gleichgewicht bringt: Wer mehr Aktion will, braucht bessere Kontemplation; wer mehr formen will, muß tiefer horchen und beten; wer mehr Zwecke erreichen will, muß die Zwecklosigkeit und Vergeblichkeit, das Unrentable, weil Unberechnete und Unberechenbare der ewigen Liebe in Christus und nachfolgend auch aller christlichen Liebe begreifen. Wer befehligen will, muß christlich folgen gelernt haben, wer die Güter der Welt verwalten will, muß erst aller Besitzlust bar und ledig geworden sein«.[297]

In dieser Spannungseinheit von Weltauftrag und dem Geist der evangelischen Räte, die für die Hingabehaltung Jesu stehen, sieht Balthasar »das wahre, unverkürzte Kirchenprogramm für heute«[298]. Und als gleichsam personal-konkrete Verwirklichung dieser für die gesamte Kirche geforderten Existenzweise erscheinen ihm die Mitglieder der Säkularinstitute: »Diese Existenzform gewinnt heute eine neue kirchliche Gestalt in den Weltgemeinschaften (*Instituta saecularia*); sie sind daher, als Gestaltgebung, zweifellos die verbindende Mitte der Kirche«[299]. So bündelt sich Balthasars *Rechenschaft* von 1965 in einer theologischen Zusammenschau des kirchlichen Auftrags *generell*,

---

[295] Mein Werk, 38.

[296] Vgl. sein gleichnamiges Buch, Einsiedeln 1952.

[297] Mein Werk, 40f.

[298] Ebd. 47.

[299] Ebd.

konkretisiert, verdeutlicht und spezialisiert in der neuen Lebensform der Weltgemeinschaften. Von beiden Größen in ihrer gegenseitigen Verwiesenheit sagt er: »Um diesen Kern lagert sich also konzentrisch mein Werk als Autor, Herausgeber und Verleger.«[300]
Nochmals zehn Jahre später, nach Überschreitung des siebzigsten Lebensjahres, zieht Balthasar geradezu anstößig Bilanz - diesmal eindeutig im Sinne einer Vorordnung des Anliegens der Säkularinstitute und damit vorab des eigenen Institutes *Johannesgemeinschaft* vor alle anderen Lebensziele. Das Zeugnis, eher ein Bekenntnis, soll in seiner ganzen Länge zur Sprache kommen. Balthasar formuliert

> »die schlichte Wiederholung des vor zehn Jahren abgelegten Geständnisses: daß Schriftstellerei im Haushalt meines Lebens ein Nebenprodukt und *faute de mieux* bleibt und immer bleiben wird. Im Zentrum steht ein ganz anderes Interesse: die Arbeit an der Erneuerung der Kirche durch die Bildung neuer Gemeinschaften, die das radikale christliche Leben nach den evangelischen Räten Jesu verbinden mit der Existenz mitten in der Welt: im weltlichen Berufsleben oder im priesterlichen Amt, das lebendige Gemeinden zu beleben vermag. Hinter dieser Arbeit hat alles Spielen mit der Feder zurückzustehen; müßte dieses Spiel einmal wegen der Dringlichkeit der genannten Arbeit aufhören, so schien mir nichts verloren, eher vieles gewonnen zu sein.«[301]

Wenn hier aber die verborgene Mitte liegt, der im Zweifelsfall alle Schriftstellerei unterzuordnen und für die sie nötigenfalls auch aufzugeben ist, dann muß sich gerade in Balthasars Schriften auch dieser alles motivierende und ordnende rote Faden verfolgen lassen, als »zündendes Feuer« und »treibende Kraft«[302] seines theologischen Schaffens als Autor, Übersetzer und Herausgeber.

---

[300] Ebd.

[301] Ebd. 76.

[302] Vgl. M. Lochbrunner, Analogia Caritatis, 40.

I. Autorentätigkeit

In einem ersten Überblick des monumentalen Gesamtwerkes Hans Urs von Balthasars[303] fällt auf, daß der als zentral behaupteten Frage der Säkularinstitute explizit lediglich eine überschaubare Anzahl kleinerer Texte gewidmet ist. Ihre Reihe läßt sich schnell zu Ende führen. Oft sticht zudem der unscheinbare Erscheinungsort und die geringe Verbreitung dieser Texte ins Auge. Eine 1993 vom Johannes Verlag vorgelegte Wiederveröffentlichung der zentralen Schriften zum Thema der Laiengemeinschaften, erschienen unter dem Titel *Gottbereites Leben*[304], umfaßt gerade einmal 240 Seiten - in einem Gesamtwerk des Autors von weit über 10.000 veröffentlichten Seiten. Dies mag dazu beigetragen haben, daß sich bis heute unter der stetig wachsenden Zahl an Balthasar-Untersuchungen keine einzige findet, die sich ausdrücklich der Frage angenommen hätte. Vielmehr erscheint das Faktum, daß der Theologe Balthasar die Gründung eines Säkularinstitutes begleitete und gelegentlich kleinere Veröffentlichungen zum Thema vorlegte, als wenig beachtenswertes Randphänomen und persönliche Vorliebe.
Nimmt man die wenigen expliziten Beiträge zur Frage der Säkularinstitute allerdings näher in Blick, so fällt auf, daß sie dezidierte Thesen vortragen und immer wieder - wenn auch nur in Andeutungen - das ganze Themenspektrum der Theologie Balthasars anschlagen. Sie lassen ahnen, daß sich ein Netz von Bezügen quer durch das gesamte Werk des Autors ergäbe, hätte man einmal den Schlüssel zum theologischen Grundanliegen, das sich für Balthasar in den Säkularinstituten verdichtet. Dieses Netz soll im folgenden aufgewiesen werden: Dabei sind zuerst die Titel mit expliziter Bezugnahme auf die Säkularinstitute im Detail vorzustellen, um danach die Sachbezüge im übrigen Werk in Kürze nachzuzeichnen. Der so geschulte Blick wird den roten Faden schließlich auch in Balthasars Tätigkeit als Übersetzer, Herausgeber

303 Vgl. die quantitative Erhebung des Werkes bei M. Lochbrunner, ebd. 19f.

304 Gottbereites Leben. Der Laie und der Rätestand. Nachfolge Christi in der heutigen Welt, Einsiedeln/Freiburg 1993.

und Verleger wiedererkennen. Chronologie der Erscheinungsjahre und Bedeutungsgrad für eine *Theologie der Säkularinstitute* bedingen die Reihenfolge der vorgestellten Texte.

1. Explizite und hauptsächliche Bezugnahme auf die Säkularinstitute

Anhebend mit der mehrfach schon erwähnten programmatischen Schrift *Der Laie und der Ordensstand* aus dem Jahr 1948 hat Hans Urs von Balthasar über drei Jahrzehnte hinweg immer wieder die Frage der Säkularinstitute aufgegriffen und sich dazu öffentlich zu Wort gemeldet. In chronologischer Reihenfolge der Erstveröffentlichung werden diese für unsere Fragestellung nächstliegenden Texte nun vorgestellt, in denen *vorrangig und explizit* die Säkularinstitute zur Sprache kommen. Dabei werden der Kontext der Entstehung und Veröffentlichung, die anklingenden Bezüge zum Gesamt der Theologie, pointierte Hauptaussagen des jeweiligen Beitrages sowie die verwendete Terminologie zur Benennung der neuen Lebensform kurz aufgewiesen[305].

Der Laie und der Ordensstand - 1948:

Seine erste *und* umfangreichste Veröffentlichung zur Frage der Säkularinstitute stellte Hans Urs von Balthasar 1948 im gerade gegründeten eigenen Johannes Verlag vor. Das 67-seitige kleine Buch trägt den Titel *Der Laie und der Ordensstand*[306]. Es läßt wie keine spätere Abhandlung den Grundimpuls erkennen, der den Ordensmann Balthasar motivierte, das Verhältnis der kirchlichen Laien zum Räteleben neu zu

---

[305] In der vorliegenden Arbeit wird zumeist der Terminus »Säkularinstitut« für die behandelte Sache gebraucht; Hans Urs von Balthasar hat diesen Titel zunächst nicht gekannt und nicht verwendet, seine Stellungnahmen bedienen sich oft eigengeprägter Terminologien, erst allmählich greift er den durch die kirchenamtlichen Texte vorgelegten Terminus der *Instituta saecularia*, eingedeutscht: der *Säkularinstitute*, auf.

[306] Der Laie und der Ordensstand (Christ Heute 1/2), Einsiedeln: Johannes Verlag, 1948. In zweiter Auflage erschienen Freiburg: Herder, 1949. Überarbeitet veröffentlicht unter dem Titel »Der Laie und der Rätestand« in: Gottbereites Leben, Freiburg/ Einsiedeln: Johannes Verlag, 1993, 31-107. Im folgenden wird die Erstveröffentlichung zitiert.

bestimmen. Ein Jahr nach der apostolischen Konstitution *Provida Mater* erschienen, sind die hier vorgetragenen Gedanken zwar unabhängig von den offiziellen kirchlichen Bestrebungen beim Autor herangereift, möchten aber doch als direkte Bezugnahme auf den Akt der kirchlichen Anerkennung der neuen Laiengemeinschaften verstanden werden und diesen kommentieren[307]. Balthasar selbst hat die Schrift als »erste, noch vielfach unzureichende Programmschrift für das, was nachfolgend als Adriennes und mein wichtigstes Anliegen geschildert wird«[308], bezeichnet.

Zunächst geht Balthasar in dieser ersten Schrift zum Thema der Säkularinstitute die grundsätzliche Frage des Verhältnisses zwischen Laien und geweihten Amtsträgern an, in kritischer Abhebung von der Verhältnisbestimmung, wie sie die katholische Aktion in der ersten Hälfte des Jahrhunderts vorgenommen hatte, als sie dem Apostolat der Laien den Sinn eines verlängerten Armes der Hierarchie zuwies. Ein zweiter, nicht weniger kritischer Gedankengang beleuchtet die gesamte Ordensgeschichte vom frühen Mönchtum bis hin zur Gründung der Gesellschaft Jesu unter dem Aspekt einer zunehmenden Klerikalisierung der Orden bei gleichzeitiger Abdrängung der Laien(brüder) aus dem Bereich des Rätelebens. Schließlich wird - ausgehend von der zur Zeit der Abfassung der Schrift weithin vorherrschenden Unvereinbarkeit zwischen laikalem Beruf und Räteleben, zwischen gesellschaftlichem Einfluß und christlicher Nachfolge im Orden - die Forderung nach einer neuen Synthese der beiden Bereiche erhoben. Dieser Synthese wäre es zu eigen, die Radikalität der Christus-Nachfolge in den evangelischen Räten mit ebenso radikaler Weltzuwendung im Laienberuf zu verbinden. Ein Ausblick geht auf Fragen der Konkretisierung von Ehelosigkeit, Armut und Gehorsam in einem solchen »Orden« sowie auf Ausbildung, berufliche Betätigungsfelder und Bindungsformen ein; er beschreibt Voraussetzungen für eine Mitgliedschaft und zu bedenkende Differenzen zwischen Männern und Frauen in den angezielten neuen Gemeinschaften.

Begrifflich ist das im Titel vorgestellte Programm vom »Laien im

---

307 Vgl. ebd. 8f, 51ff.

308 Unser Auftrag, 82.

Ordensstand« prägend: Balthasar bezeichnet die neuen Gemeinschaften als »Orden«[309], das Mitglied einer solchen Vereinigung nennt er einen »Laien, der in den Ordensstand tritt«[310] und so einen »Ordensstand in der Welt«[311] begründet; in Anlehnung an *Provida Mater* wird in direkter Übersetzung des Begriffes »Instituta saecularia« vom »weltlichen Institut«[312] gesprochen. Dabei ist darauf hinzuweisen, daß Balthasar sich - obgleich er sich an die herkömmliche Terminologie der *Orden* anlehnt - in dieser seiner ersten Schrift zum Thema der Säkularinstitute schon voll des Problems um die Namensgebung der durch *Provida Mater* approbierten Gemeinschaften bewußt ist[313].

Das Ärgernis des Laienordens - 1951:

Ein zweites Mal nimmt Balthasar Stellung zu den Säkularinstituten im Jahr 1951 mit seinem Artikel *Das Ärgernis des Laienordens*, veröffentlicht in der Zeitschrift *Wort und Wahrheit*[314]. Drei Jahre nach dem Erscheinen von *Provida Mater* geschrieben, spiegelt der Beitrag in pointierter Weise die kritische Stimmungslage, wie sie sich inzwischen im deutschen Sprachraum gegen die neuen Gemeinschaften erhoben hatte. In einem systematischen Durchgang versucht Balthasar der laut gewordenen Kritik zu begegnen: durch Anerkennung der Fragestellungen, aber auch in klarer Zurückweisung der Kritiker unter Verweis auf die Grunddaten des Christusmysteriums.

---

309 Der Laie und der Ordensstand, 51.

310 Ebd.

311 Ebd. 65. Später kommentierte Balthasar diese anfängliche Ausrichtung am Ordensleben: »Es dürfte wichtig sein, hier zu betonen, daß weder sie [Adrienne von Speyr] noch ich eine Ahnung hatten, daß damals schon verschiedene Arten von ähnlichen Versuchen existierten, für die erst 1947 von Papst Pius XII. ein kirchenrechtliches Statut ('Provida mater', gefolgt von andern Schreiben) erlassen wurde. Die Folgen dieser Unkenntnis waren, daß ich zunächst Studenten, die bei mir Exerzitien gemacht hatten und sich zu einem Leben in den evangelischen Räten berufen fühlten, in verschiedene Orden, vorab in die Gesellschaft Jesu zu schicken suchte und (noch 1948) ein Büchlein unter dem verkehrten Titel 'Der Laie und der Ordensstand' (statt: 'der Rätestand') herausgab.« (Unser Auftrag, 40.)

312 Der Laie und der Ordensstand, 8, 51.

313 Vgl. ebd. 9, Anm. 1.

314 Das Ärgernis des Laienordens, in: Wort und Wahrheit 6 (1951) 485-494.

Ein erster Vorwurf, dem Balthasar hier begegnet, ist die Frage, ob sich die Kirche mit der Einlassung auf die »Weltlichen Institute«[315] nicht zur Mittelmäßigkeit der heutigen Menschen, zu den voranschreitenden gesellschaftlichen und kirchlichen Nivellierungen sowie zur um sich greifenden geistig-religiösen Erschöpfung herabgelassen habe. Ein zweiter Gedankengang geht der Frage nach, ob die Konstruktion dieser neuen Gemeinschaften nicht schon überholt sei durch die parallel verlaufende Entwicklung einer neuen Spiritualität des »normalen« Laien in der Kirche; diese Laien, die nicht arm, ehelos und gehorsam leben, seien im Grunde klarer entschieden für die heutige Welt, indem sie sich radikal den Herausforderungen der wirtschaftlichen Gegebenheiten, des verantworteten Gebrauchs ihrer Freiheit stellten und in einer ehefeindlichen Umgebung das Zeugnis einer christlichen Ehe gäben. Daraus ergibt sich der dritte Einwand, dem Balthasar zu begegnen versucht, die neue Lebensform der »Weltlichen Institute« sei auf halbem Weg stehengeblieben in ihrer Weltzuwendung und lasse den normalen Christen doch wieder allein, indem sie die Grenze zwischen Ehelosen und Verheirateten aufrechterhalte und so im Festhalten an den evangelischen Räten dem überholten kirchlichen Standesdenken einmal mehr Rechnung trüge.
Dem allen begegnet Balthasar mit einem klaren Bekenntnis zum Räteleben generell und insbesondere zur angefochtenen, neuen Form der Säkularinstitute - gerade wegen der dort angezielten Synthese von Weltzuwendung und Räteleben: »Die höchste Idee des Ordensstandes aber dürfte heute jene sein, die die integralsten Forderungen aus seinem zeitlosen Wesen mit den integralsten Forderungen der gegenwärtigen Existenz in der Welt verbindet«[316]. Ein Hinweis auf die in Spanien und Italien blühenden Säkularinstitute schließt den Gedankengang ab[317]; hier dürfte sich in Balthasars Schriften ein erster indirekter Hinweis finden auf die Gründung des *Opus Dei*, das zum damaligen Zeitpunkt kirchenrechtlich noch unter dem Titel eines Säkularinstitutes geführt wurde.

---

[315] Ebd. 486.

[316] Ebd. 494.

[317] Vgl. ebd.

Begrifflich bedient Balthasar sich in diesem Beitrag - wie in *Der Laie und der Ordensstand* -vor allem der Kategorie des »Laienordens«[318]; in Anlehnung an *Provida Mater* gebraucht er wieder den Begriff der »Weltlichen Institute«[319].

Welt, Orden, Weltorden - 1953:

Der als nächstes vorzustellende Artikel *Welt, Orden, Weltorden* aus dem Jahr 1953 wurde zuerst veröffentlicht in der Zeitschrift *Sonnenland*[320]. Hier hatte der Artikel die Funktion einer Klärung über christliche Ehe und Ehelosigkeit sowie einer werbenden Grundinformation über die neuen Weltgemeinschaften. Als Adresse waren junge Frauen in der Situation der Lebensentscheidung im Blick. Ende desselben Jahres veröffentlichte Balthasar den Artikel ein zweites Mal und setzte ihn damit der weitaus größeren und pluraleren Leserschaft der Zeitschrift *Michael* aus. Diesmal hatte der Beitrag entrüstete Leserbriefe zur Folge, derentwegen sich die Redaktion der Zeitschrift und Balthasar genötigt sahen, in einer der folgenden Nummern unter dem Titel *Antwort an meine Kritiker* eine Entgegnung des Autors abzudrukken[321].
Inhaltlich gestaltet sich der Artikel *Welt, Orden, Weltorden* als Vorstellung der beiden christlichen Wege Ehe und Räteleben. Die Grundzüge der balthasarschen Theologie der christlichen Ehelosigkeit und Ehe werden aufgezeigt: die Ehe als »Gleichnis und Sinnbild«[322] der Beziehung zwischen Christus und Kirche, christliche Ehelosigkeit als direkte »Teilnahme an dieser bräutlichen Beziehung«[323]. Seine Anstößigkeit erhält der Beitrag wohl durch die theologische Vorordnung

---

318 Ebd. 485, 494.

319 Ebd. 486, 489.

320 Welt, Orden, Weltorden, in: Sonnenland. Eine Gabe für Mädchen. 2. Folge, 1953, 95-97.

321 Welt, Orden, Weltorden, in: Michael, Nr. 38/1953, ohne Seitenangabe. Die Reaktionen der Leser finden sich unter dem Stichwort *Unsere Diskussion* in Nr. 42/1953. Balthasars *Antwort an meine Kritiker* ist veröffentlicht in Nr. 50/1953.

322 Welt, Orden, Weltorden, zitiert nach: Michael, Nr. 38/1953.

323 Ebd.

christlicher Ehelosigkeit vor der Ehe und durch seine dezidierte Verteidigung der evangelischen Räte gegenüber einer kirchlichen Modernität, die meint, ihre Weltzuwendung um den Preis einer Abwertung der evangelischen Räte erkaufen zu müssen. Dem gegenüber sieht Balthasar in der größtmöglichen Radikalität des Rätelebens bei gleichzeitiger größtmöglicher Weltzuwendung den entscheidenden Lösungsansatz für eine kirchliche Erneuerung: die Säkularinstitute kommen in Blick. Jede Meinung, die behauptet, in den »Weltorden« handle es sich um einen »Kompromiß zwischen einer gewissen Hingabe an Gott und einem gewissen Teilhaben an den Vorteilen und Bereicherungen der Welt«[324], wird abgelehnt. Statt dessen skizziert Balthasar den kreuzestheologischen Grundansatz für eine *Theologie der Säkularinstitute*: »es geht um ein tieferes Hineintragen des Kreuzes und des Osterlichtes in die Finsternisse der Welt«[325]. Trotz der unübersehbaren Sympathie des Autors für die Säkularinstitute zeichnet sich dieser Beitrag durch den Versuch aus, das gesamte Spektrum christlicher Berufungen in seinem Eigenwert gelten zu lassen und die gegenseitigen Bezüge aufzuzeigen.

Begrifflich bedient der Beitrag sich wieder der Kategorie des »Weltordens«, um die Spannungseinheit von Räteleben und Weltzuwendung zu beschreiben.

Die *Antwort an meine Kritiker* bringt, herausgefordert durch vielfache Mißverständnisse, noch einmal pointiert die Grundaussagen des ersten Artikels zur Sprache. Unter Verweis auf Augustinus, Thomas von Aquin und das tridentinische Konzil wird nochmals die Vorordnung des Rätelebens vor die Ehe als zur kirchlichen Grundstruktur gehörig erörtert. Daran anschließend begründet Balthasar seine persönliche Engagiertheit in der Sache der Säkularinstitute: »Von der Überlegung ausgehend, daß diese Struktur für die Kirche wesentlich und deshalb bis ans Ende der Zeiten verbürgt ist, daß anderseits heute unbedingt die 'Stunde des Laien' in der Kirche geschlagen hat, glaube ich persönlich meine Lebenskraft für die Vereinigung dieser beiden Optima in der Idee von 'Weltorden' (Instituta saecularia) einsetzen zu wol-

[324] Ebd.

[325] Ebd.

len«[326]. Welche praktischen Konsequenzen die »Vereinigung dieser beiden Optima« mit sich bringt, wird im Hinblick auf den evangelischen Rat des Gehorsams kurz angerissen. Ein Hinweis auf die aufblühenden Gemeinschaften in diesem Geist - *Opus Dei* und *Pro Civitate Christiana* werden namentlich genannt - beschließt den Gedankengang der Erwiderung.

Wandlungen im Ordensgedanken - 1953:

Ebenfalls im Jahr 1953 fand ein weiterer Artikel zur Frage der Säkularinstitute seine Veröffentlichung: *Wandlungen im Ordensgedanken*[327]. Diesmal ging es Balthasar darum, den theologischen und zeitgeschichtlichen Ort der neuen welthaften Form des Rätelebens innerhalb des gewachsenen Gefüges des Ordenslebens aufzuzeigen. Anregung hierzu hatte Balthasar in der 1952 veröffentlichten geschichtstheologischen Deutung des Mönchtums von Walter Dirks *Die Antwort der Mönche*[328] gefunden.

So wie jede Ordensgründung in ihrer Zeit Antwort auf einen spezifischen weltgeschichtlichen *Kairos* war, möchte Balthasar die neuen Laiengemeinschaften als die spezifische christliche Antwort auf die *heutige* Zeitsituation verstanden wissen, ohne daß dadurch die alten Orden ihre bleibende Bedeutung für die Kirche abgesprochen bekämen. Diese Zeitsituation sei zu charakterisieren als die Stunde des »Laienchristen«[329] schlechthin. Aufgabe des Laien sei es, der durch die Gegen-Reformation ausgelösten Engführung der Kirche, die in den Stichworten »Verkirchlichung des Christentums«, »Klerikalisierung der Kirche« und »Restaurierung der konstantinischen und feudalen Kirchenidee«[330] zu fassen sei, entgegenzuwirken. Kommt dieser Auftrag den christlichen Laien allgemein zu, so sieht Balthasar im »Laie[n] im

[326] Antwort an meine Kritiker.

[327] In: Schweizer Rundschau 52 (1953) 679-687, Sondernummer »Die Kirche«.

[328] Frankfurt 1952.

[329] Wandlungen im Ordensgedanken, 682.

[330] Ebd.

Gelöbnis der totalen Hingabe«[331] doch den Prototyp und Vorreiter des Geforderten. Ein Hinweis auf die im *Opus Dei* angestrebte Verwirklichung dieses Programms beschließt den Gedankengang.
Begrifflich orientiert sich der Beitrag *Wandlungen im Ordensgedanken* an der durch Walter Dirks provozierten Rede vom »Mönch« als der Urform des Rätelebens überhaupt, weshalb Balthasar den Begriff »Laienmönch«[332] auf die Mitglieder der Säkularinstitute anwendet. Der Kontext einer geschichtstheologischen Deutung des *Ordens*lebens legt ein Sprechen vom »neuen Ordensstand«[333] und vom »modernen Laienorden«[334] nahe.

Wesen und Tragweite der Säkularinstitute - 1956:

Nachdem Hans Urs von Balthasar dem zuerst erschienenen programmatischen Buch *Der Laie und der Ordensstand* über acht Jahre hinweg nur äußerst kurze Gelegenheitsschriften hatte folgen lassen, legte er 1956 mit seinem Artikel *Wesen und Tragweite der Säkularinstitute*[335] erstmals wieder einen umfassender angelegten Beitrag zum Thema vor. Die einleitenden Bemerkungen lassen erkennen, daß der Autor inzwischen intensiv die weltweite Entwicklung der Säkularinstitute im Anschluß an *Provida Mater* verfolgt hatte und daß in ihm ein umfassenderes Problembewußtsein gereift war. Als aktueller Anlaß des Artikel dürfte Balthasars Anliegen gelten, den in Karl Rahners Artikel »Über das Laienapostolat«[336] vorgetragenen Thesen zu widersprechen; eine jahrelang ausgetragene Auseinandersetzung zwischen den beiden Theologen über den kirchlichen Ort der Säkularinstitute fand hier ihren ersten Niederschlag (vgl. Zweiter Teil. A. Drittes Kap.III.3).
Für unsere Fragestellung ist von herausgehobener Bedeutung, daß

---

[331] Ebd.

[332] Ebd.

[333] Ebd. 684.

[334] Ebd.

[335] In: Civitas 11 (1956), Sondernummer »Der Laie in der Kirche«, 196-210 (hiernach zitiert); wiederveröffentlicht in: Gottbereites Leben, Freiburg 1993, 111-138.

[336] Schriften zur Theologie II, Einsiedeln 1955, 339-373.

Balthasar hier erstmals die These äußert, die neuen Gemeinschaften hätten »ihre eigene 'Theologie' zu gestalten«, wozu er nun »ein paar summarische und in jeder Hinsicht ergänzungsbedürftige Hinweise«[337] beitragen wolle. Diese »Hinweise« reißen dann allerdings nahezu das ganze Spektrum der durch die neue Lebensform aufgeworfenen Fragen an: Einführendes zu den evangelischen Räten allgemein, Erörterung der in den päpstlichen Dokumenten vorgestellten Begründung der neuen Lebensform, Allgemeines zur Sendung der Laien in der Kirche in ihrem Gegenüber zum geweihten Amt, Hinweise auf das spezifisch Unterscheidende zwischen Orden und Säkularinstituten, kirchenrechtliche und ekklesiologische Einordung, Neuformulierung einer das Phänomen der Säkularinstitute berücksichtigenden »Stände«-Theologie (hier ist die Kontroverse mit Karl Rahner zu verorten), Konsequenzen für die Realisierung der evangelischen Räte im »weltlichen« Milieu, Neubestimmung des Verhältnisses zwischen Kirche und Welt, Verhältnisbestimmung zwischen verheirateten Laien und Laien im Rätestand. Als theologischen Schlüssel zur neuen Lebensform der Laien im Rätestand benennt Balthasar schließlich die »Inkarnationsbewegung Gottes«[338] in die Welt hinein, dies in Abhebung von einer einseitig eschatologischen Begründung des Rätelebens, wie sie sich mit der Ordenstheologie der frühen Kirche verband und im Umkreis des Zweiten Vatikanums neu rezipiert wurde[339].

Begrifflich lehnt Balthasar sich an den durch *Provida Mater* vorgegebenen Titel der *Instituta saecularia* an und spricht von *Weltlichen Instituten*[340] bzw. *Säkularinstituten*[341]. Er prägt die Konstruktion vom »Laien im kirchlichen 'Weltstand'«[342], um die ausdrücklich

[337] Wesen und Tragweite der Säkularinstitute, 197.

[338] Ebd. 210.

[339] Vgl. Lumen Gentium, Kap. VI, Art. 44, Abs. 3; F. Wulf, Theologische Phänomenologie des Ordenslebens, 477, in: MySal 4/2, 450-487. K. Rahner steht für Balthasar noch ganz in der Linie dieser Tradition; vgl. Wesen und Tragweite der Säkularinstitute, 204f. Inwiefern der hier erhobene Vorwurf zutrifft, wird die Darstellung der Auseinandersetzung im Zweiten Teil. A. Drittes Kap.III.3 erweisen müssen.

[340] Vgl. Wesen und Tragweite der Säkularinstitute, 196.

[341] Vgl. ebd. 198.

[342] Ebd. 203.

kirchliche Sendung der Laien im Säkularinstitut hervorzuheben, und konstruiert die Begriffseinheit der »Laien-im-Rätestand«[343], um die von Rahner bestrittene Vereinbarkeit von Laiesein und Räteleben zu betonen.

Zur Theologie der Säkularinstitute - 1956:

Im selben Jahr 1956 entstand ein weiterer großer Beitrag *Zur Theologie der Säkularinstitute*[344], in dem Balthasar - dem Titel entsprechend - einen ersten umfassenderen theologischen Entwurf für die Lebensform vorlegen wollte. Was in *Wesen und Tragweite der Säkularinstitute* und anderen Beiträgen nur stichwortartig angerissen worden war, fand hier nun eine Durchführung, die in ihrer theologischen Tiefe und begrifflichen Prägnanz die früheren Gelegenheitsschriften weit überragte. Entsprechend wurde der Artikel 1961 in den Aufsatzband *Sponsa Verbi*[345] sowie 1965 in das kleine Büchlein *Wer ist die Kirche?*[346] aufgenommen und dürfte damit zu den meistgelesenen Titeln Hans Urs von Balthasars zur Frage der Säkularinstitute gehören. Inhaltlich werden in einem ersten Schritt nochmals die insbesondere im mitteleuropäischen Raum schwelenden Einwände gegen die Säkularinstitute zur Sprache gebracht[347]: ob sich in der neuen Lebensform nicht eine Flucht der betreffenden Personen vor der Selbstverantwortung in den kirchlichen Gehorsam dokumentiere; ob es sich nicht generell um eine Flucht von Laien in die Sicherheit der evangelischen Räte handle; die Anfrage, ob ein solcher Laie durch seine Gehorsamsbindung nicht kirchlich ferngesteuert und so in seinem Lebenszeugnis unglaubwürdig werde; hart formuliert die Frage, ob die zahlreichen kleinen Säkularinstitute nicht ein »Tummelplatz der Mittelmäßig-

---

343 Ebd. 204.

344 Zuerst veröffentlicht in: Geist und Leben 29 (1956) 182-205.

345 Skizzen zur Theologie II, Einsiedeln 1961, 434-469 (hiernach zitiert).

346 Wer ist die Kirche? Vier Skizzen, Freiburg 1965, 146-175; hier unter dem Titel: »Geheimes Herz. *Zur Theologie der Weltgemeinschaften*«.

347 Vgl. ebd. 435-442.

keit[348]« seien; schließlich die schon früher formulierte Anfrage, ob die Weltzuwendung der Säkularinstitute nicht ein halbherziges Unternehmen sei, weil sie die Kluft zwischen Ehelosen und Verheirateten neu festschreibe, anstatt diesen kirchlichen Graben mit einer radikalen Laienspiritualität endlich zu überwinden. Im zweiten Schritt legt Balthasar eine »Theologische Ortsbestimmung«[349] vor, die grundsätzlicher und gründlicher angelegt ist als alle seine bisherigen Ausführungen zum Thema. Das Verhältnis der Momente *Eschatologie* und *Inkarnation* einerseits sowie von *allgemeiner* und *besonderer* christlicher Berufung andererseits gilt Balthasar hierbei als Koordinatensystem für die Frage, ob es Räteleben im *welthaften Milieu* geben kann und welchen theologischen Sinn ein solches Leben hat. Diese *theologische* Ortsbestimmung ist zugleich *ekklesiologische* Ortsbestimmung: Einfügung der Säkularinstitute in ihren kirchlichen Standort, in diesem Sinne »Standes«-Theologie, einmal mehr in bewußter Abhebung von Karl Rahner. Dem entsprechend entfaltet Balthasar hier nicht nur seine *Theologie der Säkularinstitute*, sondern skizziert den gesamten weiteren Kontext von Ehe- und Rätetheologie. Auch das Unterscheidende zum Ordensleben, wie Balthasars es etwa in der Konkretisierung des Gehorsams bestimmt, kommt zur Sprache. Von den hierbei gewonnenen theologischen Einsichten her behandelt er abschließend nochmals die eingangs formulierten Einwände.
Begrifflich hat sich dieser Beitrag voll der Sprachregelung der Apostolischen Konstitution *Provida Mater* und des Motuproprio *Primo feliciter* angeglichen, indem er durchgängig den Terminus »Säkularinstitute«[350] bzw. »Weltliche Institute«[351] verwendet. Die Anlehnung an die sprachlichen Kategorien des Ordenslebens sind aufgegeben.

---

[348] Ebd. 440.

[349] Ebd. 442-461.

[350] Ebd. 435 und an anderen Stellen.

[351] Ebd. 440.

Neue Gemeinschaftsformen in der heutigen Kirche. Zur Entwicklung der »Weltlichen Institute« - 1958:

Eine mehr populäre Hinführung zum Thema der Säkularinstitute versuchte Balthasar 1958 mit seinem Beitrag *Neue Gemeinschaftsformen in der heutigen Kirche. Zur Entwicklung der »Weltlichen Institute«*, veröffentlicht in *Universitas*, Zeitschrift für Wissenschaft, Kunst und Literatur[352]. Der Ort der Veröffentlichung läßt schließen, daß der Beitrag vor allem der Bekanntmachung der neuen Lebensform über den engen Kreis der Theologen und kirchlichen *Insider* hinaus galt.
Ausgehend vom Begriff der *Anpassung* an die modernen Zeitverhältnisse und in klarer Absetzung von diesem beschreibt Balthasar das Anliegen der neuen Gemeinschaftsform. Zu diesem Zweck gibt er einen Abriß der Geschichte der Säkularinstitute in unserem Jahrhundert bis hin zur kirchlichen Anerkennung mit *Provida Mater*, er benennt die bisherige Verbreitung und die Verständnisschwierigkeiten für die Säkularinstitute im deutschsprachigen Raum; zahlreiche Frauen-Institute werden namentlich genannt[353]. Alle Überlegungen werden den neueren Entwicklungen im Bereich der Orden und der vorvatikanischen Umbruchsstimmung eingeordnet und von dort her erschlossen. Auf eine theologische Erhellung wird weitgehend verzichtet zugunsten der zeitgeschichtlichen Einordnung.
Als Begriff führt Balthasar wieder in Anlehnung an *Provida Mater* die »Weltlichen Institute«[354] ein. Daneben qualifiziert er die Säkularinstitute weit häufiger als die »neuen Formen«[355], »neuen Gemeinschaften«[356], »neuen Wege«[357]. Sehr allgemein spricht er von »Instituten«[358], von »Gruppen«[359] oder »Gemeinschaften«[360].

---

[352] Universitas 13 (1958) 167-174.

[353] Vgl. ebd. 171f. Namentlich genannt werden: Haus Venio in München, die Hegge bei Paderborn, die Schönstätter Marienschwestern, der Verband der Frauen von Schönstatt, die Schwesternschaft St. Bonifatius, Gral, Caritas Christi, die belgischen Seelsorgehelferinnen.

[354] Ebd. 169, 170, 174.

[355] Ebd. 171.

[356] Ebd. 172.

[357] Ebd. 173.

[358] Ebd. 171.

Evangelische Räte in der heutigen Welt? - 1966:

Ebenfalls mit dem Spezifikum der Säkularinstitute befaßt sich der Beitrag *Evangelische Räte in der heutigen Welt?* aus dem Jahr 1966, erschienen in der Zeitschrift *Civitas*[361].
Hier nimmt der Autor die »immer unüberbrückbarere Kluft zwischen der Botschaft und Forderung Christi und den Idealen und Postulaten der modernen Welt«[362] zum Anlaß, erstens eine geistesgeschichtliche Zeitanalyse vorzunehmen, dieser Zeitanalyse die Frage nach der bleibenden Gültigkeit der biblischen Botschaft über die evangelischen Räte einzufügen, um von dort her im letzten Schritt die »Weltgemeinschaften« als ein »Modell« vorzustellen, »an dem der christliche Einsatz in dieser Zeit ablesbar wird«[363]. Wieder werden zur Darstellung der neuen Lebensform kurz die Entstehungsgeschichte sowie die Haupteinwände gegen die Säkularinstitute genannt, vor allem gegen den Versuch, als *Laien* ehelos und in enger kirchlicher Gehorsamsbindung leben zu wollen. Zur Erwiderung gegen diese Einwände umschreibt der Autor seine persönliche Vision, die er mit der neuen Lebensform verbindet: die Säkularinstitute als der zur Lebensform gewordene Antwortversuch der Kirche auf die Frage nach einer neuen Einheit zwischen der modernen Welt und den Forderungen des Evangeliums. In diesem Beitrag prägt Balthasar den Begriff »Weltgemeinschaften«[364] als Übertragung des lateinischen »Instituta saecularia«, den er in Zukunft als bevorzugten *terminus technicus* beibehalten wird.

---

[359] Ebd. 172.

[360] Ebd. 171f.

[361] Civitas. Monatszeitschrift des Schweiz. Studentenvereins 21 (1966) 187-197 (hiernach zitiert); der Beitrag ist wiederveröffentlicht in: Gottbereites Leben, Freiburg 1993, 199-213.

[362] Ebd. 187.

[363] Ebd. 189; dann ausführlicher hierüber 194-196.

[364] Ebd. 189, 194, 196.

Ueber den Gehorsam in den Weltgemeinschaften - 1970:

Im Jahr 1970 lud die Kongregation für die Religiosen und Säkularinstitute erstmals zu einem *Internationalen Kongreß der Säkularinstitute* ein, an dem Vertreter und Vertreterinnen von 93 Säkularinstituten aus 27 Ländern teilnahmen. Hans Urs von Balthasar leistete einen Beitrag zur inhaltlichen Gestaltung des Kongresses mit seinem Vortrag *Ueber den Gehorsam in den Weltgemeinschaften*[365], einzig veröffentlicht in den Kongreßakten.
Das Genus des Vortrages bedingt bei diesem Text eine außerordentliche Straffung auf die wesentlichen Inhalte, die Balthasar unentbehrlich erscheinen für die Grundlegung des Gehorsams in den Säkularinstituten: So kommt zunächst der biblisch verbürgte Gehorsam Christi vor Gott seinem Vater als Grundlage jedes kirchlichen Gehorsams zur Sprache, dann der Gehorsam der Kirche in ihrem Gegenüber zu Christus und im Mitgehen mit seiner Sendung, schließlich daraus abgeleitet der spezifische Modus des Gehorsams in den Säkularinstituten, exemplarisch dargestellt am Verhältnis von Gehorsamsbindung und Beruf. Wieder verwendet Balthasar durchgängig den von ihm fortan bevorzugten Begriff »Weltgemeinschaften«.

Die Nachfolge Christi im Neuen Testament; Nachfolge Jesu Christi in der Liebe - mitten in dieser Welt - 1971:

Im Anschluß an den Internationalen Kongreß der Säkularinstitute im Herbst 1970 fand vom 1. auf den 2. Mai 1971 ein erstes regionales Treffen von Vertretern der deutschsprachigen Institute in Königstein statt. Hans Urs von Balthasar hat mit zwei von vier Referaten die inhaltliche Gestaltung dieses regionalen Kogresses wesentlich mitbestimmt. Die Vorträge sind dokumentiert in der Reihe *Theologie und Leben*, herausgegeben vom Kyrios-Verlag des *Christkönigsinstitutes* Meitingen[366]; zur Veröffentlichung trug Balthasar neben seinen

---

[365] Dokumentiert in: Acta Ii Congressus Internationalis Institutorum Saecularium Romae 20-26 IX 1970, ed. O.R. Milano 1971, 1024-1032.

[366] B. Albrecht/H. U. v. Balthasar, Nachfolge Jesu Christi - mitten in dieser Welt (Theologie und Leben 5), Meitingen 1971.

Beiträgen noch ein Vorwort bei, in dem er den größeren Rahmen des Weltkongresses im Vorjahr skizzierte und die nötigen Informationen über den deutschsprachigen Kongreß beifügte[367]. Seine beiden Referate *Die Nachfolge Christ im Neuen Testament*[368] und *Nachfolge Jesu Christi in der Liebe - mitten in dieser Welt*[369] müssen als Einheit mit den übrigen Beiträgen von Barbara Albrecht gedeutet werden. Der Adressatenkreis des mündlichen Vortrags - ausschließlich Mitglieder von Säkularinstituten - legte es nahe, sich nicht weiter im Bereich einer Hinführung zur Lebensform aufzuhalten, sondern direkt ihre Mitte anzuzielen.

Balthasar eröffnete den Kogreß mit einer allgemeinen Ortsbestimmung über *Nachfolge Christi im Neuen Testament*. In diesem ersten Beitrag werden die von ihm benannten »fünf Momente der Nachfolge«[370] - nämlich *consecratio, devotio, communio, apostolatus* und *saecularitas* - erschlossen: zunächst als *jede* christliche Berufung kennzeichnende Qualitäten, dann als »die fünf besonderen Kennzeichen der Weltgemeinschaften«[371]. Die hohe Wertschätzung, die Balthasar schon in früheren Stellungnahmen den Säkularinstituten zugesprochen hatte, kommt hier vom Blickwinkel der *evangelischen Nachfolge* her neu zur Sprache: »daß gerade die Lebensform der Weltgemeinschaften sich vom Ursprung des Evangeliums her, vom Ruf in die Nachfolge, vollkommen rechtfertigt, strahlender vielleicht als irgendeine andere Lebensform in der Kirche«[372].

Im Anschluß an diese allgemeine Einführung widmeten sich die folgenden Vorträge des Kongresses dem Anliegen, den inneren Gehalt des Lebens im Säkularinstitut anhand der Trias *Glaube, Hoffnung und Liebe* zu umreißen. Barbara Albrecht hatte die Aspekte *Glauben* und *Hoffnung* zur Bearbeitung übernommen, während Balthasar die Ausführung des letzten Vortrages unter dem Titel *Nachfolge Jesu Christi*

---

367 Ebd. 7-9.

368 Ebd. 11-26.

369 Ebd. 65-79.

370 Ebd. 15-25.

371 Ebd. 17.

372 Ebd. 12.

in der Liebe - mitten in dieser Welt leistete. Dieser letzte Beitrag stellt sich der Frage der christlichen *Liebe* »an den heiklen Schnittpunkten zwischen Kirche und Welt«[373], an welchem die Mitglieder der Säkularinstitute in der Nachfolge Jesu dem Liebesgebot zu entsprechen versuchen. Weniger Fragen der alltäglichen Konkretisierung als vielmehr die einzuübende Haltung wird hierbei in Blick genommen.
Auch in diesen Beiträgen verwendet Hans Urs von Balthasar ausschließlich den von ihm bevorzugten Begriff »Weltgemeinschaften«[374] zur Benennung der Lebensform.

Weltgemeinschaften - ein Paradox - 1972:

1972 erstellte das Informationszentrum Berufe der Kirche/Freiburg erstmals eine Broschüre über die Lebensform der Säkularinstitute. Den einleitenden Artikel *Weltgemeinschaften - ein Paradox*, der den konkreten Informationen über die im deutschen Sprachraum ansässigen Institute vorausging, hatte Hans Urs von Balthasar übernommen[375]. Der kurze Beitrag wurde wiederveröffentlicht 1973 in italienischer Übersetzung[376] und 1974 in französischer Übersetzung[377]. 1975 erschien der Artikel in der 2. Auflage der Informationsbroschüre über die Säkularinstitute des deutschsprachigen Raumes[378].
Diesmal unter dem Leitgedanken des *Paradoxon* versucht Balthasar erneut eine Hinführung zur Lebensform der Säkularinstitute: Von diesem Stichwort her leistet er eine kurze historische Einführung, eine Erwiderung gegen die typischen Einwände, die dieser »unmöglichen Amalgierung«[379] entgegengebracht werden, er versucht eine Charakterisierung des Spezifikums und klare Abgrenzung zum Ordensleben

---

[373] Ebd. 65f.

[374] Vgl. ebd. 76f.

[375] In: Säkularinstitute im Dienst am Menschen. Hrsg. vom Informationszentrum Berufe der Kirche, Freiburg 1972, 2-5.

[376] Le »comunità secolar« nel momento attuale, in: Vita consacrata 9 (1973) 492-496.

[377] Le paradoxe des Institutes séculiers, in: Vie consacrée 466 (1974) 199-203.

[378] In: Säkularinstitute. Berufe der Kirche 8. Information, Freiburg ^{2}1975, 2-5. Nach dieser 2. Ausgabe ist zitiert.

[379] Ebd. 2.

sowie eine Bestandsaufnahme der Säkularinstitute für den deutschsprachigen Raum. Vor allem durch pointierte Darstellung des inneren Anliegens der Lebensform und der damit verbundenen Chancen wie Gefahren sticht der Artikel hervor; so weist er sich aus als Ergebnis einer inzwischen mehrere Jahrzehnte währenden Erfahrung in der Frage der Säkularinstitute. Prägnant bringt Balthasar die Spannungseinheit zum Ausdruck, die sich aus dem Zueinander von Räteleben und *weltlichem* Standort ergibt, auch das Labile dieser Spannung, die immer droht, nach einer Seite aufgelöst zu werden: »Auf der Gratwanderung zwischen Reich Gottes und Reich dieser Welt können nicht nur einzelne Personen, sondern ganze Institute von einem Schwindel befallen werden und in den Abgrund entweder einer einseitigen Geistlichkeit oder einer übertriebenen Weltlichkeit zu stürzen drohen.«[380] Entgegen dem Duktus der Informationsbroschüre, die unter der Bezeichnung »Säkularinstitute« für die neue Lebensform wirbt, behält Balthasar seinen seit einigen Jahren bevorzugten Begriff »Weltgemeinschaften«[381] in der deutschen Fassung konsequent bei. Die italienische Fassung des Beitrags verwendet dann allerdings den Begriff »comunità secolari«[382], der dem lateinischen »Instituta saecularia« noch näher steht, die französische Fassung übersetzt den balthasarschen Begriff »Weltgemeinschaften« mit »Instituts Séculiers«[383], womit sie dem lateinischen Sprachgebrauch am nächsten kommt.

Im Grenzbereich des Laientums - 1979:

Erst 1979 veröffentlichte Hans Urs von Balthasar wiederum eine Stellungnahme zur Frage der Säkularinstitute, die Glosse *Im Grenzbereich des Laientums*[384]. Der sechsspaltige Text geht ausschließlich auf die Frage nach dem ekklesiologischen Ort der Säkularinstitute ein, insbesondere auf die Frage nach ihrem Laienstatus. Insofern stellt der

---

[380] Ebd. 4.

[381] Ebd. 2 und zahlreiche andere Stellen.

[382] Le »comunità secolari« nel momento attuale, 492 und zahlreiche andere Stellen.

[383] Le Paradoxe des Instituts séculiers, 199 und zahlreiche andere Stellen.

[384] In: IkaZ Communio 8 (1979) 187-189.

Beitrag einen späten Widerhall der Auseinandersetzung mit Karl Rahner dar, wenn auch die damals ins Feld geführten Argumente diesmal nicht ausdrücklich gemacht werden und von der alten Polemik nichts mehr zu spüren ist.

Nach der einfacheren Grenzziehung zwischen christlichen Laien und geweihten Amtsträgern kommt Balthasar auf die eigentlich angezielte Frage zu sprechen nach der Grenze »zwischen Laientum und 'Ordensstand'«[385]; dies alles, um die Frage nach dem Laienstatus der Mitglieder der Säkularinstitute zu klären. Balthasar schreitet hierbei das ganze Feld verschiedenartiger Berufungen zum Räteleben in der Welt ab: vom privaten Versprechen über die Mitgliedschaft in einer neuen Geistlichen Bewegung bis hin zu Gemeinschaftsformen, die aus dem Ordensleben »in die offene Säkularität«[386] herausgewachsen sind, schließlich zum »Grenzfall« eines Priestersäkularinstitutes. Dabei beläßt er es bei allgemeinen Hinweisen, ohne konkrete Gemeinschaften - die er zweifelsohne im Blick hat - auch namentlich zu nennen. Daß das Verhältnis der kirchlichen Stände keine festen Grenzziehungen zuläßt, sondern eher im Sinne einer »Osmose zwischen den sogenannten kirchlichen 'Ständen'«[387] zu deuten ist, kann als Resümee des Artikels gelten.

Entgegen seinem seit Jahren konsequent eingeführten Sprachgebrauch spricht Balthasar in seinem Beitrag *Im Grenzbereich des Laientums* nicht von »Weltgemeinschaften«, sondern verwendet durchgängig den Begriff »Säkularinstitute«. Die einzige Ausnahme bildet eine Formulierung, in der Balthasar die Gemeinschaften im Stadium *vor* ihrer kirchlichen Approbation als »Weltgemeinschaften«[388] betitelt. Die hier vorliegende sprachliche Regelung kann für Balthasar als untypisch gelten im Hinblick auf die bisherige Gewohnheit und darf wohl als späte Angleichung an den inzwischen geprägten Sprachgebrauch sowohl in Deutschland als auch in den anderen europäischen Länder mit romanischen Sprachen interpretiert werden.

---

[385] Ebd. 187.

[386] Ebd. 189.

[387] Ebd.

[388] Vgl. ebd. 188.

Das Wagnis der Säkularinstitute - 1981:

In der Internationalen Zeitschrift *Communio* veröffentlichte Hans Urs von Balthasar 1981 schließlich seinen letzten Beitrag, der sich vorrangig und explizit mit der Frage der Säkularinstitute befaßte; er trägt den Titel *Das Wagnis der Säkularinstitute*[389]. Dieser Beitrag dürfte durch den Veröffentlichungsort die weiteste Verbreitung aller von ihm zum Thema geleisteten Arbeiten gefunden haben.
Kennzeichnend für *Das Wagnis der Säkularinstitute* ist der denkbar weiteste Horizont, in den hinein Balthasar in diesem Beitrag die Frage der Säkularinstitute einordnet. Das Gesamt der ekklesiologischen Bezüge der neuen Lebensform kommt nochmals zur Sprache. Anhebend mit einigen Anmerkungen zur Berufung aller Christen zur Heiligkeit und zur inneren Haltung von Gehorsam, Armut und Jungfräulichkeit zeichnet Balthasar den historischen Kontext nach, in dem die kirchliche Approbation der neuen Lebensform erfolgte. Die Frage des Laienstatus der Mitglieder der Säkularinstitute kommt ebenso in Blick wie die spezielle Situation der Priester im Säkularinstitut, welche letztere Frage hier erstmals in größerem Umfang von Balthasar benannt und gewürdigt wird. Im Blick auf die evangelischen Räte versucht Balthasar das Spezifikum der Säkularinstitute neu zu umreißen und verankert es unter Hintanstellung von Armut und Ehelosigkeit vor allem in einer »Durchformung des weltlichen Berufes durch einen theologisch verstandenen Gehorsam«[390]. In der Spannung von »nicht von dieser Welt«, aber eben doch »mitten in dieser Welt« sieht er die große Herausforderung der Lebensform, die sie den Ordensberufungen durchaus ebenbürtig mache, wenn nicht sogar in ihrem Wagnischarakter jenen gegenüber hervorhebe, wie schon der Titel des Beitrages nahelegt[391]. Viele Detailinformationen über die konkrete Verwirklichung der evangelischen Räte in den Säkularinstituten lassen im Autor den inzwischen langjährig erfahrenen geistlichen Begleiter einer solchen Gemeinschaft

---

[389] In: IkaZ Communio 10 (1981) 238-245.

[390] Ebd. 241.

[391] Vgl. ebd. 242.

erkennen, freilich nicht frei von jeglicher subjektiver Bewertung[392]. Eine abschließende Beurteilung der Lebensform in ihrer »Chance für die Zukunft der Kirche«[393], auch in Hinblick auf die inzwischen stark verbreiteten neuen geistlichen Bewegungen, beschließt den Gedankengang des Artikels.

Begrifflich hat sich der späte Balthasar wieder auf den von ihm bevorzugten Begriff »Weltgemeinschaften« festgelegt: »wie man sie im Deutschen am besten nennt«[394], so der Autor. Zur Unterscheidung von den »Priester-Weltgemeinschaften«[395] nennt er die Laieninstitute »Laiengemeinschaften«[396].

Unser Auftrag. Bericht und Entwurf - 1984:

Nach 1981 hat Hans Urs von Balthasar keinen weiteren Titel zur Frage der Säkularinstitute im allgemeinen mehr verfaßt, sich statt dessen aber mehrmals zur speziellen Thematik der eigenen Gründung *Johannesgemeinschaft* geäußert. Als erstes muß hier das 1984 erschienene Buch *Unser Auftrag. Bericht und Entwurf* genannt werden[397], dessen Veröffentlichung der Vorbereitung des für 1985 auf Anregung Papst Johannes Paul II. geplanten Symposions über Adrienne von Speyr (18.-19.10.1991) dienen sollte[398].

«Unser Auftrag« meint hier vor allem den gemeinsamen Lebensauftrag Hans Urs von Balthasars und Adriennes von Speyr: im gemeinsamen theologischen Schaffen sowie in der Gründung und Begleitung der *Johannesgemeinschaft*. Entsprechend ist der erste Teil des Buches

[392] Vgl. z.B. die von der konkreten Verwirklichung in der *Johannesgemeinschaft* her gedachten Ausführungen über die Armut in den Säkularinstituten (242); vgl. auch Anm. 3 auf S. 243, wo Balthasar mit einer gewissen Polemik gegen die Formen anderer Säkularinstitute angeht - etwa gegen die vielfach praktizierte Gelübdelosigkeit oder ein Leben in Vita Communis -, deren Kenntnis ihn mehr äußerlich erreicht zu haben scheint.

[393] Ebd. 243.

[394] Ebd. 240.

[395] Ebd.

[396] Ebd. 243.

[397] Einsiedeln 1984, 197 Seiten.

[398] Informationen hierüber bei J. Servais, Die Johannesgemeinschaft, 5.

diesem Zueinander Hans Urs von Balthasars und Adriennes von Speyr gewidmet - die biographische Erhebung im ersten Teil dieser Arbeit hat großzügig aus dieser Quelle geschöpft -, während auf weiteren nahezu einhundert Seiten die *Johannesgemeinschaft* in ihren allgemeinen Grundzügen und in der Ausfächerung in den drei Zweigen - Priester, Frauen, männliche Laien - vorgestellt wird. Insofern Balthasar die eigene Gründung als Versuch einer *lebensmäßigen Umsetzung seiner theologischen Konzeption* verstanden hat, kann im hier vorgelegten »Entwurf« auch die Theologie *eines* Säkularinstitutes erblickt werden. Inwiefern diese Theologie verallgemeinerbar ist, muß im systematischen Teil dieser Arbeit aufgewiesen werden.
Gerade auf die eigene Gründung *Johannesgemeinschaft* wendet Balthasar selbstverständlich den von ihm bevorzugten Begriff »Weltgemeinschaft«[399] an.

Die Johannesgemeinschaft - 1985:

Was 1984 im großen Rahmen dargestellt worden war, fand ein Jahr später nochmals eine gestraffte Umsetzung in einem zweiseitigen Artikel unter dem Stichwort *Die Johannesgemeinschaft*[400]. Dieser Beitrag galt ausdrücklich der Bekanntmachung der Gemeinschaft im norddeutschen Raum und wurde entsprechend im Pastoralblatt für die Diözesen Aachen, Berlin, Essen, Hildesheim, Köln und Osnabrück veröffentlicht.
Der Artikel muß aus dem nüchternen Abstand Außenstehender wohl als »Steilstart« ins Innere der *Johannesgemeinschaft* gewertet werden und dürfte als solcher nicht kritiklos geblieben sein. Anhebend mit den der Gründung zugrunde liegenden Leidenserfahrungen Adriennes von Speyr versucht Balthasar gleichsam eine Innenschau der Sendung der *Johannesgemeinschaft*: in ihrem Selbstverständnis einer Zuordnung zum Evangelisten Johannes und zur Mutter Jesu, in der säkularen

---

[399] Unser Auftrag, 108.

[400] In: Pastoralblatt für die Diözesen Aachen, Berlin, Essen, Hildesheim, Köln, Osnabrück 37 (1985) 85-87. Im folgenden bearbeitet und zitiert nach einem Sonderdruck ohne Seitenzahlangaben.

Ausprägung als Weltgemeinschaft, in ihrer Einfügung ins Gesamt der Kirche und der heutigen Welt, vorab konkretisiert im Berufsfeld der einzelnen Mitglieder, schließlich in der durch Adrienne von Speyr vorgegebenen Tiefendimension eines Rätelebens mitten in der Welt. Balthasar vermeidet es in diesem Fall, der eigenen Gemeinschaft die begriffliche und kirchenrechtliche Zuordnung »Säkularinstitut« bzw. »Weltgemeinschaft« beizulegen; keiner der möglichen Begriffe findet eine Anwendung. Die konkrete Darstellung der Lebensform scheint diese begriffliche Einordnung überflüssig zu machen. Lediglich unter dem Stichwort »säkular«[401] wird das Gemeinte zur Sprache gebracht.

Gottbereites Leben. Der Laie und der Rätestand. Nachfolge Christi in der heutigen Welt:

Zuletzt ist die 1993 posthum im Johannes Verlag erschienene Textzusammenstellung *Gottbereites Leben*[402] zu erwähnen, in der sechs Beiträge Hans Urs von Balthasars zu Fragen des Rätelebens in der Welt (aus den Jahren 1948 bis 1987) wiederveröffentlicht wurden; da alle Beiträge an anderer Stelle vorgestellt sind, brauchen sie hier nicht eigens aufgeführt werden. Entgegen der sonstigen Gewohnheit des Verlages, in den bis zum Tod des Autors vorliegenden Textbestand der Veröffentlichungen nicht einzugreifen (abgesehen von Neuauflagen), wurden in diesem Fall eine Neuzusammenstellung und minimale textliche Änderungen vorgenommen. Die Herausgeber vermerken hierzu:

> »Die noch vom Verfasser der vorliegenden Texte beabsichtigte Neuausgabe seiner Schrift 'Der Laie und der Ordensstand' - mit dem von ihm gewünschten neuen Titel: 'Der Laie und der Rätestand' sowie den entsprechenden Anpassungen im Text - hat uns veranlaßt, einige seiner kaum noch greifbaren frühen Arbeiten zum Thema des Laien, ins-

---

[401] Ebd.

[402] Freiburg/Einsiedeln 1993. Genauer finden sich hier folgende Beiträge wieder: Über den Sinn des Rätelebens heute/1971; Der Laie und der Ordensstand/1948 (unter dem veränderten Titel: »Der Laie und der Rätestand«); Wesen und Tragweite der Säkularinstitute/1956; Zur Theologie des Rätestandes/1964; Evangelische Räte in der heutigen Welt?/1966; Laienbewegungen in der Kirche/1987.

> besondere des geweihten Laien in der Kirche, in die Veröffentlichung miteinzubeziehen und ihr einen, ebenfalls vom Autor stammenden, neuen Namen zu geben: *Gottbereites Leben.*«[403]

Die »Anpassungen im Text« beziehen sich vor allem auf die in den frühen Beiträgen anzutreffende sprachliche Orientierung an den Ordensgemeinschaften, etwa mit der Rede vom »Weltorden« oder vom Laien im »Ordensstand«. Diese dem Ordensleben entlehnten Begriffe sind nun im Sinne Balthasars durch den bevorzugten Begriff der »Weltgemeinschaften« oder durch das präzisere Sprechen vom Laien im »Rätestand« ersetzt. Daneben ist der Anmerkungsapparat durch die Herausgeber aktualisiert worden.

2. Widmung an die Säkularinstitute

Reinhold Schneider. Sein Weg und sein Werk:

Nachdem alle Titel vorgestellt wurden, die vorrangig und explizit die Frage der Säkularinstitute zu ihrem Anliegen gemacht haben, ist jenes Buch insbesondere zu nennen, das Hans Urs von Balthasar als einziges in allen Schaffensjahren ausdrücklich den Säkularinstituten widmete: *Reinhold Schneider. Sein Weg und sein Werk*, erschienen 1953[404]. Das Buch trägt sowohl in der ersten Fassung von 1953 als auch in der Neuauflage von 1991 unter dem Titel *Nochmals Reinhold Schneider* den Widmungsspruch: »Verfaßt für die Weltgemeinschaften und ihnen gewidmet«.
Im Werk Reinhold Schneiders findet Hans Urs von Balthasar jene Spannung zwischen Weltauftrag und Heiligkeitsstreben vielfach durchgeführt, die das Leben in den Säkularinstituten kennzeichnet: »die durchgehende Dramatik der Begegnung zweier gleich ursprünglichen

[403] Ebd. 7.

[404] Köln/Olten: Hegner-Bücherei, 1953. Das Buch wurde wiederaufgelegt unter dem Titel: *Nochmals - Reinhold Schneider* (Vom Verfasser überarbeitet und ergänzt), Einsiedeln/Freiburg: Johannes Verlag, 1991. Im folgenden wird die Neuauflage zitiert.

und doch in tödlichem Konflikt zueinander stehenden Sendungen: die des mit der Verwaltung des irdischen Reichs Beauftragten mit der des Heiligen als dem Realsymbol des in die Welt einfallenden Gottesreiches.«[405] Daß Reinhold Schneider in seinem Werk diesem Konflikt der Kirche angesichts der Herausforderungen der Moderne nicht ausgewichen war, ihn weder restaurativ noch progressistisch aufgelöst hatte, darin sah Balthasar die Exemplarität für die im Entstehen begriffenen Säkularinstitute; er schreibt: »Die Unausweichlichkeit dieser Begegnung erschien mir als ein unverzichtbares Leitbild für die neu in der Kirche zugelassenen Weltgemeinschaften, deren Grundanliegen es war, evangelischen Radikalismus mit vollem Einsatz in weltlicher Arbeit zu verbinden und den beschriebenen Konflikt in sich auszutragen.«[406] In dieser »Überlegenheit in der Problemstellung« findet Balthasar sein eigenes Programm wieder im Gegenüber zum »heute üblichen seichten Theologengefasel vom Weltauftrag des modernen Christen«[407]. Allerdings konnte Balthasar sich auch der Einsicht nicht verschließen, daß Schneiders Werk in letzter Tiefe keine Lösung des kirchlichen Konfliktes angesichts der Moderne angeboten hatte, weshalb er sich ermutigt sah, in der Mitbegründung der *Johannesgemeinschaft* selbst zu einer solchen Lösung beizutragen: »Und doch wurde das alles nicht durchgehalten, so daß sich für mich unweigerlich die Aufgabe stellte, das Gleiche mit andern Mitteln, unter andern geschichtlichen und theologischen Vorzeichen zu wagen [...] Warnung, Wegweisung für die innere Form der Weltgemeinschaften durfte hier nicht überhört werden.«[408]

---

[405] Vorwort zur Neuauflage: Nochmals Reinhold Schneider, 9.

[406] Ebd.

[407] Mein Werk, 58.

[408] Ebd. Insbesondere im evangelischen Gehorsam sah Balthasar wiederum den Kulminationspunkt dieser bei Reinhold Schneider noch unzureichend bewältigten Auseinandersetzung. »Das Thema, das bei R. Schneider meist als ein bis ans Ende tragisches Geschick geschildert wird (der Riß zwischen Welt und Gottesreich ist nur im Kreuz Christi austragbar), ist das dem Menschen in einer Weltgemeinschaft zur Bewältigung aufgegebene: Wie kann sein Gehorsam gegenüber Gott und der Kirche vereinbar sein mit seiner gehorsamen Verantwortung seinem weltlichen Beruf gegenüber?« (Unser Auftrag, 88) Der theologische Hauptteil wird auf die durch Balthasar im Gehorsamsverständnis der *Johannesgemeinschaft* vorgeschlagene Lösung ausführlich zurückzukommen haben (vgl. Zweiter Teil. B. Drittes Kap.III.2).

Die Orte und Gestalten dieser Wegweisung im Schneiderschen Werk erblickt Balthasar vor allem im Escorial Philipps II.[409] und in der Marienburg der Deutschordensritter[410]. Eben diese Ritterschaft ist in Balthasars Schneider-Deutung Sinnbild der in den Säkularinstituten angestrebten »Durchheiligung der Verwaltung dieser Welt«[411]. Hier stehen die Deutschordensritter zuletzt am Übergang hin zu den Säkularinstituten - nach der franziskanischen Weltzuwendung über den ignatianischen Weltdienst und das Bemühen eines Franz von Sales um Versöhnung zwischen Welt und Klöstern. Nach ihnen erscheinen die Weltgemeinschaften als jüngstes und radikalstes Glied in der Kette des christlichen Dienstes an der Welt, als jene, »die heute in den weltlichen Berufen die Vollkommenheit Christi zu leben versuchen«[412]. Ausgehend von diesem Gedanken der Ritterschaft resümiert Balthasar über Schneiders Werk: »Zweifellos ist die neue Ritterschaft, die die heutige Weltstunde fordert, in diese innigste Begegnung zwischen dem weltverantwortlichen Ordensmann und dem aus dem Geist des Verzichts den Staat und die Kultur verwaltenden Weltmann berufen. Schneider mit seinem gesamten Werk hat machtvoll die Wege zu dieser Begegnung bereitet.«[413] Daß der Autor Reinhold Schneider nicht nur mit seinem Werk, sondern auch mit der eigenen Person als kirchlicher Laie im literarischen Beruf für die Frage nach dem Ort des Laien in der Kirche eingestanden war, darin mag der letzte Grund der von Balthasar hergestellten Affinität zwischen Reinhold Schneider und den Säkularinstituten liegen. In der Tätigkeit und im Leben dieses Schriftstellers fand Balthasar durchgeführt, was sein Kernanliegen als Theologe war.

---

409 Nochmals Reinhold Schneider, 51-81: »Spanien - Die Form«.

410 Vgl. ebd. 261-283: »Marienburg - Die Ritterschaft«; dort vor allem 276.

411 Ebd. 278.

412 Ebd. 279.

413 Ebd. 282.

3. Die Frage nach dem christlichen »Stand«, insbesondere nach dem Ort der Laien und des Rätelebens in der Kirche

Die Frage nach einer *Theologie der Säkularinstitute* im Werk Hans Urs von Balthasars wird sich nicht entscheiden können nur anhand jener Texte, die explizit auf die Fragestellung eingehen, sondern diese Theologie gewinnt ihr Profil im Kontext der ekklesiologischen Einordnung der neuen Lebensform. Von daher sind alle Texte im Werk Hans Urs von Balthasars mit in Rechnung zu stellen, die der Frage nach dem christlichen »Stand« nachgehen: dem Stand-Ort der je verschiedenen Berufung von Laien und Trägern des geweihten Amtes, von Eheleuten und Rätechristen. Eine summarische Nennung und grobe Einordnung der zentralen Texte zu diesen Fragen in den Zusammenhang einer *Theologie der Säkularinstitute* mögen an dieser Stelle genügen.

a) Allgemeine »Ständetheologie«

Was Hans Urs von Balthasar 1948 in *Der Laie und der Ordensstand* schon angekündigt hatte, »die Fertigstellung eines größeren Werkes über die gesamte Standeslehre«[414], das fand im Jahr 1977 mit dem über 400-seitigen Werk *Christlicher Stand* seine Durchführung und Veröffentlichung. Das dem Inhalt wie dem Umfang nach äußerst breit angelegte Buch ist dem Leser schwer zugänglich, weshalb Balthasar den schon in den frühen Vierzigern entstanden Grundstock auf Anraten des Ordens zunächst nicht veröffentlichte[415] sondern erst später in eigener Verantwortung die Drucklegung verwirklichte.
Das Buch umkreist betrachtend ausführlich die Frage des Stand-Ortes in der Welt, der dem Menschen durch den Ruf ins Christsein zugewiesen ist. Es beschreibt die kirchlichen Differenzierungen innerhalb der

---

[414] Der Laie und der Ordensstand, 7. (Zur Problematik des Begriffes »Stand« vgl. in dieser Arbeit Zweiter Teil. A. Erstes Kap.II.3).

[415] Balthasar schreibt hierzu in *Unser Auftrag*, 83f: »Die erste Fassung meines Buches *'Christlicher Stand'* entstand um 1945; der damalige Provinzial legte mir nahe, es nicht zu veröffentlichen, die Lehre vom 'Ruf', angelehnt an die erste Betrachtung der zweiten Exerzitienwoche, sei zu kompliziert. Es erschien in einer Neubearbeitung 1977, aber nur einzelne Kapitel in der Mitte wurden verändert.«

allen Christen gemeinsamen Berufung: die Scheidung zwischen »Weltstand« und »Rätestand«, Laien und geweihten Amtsträgern, schließlich das sich aus den Differenzierungen ergebende je spezifische Weltverhältnis der Christen. Im Kontext eines theologischen Gebäudes, das seinen Ausgang vom ignatianisch verstandenen Ruf in die Nachfolge Christi nimmt, wird hier der Rahmen abgesteckt, in den sich auch die Mitglieder der Säkularinstitute an ihrem Ort einfügen[416]. *Christlicher Stand* kann als Gesamtwurf für alle Fragen bezeichnet werden, die in den nun zu nennenden Beiträgen auf Einzelthemen reduziert behandelt sind[417].

b) Theologie der christlichen Laien

In zahlreichen Äußerungen hat Hans Urs von Balthasar den Platz der Laien in Kirche und Welt näher zu umreißen versucht. Die allermeisten Aussagen dieser Texte lassen sich analog auf die verheirateten Laien wie auf die Laien in einer Rätebindung anwenden und gehören so - auch wo die Säkularinstitute nicht namentlich genannt werden - zum Zentralbereich der für eine *Theologie der Säkularinstitute* zu sichtenden Texte. Dies gilt um so mehr, als Hans Urs von Balthasar vielfach im allgemeinen Sprechen über die Laien die Brücke zur Frage der Säkularinstitute wenigstens in Stichworten geschlagen hat.
Sein kurzer Beitrag *Von der Kultursendung der Kirche*[418] spiegelt als erster den weiten gesellschaftlich-kirchlichen Horizont, in den hinein Balthasar die Frage nach den kirchlichen Laien gestellt wissen möchte. Ausgehend vom allgemeinen Auftrag der Kirche, kulturschaffend innerhalb der Gesellschaft - konkret der Schweiz der 50er Jahre - zu wirken, skizziert der Autor hier den Ort des spezifischen Auftrages akademischer Laien als den »entscheidenden Träger[n] solcher Kultur

[416] Vgl. vor allem explizit *Christlicher Stand*, 291f.

[417] In gedrängter Form findet sich die in *Christlicher Stand* vorgelegte Thematik wieder im Aufsatz *Berufung*, in: Zur Pastoral der geistlichen Berufe. Zum Welttag der geistlichen Berufe am 24. April. Informationszentrum Berufe der Kirche, Freiburg 1966, 3-15. Auch hier kommen die Säkularinstitute zur Sprache (6, 11, 12, 14).

[418] In: Christliche Kultur. Beilage zum Basler Volksblatt Nr. 250, 24. Oktober 1952, ohne Seitenzahl.

in Volk und Gegenwart«[419]. Dabei werden auch die Mitglieder der Säkularinstitute namentlich genannt:

»Möglicherweise sind [...] diese dringenden Wünsche nur durch eine ausgewählte Laienschaft, die sich den Anforderungen christlicher Kultur ausschließlicher widmen kann, als der Verheiratete es vermag, zu befriedigen, nämlich durch eine akademisch gebildete Laienschaft im Sinn der Apostolischen Konstitution 'Provida Mater Ecclesia' über die moderne Form des Ordensleben: auf Grund der evangelischen Räte frei für Gottes Reich, aber inmitten der Welt.«[420]

Solche Laien hätten die Aufgabe der Anleitung und des Vorbildes für die zu leistende Kultursendung, nicht weniger durch ihre berufliche Qualifikation als durch ihre Verwurzelung in der christlichen Kontemplation. Der weite gesellschaftliche Horizont wird sichtbar, auf dessen Hintergrund Hans Urs von Balthasar die Stellung der Säkularinstitute einordnet: am Knotenpunkt des Zueinanders von Kirche und Kultur, von priesterlichem Dienst und Weltgestaltung der Laien.
Als geradezu programmatische Schrift für das Verhältnis von Laien und Amt sowie von Welt und Kirche und das sich daraus ergebende Selbstverständnis der Laien darf der 1954 erstmals veröffentlichte Artikel *Der Laie und die Kirche* gelten[421]. Wie stark für Balthasar in der Tat der innere Zusammenhang zwischen einer *Theologie des Laien* und einer *Theologie der Säkularinstitute* ist, zeigt das gegen Ende dieses Beitrages formulierte Plädoyer für die Lebensform der Säkularinstitute: »Vielleicht ist aber der letzte Reichtum der Laienwelt aus dieser erst zu entfalten, wenn sich das Verständnis für die Stellung und Verantwortung des Laien im Bewußtsein der Kirche organisch verbunden hat mit demjenigen der evangelischen Räte.«[422] Die in *Der*

---

[419] Ebd.

[420] Ebd.

[421] Zuerst in: Jahrbuch der Renaissance »Viele Ämter, ein Geist«. Jubiläumsgabe der Renaissance 1904-1954, Einsiedeln 1954; wiederveröffentlicht 1961 in *Sponsa Verbi*, 332-348; in Auszügen veröffentlicht unter dem Titel *Vom Weltamt der Laien*, in: Der Christ in der Welt 5 (1955) 12-15.

[422] Ebd. 346; zitiert nach *Sponsa Verbi*.

Laie und die Kirche vorgetragenen Thesen zur ekklesiologischen Einordnung der Lebensform finden sich wieder in den kürzeren Aufsätzen *Gibt es Laien in der Kirche?*[423] aus dem Jahr 1979 und *Wer ist ein Laie?*[424], erschienen 1985, beide Beiträge in der Internationalen katholischen Zeitschrift *Communio. Gibt es Laien in der Kirche?* wiederholt zudem pointiert die Aussage, die Balthasar schon 1971 in seinen Beiträgen zum Kongreß der deutschsprachigen Säkularinstitute in Königstein formuliert hatte: daß in den Weltgemeinschaften gleichsam die neutestamentliche »Urform« der Nachfolge Jesu Christi eine neue Gestalt gefunden habe, indem sie »den Radikalismus der Räte, aber ungetrennt von der Welt leben möchten«[425].

Neben diesen Beiträgen über den kirchlichen Ort und die Sendung der Laien generell hat Balthasar immer neu einzelne kirchliche Gestalten exemplarisch hervorgehoben, neben dem schon genannten Reinhold Schneider vor allem den Schriftsteller Georges Bernanos. Über seine Monographie *Gelebte Kirche. Bernanos*[426] schreibt Balthasar: »Wenige Bücher habe ich mit mehr innerer Anteilnahme geschrieben, unmittelbar nach meinem Austritt aus der Gesellschaft Jesu.«[427] Bernanos, von dem er sagt, daß er »formgewordene kirchliche Existenz«[428] sei, ist für Balthasar Prototyp des leidenschaftlichen, lebenslangen Ringens um die Einheit von Natur und Gnade. Gerade hierin sieht Balthasar bei Bernanos das spezifisch Laikale: »Zu seiner besonderen Laiensendung gehört es, daß beides unzerfällbar eins ist, daß seine Natur, mit all ihrer vulkanischen Gewalt, immer schon von der süßen

---

423 In: IkaZ Communio 8 (1979) 97-105.

424 In: IkaZ Communio 14 (1985) 385-391.

425 Gibt es Laien in der Kirche?, 99.

426 In erster Auflage: Bernanos, Köln/Olten 1954. Im folgenden zitiert aus der dritten Auflage: Gelebte Kirche. Bernanos, Freiburg: Johannes Verlag, 1988 (= *Bernanos*).

427 Unser Auftrag, 87. Zum Entstehungskontext vgl. auch die Aussage von J. G. Roten, Die beiden Hälften des Mondes, 119: »Das oft behandelte Thema von Theologie und Heiligkeit erhält erste Impulse aus dem Studium der Kirchenväter, aber noch mehr aus der Teilnahme am täglichen Leben von Adrienne von Speyr, die beides, Theologie und Heiligkeit, in der bewundernswerten Synthese ihres Lebens als Ärztin und Mystikerin verbindet. Von ihr erhält Balthasar die Idee, die Einheit beider in einem Buch über den französischen Schriftsteller Bernanos zu behandeln.«

428 Bernanos, 11.

Übermacht der Gnade bezwungen ist«[429]. Gleichwohl bemerkt Balthasar auch das Provokative des Schriftstellers für den Ansatz der Säkularinstitute, der keinen Hehl daraus machte, daß ihm die Verquickung eines Laienlebens mit dem evangelischen Rat des Gehorsams zutiefst suspekt war[430].
Zu den genannten großen Monographien kommen kleinere Studien aus der Welt der christlichen Dichtung, so in der Zusammenstellung *Laikale Stile* innerhalb der *Theologischen Ästhetik*[431]. Im Werk der hier vorgeführten Laien (Dante, Johannes vom Kreuz, Pascal, Hamann, Solowjew, Hopkins, Péguy) sieht Balthasar jene Koordinaten angelegt, die für seine Bestimmung des Verhältnisses von Welt und Gott, Natur und Gnade, Welt und Kirche, Eros und Agape, Naturwissenschaft und Glaube sowie Aktion und Kontemplation prägend werden. Sein Urteil verläuft meist in bewußtem Anschluß an die genannten Autoren, selten in ausdrücklicher Absetzung von ihnen.
Nicht nur einzelne Personen, auch Gemeinschaften und Bewegungen waren für Balthasar immer neuer Anlaß, den Ort der Laien in der Welt zu bestimmen. Die freundschaftliche Verbundenheit mit Luigi Giussani, dem Gründer der Laienbewegung *Comunione e Liberazione*, fand 1971 ihren Niederschlag in der Widmung des Buches *In Gottes Einsatz leben* an besagte Gemeinschaft[432]. Das Buch gilt der Frage, »welcher Zusammenhang besteht zwischen der Quellkraft, die den Christen speist, und seinem Einsatz unter den Menschen«[433]. Die Aufnahme eines Interviews mit L. Giussani zur Frage »Was ist und was will Comunione e Liberazione« in die den Weltgemeinschaften gewidmete Reihe »Der neue Weg«, die von Hans Urs von Balthasar im Johannes Verlag betreut wurde, bezeugt ebenfalls diese geistige Verwandt-

---

[429] Ebd. 10. Zur Relevanz des Verhältnisses von Natur und Gnade für eine *Theologie der Säkularinstitute* vgl. Zweiter Teil. B. Erstes Kap.2).

[430] Vgl. Zur Theologie der Säkularinstitute, 436, 457.

[431] Herrlichkeit. Eine Theologische Ästhetik. Bd. II: Fächer der Stile. Teil 2: Laikale Stile, Einsiedeln 1962, zitiert nach ^{3}1984.

[432] In Gottes Einsatz leben, Einsiedeln 1971.

[433] Ebd. 13.

schaft[434]. Daneben begleitete Balthasar bis in die letzten Lebensjahre hinein kritisch und konstruktiv die zahlreichen Aufbrüche der verschiedensten neuen geistlichen Bewegungen, zuletzt faßbar in einem Aufsatz *Laienbewegungen in der Kirche*[435]. Dieser Beitrag ist in seiner Klarheit von hervorgehobener Bedeutung für die Verhältnisbestimmung von neuen geistlichen Bewegungen und Säkularinstituten (vgl. Zweiter Teil. A. Zweites Kap.III).

c) Rätetheologie und Ordenstheologie

Wie der lebensgeschichtliche Abriß aufzeigen konnte, wurzelt das theologische und seelsorgerliche Engagement Hans Urs von Balthasars für die Säkularinstitute in seiner Berufungserfahrung durch die ignatianischen Exerzitien und in der Zugehörigkeit zum Jesuitenorden. Das *Verbindende* der verschiedenen kirchlichen Berufungen zum Räteleben, sei es im Orden oder in einem Säkularinstitut oder in einer anders gearteten kirchlich verbindlichen Form, stand für Balthasar vor aller *Unterscheidung* der verschiedenen Profile des Rätelebens[436]. Dem entsprechend sind alle Aussagen im Werk Hans Urs von Balthasars für eine *Theologie der Säkularinstitute* zu Rate zu ziehen, die allgemein vom Räteleben sprechen, daneben auch seine zahlreichen Äußerungen zum Ordensleben. Nie unterließ Balthasar es hierbei, die Frage der Säkularinstitute - wenigstens am Rande - mitzubehandeln; meist fanden seine Ausführungen über das Ordensleben sogar ihren Kulminationspunkt in der Erwähnung dieser neuen Form des Rätelebens.

---

[434] Der neue Weg 5: L. Giussani, Was ist und was will Comunione e Liberazione. Interview mit Robi Ronza, Einsiedeln 1977 (Vorwort des Herausgebers, 7f).

[435] Laienbewegungen in der Kirche (Riflessioni per un lavoro sui movimenti laicali nella Chiesa), italienisch in: I Laici e la missione della Chiesa, hrsg. vom Istituto per la trasizione ISTRA, Mailand 1987, 85-106; deutsch wiederveröffentlicht in: Gottbereites Leben, Freiburg 1993, 214-240.

[436] Vgl. die Aussagen in: Berufung, 10: »Wenn von den analogen Formen des Berufungslebens in der Kirche gesprochen werden soll, dann ist es viel wichtiger, die gemeinsame Verwurzelung im gleichen festzustellen als die Verschiedenheiten, die man leicht übertreibt, um allerhand 'Spiritualitäten' der verschiedenen Stände wirkungsvoll voneinander abheben zu können.«

In seinem Grundriß *Zur Theologie des Rätestandes*[437], den Balthasar 1964 vorlegte, wird in hervorgehobener Weise deutlich, daß die *Theologie der Säkularinstitute* in der Sicht des Autors eine direkte Anwendung und Verlängerung seiner Räte- und Ordenstheologie darstellt. Der gesamte Text mit seiner breit angelegten Rekapitulation der Ordensgeschichte und Rätetheologie mündet in die These, daß in den neuen Weltgemeinschaften die beiden extremen Forderungen einerseits eines »Mitgehens mit der Zeit, der Vergegenwärtigung der Christen in der heutigen entchristlichten Gesellschaft« und andererseits eines »Ernstmachen[s] mit den übernatürlichen Forderungen des Heilswerkes Christi«[438] ihren adäquaten Ausdruck gefunden hätten, so daß gälte: »Im Herzpunkt dieses Pendelschlags, ausdrücklich die Extreme umfassend, stehen heute die 'Weltgemeinschaften'«[439]. Balthasar resümiert, daß eine solche Einigung von Weltzuwendung und Gottgehörigkeit »naturgemäß nicht bloß äußerlich geschehen« könne, sondern »zu einer organischen Durchdringung der beiden Standorte und ihrer geistigen Erfordernisse«[440] führen müsse. Inwiefern er seinem eigenen Programm einer »geistigen Durchdringung« gerecht werden kann, wird der systematische Durchgang dieser Arbeit zeigen müssen.

Diese »Zuspitzung« der Rätetheologie auf die Frage der Säkularinstitute gehört zu den konstitutiven und unveränderlichen Konstanten des Balthasarschen Denkens, so wie auch die Rätetheologie insgesamt ein Strukturprinzip seiner Theologie genannt werden kann[441]. Der späte, im Jahr 1982 veröffentlichte Beitrag *Jesus nachfolgen - arm, ehelos,*

---

[437] In: Stephan Richter (Hrsg.), Wagnis der Nachfolge, Paderborn 1964, 9-57 (nach dieser Fassung wird im folgenden zitiert); wiederveröffentlicht in: Gottbereites Leben, Freiburg 1993, 139-198. Eine stark gekürzte Fassung des Beitrages - zugespitzt auf die Kernaussagen über die Säkularinstitute - liegt vor unter dem Titel: Evangelische Räte in der katholischen Kirche von heute, in: Reformatio 15 (1964) 289-297.

[438] Zur Theologie des Rätestandes, 49.

[439] Ebd. 51.

[440] Ebd. Konkretisierungen zu den Säkularinstituten vgl. ebd. 51-57.

[441] Vgl. hierzu M. Scheuer, Die Evangelischen Räte, 22-153.

gehorsam[442] ist von daher in den zentralen Aussagen identisch mit den frühesten Schriften des Autors zum Thema: zu erwähnen ist etwa der Artikel *Berufung* aus dem Jahr 1966[443], der Aufsatz *Die drei evangelischen Räte*[444] von 1971, ebenso die in französischer Sprache erschienenen Beiträge *Une vie livrée à Dieu. Sens de la vie selon les conseils aujourd'hui*[445] und *radicalisme évangelique*[446].
Einen besonderen Beitrag zu den Fragen der besonderen und allgemeinen Berufung stellt der Artikel *Existenz als Sendung: Christus und seine Nachfolge*[447] aus dem Jahr 1977 dar. Ausgehend vom Begriff der »Sendung« versucht Balthasar hier der grundlegenden Frage nachzugehen, wer Jesus Christus ist und wie man ihm in rechter Weise nachfolgen kann. Spricht der Artikel zwar allgemein über christliche Sendung, innerhalb wie außerhalb des Rätestandes, so mündet er doch in ein deutliches Plädoyer für eine wiederzugewinnende Einheit von priesterlicher Existenz und Räteleben. Ausgehend von der Wahrheit, daß Nachfolge Jesu Christi immer nur »in einer Sendungsgemeinschaft« lebbar ist, kommt Balthasar in diesem Kontext ausdrücklich auf die neuen Formen von Priestergemeinschaften zu sprechen; das Anliegen der Priester-Säkularinstitute klingt an[448].
Neben diesen Beiträgen über die Trias der Räte hat Balthasar wiederholt einzelne Räte herausgegriffen, so den Gehorsam als Angelpunkt seines Räteverständnisses in den Artikeln *Christologie und kirchlicher Gehorsam*[449], *Gehorsam im Licht des Evangeliums*[450]

---

[442] In der Reihe »Antwort des Glaubens«, Nr. 27, hrsg. vom Informationszentrum Berufe der Kirche, Freiburg 1982, 15 Seiten.

[443] In: Zur Pastoral der geistlichen Berufe. Zum Welttag der geistlichen Berufe am 24. April 1966, hrsg. vom Informationszentrum Berufe der Kirche, Freiburg 1966, 3-15.

[444] In: Klarstellungen, 125-134.

[445] In: Vie consacrée 43 (1971) 5-23; in deutscher Sprache veröffentlicht unter dem Titel: *Gottbereites Leben. Über den Sinn des Rätelebens heute*, in: Bulletin Unione Internazionale Superiori Generali 1 (UISG Roma 1971) Nr. 21, 11-21; wiederveröffentlicht in der Aufsatzsammlung *Gottbereites Leben*, 9-27.

[446] In: Vie consacrée 47 (1975) 238-240.

[447] Existenz als Sendung: Christus und seine Nachfolge, in: Schweiz. Kirchenzeitung 145 (1977) 705-709.

[448] Vgl. ebd. 708.

[449] In: Geist und Leben 42 (1969) 185-203.

und *L'obbedienza nella Chiesa*[451]; die spezielle Frage des Zölibates besprach Balthasar in seinem Aufsatz *Zölibatäre Existenz heute*[452]. Nie unterließ er es hierbei, den allgemeinen Ausführungen auch eine Anwendung auf die Säkularinstitute einzufügen.

Ordenstheologie

Ins selbe Jahr 1948, in dem *Der Laie und der Ordensstand* veröffentlicht wurde, fällt auch die von Hans Urs von Balthasar initiierte Herausgabe der Sammlung *Die großen Ordensregeln*[453]. Balthasar hatte hierin die allgemeine Einleitung[454] und die Bearbeitung der Basilius-Regel[455] übernommen. Insbesondere die Einleitung dieser Sammlung ist für unsere Fragestellung relevant, insofern hier die Räte- und "Stände"-Theologie zeitgleich ausgeführt wird, die Balthasar in *Der Laie und der Ordensstand* voraussetzt. Ch. Kannengiesser stellt einen direkten Zusammenhang zwischen dieser kommentierten Herausgabe der Basilius-Regel und der im Entstehen begriffenen Lebensform der Säkularinstitute her:

> »Als sich 1939 menschenverachtende Ideologien anschickten, Europa und die Welt in die Schrecken des 'totalen Krieges' zu stürzen, hat er [H. U. v. Balthasar] in *Patristik, Scholastik und wir* ohne Umschweife die These vom epochalen Umsturz ausgesprochen, der der klassischen, von den Kirchenvätern begonnenen Tradition ein Ende setzen würde. Und so kam der Tag - 1947 -, an dem er zutiefst in die Entstehung und die gläubige Motivation der Regel des heiligen Basilios eindrang und

[450] In: Zur Pastoral der geistlichen Berufe, Heft 16 (Thema: Christlicher Gehorsam), hrsg. vom Informationszentrum Berufe der Kirche, Freiburg 1978, 17-27; wiederveröffentlicht in: Neue Klarstellungen, Einsiedeln 1979, 128-144 (hiernach zitiert).

[451] In: L'Osservatore Romano 114, 29 dicembre 1974, 3.

[452] In: Pneuma und Institution, 369-383.

[453] H. U. v. Balthasar (Hrsg.), Die Großen Ordensregeln (Menschen der Kirche 8), Einsiedeln/Zürich/Köln 1948; überarbeitet und wiederveröffentlicht: Einsiedeln 1974 (zitiert nach ^{7}1994).

[454] Ebd. 7-31.

[455] Ebd. 33-133; zum Stellenwert der Basilius-Regel in Balthasars Werk vgl.: W. Löser, Im Geiste des Origenes, 128-133.

daraus das Modell der Säkularinstitute entwickelte, die damals im Entstehen begriffen waren.«[456]

Finden sich stichhaltige Argumente für diesen gewagten Brückenschlag von der Basilius-Regel hin zu den Säkularinstituten? Die von Balthasar vorgelegte einleitende Kommentierung der Basilius-Regel bestätigt in der Tat den von Kannengiesser hergestellten Zusammenhang. Das Nachfolgemodell der Säkularinstitute wurzelt - so Balthasars Sicht der Dinge - im *neutestamentlichen Urgestein*, wo Taufentscheidung und Nachfolgeentscheidung noch in eins fallen und eine soziologische Trennung zwischen Rätechristen und »nur« Getauften noch nicht erfolgt ist. Eben hier verortet Balthasar auch den ekklesiologischen Hintergrund der Basilius-Regel. Er skizziert den kirchlich-gesellschaftlichen Kontext der Mönchsregel aus dem frühen 4. Jahrhundert:

> »Man muß sich, um diese Einheit von Taufe und Lebensgelöbnis zu verstehen, zurückversetzen in die ersten Jahrhunderte, da die Erwachsenentaufe mit ihrem vollbewußten Absageakt an die Welt noch das theologische Modell für das alles begründende Sakrament war, da anderseits so etwas wie ein von der Allgemeinheit abgetrennter Mönchs- oder Ordensstand mit einem eigenen Gelübde noch nicht bestand.«[457]

Für das Bewußtsein einer christlichen Gemeinde hieß dies, »daß in der allgemeinen christlichen Taufe soviel an Weltabsage in Nachfolge des sterbenden Christus, soviel an Gelöbnis fürs Leben lag, daß es beim Asketentum nicht um mehr gehen konnte, als darum, dieses Gelübde ernst und voll zu nehmen«[458]. Diese Konzeption provozierte unweigerlich die Frage nach dem Verhältnis der »'Ernstmacher' zur übrigen Gemeinde, insbesondere zu den verheirateten Laien«[459]. Basilius beantwortet sie - wie Balthasar in seinem Gefolge - indem er die Nachfolge in den evangelischen Räten als das »Besondere des Allgemeinen«

---

[456] Ch. Kannengiesser, In der Schule der Väter, 82.

[457] Die großen Ordensregeln, 39.

[458] Ebd. 41.

[459] Ebd. 42.

bestimmt: »Kirche in ihrer Eigentlichkeit definiert sich durch gelebte Nachfolge, und diese wiederum hat ihre Eigentlichkeit im Wörtlichnehmen der evangelischen Räte.«[460] Dem entspricht die Abwehr gegen eine Institutionalisierung und Trennung der so verstandenen Rätechristen vom übrigen Gemeindeleben[461]. Balthasar resümiert mit einer - wenn auch verhaltenen - Anspielung auf die Säkularinstitute, in denen er eine heutige Realisierung der urchristlich intendierten Ungetrenntheit zwischen Rätechristen und übrigen Getauften sieht:

> »so streng die evangelische Forderung bei Basilius auch ist: seine Brüderschaft bleibt offen zur Welt; äußerlich ist der Verkehr mit den Weltleuten stärker [...]. Von hier erscheint die Brüderschaft viel stärker als ein kirchliches Hilfsunternehmen, eine Kerngruppe zur Belebung des Ganzen, und der beste Kenner der Regel, J. Gribomont, hat sich nicht gescheut, Basilius als Patron nicht nur der Lehr- und Spitalorden, sondern auch der neueren Gemeinschaften ohne Gelübde anzusprechen.«[462]

Mit der Herausgabe und Kommentierung der Basilius-Regel verbindet Balthasar also offensichtlich die Absicht, sein ekklesiologisches Modell, in dessen Rahmen vor allem die *Laien* im Rätestand - insofern sie kirchlich-institutionell und gesellschaftlich-strukturell nicht getrennt von den verheirateten Christen leben[463] - eine zentrale Stellung einnehmen, durch Texte der frühen Kirche zu stützen[464] (vgl. Zweiter Teil. A. Drittes Kap.I.5).

Auch die 1950 zuerst veröffentlichte *Geschichte einer Sendung* über Therese von Lisieux[465] nutzte Balthasar nicht nur für eine existentielle Einführung in die Theologie des Ordenslebens, vor allem des Kar-

---

[460] Ebd. 46; vgl. auch 47.

[461] Vgl. ebd. 46, 55.

[462] Ebd. 57.

[463] Vgl. ebd. 55.

[464] Vgl. auch die Auswertung von W. Löser, Im Geiste des Origenes, 128-133.

[465] Therese von Lisieux. Geschichte einer Sendung, Köln 1950. Überarbeitet wiederveröffentlicht in: Schwestern im Geist. Therese von Lisieux und Elisabeth von Dijon, Einsiedeln 1970 (zitiert nach ^{4}1990).

mel; vielmehr kann das Buch als biographische Ergänzung der abstrakten Ausführungen gelten, die Balthasar im *Christlichen Stand* entwirft. Das Zueinander der kirchlichen Stände, insbesondere von »Weltstand« und »Ordensstand«, wird hier exemplarisch anhand der Biographie Thereses von Lisieux erörtert - wobei sich freilich bei dieser strikten Zweiteilung die Frage aufdrängt, inwiefern die dabei angewandten Kategorien das Phänomen »Säkularinstitut« überhaupt in den Blick bekommen[466] (vgl. die ekklesiologische Einordnung der Säkularinstitute Zweiter Teil. A). Ebenso existentiell-exemplarisch wird die Frage des Verhältnisses zwischen Ehe und Jungfräulichkeit aus Thereses Erlebniswelt heraus beantwortet[467]. Im Hinblick auf die »Lehre« Thereses von Lisieux sind für die theologische Verortung der Säkularinstitute vor allem das Zueinander von Aktion und Kontemplation[468] (vgl. Zweiter Teil. B. Zweites Kap.II.3) sowie ihre Solidarität mit den Glaubenslosen[469] relevant (vgl. Zweiter Teil. B. Zweites Kap.I.2.b). Balthasar entwickelte früh einen Sensus für die Krise des Ordenslebens, wie sie sich in besonderer Weise im deutschen Sprachraum schon vor dem Zweiten Vatikanum ankündigte. Zuerst artikuliert wurden die anstehenden Fragen ausgehend von kultursoziologischen Erwägungen in seinen *Gedanken zum Mangel an Priester- und Ordensberufen*[470] aus dem Jahre 1956. Wieder erschien das Modell der Säkularinstitute für Balthasar als möglicher Lösungsansatz, insofern darin Antworten auf jene Fragen bereitliegen, die durch den philosophischen Personalismus und die katholische Laienbewegung im deutschen

---

[466] Insbesondere ebd. 203f.

[467] Vgl. ebd. 109-135. Als markanteste Aussage kann gelten: »Therese hat das Glück gehabt, die völlig menschliche, inkarnierte Liebe der Familie, als nie verlassenen, nie verdunkelten Ausgangspunkt für das Verstehen der himmlischen Liebe durch alle Jahre ihres Lebens behalten zu können. Darum hat es für sie nie ein Problem zwischen Ehe und Jungfräulichkeit geben können. Die eheliche Liebe im Rahmen der christlichen Familie war für sie von Anfang an *das* Gleichnis und Sakrament der jungfräulichen Liebe zwischen Christus und der Seele.« (ebd. 126)

[468] Insbesondere ebd. 191-193.

[469] Vor allem ebd. 327. Den Anstoß zu dem Gedanken, diese theresianischen Inhalte auf Balthasars *Theologie der Säkularinstitute* anzuwenden, verdanke ich den wertvollen Hinweisen von P. Michael Schneider SJ.

[470] In: Die Erneuerung des Fastengeistes durch Seelsorge und Erziehung, hrsg. von der Bischöflichen Hauptarbeitsstelle Hoheneck-Zentrale, Hamm 1956, 25-30.

Sprachraum angestoßen wurden[471]. Aufschlußreich ist der kurze Beitrag auch durch seine ekklesiologische Situierung der Säkularinstitute: eindeutig auf der Seite des »Ordensstandes«, wenn auch in betont laikaler Prägung[472].

Während Balthasar in den *Gedanken zum Mangel an Priester- und Ordensberufen* mehr die Frage des männlichen Zölibates bedacht hatte, geht er im Aufsatz *Was hemmt den Nachwuchs an Ordensschwestern?*[473] denselben Fragenkomplex im Hinblick auf die weiblichen Ordensgemeinschaften an. Hier macht er vor allem Gründe im gesellschaftlichen Umbruch der Nachkriegsjahre mit ihren Folgen für die Stellung der Frauen, im Inneren der weiblichen Ordensgemeinschaften selbst und in der Desinteressiertheit des Diözesanklerus an der Frage des Nachwuchses der Frauengemeinschaften namhaft. Wieder werden auch die durch *Provida Mater* geförderten Säkularinstitute benannt, deren Nachwuchs-Situation Balthasar analog derjenigen der Ordensgemeinschaften konstatiert mit dem zusätzlichen Hindernis, daß in der kirchlichen Öffentlichkeit ein breites Nichtwissen um die Lebensform vorherrsche: »Die ganze Idee liegt brach; es bedürfte aber, um sie zu verlebendigen, einer inneren theologischen Einsicht und eines aufrichtigen Mitgehens und Einsatzes beim Klerus.«[474] Gerade einmal 10 Jahre nach dem Erscheinen von *Provida mater* artikuliert Balthasar so ein erstes Mal seine Enttäuschung an dem geringen Echo, das der neuen Lebensform in der kirchlichen Öffentlichkeit des deutschen Sprachraumes beschieden war und ist.

Allgemeine Thesen zur gegenwärtigen Lage des »Ordensstandes« legte Balthasar 1968 in seinem kleinen Beitrag *Vom Ordensstand. Zum Tag der geistlichen Berufe, Gut-Hirt-Sonntag 1968*[475] vor. In größter Klarheit werden hier die Säkularinstitute - wie auch die zölibatären Priester - theologisch jener kirchlichen Größe zugeordnet, die durch »Ganzhingabe« an Christus und »Lebenshingabe für die Brüder« gekennzeichnet

---

[471] Vgl. ebd. 29.

[472] Vgl. ebd. 30.

[473] In: Caritas 58 (1957) 217-224.

[474] Ebd. 223.

[475] In: Schweiz. Kirchenzeitung 136 (1968) 241-243.

ist: der »Stand jener Menschen, die ihre Existenz - Geist, Leib und Gut - in den Dienst des Reiches Gottes stellen, wo immer ihnen dann sekundär der Heilige Geist in Kirche und Welt ihren Platz anweisen mag«[476]. Wieder erhebt sich die Frage, ob diese - schon in der *Geschichte einer Sendung* anzutreffende - ekklesiologische Zweiteilung in »Weltstand« und »Ordensstand« angemessene Kategorien für die Zuordnung der Säkularinstitute im Gefüge der Kirche anbietet.

Monastisches Leben heute[477], an sich ein Artikel, in dem Balthasar die Frage nach dem heutigen Ort der *monastischen* und in erster Linie *kontemplativen* Ordensgemeinschaften behandeln wollte, wird ein weiteres Mal zum Anlaß, zunächst allgemein das Räteleben zu bestimmen als »Fundament und 'Säule' der einen und einzigen Kirche selbst«[478] (womit das von Basilius übernommene Modell wieder aufscheint); d.h. Räteleben wird hier nicht zuerst gedeutet als eschatologisches Zeichen oder als Modell der Kirche insgesamt, sondern mit soteriologischer Sinnspitze: als »innere Hingabe des ganzen eigenen Seins in einem effektiven Verzichterleben zu den Zwecken der Welterlösung«[479]. Diese soteriologische Begründung gilt für alle Formen des Rätelebens - vom Eremitentum bis zum Säkularinstitut -, weshalb sich eine Abwertung der einen gegenüber der anderen Form verbietet: »Man lasse also die Weltgemeinschaften neue Wege der Einfügung in die entchristlichte Welt suchen (sie werden sie auch nur in der ernstesten Konfrontation mit dem Kreuz Christi finden), halte aber deswegen die andern Darlebungen des Rätelebens nicht für überholt.«[480]

Zur Theologie des Ordensgelübdes[481], ein Referat aus dem Jahr 1971, belegt erneut Balthasars These einer direkten Zugehörigkeit der Säkularinstitute zu den alten Formen des Rätelebens, insofern der Autor die hier angesprochene Gelübdefrage unterschiedslos auf *alle*

---

476 Ebd. 242.

477 In: Points de vue actuels sur la vie monastique, Montserrat 1966, 35-42.

478 Ebd. 38.

479 Ebd.

480 Ebd. 40.

481 In: 3. Tagung der Novizenmeister monastischer Gemeinschaften Deutschlands in Engelthal (16.-20. November 1971). Unveröffentlichte Hektographie.

Formen des Rätelebens anwendet. Für die Frage der rechtlichen Bindung der Mitglieder der Säkularinstitute in der Balthasarschen Konzeption wird der Beitrag ausgewertet werden müssen (vgl. Zweiter Teil. B. Drittes Kap.IV).

In seinem Referat auf dem Österreichischen Ordenstag 1975 *Göttliches und Menschliches im Räteleben nach den großen Ordensregeln*[482] wird ein weiteres Mal Balthasars ekklesiologische Zuordnung der Säkularinstitute zu den Ordensgemeinschaften deutlich, insofern sie zum Räteleben gehören[483]. Was für alle Berufungen in die Nachfolge im Rahmen der evangelischen Räte gilt, nämlich daß die Motivation nicht »Weltflucht, sondern [..] Indienstnahme«[484] ist, weil »Weltflucht [...] dort überholt [ist], wo Gott selbst Mensch wird, um bei uns in der Welt zu sein«[485], das wird sinnenhaft in den Säkularinstituten.

Die in den genannten Beiträgen mehrfach aufgeschienene, kurz referierte Zuordnung der Säkularinstitute zu den Ordensleuten und Zölibatären - und dies impliziert ihre *Gegenüberstellung* zu den übrigen Laien - wird im ekklesiologischen Teil eingehend zu überprüfen sein (vgl. Zweiter Teil. A. Drittes Kap.I). Bisher ist nicht hinreichend ersichtlich, ob und wie Balthasar mit dem vorgestellten Modell das Unterscheidende des Charismas der Säkularinstitute im Unterschied zum Ordensleben begründen kann.

d) Gesellschaftliche und kirchliche Zeitanalyse im Horizont der Weltsendung der Christen

Drei Veröffentlichungen verdienen besondere Aufmerksamkeit, insofern sie im Sinne einer gesellschaftlichen und kirchlichen Zeitanalyse den Horizont aufreißen, in den hinein Balthasar in den fünfziger und

---

482 Veröffentlicht in: Ordensnachrichten Heft 85 (1975) 394-408, hrsg. im Auftrag der Superiorenkonferenz der männlichen Ordensgemeinschaften Österreichs.

483 Vgl. ebd. 394: »Wenn wir im Titel 'Räteleben' und nicht 'Ordensleben' formulieren, so meinen wir damit die vom Konzil gemeinte Lebensform in den drei evangelischen Räten, zu der auch die Säkularinstitute gehören, obschon sie nicht unter die 'instituta religiosa' gerechnet werden (Perf. Car. nr. 2 und 7).«

484 Ebd. 398.

485 Ebd.

sechziger Jahren die neuen Laiengemeinschaften gestellt wissen wollte. Da ist zunächst *Schleifung der Bastionen*. In *Mein Werk* äußert Balthasar präzise über dieses kleine Buch, daß sein »Inhalt kein anderer ist als die Behauptung, daß Kirche zur Welt hin unverschanzt bleiben soll«[486]. Ch. Kannengiesser hat darauf hingewiesen, daß diese Sicht von Kirche und Welt sich Balthasars Studium der Kirchenväter verdanke: »Mit beispielhafter Klarheit zeigt Balthasar hier die Absurdität einer 'Kirche als Bunker', die sich auf sich selbst zurückzieht in der Angst, von einer feindseligen Welt belagert zu werden. In einem menschlichen Universum, das die Kirchenväter ihm als christozentrisch vorstellten, ist ein solcher Isolationismus absolut sinnlos.«[487] Gleichsam als Avantgarde dieser ungeschützten Präsenz der Kirche in der Welt erscheinen Balthasar die Arbeiterpriester Frankreichs[488] sowie vor allem die kirchlichen Laien, unter ihnen in hervorgehobener Verantwortung die Mitglieder der »Laienorden«[489]:

> »in beiden sind die privilegierten Stände vom Thron ihrer Vorrechte herabgestiegen: der Priesterstand ist abgestiegen in den Laienstand, um darin äußerlich ununterscheidbar aufzugehen; der Ordensstand ist abgestiegen in den Weltstand, auf daß der einfache Christ unter Christen das tue, was alle auf Erden zu tun haben: in der Welt am Heil der Welt zu weben und zu wirken.«[490]

Diesem »Abstieg« der Christen in eine tiefere Tuchfühlung mit der Not unserer Zeit muß immer die Vertiefung ihrer Christusbeziehung korrelieren, so wie dem Weltcharakter der Mitglieder der Säkularinstitute

---

[486] Mein Werk, 35.

[487] Ch. Kannengiesser, In der Schule der Väter, 81.

[488] Vgl. Schleifung der Bastionen, 15, 30.

[489] Vgl. ebd. 26f: »Heute schlägt in der Kirche ohne Zweifel die Stunde der Laien. [...] Heute reckt sich ein schlafender Riese; ungeahnte Kräfte, bisher brachliegend, ungestaut wie Wasserkräfte, von Urenergien trächtig, beginnen sich zu regen. Die Katholische Aktion hat den Riesen angerufen, in den Laienorden von heute und in tausend vereinzelten Unternehmungen zeigt sich, daß der Anruf gehört worden ist und daß der Laie anfängt, seine eigene Verantwortung zu übernehmen.« Vgl. auch: Von der Kultursendung der Kirche, in: Christliche Kultur. Beilage zum Basler Volksblatt Nr. 250, 24. Oktober 1952, ohne Seitenangabe.

[490] Schleifung der Bastionen, 30.

ihr Leben nach den evangelischen Räten beigesellt ist. Diese Zweigesichtigkeit hat für Balthasar auch das in *Schleifung der Bastionen* vorgestellte Programm[491]. Konsequenterweise mündet die Schrift geradezu in einem Plädoyer für die Lebensform der Säkularinstitute, in der Balthasar eine Gestaltwerdung des beschriebenen Kirchenprogramms erblickt. Was für die Kirche als ganze gilt, ist für wenige zur ausdrücklichen und ausschließlichen Lebensform geworden:

> »Nicht nur haben sich die Klausuren der einzelnen Klöster geöffnet bis zum neuen 'Ordensstand in der Welt', wo nur noch das einzelne Herz unsichtbare Klausur ist, sondern im Herzen der Kirche selber ist eine Wand eingestürzt, und wo bisher Stein zu sein schien, an den die freiwillige Klausnerin stieß, da ist jetzt warmes druchblutetes Fleisch: Fleisch des unbekannten Bruders, der im Nebenraum schläft und wohnt und arbeitet und leidet und stirbt. Die Nonne Kirche muß lernen, ob dieser Nähe nicht zu erschrecken.«[492]

Erst die Zweipoligkeit von Ungeschütztheit zur Welt hin und bedingungslosem Lebenszeugnis nimmt das Ganze des vorgestellten Programms in den Blick. So sah sich Balthasar Ende der sechziger Jahre genötigt, gerade den zweiten Pol nochmals zu betonen: daß die Kirche, und das heißt der einzelne Christ, die Herausforderung der Moderne nur dann nicht verfehlt, wenn er bereit ist, mit dem eigenen Leben einzustehen für Jesus Christus, der für ihn sein Leben gab. *Cordula oder der Ernstfall*[493] steht für diese Forderung nach einem ungekürzten Christuszeugnis. Hierin mündet nach Balthasars Urteil auch die letzte Intention des Zweiten Vatikanischen Konzils: »durch die Kirche hindurch, die ein göttliches Mysterium ist, den Geheimnisstrahl der dreieinigen und gekreuzigten Liebe ungeschmälert und abstrichlos bis in die weltliche Welt hinzuleiten«[494]. Es wird sichtbar, daß die damit verbundene Ungeschütztheit zur Welt hin nicht das Ergebnis von

---

[491] Vgl. Mein Werk, 40.

[492] Schleifung der Bastionen, 80.

[493] Einsiedeln 1967.

[494] Ebd. 108.

Anpassung oder Verharmlosung des Christlichen sein kann, sondern einzig dem Ziel dient, die Welt direkter und tiefer mit dem Heil Jesu Christi in Berührung zu bringen.

Diesem Anliegen gilt auch *Die Gottesfrage des heutigen Menschen*[495]. Balthasar stellt diese frühe Veröffentlichung ebenfalls in die Reihe jener Werke, die den Pol einer unverschanzten Präsenz der Kirche in der Welt postulieren[496]. »Warum dies mehr als je von unserer Weltstunde gilt,« so schreibt er 1955 im Auftakt zur Erscheinung, »wird ein Buch über die heutige Stellung des Menschen im Kosmos demnächst darzustellen versuchen«[497]. Zentral für den Auftrag der Säkularinstitute erscheint die schonungslose Beschreibung der Seelenlage des heutigen Menschen: durch die naturwissenschaftlichen Errungenschaften der naturhaften Geborgenheit im Kosmos enthoben und am Ende jeder Aussprechbarkeit Gottes angelangt. Diesen Einsamen und Schweigenden durch schlichte Präsenz zu begleiten - eben in der Nachfolge des Gekreuzigten und in die Hölle Abgestiegenen -, scheint als Horizont für die Sendung der Säkularinstitute auf[498]. So wie die Mitglieder der Säkularinstitute in der Regel ohne jede äußere Abschottung von den Menschen ihres alltäglichen Milieus leben, sollen die Christen generell in der Welt stehen, innerlich ungeschützt und solidarisch: »nicht eigentlich von außen, diplomatisch und apologetisch, sondern von innen: als das Kind dieser Zeit, das teilhat an der Lage, an Not und Reichtum der Epoche«[499].

e) Christologische Grundlegung des Rätelebens

Schon *Die Gottesfrage des heutigen Menschen* ließ - trotz der primär

---

[495] Verlag Herold: Wien/München, 1956.

[496] Vgl. Mein Werk, 35.

[497] Ebd. Später hat der Autor das Ergebnis als sehr ungenügend empfunden: »Hat es Sinn, diesem modernen Menschen seine besondere religiöse Situation zu erklären, in Abgrenzung gegen frühere? Vielleicht bis zu einem gewissen Grad, und ich habe den Versuch in *Die Gottesfrage des heutigen Menschen* unternommen; das Ergebnis enttäuschte mich« (ebd. 61). Aus diesem Grund wurde das Buch auf Wunsch Hans Urs von Balthasars nach der ersten Veröffentlichung nicht wieder aufgelegt.

[498] Vgl. Die Gottesfrage des heutigen Menschen, 194f, 200f.

[499] Ebd. 137.

philosophischen Ausrichtung des Buches - die christologische Dimension aufscheinen. Der Gottesferne unseres Jahrhunderts korreliert nicht nur eine neue Lebensform, sondern auch und zuerst eine Neuerschließung der Christologie und Kreuzestheologie vom Karsamstag her. Niederschlag findet diese Neuerschließung in Balthasars Werk vor allem in den hymnischen Texten *Das Herz der Welt* und in der systematisch-historischen Zusammenstellung *Theologie der drei Tage*. Beide Werke sind einerseits »Frucht der kosmischen Christologie«[500] der Kirchenväter, insbesondere Maximus Confessors, andererseits ein erstes Ergebnis der durch Adrienne von Speyr vermittelten Erfahrung des Paschamysteriums, vor allem des Karsamstags[501]. Die von den Kirchenvätern formulierte universale Hoffnung findet ihren Grund im Höllenabstieg Jesu. Dieser Abstieg des Gottessohnes in die letzte verlorene Möglichkeit des Menschen bestimmt den universalen Sendungsauftrag der Kirche, der sich versinnbildlicht im universalen Sendungsauftrag der neuen Gemeinschaften (vgl. Zweiter Teil. B. Zweites Kap.I.2.b).

II. Übersetzung und Herausgabe zeitgenössischer Schriftsteller

Wenn es stimmt, was A. Sicari behauptet hat, »daß Hans Urs von Balthasar vielleicht der einzige Theologe unserer Zeit war, der seine 'Übersetzungen' (die er stets auch selbst 'situiert' und kommentiert hat) nicht als einen zweitrangigen, sondern als einen wesentlichen Bestandteil seiner theologischen Arbeit verstand«[502], dann ist zu vermuten, daß die theologische Grundbewegung, die Balthasar zu den

---

500 M. Lochbrunner, Analogia Caritatis, 30.

501 Vgl. die von Balthasar herausgegebenen Nachlaßbände Adriennes von Speyr *Kreuz und Hölle*.

502 A. Sicari, Theologie und Heiligkeit. Dogmatik und Spritualität bei Hans Urs von Balthasar, 198, in: K. Lehmann/W. Kasper (Hrsgg.), Gestalt und Werk, 191-206.

Säkularinstituten führte, auch in seiner Übersetzertätigkeit ihren Niederschlag gefunden hat. In welchem Maß dies für die Übersetzung und Herausgabe der Kirchenväter gilt, konnte schon aufgewiesen werden. Neben den benannten Kirchenvätern sind es besonders die zeitgenössischen, und das heißt für Balthasar vor allem die französischen Schriftsteller des *Renouveau Catholique*, an deren Übersetzung, Kommentierung und Herausgabe er nicht müde wurde, weil sie unbedingt zu den Interpreten seines eigenen Anliegens zählen[503]; hervorgehoben werden müssen dabei vor allem der oben schon genannte Georges Bernanos und Paul Claudel. Claudel ist es, der Balthasar den Gedanken der »Positivität des Endlichen«[504] erschließt und - wie Balthasar sagt: »Neben Claudel fast gleichrangig Péguy; noch ein Christ in der Spanne zwischen Evangelium und Welt, einer, der um der Bruderliebe willen die Kirche verließ und um der gleichen Bruderliebe willen sie wieder betrat.«[505] Zahlreiche Werke der Autoren wurden von Balthasar erstmals ins Deutsche übersetzt und im Johannes Verlag herausgegeben. Seine erste große Übersetzung schuf Balthasar mit Claudels *Seidenem Schuh*, der auf seine Initiative hin vor der französischen Uraufführung in deutscher Sprache 1943 in Zürich erstaufgeführt wurde[506]. Die Urfrage dieses Dramas lautet für Balthasar: »Wie ist es möglich, zugleich ganz weltlich und ganz gottgehörig zu sein?«[507] Eben deshalb erblickt er im *Seidenen Schuh* »vielleicht so etwas wie eine erste Aszetik und, in Ansätzen, eine erste Mystik von einem christlichen Laien für christliche Laien«[508]. In der von Claudel bis ins letzte durchgeführten Bejahung alles Seienden findet Balthasar den Schlüssel zum Zueinander von Welt und Kirche für unsere Zeit[509]. In diesem Anliegen einer neuen Begegnung von Welt und Kirche ist Claudel mit Péguy ver-

---

503 Vgl. Mein Werk, 56-60; M. Kehl, Ein Porträt, 25; T. R. Krenski, Hans Urs von Balthasar, 56f.

504 W. Löser, Im Geiste des Origenes, 14.

505 Mein Werk, 60.

506 P. Claudel, Der Seidene Schuh. Deutsche Übertragung und Nachwort: Hans Urs von Balthasar, Salzburg [11]1939.

507 Ebd. 377.

508 Ebd.

509 Vgl. ebd. 375f.

wandt. So durfte Péguy von Balthasar in *Herrlichkeit* (II/2, Laikale Stile) »das Amt anvertraut werden, den Katholizismus des 20. Jahrhunderts in gültigem Umriß zu repräsentieren«[510], weil er »das Selbstverständnis der heutigen Kirche im Dialog mit der Welt«[511] vertreten konnte. Unterscheidend zu Claudel urteilt Bathasar über Péguy: »die Weltsphäre aber ist bei ihm nicht sosehr die Physis, wie bei Claudel, als der un- oder gegenchristliche kommunistische Bruder.«[512]
Dieses Programm seinerseits verband Péguy mit Madeleine Delbrêl, die in Ivry, einem kommunistisch regierten Vorort von Paris, seit den dreißiger Jahren versucht hatte, die Synthese einer totalen Hingabe an Gott mit der Präsenz in einer atheistischen Umgebung zu verwirklichen. Die von ihr initiierten Equipen haben zwar nie die Anerkennung als Säkularinstitut angestrebt, dennoch erspürte Balthasar hierin denselben Geist, der ihn zur Gründung der *Johannesgemeinschaft* veranlaßt hatte[513]. Angesichts dieses gemeinsamen Anliegens machte er es sich zur Aufgabe, das Werk Madeleine Delbrêls zu übersetzen und es im deutschen Sprachraum durch den Johannes Verlag bekannt zu machen[514]. Inzwischen - dreißig Jahre nach ihrem Tod sowie nach dem Ende des osteuropäischen staatlichen Kommunismus - wird Madeleine Delbrêl in Deutschland jene Aufmerksamkeit zuteil, die Balthasar durch dieses verlegerische Engagement früh angeregt hatte[515]. Die

---

510 Mein Werk, 60.

511 Ebd. 65.

512 Ebd. 60.

513 Vgl. Pneuma und Institution, 276f.

514 So etwa die Titel: Madeleine Delbrêl, Gebet in einem weltlichen Leben, Einsiedeln: Johannes Verlag, 1974 (Beten heute 4); mit einem Vorwort von Hans Urs von Balthasar; dies., Wir Nachbarn der Kommunisten. Diagnosen, übersetzt und mit einem Vorwort versehen von Hans Urs von Balthasar, Einführung von Jacques Loew. Einsiedeln: Johannes Verlag, 1975; dies., Frei für Gott. Über Laien-Gemeinschaften in der Welt, aus dem Französischen übertragen und mit einem Vorwort versehen von Hans Urs von Balthasar, Einsiedeln: Johannes Verlag, 1976.

515 Vgl. die Textsammlung M. Delbrêl, *Leben gegen den Strom*. Anstöße einer konsequenten Christin, Freiburg 1992; Annette Schleinzer, Liebe ist unsere einzige Aufgabe. Das Lebenszeugnis von Madeleine Delbrêl, Ostfildern 1994; Marianne Heimbach-Steins, Unterscheidung der Geister - Strukturmoment christlicher Sozialethik. Dargestellt am Werk Madeleine Delbrêls, ICS Schriften 31, Münster 1994; Katja Boehme, Gott aussähen. Zur Theologie der weltoffenen Spiritualität bei Madeleine Delbrêl, Würzburg 1997. Die von Karl Heinz Neufeld vorgetragene Behauptung (in: G. Fuchs [Hrsg.], »... in ihren Armen das Gewicht der Welt«. Mystik und

postmoderne Situation der westlich-demokratischen Gesellschaften - nicht weniger atheistisch als eine kommunistische Gesellschaft - regt nicht nur die Mitglieder der Säkularinstitute, sondern alle Christen, vor allem die Laien an, sich am Programm dieser Frau zu orientieren: »das Evangelium ganzheitlich mitten in der Welt zu leben«[516]. Darin unterscheidet sich die Zielvorgabe Madeleine Delbrêls nicht von der Hans Urs von Balthasars.

III. Herausgabe der Reihe »Der neue Weg«

In seiner Tätigkeit als Herausgeber sticht für die Frage der Säkularinstitute in besonderer Weise Balthasars Begleitung der Reihe »Der neue Weg« hervor. Als »Schriftenreihe für die Weltgemeinschaften (Instituta Saecularia)« war diese Initiative, die Balthasar 1963 im Johannes Verlag in die Wege leitete, direkt der neuen Lebensform

---

Verantwortung: Madeleine Delbrêl, Frankfurt 1995), daß Balthasar mit seiner Übersetzer- und Verlegerarbeit »freilich Madeleine Delbrêl und ihrem Werk kaum nur gut getan hat, geriet sie doch so scheinbar in die Nähe von Tendenzen, die sich nicht einfach als die ihren bezeichnen lassen« (ebd. 108), muß als unbegründet zurückgewiesen werden. Neufeld definiert die von ihm behaupteten gegenläufigen »Tendenzen« in keiner Weise, die übrigen Beiträge des Aufsatzbandes belegen hingegen eindrücklich die innere Übereinstimmung zwischen den Anliegen Madeleine Delbrêls und Hans Urs von Balthasars: so etwa die Übereinstimmung bezüglich des Mystikbegriffes beider Autoren (ebd. 13-39), bezüglich ihrer Marxismuskritik (30f); die Prägung beider Gestalten durch die Dichter des *Renouveau Catholique* (ebd. 43); die Betonung des inkarnatorischen Momentes des christlichen Einsatzes (ebd. 54-58); die gemeinsame Entdeckung Thereses von Lisieux als der Vorreiterin der universalen Mission der verborgenen christlichen Präsenz (ebd. 59f); die wegweisende Funktion beider für die Ergebnisse des Zweiten Vatikanischen Konzils (ebd. 127ff). Die Reihe der Gemeinsamkeiten zwischen Madeleine Delbrêl und Hans Urs von Balthasar ließe sich fortsetzen. Nur Unkenntnis über Letzteren kann zu einem Urteil wie dem von Karl Heinz Neufeld verleiten. Tatsächliche Differenzen, die auf der Ebene dogmatischer Grundentscheidungen - etwa bezüglich des Weltbegriffes bei M. Delbrêl - liegen, aber nicht auf der Ebene der angezielten Praxis, wären zu erheben anhand der Studie von K. Boehme, Gott aussäen, 143-220.

[516] M. Delbrêl, »Charte de la Charité de Jésus«, ArchMD [1936] II 1, zitiert nach: K. Böhme, Gott aussäen, 111.

gewidmet. Insbesondere das Vorwort zum ersten Band[517] nutzt er, um das Programm des Unternehmens zu benennen. Vor allem geht es darum, den für die Säkularinstitute anstehenden Fragen ein Forum zu bieten:

> »Wie verhält sich dieser neue 'Stand' zu den herkömmlichen kirchlichen 'Ständen': wie zum Ordensstand, wie zum Laienstand? Ist die ihn grundlegende Synthese theologisch überhaupt vollziehbar? Ist sie praktisch lebbar, und welches sind seine bisherigen Formen der Verwirklichung, seine Erfolge und Mißerfolge, seine Vorteile und Nachteile?«[518]

Ekklesiologie und *Theologie* sowie die konkrete *Praxis* der Säkularinstitute kommen als frag-würdig in den Blick. Diese zentralen Fragen sollen auch leitend sein für das Vorgehen des systematischen Teils der vorliegenden Arbeit, so wie sie leitend waren für Balthasars Aussagen zu den Säkularinstituten. Neben dem hier benannten Fragenkatalog äußert Balthasar sich in diesem kurzen Vorwort prononcierter als irgendwo sonst zur *terminologischen Bestimmung der Lebensform* und zur Übersetzung des lateinischen Fachausdruckes »Instituta saecularia«. Er begründet seine Vorliebe für den Begriff »Welt-Gemeinschaften« gegen die Begriffe »Säkularinstitut« und »Weltliches Institut«: Zunächst gelte, daß »das deutsche Fremdwort Institut stärker als das lateinische institutum das Moment des Juristischen, Unpersönlichen, Rahmenmäßigen«[519] hervorhebe; es sei jedoch unangemessen, »daß die neuen Gruppen, die anerkanntermaßen lockerer sind als die alten Kongregationen, sich mit einem juristisch strafferen Namen bezeichnen als diese«[520]; mit dem Begriff »(Welt)-Gemeinschaften« werde diese Konnotation vermieden, zudem entspreche er »dem unauffälligen Zug

---

[517] Die kirchlichen Urkunden für die Weltgemeinschaften (Instituta saecularia). Gesammelt von Jean Beyer S.J.. Mit einem Vorwort von Hans Urs von Balthasar (Der neue Weg 1), Einsiedeln 1963.

[518] Ebd. 7.

[519] Ebd. 8.

[520] Ebd.

der neuen Gruppen am besten«[521]. Schließlich verdeutlicht das Vorwort zu den *Urkunden für die Weltgemeinschaften*, welchen hohen Stellenwert Balthasar den offiziellen Texten zur neuen Lebensform beimißt[522] und daß er keineswegs neben oder gar gegen diese Dokumente seine *Theologie der Säkularinstitute* und ihre praktische Durchführung in der *Johannesgemeinschaft* entwerfen möchte. Dem ersten Band in der Reihe *Der neue Weg* folgten weitere, die größtenteils durch den Verleger Hans Urs von Balthasar eingeleitet wurden[523]. Abschließend zum hier vorgelegten Literaturüberblick muß erwähnt werden, daß keine Vollständigkeit angezielt werden konnte. So ist z.B. die ständig wachsende Zahl von Übersetzungen des Werkes Hans Urs von Balthasars in andere Sprachen nicht berücksichtigt worden. Ebensowenig konnten alle Bezüge zu einer Theologie der Säkularinstitute, zur Räte- und Laientheologie namhaft gemacht werden. Ein solches Unternehmen müßte am Ende mehr oder weniger das gesamte Werk des Autors zitieren, weil seine Denkweise nicht analytisch Einzelthemen anvisiert, sondern immer die gesamte Gestalt im Blick behalten möchte. Endlich wurde auch nicht versucht, das breite seelsorgerliche und theologische Tun Hans Urs von Balthasars zu recherchieren, insofern es sich nicht in schriftlichen Veröffentlichungen niedergeschlagen, sondern nur private Verbreitung gefunden hat. Zu denken wäre etwa an Balthasars Hilfeleistungen für die Arbeitsgemeinschaften der Säkularinstitute in Deutschland und in der Schweiz (soweit sie nicht in den oben zitierten öffentlichen Publikationen ihren Niederschlag gefun-

---

[521] Ebd. 9.

[522] Vgl. ebd. 9f.

[523] Vgl. Der neue Weg 2: H. A. Timmermann, Die Weltgemeinschaften im deutschen Sprachraum. Mit einem bibliographischen Anhang. Zusammengestellt von Jean Beyer S.J. und Hans Albert Timmermann, Einsiedeln 1963; Der neue Weg 3: J. Beyer, Als Laie Gott geweiht. Theologisches und Kirchenrechtliches zu den Weltgemeinschaften, Einsiedeln 1964; Der neue Weg 4: M. Delbrêl, Frei für Gott. Über Laiengemeinschaften in der Welt, Einsiedeln 1976; Der neue Weg 5: L. Giussani, Was ist und was will Communione e Liberazione. Interview mit Robi Ronza, Einsiedeln 1977; Der neue Weg 6: E. Puzik, Über die Kunst, in unserer Welt heilig zu werden, Einsiedeln 1982; Der neue Weg 7: C. Capol (Hrsg.), Monika. Ein Zeugnis in Ungarn, Einsiedeln 1982.

den haben)[524].

So wenig wie seine Tätigkeit als Autor lückenlos im Hinblick auf ihre Relevanz für die Säkularinstitute durchleuchtet werden konnte, war dies bezüglich der Übersetzer- und Herausgebertätigkeit Hans Urs von Balthasars möglich. Auch hier konnten letztlich nur Stichproben genommen werden aus dem jahrzehntelangen Schaffen, dort, wo die Verbindungslinien zu den Säkularinstituten am augenscheinlichsten hervortraten. Weitgehend unberücksichtigt blieb (weil im ersten Kapitel unter biographischer Rücksicht schon behandelt) die gesamte Herausgeber- und Verlegertätigkeit Hans Urs von Balthasars für das Werk Adriennes von Speyr.

Erste Zusammenfassung: Balthasars Beitrag zur Gestaltfindung und öffentlichen Anerkennung der Säkularinstitute

Die vorliegende Arbeit *zur Frage einer Theologie der Säkularinstitute in Leben und Werk Hans Urs von Balthasars* hatte in einem ersten, *historischen Gang* Rechenschaft abzulegen nach zwei Richtungen hin: Zunächst waren die biographischen Anknüpfungspunkte im Leben Hans Urs von Balthasars zu erheben, die ihn bewogen hatten, als Priester und Theologe dem Dienst an den Säkularinstituten - vorab an der eigenen Gründung *Johannesgemeinschaft* - den Vorrang vor allen anderen Tätigkeiten einzuräumen; danach waren in einem chronologisch-systematischen Literaturüberblick die inhaltlichen Bezüge zu den Säkularinstituten im Werk des Theologen namhaft zu machen. In einer summarischen Auswertung soll nun geklärt werden, ob uns in Hans Urs von Balthasar in der Tat jener »Theologe der Säkularinstitute«

---

[524] Vgl. hierzu G. Pollak, Der Aufbruch der Säkularinstitute und ihr theologischer Ort, 210f.

begegnet, als der er mehrfach benannt worden ist[525], und worin genauerhin sein Beitrag zur Gestaltfindung und öffentlichen Anerkennung der Säkularinstitute besteht.

Unter biographischer Rücksicht lassen sich zwei Linien erkennen, die zuletzt im Einsatz Hans Urs von Balthasars für den Auftrag der Laien in der Kirche, vorab derer in den Säkularinstituten, kulminierten. Sie sollen summarisch nochmals aufgeführt werden:

Hans Urs von Balthasar war unverkennbar durch seine familiäre Prägung und durch seine musisch-literarische Begabung prädestiniert, die eigene christliche Existenz unter den Vorzeichen einer umfassenden *Bejahung des Endlichen* zu deuten und seine menschlichen Fähigkeiten im *Einsatz Gottes für die Welt* zu investieren. Der junge Balthasar verstand sich bis in seine Berufungserfahrung von 1927 hinein, die ihn zwei Jahre später in den Jesuitenorden führen sollte, zutiefst als *Laie*: zuvorderst Germanist, gleichzeitig mit einem breiten Interesse an Musik, Philosophie, Literatur, Psychologie usw. begabt, sprich an allem, was die ersten Studienjahre ihm an Wissenswertem anboten und was zu kulturschaffender Arbeit befähigte. Berufung und Eintritt in den Jesuitenorden hießen auf diesem Hintergrund primär, sich vorbehaltlos der Indienstnahme durch Gottes Pläne für die *Welt* zu überantworten. So verwundert es nicht, daß Balthasar nach Beendigung des Theologiestudiums und nach seiner Priesterweihe vom Orden jene Posten angetragen bekam, die ihm ausgesprochen kulturschaffende Tätigkeiten sowie die Zusammenarbeit mit Laien ermöglichten. Als Basler Studentenseelsorger, in welcher Funktion er sich seit 1939 wiederfand, waren dem Germanisten und Theologen breite Möglichkeiten eröffnet, junge akademische Laien zu einem verantwortungsvollen Einsatz in Kirche und Welt zu begleiten. Aus dieser Zusammenarbeit unter dem Studentenseelsorger Hans Urs von Balthasar erwuchsen zwei Laienvereinigungen: *Studentische Schulungsgemeinschaft* und *Akademische Arbeitsgemeinschaft*, in welchen junge studierende bzw. studierte Laien für ihren Dienst in Kirche und Welt geistige und geistliche Zurüstung erfuhren; einzelne unter ihnen entdeckten die evangelischen Räte als

[525] Vgl. z.B. G. Pollak, Der Aufbruch der Säkularinstitute und ihr theologischer Ort, 204-213.

mögliche Lebensform für diesen christlichen Einsatz. In der priesterlichen Begleitung der hier heranwachsenden Berufungen hatte Balthasar eine erste Mitte seines Schaffens gefunden; die Suche nach einer neuen Verhältnisbestimmung von Kirche und Welt war zur Antriebskraft seines priesterlichen Dienstes geworden.
Schnell war der neue Studentenseelsorger stadtbekannt und wurde von der ansässigen, um wenige Jahre älteren Ärztin, Ehefrau und Mutter Adrienne von Speyr um seinen priesterlichen Dienst angegangen. Bisher protestantisch, konvertierte Adrienne von Speyr nach kurzer Zeit der geistlichen Begleitung durch Hans Urs von Balthasar. Der hier geleistete Schritt in die katholische Kirche hinein zeitigte eine Fülle an charismatischen Früchten, ihnen eingeordnet Adrienne von Speyrs Initiative für die Gründung einer weiteren Laiengemeinschaft: diesmal für junge, akademisch gebildete Frauen, die ein Leben nach den evangelischen Räten mit dem beruflichen Einsatz mitten in der Welt verbinden wollten. Diesem Gründungs-Impuls entwuchs eine jahrelange Zusammenarbeit Hans Urs von Balthasars mit Adrienne von Speyr, deren erstes Anliegen die theologische wie geistliche Begleitung der 1944 gegründeten *Johannesgemeinschaft* darstellte. Das in der oben beschriebenen Studentenarbeit begonnene Engagement für eine neue Verhältnisbestimmung von Kirche und Welt hatte Gestalt angenommen in einer jener zahlreichen »Weltgemeinschaften«, die durch die Apostolische Konstitution *Provida mater* 1947 ihren kirchlichen Status zuerkannt bekommen sollten. Nachdem seinen Oberen der Einsatz im Dienst der *Johannesgemeinschaft* unvereinbar erschien mit dem weiteren Verbleib in der *Gesellschaft Jesu*, mußte Hans Urs von Balthasar 1950 den Jesuitenorden verlassen. Mit seiner Inkardinierung im Bistum Chur im Jahr 1956 war ein neuer kirchenrechtlicher Rahmen für seine priesterliche Tätigkeit gegeben, die er nach wie vor in der Begleitung akademisch gebildeter Laien, vorab der *Johannesgemeinschaft*, und als theologischer Schriftsteller - in Zusammenarbeit mit Adrienne von Speyr - ausfüllte.
Der hier skizzierte Weg läßt im Hinblick auf die Säkularinstitute mehrere Eigentümlichkeiten erkennen, aus denen sich die vorzutragenden Thesen ableiten. Zum einen konnte aufgezeigt werden, daß die primäre Motivation im priesterlichen und theologischen Schaffen Hans

Urs von Balthasars die Laien *generell* im Blick hatte, insofern er in ihnen die eigentlichen Träger einer neuen Verhältnisbestimmung von Kirche und Welt sah. Erst sekundär eröffnete sich - vermittelt über die Begegnung mit Adrienne von Speyr - spezifischer der Einsatz für jene Laien, die mit ihrem beruflichen Einsatz zugleich die Option der evangelischen Räte verbinden. Von hier aus legt sich die These nahe, daß wir in Hans Urs von Balthasar nicht primär einen *Theologen der Säkularinstitute*, sondern einen *Theologen der christlichen Laien* generell zu erblicken haben - diesen freilich eingefügt die Mitglieder der Säkularinstitute.

Eben jener *Theologe der christlichen Laien* war seinerseits Ordensmann, bis sein Einsatz für die *Johannesgemeinschaft* und für Adrienne von Speyr die weitere Zugehörigkeit zum Orden verunmöglichte. Wäre ihm durch die Entscheidungen seiner Oberen nicht der Austritt aus der *Gesellschaft Jesu* aufgenötigt worden, hätte Balthasar *als Jesuit* das Anliegen der Säkularinstitute - konkretisiert in der eigenen Gründung *Johannesgemeinschaft* - begleiten wollen. Seine spirituelle Prägung durch den Jesuitenorden hat er dem entsprechend nie abgelegt noch ablegen wollen. Für die Frage der Säkularinstitute ergibt sich hieraus eine zweite These, die besagt, daß die von Hans Urs von Balthasar vorgelegte *Theologie der Säkularinstitute* formuliert wurde und Gestalt gewonnen hat aus der Perspektive eine *Ordensmannes*; solche Perspektivität muß zweifelsohne prägend sein und bedarf gegebenenfalls der kritischen Relektüre durch *Laien* (die nicht dem Ordensstand angehören), wenn sie auf die Säkularinstitute Anwendung finden möchte.

Bestätigung finden diese beiden Thesen im vorgelegten chronologisch-systematischen Literaturüberblick. Dort wird in einer perspektivischen Zusammenschau zunächst sichtbar, daß auch der theologische Einsatz Hans Urs von Balthasars im Dienst der christlichen Laien weit umfassender war, als daß er nur die Mitglieder der Säkularinstitute im Blick gehabt hätte. Balthasars Anliegen für eine Stärkung des Auftrages der Laien generell hatte sich geschärft im Studium der Kirchenväter und der Schriftsteller des *Renouveau Catholique*, im Hinhören auf charismatische Gestalten wie Madeleine Delbrêl und Adrienne von Speyr: weit diesseits einer thematischen Eingrenzung auf die Säkularinstitute. Titel wie *Schleifung der Bastionen* oder *In Gottes Einsatz leben* bezeugen dies eindrücklich. Aus seinem umfassenden Engagement für den Auftrag der christlichen Laien erwuchs zeitgleich Balthasars Beitrag zur Gründung eines Säkularinstitutes und zur theologischen Vertiefung dieser Lebensform, in der er wie in einem Brennglas das allgemeine Anliegen wiedererkannte. In diesem Sinne ist es lediglich eine Frage der Perspektive, nicht aber inhaltlicher Differenzen, ob man Hans Urs von Balthasar einen *Theologen der Säkularinstitute* oder eine *Theologen der Laien* nennt.

Balthasars Prägung durch den Jesuitenorden und die damit einhergehende Perspektive des Ordensmannes spiegelt sich vielfältig in den schriftlichen Zeugnissen seines theologischen Interesses an den Säkularinstituten. Entsprechend ließ der chronologisch-systematische Literaturüberblick erkennen, daß Balthasar sämtliche expliziten Beiträge über die Säkularinstitute in den Kontext der traditionellen Formen des Rätelebens, und das heißt für ihn vor allem: der Orden, hineinstellt. Umgekehrt hat er es in seinen Beiträgen, die explizit das Ordensleben thematisieren, nie unterlassen, wenigstens stichwortartig von dort her auch die Weltgemeinschaften anzudenken. Eine klare Grenzziehung zwischen beiden Formen des Rätelebens ist hier nicht erkennbar. Dies wirft Fragen auf: zunächst im Hinblick auf die ekklesiologische Einordnung der Säkularinstitute, dann aber auch vor allem bezüglich einer *welthaften* Theologie der evangelischen Räte. Kann Hans Urs von Balthasar für sich in Anspruch nehmen, nicht nur aus der Perspektive des *Ordensmannes* die theologischen wie praktischen Problemstellungen der neuen Lebensform reflektiert zu haben, sondern auch zur genuin *laikal-welthaften* Durchführung einer *Theologie der Säkularinstitute* vorgestoßen zu sein? Der *systematische Gang* dieser Arbeit wird sich dieser Frage in mehreren Teiluntersuchungen zu stellen haben.

Trotz der offenstehenden Fragen bleibt am Ende des *historischen Ganges* zu würdigen, daß uns im Blick auf Leben und Werk Hans Urs von Balthasars jener Theologe begegnet, der wie kein anderer im deutschen Sprachraum die Fragen der Säkularinstitute zum formgebenden Anliegen seines gesamten Schaffens gemacht hat. Nicht nur durch seine expliziten Beiträge über die Säkularinstitute, sondern auch in zahlreichen gelegentlichen Äußerungen hat er wesentlich dazu beigetragen, zu Zeiten diese neue Form des Rätelebens in der kirchlichen wie gesellschaftlichen Öffentlichkeit des deutschen Sprachraumes bekanntzumachen und zu fördern. Seine Tätigkeit als Mitgründer des Säkularinstitutes *Johannesgemeinschaft* bildete den lebenspraktischen Hintergrund dieser theologischen Leistung.

ZWEITER TEIL

Systematischer Gang

Methodische Vorbemerkungen

So wenig, wie er sich von der klassischen Schultheologie hatte beeinflussen lassen, hielt Hans Urs von Balthasar sich im eigenen Schaffen an deren Fächerkanon und an die Systematik der dogmatischen Traktate. Balthasars Systematik zeigt sich vielmehr im Anschauen seines theologischen Gesamtwerkes, dessen strukturierende Mitte das Geheimnis des sich mitteilenden dreifaltigen Gottes ist. In der vorliegenden Arbeit wurde versucht, in der Anordnung der zahlreichen, weitverstreuten Aussagen Hans Urs von Balthasars zur *Theologie der Säkularinstitute* dieser impliziten Systematik Rechnung zu tragen und die theologische Erschließung der Lebensform entsprechend trinitarisch anzulegen. Dabei scheinen als die zwei großen gliedernden Prinzipien *Kirche* (A: Ekklesiologie) und *Trinität* (B: Theo-logie) auf. Kirche als »das von der Einheit des Vaters und des Sohnes und des Heiligen Geistes her geeinte Volk«[1] lebt von der Dreifaltigkeit Gottes her auf die endgültige Einheit in der dreifaltigen Liebe Gottes hin. Wenn also in der ekklesiologischen Bestimmung der Säkularinstitute nun zunächst stärker die kirchlich-institutionelle Seite dieser Form des Rätelebens in den Blick kommt, so hat dieses Institutionelle seine Entsprechungen im Theologischen: »Die Kirche ist ein Mysterium [...] Ihre äußere, sichtbare Struktur aber ist die Darstellung dieser Mysterienwirklichkeit [...]

---

[1] Dogmatische Konstitution über die Kirche *Lumen Gentium*, Art. 4.

Das muß gerade angesichts der neuen Lebensformen hervorgehoben werden.«[2] Diese Entsprechung wird profiliert hervortreten in der Zusammenschau von ekklesiologischer Bestimmung und anschließender trinitarisch-theologischer Erschließung der Lebensform. Mit dieser Vorgehensweise einher geht die - dem äußeren Beobachter möglicherweise unsystematisch erscheinende - Zitation verschiedenster Beiträge aus verschiedensten Phasen des theologischen Schaffens des Autors. Sehr frühe Texte werden neben späten Aussagen eingeordnet, wenn der inhaltliche Duktus diese Zusammenstellung nahelegt. Dieses Vorgehen scheint gerechtfertigt durch die konstante Gedankenführung, die das Werk Hans Urs von Balthasars über Jahrzehnte hinweg als geschlossenes Gebilde auszeichnete. Wo eine klare zeitliche und inhaltliche Entwicklung vorlag, wird dies eigens angezeigt und dargestellt. Bezüglich der Methode ist zudem darauf hinzuweisen, daß die sprachliche Ausdruckskraft und Komprimiertheit der Aussagen Hans Urs von Balthasars es oftmals nahelegte, der Zitation seines Werkes gegenüber einer summarischen Zusammenfassung seiner Gedanken den Vorzug zu geben.

---

[2] Zur Theologie der Säkularinstitute, 443; zum Ganzen M. Kehl, Kirche als Institution, 239-311: "Christliche Gestalt und kirchliche Institution (H. U. v. Balthasar)".

A. EKKLESIOLOGISCHE BESTIMMUNG DER LEBENSFORM

Hinführung

Schon in seinen frühen grundlegenden Ausführungen *Zur Theologie der Säkularinstitute* stellt Hans Urs von Balthasar 1956 fest, daß eine solche Theologie »in den Rahmen einer theologischen Kirchenlehre eingeordnet werden« muß, und zwar weil sie »nicht ohne weiteres an der bisher vorhandenen, gewohnten Ständestruktur abgelesen werden kann, sondern eine kühne und zunächst ungewohnte theologische Denkanstrengung verlangt«[3]. Andernfalls, so fährt er fort, hätte die Kirche »die neue Standesform einfach unter die alten Stände der Vollkommenheit subsummieren können«, und die Anstrengungen der Approbationsdokumente *Provida Mater* und *Primo Feliciter*, »einen neuen kirchlichen Rätestand zu gründen und in ein subtiles, analogisches Verhältnis zu bestehenden zu bringen«[4], wären somit müßig gewesen. Dabei war Balthasar sich der Schwierigkeit einer solchen ekklesiologischen Einordnung der Säkularinstitute vollauf bewußt, zumal - so schrieb er im selben Jahr in seinem Artikel *Wesen und Tragweite der Säkularinstitute* - »die Ekklesiologien vorwiegend von Klerikern und von Mitgliedern der alten Orden entworfen werden, die nicht selten unbewußt der Neigung folgen, den kirchlichen Stand der Räte nach ihrem eigenen durch Jahrhunderte bewährten Bild und Gleichnis zu malen«[5]. Inwieweit Balthasar - selbst Kleriker und bis 1950 Mitglied eines der alten Orden - dieser von ihm aufgezeigten Neigung und Gefahr entgehen konnte, wird sich im folgenden erweisen müssen.
Schematisch verfolgt Balthasar in der Zuordnung der kirchlichen »Stände« zunächst eine zweifache Differenzierung[6], in der einerseits

---

[3] Zur Theologie der Säkularinstitute, 444.

[4] Ebd.

[5] Wesen und Tragweite der Säkularinstitute, 207.

[6] Zum folgenden: Wer ist ein Laie?, 386.

geweihte Amtsträger und *Laien* einander gegenüber stehen, andererseits *Rätechristen* und *Verheiratete*. Während die erste Gegenüberstellung auf der Ebene kirchlicher Funktionen und Dienste angesiedelt ist, wie sie sich aus Weiheamt und Taufe ergeben, berührt die zweite Gegenüberstellung von Rätechristen und verheirateten Christen die Ebene des je verschiedenen Charismas der Getauften, das sich in der jeweiligen Lebensform und dem darin gewählten Modus christlicher Liebe ausdrückt. Beide Zuordnungen überkreuzen sich und bilden ein *ekklesiologisches Koordinatensystem*, innerhalb dessen alle »Stände«[7] zueinander in differenzierten Beziehungen stehen[8].

Synonym für die zweite Gegenüberstellung von *Rätechristen* und *Verheirateten* kann Balthasar auch von einer Gegenüberstellung von *Erwählungsstand* und *Weltstand* sprechen[9]. Kanonistisch ist nach Balthasar der Erwählungsstand dort voll verwirklicht, »wo die drei Gelübde feierlich und öffentlich in die Hand der Kirche abgelegt werden«[10], was in den - kirchenrechtlich gefaßten - Orden der Fall ist. Unter dieser Rücksicht sind Erwählungsstand, Rätestand *und* Ordensstand bei Balthasar als Synonyme zu betrachten[11]; dies gilt zumindest für seine frühen Schriften bis etwa 1955. Für den Weltstand gilt laut Balthasar zudem, daß der normale Modus seiner Realisierung

---

[7] Zum Standes-Begriff und zur Schreibweise in Anführungszeichen vgl. Zweiter Teil. A. Erstes Kap.II.3.

[8] Balthasar resümiert diese Überschneidungen: »Sogleich werden Verwandtschaften klar: zwischen Laienstand und Ehestand (obschon nicht jeder Laie verheiratet sein muß), zwischen Priesterstand und Rätestand (da jeder Priester wenigstens Gehorsam und Ehelosigkeit verspricht, und die Ordenspriester und Priester in Säkularinstituten alle drei Räte geloben), zwischen Rätestand und Laienstand (da Orden auch Laienbrüder haben, und die Laien-Säkularinstitute die Besonderheiten beider Stände vereinen). Man könnte selbst zwischen Ehestand und Rätestand eine gewisse Linie herstellen im Witwerstand, dem in der Urkirche sehr genaue Vorschriften und Erwartungen entsprachen (1 Tim 5). Nach dem Vorgesagten könnte auch ein Band zwischen Priestertum und Ehestand darin gesehen werden, daß beide auf eine ganzmenschliche, christliche Fruchtbarkeit ausgerichtet sind, beide im Aufblick zur Einigung Christus-Kirche (Eph 5).« (Wer ist ein Laie?, 386)

[9] Vgl. Christlicher Stand, 115-127.

[10] Ebd. 194.

[11] Vgl. den gesamten Zusammenhang ebd.: »Gewiß kennt der Rätestand sehr verschiedene Formen der Verwirklichung. Eigentlicher 'Ordensstand' besteht kanonisch nur, wo die drei Gelübde feierlich und öffentlich in die Hand der Kirche abgelegt werden. Wo immer dieser Standesbegriff nicht voll verwirklicht wird, kann und muß von einer analogen Teilnahme am Erwählungsstand gesprochen werden.«

in der christlichen Ehe liegt; von hier aus muß der Begriff »Weltstand« bei Balthasar offensichtlich als Synonym für »Laienstand« angesehen werden, insofern der »Laienstand [...] seine Fülle im Ehestand erreicht«[12]. Hier wird der Begriff »Laie« nicht nur in Gegenüberstellung zum geweihten Amtsträger gebraucht, sondern zugleich in Gegenüberstellung zum Rätestand angewandt. Diese Zuordnung erschwert eine präzise Bestimmung des christlichen Laien, insbesondere des Laien im Säkularinstitut, der *als* Laie nach den evangelischen Räten lebt.

Zuletzt können also, trotz zahlreicher unpräziser und mehrdeutiger Begriffsverwendungen, in der ekklesiologischen Konzeption Hans Urs von Balthasars drei kirchliche »Stände« ausgemacht werden, die in vielfältigen Bezügen zueinander stehen: 1. der Stand der geweihten Amtsträger; 2. der Erwählungsstand oder Ordens- bzw. Rätestand, der durch die evangelischen Räte gekennzeichnet ist; 3. der Weltstand oder Laienstand, der normalerweise im Modus der Ehe realisiert wird.

Die Säkularinstitute befinden sich im Rahmen dieser Balthasarschen Zuordnungen in einer Sonderstellung, insofern sie die Besonderheiten des Erwählungsstandes und den Status des Weltstandes in sich vereinen, weshalb sie weiterhin als »Laien« und nicht als »Ordensleute« oder »Religiosen« anzusprechen sind. Offensichtlich - so denkt es Balthasar - sind die Mitglieder der Säkularinstitute unter einer bestimmten, noch näher zu qualifizierenden Rücksicht den *normalen Christen in der Welt*, dem Weltstand zugehörig[13], weshalb Balthasar von der »Idee eines Rätelebens im Weltstand«[14] sprechen kann. Dies ist insofern auffällig und vorab bemerkenswert, als Balthasar unter anderer Rücksicht *allen* Rätechristen durch ihre Bindung an die evangelischen Räte einen eigenen, vom Weltstand *unterschiedenen* Status zuerkennt, wie der Literaturüberblick vielfach belegen konnte.

---

[12] Vgl. ebd. 202.

[13] Sehr deutlich in: Gibt es Laien in der Kirche?, 97. Hier bemerkt Balthasar, »daß die Achse Priester-Laie quer durchschnitten wird von der Achse Religiose-Laie (als 'Christ in der Welt'), und daß diese Schwierigkeit sich nochmals verdoppelt bei Mitgliedern von Weltgemeinschaften ('Säkularinstituten'), die zugleich dem Stand der evangelischen Räte (die die Religiosen zu leben geloben) und dem Laienstand anzugehören wünschen«.

[14] Zur Theologie der Säkularinstitute, 448.

Hierin folgt er den Unterscheidungen der Codices Iuris Canonici von 1917 und 1983[15]. Es erhebt sich die vorerst unbeantwortete Frage, inwiefern den Mitgliedern der Säkularinstitute trotz dieser Zugehörigkeit zu den Rätechristen die gleichzeitige Zugehörigkeit zum Weltstand und damit verbunden der Laien-Begriff zuerkannt werden kann in einem Sinn, der über ihren Status als nicht zum Weiheamt gehörige Christen hinaus *inhaltlich* etwas aussagt und sie von den übrigen Rätechristen in ihrer Berufung qualitativ unterscheidet.

Diese einführende Begriffsklärung läßt sofort die übergreifende Problemlage erkennen, die sich mit der Frage nach dem Ort der Säkularinstitute, ja mit der Balthasarschen Ekklesiologie generell auftut. Reichen die Kategorien einer »Stände«-Theologie, wie Balthasar sie konzipiert, aus, um das zunehmend plurale Spektrum von kirchlichen Diensten, Lebensformen und Charismen zu beschreiben? Hat der Laien-Begriff als Gegenbegriff zu dem des geweihten Amtsträgers und des Rätechristen im Orden noch einen echten Erklärungswert? Ist nicht spätestens angesichts des Entstehens der Säkularinstitute, denen in den Jahrzehnten nach dem Zweiten Vatikanischen Konzil weitere neue Formen der Nachfolge Christi - etwa in den neuen geistlichen Bewegungen - gefolgt sind, deutlich geworden, daß die Vielfalt christlicher Wege jede begrifflich eindeutige Schematisierung sprengt? Die hier aufgeworfenen Fragen an jede »Stände«-Theologie und den Laien-Begriff müssen in diesen einführenden Bemerkungen unbeantwortet bleiben, sollten aber als Problemhorizont wenigstens angerissen sein[16].

Wenn im folgenden trotz dieser Anfragen die Begrifflichkeiten Hans

---

[15] Dies sowohl in seinem Beitrag von 1979 (vor Herausgabe des neuen CIC) *Gibt es Laien in der Kirche?* (97) als auch in *Wer ist ein Laie?* (386) von 1985. Der CIC 1983 verwendet zwar nicht mehr den *Religiosen*-Begriff, führt aber die neue begriffliche Formel *Vita consecrata* (vgl. Can. 573) zur Unterscheidung der Rätechristen vom übrigen Gottesvolk ein. Der *Vita consecrata* gehören auch die Mitglieder der Säkularinstitute an.

[16] Eine Gesamtdarstellung der »Stände«-Theologie Hans Urs von Balthasars bietet: A. Strukelj, Theologie der christlichen Stände, Ljubljana ^{3}1995. Zur Problematik der Laien in der Kirche vgl. E. Braunbeck, Der Weltcharakter des Laien. Eine theologisch-rechtliche Untersuchung im Licht des II. Vatikanischen Konzils, Regensburg 1993, v.a. 142-203; B. Forte, Laie sein. Beiträge zu einem ganzheitlichen Kirchenverständnis, München 1987.

Urs von Balthasars beibehalten werden, so geschieht dies um der einheitlichen Darstellung willen und im Sinne einer vorläufigen »Notlösung« in Ermangelung eines alternativen Begriffsapparates. Dabei bleibt zu betonen, daß es Balthasar - bei aller Heraushebung der Unterschiede und auch des Trennenden zwischen Amt und Laien, zwischen Verheirateten und Rätechristen, zwischen Ordensleuten und Mitgliedern von Säkularinstituten - letztlich positiv um die Bestimmung des wechselseitigen Verhältnisses, um die Komplementarität der verschiedenen Lebensformen und Dienste in der Kirche geht. Als vorerst unbewiesene These kann formuliert werden, daß Balthasar, obgleich im Begriffssystem einer traditionellen »Stände«-Theologie verbleibend, wesentliche Inhalte einer *Communio*-Ekklesiologie formuliert hat. Seine »Stände«-Theologie - wie zu zeigen sein wird - redet einer definitiven Abgrenzung christlicher Wege und deren wertender Über- und Unterordnung gerade nicht das Wort. In den Säkularinstituten, so sieht es Balthasar, verdichtet sich die wechselseitige Verhältnisbestimmung aller Christen, in ihnen laufen viele Linien kirchlicher Nachfolgewege zusammen, die verschiedenen Lebensformen treffen sich in einer gemeinsamen Mitte jenseits aller Hierarchisierung. Nicht von ungefähr werden von daher im Zuge der ekklesiologischen Erhebung in dieser Arbeit die Säkularinstitute an letzter Stelle genannt, denn in ihnen kulminieren alle ekklesiologischen Aussagen Hans Urs von Balthasars: »sie sind daher, als Gestaltgebung, zweifellos die verbindende Mitte der Kirche: sie bilden die Brücke zwischen Weltstand und Gottesstand, Laien und Religiosen und zeigen damit nicht nur die existentielle Einheit der Kirche, sondern auch ihre immerwährende und 'modernste' Sendung in die Welt.«[17]

---

[17] Mein Werk, 47; Wesen und Tragweite der Säkularinstitute (209f) beschreibt die Säkularinstitute als »verbindende[s] Element der übrigen Stände«.

Erstes Kapitel

Problemstellung angesichts einer neuen Form des Rätelebens

Kirchliches Selbstverständnis, wie es sich in ekklesiologischen Bestimmungen niederschlägt, ist immer rückgebunden an die gesellschaftliche Situation, in der Christen in einer konkreten Zeit als glaubende Menschen ihren Weg gehen und Kirche bilden. Ein Aufriß der kirchlichen und gesellschaftlichen Problemlage in der Mitte des 20. Jahrhunderts kann verdeutlichen, weshalb sich ein wacher Zeitgenosse wie Hans Urs von Balthasar seit Anfang der vierziger Jahre veranlaßt sah, eine neue Lebensform innerhalb der Kirche zu postulieren, Möglichkeiten ihrer Verwirklichung zu skizzieren und selbst als Mitbegründer eines solchen Institutes aktiv zu werden.

I. »Ordensleute als Laien« oder »Laien im Rätestand«?

Zunächst zur innerkirchlichen Situation, innerhalb derer Hans Urs von Balthasar um die Jahrhundertmitte seine Konzeption einer neuen Form des Rätelebens zu entwickeln beginnt: In seiner ersten Schrift zum Thema der Säkularinstitute *Der Laie und der Ordensstand* charakterisiert Balthasar die für das Leben nach den evangelischen Räten bzw. das Ordensleben bestehende Problemlage wie folgt unter dem Aspekt des fehlenden Weltbezuges: »Will heute ein Student der Medizin, der Jurisprudenz, der Natur- oder Geisteswissenschaften, der Technik oder der Architektur die vollkommene Nachfolge Christi in seinem Leben verwirklichen, so bleibt ihm nichts anderes übrig, als seinen Beruf aufzugeben und - ein anderes Fach, nämlich Theologie zu studieren. Diese Forderung ist nur auf Grund einer historisch gewordenen, keineswegs durch das Evangelium selbst begründeten Situation verständlich.«[18] Balthasar sieht, daß die Spezialisierung und zunehmende gegenseitige Abgrenzung der Wissenschaften - darin inbegriffen auch die Spezialisierung und Isolierung der Theologie - eine Situation geschaffen haben, in der ein Leben nach den evangelischen Räten und *profane* berufliche Tätigkeit einander auszuschließen scheinen[19]. Während Theologie und Philosphie im mittelalterlichen Gebäude der Wissenschaften integriert waren und ihrerseits integrierend auf die übrigen Wissenschaften wirkten, ist das nachneuzeitliche System der Wissenschaften ein Nebeneinander nahezu zusammenhangsloser Einzeldisziplinen geworden, von denen die Theologie *eine*, nämlich die *kirchliche* Wissenschaft bildet. Dieser Desintegration einher geht die »Klerikalisierung der Orden«[20], ihre Abdrängung in den binnenkirchlichen Bereich von Theologie, Seelsorge und Caritas.

Aber nicht nur die Ordenschristen sind von dieser Entwicklung betroffen. Für die Christen im profanen Beruf hat die Trennung zwischen der Theologie und den übrigen Wissenschaften eine Abwertung ihrer christlichen Kompetenz, selbst im profanen Beruf, zur Folge: Wo »Klerus und Ordensleute zusammen den Block der 'Fachleute für Religion' bilden«, muß »der Laie im kirchenrechtlichen Sinn sich auch als Laie im weltlich-natürlichen Sinne fühlen«[21]. Denn - so sieht es Balthasar - durch ihre Minderbewertung in religiösen und theologischen Dingen wird den Laien zuletzt auch die Fähigkeit abgesprochen, als Christ in eigener Kompetenz die *Welt* sachgerecht zu gestalten, ohne hierzu des lenkenden Rates oder gar der Dirigierung durch geweihte Amtsträger oder Ordensleute zu bedürfen.

In dieser Situation einer kirchlich-gesellschaftlichen Wechselwirkung mit fatalen Folgen für beide Seiten, wie er sie in den Jahrzehnten vor dem Zweiten Vatikanischen Konzil beobachtet, stellt Balthasar nun sein Modell eines »Laien im Ordensstand« vor. Angesichts der kirchlichen Unangepaßtheit an die Zeitsituation erscheint ihm die Synthese zwi-

---

[18] Der Laie und der Ordensstand, 39.

[19] Vgl. ebd.

[20] Ebd. 43.

[21] Ebd. 49.

schen einem Leben nach den evangelischen Räten und dem gleichzeitigen Verbleiben auf dem »weltlichen Posten« als adäquate Lösungsmöglichkeit. Angezielt ist bei dieser Synthese das Bild eines Laien, der »Fachmann« des Christlichen ist, »wenn nicht in Fragen der Schultheologie, so doch in Fragen des religiösen Lebens, des Gebetes, der Vollkommenheit, ebenbürtig neben dem Welt- und Ordenspriester«[22], und von dieser geistlichen Tiefe her den weltlichen Posten ausfüllt. Noch ist offen, ob dem Verfasser von *Der Laie und der Ordensstand* damit nur die Möglichkeit eines *Ordens*christen vorschwebt, der im profanen Beruf arbeitet, oder ob er - tiefer greifend - das neue Modell eines *Laien* vorstellt, der nach den evangelischen Räten lebt. Aber schon 1956 präzisiert Balthasar in seinem grundlegenden Beitrag *Zur Theologie der Säkularinstitute* die Stoßrichtung eindeutig im Sinn der letzteren Möglichkeit: »Man muß, um die tragenden Impulse zu ihrer [der Säkularinstitute] Bildung zu würdigen, nicht von der Frage ausgehen: wie weit kann das Ordensleben sich dem Weltleben annähern, ohne aufzuhören, Ordensleben zu sein, sondern umgekehrt: wie weit kann das Laien- und Weltleben in der Darlebung der *agape*[23] gehen, ohne ('eschatologisches') Ordensleben zu werden«[24]. Was Balthasar anstrebt, ist die Durchdringung des Alltages *normaler* christlicher Laien mit der Liebe Jesu Christi, wie sie in den drei evangelischen Räten ihren Ausdruck findet. Soweit zur innerkirchlichen Ausgangslage, wie Balthasar sie beschreibt.

II. Zeitanalyse und Zeiterfordernis

Die genauere Bestimmung des bis jetzt nur schemenhaft umrissenen ekklesiologischen Ortes der Säkularinstitute hat ihren Ausgang zu

---

[22] Ebd.

[23] Im Original in griechischen Buchstaben.

[24] Zur Theologie der Säkularinstitute, 467.

nehmen bei einer Analyse der Zeitsituation, in die hinein - nach Balthasar - die Sendung der Kirche ergeht. Dabei ist zu betonen, daß es sich um die Analyse eines Germanisten und Theologen handelt, wie sie sich ihm in den Nachkriegsjahren bzw. vor dem Zweiten Vatikanischen Konzil darstellte. Diese Sicht ist keineswegs die eines Soziologen, sie hat sich dreißig bis vierzig Jahre vor der heutigen Situation gebildet. Ein Vergleich mit den inzwischen eingetretenen Verschiebungen im Zuge des postmodernen Gesellschaftswandels kann an dieser Stelle nicht erfolgen[25].

Im Spektrum unseres Themenbereichs haben eine Relevanz unter *soziologischem* Blickwinkel am ehesten Balthasars Ausführungen *Gedanken zum Mangel an Priester- und Ordensberufen* aus dem Jahr 1956. Im Hinblick auf die Ursachen des Mangels an Priester- und Ordensberufen charakterisiert er hier Grundzüge »der modernen Zivilisation«[26]. Das allgemeine Klima - mit entsprechender Rückwirkung auf die kirchliche Situation - sei gekennzeichnet:

1. von einer »Nivellierung der geschichteten Gesellschaft und der Standesstufungen im weltlich-soziologischen Bereich, was zur Folge hat, daß der elementare Sinn für Auszeichnung, Vorrang, Würde, Adel und die entsprechende Einsamkeit verloren geht«[27]; wir fassen diesen ersten Aspekt in den folgenden Ausführungen unter dem Begriffspaar »Nivellierung - Ständebewußtsein«;

2. von der »Überführung des persönlichen Handwerks in moderne Technik mit Serienherstellung [...], was dem Einzelarbeiter (sogar dem geistigen!) mit der Möglichkeit auch die Lust nimmt, sich durch eine persönliche Arbeit [...] auszuzeichnen«[28]; diesen zweiten Aspekt

---

[25] Vgl. die Darstellung bei M. Kehl, Wohin geht die Kirche? Eine Zeitdiagnose, Freiburg 1996, 26-58: »Kultur- und religionssoziologische Aspekte einer theologischen Zeitdiagnose«; K. Gabriel, Christentum zwischen Tradition und Postmoderne, Freiburg ^{4}1995 (Quaestiones disputatae Bd. 141); ders., Woran noch glauben? Orientierungsversuche zwischen Erlebnisgesellschaft und Rückkehr der Klassen, in: G. Fuchs (Hrsg.), »... in ihren Armen das Gewicht der Welt«, 63-90 (dort weitere Literaturangaben zum Thema); F.-X. Kaufmann/A. Zingerle (Hrsgg.), Vatikanum II und Modernisierung. Historische, theologische und soziologische Perspektiven, Paderborn 1996.

[26] Gedanken zum Mangel an Priester- und Ordensberufen, 25.

[27] Ebd.

[28] Ebd.

greifen wir mit dem Begriffspaar »Massenmensch - Persönlichkeit« auf;

3. von der aus zweiterem folgenden »Umstellung einer Leistungsfreude in eine reine Konsumfreude«[29] mit entsprechender Überbewertung des Materiellen; dieser Aspekt wird erörtert unter dem Titel »Säkularismus - Säkularisierung«, insofern er die Frage nach dem Eigenwert des Endlichen stellt, wie er sich in einer säkularisierten Welt aufdrängt.

Diese drei Charakteristika der westeuropäischen, in Balthasars Augen primär der deutschsprachigen Gesellschaften um die Mitte des zwanzigsten Jahrhunderts sind es vor allem, denen er mit seiner Theologie und der von dort her konzipierten laikalen Lebensform entgegenzutreten versucht. Der abwertenden Rede vom Säkularismus setzt Balthasar die Betonung der Positivität des Endlichen entgegen, der Nivellierung der Persönlichkeit in der Masse die Betonung des Individuellen[30]; im Gegenzug zur »Nivellierung der geschichteten Gesellschaft« formuliert er seine anthropologisch-biblische Sicht vom »christlichen Stand«. Dieses Konzept einer gesellschaftlichen Erneuerung durch die Kirche kulminiert für ihn in den Säkularinstituten; in ihrer konkreten Ausformung sind sie gestaltgewordene Antwort auf die moderne Problematisierung von Säkularität (Endlichkeit, Welt), Individuum und Gemeinschaft. Was im Hinblick auf kirchliche Heiligengestalten und ihre Sendung gilt, daß Gott je neue Formen der Heiligkeit im Hinblick auf spezifische Zeitnöte schenkt, kann analog auf die neuen Formen des Lebens nach den evangelischen Räten angewandt werden:

> »Der Geist gibt auf die brennenden Fragen der Zeit das Stich- und Losungswort. Niemals in Form einer abstrakten Abhandlung [...], fast stets in Gestalt einer neuen, konkreten, übernatürlichen Sendung, im Erschaffen eines Heiligen, der seiner Zeit die Botschaft des Himmels darlebt, die eben fällige Auslegung des Evangeliums, den dieser Zeit geschenkten Zugang zur allzeitlichen Wahrheit Christi. Wie soll Leben anders ausgelegt werden als durch Leben?«[31]

---

[29] Ebd. 26.

[30] Vgl. hierzu W. Löser, Im Geiste des Origenes, 13.

[31] Theologie der Geschichte, 82.

1. Säkularismus - Säkularität

Unter dem Stichwort der »Säkularisierung« wurde in den achtziger Jahren eine breite kirchliche Diskussion um die Krise von Gesellschaft und Kirche in der nördlichen Hemisphäre geführt[32]. Zuweilen wurde hierbei - auch durch Papst Johannes Paul II. - die negativ wertende Kategorie des »Säkularismus« in die Diskussion eingebracht; im Gefolge einer derart einseitigen Negativinterpretation drohen nur noch die gefahrvollen Folgen der Säkularisierung ins Blickfeld zu rücken, aber nicht mehr die aus der Säkularisierung hervorgegangenen Chancen für eine neue Verhältnisbestimmung von Kirche und Welt[33]. Auch während der Bischofssynode 1994 über »Das gottgeweihte Leben und seine Sendung in Kirche und Welt« fand die kritische Rede vom »Säkularismus« - diesmal im Blick auf den gesellschaftskritischen Auftrag des Rätelebens - ihren Niederschlag[34].

Eine solche einseitig kritische Lektüre der modernen Gesellschaften,

---

[32] Vgl. zur gesamten Problematik: U. Ruh, Säkularisierung als Interpretationskategorie, Freiburg 1980; ders., Art. »Säkularisierung«, in: F. Böckle u.a. (Hrsgg.), Christlicher Glaube in moderner Gesellschaft, Bd. 18, Freiburg/Basel/Wien 1982, 59-100; P. Gordan (Hrsg.), Säkulare Welt und Reich Gottes, Graz/Wien/Köln 1988; E. Biser, Hat der Glaube eine Zukunft, Düsseldorf 1994, dort v.a. 63-66, 116-124.

[33] Vgl. Nachsynodales Apostolisches Schreiben CHRISTIFIDELES LAICI von Johannes Paul II., über die Berufung und Sendung der Laien in Kirche und Welt. 30. Dezember 1988 (Verlautbarungen des Apostolischen Stuhls Nr. 87), hrsg. vom Sekretariat der Deutschen Bischofskonferenz, Bonn o.J., 11f: »Säkularismus und Bedürfnis nach dem Religiösen« (Abs. 4): »Die wachsende Verbreitung der *religiösen Gleichgültigkeit* und des *Atheismus* in ihren verschiedenen Ausprägungen, vor allem in der heute geläufigsten Form des *Säkularismus*, kann nicht ungenannt bleiben. Vom Erfolg seiner Errungenschaften und durch die unaufhaltsame wissenschaftliche und technische Entwicklung verblendet, mehr noch aber durch die älteste und immer neue Versuchung, im unbegrenzten Gebrauch seiner Freiheit wie Gott sein zu wollen (vgl. *Gen 3,5*), fasziniert, reißt der Mensch die religiösen Wurzeln aus seinem Herzen. Er vergißt Gott, betrachtet ihn als bedeutungslos für seine eigene Existenz und verwirft ihn, um verschiedenste 'Idole' anzubeten. Das aktuelle Phänomen des Säkularismus ist in Wahrheit ein schweres Problem: Es betrifft nicht nur den einzelnen, sondern in gewissem Sinn auch ganze Gemeinschaften, wie es das Konzil schon herausgestellt hat: '... breite Volksmassen (geben) das religiöse Leben praktisch auf'. Ich habe selbst schon das Phänomen der Entchristlichung in Erinnerung gerufen, das die Völker alt überkommener christlicher Tradition befällt und dringendst eine neue Evangelisierung erfordert.«

[34] Vgl. G. Pollak, Zum Weltbezug des gottgeweihten Lebens. Als Mitglied eines Säkularinstitutes bei der Bischofssynode 1994, 403-405, in: Ordenskorrespondenz 36 (1995) 400-411.

wie sie mit dem Stichwort »Säkularismus« verbunden wird, hat in den Ausführungen Hans Urs von Balthasars keine direkte Entsprechung[35]. Balthasar ist kein grundsätzlicher Kritiker der Moderne. Er weiß das Auseinandertreten von *sakral* und *profan* weit vor der Neuzeit im christlichen Aristotelismus des 13. Jahrhunderts begründet[36]. Entsprechend fern liegt es ihm, die fortschreitende gesellschaftliche Säkularisierung in antimodernistischer Kritik auf eine Folge der Aufklärung zu reduzieren, wenngleich er sehr wohl um die Schubkraft der Aufklärung für die Säkularisierung weiß[37]. Auch die grundsätzliche Diffamierung der Säkularität als »Säkularismus« liegt ihm fern, weshalb der Begriff bei Balthasar praktisch keine Verwendung findet (wohl aber »Säkularisierung« und »säkular«). Vielmehr sieht er, wie sehr das Auseinandertreten von *profan* und *sakral*, dessen Konsequenzen in unserem Jahrhundert voll sichtbar geworden sind, sich zuletzt nicht gegen die Kirche richten kann, weil es sich ihrer eigenen Grundbewegung verdankt:

> »'Säkularisierung' ist ein Vorgang, der bei den Christen als Zerfall, Abfall, als Verweltlichung im Sinn einer Profanierung empfunden zu werden pflegt und der doch, christlich gesehen, seine durchaus positive Seite hat: Annahme der innerchristlichen Denkweise außerhalb des Gebietes der Kirche, Anerkennung der Richtigkeit von christlichen Postulaten, von Denkergebnissen auch ohne Annahme der Prämissen, aus denen sie (zu Recht oder zu Unrecht) historisch gefolgert worden

---

[35] So verwundert das Resümee von M. Lochbrunner, Analogia Caritatis, 197, nicht: »Balthasar hat nicht mit einem eigenen, großen Beitrag in die laufende Diskussion um die Säkularisierungsproblematik eingegriffen.« Einzig auf Balthasars Rezension über den Beitrag von H. Mühlen, Entsakralisierung, Paderborn 1971 weist Lochbrunner hin (in: Civitas 26 [1970/71] 735-736).

[36] Vgl. Verbum Caro, 200: »der Aristotelismus des 13. Jahrhunderts bedeutete nicht nur eine verbreiterte Basis für die Theologie, er war zugleich der Auftakt für die modernen Natur- und Geisteswissenschaften in ihrer berechtigten Eigenständigkeit. Er wurde zur Geburtsstunde der modernen 'Profanität' und stellte damit auch den christlichen Menschen vor neue Spannungen und Probleme. Die hohe Scholastik Alberts, Bonaventuras, Thomas' von Aquin bedeutet den einzigartigen Kairos, in welchem Theologie eben noch die sich verselbständigende Weltwissenschaft sakral zu verklären und zu durchstrahlen vermag und damit den Profanwissenschaften ein Ethos mit auf den Weg gibt, das aus dem Bereich der christlichen Heiligkeit stammt und auch den profanen Forscher beansprucht.«

[37] Zu den philosophischen Implikationen der Säkularisierung in der Zeit der Aufklärung vgl. Cordula oder der Ernstfall, 48-52.

sind.«[38]

Worin bestehen nun die hier benannten Inhalte innerchristlicher Denkweise und ihrer Postulate? Zu den hervorstechendsten Merkmalen der Säkularisierung, wie Balthasar sie in ihren positiven Implikationen deutet, gehört die Spezialisierung der Einzelwissenschaften und Berufsfelder und die damit einhergehende relative Eigenwertigkeit der »weltlichen Wirklichkeiten« (vgl. Teil II.B.1); diesen entspricht die fachliche Unabhängigkeit kompetenter Laien von den kirchlichen Amtsträgern. Angesichts der Kompetenz fachlich qualifizierter Laien wird »klar, daß es durchaus nicht *bloß* die 'bösen Zeiten' sind, die es dem Klerus verwehren, so wirksam wie früher durch die sozialen Strukturen hindurchzugreifen, daß es also auch nicht bloß ein Notstand ist, wenn der Klerus [...] die Laien zu Hilfe ruft«[39]. Der Eigenständigkeit der profanen Wissenschaften gegenüber der Theologie korrespondiert eine eigene, als *säkular* zu qualifizierende Sendung der Laien: »der 'Laie' hat von Christus die Sendung, innerhalb seines Weltbereichs (seiner 'Säkularität', die nicht Profanität ist), in dem er wirken kann, den gelebten Glauben nach Möglichkeit zur Darstellung zu bringen«[40]. So eröffnet sich im Bedenken der Chancen des Auseinandertretens von *profan* und *sakral* ein erster Zugang zur Möglichkeit einer ausdrücklichen Berufung von *Laien* zum Rätestand[41]. Aufgabe solcher

---

[38] Die Gottesfrage des heutigen Menschen, 118. Zur Gegenüberstellung des Begriffspaares *profan - sakral* vgl. auch: Wer ist ein Christ?, 127f.

[39] Wesen und Tragweite der Säkularinstitute, 200.

[40] Wer ist ein Laie?, 387.

[41] Vgl. Nochmals Reinhold Schneider, 158: »die mittelalterliche Ordnung, die den König durch ein Quasi-Sakrament der Salbung auszeichnete und damit das 'heilige Reich' zu ähnlicher Weise erhob wie die Ehe, die Mann und Frau im Fleisch zum Abbild von Christus und Kirche macht -: diese Ordnung, die Kirche und Staat unlösbar zusammenband, ist unwiederbringlich dahin. 'Glaube' und 'Wissen', 'Offenbarung' und 'Vernunft' haben sich wachsend verselbständigt [... weshalb] die Versuchung der Kirche, nach dem weltlichen Schwert zu greifen, damit bis auf Reste verschwunden ist. Und doch und eben deshalb ist heute die Zeit, da die Mauern der Klöster sich auftun und die Form des Ordensstandes sich von Grund aus wandelt: weil er seiner sozialen und somit seiner geschichtlichen Funktion sich tiefer als je bewußt wird, seine repräsentative Stellung endlich auch im Sinn einer echten Weltverantwortung zu verstehen beginnt, ohne willkürlich und ängstlich Grenzen zu ziehen zwischen Kloster und Welt, Kirche und Welt, und ohne die Unvereinbarkeit zwischen dem Gehorsam, der seine Wesensform bleibt, und der echten Verantwor-

Laien wäre es, von ihrer Christusbindung her in größtmöglicher Intensität den beruflichen Kompetenzbereich zu gestalten. Was sich im Bereich von Wissenschaft und Berufswelt mit schneller Plausibilität erschließt, nämlich daß hier den Laien ein genuiner Auftrag zugewiesen ist, das ist letztlich in alle *profanen* Lebensbereiche, nicht nur in den des Berufes hinein übertragbar.

2. Massenmensch - Persönlichkeit

In engem Zusammenhang mit der beschriebenen Säkularisierung steht die zunehmende Technisierung und Rationalisierung aller Produktionsabläufe und Arbeitsprozesse, damit einhergehend ein Mentalitätswandel in Richtung einer Vermassung breiter gesellschaftlicher Schichten. Hans Urs von Balthasar beurteilt diesen technischen Fortschritt samt seinen Folgen für Individuum und Gemeinschaft überaus nüchtern: das »Sachliche, Unpersönliche [wird ...] so weit schädlich, als es die Person ans Unpersönliche verrät, sie versachlicht, versklavt«[42]. Die Folgen einer solchen Entwicklung für kirchliches Leben liegen für ihn auf der Hand. Eben diese Menschen, die sich durch die Technisierung und Rationalisierung der Produktionsabläufe selbst tagtäglich der Versachlichung ausgeliefert erfahren, sind auch in der Kirche das vorrangige Subjekt und prägen sie durch ihre Erlebniswelt.

> »Es ist evident, daß die heutige Menschheit einen Weg der Einebnung geht, und es wäre sehr erstaunlich, wenn die Kirche, die doch samt und sonders aus 'heutigen Menschen' besteht, von dieser Tendenz völlig unberührt bliebe. Zur Einebnung im Staatlichen und Kulturellen gehört das lautlose Eingehen aller in eine immer stärkere Organisation, die jeden an seinen Platz stellt, jedem eine bestimmte Funktion zuteilt, ihn, solange er sie willig erfüllt, streichelt und belohnt, ihn, sobald er sich sträubt, unbarmherzig und lautlos ausscheidet und zermalmt.«[43]

---

tung und Entscheidungskraft zu behaupten.«

[42] In Gottes Einsatz leben, 91.

[43] Das Ärgernis des Laienordens, 485.

Der gesellschaftlichen Vermassung und Degradierung des Einzelnen zum »Massenmenschen«[44] steht die Botschaft Jesu entgegen, die den je einzelnen Menschen zur persönlichen Unmittelbarkeit vor Gott beruft[45]. »Weil Gott in Jesus so persönlich und unausweichlich nah und präsent wird, hebt sich durch das Licht dieser Gegenwart der ihm begegnende, mit ihm konfrontierte, von ihm beleuchtete Mensch ebenfalls in das Licht der Einmaligkeit, die er für Jesus hat, und die ihm von Jesus zugesprochen und geschenkt wird.«[46] Das Geschehen des Neuen Bundes ist die Gegenbewegung zu jeder Vermassung des Einzelnen: »Immer sind es Einzelne, die vor dem einzelnen Jesus stehen. [...] Im Neuen Bund gibt es kein Kollektiv mehr.«[47] Und erst von der Berufung und Umkehr des Einzelnen her konstituiert sich neu Gemeinschaft - als Kirche: »Aus dem Personalen entspringt neutestamentlich unmittelbar das Soziale, es hat gar keine andere Quelle und keine andere Daseinsberechtigung als von der personalen Begegnung mit Gott in Christus her.«[48] Seinen letzten Grund findet dieses reziproke Verhältnis von Individuum und Gemeinschaft im trinitarischen Gott[49], so wie die Personalität des Menschen in der Personalität Gottes selbst wurzelt[50]. Balthasar identifiziert den Erlösungsvorgang des

---

[44] Zur Theologie der Säkularinstitute, 436.

[45] Vgl. in *Pneuma und Institution* namentlich die Beiträge »Umkehr im Neuen Testament« (236-251) und »Einsamkeit in der Kirche« (252-287).

[46] Pneuma und Institution, 241.

[47] Ebd. 245. Zur Thematik des Einzelnen vgl. auch die Ausführungen in: Nochmals Reinhold Schneider, 116; Cordula oder der Ernstfall, 23-25.

[48] Pneuma und Institution, 250; vgl. auch: In Gottes Einsatz leben, 24-26. Rezipiert bei M. Kehl, Kirche als Institution, 286-288: »Nachfolge des einzelnen und kirchliche Gemeinschaft«.

[49] Vgl. Theodramatik II/1, 381f: »In der Reziprozität von Einmaligkeit der Person und Einmaligkeit ihrer Hingabe an die Gemeinschaft wird der christliche Rhythmus zwischen Individuum und Gemeinschaft zu einem realen Gleichnis des innergöttlichen trinitarischen Lebens, eingezeichnet in die Strukturen der geschöpflichen Individuum-Gattung-Spannung [...] Freilich: diese noch 'so große Ähnlichkeit' zwischen Gott und Geschöpf in der christlichen Ordnung hebt die 'größere Unähnlichkeit' nicht auf, die darin besteht, daß die geschaffenen Personen individuelle Substanzen bleiben, deren jede ein Bild und ein Gleichnis der absoluten Substanz ist«.

[50] Vgl. In Gottes Einsatz leben, 30: »Die erwählende Liebe schafft das vage 'Subjekt' oder 'Individuum', das der Mensch von sich aus wäre, zur einmaligen Person um. Gott ist ja schlechthin einmalig, und indem er mir seine einmalige Liebe erwählend zuwendet, macht er mich im Strahl seiner Liebe ebenfalls einmalig.« Vgl. auch

Menschen geradezu mit seiner *Personalisierung*, mit jenem zu sich selbst befreienden Akt, in dem Gott den Menschen »aus der Entfremdung [...] ins Licht des Selbstverständnisses, der Selbstidentifizierung und damit des eigenen Auftrags, des Sinnes seines Daseins gehoben hat«[51]. Für die Kirche ergibt sich daraus das Postulat, im »Zeitalter der schwindenden Persönlichkeit, des Herdenmenschen, der auf Parolen schwört und nach der Presse denkt«, einen Beitrag zur »Bewahrung der großen, freien, starken, christlichen Persönlichkeit«[52] zu leisten[53]. Diese christliche Persönlichkeit ist es, die sich in jene »Sendungseinsamkeit« hineinführen läßt und dort standhält, von wo her vielfältige Frucht für die Kirche geschenkt wird und »Sendungsgemeinschaft« entsteht[54].

Balthasar sieht nun gerade in jenen Christen, die sich als Laien in der Welt im kirchlichen Gehorsam eines Säkularinstitutes binden lassen,

---

Zweiter Teil. B. Erstes Kap.I.2.b).

[51] In Gottes Einsatz leben, 35. Hier anknüpfend kann die gesamte Theologie Hans Urs von Balthasars unter dem Aspekt einer »trinitarischen Freiheitslehre« nachgezeichnet werden; vgl. H. Stinglhammer, Freiheit in der Hingabe. Trinitarische Freiheitslehre bei Hans Urs von Balthasar. Ein Beitrag zur Rezeption der Theodramatik, Würzburg 1997.

[52] Zur Theologie der Säkularinstitute, 435.

[53] Von hier aus erklärt sich die unbequeme Anfrage, die Georges Bernanos gerade an die neuen »Laienorden« stellte. Die Bindung eines Laien in kirchlichen Gehorsam hinein konnte ihm nur als ausweichendes In-Deckung-Gehen des Einzelnen vor seiner persönlichen Verantwortung erscheinen. Balthasar hat mehrfach auf diese Differenz in der Beurteilung der Laiengemeinschaften zwischen ihm und dem Dichter hingewiesen. Vgl. Zur Theologie der Säkularinstitute, 436: »Bernanos vor allem hat als die furchtbarste Gefahr der heutigen Christenheit die Verwechslung von echtem Gehorsam und falscher Gefügigkeit hingestellt, die im Namen und unter dem Deckmantel des kirchlichen Gehorsams der modernen Verantwortungslosigkeit Vorschub leistet und den Massenmenschen in die Kirche einführt. Bernanos kritisiert nicht den Ordensgehorsam. Aber er sieht in der Übertragung dieses Ideals auf den Laienchristen in der Welt die schlimmste aller frommen Fälschungen.« »Das Heil« könne nach Bernanos, »nur kommen von einer sauberen Unterscheidung des Ordensgehorsams (mit seiner legitimen Opferung der Freiheit) und des Laiengehorsams, der im Gegenteil aus der ganzen Kraft der Freiheit und Verantwortung immer neu zu leisten« (ebd.) sei und so gerade der Tendenz zur Vermassung der Individuen entgegenwirke. Die Ausführungen über den Gehorsam in den Weltgemeinschaften werden hierauf zurückzukommen haben (vgl. Zweiter Teil. B. Drittes Kap.III.2).

[54] Vgl. Existenz als Sendung, 708.

die Avantgarde dieser angezielten freien christlichen Persönlichkeit[55]. Die je persönliche Gehorsamsbindung des Einzelnen, aus der heraus er in ein hohes Maß an beruflicher Eigenverantwortung entlassen wird, skizziert für Balthasar das freie Gegenbild des in der Vermassung seiner Freiheit beraubten Individuums[56], insofern der Gehorsam gegen Gott - vermittelt über den kirchlichen Gehorsam - zur eigentlichen Freiheit befreit und die Hingabe an Gott die Würde des in den technisierten Produktionsabläufen gefangenen Menschen wahrt[57]. Für den Christen gilt: »Er gehorcht nicht sich selbst, sondern einem anderen, seinem Schöpfer, er muß darum in seinem Willen auch den Willen des Schöpfers tun, und er tut ihn gerade, indem er die Verantwortung seines Lebens übernimmt.«[58] Dieses wechselseitige Verhältnis von Freiheit und Bindung, wie es für jeden Christen Gültigkeit hat, gewinnt im Alltag der Mitglieder von Säkularinstituten anschauliche Konkretion.

Balthasars Grundanliegen wird sichtbar: jene Zeitstimmen, die eine neue Individualität und die Selbstverantwortung der Laien in ihrem jeweiligen Kompetenzbereich einfordern, mit dem Räteleben in Korrespondenz zu bringen. Was er dem Leser gegenüber im Hinblick auf

---

55 Vgl. Zur Theologie der Säkularinstitute, 435-440. Vgl. auch die Aussagen zum Verhältnis zwischen Gemeinschaft und Einzelnem im Säkularinstitut, Pneuma und Institution, 277: »In ihnen [den Säkularinstituten] liegt je nur der Ausgangspunkt für ein einsames Wirken 'draußen'; Gemeinschaft ist für sie gelegentlicher Sammelpunkt und Rückenstärkung, wie für den gewöhnlichen Christen der Sonntagsgottesdienst, bloß konkreter, durch die Befolgung der evangelischen Räte leibhaftiger. Dennoch wird diese Konkretheit der Gemeinschaft nicht zu einem Getto; sie ist die Bedingung der Möglichkeit für das Wirken des Einzelnen als ein kirchliches, somit der Ort, wo die Kirchlichkeit des einsamen Wirkens je neu geprüft, verifiziert und berichtigt wird.«

56 Vgl. M. Scheuer, Die Evangelischen Räte, 48.

57 Wer ist ein Christ?, 116f: »Die meisten Menschen können ihren Lebensdienst nicht anders verrichten denn als ein winziges Rädchen in einer riesigen präfabrizierten Maschine, der es ein Leichtes ist, ausfallende Rädchen durch andere, ebenso fix laufende zu ersetzen. Und doch ist jeder Dienende ein einzigartiger Mensch, und die Liebe seines Herzens ist unersetzlich. Er gibt seine persönliche Liebe in das große Anonyme, und solches Sichgeben ist, wenn es seiner selbst bewußt wird, fast wie ein Tod. Ein Opfertod. [...] Ob er diese Hingabe faktisch vollzieht, braucht hier nicht gefragt zu werden, entscheidend ist, daß sie vom Christen im weltlichen Bereich geleistet werden kann und daß sie schon in der objektiven Sinnrichtung des Daseins - endlich, aber als Geist die Endlichkeit transzendierend - gelegen ist.«

58 Nochmals Reinhold Schneider, 280.

die Säkularinstitute nur als vorsichtige Vermutung formuliert und anfragt, ist für ihn sichere Überzeugung: »Vielleicht ist aber der letzte Reichtum der Laienwelt aus dieser erst zu entfalten, wenn sich das Verständnis für die Stellung und Verantwortung des Laien im Bewußtsein der Kirche organisch verbunden hat mit demjenigen der evangelischen Räte.«[59]

3. Nivellierung - Ständebewußtsein

Wo auf *gesellschaftlicher* bzw. *wirtschaftlicher* Ebene der Sinn für Persönlichkeit und Individualität verlorengeht, da ist auch kein Raum mehr für das Verständnis differenzierter *kirchlicher* Sendungen. Äußere Lebensumstände prägen Selbstbewußtsein und Selbstbild und von dort her Gemeinschaftsbild und Gemeinschaftsstrukturen. Eine gravierende Auswirkung dieser Entwicklung erblickt Balthasar in der »Tendenz zur Nivellierung der Standesunterschiede und zur Historisierung und Relativierung des Ordensstandes insbesondere, etwa in Richtung auf eine allgemeine 'geistliche' Auffassung der Räte, die ohnedies für jeden Christen verbindlich wäre«[60]. Im Gegenzug zu dieser Entwicklung plädiert er für die Aufrechterhaltung der *»unzerstörbaren Formen-Ordnung der Kirche«*, in der »die Erwählung Christi und der ihm antwortende vollkommene Verzicht nicht nur einen Geist, sondern eine Lebensform im sichtbaren kirchlichen Raum, einen geistigen, aber geformten Stand begründen«[61]. Balthasar scheut sich nicht, den Rätestand auf der Linie dieser Option als »Adel«[62] zu bezeichnen.
Was zielt Hans Urs von Balthasar mit dieser Hervorhebung des Rätelebens als kirchlichem »Stand« und nicht nur als geistlicher Haltung an? Die Rückkehr einer an die mittelalterliche Ständeordnung

---

[59] Der Laie und die Kirche, 346. Zum reziproken Verhältnis zwischen christlicher Weltverantwortung und Gehorsamsbindung an Gott vgl. Die Gottesfrage des heutigen Menschen, 91f.

[60] Das Ärgernis des Laienordens, 492.

[61] Nochmals Reinhold Schneider, 275.

[62] Der Laie und der Ordensstand, 57f; Theologie der Geschichte, 92.

angelehnten kirchlichen Ständeordnung? Eine neue Hervorhebung der Rätechristen als *Vollkommenheits*stand? Viel Grundlegenderes steht für Hans Urs von Balthasar mit dieser Frage zur Debatte: Der Wesenskern von Kirche als *Institution* - was im Sinne Balthasars impliziert: als *Sakrament* - ist für ihn an diesem Punkt realer Unterscheidung christlicher Berufungen berührt, denn - so formuliert er: »Die Schranken der äußeren Standesform aufheben wollen, hieße die sichtbare Kirche spiritualisieren.«[63] Kirche ist nach Balthasar nur Sakrament, 2weil und wenn das geistliche Element der Kirche im Institutionellen bzw. Strukturellen Gestalt annimmt. Mit dieser allgemeinen Aussage über die sakramental-strukturelle Verfaßtheit der Kirche ist allerdings nicht abschließend geklärt, was Balthasar generell unter »christlichem Stand« und »Standesunterschieden« versteht. Diese einleitend schon angeklungene Frage soll an dieser Stelle näher behandelt werden.
Seiner über vierhundertseitigen »Meditation über die Gründe und Hintergründe der Exerzitienbetrachtung vom 'Ruf Christi'«[64] gibt Balthasar den Namen »Christlicher Stand«[65]. Im Sinne Ignatius von Loyolas verwendet er den Begriff unter Absehung von Soziologie und Philosophie, um den je spezifischen Weg zu benennen, auf den der »Ruf«[66] Christi den je einzelnen Menschen stellt[67]. Balthasar definiert diesen *theologischen Standesbegriff*: »Stand ist innerhalb der Kirche eine bestimmte, den allgemeinen, generischen Christenstand durch eine christlich relevante (und nicht einfach zivile oder berufliche) Bindung als differentia specifica bestimmende Lebensform, die als solche unwiderruflich (cum immobilitate, sine facultate resiliendi) den Christen in seinem innersten Wesen bindet. [...] Solcher Lebensformen

[63] Nochmals Reinhold Schneider, 281. Vgl. M. Kehl, Kirche als Institution, 239-311.

[64] Christlicher Stand, 7.

[65] Zuerst veröffentlicht: Einsiedeln 1977; 2. Auflage 1981 (hiernach zitiert).

[66] Zum theologischen Terminus »Ruf« vgl. ebd. 317-413.

[67] Ausführlich zur Standeslehre vgl.: Barbara Albrecht, Stand und Stände. Eine theologische Untersuchung, Paderborn 1962. Balthasar hat sich ausdrücklich mit den von B. Albrecht vorgelegten Ergebnissen identifiziert (vgl. Christlicher Stand, 8, Anm. 1). Die Studie ergänzt seine eigenen Ausführungen unter soziologischer und philosophischer Perspektive.

gibt es *nach der allgemeinen Tradition nur zwei«*[68], nämlich *Ehestand* und *Rätestand*; das eigentlich standesscheidende Moment ist somit die Ehelosigkeit in der Nachfolge Jesu.
Dieser ersten, engen Definition, der zufolge es innerhalb der Kirche durch die Unterscheidung zwischen Ehestand und Rätestand *zwei* »Stände« gibt, folgt Balthasar allerdings nicht stringent. Er gebraucht den Begriff zudem in analoger Anwendung: etwa um den grundsätzlichen »Stand(ort)«[69] zu beschreiben, der allen gemeinsam ist, die durch die Taufe von Christus in die Kirche eingegliedert sind und so den »Stand der Versöhntheit mit Gott« im Gegenüber zum »Sündenstand« zu eigen haben[70]; dann in der Anwendung des Begriffes auf alle, die durch Taufe und Firmung zum »Laienstand« gehören, denen diejenigen gegenüberstehen, die durch die Weihe dem »Priesterstand« inkorporiert werden[71]; diese Zuordnung wird - wie oben erwähnt - nach Balthasar überkreuzt vom Gegenüber zwischen »Rätestand« und »Ehestand«[72].
Anderenorts hingegen verwendet Balthasar den Begriff im Sinne einer schlichten dreifachen Unterscheidung, wie sie auch der Codex Iuris Canonici von 1917 vornimmt, und spricht von einer Dreiteilung der kirchlichen »Stände« in *Weihe*stand, *Ordens*stand (bzw. Religiosenstand) und *Laien*stand (welcher im Normalfall den Ehestand impliziert)[73]. Ein einheitliches Deuteschema ist in Balthasars Sprachgebrauch somit nicht erkennbar.
Trotz der benannten Anwendung des Begriffes auf das Gegenüber zwischen Laien und geweihten Amtsträgern hat eine kirchliche »Ständeordnung«, die sich an soziologische Muster anlehnt und damit hierarchisierenden Tendenzen Vorschub leistet, in Balthasars Verständnis

---

[68] Christlicher Stand, 193.
[69] Ebd. 8.
[70] Vgl. ebd. 103.
[71] Wer ist ein Laie?, 386.
[72] Vgl. ebd. 386.
[73] Sehr früh in: Der Laie und der Ordensstand, 64; später: Gibt es Laien in der Kirche?, 97.

vom »christlichen Stand« keinen Ort[74]. Er begrüßt die »Rückwärts-Entwicklung« eines solchen kirchlichen Ständedenkens, wie es sich von der frühen Kirche bis zum Hochmittelalter entwickelt hatte und bis zum Zweiten Vatikanum einseitig prägend wirkte[75]. So findet hier die eingangs formulierte These, daß Hans Urs von Balthasar im Begriffs-Instrumentar der traditionellen *Stände*-Theologie inhaltlich das Modell einer *Communio*-Ekklesiologie vorgetragen habe, ihre Begründung[76]. Dem gegenüber muß allerdings die Frage gestellt bleiben, ob Balthasar mit seiner streng theologischen Wertung von »Stand« einer jahrhundertelangen soziologisch beeinflußten Begriffsentwicklung entgegentreten und der entsprechenden Negativassoziation einer »wurzelhaften Ungleichheit«[77] aller Getauften entgehen kann.
Im Wissen um die hiermit skizzierte Brisanz und inhaltliche Unschärfe einer Verwendung des Begriffes »Stand« innerhalb der Ekklesiologie hat Hans Urs von Balthasar den Terminus dennoch beibehalten. Warum? Balthasar fürchtet die Gefahr des anderen »Straßengrabens« dort, wo der Begriff aufgegeben wird: eine totale Leugnung von Über- und Unterordnung, von klar unterschiedenen Positionen, Ämtern und

[74] Vgl. Nachfolge Jesu Christi in der Liebe - mitten in dieser Welt, 74: »Kirchliche 'Stände' interessieren Jesus nicht, sondern nur, wie tief einer seinem Ruf entspricht, im priesterlichen Dienstamt oder im Dienstamt der evangelischen Räte sich für die Aufgabe an den Brüdern durch Gott expropriieren zu lassen.«

[75] Vgl. Der Laie und der Ordensstand, 11.

[76] Auf der Linie dieser These zitiert E. Braunbeck Hans Urs von Balthasars »Christlicher Stand« nicht im Kontext ihrer kritischen Bewertung des Status-Begriffs, sondern zur Erhellung ihrer alternativen, am Communio-Begriff orientierten Konzeption »Strukturelle Positionen in der communio« (vgl. E. Braunbeck, Der Weltcharakter des Laien. Eine theologisch-rechtliche Untersuchung im Licht des II. Vatikanischen Konzils, Regensburg 1993, 174f).

[77] Ebd. 160. Ausführlich handelt Braunbeck (142-161) aus kirchenrechtlicher Perspektive über diese Frage. Sie faßt ihre begriffsgeschichtliche Übersicht zusammen: »Der Begriff *status* scheint in seiner grundlegenden Bedeutung und durch die Nuancierung, die er im Lauf der Geschichte erfahren hat, durch eine Reihe von Faktoren belastet, die ihn für eine Integration in die Ekklesiologie des II. Vatikanums ungeeignet erscheinen lassen [...] Vor allem die enge Verbindung, die der Begriff mit der Konzeption einer ungleichen Gesellschaft eingegangen ist, läßt viele Kanonisten zu dem Urteil gelangen, daß die Vorstellung verschiedener verfassungsrechtlicher *status* in die Ekklesiologie des II. Vatikanischen Konzils nicht zu integrieren ist.« (ebd. 158f) Braunbeck plädiert dafür, den Begriff einzig in Anwendung auf den *status communis christifidelium*, d.h. den Stand-Ort aller Getauften, beizubehalten (vgl. ebd. 160, 167).

Charismen in der einen Communio der Kirche[78]. Balthasar befürchtete, daß im Hinblick auf langfristige Entwicklungen der oben benannten Tendenz zur *Nivellierung* kirchlicher Strukturen nach einiger Zeit im Gegenzug im kirchlichen Leben eine neue *Hierarchisierung* kirchlicher Ämter, Dienste und Nachfolgeformen folgen werde. Er hat einen solchen »strukturellen Pendelschlag« früh prognostiziert und kirchliche Reaktionen angemahnt. Von einer gewissen Tendenz zur *Hierarchisierung*, wie sie sich 40 Jahre nach Balthasars Problemanalyse inzwischen in den kirchlichen Entwicklungen in der Tat abzeichnet[79], hebt er sich ebenso ab wie von einer gleichmacherischen Nivellierung kirchlicher Berufungsprofile. Seine Rede von christlichen »Ständen« hat nichts gemein mit der »Ideologie des Gegensatzes zwischen Laientum und Priestertum einerseits, zwischen Weltstand und Ordensstand anderseits«[80].

Eine solche Ideologie zu durchbrechen, erscheinen ihm die Säkularinstitute durch ihr integrierendes Element ein prädestiniertes Werkzeug zu sein, insofern sie »die Einheit von Laienleben in der Welt und Leben im Stand der evangelischen Räte zum größten Nutzen beider kirchlicher 'Stände' verwirklichen«[81]. Worin dieser Nutzen genauer besteht, wird im weiteren Verlauf der kirchlichen Standortbestimmung der Säkularinstitute noch zu klären sein. Um der skizzierten Problematik des »Standes«-Begriffes Rechnung zu tragen, wird er in der vorliegenden Arbeit in der Regel in Anführungszeichen verwendet, wie

---

[78] In diesen Kontext gehört auch Balthasars Kritik am Volk-Gottes-Begriff des Zweiten Vatikanischen Konzils, insofern der Begriff für eine unangemessene Demokratisierung der Kirche instrumentalisiert wird; vgl. Christologie und kirchlicher Gehorsam, 185: »Wenn das II. Vaticanum einen ganz unzureichenden Kirchenbegriff (den der 'societas completa', gar der in Hierarchen und Laien zerteilten Gesellschaft) durch den Volk-Gottes-Begriff zu ersetzen suchte, so hat es mit diesem ebenso unzureichenden Gegenbegriff an der Stelle eines verfehlten monarchischen Zentralismus einen kirchlich ebenso verfehlten Demokratismus heraufbeschworen. Begriffe sind Schicksale.« (Vgl. weiter ebd. 200.) Dies heißt nicht, daß Balthasar sich gegen jegliche Einführung demokratischer Formen in der Kirche wenden würde.

[79] Vgl. die Analyse der gegenwärtigen kirchlichen Problemlage bei M. Kehl, Wohin geht die Kirche?, 59-98: »Innerkirchliche Konflikte - Zeichen des ungeklärten Verhältnisses von Kirche und Moderne«.

[80] Gedanken zum Mangel an Priester- und Ordensberufen, 29.

[81] Ebd.

Balthasar selbst dies vielfach getan hat[82].

4. Pluralismus - Katholizität

Um die vorgetragene Zeitanalyse zusammenzufassen und abzuschließen, kann ein viertes Begriffspaar benannt werden, das in der Sicht Hans Urs von Balthasars wesentlich beiträgt zur Erhellung des gesellschaftlichen Gestaltwandels der Kirche in unserer Zeit: *Pluralismus* und *Katholizität*. Eine differenzierende, wenn auch nicht hierarchisierende Sicht christlicher »Stände« läßt umfassende Katholizität als Einheit in der Vielfalt von Diensten und Charismen im Gegenüber zu bloßem Pluralismus in den Blick kommen. Eine wie auch immer geartete Abwertung der Stellung der Laien in der Kirche hat hierin keinen Platz mehr - genauso wenig wie eine Nivellierung der Unterschiede zum priesterlichen Amt und zum Räteleben hin. Daß die Wahrheit symphonisch ist[83], gilt nicht nur bezüglich der Glaubenslehre, sondern auch im Hinblick auf ekklesiale Strukturen:

> »Alle, die von der christlichen Liebe zu leben versuchen, brennen zwischen Gott und der Welt, mit Gott für die Welt, als Vertreter der Welt für Gott, und sie brennen immer innerhalb der Gemeinschaft der Heiligen. Sie wissen, daß alle Dienste einander brauchen. Der Priester draußen braucht die Karmelitin, die innen für ihn betet und büßt. Er braucht auch den Laien, der mit Kompetenz im weltlichen Bereich ausführt, was er ihm an christlicher Gesinnung zu vermitteln sucht. Der Priester wird nicht selbst laienhaft politisieren und der Laie sich nichts Amtspriesterliches anmaßen.«[84]

Wo eine abgrenzende und abwertende Sicht zwischen Priestern und Laien, zwischen Rätechristen und Laien überwunden ist, da kommt auch das Zueinander von Kirche und Welt neu in Bewegung. *Katholizität* in Balthasars Sinne bzw. auf der Linie seiner Rezeption der

---

[82] Vgl. z.B. an der eben zitierten Stelle sowie: Wer ist ein Christ?, 124.

[83] Vgl. Balthasars kleine Schrift *Die Wahrheit ist symphonisch*. Aspekte des christlichen Pluralismus, Einsiedeln 1972.

[84] Ebd. 13.

Kirchenväter zeichnet sich nicht aus durch Einverleibung der gesamten Welt und Menschheit in die institutionell verfaßte Kirche - das wäre Integralismus -, sondern durch stellvertretendes Einstehen der Christen für die gesamte Welt und Menschheit[85]. Aus dieser Stellvertretung erwächst eine neue Nähe zwischen Kirche und Welt. 1952 beschreibt Balthasar in der *Schleifung der Bastionen* jenen Prozeß der kirchlichen Wandlung größten Ausmaßes, in dem »im Bund mit der Welt auch die Kirche liegt«[86]. Was hier der Schleifung bedarf, ist jener Wall zwischen Kirche und Welt, der einmal eine klare Trennung bezeichnete zwischen Erwählten und Nichterwählten, gar Verdammten. Wußte ein Christ sich bis vor kurzem sicher in dem Wissen, daß außerhalb der Kirche kein Heil zu finden sei, so ist er nun beunruhigt durch die Einsicht, daß ohne die Vermittlung der Kirche - und das heißt auch ohne sein stellvertretendes, vermittelndes Tun und Sein - kein Heil ist für die Welt.

Dieser Umbruch im Verständnis von Katholizität findet für Balthasar seinen greifbarsten Ausdruck in der Entstehung der Säkularinstitute. Diese Lebensform einzelner Getaufter ist für ihn nichts anderes als die Sichtbarkeit dessen, was in der derzeitigen Umbruchssituation für die ganze Kirche gilt: daß sie in eine bisher nicht gewesene Nähe zu treten hat zum alltäglichen Leben und zu den Nöten *aller* Menschen, auch und gerade der Nicht-Christen[87]. Diese ungeschützte Nähe kann verschiedenste Formen annehmen: Sie kann sich artikulieren im Leben einer christlichen Familie, sie kann neue Formen des Ordenslebens hervorbringen wie etwa die Kleinen Brüder und Schwestern Jesu in der Ordensfamilie Charles de Foucaulds, sie kann sich konkretisieren im Leben des Mitgliedes eines Säkularinstitutes. Die letztgenannte Möglichkeit vor allem hat Hans Urs von Balthasar im Blick.

Auf dem Hintergrund der hier kurz skizzierten Balthasarschen Zeitanalyse und der sich daraus ergebenden Erfordernisse für die Kirche kann nun der ekklesiologische Ort der Säkularinstitute - in den institutionellen wie theologischen Implikationen - aufgezeigt werden. In

---

[85] Vgl. ebd. 79-92.

[86] Schleifung der Bastionen, 7.

[87] Vgl. ebd. 80.

Entsprechung zum eingangs erwähnten *ekklesiologischen Koordinatensystem* ist dabei das Zueinander von Laien und Amt einerseits sowie von Ehe- und Rätestand andererseits strukturbildend. Der Begriff »Stand« soll dabei mit den erwähnten Einschränkungen und theologischen Implikationen beibehalten werden, weil er innerhalb einer Balthasar-internen Darstellung schwerlich ersetzbar scheint.

Zweites Kapitel

Das Volk Gottes in der gegenseitigen Bezogenheit von Laien und Amt

Wenn auf dem Weg zur Einordnung der Säkularinstitute in den Raum der Kirche das Verhältnis zwischen Laien und Amt in den Blick genommen wird, so kann es dabei keineswegs darum gehen, die Theologie des Weiheamtes im Werk Hans Urs von Balthasars darzustellen[88]; dies soll und kann hier auf dem direkten Wege nicht angezielt und geleistet werden. Allerdings wird indirekt vom Ort der Laien in der Kirche und ihres Verhältnisses zum Amt her auf das priesterliche Amt an sich zurückgeschlossen werden können. Primäres Objekt der Untersuchung bleiben hierbei jedoch die Laien, jener »schlafende Riese«, wie Balthasar bildreich sagt, der jahrhundertelang in der Kirche vernachlässigt war, heute aber erwacht[89]. *Ein* Indiz dieses Erwachens ist das Entstehen der Säkularinstitute: »Die Katholische Aktion hat den Riesen angerufen, in den Laienorden von heute und in tausend vereinzelten Unternehmungen zeigt sich, daß der Anruf gehört worden ist und daß der Laie anfängt, seine eigene Verantwortung zu übernehmen.«[90] Insofern der Rätestand als charismatisch und nicht zuerst amtlich bestimmte Größe »ja an sich auf die Seite des Standes der Laien«[91] gehört, kann das spezifische Verhältnis zwischen Rätechristen und Amt in der Untersuchung ausgeklammert bleiben bzw. dem Verhältnis von Laien und Amt subsumiert werden[92].

---

[88] Vgl. Pneuma und Institution, 340-368; Christlicher Stand, 203-216; eine Textzusammenstellung bietet Balthasar in: Unser Auftrag, 95f (Anm. 27).

[89] Vgl. Schleifung der Bastionen, 26f.

[90] Ebd. 27.

[91] Christlicher Stand, 279.

[92] Zur gesamten Frage vgl. Christlicher Stand, 216-266: »Priesterstand und Rätestand«. Hier nur so viel: »als Stand des subjektiven Vollopfers (holocaustum)« erscheint der Rätestand bei Balthasar als der »mit Christus zusammen opfernde Stand

I. Wer ist ein Laie?

Balthasars Anliegen ist es, den Laien eine Bestimmung - im doppelten Sinne von Sendung und Definition - zuzuerkennen, die sich von den üblichen Negativbestimmungen abhebt. Denn, so konstatiert er, es »überwiegt im durchschnittlichen Gebrauch des Wortes doch das Negative: Laie ist ein christlicher Gläubiger, der weder die 'Privilegien' des klerikalen Amtes noch die des Religiosen besitzt. Er ist, wie das weltliche deutsche Wort sagt, der Nicht-Fachmann.«[93] Auf der Ebene der Sendung setzt Balthasar dieser Negativ-Aussage eine in Taufe und Firmung wurzelnde positive Bestimmung entgegen, die den unableitbaren *Weltauftrag* des Laien in besonderer Weise hervorhebt: »der 'Laie' hat von Christus die Sendung, innerhalb seines Weltbereichs (seiner 'Säkularität', die nicht Profanität ist), in dem er wirken kann, den gelebten Glauben nach Möglichkeit zur Darstellung zu bringen. Er tut dies in Gehorsam zu Christus und im übrigen mit seiner freien Verantwortung, ohne dazu einer eigenen kirchlichen 'Weihe' oder auch nur 'Beauftragung' zu bedürfen«; er ist »durch Taufe und Firmung dazu ausersehen und ausgerüstet«[94] und durch - zumeist schlichte - Charismen dazu befähigt[95]. Mit dieser Hervorhebung des in Taufe und Firmung wurzelnden *Weltbezuges* und *Weltauftrages* der Laien stellt Balthasar sich in die Reihe derer, die im Gefolge des Zweiten Vatikanums dem sogenannten »Weltcharakter«, der »indoles saecularis« der Laien nicht nur einen beschreibenden, sondern theologischen Wert zuerkennen wollen[96].

Entgegen einer Negativ-Abgrenzung zwischen Amt und Laien, die

---

der Kirche« (ebd. 206). Von daher geht es im Verhältnis zwischen amtlichem Priestertum und Räteleben um das »Verhältnis zwischen einem prävalent amtlichen und einem prävalent subjektiven Priestertum« (ebd. 229), wie es in den Typoi Petrus und Johannes (vgl. ebd.) seine Symbolgestalten findet.

[93] Gibt es Laien in der Kirche?, 97.

[94] Wer ist ein Laie?, 386f.

[95] Vgl. ebd. 386.

[96] Vgl. Lumen Gentium, Kap. IV, Art. 31; umfassend hierzu die Untersuchung von E. Braunbeck, Der Weltcharakter des Laien (v.a. 140f).

zweitere lediglich als Nicht-Geweihte definiert, formuliert Balthasar eine *analoge* Verhältnisbestimmung zwischen dem amtlichen Priestertum und dem jedes Getauften in der Eucharistie. Die Ähnlichkeit innerhalb dieser Analogie begründet sich darin, daß »der ganze Christus, Haupt und Leib, jene Gesamthingabe seiner selbst Gott darbringt, die als das wahre geistliche Opfer Gott wohlgefällt und ihn mit der sündigen Welt versöhnt sein läßt [...] 'Meum ac vestrum sacrificium', sagt der Priester zur Gemeinde, aber die hier festgehaltene Analogie wurzelt in einem gemeinsamen 'nostrum', das sich im Selbstopfer Christi ununterscheidbar zusammenschließt.«[97] Insofern sie in der Eucharistiefeier die eigene Hingabe der Lebenshingabe Jesu einfügen, stehen alle Getauften in einem wechselseitigen Verhältnis mit dem amtlichen Priestertum, das Person und Hingabe Jesu sakramental zu vergegenwärtigen hat; sie haben real Anteil daran. Die Unähnlichkeit innerhalb dieser analogen Verhältnisbestimmung zwischen Amt und Laien im Kontext der Eucharistiefeier wurzelt in der Rolle des Priesters: der sakramentalen Repräsentanz Jesu im *Gegenüber zur Gemeinde*, die den Laien nicht zukommt.
Neben dieser Analogie auf der Ebene des eucharistischen Mahles und Opfers konstatiert Balthasar eine Analogie zwischen Amt und Laien auf der Ebene des kirchlichen Verkündigungsauftrages: »hat der Priester primär den Auftrag, den Gläubigen die evangelische Lehre zu verkünden, auszulegen und [...] durch das ganze Leben zu bezeugen, so setzt der 'Laie' diese Verkündigung in die Welt hinein fort, indem er dieses innerkirchlich erhaltene Zeugnis von der Wahrheit nach außen, in nichtchristlicher Umgebung, durch sein Beispiel und durch die Rechenschaftsablage von seinem Glauben (1 Petr 3, 15) weitergibt«[98]. Die *eine* Verkündigung der Kirche teilt sich - wenigstens typisiert - in eine Zeugnisfunktion *nach innen*, die primär dem priesterlichen Amt zukommt, und eine solche des Zeugnisses *nach außen*,

[97] Gibt es Laien in der Kirche?, 103.

[98] Ebd.

die vorrangig von den Laien wahrzunehmen ist[99]. Balthasar gebraucht hier das Bild von der Kirche als Leib, in dem das Amt das »Knochengerüst« darstellt, während die Laien »die 'Hautoberfläche' der Kirche« sind, »mit der sie die Umwelt berührt«[100]. Seiner Meinung nach bedingt und fordert der neuzeitliche Situationswandel diese Zeugnisfunktion der Laien in die Gesellschaft hinein: »Die soziologische Umschichtung vom Mittelalter zur Neuzeit, die die Kirche aus einem umwallten Kastell zu einer offenen Stadt mit ungewiß in die Landschaft sich verlierenden Vorstädten gemacht hat, unterstreicht eindrücklich diesen Stellungswandel des Laien«, und - so läßt sich ergänzen - in diesen Vorstädten sind alleine die Laien kompetent und zu befragen in ihrer »Rolle der Information und Beratung des kirchlichen Amtes [...] in unserer Zeit, wo die Kompetenzen in den weltlichen Gebieten sich mit erschreckender Schnelle differenzieren«[101]. Dies impliziert aber auch ergänzend zum oben Gesagten: auf der Ebene der weltlichen Kompetenz haben die Laien nicht nur eine Zeugnisfunktion *nach außen* zur nichtchristlichen Welt hin, sondern auch eine beratende Funktion *nach innen* zum kirchlichen Amt hin.

II. Kritische Würdigung der Katholischen Aktion als Exempel des Verhältnisses zwischen Laien und Amt

Am Exempel der Katholischen Aktion, das Balthasar vielfach herangezogen hat, können die Stichworte »Weltauftrag« und »Zeugnis nach außen« nun spezifiziert werden. Der Ort der Laien im Gegenüber zu dem des geweihten Amtes und dem des Ordenslebens gewinnt hierbei

---

[99] Vgl. In Gottes Einsatz leben, 39. Balthasar spricht hier davon, daß das priesterliche Amt nichts weiter sei als »Dienst an den Dienenden, Vermittlung für die Vermittler« der Botschaft Jesu in die Welt hinein, welche die Laien sind.

[100] Ebd. 102.

[101] Der Laie und die Kirche, 345.

Profil; eine hervorgehobene Position unter den Laien nehmen dabei nochmals die Mitglieder der Säkularinstitute ein.
Konzipiert »zur Ueberbrückung der Kluft zwischen dem Klerus als dem Vertreter der Kirche, und der säkularisierten Welt außerhalb, sekundär aber auch zur Ueberbrückung der innerkirchlichen Kluft zwischen Klerus und Laien«[102], ist die *Katholische Aktion* für Balthasar zum vielfach erwähnten Exempel geworden, um seine Sicht des Verhältnisses von Amt und Laien, aber auch der Stellung des Rätestandes zwischen Amt und Laien zu thematisieren. Einen kritischen Unterton gegen die *Katholische Aktion* ließ er dabei nie vermissen. Schon von ihrem Ansatz her scheint die *Katholische Aktion* in der Sicht Balthasars fehlgegriffen zu haben und zum Scheitern verurteilt gewesen zu sein, insofern sie einem Kirchenbild Vorschub leistete, in dem das Institutionelle und Organisatorische isoliert dastand[103] und die Kirche mit ihrer amtlichen Hierarchie identifiziert wurde[104]. »Von oben herab«, nämlich von Papst Pius XI., wurde hier eine Organisation ins Leben gerufen, die zwar die Aktion der Laien befürwortete[105], diese aber lediglich als *verlängerten Arm der Hierarchie* interpretierte[106]; der vom Amt unableitbare Auftrag der Laien, wie er in Taufe und Firmung grundgelegt ist, kam dabei nicht angemessen zur Geltung.
Doch der größte Mangel der *Katholischen Aktion* scheint laut Balthasar in der Gefahr zu liegen, »die Struktur der Kirche in ein bloßes Zueinander von kirchlichem Amt und Pfarrgemeinde zu verlegen und somit den Ordensstand aus dieser Wesensstruktur auszuschließen«[107]. »Es ist [sic!] als existiere der Ordensstand für die katholische [sic!] Aktion

---

[102] Der Laie und der Ordensstand, 13.

[103] Vgl. In Gottes Einsatz leben, 10f.

[104] Vgl. Der Laie und der Ordensstand, 14.

[105] Vgl. ebd. 8, 14.

[106] Äußerst kritisch in: Wer ist ein Laie?, 387: »'Kirche' wird von manchen mit den Aufgaben des kirchlichen Amtes verwechselt, wie in den (in den meisten Ländern nun glücklich überwundenen) Zeiten der 'Katholischen Aktion' die Sendungen der 'Laien' durch das Amt organisiert und beaufsichtigt wurden, wobei die Bischöfe und Priester der Meinung waren, sie könnten durch die 'Laien' einen verlängerten Arm in die Welt hinein gewinnen, an Orte, wo sie selbst nicht mehr hinlangen konnten.«

[107] Der Laie und der Ordensstand, 20.

überhaupt nicht.«[108] Wird dieses Modell der »bloßen Zwei-Einheit von Klerus und Laien«[109] nicht durch »das dritte, befruchtende, erweiternde und lösende Element des 'evangelischen Lebens'«[110] ergänzt und korrigiert, so droht nach Balthasar immer die Gefahr entweder des Klerikalismus, in dem die Laien wie erwähnt als verlängerter Arm der Hierarchie erscheinen, oder des Laizismus, in dem der amtliche priesterliche Dienst sich im Priestertum aller Gläubigen verliert[111]. In beiden Fällen wird die Spannungseinheit von Amt und Laien nach einer Seite hin aufgelöst. Dem gegenüber betont Balthasar ein Zueinander von Amt und Laien, das einerseits dem Amt die erste Verantwortung für den apostolischen Dienst der Kirche zuerkennt, andererseits aber auch die genuine und unmittelbare Beauftragung des Laien in die Welt hinein nicht abwertet[112].
Zudem werde, so Balthasar, mit der strukturellen Bedeutungslosigkeit der Ordensleute in der *Katholischen Aktion* - und somit des Spezifikums des Rätelebens - die Spannungseinheit von Aktion und Kontemplation nach der Seite der Aktion hin aufgelöst[113]. Eine Rückgewinnung des verlorenen Gleichgewichtes könne nur gelingen durch die Einbeziehung von Rätechristen in den Apostolat, um so »aus dem Berg- und Quellbereich, in den die Erwählungsstände gerufen werden, in den Bereich der säkularisierten Ebenen mit den großen Flüssen hinauszuwirken«[114]. Die innere wie die äußere Disponibilität eines Rätechristen sei durch keinen noch so engagierten verheirateten Laien

---

[108] Ebd. 16.

[109] Ebd. 20.

[110] Ebd. 21.

[111] Vgl. ebd. 15, 20f.

[112] Angewandt auf die *Katholische Aktion* hieße dies: »Sofern diese Hilfeleistung der Laien durch soziale und religiöse Mißstände bedingt ist, die dem Klerus und den alten Orden nicht erlauben, die infragestehenden Milieus zu erreichen, kann in der Tat von einer vikarierenden Funktion [der Laien] gesprochen werden. Sofern aber diese Unerreichbarkeit auf der aufgezeigten normalen Entwicklung beruht, übernimmt der Laie, der in den betreffenden sozialen Milieus lebt und arbeitet, nicht eine stellvertretende, sondern seine eigene apostolische Funktion« (Wesen und Tragweite der Säkularinstitute, 200).

[113] Vgl. Der Laie und der Ordensstand, 17f.

[114] Christlicher Stand, 283.

zu erreichen[115]. Auf den verheirateten, berufstätigen Laien könne der Begriff des Apostels immer nur im analogen Sinne angewandt werden, weil ihm die zeitlichen und physisch-psychischen Möglichkeiten fehlten zum geforderten apostolischen Totaleinsatz. Für Balthasar gilt: »Um im eigentlichen Sinn Apostel zu werden, bedarf es der Berufung zur Nachfolge im Sinn des apostolischen Alles-Verlassens, das die Voraussetzung ist für das totale, als Lebensform gewählte Apostolat.«[116]
Hier treten nun die von *Provida Mater* bestätigten Säkularinstitute ins Blickfeld als »die wichtigste Ergänzung zur 'katholischen Aktion'«, insofern sie »die Synthese zwischen Laientum und Ordensstand«[117] darstellen. Einerseits werden sie dem Anliegen der *Katholischen Aktion* gerecht, durch kompetente Laien in allen Milieus eine kirchliche Präsenz zu gewährleisten. Andererseits kommt ihren Mitgliedern durch die evangelischen Räte jene Disponibilität zu, die einen apostolischen Totaleinsatz ermöglicht in der ausgewogenen Spannung von Aktion und Kontemplation. Zudem verdanken sich die Säkularinstitute im Unterschied zur *Katholischen Aktion* einer echten freien Initiative zahlreicher Laien »von unten«; anders als die *Katholische Aktion* tragen sie so nach Balthasars Urteil zur »Ueberwindung der überbetonten Bipolarität von Klerus und Laien in der Kirche«[118] bei.
Ziel der pointierten Gegenüberstellung von *Säkularinstituten* und *Katholischer Aktion* ist es nicht, letztere in einer Totalkritik im Nachhinein schlechtzumachen. »Es geht vielmehr um die letzte Ermöglichung und Fruchtbarmachung der Idee der katholischen Aktion durch diejenige der vollkommenen Nachfolge Christi, um die Eroberung jenes Kreuzungspunktes, von dem aus noch ungeahnte Kräfte der Kirche für ihr Apostolat, ihre Wirkung in der Welt freizumachen wären«[119]. Letztlich zielt Balthasars Kritik also auf eine Integration der Idee der *Katholischen Aktion* mit dem Lebensaufbruch der Säkularinstitute. In der klaren Zuordnung von Charisma und Amt, von geist-

[115] Vgl. Der Laie und der Ordensstand, 46.
[116] Ebd. 20.
[117] Ebd.
[118] Wesen und Tragweite der Säkularinstitute, 208.
[119] Der Laie und der Ordensstand, 21.

gewirkter Initiative von unten und ebenso geistgewirkter kirchenamtlicher Ordnung und Leitung, vor allem aber in der Synthese von Räteleben und Laiesein sieht er den angezielten Punkt, an dem sich beide Bewegungen kreuzen[120]. Die Säkularinstitute erscheinen als das ergänzende Korrektiv, als »Bindestrich« zwischen weltlicher Fachschaft und offizieller Kirche, weil sie die »Begegnung der vollen weltlichen mit der vollen christlichen Kompetenz [als] möglich« erweisen und dazu beitragen, daß »der Name des 'Laien' seinen Beigeschmack des 'Dilettanten', des 'Nichtfachmanns'«[121] verliert.
In der beschriebenen inhaltlichen Fülle des Laien-Begriffs, wie er anhand der Stellungnahmen Hans Urs von Balthasars zur *Katholischen Aktion* erarbeitet wurde, soll in der vorliegenden Arbeit auf diesen ekklesiologischen Terminus nicht verzichtet werden - dies in Absetzung von zahlreichen kritischen nachvatikanischen Stimmen gegen seine Beibehaltung[122]. Der Begriff scheint für eine theologische Erschließung des Selbstverständnisses der Säkularinstitute unersetzbar, nicht nur innerhalb einer Darstellung der Theologie Hans Urs von Balthasars, sondern in Anerkennung der Sprachregelungen zahlreicher Säkularinstitute, die den Laien-Begriff selbstverständlich auf sich anwenden, um das Spezifikum ihrer Sendung zu formulieren.

---

[120] Vgl. ebd. 8. Hier verweist Balthasar typisierend auf den Unterschied zwischen der »von oben« - von der kirchlichen Hierarchie her - initiierten *Katholischen Aktion* und der »von unten« - von der Initiative einzelner Laien her - gewachsenen Entstehung der Säkularinstitute: »Die Kirche ist damit [mit der erstmaligen Anerkennung und kirchenrechtlichen Einordnung der Säkularinstitute 1947] einen entgegengesetzten Weg gegangen als vor ungefähr 20 Jahren, da sie die großen Aufrufe über die katholische Aktion erließ. Während diese ausgesprochen 'von oben herab', nämlich vom Heiligen Vater Pius XI. sehr persönlich ausgingen und, obwohl gar sehr einem Zeitbedürfnis entsprechend, die für dessen Stillung erforderliche Form und Reform autoritär anordneten, wird in 'Provida Mater' eine ausgesprochen 'von unten her', aus dem Schoße des Kirchenvolkes entstandene Bewegung erfaßt und in den Rahmen der sichtbaren Kirchenordnung eingespannt. Beide Bewegungen begegnen sich in der Mitte, kreuzen sich an einem Punkt, dessen Festlegung für die heutige Struktur der Kirche von einschneidender Bedeutung werden kann.«

[121] Ebd. 49.

[122] Vgl. z.B. B. Forte, Laie sein, 112f. *Für* eine Beibehaltung des Laienbegriffes und dessen inhaltliche Füllung spricht sich die gesamte Untersuchung von E. Braunbeck, Der Weltcharakter des Laien, aus.

III. Kritische Würdigung neuer Laien-Bewegungen

Hans Urs von Balthasars Klage galt immer wieder »der heute üblichen, für die Catholica tödlichen Zertrennung von 'Pneuma' und 'Institution'«[123]. Diese Zertrennung, die ein Auseinanderdividieren von »Amts-Kirche« und »Kirchen-Volk« beinhaltet, ein Frontmachen zwischen Amt und Laien, erschien ihm als eine der destruktivsten Kräfte in der Kirche nach dem Zweiten Vatikanischen Konzil. Wo immer er positive Gegenkräfte erblicken konnte, sah er den ursprünglichen Geist Jesu Christi am Werk. Dies galt für ihn in besonderer Weise von jenen »Reformbewegungen«, die heute üblicherweise unter den »neuen geistlichen Bewegungen« eingereiht werden; ihr Charakteristikum, das sie von progressistischen und traditionalistischen Gruppierungen abhebt, erblickte Balthasar darin, »daß sie nämlich die Kirche in ihrer irdischen Gestalt, deren Unzulänglichkeit immer zutage liegt, nicht primär kritisieren, sondern ihr durch einen schlichten positiven Einsatz dienend zu Hilfe kommen wollen«[124]. Daß sie immer auf Initiativen »von unten« - d.h. von Laien - zurückgehen, unterscheidet sie in seiner Sicht wesentlich von der *Katholischen Aktion*. Balthasar nennt diese Laien-Initiativen im direkten Zusammenhang mit den Säkularinstituten und der eigenen *Johannesgemeinschaft*, weil er in all diesen verschiedenen, neuen Gründungen dasselbe Anliegen am Werk sieht[125]. Vielfach ist die Gründung eines Säkularinstitutes ja auch direkt im Raum einer geistlichen Bewegung zu verorten, weil sich in deren Gründungsverlauf gezeigt hat, »daß diese großen Bewegungen auf die Dauer nicht ohne einen radikal engagierten und entsprechend auch institutionalisierten Kernkreis Bestand haben können, welcher Kreis dann wie von selbst den Charakter einer Weltgemeinschaft annehmen wird. Ob er sich offiziell und ausdrücklich als Weltgemeinschaft deklarieren und

[123] Mein Werk, 86.

[124] Unser Auftrag, 102.

[125] Vgl. ebd.

als solche registriert wird, dürfte ein sekundäre Frage sein.«[126]
Während Balthasar für manche geistliche Bewegungen auch durchaus kritische Töne fand[127], zuweilen auch aus offensichtlicher Unkenntnis heraus[128], und ihre Ausrichtung an der »Ganzheit des Credo« statt an gewissen »Sonderparolen«[129] einklagte, hat er mit anderen Bewegungen freundschaftliche Kontakte gepflegt. Dies gilt z.B. für die italienische Bewegung *Communione e Liberazione*. Dieser Laienbewegung widmete er sein Buch *In Gottes Einsatz leben*, weil er hier Verständnis für die von ihm angezielte Integration der Aspekte »Pneuma« und »Institution« wiederfand[130]. Auch das Programm der Weltzuwendung, »in der Zerstreuung der Welt ein neugeschenktes Licht weiterzutragen«[131], sah Balthasar hier mit derselben Intention verwirklicht wie in den Säkularinstituten[132]:

> »Was über die Kirche von heute gesagt wurde - daß sie erdnah wird, und ihr bisher Äußeres nach innen gekehrt wird -, läßt sie überall dort, wo sie konkret und echt in Erscheinung tritt, als kleine Herde erscheinen. Sie lebt in kleinen Strahlungszentren, die wie kleine Lichter in der Nacht über die Welt zerstreut sind. In ihnen wird die Erfahrung der Liebe Gottes in Christus gemacht: sakramental und existentiell, im Gebet und im selbstlosen Austausch der Liebe, und was so von der kleinen Herde als Lebenserfahrung gemacht wird, kann so von ihr und ihren Mitgliedern einzeln hinausgetragen werden in die nichtchristliche Welt.«[133]

---

[126] Das Wagnis der Säkularinstitute, 244; vgl. auch: Gottbereites Leben, 218. Balthasar erwähnt hier namentlich keine Bewegung. Zu denken wäre aber z.B. an die Kernkreise der Fokolar-Bewegung und der Comunità di S. Egidio, die ihre Option für die evangelischen Räte bleibend mit dem Laienstatus verbunden wissen wollen.

[127] Vgl. die ausführliche Stellungnahme, in der Balthasar sich kritisch mit der »charismatischen Bewegung« befaßte, in: Theologik III, 362-375.

[128] Vgl. z.B. die kritischen Bemerkungen zur Ideal- und Freiheits-Pädagogik der Schönstatt-Bewegung in: Christlicher Stand (223); Christologie und kirchlicher Gehorsam (199).

[129] Unser Auftrag, 103. Vgl. auch: In Gottes Einsatz leben, 104.

[130] Vgl. Mein Werk, 86. Grundlage des Buches ist eine Vortragsreihe für Mitglieder der Bewegung.

[131] In Gottes Einsatz leben, 103.

[132] Vgl. ebd. 94f, 103-105.

[133] In Gottes Einsatz leben, 111.

Gleichwohl verstand Balthasar sich als Theologe auch in der Funktion eines kritischen Korrektivs für *Communione e Liberazione*, was seiner freundschaftlichen Verbundenheit mit dem Gründer Luigi Giussani keinen Abbruch tat[134].

Exkurs: Priester im Säkularinstitut?

Im Rahmen der Balthasarschen Bestimmung des Verhältnisses von Laien und Amt ist - zumindest in einem kurzen Exkurs - auf die Frage der Zugehörigkeit von Priestern zu Säkularinstituten einzugehen. Nie ausführlich, sondern meist in kleinen, aber gewichtigen Randbemerkungen hat Hans Urs von Balthasar sich zur Möglichkeit von Priester-Säkularinstituten geäußert, so zuerst in der frühesten Schrift zur gerade entstehenden Lebensform *Der Laie und der Ordensstand* aus dem Jahr 1948[135]. Balthasars Ausgangsoption in dieser wie in allen anderen frühen Stellungnahmen zur Frage der Säkularinstitute ist die Gründung von Gemeinschaften für Rätechristen im *profanen* Beruf. So erklärt sich auch, daß ihm hier bezüglich der »Stellung eines Laienordens zum Priestertum«[136] das Modell »einer Synthese von Laienstand im beruflichen Sinne und Priesterstand im amtlichen Sinne«[137] vorschwebt - und zwar vornehmlich für Männer aus akademischen Berufen, analog zum Modell der französischen Arbeiterpriester[138]. Als Typos einer solchen Einheit von profaner beruflicher Tätigkeit und priesterlichem Dienst deutet Balthasar den Apostel und »Zeltmacher Paulus, der sich sein Leben mit einem weltlichen Handwerk selber verdienen wollte«[139].

---

[134] Vgl. das im Johannes Verlag veröffentlichte und von Balthasar mit einem Vorwort versehene Interview: L. Giussani, Was ist und was will »Communione e Liberazione«?, Einsiedeln 1977.

[135] Vgl. Der Laie und der Ordensstand, 60-63.

[136] Ebd. 60.

[137] Ebd. 61.

[138] Zu Balthasars eindeutiger, wenn auch kritischer Sympathie für das Projekt der Arbeiterpriester vgl. Schleifung der Bastionen, 14f; Der Laie und der Ordensstand, 62f.

[139] Das Wagnis der Säkularinstitute, 240.

Von der kirchenamtlichen Vorgehensweise her denkt Balthasar daran, im zivilen Beruf bewährte Männer nach einer gewissen, ihrem Einsatzgebiet entsprechenden theologischen Ausbildung zu Priestern zu weihen, ohne sie jedoch auf Dauer aus dem zivilen Berufsfeld herausnehmen zu wollen[140]. Zwei Ziele hofft Balthasar mit einer solchen Synthese eines Priesters im Laienberuf erreichen zu können: zum einen »die Differenzierung der Wissenschaften und Berufe nicht zu einer Säkularisierung im Sinne einer Entfremdung vom Amt werden zu lassen«[141] - hier hätten also Priester-Säkularinstitute eine die Aufgabe der Laien-Säkularinstitute ergänzende Funktion im Sinne der Integration von Kirche und Gesellschaft; zum anderen die Ausstattung eines Rätechristen im profanen Beruf mit den besonderen apostolischen Befugnissen der Weihe, um eine gezielte Anpassung der Seelsorge an die gesellschaftlichen Gegebenheiten zu ermöglichen - Balthasar denkt hier vornehmlich an Männer in klientenbezogenen Berufen wie etwa Ärzte, Psychotherapeuten und Juristen[142].
Nach einem ersten Verbot der Arbeiterpriester-Bewegung durch die römische Kurie im Jahr 1953 wurde mit dem Dekret *Presbyterorum Ordinis* auf dem Zweiten Vatikanischen Konzil letztendlich doch eine profane berufliche - sei es akademische oder handwerkliche - Tätigkeit von Priestern eröffnet und ausdrücklich gutgeheißen[143]. Trotz dieser Befürwortung ist von den meisten Priester-Säkularinstituten die Möglichkeit einer profanen Tätigkeit im Hauptberuf nicht realisiert worden; die mittlerweile offiziell anerkannten Priester-Säkularinstitute verstehen sich als Institute für im Hauptberuf tätige Priester, meist in ihrer Diözese, seltener im eigenen Institut inkardiniert. Balthasar hat sich - auch in der Konzeption der eigenen *Johannesgemeinschaft*[144] - diesem regulären Weg angepaßt, während er den Fall, »das Priestertum mit einem weltlichen Beruf zu verbinden«[145], als Ausnahmesituation

[140] Vgl. Der Laie und der Ordensstand, 62.

[141] Ebd. 61.

[142] Vgl. ebd. 61f; Laienbewegungen in der Kirche, 223f.

[143] Vgl. K. Boehme, Gott aussäen, 77f.

[144] Zum priesterlichen Zweig der *Johannesgemeinschaft* vgl. Unser Auftrag, 131-140.

[145] Vgl. Laienbewegungen in der Kirche, 223f.

wertet. Zum vordergründigen Paradoxon, einer Priestergemeinschaft den Titel »Weltgemeinschaft« beizulegen, äußert Balthasar sich gleichwohl ausgesprochen positiv und versucht, auch theologisch fundiert für diese Form des Rätelebens zu werben:

> »Es gibt auch approbierte Weltgemeinschaften von Priestern, die in der heutigen Kirche Bedeutsames leisten. Daß sie gerade den Namen 'Weltgemeinschaften' tragen, ist von theologischer Seite bemängelt worden, läßt sich aber vielleicht doch daraus rechtfertigen, daß diese Priester, ihre Christusnachfolge sehr ernstnehmend, eine möglichst große Nähe zu den Menschen und durch sie zu den im Sinne Christi zu ordnenden Dingen dieser Welt erstreben. Sicher aber ist, daß alle Laiengemeinschaften auf Priester, die ihr besonderes Ideal verstehen, angewiesen sind; und manche Gemeinschaften bergen sinnvollerweise einen männlichen, weiblichen und priesterlichen Zweig in sich, die entsprechend den Umständen zusammenarbeiten.«[146]

Aufschlußreich im vorgestellten Argumentationsgang ist die Bestimmung des Modus der *Säkularität* im Priester-Säkularinstitut: Für die Situation des Priesters realisiert sie sich nicht im profanen Beruf, sondern in seiner »möglichst großen Nähe zu den Menschen«, womit in diesem Kontext nur die Laien bzw. die Mitglieder der dem Priester anvertrauten Seelsorgseinheit gemeint sein können, und »zu den im Sinne Christi zu ordnenden Dingen dieser Welt«. Wo diese mit aller Vorsicht als *säkular* zu bezeichnende Prägung durch den Eintritt in ein Säkularinstitut als bevorzugte Option übernommen und durch die evangelischen Räte gesichert wird, hat das Selbstverständnis des Priesters in der Tat eine eigene, von anderen priesterlichen, etwa ordensmäßigen Profilen unterschiedene Prägung[147]. Sinnvollerweise übernehmen solche Priester - wie Balthasar bemerkt - bevorzugt seelsorgliche Aufgaben für die ihnen verwandten Laiengemeinschaften. Auch im Sinne der hiermit angezielten Bindegliedfunktion zu den Laien, zur »arbeitenden Welt« hin gilt Paulus als Typos eines Priesters im Säkularinstitut[148]. In solchen »Stände«-übergreifenden Gemeinschaften findet dann auch

---

[146] Weltgemeinschaften - ein Paradox, 5.

[147] Vgl. Unser Auftrag, 131.

[148] Vgl. Gibt es Laien in der Kirche?, 101.

die von Balthasar betonte Bindegliedfunktion der Priester-Säkularinstitute zwischen Laien und Klerus einen adäquaten Ausdruck; eine exklusive Grenzziehung zwischen Priestern und Laien - zumal im selben Institut - erweist sich angesichts der gemeinsamen spirituellen Prägung als obsolet: »Da es auch Weltgemeinschaften für (Welt-)Priester gibt, und da die gleiche Gemeinschaft klerikale und laikale Mitglieder beherbergen kann, wird auch die Grenzscheide zwischen Klerus und Laie erweicht und lebensmäßig eingeebnet.«[149] Die Funktion der Priester-Säkularinstitute erschöpft sich jedoch nicht in ihrer Bindegliedfunktion zu den Laien hin. Darüber hinaus spricht Balthasar diesen Gemeinschaften eine Zeichenfunktion für den »normalen« Diözesanklerus zu: Priester im Säkularinstitut stellen durch ihre klare Option aller drei evangelischen Räte die für *alle* Priester sinnvolle Konvergenz von priesterlichem Amt und Rätegesinnung dar[150]. Weil sie keine Ordensmänner sind, können sie exemplarisch - analog jener Funktion, die die Laien im Säkularinstitut für die übrigen (verheirateten) Laien ausüben - für die übrigen Diözesanpriester den inneren Sinnzusammenhang von priesterlichen Funktionen und Räteleben darstellen, wie ihn - hiermit ein drittes Mal als Typos zu erwähnen - Paulus als Apostel und Zeltweber vorlebt[151]. Darüber hinaus bieten Priestersäkularinstitute neben anderen neuen Gemeinschaftsformen für Diözesanpriester dem Einzelnen jene stützende gemeinschaftliche Rückbindung an, die weder ein relativ anonymer Diözesanklerus noch die Gemeinde vor Ort gewährleisten kann[152]. Über diese menschlich stützende Funktion hinaus dienen die Priestergemeinschaften nach Balthasar vor allem dem Ziel, ein Wesensgesetz von Nachfolge zu konkretisieren: daß sie letztlich nur lebbar ist »in einer Sendungsgemeinschaft, worin kirch-

---

[149] Zur Theologie des Rätestandes, 57.

[150] Vgl. Existenz als Sendung, 708.

[151] Vgl. dazu: Gibt es Laien in der Kirche?, 101: »Dabei ist noch wichtig, daß er die Beziehungen zur arbeitenden Welt nicht abbricht, er bleibt Zeltweber, obschon er von den Gemeinden zu leben befugt wäre. Er lebt als amtlicher Diener Christi, aber in evangelischer Armut, die er jedoch nicht im Sinn der Weltflucht versteht. Und natürlich lebt er jungfräulich, ohne Zweifel in der Nachfolge des Herrn, der einzig seiner Botschaft des Reiches lebt, eschatologisch.«

[152] Vgl. Das Wagnis der Säkularinstitute, 240; Über priesterliche Spiritualität, 14; Pneuma und Institution, 382f.

liche Communio Sanctorum in meinem konkreten Alltag für mich persönlich konkret erfahrbar wird«[153]. Trotz dieser Bindung an sein Institut wird der betreffende Priester - im Unterschied zum Ordensmann - seinen »Stammort« nicht primär im Rätestand bzw. seiner Gemeinschaft, sondern »in der Diözese anerkennen«[154].
Mehr als eine summarische Zusammenfassung der Balthasarschen Kernaussagen zur Frage der Priester-Säkularinstitute kann dieser Exkurs nicht bieten, da die vorliegende Arbeit streng auf die Frage der *Laien* im Säkularinstitut eingegrenzt bleiben soll. Die Thematik bedürfte freilich einer eigenen Detailuntersuchung; hier hätte auch die geschichtliche Einordnung und theologische Erschließung des priesterlichen Zweiges der *Johannesgemeinschaft* ihren Ort.

IV. Rückbindung an die Berufung aller im Volk Gottes: Maria und Johannes - Typoi der Gesamtkirche

Der »Laie, das Glied der Kirche überhaupt«, so sagt Balthasar »fühlt, je mehr christliche und das heißt kirchliche Verantwortung er übernimmt, sich um so stärker als Kirche«; diese personale Dimension von Kirche hat ihre Spitze in Maria, »sofern sie der Inbegriff der Kirche als gelebte Wirklichkeit ist«[155]. Maria ist dies, weil sie im Sich-erlösen-lassen die gemäße Antwort auf das Ankommen Gottes in Jesus Christus gibt und so als »vom Kreuz her (Vor-) Erlöste« zur »Mit-Ursache der Erlösung«[156] wird. Kirche ist von diesem neutestamentlichen Ursprung her zutiefst eine personale Größe, und das heißt *Maria*: »die sehr geheimnisvolle Realität einer dem zweiten Adam zugestalte-

---

[153] Existenz als Sendung, 708.

[154] Wer ist ein Laie?, 388.

[155] Schleifung der Bastionen, 74. - Vgl. B. Leahy, The Marian Principle in the Church according to Hans Urs von Balthasar, Frankfurt 1996.

[156] Der Laie und die Kirche, 334; vgl. auch M. Kehl, Ein Porträt, 45f: »Maria - Urbild der Kirche«.

ten zweiten Eva«[157]. In diesem ekklesiologischen Aspekt der Mariologie situiert Balthasar auch die wachsende Bedeutung der marianischen Bewegung in den Jahren vor dem Zweiten Vatikanischen Konzil: als Typos der Kirche steht Maria in innerem Zusammenhang mit dem »Erwachen der Kirche in den Seelen«, dem wachsenden christlichen Bewußtsein vor allem der Laien: »Sie haben hier eine Nähe zum Geheimnis Marias, die zustimmender und insofern ermöglichender Raum der Menschwerdung Gottes ist.«[158] Die Laien in diesem Sinne dem Typos *Maria* zuzuordnen, hat nichts von einer demütigenden Zuweisung, sondern beschreibt das Grunddatum jedes Christen: Empfänger der Erlösung zu sein. Die Zuweisung des Dienstamtes an einzelne Getaufte - bei Balthasar verkörpert im Typos *Petrus* - ist dem gegenüber sekundär und dem Marianischen in der Kirche nachgeordnet: »Auch Petrus wird, nicht wollend, aber den Willen eines andern geschehen lassend, schließlich dorthin gelangen, wo Maria stand, während er abseits verleugnete und weinte.«[159]
So ist Maria zugleich mit ihrer Zuordnung zu den *Laien* personaler Sammelpunkt *aller* Gläubigen in der einen Kirche: »Der Gegensatz zwischen Petrus und seiner Herde, zwischen Hierarchie und Laienvolk ist in Maria überholt in eine tiefere, beide gemeinsam begründende Wirklichkeit hinein: die Wirklichkeit Kirche-Braut.«[160] In der Überwindung dieses Gegensatzes liegt auch die Überwindung der Kluft zwischen hörender und Gehorsam einfordernder Kirche: »Gehorsam ist nicht ein Attribut des 'Kirchenvolkes' allein, sondern das Attribut der Ecclesia als ganzer, lange vor ihrer Differenzierung in einen lehrenden und einen hörenden Teil, der Ecclesia-Maria als der Magd des Herrn«[161]. K.-H. Menke faßt diese gesamtkirchliche Funktion Marias in Balthasars Theologie zusammen: »Weil Maria *nichts* 'für sich'

[157] Cordula oder der Ernstfall, 34.

[158] Der Laie und die Kirche, 338; vgl. auch: Schleifung der Bastionen, 27.

[159] Cordula oder der Ernstfall, 33. Insofern Maria zur »überamtlichen« Ebene der Kirche gehört, ist sie der amtlich-petrinischen Ebene vorgeordnet. Trotzdem gilt auf der amtlichen Ebene, »daß auch Maria, als ein sichtbares Glied der Christenheit, unter Petrus steht« (Der Laie und die Kirche, 336).

[160] Schleifung der Bastionen, 27f. Vgl. auch Cordula oder der Ernstfall, 32f.

[161] Schleifung der Bastionen, 75.

zurückbehält, sondern 'ihrer vollständigen Enteignung zum Gefäß des Heiligen Geistes zustimmt', erstreckt sich ihre Stellvertretung auf *alle* Glieder der Kirche. Sie ist das Urbild jedes Christen, ob er im Laien-, Priester- oder Rätestand lebt.«[162] Eine Konsequenz dieser *marianisch begründeten* Einbindung der Laien in das Geheimnis der Gesamtkirche ist die starke Stellung, die Balthasar den Laien in der sakramentalen Ordnung der Kirche zumißt: z.B. in einer großzügigen Anerkennung des quasisakramentalen Charakters der Laienbeichte oder im Hinblick auf die Teilhabe von Laien an der Leitungs- und Lehrfunktion des kirchlichen Amtes[163]. Der Laie »kann Christus und die Kirche vermitteln, seine Gegenwart im Leben anderer Menschen kann eine wahre, wirksame Präsenz des Mysteriums der Erlösung werden«[164]. Neben Maria ist Johannes als vermittelnde Person zwischen Amt und Laien in der Kirche zu nennen. In der typologischen Theologie Balthasars ist der Lieblingsjünger und Evangelist in innerer Einheit mit der Mutter Jesu zu deuten, weil ihm »Jesus auf dem Höhepunkt seines Erlöserwirkens am Kreuz, wahrhaft testamentarisch, seine Mutter anvertraute, damit beide zusammen die lebendige Urzelle seiner Kirche bilden sollten«[165]. Sein »Dienst der Mitte«[166] besteht darin, Maria - und in ihr alle Glaubenden - »in den Lebensraum der sichtbaren Kirche Petri und der übrigen Apostel«[167] einzuführen. Er ist typologisch die verbindende Mitte zwischen Laien und Amt, Maria und Petrus, Frau und Mann. Als diese typologische Gestalt ist der Lieblingsjünger Jesu gestalt- und namengebend für das Säkularinstitut *Johannesgemeinschaft* und für die Hans Urs von Balthasar vor Augen stehende theologische Stellung der Säkularinstitute generell. In der *einen Johannesgemeinschaft* finden sich Laien und Priester, Männer und Frauen in der gemeinsamen Berufung zur Liebe[168].

---

[162] K.-H. Menke, Stellvertretung, 298f. (Zitat: Klarstellungen, 61.)

[163] Vgl. Der Laie und die Kirche, 339-341.

[164] Ebd. 339.

[165] Unser Auftrag, 105.

[166] M. Kehl, Kirche als Institution, 293.

[167] Unser Auftrag, 106.

[168] Zum Ganzen ebd. 105-108.

Drittes Kapitel

Das Volk Gottes in der gegenseitigen Bezogenheit von Ehe- und Rätestand

Um die Stellung der Säkularinstitute in ihrer Funktion als »Brücke zwischen Weltstand und Gottesstand, Laien und Religiosen«[169] genau zu definieren, bedarf es - über die geleistete Verhältnisbestimmung zwischen Laien und Amt hinaus - einer präzisen Erhebung des Verhältnisses zwischen Ehe- und Rätestand bzw. Weltstand und Rätestand. Insofern die Ehe zwischen zwei Getauften im Sinne Balthasars der normale Modus ist, den Weltstand zu realisieren, können Ehestand und Weltstand hier als Synonyme gebraucht werden[170], denn: »Der mündige Laie in der Welt ist normalerweise der Mensch in der Erfahrung der Ehe«[171]. Wo eine Unterscheidung bzw. Akzentverschiebung zwischen beiden Termini angezeigt ist, wird dies aus dem Kontext ersichtlich werden. Angesichts dieser inneren Einheit von Ehestand und Weltstand im Gegenüber zum Rätestand wird ersichtlich, daß Hans Urs von Balthasar den Mitgliedern der Säkularinstitute durch ihre »Zwischenstellung« unter gewisser, noch näher zu qualifizierender Rücksicht den *Laienstatus* zuerkennt und sie somit dem *Weltstand* subsumiert, *obwohl* sie durch ihre Rätebindung das normale Spezifikum des Weltstandes, die Ehe, nicht realisieren; diese vorläufige Unterscheidung ist im folgenden im Bewußtsein zu halten und auf ihre Begründung hin zu befragen.

---

[169] Mein Werk, 47.

[170] Zum Verhältnis von Ehe und Weltstand vgl. Ch. Kaiser, Theologie der Ehe, 153. Den Fall einer dauerhaften Unentschiedenheit zwischen Rätestand und Ehe sieht die Theologie Hans Urs von Balthasars nicht vor. Wo eine Option für die Ehe vorliegt, ohne daß sich die Möglichkeit einer Partnerschaft eröffnet hätte, steht ein Christ im inneren Anschluß an den Weltstand, es sei denn, er sucht in bewußter, wenn auch nicht öffentlich anerkannter Weise inneren Anschluß an den Rätestand. Vgl. hierzu: Christlicher Stand, 190-193.

[171] Zur Theologie des Rätestandes, 13.

I. Der Laie im Rätestand und der Laie im Ehestand - Exklusivität und Verwiesenheit

So wie in der Verhältnisbestimmung von Laien und Amt nicht eine Negativ-Abgrenzung, sondern die *Analogie* in Teilhabe und Teilnahme am eucharistischen Mahl und Opfer sowie im kirchlichen Verkündigungsdienst erschließend war, so ist auch in Balthasars Ehe- und Rätetheologie ein analoges Denken prägend. Laien im Ehestand sind nicht einfach jene Christen, denen das Privileg einer besonderen Berufung zur ausdrücklichen Nachfolge in den evangelischen Räten abginge. Sie sind im Sinne Balthasars vielmehr jene Christen, die gemeinsam mit allen Rätechristen zur Vollkommenheit in der Liebe gerufen sind, dies aber nicht durch ein Herausgerufenwerden zum *aktuellen* Vollzug der evangelischen Räte, sondern durch die Aufforderung zur *spirituellen* Durchdringung ihres Ehe- und Weltlebens durch die *Haltung* der evangelischen Räte[172]. Der Sinngehalt dieser Analogie muß nun genauer entfaltet werden, ohne dabei freilich die gesamte Ehetheologie Hans Urs von Balthasars nachzuzeichnen[173]. Auf dem *Schnittpunkt* von Ehe- und Rätestand werden uns ein weiteres Mal die Säkularinstitute begegnen. Dabei wird sich zeigen müssen, ob das ekklesiologische Modell Hans Urs von Balthasars hinreicht, um den kirchlichen Ort der Säkularinstitute adäquat zu umschreiben und eine genuine Laienspiritualität zu formulieren.

1. Ehe- und Rätestand zwischen Paradies und Vollendung

Das Zueinander von Ehe- und Rätestand erklärt sich in der Theologie Hans Urs von Balthasars von der Protologie her, dem gottgewollten

---

172 Vgl. Gibt es Laien in der Kirche?, 102-104; Existenz als Sendung, 707f, und an vielen anderen Stellen.

173 Vgl. hierzu die Dissertation von Ch. Kaiser, Theologie der Ehe. Der Beitrag Hans Urs von Balthasars (Studien zur systematischen und spirituellen Theologie Bd. 22), Würzburg 1997.

Urzustand des Menschen vor dem Sündenfall. Hier in diesem heilen Anfang konstatiert Balthasar eine Ungeschiedenheit der beiden »Stände«: »In der paradiesischen Menschheit war so etwas wie eine Unterscheidung der Stände - als Weltstand und Ordensstand - so unmöglich, daß vielmehr beides vollkommen zusammenfiel.«[174] Gehorsamsbindung des Menschen an Gott und menschliche Freiheit bilden in diesem idealen Zustand eine Einheit[175]; Jungfräulichkeit - verstanden als ungetrübte Integrität des Zueinanders von Leib und Seele - und Fruchtbarkeit sind einander zugeordnete und nicht ausschließende Werte[176], ebenso das Verhältnis von geschöpflicher Armut und gottgeschenkter Fülle[177]. Die Sünde bringt bleibende Störungen in diese gottgewollte Integrität der menschlichen Person, weshalb nach dem Sündenfall die einander korrelierenden Werte Gehorsam-Freiheit, Jungfräulichkeit-Fruchtbarkeit und Armut-Fülle auseinandertreten; ihre gegenseitige Integration ist dem Menschen aus eigener Kraft nicht mehr möglich. Die Situation des Menschen vor dem Sündenfall hingegen läßt sich beschreiben als eine »vollkommene Synthese des christlichen Welt- und Rätestandes, wobei der Rätestand die innere Haltung und Gesinnung, der Weltstand die äußere Erfüllung und Entsprechung ausdrückt«[178]. Diese Aussage scheint für Balthasars Sicht von Ehe- und Rätestand außerordentlich wichtig: Es wird deutlich, daß er nicht einer platten Zuteilung des heilen Zustandes an die Rätechristen und der Sündenverflochtenheit an die Eheleute verfällt. In der Ehe, im Gebrauch der irdischen Güter und menschlicher Freiheit erblickt Balthasar vielmehr die gottgewollte *Erfüllung* menschlichen Lebens, während die Momente des *Verzichts* in den evangelischen Räten die korrespondierenden

---

[174] Die großen Ordensregeln, 11. In diesen Ausführungen aus dem Jahr 1948 unterscheidet Balthasar begrifflich noch nicht zwischen *Ordensstand* und *Rätestand*; *Ordensstand* meint hier noch - wie auch in *Der Laie und der Ordensstand* - den Oberbegriff über alle kirchlich-offiziellen Formen des Rätelebens. Erst später führt Balthasar mit dem Terminus *Rätestand* einen neuen Oberbegriff ein, der die Mitglieder der Säkularinstitute nicht länger dem *Ordensstand* subsumiert. Vgl. auch Christlicher Stand, 12, 124f.

[175] Christlicher Stand, 71-73, 91-93.

[176] Ebd. 73-75, 91-93.

[177] Ebd. 81-83, 91-93.

[178] Ebd. 93.

Grundhaltungen des Menschen versinnbildlichen, welche den gottgewollten Gebrauch der irdischen Güter ins Maß der Liebe zurückbinden. Es gibt also Akzentverschiebungen zwischen beiden »Ständen« in der Wertigkeit und Augenfälligkeit der einzelnen Aspekte: Während die Rätechristen vornehmlich den Aspekt des Mitgekreuzigtwerdens mit Christus durch einen *aktuellen Vollzug* der Räte akzentuieren, um vom *Verzicht* Christi her die wahre Werteordung wiederherzustellen, ist es den Eheleuten aufgetragen, die Güte des väterlichen Schöpfungswerkes im *Besitz* der ursprünglich guten Schöpfungsgaben zu bezeugen, einem Besitzen und Verwalten, das geprägt ist von der *geistlichen Haltung* der evangelischen Räte[179]. In diesem Sinne ordnet Balthasar die Rätechristen der Erlösungsordnung zu, die Eheleute der Schöpfungsordnung[180]; beide »Stände« sind für Menschheit und Kirche nach dem Sündenfall zur Wahrung der Ganzheit der Offenbarung Gottes unverzichtbar.

Was für den verlorenen, heilen Urzustand des Menschen galt, ist durch das Erlösungswerk Jesu Christi, durch seine gehorsame, jungfräuliche und arme Hingabe an Gott und die Menschen grundsätzlich wiedereröffnet und prägt die kommende Vollendung des Menschen, den »*Himmel* [...] als *die vollendete Einheit dessen, was* jetzt, in der gefallenen Welt, *in den beiden Ständen auseinanderklafft*«[181]. Insofern diese endgültige Vollendung jedes Menschen und der menschlichen Geschichte auch nach der Auferstehung Jesu noch aussteht, ist ein Leben in voller Integrität, das gleichzeitig Gehorsam *und* Freiheit, Jungfräulichkeit *und* Fruchtbarkeit, Armut *und* Fülle realisieren könnte, für den Einzelnen nicht möglich, auch nicht für den Rätechristen[182]. Einzig in Maria ist dieses erlöste Konzept des Menschen

---

[179] Vgl. ebd. 132f; Reinhold Schneider, 279-281.

[180] Vgl. Christlicher Stand, 132.

[181] Christlicher Stand, 94; vgl. auch 125f.

[182] Vgl. ebd. 133: »Die dazu Gerufenen werden eine Minderzahl bleiben, mehr dazu bestimmt, durch ihr Ausnahmedasein die Existenz einer andern Welt, des Urstandes und Endstandes zu bezeugen, als diesen Urstand und Endstand schon jetzt herbeizuführen. [...] Der Stand der Erwählten ist *repräsentativer Stand:* er vergegenwärtigt die Idee des Menschen, wie Gott ihn erdacht hat und wie er werden soll. Er repräsentiert diese Idee freilich innerhalb der gefallenen Welt, gleichsam *in einer spiegelverkehrten*, negativen *Form*, in der Form des Verzichtes, die aber, sofern

schon voll verwirklicht; in ihrer Person, d.h. in ihrer jungfräulichen Gottesmutterschaft sind der Kirche beide »Stände« eröffnet, und ihre mögliche Synthese in der eschatologischen Vollendung ist vorweggenommen[183]. Für alle anderen Menschen gilt, daß ihr Streben nach Freiheit, Fruchtbarkeit und Fülle gleichsam gekreuzigt werden muß durch die Gesinnung der evangelischen Räte, um in die gottgewollte Ordnung zurückzufinden; dies gilt gleichermaßen, wenn auch auf verschiedene Weise, für Eheleute wie für Rätechristen.

Trotz dieser Nebenordnung der »Stände« und ihrer Komplementarität ist der Rätestand im Sinne Balthasars doch das Grundlegendere, an dem sich auch der Weltstand bzw. die Eheleute auszurichten haben. Vom Rätestand gilt, daß er

> »kein anderes 'höheres' Ideal als das allgemein Christliche verwirklichen will und deshalb die evangelische Vollkommenheit, wie sie von allen angestrebt werden müßte, auf seinem besonderen Weg für alle darstellen soll. Er ist wie die Potenzierung einer Grundzahl, in der alle sind, wie das Ernstnehmen einer Forderung, die an alle ergeht, wie die Aufrichtung eines Vorbildes, das alle nachbilden sollten, wie die Ausprägung eines Typus, an dem alle teilnehmen sollten.«[184]

Die Räte erscheinen hier als die geschöpfliche Haltung schlechthin, in die *jeder* Mensch bis zu seinem Tod immer tiefer hineinzufinden hat: »Der Tod spätestens holt für jeden die Lage ein, in die der Gerufene sich von vornherein begibt: volle Armut, volle Keuschheit, voller Gehorsam.«[185]

Bleibt die Frage, wo in diesem Denkmodell einer echten Ergänzungsbedürftigkeit des Rätestandes durch den Ehe- bzw. Weltstand Raum gegeben wird. Diese Ergänzungsbedürftigkeit der Rätechristen scheint für Balthasar vor allem in der beispielhaften Konkretheit und Unaus-

---

Ursprung und Sinn dieses Verzichtes die Liebe des Erlösers zur Welt ist, schon jetzt die innere Fülle des Positiven durchstrahlen läßt: Erinnerung an das paradiesische Glück und Vorgeschmack der ewigen Seligkeit.«

183 Vgl. ebd. 94.

184 Ebd. 269f.

185 Zur Theologie des Rätestandes, 24f. Vgl. Christlicher Stand, 127; Cordula oder der Ernstfall, 35: »jeder Mensch ist im Tod ein rein Verfügter (Gehorsamer), vollkommen Armer und Keuscher«.

weichlichkeit der Liebesforderung zu bestehen, in welche die Christen im Weltstand durch Ehe und Familie gestellt sind. Deshalb gilt für Balthasar von hier aus:

> »Man muß aber auch hoffen, der Mensch im Rätestand habe bis zum Tod die Bewegung auf den Nächsten hin so gelernt und vollzogen, daß er in der vollen christlichen Selbstlosigkeit jene Liebe erreicht, die der verborgene, oft genug verschüttete Kern des Weltstandes ist oder wenigstens sein kann und soll: als Vollhingabe der Gatten aneinander, als hüllenlose Liebe zwischen Mutter und Kind, als die in jeder echten Menschenliebe, wenn sie gewillt ist, bis ans Ende der Liebe zu gehen, durch Christus hineinverborgene Gottesliebe.«[186]

Wo diese »Vollhingabe der Gatten aneinander« in der Angleichung an die Lebenshingabe Christi für die Kirche (vgl. Eph 5,25-33) die Sinntiefe des Ehesakramentes ausschöpft[187], bekommt auch die gegenseitige Hingabe der Partner teil am Segen des Kreuzes für Kirche und Welt: »Auch das Ehe-Sakrament segnet vom Kreuz her und vermittelt Gnaden«[188] (vgl. Zweiter Teil. B. Erstes Kap.II.3.a).

2. Allgemeine und besondere Berufung im Neuen Testament

Hans Urs von Balthasar liest die erwähnte Zuteilung der beiden »Stände« zu je verschiedenen Aspekten von Schöpfung und Erlösung am neutestamentlichen Berufungsgeschehen ab, wie es sich in den Evangelien darstellt. Hier erblickt er verschiedene Weisen, wie die Menschen - Jünger und Volk - durch die an alle ergehende Aufforderung Jesu angesprochen werden: Die einen - nämlich die Jünger als Prototypen des Rätestandes - werden ganz auf die Initiative Jesu hin aufgefordert,

---

[186] Zur Theologie des Rätestandes, 24f.

[187] Zu Balthasars Ehetheologie vgl. Christlicher Stand, 275: »Schließlich wird das Urbild Christi in der Laiengemeinschaft so unmittelbar ins Leben übersetzt, daß das zentrale Geheimnis seiner *Opferhingabe* an die Kirche für den Laien zu einem eigenen Sakrament wird, zum Laiensakrament der Ehe, das die Gatten sich angesichts der (vom Priester repräsentierten) Kirche selber spenden (Eph 5,21-33).« Vgl. auch: Sponsa Verbi, 198f.

[188] Cordula oder der Ernstfall, 37.

alles zu verlassen und ihm zu folgen »in ein Außerhalb jeder menschlichen Geborgenheit in der Welt, an einen Ort, der weltlich gar nicht feststellbar ist, weil er kein Ort innerhalb der Welt der natürlichen Ordnungen, der berechenbaren Möglichkeiten ist, kein in der Schöpfung vorgesehener Ort, sondern von der Welt aus nur als Nichtort [...] bezeichnet werden kann«[189]; von diesem neuen Standort aus, dem »Nichtort« des Kreuzes, geschieht für sie Sendung in die Welt hinein, von wo aus sie aber immer wieder in ihren »Stand bei Christus«[190] zurückkehren, der der übernatürlichen Erlösungsordnung zuzuordnen ist. Die anderen - biblisch repräsentiert durch einzelne aus dem Volk, wodurch sie zu Prototypen des Weltstandes werden - kommen mit Jesus in Berührung, indem sie, meist durch ein Leiden motiviert, von sich aus seine Nähe suchen und nach geschehener Heilung in ihre bisherige Welt zurückgeschickt werden, in den »Stand in der Welt«[191], der der natürlichen Schöpfungsordnung zuzuordnen ist. Von letzteren gilt, daß sie zwar zeitlebens in der Gnade Jesu bleiben, aber mit diesem Vermächtnis an ihren ursprünglichen Ort zurückkehren müssen: »Ist aber die Gnade verliehen, stehen sie in seinem Licht, so entläßt er sie wieder in die Menge des Volkes hinein. Er stellt sie als verwandelte, neue Menschen in ihren Rahmen zurück.«[192]

Aus der hiermit typisierten Verschiedenheit der neutestamentlichen Zeugnisse über den Anspruch Jesu und die Antworten der Menschen leitet Balthasar offenbar einen analogen und nicht univoken Berufungssowie Nachfolgebegriff für Räte- und Ehestand ab. Es gibt für ihn keine Berufung zur Ehe im strengen Sinne des neutestamentlichen Berufungsbegiffs[193], weshalb vom Weltstand zunächst nur eine defi-

---

[189] Christlicher Stand, 116. Die Berufungsperikopen interpretiert Balthasar primär als Berufungen in die evangelischen Räte und erst sekundär und davon abgeleitet als Ruf zum Apostolat und dem sich daraus herleitenden priesterlichen Amt.

[190] Theologie der Geschichte, 87.

[191] Ebd.

[192] Christlicher Stand, 112.

[193] Vgl. Berufung, 13: »nun aber den Ausdruck einer christlichen 'Berufung zur Ehe' einführen zu wollen, hieße sich nicht nur vom Sprachgebrauch der heiligen Schrift, sondern auch von ihrer gesamten theologischen Auffassung von Berufung entfernen. Die Theologie der Berufung hat in der Schrift eine präzise, klarumrissene Gestalt, die durch solche Nivellierungen um ihre ganze innere Kraft und existentielle Auswirkung

zitäre Aussage gemacht werden kann: »Das Gestelltsein in den Weltstand kann nur als ein Nichtgerufensein zu einer qualitativen Sendung beschrieben werden.«[194] Wie füllt Balthasar diese geradezu trennende Gegenüberstellung von Welt- und Rätestand inhaltlich? Die skizzierten Weisen des Gerufen- und Angerührtseins durch Jesus, wie Balthasar sie aus den neutestamentlichen Texten ableitet, implizieren als Konsequenz zwei gegenläufige *Grundbewegungen der Nachfolge*: »Beide Stände berühren Welt und Überwelt; aber der Ordensmann mitvollzieht die Bewegung der Sendung Christi aus der Überwelt in die Welt und zurück zum Vater; der Weltchrist vollzieht die Bewegung der Welt, die kraft der Gnade die Überwelt sucht und beschenkt mit der Gnade Christi rückkehrt zur Welt.«[195]
Ein "Zwischen" gibt es hier für Balthasar nicht, auch nicht in der Berufung zum Säkularinstitut, die in diesem frühen Text von 1948 durch ihre Rätebindung selbstredend dem »Ordensstand« subsumiert wird. So sehr die beiden »Stände« nur gemeinsam das ganze Geheimnis von Schöpfung und Erlösung darstellen, so sehr sind sie auch voneinander geschieden und nicht vermischbar. Trotz dieser klaren Scheidung gibt es allerdings Berührungspunkte zwischen beiden Wegen der Nachfolge, die Balthasar beschreibt als »Zwei kreisende Bewegungen: von Gott zur Welt zu Gott, von der Welt zu Gott zur Welt; gegenläufig und bei jedem Kreisgang sich zweimal kreuzend«[196]. Beide Modi der Berufung sind Bewegungen zu Gott *und* zur Welt hin[197]; beide sind zuletzt nicht trennbar, so wie die eine Bewegung Jesu Christi vom Vater zur Welt und von dort her wieder zurück zum

---

gebracht wird.«

[194] Christlicher Stand, 133.

[195] Die großen Ordensregeln, 21.

[196] Zur Theologie des Rätestandes, 22.

[197] Deutliche Kritik an der von Balthasar behaupteten strikten Trennung zwischen der Nachfolgebewegung der Weltchristen einerseits und der Rätechristen andererseits bei A. Herzig, »Ordens-Christen«, 318-320. Herzig betont (ebd. 319), »daß prinzipiell jeder Getaufte, auch der Ordenschrist, in *beide* Lebensbewegungen (als *eine* kreisförmige Bewegung) hineingestellt ist.«

Vater nicht teilbar ist[198].

Für die Frage einer ekklesiologischen Verortung der Säkularinstitute scheinen diese Aussagen äußerst wichtig zu sein. Wenn er auch die Bewegungsrichtung der Nachfolge im Säkularinstitut wegen der dort gewählten Rätebindung eindeutig der »Bewegung des Ordensmannes« subsumiert: »aus der Überwelt in die Welt und zurück zum Vater«, so ist hier doch im Grundansatz des Rätelebens generell die Möglichkeit einer expliziten *Welt*bezogenheit des Rätechristen angelegt, insofern Balthasar *alle* Formen christlichen Lebens ausdrücklich im Horizont der *Welt*-Sendung deutet. Auch und gerade die Berufung zum Rätestand und nicht nur die Zugehörigkeit zum Weltstand ist Berufung zur *Welt*; Räteleben ist »Existenz im Erwähltsein, die ihr Eidos preisgibt in die verwandelnde Verfügung Christi, um es von dort her zurückzuempfangen als Sendung und Auftrag am Reiche Gottes *in der Welt*«[199]. Der Denkschritt zur Möglichkeit eines *Laien* im Rätestand, d.h. eines Rätechristen, der die *Weltsendung* als Konstitutivum seiner Rätebindung erfährt, scheint von hier aus direkt geebnet.

3. Kreuzesnachfolge im Weltstand und im Rätestand

Den verschiedenen kirchlichen Standorten, einerseits durch die Ehe im Bereich von Welt und Schöpfungsordnung, andererseits in der Angleichung an den gehorsamen, jungfräulichen und armen Jesus im Bereich der Erlösungsordnung, ordnet Balthasar verschiedene Weisen der Kreuzesnachfolge zu, die sich - zumindest mit Akzentverschiebungen - auf die beiden »Stände« aufteilen lassen.

> »Beide Kreuze [Christi] erbt die Kirche: das äußere Gekreuzigtsein zwischen Gott und Welt und durch die Welt; aber auch das innere

---

[198] Vgl. Christlicher Stand, 169: »Weil aber der eine und unteilbare Stand Christi die Bewegung von Gott zur Welt und von der Welt zu Gott in sich enthielt, darum kann jetzt die Differenzierung der Stände zu keiner Aufteilung dieses unteilbaren Weges führen. Das bedeutet, daß beide Stände beide Bewegungen in einer Einheit in sich zu enthalten vermögen, beide, wenn auch auf verschiedene Weise, die Ganzheit des Standes Christi in sich darstellen müssen.«

[199] Theologie der Geschichte, 87. (Hervorhebung durch die Autorin) Vgl. ebd. 92.

Gekreuzigtwerden durch Gott für die Welt. Beide Kreuze sind sichtbar eingeprägt der Struktur der Kirche. Obwohl jedes Christenleben an beiden teilnimmt, hat doch das Kreuz zwischen Seele und Welt seinen besondern Ort im Weltstand, das Kreuz zwischen Gott und Seele seinen besonderen Ort im Rätestand.«[200]

Inhaltlich scheint das Gekreuzigtwerden der Christen im Weltstand »zwischen Seele und Welt« in jener Unruhe und Ungestilltheit zu bestehen, mit der die Welt den Christen immer wieder enttäuscht und im Vorläufigen beläßt[201], im »paulinischen Geteiltsein«, wie Balthasar es im Anschluß an 1 Kor 7 interpretiert[202]. Das vornehmliche Kreuz der Rätechristen »zwischen Gott und Seele« hingegen scheint in der schmerzlichen Angleichung an das Opfer Jesu Christi für die Welt zu liegen: »Der Mensch im Rätestand vollzieht existentiell für die ganze Kirche, was das Priesteramt liturgisch für alle vollzieht: die Opferung des Leibes der Kirche als Teilnahme an der Opferung des Leibes Christi.«[203] Als stellvertretende Teilhabe am Leiden Christi für die Welt ist das »innere Gekreuzigtwerden« des Rätechristen somit dem »äußeren Gekreuzigtsein« des Christen im Weltstand, welches eng gebunden bleibt an die Vorläufigkeit der Welt, *vorgeordnet*.
In der hier skizzierten Verschiedenheit der Kreuzesnachfolge in den kirchlichen Ständen erblickt Balthasar einen wesentlichen Sinngehalt der traditionellen Vorordnung des Rätestandes vor der christlichen Ehe und dem Weltstand: »Die hierarchische Ordnung der Kirche betont die Vorordnung des innern vor dem äußern Kreuz, das in jenem fundiert ist und von jenem her seine Fruchtbarkeit erhält, die ständische Vorordnung somit des Rätestandes vor den Weltstand.«[204] In den Räten geschieht für Balthasar die Aktuierung der in der Taufe grundsätzlich ausgesprochenen Bereitschaft zur »Weihe des ganzen Lebens«[205], eine

---

[200] Nochmals Reinhold Schneider, 277.

[201] Vgl. Zur Theologie des Rätestandes, 22.

[202] Vgl. Nochmals Reinhold Schneider, 279; Christlicher Stand, 179.

[203] Nochmals Reinhold Schneider, 277; vgl. auch: Zur Theologie des Rätestandes, 22.

[204] Reinhold Schneider, 277. Vgl. auch zur tridentinischen Vorordung des Rätestandes vor dem Ehestand: Wesen und Tragweite der Säkularinstitute, 203.

[205] Zur Theologie des Ordensgelübdes, 9.

verleiblichte Konkretisierung dessen, was der Weltstand *nur* in der Haltung der Bereitschaft ausdrückt. Eine Wertung ist hier trotz aller von Balthasar betonten Komplementarität der »Stände« nicht zu leugnen. Diese Wertung liegt allerdings nicht auf der Ebene subjektiver Heiligkeit, sondern auf der Ebene der objektiven Symbolik der »Stände«. Die Rätechristen leben, so sieht es Balthasar, stellvertretend für alle *das Besondere des Allgemeinen*[206]:

> »Ist Räteleben existentielle Dar-lebung [!] von Kirche, so steht nichts im Wege, daß die 'Räte' sowohl alle Kirchenglieder, verheiratete und Ehelose usf. unmittelbar angehen, und trotzdem bestimmte Glieder dieses besondere Kirchliche für die Allgemeinheit darstellen. Das Räteleben ist primär Kirche-überhaupt, und nur sekundär (in der charismatischen Gliederung) Einzelmöglichkeit innerhalb von Kirche; weil es das letztere nur sekundär ist, ist dieses Sekundäre von vornherein offen und hinausstehend in Kirche-überhaupt.«[207]

4. Teilhabe aller an der Wirklichkeit Braut-Kirche

Den Kerninhalt im *Besonderen des Allgemeinen*, das die Rätechristen unmittelbar darstellen und woran alle Getauften durch ihre Kirchenzugehörigkeit partizipieren, erblickt Balthasar im bräutlichen Verhältnis zwischen Christus und Kirche[208]. In diesem Verhältnis ist der Sinngrund der von Balthasar konstatierten Analogie zwischen Ehe- und Rätestand zu suchen: Während die Rätechristen durch die Option der Ehelosigkeit in diesen Sinngrund ohne menschliche Vermittlung unmittelbar hineingezogen sind und diesen zeichenhaft darstellen, repräsentieren die Eheleute das Verhältnis Christus-Kirche in ihrem gegenseitigen Verhältnis sakramental, d.h. zeichenhaft-menschlich vermittelt[209]; erstere stehen *ohne* partikuläre menschliche Bindung im

---

[206] Zu diesem Topos vgl. Zur Theologie der Säkularinstitute, 447.

[207] Christologie und kirchlicher Gehorsam, 201.

[208] Vgl. hierzu M. Kehl, Ein Porträt, 46.

[209] Vgl. Zur Theologie des Rätestandes, 27: »Wenn die Kirche diese restlose Hinweihung des Lebens (consecratio vitae) nicht unter die sieben Sakramente zählt, dann doch wohl deshalb, weil hier nicht, wie in der Ehe, ein (die Gnade wirksam enthaltendes) Symbol der urbildlichen Liebeseinigung zwischen Christus und der Kirche

Urmysterium und repräsentieren es in ihrer Lebensform, zweitere stehen *durch* ihre partikuläre Bindung an den Partner/die Partnerin im Urmysterium und haben so realen Anteil daran[210]. Balthasar leitet hieraus ein Gefälle zwischen Rätestand und Ehestand auf der objektiven Ebene der *Form*, der Repräsentation, nicht aber der subjektiven *Heiligkeit* ab. Das *melius ac beatius* des Konzils von Trient verortet Balthasar offenbar auf dieser objektiven Ebene der Repräsentanz[211]; bezüglich der subjektiven Vollkommenheit erscheint es ihm wichtig, die Wertneutralität beider Wege hervorzuheben, insofern sie »beide Ausdruck der gleichen Liebe sind, in welcher die eine einzige Vollkommenheit besteht«[212].

Was bedeutet diese Vorordnung des Rätestandes in der Balthasarschen Konzeption ekklesiologisch? Wer sich im Modus der Ehelosigkeit für die evangelischen Räte entscheidet, hat sich mit der Totalität seines ganzen Lebens in den Urgrund der Kirche hineingestellt, in jenen den ganzen Menschen einfordernden Bund Jesu Christi mit der Kirche. Er

---

vorliegt, gleichsam ein Herabziehen der Ur-Ehe auf diese partikuläre Ehe-Verbindung, vielmehr ein Mensch emporgezogen wird in das einzige Ur-Sakrament selber, dieses archetypische Sakrament (die Verbindung Christus-Kirche) zu seiner unmittelbaren Lebensform erwählt und geschenkt bekommt. Er lebt in dem gnadenhaften Lebensgrund, der der gemeinsame Boden aller Einzelsakramente ist.«

[210] Vgl. ebd. 14: »Der mündige Laie in der Welt ist normalerweise der Mensch in der Erfahrung der Ehe: er ist in der fleischlichen Verbindung von Mann und Weib in ein geistiges Band eingewiesen, das so eng und so anfordernd ist, aber auch eine solche Segensverheißung - untrennbar weltlicher und christlicher Art - in sich enthält, daß das Leben in der Ehe, christlich verstanden und gelebt, wie die Erfüllung dessen erscheint, woraufhin die evangelischen Räte zeichenhaft verweisen, fast möchte man sagen, wie das Sakrament des Neuen Bundes der vollen Menschwerdung Gottes gegenüber den worthaften, zeichenhaften Prophezeiungen des Alten.« Vgl. auch: Die großen Ordensregeln, 16f.

[211] Vgl. z.B. Christlicher Stand, 11; Gibt es Laien in der Kirche?, 105: »Wenn (wie Augustinus ausdrücklich sagt) der Jungfräuliche nicht schon als solcher vollkommener ist als der Verheiratete, so ist doch Jungfräulichkeit als solche vollkommener als Eheleben; in der um Christi Liebe willen gelobten Jungfräulichkeit ist die 'Form' vollkommen, und das Leben muß ihr nach Möglichkeit angestaltet werden; in der Ehe ist die 'Form' dem alten Äon verhaftet, und es bedarf einer großen Anstrengung, den irdischen Eros zu einem reinen Ausdruck der himmlischen Agape zu läutern.« Im Wortlaut besagt das tridentinische Anathema bezüglich Ehe und Jungfräulichkeit: »Wer sagt, der Ehestand sei dem Stand der Jungfräulichkeit oder des Zölibates vorzuziehen, und es sei nicht besser und seliger, in der Jungfräulichkeit und dem Zölibat zu bleiben, als sich in der Ehe zu verbinden *[vgl. Mt 19,11f; 1 Kor 7,25f 38 40]*: der sei mit dem Anathema belegt.« (DH, Nr. 1810)

[212] Zur Theologie des Rätestandes, 22.

lebt bräutlich und exklusiv im Bund Gottes mit der erlösten Schöpfung. Dem gegenüber realisiert der Verheiratete innerhalb seiner ehelichen Partnerschaft ein partikuläres *Abbild* dieses Urgrundes der Kirche und nimmt so teil daran[213]. Ehe und Rätestand verhalten sich also für Balthasar zueinander wie Urbild und Abbild: der Ehelose steht mit seiner Existenz im Urbild Kirche, während der Verheiratete in seiner ehelichen Gemeinschaft ein Abbild dieses Urbildes darstellt - analog dem Verhältnis zwischen dem partikulären Sakrament Ehe und dem universalen »Ursakrament« Kirche; hierin liegt ein Aspekt der erwähnten »Wertabstufung«[214].

Wie aufgezeigt wurde, wird die Frage der Wahl zwischen beiden »Ständen« im Kontext der Evangelien bestimmt durch den jeweiligen Modus, wie ein Mensch Jesus Christus begegnet und sich von ihm angesprochen erfährt. Nachneutestamentlich - d.h. in der jetzigen Zeit der Kirche - ist für Hans Urs von Balthasar von der eigenen Ordenstradition her der Weg der ignatianischen Exerzitien normativ für die persönliche Lebenswahl[215]. Gemeinsamer Ausgangspunkt der Teilung der Christen in Rätestand und Ehestand ist dabei die Indifferenz des jeweiligen Menschen als »ungestörte Bereitstellung der Seele [...], den göttlichen Willen zu umfangen, in welcher Gestalt er sich immer kundgeben mag«[216]. Dem Getauften ist nichts weiter aufgetragen, als die Wahl Gottes zu wählen und dem an ihn ergehenden »Ruf« zu

---

[213] Vgl. Die großen Ordensregeln, 16f; Wesen und Tragweite der Säkularinstitute, 203; Gibt es Laien in der Kirche?, 104.

[214] Vgl. Wesen und Tragweite der Säkularinstitute, 203. Ob die paulinischen Aussagen in 1 Kor 7 für eine solche Verhältnisbestimmung zu Rate gezogen werden können, wie Balthasar dies immer wieder tut (neben vielen anderen Belegstellen z.B.: Wesen und Tragweite der Säkularinstitute, 203; Die großen Ordensregeln, 22; Christlicher Stand, 129), dürfte angesichts des heutigen exegetischen Forschungsstandes über 1 Kor 7 schwer zu bestätigen sein. In der Tat hat Balthasar 1987 in Theologik III, 293 (Anm. 20), seine bisherige Interpretation von 1 Kor 7 relativiert, indem er »Zur rechten Deutung der Stelle« verwies auf: N. Baumert, Ehelosigkeit und Ehe im Herrn. Eine Neuinterpretation von 1 Kor 7, Würzburg 1984, 48-63; vgl. auch ders., Frau und Mann bei Paulus. Überwindung eines Mißverständnisses, Würzburg 1992, 29-121.

[215] Vgl. Texte zum ignatianischen Exerzitienbuch. Auswahl und Einleitung von Jacques Servais SJ, Freiburg 1993.

[216] Christlicher Stand, 325. Vgl. auch: Wesen und Tragweite der Säkularinstitute, 209.

folgen: »Die Verteilung der Lebensgaben erfolgt, wenn der Mensch gelassen ist, durch Gott.«[217] Durch die hier gefällte Entscheidung für Gottes Wahl nimmt der Christ seinen »Stand« im Gefüge der Kirche ein. Insofern die Berufung zu den evangelischen Räten Herausruf aus dem Normalen ist, stellt sie eine Bevorzugung dar, die nach Balthasar allerdings keine Benachteiligung der nicht Berufenen und damit in den Welt- bzw. Ehestand Verwiesenen impliziert[218], sondern vielmehr eine größere Verantwortung derer mit sich bringt, die für alle stellvertretend das *Besondere des Allgemeinen* darzustellen haben.

5. Rätestand im Dienst am Weltstand

Resümierend kann eine Interpretation der »Überlegenheit« des Rätelebens gegenüber dem Welt- bzw. Ehestand »im Sinne einer größeren Verantwortung für das Ganze«[219] - nach dem Bild des Herrn, der den Jüngern die Füße wäscht - festgehalten werden. Demnach hätten die in den Rätestand Berufenen den demütigeren Dienst zu leisten, einen ausdrücklichen Dienst am Ehe- und Weltstand, »wie alles Höhere in der Kirche nur darum und dadurch höher steht, als es mehr dient und zu dienen bereit ist«[220]. Unter dieser Rücksicht wäre sogar eine Vorordnung der Eheleute vor den Rätechristen zu benennen[221]. In den verheirateten Laien liegt die eigentliche Zielgruppe allen kirchlichen Dienstes, sei es des geweihten Amtes oder der Rätechristen, weil vor allem sie die christliche Durchdringung der Welt zu leisten haben.
Diese Dienstfunktion des Rätestandes zu verdeutlichen, so sieht es Balthasar, sind die Mitglieder der Säkularinstitute prädestiniert, insofern sie weder Kleriker noch Ordensleute, sondern *Laien* im Rätestand sind: »Ein nicht-klerikalisierter Rätestand in der Kirche böte die beste

---

[217] Cordula oder der Ernstfall, 120.

[218] Vgl. Christlicher Stand, 334f, 342f.

[219] Die großen Ordensregeln, 22.

[220] Christlicher Stand, 164.

[221] Vgl. ebd. 169; Balthasar spricht hier von einer »Subsidiarität« des Rätestandes gegenüber dem Weltstand.

Gewähr für ein ausgewogenes, lebendiges Gleichgewicht [zwischen Amt und Laien]. Aber auch er könnte nur verschwindender Sauerteig, sich auflösendes Weizenkorn sein, und die aufstehende Frucht (soweit sie sichtbar sein kann) müßte im Laien mit Familie und Besitz und Verfügung, ja in der umliegenden nichtchristlichen Welt festgestellt werden.«[222] Die entscheidende Formel für diese Funktion des Dienstes, den der Rätestand am Weltstand zu leisten hat, findet Balthasar in der erwähnten Aussage, der Rätestand sei das *Besondere des Allgemeinen*[223] der gesamten Kirche, d.h. aller Getauften:

> »Denn Kirche *ist*, um makellose Braut Christi und ein Fleisch mit ihm sein zu können, ganz arm (um nur von seinem Reichtum zu leben), ganz jungfräulich (um nur seinen Samen zu empfangen und auszutragen), ganz gehorsam (um nur seinen Willen, der der Wille des Vaters ist, auszuführen). Rätestand ist deshalb nichts anderes als der Versuch, in einer Lebensform zu versichtbaren, was Kirche in ihrer Eigentlichkeit ist.«[224]

Der Bewertung des Rätestandes als repräsentativem Stand für das *Besondere des Allgemeinen* aller Getauften entspricht die von Balthasar vorgenommene Bewertung der *Taufe* bzw. der christlichen Initiation im Gesamtgefüge der christlichen »Stände«. Dieser Zusammenhang muß kurz näher erläutert werden.

Auf den ersten Blick scheint Hans Urs von Balthasar sich jeder expliziten Tauftheologie zu enthalten[225]; implizit wird allerdings eine Reihe von Bezügen zu diesem ersten Sakrament erkennbar: In Balthasars Lehre vom »Ruf« Gottes, der den Menschen vor jeder kirchlichen Differenzierung der »Stände« aus der Vereinzelung in der sündigen Welt herausruft in die Gemeinschaft der Kirche, wird implizit die

---

[222] Der Laie und die Kirche, 347.

[223] Vgl. Sponsa Verbi, 447f (Zur Theologie der Säkularinstitute); Christologie und kirchlicher Gehorsam, 201f.

[224] Christologie und kirchlicher Gehorsam, 200.

[225] P. Werner Löser SJ, Frankfurt a.M. - St. Georgen, verdanke ich den Hinweis auf dieses Fehlen einer eigens entfalteten Tauftheologie im Werk Hans Urs von Balthasars. Vgl. auch das Urteil von Ch. Kaiser, Theologie der Ehe, 216. Den einzigen ausdrücklich tauftheologischen Beitrag im gesamten Werk stellt ein Vorwort (7f) dar zu: R. Bannez, Baptisez-les. Avec la collaboration de Georges Langrange et Antoine Reneaume, Editions France Empire, Paris 1981.

Taufe theologisch gefaßt[226]; die anschließend geleisteten Unterscheidungen der »Stände« bewegen sich immer schon *im* Raum der Kirche, der durch die Taufe eröffnet ist[227]; »Taufe« markiert gleichsam jene schmale Furt, an der ein Mensch vom Alten Bund hinübertritt zum Neuen: »In das neue Israel tritt man nicht durch Geburt, 'nach dem Willen des Blutes, des Fleisches, des Mannes', sondern durch die Taufe ein, die eine 'Geburt aus Gott' ist.«[228] Insofern die Taufe ihren Ursprung beim versöhnenden Kreuz hat, ist sie vor allem das *erste* Sakrament der Sündenvergebung und Neuwerdung in Jesus Christus[229] und wird von Balthasar sakramententheologisch im Zusammenhang mit dem *zweiten* Sakrament der Sündenvergebung, dem Bußsakrament, erörtert[230]. Im pneumatologischen Kontext wird selbstredend das Verhältnis von Taufe und Geistverleihung thematisiert[231]. Eine Qualifizierung des *Getauften* leistet Balthasar innerhalb der Ekklesiologie bzw. Mariologie, hier wiederum eng rückgebunden an die theologische Erschließung der evangelischen Räte[232].
Der letztgenannte Zusammenhang ist für unsere Fragestellung äußerst bedeutsam: Der Rätechrist erscheint in der Konzeption Hans Urs von Balthasars als der Getaufte schlechthin, dem sich alle Christen - zumindest der inneren Haltung nach - einzureihen haben. Dies wurde schon deutlich in der von Balthasar vorgelegten Kommentierung der Basilius-Regel mit der dort vertretenen inneren Verbindung von Tauftheologie und Rätetheologie (vgl. Erster Teil. Zweites Kap.I.3.c). So kann Balthasar etwa darstellen:

»was wir missverständlich die evangelischen Räte nennen, geht zwei-

---

[226] Vgl. Christlicher Stand, 103-110.

[227] Vgl. Herrlichkeit III/2/2, 286f, 379-381.

[228] Pneuma und Institution, 240.

[229] Vgl. Christlicher Stand, 175-177.

[230] Vgl. Credo. Meditationen zum Apostolischen Glaubensbekenntnis, 77f.

[231] Vgl. Theologik III, 293, 311f.

[232] Vgl. etwa die tauftheologischen Erörterungen im Kontext einer Theologie des Gehorsams in: Christologie und kirchlicher Gehorsam, 189f, 192; Ueber den Gehorsam in den Weltgemeinschaften, 1027. Ausführlich zum allgemeinen »Stand« aller Getauften »in Christus« vgl. Christlicher Stand, 168-180.

fellos alle an, die sich mit einer christusförmigen Sendung identifizieren wollen, diesseits der Unterscheidung von Priester- und Rätestand im engeren Sinn. Und wer immer dann hinter dieser ersten Reihe von Gesendeten in der Nachfolge steht - gewiss alle, die ihre Taufe ernstnehmen -, wird von diesem ersten 'Alles' der Nachfolge geprägt sein, in der Weise, wie Paulus es schreibt: besitzen, als besässe man nicht, verheiratet sein, als wäre man es nicht, schliesslich überhaupt verfügen, als verfügte man nicht (1 Kor 7,29ff.).«[233]

Hier wird der Rätestand bzw. die in den evangelischen Räten ausgedrückte Haltung letztendlich zur Norm jedes christlichen Lebens. Dies muß bezüglich des Verhältnisses zwischen Laien und Rätestand festgehalten und auf die Säkularinstitute angewandt werden: Wird doch dort, wo *Laien* die evangelischen Räte zu ihrer Lebensform wählen, modellhaft sichtbar, daß die Haltung der evangelischen Räte *alle* Christen angeht. In dieser Modellhaftigkeit besteht laut Balthasar der Dienst der Laien im Säkularinstitut an den Laien im Welt- bzw. Ehestand.

II. Die Brückenfunktion der Säkularinstitute

Wenn es zwischen den zwei christlichen Grundbewegungen der allgemeinen und besonderen Berufung auch keinen Kompromiß, keine Mischung geben kann, so hat Hans Urs von Balthasar in den Säkularinstituten doch die verbindende Mitte zwischen Ordensleuten und (verheirateten) Laien im Weltstand gesehen,

»eine Brücke zwischen den beiden durch die entschiedene Weltabscheidung der Kleriker und Ordensleute so fühlbar auseinandergespannten 'Hälften' der Kirche. Eine Brücke nicht dadurch, daß man dem einen wie dem andern Stand gewisse Züge entliehe, um sie zu einem neuen, dritten zusammenzuschmelzen. Es wird nichts entliehen, es wird das eine, Ganze, die Nachfolge Christi im besonderen Sinn, wie sie bisher das Privileg der aus der Welt Ausgezogenen war,

[233] Existenz als Sendung, 707f.

innerhalb der Welt, dem Bereich des 'Laien' verwirklicht.«[234]

Obwohl Balthasar den Säkularinstituten die Funktion einer *Brücke* zwischen Weltstand und Ordensstand zuerkennt, lehnt er den Gedanken, sie bildeten eine *Synthese* zwischen beiden »Ständen«, ausdrücklich ab. Wie denkt Balthasar diese Brückenfunktion, die sich klar von einer Synthese bzw. unguten Mischung zwischen zwei Lebensformen unterscheidet? Was heißt es konkret, daß »die Nachfolge Christi im besonderen Sinn« im »Bereich des 'Laien' verwirklicht« wird? Balthasars weist zur Beantwortung dieser Fragen auf eine Verschiebung im Verständnis der evangelischen Räte in neuerer Zeit hin: von der »Betonung des (äußeren) 'Alles-Verlassens'« hin zu einer Betonung der »(inneren) Lebensweihe«[235]:

> »Wenn der vollkommene Ausdruck der vollkommenen Liebe die Befolgung des Rates ist, dieser aber im *äußeren* Allesverlassen besteht, so ist es schwer einzusehen, wie der, der nicht äußerlich alles verläßt, wirklich die vollkommene Liebe verwirklichen kann. Das wird anders im Augenblick, da das Schwergewicht *innerhalb des Rätestandes selbst* sich verlagert auf die innere personale Konsekration. Denn nun erhält auch der verheiratete Laie echten, inneren Anschluß an den Sinn und Gehalt der Räte. Es wird einsichtig, was es bedeutet, wenn man ihm sagt, die Räte gingen alle an, und jeder müsse sie halten: entweder buchstäblich oder im Geiste (1. Kor. 7, 29-31).«[236]

Von hier aus wird nun ersichtlich, wie Balthasars Konzeption doch zu einer wirklichen inneren Nähe und nicht nur äußeren Angleichung zwischen den Laien im Säkularinstitut und den verheirateten Laien im Weltstand kommt: Innerhalb eines analogen Verständnisses der evangelischen Räte, das vor allem auf die innere personale Lebenshingabe und nicht auf das äußere Allesverlassen hinzielt, können Laien im Säkularinstitut und christliche Eheleute einander in ihrer Weltsendung höchstmöglich nahekommen: Beide übernehmen »*aus* Gehorsam die freie Laienverantwortung für ein Stück Welt«, beide leisten »*aus* Armut

---

[234] Wesen und Tragweite der Säkularinstitute, 203.

[235] Ebd. 208f.

[236] Ebd. 209.

die Verwaltung eines Stückes materiellen oder geistigen Besitzes und Gutes«; daß Eheleute »nicht auch *aus* Jungfräulichkeit (und bleibend in ihr) eine Ehe übernehmen können, liegt an der Begrenztheit des leiblich-fleischlichen Verhältnisses unseres Daseins, [...] an den postlapsarischen, erbsündigen und nicht mehr paradiesischen Leibverhältnissen«[237]. Damit ist zwischen Eheleuten und Laien im Säkularinstitut durch die gemeinsame Weltsendung im Geist der evangelischen Räte eine weit größere gegenseitige Nähe ermöglicht, als dies zwischen Ordensleuten und Eheleuten der Fall sein kann. Denn beide setzen den Schwerpunkt nicht auf das äußere Allesverlassen, sondern auf die innere Lebenshingabe. *Unter dieser Rücksicht* kann formuliert werden, daß die Mitglieder der Säkularinstitute *zugleich* dem Rätestand und dem Weltstand angehören[238].

In ihrer *primär inneren Konsekration, die eine primär innere Realisierung der evangelischen Räte impliziert*, sieht Balthasar einen entscheidenden Unterschied der Säkularinstitute zu den traditionellen Ordenstypen; in dieser Verlagerung auf die innere Konsekration ist die Zugehörigkeit der Säkularinstitute zu den Laien und zum Weltstand begründet. Selbst die Drittordensbindung eines Laien an eine Ordensgemeinschaft brachte ihn nicht in jene innere Nähe zum Orden wie sie nun für einen verheirateten Laien zu einem Säkularinstitut hin möglich ist:

> »der verheiratete Laie [steht] mit dem gottgeweihten Laien in einer unmittelbaren Fühlung. Was dieser lebt, ist ganze und integrale Laienfrömmigkeit. Die Weihe an Gott, die er in Befolgung der Räte Jesu vollzieht, ist dem verheirateten Laien innerlich verständlich und in seiner Weise nachvollziehbar. Während er dort, wo er an die alten Orden gesinnungsmäßigen Anschluß suchte, es nur zu einer äußerlichen

---

[237] Ebd.

[238] Vgl. Zur Theologie der Säkularinstitute, 461: »Der Christ im Weltlichen Institut ist ein Christ in der Welt unter andern Christen und Nicht-Christen in der Welt. Er unterscheidet sich von ihnen nur dadurch, daß er seine ganze Existenz, Leib und Seele, Christus geschenkt hat und von ihm durch die Vermittlung der Kirche den Platz seines Einsatzes für das Reich Gottes in der Welt zugewiesen erhält. Daß er diesen Platz wirklich und nicht bloß zum Schein besetzt hält und verwaltet, ist Nachfolge der Inkarnation. Daß er ihn mit seiner ganzen Existenz 'im Auftrag' Gottes und als Bote seines Reiches versieht, ist das Eschatologische.«

Annex (in den 'dritten Orden') brachte, ist in der neuen Form eine gegenseitige Oeffnung und Durchdringung beider Formen des Laikats ohne weiteres möglich und schon oft verwirklicht worden.«[239]

Von hier aus wird für Hans Urs von Balthasar sogar das Modell eines Säkularinstitutes denkbar, das »in einem ersten, innern Kreise Mitglieder besitzt, die nach den Räten, in einem zweiten solche, die in der Familie leben«[240]. Hier hätten die Säkularinstitute einen genuinen Auftrag »nicht nur [als] ein Instrument zur missionarischen Durchdringung der Welt, sondern in besonderem Maß auch der Durchdringung der kirchlichen Laienkreise, ihrer Spiritualität, ihres Selbstbewußtseins und Selbstvertrauens«[241].

Trotz dieser von ihm angezielten Nähe zwischen verheirateten Laien und Laien im Rätestand läßt Balthasar keinen Zweifel daran, daß die Mitglieder der Säkularinstitute nur deshalb derart fruchtbar für die verheirateten Laien werden können, *weil* sie nach den Räten leben; diese Option verbindet sie untrennbar mit den Ordensleuten und begründet ihre bleibende Zugehörigkeit zum Rätestand. Die Aufhebung des konkret-materialen Rätelebens in ein spirituelles hinein zugunsten einer noch größeren Nähe zu den übrigen (verheirateten) Laien käme einer Aufhebung der Berufung gleich. Auch die ausdrückliche Sendung in den profanen Bereich hinein, wie sie in der Berufung zum Säkularinstitut geschieht, weshalb die dazu Berufenen *Laien* sind, setzt einen radikalen Abschied von der Welt voraus. Die Bewegung dieses Abschieds ist von der Taufe her begründet - hier liegt die innere Einheit mit den verheirateten Laien -, wird allerdings durch die Räte auf die Ebene einer der Größe der Sendung entsprechenden Radikalität und Konkretheit gehoben. Von hier aus ist Balthasars scharfes Urteil gegen jede Abwertung des Rätestandes zu deuten:

---

[239] Wesen und Tragweite der Säkularinstitute, 210. Hier wären die neueren Gemeinschaften zu benennen, in denen Verheiratete und Rätechristen innerhalb *einer* Gemeinschaft oder zumindest gemeinsamen Spiritualität leben: etwa innerhalb der *Fokolar-* und in der *Schönstatt-Bewegung* oder in der *Gemeinschaft der Seligpreisungen.*

[240] Ebd.

[241] Ebd.

»Nichts ist törichter als die Meinung, ein Christ könne sich eine christliche Sendung in die Welt hinein zumuten oder beilegen, der nicht zuvor den Sprung aus der Welt hinaus in das Kreuz vollzogen hätte. [...] Daß die großen kirchlichen Sendungen im Lauf der Zeit, vielleicht durch einen Fortschritt der kirchlichen Entwicklung, vom Stand der Verzichtenden auf den Stand der Weltchristen übergehen und das seiner selbst sich bewußter werdende Laientum den heute allmählich überholten Ordensstand in seiner apostolischen Aufgabe ablösen könnte, dieser Gedanke würde die innerste Struktur der Kirche verkennen.«[242]

In der hier postulierten Unverzichtbarkeit der evangelischen Räte in ihrem materialen Gehalt klingt der kreuzestheologische Aspekt seiner *Theologie der Säkularinstitute* - als zweiter Pol neben dem schöpfungs- und inkarnationstheologischen - an[243].
Wenn Balthasar auch die »Brückenfunktion« zu den Laien hin stärker hervorhebt, so beinhaltet sie doch beides: nicht nur den hier ausführlicher behandelten Aspekt, daß die Säkularinstitute die Bedeutsamkeit der evangelischen Räte für den Weltauftrag *aller* Laien versinnbildlichen; die Brücke spannt sich auch nach der Seite der Ordenschristen hin, indem der namentlich gewählte Weltbezug der Säkularinstitute *alle* Rätechristen an ihren *Weltauftrag* gemahnt. »Brücke« zu sein, heißt also für die Säkularinstitute zugleich,

»daß sie für die Christen des Ordensstandes die lebendige Mahnung bedeuten, sich selber nicht als das Maß der christlichen Vollkommenheit zu nehmen (es gibt neben den Wegen des alten aktiven und kontemplativen Ordensstandes eben auch noch diese Wege in der Welt, die vollgültige Wege des Rätestandes sind), für die Christen des Weltstandes aber die ständige Mahnung aus nächster Nähe, die Räte Jesu nicht als eine weltferne, sie nicht weiter betreffende Sache zu betrachten, sondern als etwas, das auch *in* der Welt, in weltlichen Berufen und in der allerweltlichsten Umgebung voll ausgeübt werden kann und soll«[244].

---

[242] Die großen Ordensregeln, 21.

[243] Vgl. ausführlich Zweiter Teil. B. Erstes Kap. und B. Zweites Kap.

[244] Neue Gemeinschaftsformen in der heutigen Kirche, 173f.

III. Die Säkularinstitute in ihrem Gegenüber zum Ordensleben

Aus den bisherigen Ausführungen ist deutlich geworden, daß Hans Urs von Balthasar in erster Linie eine *allen Rätechristen gemeinsame* Theologie des Rätestandes entwirft, die sich christologisch-ekklesiologisch zusammenfassen läßt unter dem Stichwort der »Räte als Beziehungsgestalt zwischen Christus und Kirche«[245]. Christologisch-marianisch gilt vom Rätestand: »er möchte das Jawort der Gesamtkirche nach Möglichkeit dem Jawort Marias angleichen, die ihrerseits ihr Maß am Sohn hat«[246]. Als solche sind alle Rätechristen für Balthasar »Säulen« der Kirche[247], die Mitglieder der Säkularinstitute haben diese Funktion - wie aufgewiesen werden konnte - vor allem für die Christen im Weltstand bzw. für die christlichen Eheleute. Von höchster Relevanz für eine *Theologie der Säkularinstitute* ist allerdings nun die Frage, wo Hans Urs von Balthasar das Unterscheidende der Säkularinstitute im Gegenüber zum Ordensleben ausmacht.
Bezüglich der verwendeten Begrifflichkeiten muß vorab darauf hingewiesen werden, daß Balthasar in der Regel unter dem Begriff »Orden« alle Institute des Geweihten Lebens unterschiedslos subsumiert, die nicht Säkularinstitute sind, d.h. auch die Kongregationen mit »einfachen« Gelübden; nur vereinzelt bringt Balthasar hier eine Differenzierung an[248]. Sein Sprachgebrauch soll im Rahmen der folgenden Darstellung - trotz der kirchenrechtlichen Unschärfen - beibehalten werden. Mit dieser begrifflichen Unschärfe verbindet sich auch eine sachliche Unschärfe, was Balthasars theologische Wertung

---

245 Vgl. die Ausführungen bei M. Scheuer, Die Evangelischen Räte, 113-116.

246 Christlicher Stand, 225; vgl. auch ebd. 233f.

247 Vgl. Monastisches Leben heute, 36f.

248 So z.B. im Vorwort zu J. Beyer, Als Laie Gott geweiht, 7. An dieser Stelle nennt Balthasar auch die »Gesellschaften mit gemeinsamem Leben« bzw. »Gesellschaften des apostolischen Lebens«, wie sie vom CIC 1983 (Can. 731-746) genannt werden; inhaltlich beschäftigt er sich praktisch nicht mit ihnen, weshalb sie in der vorliegenden Untersuchung ebenfalls ausgeklammert bleiben müssen.

des Ordenslebens betrifft. Was für die Säkularinstitute gilt, muß erst recht bezüglich der Orden festgehalten werden: daß Balthasar sich nur in Gelegenheitsschriften, nicht aber in systematischen Zusammenhängen der Frage einer theologischen Begründung des Ordenslebens gestellt hat. Seine Sicht gestaltet sich streng perspektivisch aus der Warte des Jesuiten, des Kenners der Kirchenväter, des Mitbegründers eines Säkularinstitutes. Die damit gegebenen Einschränkungen müssen im folgenden im Blick behalten werden. Eine kritische Würdigung der Ordenstheologie Hans Urs von Balthasars kann an dieser Stelle nicht erfolgen[249].

1. Verhältnisbestimmung zwischen Orden und Säkularinstituten

Bei der Suche nach dem Spezifikum der Säkularinstitute gegenüber den Ordensgemeinschaften wird sichtbar, daß gerade diese Unterscheidung im Werk Hans Urs von Balthasars einer jahrelangen Entwicklung unterlag. Die Fragestellung war in der kirchlichen Diskussion zu neu, ein eigenes Vokabular für die Lebensform zu wenig geprägt, als daß von Anfang an eine einheitliche Linie in Balthasars Aussagen erwartet werden könnte. Seine diesbezügliche Position kann nur in ihrer Entstehung und allmählichen Veränderung dargestellt werden, wie sie sich aus Balthasars eigenem Standort als Ordensmann, in Wechselwirkung mit kirchlichen Verlautbarungen bzw. kirchenrechtlichen Klärungen und in besonderer Weise auch in seiner Auseinandersetzung mit Karl Rahner profilierte.

a) Stehen im profanen Beruf als erstes Charakteristikum der Säkularinstitute

Die früheste Äußerung zum Thema findet sich bei Hans Urs von Balthasar in *Der Laie und der Ordensstand* von 1948. Noch ganz unter

---

[249] Umfassender zur Frage der Ordenstheologie vgl.: A. Herzig, »Ordens-Christen«. Theologie des Ordenslebens in der Zeit nach dem Zweiten Vatikanischen Konzil, Würzburg 1991. Dort zahlreiche, nicht selten kritische Hinweise auf Hans Urs von Balthasar; vgl. Personenverzeichnis ebd. 457.

dem Blickwinkel des Jesuiten nimmt der Autor hier selbstkritisch die durch die Kirchengeschichte fortschreitende und von den jeweiligen Gründern keineswegs ursprünglich intendierte »Klerikalisierung der Orden« in den Blick: »Die Lehre der Geschichte läßt sich in dem Satz zusammenfassen, daß im Maße als die Säkularisierung der Bildungszweige zugenommen hat, die Klerikalisierung der Orden sich verstärkt hat. Dadurch hat der Ordensstand die Positionen in der Welt, die er im Mittelalter besaß, fast gänzlich aufgegeben und hat sich mit dem Priesterstand zu einem Block vereinigt, der ihn gegen den Laienstand in der Welt abgrenzt.«[250] Diese kritische Sicht einer Klerikalisierung zumindest der männlichen Orden[251], aber auch der weiblichen, insofern sie als Religiose kirchenrechtlich auf derselben Seite stehen und als solche ebenfalls einer starken Trennung von den übrigen Laien unterworfen werden, wird für Balthasar zum Ausgangspunkt für die Forderung nach den »Laien-Orden« und für seine Überzeugung von ihrer kirchenhistorischen Bedeutsamkeit. Dabei stellt er nicht zuerst die Frage: Sind die Mitglieder der entstehenden Säkularinstitute *Ordensleute*? Das setzt er in Ermangelung einer anderen Kategorie und Begrifflichkeit als der des Ordens noch voraus. Sondern er fragt: Gibt es Ordensleute, die - bedingt durch ihren beruflichen Standort - *Laien* bleiben? Oder anders: Kann es ein Ineinander von Räteleben und Laiesein - hier definiert durch eine Tätigkeit im *profanen* Beruf - geben? Er bejaht nicht nur die Frage, sondern *Der Laie und der Ordensstand* wird geradezu zur Programmschrift für diese These und ihre Umsetzung ins kirchliche Leben.

Balthasar hat offensichtlich in der frühen Phase seiner Auseinandersetzung mit der neuen Lebensform wirkliche *Ordensleute* im Blick, die sich von den gewohnten Ordensbrüdern und -schwestern nur dadurch unterscheiden, daß das ihnen zugewiesene berufliche Einsatzfeld und der damit verbundene gesellschaftliche Status mit einem *normalen, profanen Laienleben* identisch sind. Die profane Berufstätigkeit der

---

250 Der Laie und der Ordensstand, 43.

251 In *Der Laie und der Ordensstand* verfolgt Balthasar primär das Interesse männlicher Laien im Rätestand, geht aber auch auf die weiblichen Gründungen ein; vgl. ebd. 64-66.

Mitglieder eines solchen »Laienordens« wäre *positiv* das entscheidende Element ihrer Selbstdefinition und Unterscheidung vom Ordensleben; hier läge gleichsam die »Plattform« bereit, auf der sich erneut die dem Mittelalter selbstverständliche Verbindung von Räteleben und direkter Weltgestaltung ereignen könnte:

> »Auch heute gäbe es *eine* Plattform, auf der sich Priester und Laie ebenbürtig begegnen könnten, sich nicht von vorneherein in der Beziehung von 'lehrender' und 'hörender' Kirche gegenüberständen, sondern in der Gleichberechtigung der gleichen letzten Verantwortung: der Ordensstand. Hier [...] würde vor allem der Laie selbst aus der vollen Erfahrung des 'Standes der Vollkommenheit' heraus die weltliche Situation beurteilen lernen [...] das Urteil des Laien innerhalb seines Fachgebietes müßte im Raum der Kirche von gleicher Tragweite werden, [sic!] wie das Urteil des Fachtheologen, sofern dieser nicht ausdrücklicher Träger des kirchlichen Amtes ist.«[252]

Auch Jahre nach Anerkennung der Säkularinstitute als eigenständige Form des Rätelebens verließ Balthasar diese Perspektive seiner Ausgangsfrage - nämlich nach der Möglichkeit eines *Ordenschristen im Laienberuf* - nicht. Noch in den sechziger Jahren konnte er das Profil der Säkularinstitute engführen auf die Intention, »das Leben in den evangelischen Räten mit der Existenz im weltlichen Beruf [zu] verbinden«[253]. Ähnlich in seinem Beitrag *Ueber den Gehorsam in den Weltgemeinschaften* auf dem Internationalen Kongress der Säkularinstitute von 1970, wo Balthasar die Eigenart der Säkularinstitute vom Zueinander zwischen Gehorsamsbindung und beruflicher Verantwortung her definierte: »In einer Weltgemeinschaft ist das Mitglied für

[252] Ebd. 44f.

[253] Die kirchlichen Urkunden für die Weltgemeinschaften, 7. Vgl. auch die Aussagen in: Evangelische Räte in der heutigen Welt?, 194: »Ihr Hauptgedanke ist die Vereinigung von weltlichem (Laien-)Stand und Beruf mit jener Ganzhingabe oder Hinweihung (consecratio), die sich durch die evangelischen Räte kennzeichnet.« In *Wesen und Tragweite der Säkularinstitute*, 198, stellt Balthasar als Ausgangsproblematik die Frage auf: »ist ein Leben nach den Ratschlägen Jesu Christi vereinbar mit dem 'Leben in der Welt', nämlich im weltlichen Beruf und seinen Ordnungen und Verpflichtungen, mit dem Leben also eines gewöhnlichen Laienchristen, oder ist dazu unerläßlich notwendig, die Welt in dem Sinn zu verlassen, daß man seine weltliche Berufsarbeit aufgibt, um ausschließlich den Aufgaben des kirchlichen Lebens und Dienstes sich hinzugeben«.

Gott und sein Reich durch evangelische Räte engagiert, indem es in einem weltlichen Beruf dauernd Verantwortung übernommen hat.«[254] Es muß wohl festgehalten werden, daß diese von Balthasar vielfach formulierte Ineinssetzung des im Säkularinstitut geforderten *Stehens in der Welt* mit einem *Stehen im profanen Beruf* noch nicht hinreicht, um das Profil der Säkularinstitute in ihrem Gegenüber zum Ordensleben adäquat zu bestimmen. Dies gilt um so mehr, als die ordensinternen Entwicklungen nach dem Zweiten Vatikanum den Ordensleuten ebenfalls zahlreiche profane Berufsfelder neu erschlossen haben und so hinsichtlich der Berufstätigkeit ihrer Mitglieder eine zumindest äußere Annäherung zwischen Orden und Säkularinstituten eingetreten ist.

b) Negativ-Abgrenzung von den Orden als nicht-monastisch und nicht-klerikal

Unter dem Aspekt einer negativen Abgrenzung vom Ordensleben benennt Balthasar weitere unterscheidende Spezifika der Säkularinstitute. Die von ihm denkerisch angezielte neue Form des Rätelebens qualifiziert er erstens im Unterschied zum Ordensleben als *nicht monastisch*, weshalb er 1954 in seinem Artikel *Der Laie und die Kirche* als Aufgabe formuliert:

> »Es gälte, bloß, die monastische Auslegung der Räte, die bisher aufs ganze gesehen die vorherrschende, beinah einzige war, um eine weitere zu bereichern. Das Mönchtum ist weltabgewandt; seine Rolle in der Kirche der Vergangenheit und Gegenwart als Mahnung, Klärung, Hilfe von oben bleibt lebendig und unbestritten. Das Evangelium ist aber nicht innerlich monastisch, und seine Wegweisungen haben weiterreichende Geltung.«[255]

Dies impliziert für Balthasar auf der Ebene kirchenrechtlicher Strukturen, daß die neuen Gemeinschaften nicht im Sinne eines Drittordens an die monastische Welt angegliedert werden sollten, da in diesem Fall die profane Berufstätigkeit rein äußere Funktion wäre, aber die Welt

---

[254] Ueber den Gehorsam in den Weltgemeinschaften, 1029.

[255] Der Laie und die Kirche, 347.

nicht wirklich von innen her bejahen und heiligen würde. Vielmehr geht es um die Gewinnung einer spezifisch laikalen Aszese und Kreuzesnachfolge. Insofern die Säkularinstitute sich auf die Räte verpflichten, gilt für sie in gemeinsamer Radikalität mit den Monasten, daß »der dreifache evangelische Rat den ihm Folgenden unter das Kreuz [verweist], aber das Kreuz ist das absolute Gegenteil von Weltflucht«[256]. In Abhebung von der monastischen Form des Rätelebens gilt daher für die Säkularinstitute: »Das Sendungsleben in den Weltgemeinschaften hat nichts mehr gemein mit der *fuga mundi*, die wenigstens äußerlich mit dem Mönchtum begann«[257].

Als zweites - wieder negativ bestimmtes - Merkmal der neuen Form des Rätelebens nennt Balthasar an derselben Stelle die *Abgrenzung vom Klerus*. So schreibt er etwa: »Ein nicht-klerikalisierter Rätestand in der Kirche böte die beste Gewähr für ein ausgewogenes, lebendiges Gleichgewicht«[258] zwischen Laien und Klerikern. Diese Entscheidung für eine nicht-klerikale Räteform impliziert auf der Ebene kirchlicher Strukturen, daß die (männlichen) Mitglieder der angezielten Gemeinschaften »nicht unbedingt durch 'niedere Weihen' (Diakonat der Laien), wodurch die so qualifizierten Laien zu einem Anhängsel des Klerus zu werden drohen«[259], ausgezeichnet werden sollen. Hier wird deutlich, daß Balthasar im Hinblick auf die Säkularinstitute zuerst an männliche Laiengemeinschaften denkt; erst im zweiten Schritt hat er auch weibliche Institute im Blick; die Möglichkeit von Priestersäkularinstituten stellt sich erst ausdrücklich, nachdem die neue, welthafte Form des Rätelebens schon Gestalt angenommen hat.

Mit der negativen Charakterisierung der »Laien-Orden« als *nicht-monastisch* und *nicht-klerikal* ist allerdings noch keineswegs eine positive Definition der neuen Lebensform geleistet; die Frage des Unterscheidenden zwischen Orden und Säkularinstituten bleibt im genannten Beitrag von 1954 noch weitgehend auf der Ebene einer Negativ-Abgrenzung stehen. Die damit geleistete Bestimmung der Säkularinstitute

---

[256] Das Wagnis der Säkularinstitute, 241.

[257] Ebd.

[258] Der Laie und die Kirche, 347.

[259] Ebd.

erweist sich langfristig um so mehr als unzureichend, als sich - im Zuge der Erneuerung des Ordenslebens nach dem Zweiten Vatikanischen Konzil - heute viele Ordensgemeinschaften weder monastisch noch klerikal verstehen und verstanden werden möchten.

c) Nicht Auswurzelung aus der Welt, sondern Einwurzelung

1956 geht Hans Urs von Balthasar in seinem Artikel *Wesen und Tragweite der Säkularinstitute* in der Bestimmung des Unterschiedes zwischen Orden und Säkularinstituten einen Schritt weiter, wenn er den Apostolat des Klerus und der Orden als einen »Apostolat von oben und von außen« charakterisiert, während der Apostolat der Laien, auch derer im Säkularinstitut - durch seinen Ansatzpunkt »im Innern der Welt und ihrer Strukturen und Bezüge«[260] bestimmt sei. Geradezu plakativ formuliert er: »Während jene durch eine betonte und soziologisch sichtbarwerdende *Auswurzelung* aus den weltlichen Bezügen und Ordnungen zu ihrer Aufgabe fähig und geschickt werden, werden es die Laien umgekehrt gerade kraft ihrer *Einwurzelung* in die gleichen weltlichen Bezüge und Ordnungen.«[261] Hier verläßt Balthasar eindeutig das Modell des Abschieds von der Welt als einzig möglichem Weg der Begründung des Rätestandes und stellt ihm als zweites Modell das der Bindung an die Welt, der »Einwurzelung« gegenüber. Damit ist erstmals ein originärer und positiv bestimmter Ansatzpunkt gewonnen für die Unterscheidung zwischen Ordensgemeinschaften und Säkularinstituten. Gleichzeitig wird sichtbar, weshalb die Mitglieder der Säkularinstitute im Sinne Balthasars Laien und nicht Religiosen sind, weshalb sie zugleich dem Weltstand wie dem Rätestand angehören; offenbar haben sie trotz ihrer Zugehörigkeit zum Rätestand doch Anteil an der Bewegungsrichtung der Nachfolge, wie Balthasar sie für den Weltstand charakterisiert: »von der Welt zu Gott zur Welt«[262]. Bleibt die Frage, wie eine solche Zugehörigkeit zu den Laien durch Einwur-

---

[260] Wesen und Tragweite der Säkularinstitute, 201.

[261] Ebd.

[262] Zur Theologie des Rätestandes, 22. Vgl. Zweiter Teil. A. Drittes Kap.I.2.

zelung in der Welt mit der Wahl der evangelischen Räte theologisch vereinbar ist, bedeutet doch ein Leben in Ehelosigkeit, Armut und Gehorsam *immer* ein gewisses Abstandnehmen von den normalen weltlichen Bezügen. Auch die folgenden Ausführungen können diese Frage nur in einer gewissen Annäherung klären.

Die den Ordensleuten eigene Auswurzelung aus der Welt ist für Balthasar derart grundlegend für ihre Berufung, daß sie zwar eine äußere Angleichung an die Laien vollziehen können - etwa in der Lockerung der Klausurbestimmungen, im Ablegen des gemeinsamen Kleides, im Ausüben eines profanen Berufes -, aber diese Angleichung würde sie nie innerlich zu Laien machen, sie bliebe ein Zugeständnis an die Welt im Dienste des Apostolates, ohne je identisch zu werden mit dem In-der-Welt-sein des Laien im Säkularinstitut. Zur Verdeutlichung exemplifiziert Balthasar das Gemeinte anhand des eigenen Jesuitenordens:

> »Nur weil der Jesuit ausgewurzelt ist, kann er dem Papst und seinen Ordensobern zu allem verfügbar und grundsätzlich grenzenlos einsetzbar sein. Und es ist wahr, daß *diese* Universalität sich - weil die primäre Auswurzelung nicht zurückgenommen wird - *nie wieder* in die Weltstrukturen einwurzeln kann. Sie kann sich gleichsam der Welt nur in einer unendlichen Asymptote nähern, bis zu einer äußersten Mimikry.«[263]

Die Grundbewegung der Nachfolge bleibt nach Balthasar für den Ordenschristen immer der Weg »von Gott zur Welt zu Gott«[264], auch bei noch so großer Angleichung an die Lebensweise eines Laien im Weltstand, etwa durch die zeitweilige Übernahme einer profanen Berufstätigkeit. Dies unterscheidet ihn vom Christen im Säkularinstitut, der durch seinen dauerhaften Verbleib im profanen Beruf und im normalen gesellschaftlichen Milieu, durch seine *Einwurzelung in der Welt* zugleich die Bewegungsrichtung »von der Welt zu Gott zur Welt« mitvollzieht.

Das Unterscheidende zwischen Ordensleuten und Mitgliedern von Säkularinstituten bestünde nach dieser Sicht also weniger im phänotypi-

---

[263] Wesen und Tragweite der Säkularinstitute, 206.

[264] Zur Theologie des Rätestandes, 22.

schen Lebensvollzug der einzelnen Mitglieder - dieses äußere Erscheinungsbild könnte fallweise identisch sein -, als vielmehr im jeweiligen Grundansatz: er macht die Weltangleichung des einen zur »Mimikry«, zu einem situationsgebunden angelegten »weltlichen Kleid«, das auf Geheiß des Oberen jederzeit wieder gegen das Ordenskleid eingetauscht werden kann, während sie für den anderen nicht äußere Angleichung, sondern innere Einheit mit der Welt und somit eigentlichster Ausdruck der Berufung ist. In diesem Aspekt der »Einwurzelung« scheinen die schöpfungstheologischen und inkarnationstheologischen Implikationen der *Theologie der Säkularinstitute* bei Hans Urs von Balthasar auf, was in der trinitarisch-theologischen Bestimmung der Lebensform zu entfalten sein wird (vgl. Zweiter Teil. B).
Trotz dieser Unterscheidungen in der Spezifizierung der Nachfolge zwischen Orden und Säkularinstituten wehrt Balthasar sich letztlich immer wieder, hier eine klare Trennlinie einzuziehen; stehen doch alle Christen durch die Taufe in der Spannung des »in der Welt - nicht von der Welt«. Balthasars *Klarstellungen* sind hier eindeutig, sie dulden keine künstliche Kluft im breiten Spektrum christlicher Berufungen zur Teilnahme an der Welterlösung. Seine moderaten Aussagen zum Verhältnis zwischen Orden und Säkularinstituten, die jeder *De-finition* trotzen, müssen im Auge behalten werden:

> »Solche Verfügbarkeit zu Gott für sein Weltwerk kann durch die Kategorien Weltzuwendung - Weltabwendung, Bleiben in der Welt - Trennung von der Welt nicht eingefangen werden. Einmal sind alle Christen durch die Taufe der 'Welt' abgestorben und leben vorweg in Hoffnung im künftigen Äon, auch wenn sie noch so sehr in der hiesigen Welt verbleiben müssen (Jo 17, 15; 1 Kor 5, 10), ja für diese Welt entscheidende Aufgaben erfüllen (Phil 2, 15; Mt 5, 13-16). Die Spannung 'in der Welt' - 'nicht von der Welt', die allgemein-christlich ist, erhöht sich für die eigens Herausgerufenen [...] Deshalb soll auch nicht - und eigentlich noch viel weniger - innerhalb des kirchlichen 'Rätelebens' eine Kluft aufgerissen werden zwischen solchen, die sich 'von der Welt trennen' (das wären die alten Mönchsorden und in vermindertem Maß auch die apostolischen Orden und Kongregationen) und solchen, die als 'Gottgeweihte', nach den Räten Lebende 'in der Welt verbleiben' (das wären die sogenannten Weltgemeinschaften oder Säkularinstitute). Vom Gesagten her ist eine solche Kluft künstlich, theologisch ist sie nicht zu rechtfertigen. Das Moment der Welttrennung mag von den alten Orden verbal oder auch faktisch einseitig

betont worden sein; heute suchen die Orden das christlich immer wieder geforderte Gleichgewicht im Ausdruck sowohl wie in der Lebensform. Es wäre daher eine unedle Polemik von seiten der Säkularinstitute, die Orden bei ihrer Unweltlichkeit zu behaften, um sich desto sicherer innerhalb der Weltlichkeit zu etablieren. Die Akzente können qualitativ verschieden gesetzt werden; die Grundstruktur kann nur die gleiche sein.«[265]

d) Unterscheidung zwischen Orden und Säkularinstituten unter geschichtstheologischer Perspektive

Ist auch keine strikte Trennung zwischen Orden und Säkularinstituten angesagt, so bedarf es doch einer klaren Profilierung dieser verschiedenen kirchlichen Berufungen. Hilfreich für eine Klärung der Bezüge zwischen Orden und Säkularinstituten erscheinen die Versuche, in denen sich Balthasar geschichtstheologischer Gedankengänge im Hinblick auf den historischen Veränderungsprozeß des Räte- bzw. Ordenslebens bediente, um das Spezifikum der Säkularinstitute zu profilieren[266]. Dabei zeigen sich für ihn zwei Gesetzmäßigkeiten. Gemäß der ersten Gesetzmäßigkeit waltet in der Ordensgeschichte eine gewisse *Konstanz*, der zufolge »die älteren Gründungen von den nachfolgenden nicht abgelöst oder verdrängt werden«[267], weil sie als »wesentliche Spielformen«[268] der evangelischen Nachfolge bleibend teilhaben an der Aktualität des Evangeliums; z.B. für die kontemplativen Orden hat Balthasar vielfach deren bleibende Bedeutung in der Kirche über den Entstehungskontext hinaus hervorgehoben[269]. Entsprechend der zweiten Gesetzmäßigkeit ist in der chronologischen Abfolge der Ordensentstehungen »aufs Große gesehen« aber durchaus eine *fortschreitende Entwicklungslinie* erkennbar, »eine Sinnrichtung der Ordensentwicklung durch die Jahrhunderte hin, deren Bewegung ohne Mühe als eine solche aus der Wüste und Einsamkeit der ersten Orden

---

265 Klarstellungen, 132f.

266 Vgl. z.B. Wandlungen im Ordensgedanken; Der Laie und der Ordensstand, 67.

267 Die großen Ordensregeln, 27.

268 Ebd. 28.

269 Vgl. z.B. Welt, Orden, Weltorden.

in die Welt hinein gelesen werden kann«[270]. Auf dieser Entwicklungslinie in eine immer größere Weltbejahung und Weltdurchdringung hinein - sozusagen an ihrem heutigen momentanen Endpunkt - liegt für Balthasar die Entstehung der Säkularinstitute als *die* zeitgemäße Erscheinungsform des Rätelebens, wie es schon durch die Beschreibung von »Zeitsituation und Zeitanalyse« angedeutet wurde.
Eine solche Deutung von der geschichtlichen Genese des Rätelebens her bleibt offen für die ganze Bandbreite fließender Übergänge zwischen Orden und Säkularinstituten und verschiedenster Nuancen von charismatischen Aufbrüchen in der Kirche. Diese Entwicklungslinie der Entstehung pluraler Formen des Rätelebens im Sinne einer schleichenden Dekadenz der Grundidee - »wie eine innere Selbstauflösung der Ordensidee«[271] - zu deuten, liegt Balthasar völlig fern. Eine solche Beurteilung im Sinne einer absteigenden Linie hätte höchstens ihren - allerdings sehr begrenzten - Sinn in kirchenrechtlichen Überlegungen, die den Grad der juridischen Bindung an die evangelischen Räte in der jeweiligen Gemeinschaft als Maßstab anlegen, um dann in absteigender Linie von Gemeinschaftsformen mit feierlichen und einfachen Gelübden zu sprechen, mit öffentlichen und privaten Versprechen etc., weshalb die Säkularinstitute - zumindest solche ohne Gelübdebindung - am Ende der Reihe einzuordnen wären. Mit der von Balthasar vorgelegten geschichtstheologischen Perspektive ist eine solche Abwertung der Gemeinschaften mit geringerer juridischer Bindungsform nicht vereinbar.

2. Balthasars Stellungnahme zur kirchenrechtlichen Einordnung der Säkularinstitute in den offiziellen Dokumenten

Hans Urs von Balthasar hat nie mit einer ausführlichen Interpretation zur Kanonisierung der Säkularinstitute und zu den anerkennenden päpstlichen bzw. vatikanischen Dokumenten *Provida Mater* (1947), *Primo Feliciter* (1948) und *Cum Sanctissimus* (1948) Stellung genom-

---

[270] Die großen Ordensregeln, 28.
[271] Ebd. 29.

men[272]. Er war auch in keiner Weise an der Entstehung dieser Dokumente beteiligt, wenngleich die Gründung der eigenen Gemeinschaft der Veröffentlichung dieser Dokumente zeitlich vorausging. Trotzdem hat er in zahlreichen Gelegenheitsaussagen keinen Zweifel daran gelassen, daß die kirchenamtlich getroffenen Regelungen ganz und gar seiner Intention entsprachen[273]. Insbesondere die Veröffentlichung der *Kirchlichen Urkunden für die Weltgemeinschaften* im eigenen *Johannes Verlag* innerhalb der Reihe *Der neue Weg*[274] zeugt vom hohen Stellenwert, den Balthasar diesen Dokumenten zuerkannte, ebenso die Übertragung und Veröffentlichung der kirchenrechtlichen Ausführungen von Jean Beyer zum Thema in derselben Reihe[275]. Im Hinblick auf den ekklesiologischen Ort der Säkularinstitute lassen sich die beiderseitigen Übereinstimmungen in folgenden sechs Punkten zusammenfassen[276].

Erstens kommt den Säkularinstituten entsprechend ihrem eigenen Selbstverständnis ein neuer, von den Orden und Gesellschaften des apostolischen Lebens unabhängiger rechtlicher Status zu (vgl. *Provida Mater*, Artikel II, § 1). Im Wortlaut Balthasars handelt es sich um

---

[272] Am ehesten ist noch in *Wesen und Tragweite der Säkularinstitute* eine solche Interpretation zu erblicken; Balthasar zitiert hier großzügig *Provida Mater* und *Primo Feliciter*. Der direkte Anlaß dieses Artikels ist aber eher in einer Entgegnung auf Rahners Thesen »Über das Laienapostolat« zu suchen (vgl. unten Zweiter Teil. A. Drittes Kap.III.3). Eine ausführliche Darstellung der kirchenrechtlichen Entwicklung und Interpretation der Approbationsdokumente findet sich bei G. Pollak, Der Aufbruch der Säkularinstitute, 36-80.

[273] Vgl. die Bezugnahmen auf die Approbationsdokumente in: Der Laie und der Ordensstand, 8f; Wesen und Tragweite der Säkularinstitute, 196f; Zur Theologie der Säkularinstitute, 434; Neue Gemeinschaftsformen in der heutigen Kirche, 171; Die kirchlichen Urkunden; Evangelische Räte in der heutigen Welt?, 194; Weltgemeinschaften - ein Paradox, 2; Im Grenzbereich des Laientums, 187f; Das Wagnis der Säkularinstitute, 239; Unser Auftrag, 108f.

[274] Die kirchlichen Urkunden für die Weltgemeinschaften. Gesammelt von Jean Beyer S.J. Mit einem Vorwort von Hans Urs von Balthasar (Der neue Weg Bd. 1), Einsiedeln 1963.

[275] J. Beyer, Als Laie Gott geweiht. Theologisches und Kirchenrechtliches zu den Weltgemeinschaften. Übertragen und eingeleitet von Hans Urs von Balthasar (Der neue Weg Bd. 3), Einsiedeln 1964.

[276] Die hier geleistete Zusammenstellung kann den zum Teil äußerst diffizilen kirchenrechtlichen Einzelfragen zur ekklesiologischen Einordnung der Säkularinstitute nicht gerecht werden. Sie beansprucht nur einen groben Überblick zu bieten, wie er sich durch die von Balthasar geleisteten Unterscheidungen nahelegt.

»eine neue, unter keine bisherige Standesform subsumierbare Möglichkeit christlichen Lebens«[277], eine dritte, kanonisch errichtete Form innerhalb des Rätestandes. Deshalb sieht er die rechtliche Regelung von *Provida Mater* und den Folgedokumenten als Bestätigung der Intuition der jungen Institute in ihrer Gründungsphase: »Die Mitglieder dieser Gemeinschaften haben sich dagegen gewehrt, als verkappte Ordensleute angesehen zu werden: Sie sind Laien oder Diözesanpriester«[278].

Trotz dieser klaren Abgrenzung vom Ordensleben ist zweitens die Genese dieser Form des Rätelebens untrennbar den Ordensgemeinschaften verbunden und steht in Kontinuität mit dem Räteleben seit der frühen Kirche (vgl. *Provida Mater*, Abs. 2-7). Balthasar scheut sich nicht, die Linie der Entwicklung dieser neuen Form des Rätelebens - offenbar in Anlehnung an J. Beyer[279] - vom franziskanischen und ignatianischen Ordensleben her zu entfalten[280]. Immer geht es um die Frage, so Balthasar, wie das »evangelische Paradox nach beiden Seiten hin abstrichlos zu leben«[281] ist: ganz in der Welt, aber nicht von der Welt.

Die Linie der Kontinuität zwischen Ordensgemeinschaften und Säkularinstituten findet unter *kanonistischer* Sicht - dies wäre die dritte Über-

---

[277] Neue Gemeinschaftsformen in der heutigen Kirche, 171; vgl. auch: Unser Auftrag, 108f.

[278] Das Wagnis der Säkularinstitute, 239.

[279] Vgl. J. Beyer, Als Laie Gott geweiht, 18f, 22.

[280] Vgl. Das Wagnis der Säkularinstitute (1981), 239; Evangelische Räte in der heutigen Welt? (1966), 194. In beiden Beiträgen werden der franziskanische und ignatianische Gründungsimpuls geradezu identisch mit dem der Säkularinstitute interpretiert: »Grosse Stifter wie Franziskus und Ignatius beabsichtigten ursprünglich nicht die Gründung eigentlicher 'Orden', sondern die von Gruppen gottgeweihter Laien mitten in der Welt, die äusserlich ungetrennt von den Mitmenschen ihnen Vorbild und Anregung sein sollten.« (Evangelische Räte in der heutigen Welt?, 194). Eine solche Identifikation der Gründungsimpulse von Orden und Säkularinstituten scheint allerdings nur auf Kosten einer groben Vereinfachung zu gelingen. Was ein Leben nach den evangelischen Räten »mitten in der Welt« *inhaltlich* besagt, hängt entscheidend vom sozio-kulturellen Kontext einer Epoche und eines Kulturkreises ab. Das *begrifflich* selbe Programm erhält von daher im mittelalterlichen oder frühneuzeitlichen Kontext unter Umständen *inhaltlich* vollkommen andere Konnotationen. Hier wird eine inhaltliche Identität zwischen den Gründungscharismen der großen Ordensgründer und denen der Säkularinstitute suggeriert, die das Spezifikum der Säkularinstitute eher zu verstellen als zu erhellen droht.

[281] Das Wagnis der Säkularinstitute, 239.

einstimmung - ihren Ausdruck darin, daß das alte Ordensleben mit feierlicher Gelübdebindung die einmal in der Kirche zur Blüte gekommene »Vollform« bleibt, auf die sich jedes heutige Räteleben rückbeziehen muß (vgl. *Provida Mater*, Abs. 10; Art. III, § 1-3). Balthasar bejaht dies, insofern nach seiner Ansicht in den Orden mit feierlichen Gelübden »in der Tat *auch die reichste und insofern unüberholbare Ausfaltung des Rätelebens in der Ordnung kirchlicher Repräsentation*«[282] verkörpert ist. Die alten Orden stellen bezüglich der in ihnen verwirklichten *Repräsentation* der Kirche »eine Art kirchliches Maß und Muster« dar, an dem »die nachkommenden Formen juridisch ausgerichtet werden«[283]. Betrachtet man die verschiedenen Gemeinschaften aber unter *theologischem* bzw. *essentiellem* Gesichtspunkt, so bildet das Evangelium »das absolute und einzige Maß, an dem die Idee christlicher besonderer Nachfolge gemessen wird«[284].

Viertens ist bei aller Anerkennung der Kontinuität zwischen Orden und Säkularinstituten doch auch klar die Grenze zu den älteren Formen des Rätelebens festzuhalten, weil sich sonst die Errichtung einer neuen Form des Rätestandes erübrigt hätte (vgl. *Provida Mater*, Art. II, § 1; *Primo Feliciter*, Abs. III). Im Wortlaut Balthasars heißt dies: »Säkularinstitute sind geboren in dieser merkwürdigen Zwitterstellung, sie sind von Geburt aus schon angepaßt, und ich meine: wer nicht als Säkularinstitut geboren ist, sondern als Orden und Kongregation, der sollte nicht nach der Form des Säkularinstituts streben; das ergibt nur hybride Formen.«[285] Nur jenen Gemeinschaften, deren Gründung schon an die Frage gekoppelt war: »Wie lebt man das Evangelium der vollen Nachfolge *mitten in der Welt*?«[286], möchte Balthasar auch den Status des Säkularinstitutes zuerkennen.

Umgekehrt verfolgen - dies wäre fünftens zu nennen - die kirchenrechtlichen Klärungen von *Provida Mater* und den Folgedokumenten auch das Anliegen einer Abgrenzung der Säkularinstitute von Gemein-

---

282 Wesen und Tragweite der Säkularinstitute, 202.

283 Ebd.

284 Ebd.

285 Geist und Feuer, 80.

286 Ebd; Hervorhebung durch die Autorin.

schaften mit geringerem Verbindlichkeitsgrad, etwa der Drittorden oder Oblaten (vgl. *Provida Mater*, Art. 1; Art. IV). Balthasar begrüßt diese klare Abgrenzung von anderen apostolischen Laien-Sendungen, die sich in Anlehnung an eine Ordensspiritualität definieren. »Ordensstand in der Welt [d.h. die Form des Säkularinstitutes] ist nicht dasselbe wie Weltstand mit Anlehnung an eine Ordensspiritualität (etwa im Dritten Orden) oder mit Entlehnung gewisser Bräuche und Frömmigkeitsübungen der Orden.«[287]

Sechstens gilt: Wenn auch die Abgrenzung der Säkularinstitute von Gemeinschaftsformen mit geringerem Verbindlichkeitsgrad nötig erscheint, so ist es doch nicht ausgeschlossen, daß Personen den Säkularinstituten assoziiert werden, die - etwa als Verheiratete - Spiritualität und Sendung eines Institutes teilen möchten (vgl. *Cum Sanctissimus*, Abs. 7 a). Auch Balthasar weist auf diese Möglichkeit gestufter Zugehörigkeit zu einem Säkularinstitut hin: »Es kann sein, daß ein Institut in einem ersten, innern Kreis Mitglieder besitzt, die nach den Räten, in einem zweiten solche, die in der Familie leben.«[288]

Ohne daß Balthasar sich je systematisch der Frage nach der kirchenrechtlichen Einordnung der Säkularinstitute durch *Provida Mater* und die Folgedokumente gewidmet hätte, ist hier doch unschwer eine weitgehende Übereinstimmung in seinen Aussagen mit den offiziellen Verlautbarungen nachzuweisen.

3. Die Auseinandersetzung mit Karl Rahner um den ekklesiologischen Ort der Lebensform

Um die Frage nach der ekklesiologischen Verortung der neuen Lebensform abzuschließen, soll an dieser Stelle nun eine kurze Auswertung einer Diskussion zwischen Hans Urs von Balthasar und Karl Rahner erfolgen, die etwa zwischen 1955 und 1964 in mehreren Beiträgen der

---

[287] Der Laie und der Ordensstand, 65.

[288] Wesen und Tragweite der Säkularinstitute, 210.

Theologen ihren Niederschlag gefunden hat[289] und als exemplarisch für die Diskussion um die ekklesiologische Einordnung der Säkularinstitute gelten kann. Dabei braucht nicht der chronologische Hergang der Auseinandersetzung wiedergegeben zu werden, dies ist an anderer Stelle schon geschehen[290]. Es genügt hier, die Hauptlinien der Differenzen bezüglich der unterschiedlichen ekklesiologischen Verortung der Säkularinstitute auf ihren theologischen Hintergrund hin zu befragen und auszuwerten, soweit dies für eine profiliertere Sicht der Balthasarschen Konzeption hilfreich erscheint. Die bisher erarbeiteten Begrifflichkeiten, wie Balthasar sie auf die Säkularinstitute anwendet, dienen dabei als Anknüpfungspunkte.

a) Sind die Mitglieder der Säkularinstitute Laien?

Ausgangspunkt für die Kontroverse der beiden Theologen ist die Frage, ob die (nichtgeweihten) Mitglieder der Säkularinstitute im eigentlichen Sinne »Laien« genannt werden können[291] oder ob sie durch ihre Rätebindung zuletzt »Religiose« bzw. »Ordensleute« bleiben - zunächst offengelassen, was diese Begriffe theologisch-inhaltlich aussagen. E. Braunbeck formuliert den Kerninhalt der vielfach - bei weitem nicht nur von Rahner und Balthasar - diskutierten Frage: »Hinsichtlich der säkularen Lebensform [der Mitglieder im Säkular-

---

[289] Vgl. die Übersicht bei M. Lochbrunner, Analogia Caritatis, 131 (Anm. 20). In folgenden Beiträgen der beiden Autoren findet die Auseinandersetzung ihren direkten Niederschlag: Ausgangspunkt ist der Artikel von Karl Rahner »Über das Laienapostolat« (in: Schriften zur Theologie II, Einsiedeln 1955, 339-373), auf den Balthasar mit »Wesen und Tragweite der Säkularinstitute« (in: Civitas 11 [1956] 196-210) seine Gegenthesen formuliert; Rahners Antwort auf die Kritik Balthasars findet sich ihrerseits im Aufsatz »Laie und Ordensleben. Überlegungen zur Theologie der Säkularinstitute« (in: Orientierung 20 [1956] 87-95, wiederveröffentlicht im Sammelband: Sendung und Gnade, Innsbruck [4]1966, 359-391). Nach diesen direkten gegenseitigen Reaktionen gibt es nur noch gelegentliche kleinere Bemerkungen der beiden Autoren zum Streitpunkt, z.B. von Balthasars Seite in: Christlicher Stand, 13 (Anm. 20). Den Abschluß der Auseinandersetzung markiert Balthasar von seiner Seite her 1964 im Vorwort zu: J. Beyer, Als Laie Gott geweiht, 5f. Entsprechend versöhnt der Beitrag von K. Rahner zum 60. Geburtstag seines ehemaligen Ordensbruders: Hans Urs von Balthasar, in: Civitas 20 (1965) 601-604.

[290] Vgl. die auswertende Darstellung bei G. Pollak, Der Aufbruch der Säkularinstitute, 177-187.

[291] Vgl. Wer ist ein Laie?, 389.

institut] stellt sich die Frage, ob es sich bei diesem Element um eine äußere Angleichung einer im Kern religiosen Berufung an die veränderten Zeitverhältnisse handelt, oder ob es die laikale Berufung ist, die durch die Lebensweihe eine besondere Prägung erhält.«[292] Die Beantwortung dieser Frage steht und fällt mit dem zugrunde gelegten Laien-Begriff und seiner inhaltlichen Abgrenzung von dem des Klerikers und des Rätechristen bzw. Religiosen.

Grundlage dieser begrifflichen Unterscheidung ist für Rahner nicht anders als für Balthasar zunächst die zweifache Differenzierung des Gottesvolkes in Klerus - Laien (im Sinne von Nichtgeweihten) einerseits sowie Rätechristen - (verheiratete) Laien andererseits[293]. Eine Synthese von Weiheamt und Räteleben erscheint nun im Denken Rahners selbstredend möglich und höchst sinnvoll (wie auch bei Balthasar), nicht aber das Ineinander von Laiesein und Räteleben[294], weil der Verzicht auf die Ehe einen Christen in einer Weise aus der Welt ausheimate, daß er nicht mehr als Laie im gewöhnlichen Weltbezug bezeichnet werden könne[295]. Hinzu kommt, daß Rahner jede berufliche Tätigkeit eines Rätechristen - auch desjenigen im Säkularinstitut am »äußersten weltlichen Posten« - zuletzt als Teilnahme am Apostolat der Hierarchie wertet und nicht als genuinen Laienapostolat[296]. So besehen ist der Laienbegriff für Rahner zwar soziologisch, aber nicht theologisch auf die Mitglieder der Säkularinstitute anwendbar[297].

---

[292] E. Braunbeck, Der Weltcharakter des Laien, 297f.

[293] Vgl. K. Rahner, Laie und Ordensleben, 380.

[294] Vgl. ebd. Balthasar hat Rahners Ständeeinteilung grob vereinfacht und polemisierend verzeichnet, wenn er schreibt: »Wird man nicht am besten fahren, wenn man, wie es etwa Karl Rahner vorschlägt, sauber trennt zwischen den beiden Ständen, ihrer inneren Lebensform und existentiellen Ethik? Hier 'Klerus' (wozu auch der Rätestand gehört und alles, was unter den Laien vorwiegend im Dienst des Klerus arbeitet) - dort Laien. Die Mitglieder der Säkularinstitute gehören dann eindeutig zum 'Klerus'.« (Zur Theologie der Säkularinstitute, 437) An anderer Stelle gibt Balthasar objektiver die Intention Rahners wieder, wenn er schreibt »Rahner rückt [...] Berufung zum Amt (Klerus, Weihe, Apostolat) ganz nah zusammen mit der Berufung zum Leben nach den Räten.« (Wesen und Tragweite der Säkularinstitute, 205.)

[295] Vgl. Rahner, Laie und Ordensleben, 381.

[296] Vgl. ebd. 387. Vgl. Balthasars überzogene Reaktion hierauf noch 1985 in: Wer ist ein Laie?, 390: »K. Rahner würde sich nicht scheuen, Personen in solchen Vereinen als im weiteren Sinn zum (ungeweihten) 'Klerus' gehörig zu zählen.«

[297] Vgl. K. Rahner, Laie und Ordensleben, 376, 381.

Anders zunächst die durch Hans Urs von Balthasar vorgelegte Verhältnisbestimmung, der zufolge - wie oben dargestellt - eine Synthese von Laiesein und Räteleben, von Weltstand und Rätestand möglich und in den Säkularinstituten verwirklicht erscheint (s.o. Zweiter Teil. A. Drittes Kap.II). Er deutet diese Synthese im Anschluß an die durch Rahner angestoßene Klärung allerdings auch nicht mehr einfach als ein *sowohl-als auch*; sondern sie ist für Balthasar, wie er 1964 am Ende der beiderseitigen Auseinandersetzungen formuliert, eher im Sinne eines *weder-noch* zu denken, demgemäß die Säkularinstitute letztlich in einem »Vorraum« vor der Teilung zwischen Rätestand und Weltstand zu situieren seien:

»Angehörige von Weltgemeinschaften sind ja strenggenommen weder unter die 'Religiosen' noch unter die 'Laien' im kirchenrechtlichen Sinn einzuordnen; sie partizipieren an beiden Lebensformen, oder vielmehr sie stellen, durch einen Rückgang auf das neutestamentliche Urgestein, einen Ort dar, wo die Scheidung zwischen Ordensleuten und Weltleuten noch gar nicht erfolgt ist.«[298]

Diese Aussage im Sinne eines weder-noch steht allerdings singulär neben einer Vielzahl von Äußerungen, in denen Balthasar den theologischen Laienstatus für die Mitglieder der Säkularinstitute gegen die These Karl Rahners behaupten möchte. Erst in späteren Jahren hat Balthasar durch eine Differenzierung seines Laienbegriffs zu Aussagen gefunden, die sich mit denen Rahners aus den fünfziger Jahren weitgehend decken, insofern sie eine *analoge* Bedeutung des Laienbegriffes in Anwendung auf die Säkularinstitute vortragen: Laien unter *soziologischem* Gesichtspunkt allemal, unter *theologischer* Perspektive nur bedingt - je nach dem Selbstverständnis des einzelnen Institutes. So referiert und kommentiert Balthasar etwa die Bestimmungen des neuen Codex Iuris Canonici von 1983 zum Laienstatus der Säkularinstitute:

»'Das Mitglied eines Säkularinstituts ändert kraft seiner Weihe nicht seine eigene kanonische Stellung als Kleriker oder *Laie* im Volk Gottes, unbeschadet der die Institute geweihten Lebens betreffenden Normen' (CIC 711). Die Mitglieder solcher Institute, die inmitten von

---

298 Zur Theologie des Rätestandes, 56.

andern christlichen und nichtchristlichen Laien in der Welt arbeiten, haben diese juristische Bestimmung durchgesetzt. Dennoch erhält die Bestimmung 'Laie' hier eine bestimmte Modifikation, eine Schwankung, die sich praktisch sehr deutlich anzeigt, wenn die Frage gestellt wird, ob die Mitglieder solcher Institute ihren Stammort mehr im 'Laien'-Stand oder im Rätestand sehen. Im ersten Fall wird sich die Tendenz durchsetzen, die Räte möglichst zu 'vergeistigen' (etwa: Gehorsam weniger einem Obern gegenüber als zu Gott und zur 'Situation', demokratische Beschlußfassungen, Armut mehr als eine 'Gesinnung' denn als etwas durch Regeln Bestimmtes), im zweiten Fall wird sich die Gemeinschaft strikter nach dem Rätestand in seiner Reinheit ausrichten. In beiden Fällen, aber mit verschiedener Gewichtung, kann die Frage erhoben werden, ob bei der Bezeichnung 'Laie' hier nicht unterschieden werden müßte zwischen dem soziologischen und dem theologischen Gesichtspunkt: 'Laien' sind die Mitglieder solcher Institute sicherlich im ersten Sinn, wieweit sie es im zweiten Sinn sein wollen, wird vom innern Selbstverständnis des Instituts und den daraus sich ergebenden Richtlinien abhängig sein.«[299]

Ob Balthasar mit dieser bedingten, primär, wenn auch nicht ausschließlich *soziologisch* begründeten Anerkennung des Laienstatus der Säkularinstitute allerdings konform geht mit dem Sinn der kirchenamtlichen Verlautbarungen, die den Laienstatus der Säkularinstitute unumwunden *theologisch* qualifizieren, muß bezweifelt werden. Die kirchenamtlichen Dokumente zur Approbation der Säkularinstitute sowie insbesondere die Ansprachen Paul VI. an die Säkularinstitute gehen durchweg von einer *theologischen Qualität* des Laienstatus ihrer Mitglieder aus[300]. Diese theologisch begründete Zugehörigkeit zu den übrigen, meist verheirateten Laien, die sich für *alle* Säkularinstitute in einer dem weltlichen Leben angepaßten Form der evangelischen Räte ausdrücken soll[301], leistet im Sinne dieser offiziellen Dokumente keineswegs einer »vergeistigten« Sicht der Räte Vorschub, durch die die »Reinheit« des Rätestandes gefährdet wäre, wie Balthasar dies mit

---

[299] Wer ist ein Laie?, 389.

[300] Vgl. Papst Paul VI., An die Teilnehmer des Internationalen Kongresses der Säkularinstitute, 63, in: Conférence Mondiale des Instituts Seculiers (CMIS), Die Säkularinstitute in der Lehre der Kirche, Rom 1974, 55-64; ders., An die Hauptverantwortlichen der Säkularinstitute, 81ff, in: CMIS, Die Säkularinstitute in der Lehre der Kirche, 79-88.

[301] Vgl. Papst Paul VI., Zum 25. Jahrestag von »Provida Mater Ecclesia«, 71f, in: CMIS, Die Säkularinstitute in der Lehre der Kirche, 65-77.

kritischem Unterton mutmaßt. So scheint angesichts der Auseinandersetzung zwischen Karl Rahner und Hans Urs von Balthasar nochmals die oben vorgetragene These bestätigt, daß Balthasar eine gewisse Engführung des Laienstatus der Säkularinstitute auf ihre profane Berufstätigkeit nicht überwunden hat. Eine detaillierte Untersuchung seines Räteverständnisses für die Säkularinstitute, insbesondere unter dem Blickwinkel des Evangelischen Gehorsams, wird sich dieser Frage eingehend stellen müssen (vgl. Zweiter Teil. B. Drittes Kap.III.2). Rahners großes Verdienst im Rahmen dieser Auseinandersetzung mag darin bestanden haben, diesen von der profanen Berufstätigkeit her definierten Laienbegriff, wie Balthasar ihn auf die Säkularinstitute anwendete, angefragt und einer umfassenderen theologischen Klärung entgegengeführt zu haben. So schreibt Balthasar 1964 dann auch verbindlich und in Offenheit auf neue Begrifflichkeiten hin:

> »Daß man hier [bei der Frage nach dem Laiesein der Mitglieder von Weltgemeinschaften] nicht mit primitiven und undialektischen Kategorien oder Schablonisierungen arbeiten kann, weil durch das Problem der Kirchenstände ja die umfassende übergreifende Dialektik christlicher Existenz überhaupt hindurchschimmert - alle sind wir in Christo der Welt gestorben und mit ihm dem Himmel auferstanden, und trotzdem als Verkünder in diese alte Welt zurückgesandt -, das mahnt zur Vorsicht, das kann auch die diesbezügliche Diskussion zwischen Karl Rahner und mir zu einem bestimmten, wenn auch vorläufigen Abschluß bringen.«[302]

Rückblickend ist die Polemik der geführten Auseinandersetzung schwer nachvollziehbar, zumal sich beide Autoren trotz mancher Differenzen in der Frage, ob den Mitgliedern der Säkularinstitute mit Recht der Titel »Laie« zuerkannt werden kann, doch über die tiefere und letzte Zuordnung dieser Lebensform zum *Rätestand* einig waren. Beide erblicken die »Essenz« der Säkularinstitute wie der Orden »in nichts anderem [...] als in der (kirchlich anerkannten) Befolgung der drei Ratschläge Jesu«[303]. Von hier aus betrachtet kommen die Mitglieder

---

[302] Vorwort in: J. Beyer, Als Laie Gott geweiht, 6. Balthasar verweist hier auf einen Beitrag von Mörsdorf (Münchener theol. Zeitschrift 1964) zur Frage.

[303] Wesen und Tragweite der Säkularinstitute, 202.

der Säkularinstitute auch für Hans Urs von Balthasar unter dem Aspekt ihrer Rätebindung zuletzt in einem *Gegenüber* zum Weltstand bzw. zu den »normalen« Laien zu stehen und können ihnen nur bedingt subsumiert werden[304]. Die eigentlichen Ursachen der Auseinandersetzung der beiden Theologen scheinen angesichts dieser gemeinsamen Position noch einmal tiefer zu liegen und in der Frage um die Säkularinstitute nur ihr willkommenes Ausdrucksfeld gefunden zu haben.

b) Differenzen im Nachfolge-Begriff

Eine tieferliegende Ursache der Auseinandersetzung scheint in der Wertung des Rätestandes generell zu liegen. Während Rahner den Nachfolge-Begriff einheitlich für alle Christen von der Taufe her deutet und vor allem kreuzestheologisch erschließt, weshalb Nachfolge als Konstitutivum *jedes* Christenlebens erscheint, unterscheidet Balthasar stärker zwischen *besonderer* Nachfolge - welche die evangelischen Räte und eine ausdrückliche Kreuzesnachfolge impliziert - und *allgemeiner* Nachfolge, die den nicht zum »Erwählungsstand« berufenen Getauften zukommt[305]; diese haben sich dann allerdings zumindest *geistlich* den Räten anzunähern, insofern »der Rätestand [...] die Radikalform des Christusstandes schlechthin«[306] ist. Im Balthasarschen Sinne bleibt so das Räteleben *Prototyp* jeder Nachfolge, weshalb er in der Folge auch nur den Rätechristen große kirchliche Sendungen zuerkennt, während für Rahner die Nachfolgeformen im Ehe- und Rätestand *komplementär* zueinander stehen, weshalb er beiden Ständen große kirchliche Sendungen zuerkennen möchte. Beide Positionen bedürfen einer kurzen Erläuterung:
Entsprechend der oben ausgeführten Dienstfunktion des Rätestandes für den Weltstand kann Hans Urs von Balthasar die Aufgaben der christli-

---

[304] Rahner, Laie und Ordensleben, 362f. Balthasar, Christlicher Stand, 291: »Sie [die Säkularinstitute] können sich daher durch ihre Selbstbezeichnung als Laien von den übrigen Formen des Rätestandes distanzieren, müssen sich aber bewußt sein, daß sie damit nicht außerhalb des Rätestandes zu stehen kommen.« Vgl. auch: Gedanken zum Mangel an Priester- und Ordensberufen, 26.

[305] Vgl. Zur Theologie der Säkularinstitute, 446f.

[306] Ebd. 446.

chen Weltdurchdringung primär den Säkularinstituten zuweisen und erst sekundär den verheirateten Christen bzw. Laien: »Es wäre einseitig zu behaupten, dieses Eindringen [der Kirche in die Ordnungen der Welt hinein] sei ausschließlich oder auch nur primär Sache des Laienstandes in der Welt. Gibt es doch zunächst ein anderes Kriterium: das des Formats der Sendung, und die großen und qualitativen Sendungen kommen zunächst dem *Rätestand* zu.«[307] Die Rätechristen bleiben für Balthasar in allen Bereichen - auch dem der christlichen Weltdurchdringung - die unverzichtbaren Säulen des kirchlichen Tuns, den übrigen Christen helfend vor- und zugeordnet.
Dieser Vorordnung der Rätechristen korrespondiert ihre Wertung als Prototypen der Getauften schlechthin und das damit einhergehende Fehlen einer eigens ausgebauten Tauftheologie im Werk Hans Urs von Balthasars (vgl. Zweiter Teil. A. Drittes Kap.I.5). Wo eine eigene, unabhängig von der Rätetheologie in sich stehende Tauftheologie fehlt, verbleibt auch der Begriff des Laien - den zunächst nichts als Taufe und Firmung theologisch auszeichnen - in einer merkwürdigen Blaßheit, der auch Balthasars Betonung des profanen Berufsfeldes nicht abhelfen kann.
Karl Rahner hingegen sieht in der christlichen Durchdringung der Welt primär die Aufgabe der nicht durch die Räte gebundenen Christen bzw. Laien; ihr Auftrag erschließt sich durch Taufe und Firmung hinreichend[308]. Er widerspricht hier Balthasar energisch, weil es ihm darum geht, die »eigentlichen Laien zu wecken für die Aufgabe, die ihnen eben aufs Ganze gesehen auch die Mitglieder der männlichen Säkularinstitute [als Exponenten gesellschaftlich einflußreicher Berufe] nicht abnehmen können: selber exemplarisch auf einem weltlichen Standpunkt (das heißt 'Stand') die Verchristlichung des weltlichen Lebens vom Brotberuf über den geliebten und innerlich erfüllten Beruf bis in die Bezirke der Ehe und der Familie zu leben.«[309] Diese Betonung des Weltauftrages aller - und das heißt zunächst der verheirateten Laien - begründet sich von der oben genannten kreuzestheologisch

[307] Christlicher Stand, 288.
[308] Vgl. K. Rahner, Über das Laienapostolat, 345.
[309] Ders., Laien und Ordensleben, 388f.

bestimmten besonderen Nachfolge her, die für Rahner keinesfalls erst durch die Räte realisiert wird[310], sondern sich schon aus Taufe und Firmung ableitet.
Diese Differenz der beiden Autoren schlägt sich konsequent auch in der verschiedenen Anwendung des Berufungs-Begriffes nieder. Für Balthasar gibt es im strengen Sinne keine »Berufung« zur Ehe, die Ehe kommt vielmehr jenen zu, die nicht ausdrücklich berufen sind[311], während Karl Rahner sehr wohl von einer Berufung zur Ehe sprechen kann[312], so wie er auch den Nachfolgebegriff auf jeden Getauften anwendet. Das Spezifikum der Nachfolge des Rätechristen - auch desjenigen im Säkularinstitut - deutet Rahner hingegen streng eschatologisch[313] und nicht - wie Balthasar - primär kreuzestheologisch.
M. Scheuer hat darauf hingewiesen, daß diese unterschiedliche Gewichtung des Rätestandes: im Sinne Balthasars als alle christlichen Stände *normierender Stand* oder im Sinne Rahners als *komplementärer Stand* zum Ehe- und Weltstand schon in der verschiedenen Rezeption der Kirchenväter bei Rahner und Balthasar seine Wurzeln haben könne: »Rahner geht mehr auf den Spuren des Klemens von Alexandrien und des Johannes Chrysostomus [...], die die Berufung des Laien zur Heiligung der Welt betonen. Von Balthasar denkt eher mit Basilius: der Rätechrist ist der eigentlich vollkommene Christ«[314]. Die Auswertung des Basilius-Kommentars im Literaturüberblick konnte dies bestätigen, insofern die Entscheidung für die evangelischen Räte hier

---

[310] Vgl. M. Scheuer, Die Evangelischen Räte, 212: »Weil Rahner den Begriff der Nachfolge primär vom Tod Jesu [d.h. von der Nachfolge des Gekreuzigten] her denkt, ist dieser Begriff bei ihm nicht wie bei von Balthasar so eng und exklusiv an die Nachfolge Jesu in den buchstäblich verstandenen Räten gebunden.«

[311] Vgl. Berufung, Abschnitt 7: »Um dieses Gesichtspunktes willen (daß 'die Liebe das Band der Vollkommenheit ist') nun aber den Ausdruck einer christlichen 'Berufung zur Ehe' einführen wollen, hieße sich nicht nur vom Sprachgebrauch der heiligen Schrift, sondern auch von ihrer gesamten theologischen Auffassung von Berufung entfernen. Die Theologie der Berufung hat in der Schrift eine präzise, klarumrissene Gestalt, die durch solche Nivellierungen um ihre ganze innere Kraft und existentielle Auswirkung gebracht wird.«

[312] Vgl. K. Rahner, Werke, VII, 412; zitiert nach: M. Scheuer, Die Evangelischen Räte, 219.

[313] Vgl. K. Rahner, Über das Laienapostolat, 342.

[314] M. Scheuer, Die Evangelischen Räte, 232f, Anm. 405. Weiter zur Kontroverse Rahner-Balthasar: 75, 212, 228, 230, 253.

ineins gesehen wird mit der Taufentscheidung; die Räte werden als Grundlage jeder kirchlichen Nachfolge interpretiert und ins Zentrum des theologischen Gefüges gerückt. Welche Konsequenzen ergeben sich aus diesen verschiedenen Gewichtungen von Nachfolge und Räteleben für eine theologische Situierung der Säkularinstitute? Und wie sind sie abschließend zu gewichten?

Ausgehend von seiner ekkesiologischen Grundentscheidung, leistet Hans Urs von Balthasar eine geradezu universalistische Deutung der evangelischen Räte[315]. Vor allem die christologischen Implikationen seiner Rätetheologie - nämlich Inkarnation und Paschamysterium, hierin insbesondere die Theologie des Karsamstags - ermöglichen eine Zuordnung der Säkularinstitute zu den Laien, weil sie die Räte in den Kontext des christlichen Weltbezuges und nicht primär in den Rahmen der eschatologischen Dimension des Christseins rücken. Gemeinsam mit allen anderen Laien stehen die Mitglieder der Säkularinstitute hier für den Weltbezug der Kirche als ganzer.

Da Rahner den Nachfolgebegriff nicht an die evangelischen Räte gebunden interpretiert, bedarf er zur Bestimmung von Gehorsam, Ehelosigkeit und Armut anderer theologischer Kategorien, um die Besonderheit der Rätenachfolge im Gegenüber zur Nachfolge der übrigen Christen zu qualifizieren. Dabei greift er fast ausschließlich auf die Kategorie des *eschatologischen Zeichens* zurück. Für Rahner gilt: »In der Entsagung [der Räte] *allein* wird kirchlich und geschichtlich greifbar und sichtbar, daß die Vollendung der Welt und des Menschen in der transzendent gnadenhaften und eschatologischen Selbstmitteilung Gottes liegt.«[316] Eben darin begründet sich seine Zuordnung des Rätelebens zur eschatologischen Wirklichkeit[317]; dies gilt für ihn in gleicher Weise auch für die Mitglieder der Säkularinstitute, was ihre Zuordnung zu den übrigen Laien verunmöglicht.

Rahner handelt sich durch Balthasar daher das harte Urteil ein, daß

---

[315] Vgl. ebd. 152.

[316] Ebd. 240f.

[317] Vgl. K. Rahner, Über das Laienapostolat, 342: »die evangelischen Räte sind *in* der Welt Ausdruck, Sichtbarkeit, Repräsentanz einer ganz bestimmten Wesenseigentümlichkeit der Kirche, nämlich ihrer welttranszendenten Herkunft und eben solchen Bestimmung«; vgl. auch ebd. 371.

seine Konzeption »mit ihrer rein-eschatologischen Begründung des Rätestandes der Verbindung von Rätestand und Laientum jede Basis von vornherein raubt. Die Räte Jesu befolgen ist nach dieser Auffassung identisch mit Auswurzelung aus der Welt und Verzicht auf ein Wirken daselbst.«[318] Nicht nur, daß damit einer Verbindung von Rätestand und Laientum die Basis geraubt wäre, Balthasar sieht hierin auch eine ungebührende theologische Trennung zwischen Räte- und Ehestand[319]. Hier dürfte Balthasar in der Tat den neuralgischen Punkt der Rahnerschen *eschatologischen Rätetheologie* getroffen haben. Sie verunmöglicht zuletzt nicht nur das ausdrückliche und gewollte Ineinander von Räteleben und genuinem Weltauftrag, sondern sie reißt auch eine neue Kluft zwischen Rätechristen und Eheleuten auf, wo durch die Säkularinstitute eine Brücke angeboten wäre.

Allerdings muß um einer für beide Autoren gerechten Beurteilung willen abschließend darauf hingewiesen werden: Wenn Rahners theologische Konzeption hier auch durch ihre einseitig eschatologische Begründung der evangelischen Räte eine Vermittlung von Räteleben und Laiesein verunmöglicht, so ist doch andererseits durch die oben benannte Weite seines Nachfolgebegriffes durch dessen tauftheologische Begründung auf tieferer Ebene eine Nähe von Rätechristen und (verheirateten) Laien erreicht, die Balthasars Konzeption nicht leisten kann. Letztlich bleibt es so in das persönliche Belieben gestellt, welcher Konzeption man den Vorrang geben möchte. Stichhaltige Argumente für ein »Wahr« oder »Falsch« werden sich hier schwerlich ausmachen lassen.

---

[318] Wesen und Tragweite der Säkularinstitute, 205.

[319] Vgl. Glaubhaft ist nur Liebe, 90f.

IV. Rückbindung an die gemeinsame Berufung aller Laien: Salz, Licht und Sauerteig

In den neutestamentlichen Bildern *Salz*, *Licht* und *Sauerteig* faßte Papst Pius XII. 1948 im Motuproprio *Primo feliciter* das spezifische Charisma der Säkularinstitute, die Welt mit dem Geist Jesu Christi zu durchdringen, wenn er schrieb:

> »Dem Heiligen Geist ist es eigen, das Angesicht der Erde ohne Unterlaß neuzuschaffen und aufzufrischen [...]. Er ist es auch, der eine so große Zahl vielgeliebter Söhne und Töchter, denen Wir voll Liebe Unseren Segen erteilen, zu sich berief, auf daß sie in den Weltgemeinschaften vereint und geordnet, immerfort das nie zu ermangelnde Salz der geistlosen und umnachteten Welt seien, an der sie zwar keinen Anteil haben (vgl. Joh 15.19), in der sie aber dennoch nach göttlicher Anordnung verbleiben sollen. Salz sollen sie sein, das kraft der göttlichen Berufung mit Neuheit beschenkt, seine Tucht nicht verliert (vgl. Mt 5,13; Mk 9,49; Lk 14,34); Licht sollen sie sein, das inmitten der Finsternis dieser Welt unauslöschlich leuchtet (vgl. Joh 9,5; 8,12; Eph 5,9); Sauerteig endlich, gering zwar, aber wirksam, der immerfort und überall wirkt und in jeder Bevölkerungsschicht von zuunterst bis zuoberst alles durchsäuert, jeden Einzelnen und die Gesamtheit durch Wort, Beispiel und auf jede Weise zu erfassen und zu durchdringen trachtet, bis daß er die ganze Masse so durchformt hat und sie völlig in Christus durchsäuert ist (vgl. Mt 13,33; 1 Kor 5,6; Gal 5,9).«[320]

Hans Urs von Balthasar greift diese Textpassage aus *Primo feliciter* ausdrücklich auf, um die von den Säkularinstituten zu leistende Durchdringung der heutigen Kultur mit dem Geist des Evangeliums zu verdeutlichen und dem Auftrag der alten Orden gegenüberzustellen[321]. Vor allem das Bild vom Sauerteig ist es, das durch ihn eine immer

[320] Einleitung des Motu Proprio, in: Die kirchlichen Urkunden für die Weltgemeinschaften, 43f.

[321] Vgl. Wesen und Tragweite der Säkularinstitute, 207. So verwundert es nicht, daß eine junge, der Präsenz in der Welt verschriebene Ordensgemeinschaft wie die Kleinen Schwestern Jesu ihre Berufung ebenfalls in den Bildern von Salz und Sauerteig abgebildet findet. Vgl. A. Daiker, Kontemplativ mitten in der Welt, 161, 172, 254.

neue Ausdeutung erfährt. In seiner Anwendung auf die Säkularinstitute impliziert das Bild vom Sauerteig für Balthasar die Dimension eines unspektakulären, stillen *Apostolates des Lebens* im Unterschied zu einem *Apostolat des Wortes*: Laienapostolat »ist nicht primär lehrhafte, theoretische Verkündigung, vielmehr Wirken durch die ganze Existenz, das gelebte Beispiel, das Durchsäuern, Durchtränken, Durchleuchten sowohl des weltlichen Stoffgebietes wie des weltlichen, sozialen Milieus«[322]. Gleichzeitig symbolisiert das Bild vom Sauerteig die Unabgegrenztheit der Säkularinstitute zur Welt: »Die Weltgemeinschaft ist untergehender Sauerteig, kaum oder gar nicht feststellbar, unumfriedet der Welt gegenüber.«[323] Diese Funktion kommt den Laien im Rätestand zunächst als Dienst an den zahlreichen christlichen Laien außerhalb des Rätestandes zu[324]. Im Sinne des Sauerteigs haben die Laien im Säkularinstitut für die übrigen Laien »Start-Ferment« zu sein, daß allmählich auf alle übergreift und so die ganze, auch nichtchristliche Welt durchsäuert.
Über die Säkularinstitute hinaus finden die biblischen Bilder der Durchdringung der Welt mit dem Geist Jesu Christi bei Balthasar Anwendung auf die *ganze* Kirche in ihrer Minderheitsposition inmitten der Herausforderung der heutigen gesellschaftlichen Stunde, wobei auch hier den Laien die Schlüsselstellung zukommt und nicht etwa dem Amt[325]. Daß es Kirche nur relativ auf die Welt hin gibt und nicht etwa selbstzwecklich, daß es sie nur gibt um ihres Auftrages für die Welt willen, sieht Balthasar in den Bildern Licht, Salz und Sauerteig inbegriffen: »Kirche ist das Licht der Welt, das Salz der Erde, der Sauerteig im Teig. Sie ist also relativ auf die Welt; wie die Sonne konzentriertes Feuer ist, um sich bis an die Grenzen des Sonnensystems leuchtend und wärmend auswirken zu können. Mit bloßem Sauerteig oder Salz läßt sich nichts anfangen: im Ein- und Untergehen,

---

[322] Wesen und Tragweite der Säkularinstitute, 200; vgl. Evangelische Räte in der heutigen Welt?, 196.

[323] Berufung, Abschnitt 6.

[324] Vgl. Der Laie und die Kirche, 347.

[325] Vgl. Schleifung der Bastionen, 46f. Die Anwendung des Bildes vom Sauerteig auf alle christlichen Laien und nicht etwa nur auf diejenigen im Säkularinstitut findet sich ebenso in *Lumen Gentium*, Art. 31.

Aufgehen und Verschwinden in Fleisch oder Teig erweisen beide ihre Tucht und vollenden ihr Wesen.«[326] Ziel dieser primär von den christlichen Laien zu leistenden Durchsäuerung ist es, den »Dualismus zwischen Kirche und Welt«[327] zu überwinden und so der Welt, d.h. konkret den Menschen und Strukturen im außerkirchlichen Bereich, mehr und mehr das Gepräge der kirchlichen Communio in Jesus Christus einzuprägen, denn: »der nichtdurchsäuerte Teig ist eine ungestaltete Masse von Privatexistenzen, die, den Weltmächten unterworfen, zugleich zwangshaft ein Kollektiv sind. Die Durchsäuerung besagt untrennbar beides: Entprivatisierung zwecks echter Personalisierung, und Entkollektivierung zwecks echter Communion und Mitteilung.«[328]
Gerade in dieser mehrdimensionalen Anwendung des Sauerteig-Bildes: einerseits spezifisch auf die Säkularinstitute, andererseits auf alle christlichen Laien bzw. auf die Kirche als ganze, wird deutlich, daß Hans Urs von Balthasar in seinem Engagement für das Projekt der Säkularinstitute letztlich immer die allen Christen gemeinsame Berufung im Blick behält: sei es im Orden oder im Säkularinstitut, in einem Leben nach den evangelischen Räten oder in der christlichen Ehe, in der Zugehörigkeit zum kirchlichen Dienstamt oder als Laie. Trotz seiner klaren »Stände«-Unterscheidung plädiert Balthasar nicht für ein Zwei-Klassen-Christentum, das sich eines Dualismus bedient, »den man gar noch mit 'weltabgewandt' (eschatologisch) und 'weltzugewandt', oder mit 'Stand der Räte' und 'Stand der Gebote' verdeutlichen möchte.«[329] Diese Kategorien sind für ihn bedingt sinnvoll zur *Unterscheidung* der vielfältigen Berufungen innerhalb des Volkes Gottes, aber untauglich, wenn sie eine *Trennung* der »Stände« suggerieren sollen, welche angesichts der an alle ergehenden Aufforderung, der Welt das Gesicht Jesu aufzuprägen, nicht aufrecht erhalten werden kann.

[326] Wer ist ein Christ?, 102; vgl. auch: In Gottes Einsatz leben, 17f.

[327] In Gottes Einsatz leben, 17.

[328] Ebd. 41.

[329] Cordula oder der Ernstfall, 26; vgl. auch: Klarstellungen, 132f.

Zweite Zusammenfassung: Die ekklesiale Brückenfunktion der Laien im Säkularinstitut

Ausgangspunkt für eine ekklesiologische Verortung der Säkularinstitute im Werk Hans Urs von Balthasars war die Frage, ob uns in ihren Mitgliedern »Ordensleute im Laienmilieu« oder »Laien im Rätestand« begegnen. Die durch Hans Urs von Balthasar gefällte Entscheidung - dies konnte zuletzt in der Darstellung seiner Kontroverse mit Karl Rahner deutlich werden - weist in Richtung eines »Laien im Rätestand«. Mit dieser Entscheidung zugunsten des Laienstatus der Säkularinstitute verbindet sich eine Konzeption, die ihnen eine »Brückenfunktion« nach allen Seiten kirchlicher Ämter und Lebensformen zuweist:

- Zum priesterlichen Dienstamt hin kommt den Laien im Säkularinstitut die Aufgabe zu, die unableitbare apostolische Kompetenz *aller* Getauften, insbesondere der Laien zur Anschauung zu bringen, die sie im Geist Jesu Christi befähigt zur Gestaltung von Beruf und Familie, Gesellschaft und Kirche;
- für die verheirateten Laien bzw. all jene Laien, die nicht nach den evangelischen Räten leben, kommt den Laien im Säkularinstitut durch ihre Rätebindung die Funktion zu, auf die Unverzichtbarkeit des Geistes der evangelischen Räte hinzuweisen, weil *jede* christliche Weltgestaltung und Weltbindung »durchkreuzt« bleiben muß von den christlichen Grundhaltungen Gehorsam, Armut und Jungfräulichkeit; gleichzeitig versinnbildlichen die Laien im Säkularinstitut den übrigen Laien durch ihre primär innere Konsekration, daß und wie vollkommene Gottgehörigkeit im profanen Lebensmilieu möglich ist;
- den Ordensleuten versinnbildlichen die Laien im Säkularinstitut durch das Spezifikum der »Säkularität«, daß *jedes* Räteleben Berufung *für die Welt* und Berufung *in der Welt* bleibt.

Diese den Säkularinstituten zugewiesene Funktion einer Brücke zwischen den kirchlichen »Ständen« wirft eine Fülle von theologischen Fragen auf, die im Rahmen der Balthasarschen Kategorien nur zum Teil eine befriedigende Antwort finden konnten. So steht im Zentrum der ekklesiologischen Einordnung der Säkularinstitute die Frage, wie ihre Mitglieder einerseits voll und ganz dem Rätestand zugehören und andererseits nicht nur soziologisch, sondern in der Tat theologisch Laien bleiben können; Laiesein hier verstanden als positiv gefüllte Aussage, die mehr besagt als das Fehlen der Zugehörigkeit zum Weiheamt und zum Ordensstand. Die von Balthasar vorgelegten Unterscheidungen zwischen Räte- und Ehestand bzw. Räte- und Weltstand geben hierüber nur unzureichend Auskunft, weil das entscheidende Charakteristikum des Weltstandes im Sinne Balthasars: seine Prägung durch Ehe und Familie, von den Mitgliedern der Säkularinstitute gerade nicht geteilt wird. Offenbar liegt in der Zugehörigkeit zum Ehestand nicht die einzige Möglichkeit, den Laienstatus und die Zugehörigkeit zum Weltstand zu realisieren; denkt Balthasar doch im Mitglied eines Säkularinstitutes den Typus eines Christen, der bedingt durch seine Rätebindung zwar eindeutig dem Rätestand angehört, durch seine gesellschaftlichen und beruflichen Verflochtenheiten aber zugleich unter gewisser Rücksicht dem Weltstand zuzurechnen und dadurch als Laie im *Gegenüber* zum Ordenschristen zu qualifizieren ist. Hans Urs von Balthasar sucht diesem Dilemma zu begegnen, indem er den laikalen und somit welthaften Charakter der Säkularinstitute primär begründet durch die Tätigkeit ihrer Mitglieder im profanen Beruf. Aber mit eben dieser Begründung des Laienstatus erreicht er letztlich doch eine primär soziologisch, nicht aber schon theologisch begründete Zugehörigkeit der Säkularinstitute zu den kirchlichen Laien; es ist das Verdienst Karl Rahners, auf diese unzureichende Begründung des Laienstatus der Säkularinstitute bei Hans Urs von Balthasar hingewiesen zu haben.

Offenbar sind die hier skizzierten Aporien innerhalb der Kategorien der von Balthasar vorgelegten »Stände«-Theologie ohne gewisse Brüche nicht zu lösen: Balthasars Konzeption bietet hier so wenig eine letzte Klärung wie das alternative - aber ebenfalls im klassischen »Stände«-Denken verbleibende - Konzept von Karl Rahner. Wer auf der Ebene einer solchen »Stände«-Theologie eine Klärung der Fragen um den ekklesiologischen Ort der Säkularinstitute sucht, wird sich zuletzt immer in begrifflichen Spitzfindigkeiten und theologischen Kompliziertheiten verfangen oder nur zu rein kirchenrechtlichen Zuordnungen vordringen. Dies ist im Verlauf der Darstellung der ekklesiologischen

Aspekte der *Theologie der Säkularinstitute* im Werk Hans Urs von Balthasars überdeutlich geworden.
Hilfreich zu einer Überwindung dieser Aporien scheint der Vorschlag Bruno Fortes, »Laiesein als Dimension der ganzen Kirche«[330] zu bestimmen und zu entdecken. D.h. hier werden die positiven theologischen Gehalte des Laienbegriffes zunächst losgelöst von ihrer ausschließlichen Bindung an einen kirchlichen »Stand«, um sie als Grunddimension der gesamten Kirche und das heißt aller Christen - in welchem Dienst, welcher Berufung, welcher Lebensform auch immer - zu begreifen: »Laiesein meint dabei 'das Bejahen der Autonomie und Eigenständigkeit der profanen Welt im Verhältnis zur religiösen Sphäre. Es geht also um die Weltlichkeit der Welt'. Laiesein ist in diesem Sinne gleichbedeutend mit 'Säkularität'.«[331]
Ihre Grundlage findet eine solche Sicht von »Säkularität« schon in den Ausführungen Pauls VI. anläßlich des 25. Jahrestages von *Provida Mater*, mit denen er die Zentralaussagen von *Gaudium et Spes* ausdeutet:

> »Die Kirche ist sich der Tatsache bewusst, dass sie in der Welt lebt, dass sie 'gemeinsam mit der ganzen Menschheit den Weg geht, zusammen mit der Welt das gleiche irdische Geschick erfährt und gleichsam der Sauerteig und die Seele der menschlichen Gesellschaft ist' (*Gaudium et Spes*, Nr. 40). Daher besitzt die Kirche eine echte, mit ihrer inneren Natur und ihrem Auftrag verbundene *weltliche Dimension*, welche ihre Wurzel tief im Geheimnis des fleischgewordenen Wortes hat und in verschiedenen Formen von ihren Mitgliedern - Priestern wie Laien - nach dem ihnen eigenen Charisma verwirklicht wird.«[332]

Der von Forte in Fortführung dieser Aussagen Paul VI. formulierte Laienbegriff, welcher gleichbedeutend ist mit der säkularen Dimension der Kirche als ganzer, ist nun - in je verschiedenen Modi - anwendbar auf alle Typen christlicher Nachfolge: auf verheiratete Christen, auf

---

[330] Vgl. B. Forte, Laie sein. Beiträge zu einem ganzheitlichen Kirchenverständnis, München 1987, 67.

[331] Ebd. 67f.

[332] Paul VI., Zum 25. Jahrestag von »Provida Mater Ecclesia«, 68f.

Rätechristen im Säkularinstitut, auf streng kontemplativ lebende Christen, auf Diözesanpriester, um nur ein paar wenige zu nennen. In Entsprechung zum jeweiligen Charisma und der kirchlichen Dienstfunktion wird hier die eine christliche Säkularität vom jeweiligen Christen verschieden akzentuiert und gelebt werden[333].
Hans Urs von Balthasar hatte diesen gesamtkirchlichen Aspekt der Säkularität durchaus im Blick, versuchte ihn aber in sein ständisch strukturiertes Kirchenbild zu integrieren. So betonte er etwa immer neu, daß *allen* kirchlichen »Ständen« die Weltsendung aufgetragen sei:

»auf jeden Fall betrifft diese Weltsendung primär die Kirche im ganzen. Es wird also weder so sein, daß nur die Glieder der Kirche als einzelne über die Kirche hinaus in die Welt zu wirken haben, noch daß diese Aufgabe einem bestimmten Stand ausschließlich (oder beinah ausschließlich) zufiele - zum Beispiel den Laien. Es kann höchstens so sein, daß innerhalb der gesamtkirchlichen Weltsendung den einzelnen Ständen besondere Stellungen und Funktionen zufallen.«[334]

Anhand dieser Aussagen wird unübersehbar, daß die theologische Erschließung des Auftrages der Laien und der gesamtkirchlichen Säkularität dazu angetan sind, langfristig ein Kirchenmodell, das den strengen »Stände«-Einteilungen verhaftet bleibt, zu sprengen. Gegen Ende seines Lebens benannte Hans Urs von Balthasar auch unumwunden die Mängel eines solchen Systems - insbesondere für die Frage einer ekklesiologischen Zuordnung der Säkularinstitute:

»Will man die Kirche um jeden Preis in 'Stände' einteilen, dann gehören die Mitglieder der Weltgemeinschaften mit den Religiosen und Kongregationen usf. zum 'Rätestand', was sie aber nicht hindert, soziologisch (und warum nicht auch theologisch) Laien zu sein, da jeder Laie das Recht hat, private Gelübde abzulegen und sich einer Gemeinschaft anzuschließen. Aber die Trennung der Laien von den Priestern und Ordensleuten ist ohnedies theologisch problematisch«[335].

---

[333] Vgl. B. Forte, Laie sein, 72f.

[334] Christlicher Stand, 280.

[335] Das Wagnis der Säkularinstitute, 239, Anm. 1.

Wenn »Laiesein« und »Säkularität«, wie es hier in Konsequenz favorisiert werden soll, zunächst derart losgelöst werden von ständischen Zuordnungen, um sie an das Gesamt der Kirche zurückzugeben, stellt sich letztendlich die Frage, worin denn dann noch das Spezifikum der Säkularinstitute besteht. Angesichts dieser Frage soll als These festgehalten werden:

Auch innerhalb einer Ausweitung des Laienbegriffes auf den Weltbezug und Weltauftrag der gesamten Kirche hin bleibt den Laien (hier: im Sinne derjenigen Christen, die weder zu den Geweihten noch zu den Ordenschristen zählen) - und unter ihnen den Mitgliedern der Säkularinstitute - eine *spezifische Affinität zur säkularen Dimension der gesamten Kirche*. Für die Mitglieder der Säkularinstitute ergibt sich diese Affinität durch eine bewußt vollzogene Wahl, sie ist Antwort auf eine Berufung, die den weltlichen Standort zur theologischen Größe, nämlich zu »Geweihter Welthaftigkeit«[336] macht:

> »Das heißt, ein so verstandener Weltcharakter ist nicht einfach etwas nur Angeborenes oder das Bleiben bei dem, was für alle Getauften gilt. Aufgrund einer gottgeschenkten Berufung ist es vielmehr die gesonderte, gewollte, freie Entscheidung eines Getauften, den angeborenen Weltort und Weltcharakter zum besonderen Zeichen, zur prägenden Dimension seines Lebens zu machen. Das Mitglied des Säkularinstitutes setzt einen bewußten Akt des Bleibens in der Welt als Ort und Modalität der Ganzhingabe an Gott. Dadurch entsteht eine neue theologische Situation.«[337]

In einer solchen Sicht wird die »existentielle und soziologische Situation« der Mitglieder der Säkularinstitute innerhalb von Gesellschaft, Beruf und Familie »zu einer theologischen Wirklichkeit«, zu einem »Weg zur Verwirklichung und Bezeugung des Heils«[338]. Der Verbleib in den *weltlichen* Bezügen muß hier nicht länger als Zugeständnis an die Gesetzmäßigkeiten der diesseitigen Welt disqualifiziert werden, sondern gewinnt als Modus der Hingabe an Gott theologische Qualität. Dabei ist zu beachten, daß den Mitgliedern der Säkularinstitute der

---

[336] Vgl. Paul VI., Zum 25. Jahrestag von »Provida Mater Ecclesia«, 70.

[337] G. Pollak, Zum Weltbezug des gottgeweihten Lebens, 409.

[338] Paul VI., An die Hauptverantwortlichen der Säkularinstitute, 83.

Weltcharakter (indoles saecularis)[339], wie ihn die Dokumente des Zweiten Vatikanischen Konzils, insbesondere die Apostolische Konstitution über die Kirche *Lumen Gentium*, beschreiben[340], nicht exklusiv, sondern *gemeinsam mit allen übrigen Laien* zukommt.
Mit dieser These eröffnet sich zugleich eine neue Weite zur Deutung der verschiedensten kirchlichen Berufungen im Horizont des Weltauftrages aller Christen: Zunächst für das breite *Spektrum unterschiedlichster Säkularinstitute* wird deutlich, daß es nicht *eine* mögliche Realisierung ihrer *Welthaftigkeit* gibt, sondern eine geistgewirkte Fülle, innerhalb derer es Institute mit stärker apostolischer oder kontemplativer Ausrichtung, mit mehr oder weniger ausgeprägtem Gemeinschaftsleben, mit größerer oder geringerer öffentlicher Sichtbarkeit, mit

---

[339] Vgl. die von E. Braunbeck vorgelegte Definition der *indoles saecularis* (Der Weltcharakter des Laien, 140): »Mit dem Begriff *indoles saecularis* bezeichnet das II. Vatikanische Konzil den spezifischen Weltbezug des christlichen Laien, der als dessen besondere Weise der Ausübung des gemeinsamen Priestertums im ekklesialen Weltbezug wurzelt. Die Teilhabe des Laien an der sakramentalen Existenz und Sendung der Kirche und sein direkter, durch keine vorrangige kirchliche Bindung modifizierter Kontakt mit den Strukturen und Aufgaben des weltlichen Bereichs stellen ihn mitten hinein in das Spannungsgefüge von Kirche und Welt als einander durchdringende und dennoch in ihrer Eigenart verbleibende Größen. Seine christliche Berufung und Sendung werden von diesem spannungsvollen Ineinander geprägt: Er ist berufen, in seiner Person und in seinem Wirken jene Verbindung von Welt und Reich Gottes zu aktualisieren und zu entfalten, die bereits in der Schöpfung durch das Verbum Divinum und in der Erlösungstat Christi grundgelegt ist.
Seine christlich-säkulare Sendung soll er 'in Kirche und Welt' erfüllen im Sinne einer wirksamen Wegbereitung für das kommende Reich Gottes und einer Durchdringung seiner Welt 'von innen her' mit der Kraft des Evangeliums.
Diese Verantwortung, die ihm spezifisch, aber nicht exklusiv zukommt, teilt ihm innerhalb der vom Konzil gezeichneten kirchlichen *communio* die Aufgabe zu, akzentuiert (nicht isoliert) dem inkarnatorischen Moment der Erlösung in Christus Gestalt zu geben in Leben und Wirken der Kirche bzw. als Christ in der Welt.«

[340] Vgl. Lumen Gentium, Kap. IV, Art. 31: »Den Laien ist der Weltcharakter [indoles saecularis] in besonderer Weise eigen. [...] Sache der Laien ist es, kraft der ihnen eigenen Berufung in der Verwaltung und gottgemäßen Regelung der zeitlichen Dinge das Reich Gottes zu suchen. Sie leben in der Welt, das heißt in all den einzelnen irdischen Aufgaben und Werken und den normalen Verhältnissen des Familien- und Gesellschaftslebens, aus denen ihre Existenz gleichsam zusammengewoben ist. Dort sind sie von Gott gerufen, ihre eigentümliche Aufgabe, vom Geist des Evangeliums geleitet, auszuüben und so wie ein Sauerteig zur Heiligung der Welt gewissermaßen von innen her beizutragen und vor allem durch das Zeugnis ihres Lebens, im Glanz von Glaube, Hoffnung und Liebe Christus den anderen kund zu machen. Ihre Aufgabe ist es also in besonderer Weise, alle zeitlichen Dinge, mit denen sie eng verbunden sind, so zu durchleuchten und zu ordnen, daß sie immer Christus entsprechend geschehen und sich entwickeln und zum Lob des Schöpfers und Erlösers gereichen.«

ausdrücklichem Schwerpunkt im profanen Berufsmilieu oder auch in innerkirchlichen apostolischen Tätigkeiten geben kann. Im Hinblick auf die *Erneuerung des Ordenslebens* nach dem Zweiten Vatikanischen Konzil wird sichtbar, daß die Suche zahlreicher Ordensgemeinschaften nach einem neuen Weltbezug nicht Abweichen vom Gründungscharisma bedeuten muß oder Anbiederung an die Formen der Säkularinstitute, sondern Ausdruck einer legitimen, ordensmäßigen Neuentdeckung der säkularen Dimension der gesamten Kirche sein kann[341]. Für die *Frage der Priestersäkularinstitute* erschließt sich ein Weg, der die Zugehörigkeit zum kirchlichen Dienstamt durchaus in eins denken läßt mit einem spezifisch säkularen Charisma, das die Berufung der betreffenden Priester in direkte Nähe zur säkularen Welt der Laien rückt und die Zugehörigkeit von Priestern und Laien zu einem gemeinsamen Säkularinstitut oder einer geistlichen Familie als möglich und sinnvoll erscheinen läßt. Und schließlich kommt für *verheiratete Laien und Laien im Säkularinstitut* eine gemeinsame Basis säkularen Kirchenverständnisses in den Blick, die das Gemeinsame der einen Berufung zur Liebe und zur Weltgestaltung betont und so die Differenz zwischen Eheleuten und Rätechristen angemessen relativiert.

Aufgabe der trinitarisch-theologischen Bestimmung der Lebensform der Säkularinstitute wird es nun sein, die Ansätze für den hier skizzierten Weltauftrag aller Christen und für die säkulare Dimension der gesamten Kirche auf ihre Begründung und auf ihre Chancen für ein neues Verhältnis von Kirche und Welt hin zu befragen.

---

[341] Vgl. A. Herzig, »Ordens-Christen«. Theologie des Ordenslebens in der Zeit nach dem Zweiten Vatikanischen Konzil, 248-323: »Orden und Welt: Die Frage nach dem Weltverhältnis der Ordensleute«.

B. TRINITARISCH-THEOLOGISCHE BESTIMMUNG DER LEBENSFORM

Hinführung

Die Bestimmung einer *Theologie der Säkularinstitute* hat sich den Grundkoordinaten der gesamten Theologie Hans Urs von Balthasars einzufügen und von jener Rätetheologie und kirchlichen Verortung des Rätelebens auszugehen, wie er sie im Grundansatz unterschiedslos für *alle* Formen des Rätelebens zeichnet: für die alten ordensmäßigen Formen ebenso wie für die neuen Formen, etwa in den Säkularinstituten. Beide gehören zum *einen* Rätestand, wenn auch unterschieden durch eine entweder mehr *religios-kirchliche* oder mehr *laikal-säkulare* Prägung. Diese Ausweitung des Blickwinkels kann als erstes Ergebnis der vorgelegten ekklesiologischen Untersuchung bezeichnet werden. Dem muß Rechnung getragen werden in der für unser Thema ernüchternden Feststellung, daß es von der *Ekklesiologie* Hans Urs von Balthasars her jenes eindeutige Kriterium nicht gibt, das die Säkularinstitute von den übrigen Formen des Rätelebens trennen würde und *das* Spezifikum einer *Theologie der Säkularinstitute* anzeigen könnte. Der damit gegebenen ekklesiologischen Ausweitung des Themas einer *Theologie der Säkularinstitute* entspricht eine zweite Ausweitung durch den *strukturellen* Ort, den Balthasar den evangelischen Räten zuweist: sie stellen in seiner Theologie ein umfassendes »Strukturprinzip«[1] dar, das in alle dogmatischen Traktate hineinwirkt. Dieser größtmöglich denkbare Horizont seines Räteverständnisses kennzeichnet von vornherein eine vorwiegend eschatologische Zeichenfunktion des Rätelebens - wie etwa Karl Rahner sie vorlegt - als zu kurz gegriffen. Die ausdrückliche Rückbindung der evangelischen Räte an die gesamte dogma-

[1] Vgl. M. Scheuer, Die Evangelischen Räte. Strukturprinzip systematischer Theologie bei H. U. von Balthasar, K. Rahner, J. B. Metz und in der Theologie der Befreiung, 22-153.

tische Theologie - neben der Eschatologie etwa an alle christologischen Themen - ermöglicht neue Zugänge zum Räteleben, die einen »Rätechristen im Laienstand« nicht länger als unmögliches Gedankenkonstrukt erscheinen lassen.
Balthasars vielfach artikuliertes Unbehagen an einem primär eschatologisch begründeten Räteverständnis ist nicht Ausdruck eines Theologen-Gezänks, etwa zwischen ihm und Karl Rahner, sondern es zielt auf die Weltsendung aller Christen, derer im Rätestand nicht weniger als der »normalen« Laien[2]. Die den Mitgliedern der Säkularinstitute eigene säkulare Prägung verweist von daher auf die Säkularität der gesamten Kirche, gleichzeitig hat sie exemplarische Funktion für alle (verheirateten) Laien[3]. Hierin lag das wesentliche Ergebnis der ekklesiologischen Untersuchung.
Den damit aufgerissenen Horizont der Weltsendung aller Christen nachzuzeichnen, ist Aufgabe des *trinitarisch-theologischen* Teils dieser Arbeit. Es wird sichtbar werden, daß das gesamte Gefüge der Theologie Hans Urs von Balthasars - in der Verhältnisbestimmung von *Gott und Welt* sowie *Inkarnation und Paschamysterium* - in den Blick zu nehmen ist, um die Grundlagen einer *Theologie der Säkularinstitute* zu

---

[2] Vgl. Monastisches Leben heute, 36: »Unzureichend, wenn auch nicht falsch, ist die heute beliebte (und vom Vatic. II. mehrfach angeführte) Ansicht, der Rätestand sei als ein 'eschatologisches *Zeichen*' oder '*Zeugnis*', gleichsam eine Spezialisierung auf die Jenseitigkeit des Endziels der Kirche, aufgestellt, damit die Christen in der Welt sich an diesem Zeichen orientieren und vor lauter Mitwirkung an den Menschheitswerken den Himmel nicht vergessen. Diese dem Rätestand zugestandene Funktion entspricht keineswegs der zentralen Funktion, die Christus denen zuteilt, welche um des Himmelreiches willen alles verlassen, und die, in der Tiefe gesehen, nicht *nur* signum (oder testimonium), sondern signum *efficax* (also 'sacramentum') der Welterlösung ist.«

[3] Vgl. Zur Theologie der Säkularinstitute, 461: »Der Christ im Weltlichen Institut ist ein Christ in der Welt unter andern Christen und Nicht-Christen in der Welt. Er unterscheidet sich von ihnen nur dadurch, daß er seine ganze Existenz, Leib und Seele, Christus geschenkt hat und von ihm durch die Vermittlung der Kirche den Platz seines Einsatzes für das Reich Gottes in der Welt zugewiesen erhält. Daß er diesen Platz wirklich und nicht bloß zum Schein besetzt hält und verwaltet, ist Nachfolge der Inkarnation. Daß er ihn mit seiner ganzen Existenz 'im Auftrag' Gottes und als Bote seines Reiches versieht, ist das Eschatologische. In beiden Richtungen lebt er seinen Mitchristen nur vor, was christliche Existenz in der Welt ist: er tut es 'ungeteilt', weil er seine Existenz mit der der Kirche für Christus identifiziert hat, aber ebendeshalb 'eucharistisch': seine Verströmung an die Welt, Mitmensch, Beruf ist kein Untergehen im Schicksal, sondern durch Gnade eine Form der Gegenwart der Heilsgeheimnisse Christi.«

formulieren. Erst dieser umfassende theologische Horizont, vor dem Balthasar die evangelischen Räte deutet, eröffnet jene Weite, die einen Zugang zum *Räteleben mit welthaften Vorzeichen* ermöglicht, wie es von den Säkularinstituten angezielt wird. Strukturell wird die gedankliche Linie dieser theologischen Erschließung trinitarisch angelegt: »Aus der Schöpfung des Vaters« - »In der Form des Sohnes« - »Unter dem Gesetz des Geistes«. Auf die Säkularinstitute angewendet beinhaltet diese Dreiteilung

1. die Grundlegung des christlichen Einsatzes für die Welt in einer patrozentrisch ausgerichteten Schöpfungstheologie;
2. die christologische Erschließung der Nachfolge im Säkularinstitut von Inkarnation und Paschamysterium her;
3. den Entwurf einer pneumatologisch begründeten Rätetheologie und Praxis des Rätelebens unter *welthaften* Vorzeichen gemäß dem Spezifikum der Säkularinstitute.

Als Verbürgung der Richtigkeit dieser trinitarischen Strukturierung der *Theologie der Säkularinstitute im Werk Hans Urs von Balthasars* soll vor jeder weiteren Erhebung eine programmatische Textpassage aus *Unser Auftrag* zitiert werden. Diese Aussagen bilden das theologische Kernstück dieser - der Öffentlichkeit vorgelegten - Programmschrift der *Johannesgemeinschaft* und wollen von der Intention des Verfassers her ausdrücklich gelesen und gedeutet werden als Schlüssel zu einer *Theologie der Säkularinstitute*.

> »Gott der Vater hat diese Welt und uns Menschen in ihr erschaffen, damit wir in gegenseitiger Liebe und Fürsorge und in gemeinsamer verantwortlicher Arbeit an seiner *Schöpfung* ihn, den Vater, preisen; dieses erste Moment ist durch die Sünde des Menschen nie überholt worden, zudem der Schöpfer in der Voraussicht dessen, was mit ihr geschehen sollte, die Welt als 'sehr gut' befand, da er schon 'vor Grundlegung der Welt' das ganze Werk im 'Vorausersehen des kostbaren Blutes Christi als des untadeligen und fleckenlosen Lammes' (1 Petr 1,19) geplant hatte. Diesen seinen Sohn sandte er uns, damit er dreißig Jahre lang unsere weltliche Arbeit teile, um dann darüber hinaus als das abschließende Wort Gottes an die Welt in Leben, Tod und Auferstehung die dreieinige Liebe Gottes zu offenbaren, zuletzt dadurch, daß er stellvertretend für unsere Schuld ans Kreuz ging, um so als der *Versöhner* der Welt mit Gott das Werk des Vaters zu krönen. Beide aber haben uns ihren gemeinsamen Liebesgeist der *Heili-*

gung und der Sendung verliehen, um uns zu befähigen, innerhalb der Welt in der Nachfolge und Gesinnung des auferstandenen Herrn, der in seiner Kirche fortlebt, an der Vollendung dieser Welt zu Gott hin mitzuarbeiten. Der Geist des Vaters und des Sohnes, des Schöpfers und des Erlösers drängt die Welt von innen ihrer Heiligung und Vollendung entgegen (Röm 8,26) und ist zugleich den vom Herrn Erwählten und Gesendeten geschenkt (Joh 20,21f), was beweist, daß die kirchlichen Weltgemeinschaften theologisch-trinitarisch zentral liegen. Ist der Heilige Geist doch sowohl der Geist der Kindlichkeit Gott gegenüber wie der Mündigkeit der Welt gegenüber, der Einfalt und Freude (mitten unter 'Verfolgungen' Mk 10,30) wie der Klugheit und Ausdauer, des Gebetes wie der Arbeit und schließlich [...] des geistlichen Rufes und des weltlichen Berufes.«[4]

Diese theologisch-trinitarischen Grundlagen einer *Theologie der Säkularinstitute* bedürfen nun der Entfaltung.

---

[4] Unser Auftrag, 109f.

Erstes Kapitel

Aus der Schöpfung des Vaters - Die Säkularinstitute im Spannungsfeld von Gott und Welt

Zunächst ein Blick in die Geschichte: Wie die Aussagen des Motu Proprio *Primo feliciter* 1948 eindrücklich hervorheben, ist den Säkularinstituten das »welthafte Element [*charakter saecularis*]« eigen, »das die ganze Berechtigung ihres Daseins bildet« und »in allen Dingen zum Ausdruck kommen muß«[5]. Darüber, daß diese Bestimmung nicht lediglich äußere Formen betrifft, sondern die innere Gestalt einer spezifischen Berufung benennt, wird kein Zweifel gelassen: »Dieses Lebenszeugnis der Weltgemeinschaften soll getreulich *nicht nur in der Welt, sondern gleichsam aus dem Innern der Welt hervor* ausgeübt werden, somit in Berufsformen, in Arbeitsweisen, Gestalten, Orten, Umständen, die der welthaften Daseinsweise angemessen sind.«[6] Mit den Säkularinstituten wird hier - fast 20 Jahre vor den entscheidenden Aussagen des Zweiten Vatikanischen Konzils über die Sendung der Laien in Kirche und Welt - die *Avantgarde* eines neuen Verhältnisses von Kirche und Welt errichtet.

Hans Urs von Balthasar hat in vielfachen Anläufen - etwa unter geistesgeschichtlicher Rücksicht oder im Nachzeichnen der christlichen Spiritualitätsgeschichte - ausgeführt, daß sich in diesen kirchlich-offiziellen Aussagen über die Säkularinstitute eine Wende im Selbstverständnis der Kirche im Hinblick auf ihr Weltverhältnis ankündigt. Diese Wende bedeutet für ihn keinen Bruch, etwa im Sinne einer Absage an bisherige Traditionen christlicher Spiritualität, sondern vor allem eine Neuerschließung christlichen Urgesteins vom heutigen geistesgeschichtlichen Ort aus: »Man kann nicht Gott wählen und die

[5] Primo feliciter, in: Die kirchlichen Urkunden, 47.

[6] Ebd; Hervorhebung im Text durch die Autorin.

Welt ausschließen«[7], so könnte die Maxime dieser Bewegung lauten[8]. Die sich hier abzeichnende Entwicklung hin zu einer *welthaften* Spiritualität wertet Balthasar im großen geistesgeschichtlichen Kontext, der durch die Wechselwirkung zwischen jüdisch-christlichem Gottesbild, antiker Philosophie und europäischer Geistesgeschichte jeweils Verschiebungen in der Verhältnisbestimmung von *profanem* und *sakralem* Bereich hervorgebracht hat.

Balthasar weist zunächst hin auf jene Entsakralisierung des Kosmos, die schon die Theologie Israels kennzeichnete[9], das sich im Unterschied zu den Nachbarvölkern als Volk Gottes in Freiheit gegenüber den Weltmächten definierte: »Die Entsakralisierung, die sich im Alten Bund anbahnt und im Neuen vollends erfüllt, ist Befreiung von der Sakralität des Kosmos und seiner Mächte, so lange, bis der Mensch selber als 'heilig' erscheint: im Akt, in dem er sich frei in die vollkommene Freiheit Gottes hinein vertraut.«[10] Die Bewegung der Entsakralisierung des Kosmos zugunsten eines personalen Bundesverhältnisses zwischen Schöpfer und Geschöpf findet in Jesus Christus ihre letzte Konkretisierung und Fülle (vgl. Kol 2, 8-10)[11]. Gleichzeitig wird das Christus-Ereignis durch die Reflexion auf das Verhältnis von göttlicher und menschlicher Natur in der Person Jesu aber auch für die ersten christlichen Jahrhunderte zum Anknüpfungspunkt einer erneuten *Annäherung* von *profanem* und *sakralem* Bereich. Denn in der Menschwerdung des Sohnes Gottes wird die gesamte menschliche Natur in die Gottheit Jesu Christi hineingezogen. Von hier aus strebt die christliche

---

[7] Sponsa Verbi, 454.

[8] Provokativ-ironisch zeichnet Balthasar die anstehende Frage in: Wer ist ein Christ?, 12: »Früher im Altertum drehte sich alles - bei den heidnischen Philosophen wie bei den Christen - um die 'Konversion' (Umwendung [...]) von der Welt zu Gott. Heute ist von allen, auch von dir, der du so lange, zu lange, in der Richtung auf Gott geschaut hast, eine umgekehrte, gründliche Kehre gefordert: Konversion zur Welt. Liegt das denn nicht in deiner eigenen christlichen Logik? Werden die ersten Jünger von eurem Stifter denn nicht in alle Welt hinausgesandt? Du widersprichst dir selbst, wenn du, da alle vorwärts schauen, als einziger rückwärts starrst.«

[9] Vgl. zum Ganzen: Theologie der Geschichte, 98-101: »Heilige Geschichte in profaner Geschichte«.

[10] In Gottes Einsatz leben, 21f.

[11] Vgl. Spiritus Creator, 296-311 (»Unmittelbarkeit zu Gott«), bes. 302f; Christliche Kunst und Verkündigung, 713.

Antike - vertreten durch die Kirchenväter - in der Nachfolge Jesu Christi die Vergeistigung des Menschen im Aufstieg zu Gott, die Vergöttlichung des Menschen an. Diese vorrangige Deutung des christlichen Weges als *Aufstiegsbewegung* zu Gott wird abgelöst von der mittelalterlichen *Synthese von profan und sakral im innerweltlichen Bereich*: Wurde vordem die Einheit mit dem Göttlichen im Aufstieg des Menschen zu Gott gesucht, so wird nun gleichsam das Göttliche ins Weltliche hinabgeholt. Geistliches und Irdisches werden in eins gesehen - etwa in der mittelalterlichen Synthese von Kirche und politischem Reich[12]. Erst die naturwissenschaftlichen Entdeckungen seit Beginn der Renaissance provozieren eine Trennung dieser Einheit und ziehen den Menschen im wahrsten Sinne des Wortes neu und unvermittelt auf die in sich gekrümmte und von Gott unterschiedene Erde zurück. Das veränderte naturwissenschaftliche Weltbild verschiebt nochmals die Verhältnisbestimmung von Gott und Welt; von nun an gilt:

> »Die Menschheit ist nicht nur geographisch, astronomisch auf sich selbst angewiesen, sondern ihre pfeilgerade Sehnsucht empor zu den Engeln biegt in sich selber zurück: Wenn es ein Paradies geben sollte, dann kann es nicht anderswo liegen als auf der Erde; auf einer vielleicht in ihrer eigenen Sehnsucht und Schuld, auf einer in Gottes strafendem und liebendem Feuer verzehrten, aber doch als Erde wiedergeborenen, verklärten Erde.«[13]

Hiermit ist eine fundamentale Wende angesagt: *Profan* und *sakral* treten einander nun radikal gegenüber als autonome Bereiche[14]. Freilich zeigt sich in der Folge, überdeutlich dann in der Zeit der Aufklärung, daß die Kirche bzw. der einzelne Christ dieser »weltlichen Herausforderung« noch nicht gewachsen ist; Balthasar konstatiert infolge dessen »eine gewisse nicht zu leugnende Wirklichkeitsflucht der Katholiken nach der Französischen Revolution und in der Roman-

[12] Vgl. Der Seidene Schuh, Nachwort, 372.

[13] Ebd. 373.

[14] Vgl. Verbum Caro, 200.

tik«[15]. Erst heute wird das »Feuer« einer »um nichts verkürzten Weltlichkeit« und der »Begegnung von Welt und Kirche«, »das im historischen Verlauf bald unter einem Aschenhaufen verlosch, [...] am Ende der Epoche - bereichert um die Erfahrungen von Jahrhunderten, geschürt von der Glut des zwanzigsten -, noch einmal neu entfacht«[16]. Es kann zum Funkenschlag einer *welthaften* Spiritualität werden, die sich der christlichen Weltdurchdringung verschreibt[17]. Für eine *Laien-Spiritualität*[18] generell, aber auch speziell für die Laien im Säkularinstitut, ist dieser Ansatzpunkt konstitutiv; die geistesgeschichtliche Stunde ist prädestiniert für die Neuerschließung des christlichen Weltauftrages auf der Grundlage einer »Theologie der irdischen Wirklichkeiten«[19], die diesen Namen verdient.

I. Schöpfung trinitarisch im Horizont der "Analogia entis"

Welt bzw. *Schöpfung* als Inbegriff von *Nicht-Gott* bedarf einer klaren Definition, um das Weltverhältnis des Christen benennen zu können,

---

[15] Wer ist ein Christ?, 44.

[16] Der seidene Schuh, Nachwort, 374.

[17] Balthasar wehrt sich allerdings energisch gegen die Behauptung, dieser Aspekt der »Weltdurchdringung« sei früheren christlichen Jahrhunderten vollends fremd gewesen und müsse erst heute entdeckt werden. Vgl. Wer ist ein Christ?, 44, 52.

[18] Zum Begriff "Spiritualität« bei Balthasar vgl.: Das Evangelium als Norm und Kritik aller Spiritualität in der Kirche, in: Spiritus Creator, 247-263. Wichtig erscheint hier vor allem, daß keiner christlichen Spiritualität Exklusivität anderen Spielarten gegenüber zukommt; im »christologischen Zentrum kommunizieren alle möglichen christlichen Spiritualitäten und sind deshalb mühelos durch die Mitte des Glaubens hindurch ineinander aufzulösen und überzuführen. Sie sind Ausformungen der einen Sendung Christi (die sein absoluter Liebesgehorsam ist) in die Vielfalt der von ihm verfügten Sendungsgnaden und Aufträge.« (ebd. 256) In diesem Sinne kann die hier postulierte »Laien-Spiritualität« kein exklusiver, gegen andere Wege verschlossener Zugang zur christlichen Praxis sein.

[19] Vgl. ausführlich: Wer ist ein Christ?, 43-53.

und zwar philosophisch wie theologisch[20]. In seinen expliziten Aussagen zur *Theologie der Säkularinstitute* hat Balthasar eine solche Definition von Welt nie ausbuchstabiert, sondern vorausgesetzt[21]. Dort verwendet er den Begriff »Welt« vor allem im Sinne einer reinen Phänomen-Beschreibung des Standortes jener Räte-Christen, die nicht im Sonderbereich einer klösterlichen oder klerikalen Welt leben, so z.B. in der Definition: »Der Christ im Weltlichen Institut ist ein Christ in der Welt unter andern Christen und Nicht-Christen in der Welt.«[22] Diesem *Stehen in der Welt* werden phänomenal-soziologische Konnotationen zugeordnet: *Beruf*, *Familie*, *Milieu*, *Gesellschaft*, *Kultur*, die aber ebenfalls in den expliziten Texten zur Theologie der Säkularinstitute unausgedeutet bleiben.

Eher im Sinne von Negativ-Definitionen benennt Balthasar zunächst hingegen, was *Saecularitas* für die Säkularinstitute *nicht* heißt: so etwa, daß ihre Welthaftigkeit »nicht polemisch überspitzt und allen übrigen Formen des geweihten Lebens isoliert entgegengesetzt werden«[23] darf; daß ihr Verbleiben »im Bereich der Welt« nicht heißen kann, »daß sie dem Ruf Christi zum innern Alles-Verlassen weniger radikal folgen«[24] als die Ordensleute; »daß sie ihr besonderes Charisma nicht von den übrigen Gemeindecharismen abheben«[25]. Positiv ist damit noch nichts Wesentliches erhellt. Die ausstehende positive theologische Erschließung von *Welt* und *Säkularität* ist vom Kontext der übrigen Balthasarschen Theologie her zu leisten und von dort aus rückzuübertragen in die expliziten Aussagen zum Welt-Bezug der Mitglieder der Säkularinstitute.

Als grundlegendstes Charakteristikum seines theologischen Weltver-

---

[20] Vgl. Balthasars Vorwurf gegen eine platte Rede von einer »Theologie der irdischen Wirklichkeiten« ohne eine vorherige philosophische Erschließung derselben »etwa im Sinn Thomas' von Aquin« (Wer ist ein Christ?, 50).

[21] Mit Recht benennt Karl Rahner dieses Defizit und leistet eine Definition des Welt-Begriffes, wie er auf die Mitglieder der Säkularinstitute anzuwenden ist, in: Laie und Ordensleben, 360, 363-366.

[22] Zur Theologie der Säkularinstitute, 461.

[23] Die Nachfolge Christi im Neuen Testament, 24.

[24] Ebd.

[25] Ebd. 25.

ständnisses ist zu nennen, daß Balthasar Welt bzw. Schöpfung in »trinitarischer Klammer« denkt[26]. Ohne freilich die gesamte Trinitätstheologie Hans Urs von Balthasars darzustellen - dies ist an anderer Stelle ausführlich geschehen[27] -, müssen also zunächst jene Eckdaten des trinitarischen Gottesbildes umrissen werden, die Balthasars Welt-Begriff erschließen und die christliche Welt-Sendung ermöglichen. Als durchgängiger Verständnisschlüssel für den trinitarischen Gottes-Begriff und von dort her für das Gott-Welt-Verhältnis erweist sich dabei die Kategorie der *Analogia entis*: sie ist für Balthasar in Dialog mit Erich Przywara und Karl Barth zu jenem »Grundprinzip« geworden, von dem her eine neue »Einheit der Wirklichkeit« - von Erfahrung und Glaube, von Natur und Gnade, von Welt und Gott - erschlossen wird[28]. Dieses Grundprinzip und sein Stellenwert für das Werk Hans Urs von Balthasars wird hier weitestgehend als bekannt und andernorts hinreichend erhoben vorausgesetzt[29]. Einzig seine spezifische Relevanz für die Erhellung des Welt-Verständnisses und Welt-Verhältnisses der Säkularinstitute soll an dieser Stelle ausgewertet werden.

1. Trinität als Urdifferenz

Ein erster Aspekt der *Analogia entis* beschreibt die Unterschiedenheit zwischen Sein und Wesen, zwischen Dasein (*esse*) und Sosein (*essen-*

---

[26] Vgl. Theodramatik VI, 53-95: »Welt aus der Trinität«; zusammenfassend Theologik II, 76-79.

[27] Vgl. T. R. Krenski, Passio Caritatis. Trinitarische Passiologie im Werk Hans Urs von Balthasars, Einsiedeln/Freiburg 1990, 129-223; K. J. Wallner, Gott als Eschaton. Trinitarische Dramatik als Voraussetzung göttlicher Universalität bei Hans Urs von Balthasar, Heiligenkreuz/Wien 1992, 84-222. Eine neue, umfassende Darstellung der Trinitätstheologie mit zahlreichen Bezugnahmen auf Hans Urs von Balthasar findet sich bei G. Greshake, Der dreieine Gott. Eine trinitarische Theologie, Freiburg ^{2}1997.

[28] Vgl. M. Kehl, Ein Porträt, 26-31.

[29] Vgl. W. Löser, Im Geiste des Origenes, v.a. 13-43; J. Schmid, Im Ausstrahl der Schönheit Gottes. Die Bedeutung der Analogie in "Herrlichkeit" bei Hans Urs von Balthasar, Münsterschwarzach 1982; v.a. 147-259.

tia) in allen geschöpflichen Seienden[30]. Von allen geschöpflichen Seienden gilt, daß ihr Dasein, ihre Existenz, nicht identisch ist mit ihrem Sosein, ihrem Wesen. Ihr Dasein ist nicht notwendig, so wenig wie von der realen Existenz eines Seienden notwendig sein Sosein ableitbar wäre[31]; diese Differenz zwischen Dasein und Sosein *ist* Geschöpflichkeit, sie prägt den geschöpflichen Seinsbegriff: »Beide Aspekte sind zunächst das Prägmal der Nicht-Göttlichkeit des Geschöpfs: weder kann seine Bestimmtheit als Wesen *(essentia)* sich selbst Wirklichkeit *(esse)* verleihen, noch kann sein Anteil an der Wirklichkeit *(esse)*, die universal ist, ihm seine Bestimmtheit *(essentia)* gewähren.«[32] Gottes Dasein hingegen, so formuliert Balthasar im Anschluß an die scholastische Theologie, ist identisch mit seinem Wesen, weshalb der auf Gott angewandte Seinsbegriff unendlich verschieden, eben *analog*, dem geschöpflichen Seinsbegriff aufzufassen ist. Gottes Sein und Wesen fallen in eins, weil Gott von nirgends her sein Sein empfängt, sondern es wesensmäßig, in göttlicher Fülle besitzt. Gott und Welt sind nicht einem *univoken* Seinsbegriff subsumierbar, weil sonst das Sein selbst eine Gott übergeordnete Größe und so letztlich das eigentlich Göttliche wäre[33].

Dieses Wesen Gottes allerdings ist keine statische, monadische Größe, sondern trinitarischer Liebesdialog, wie ihn Leben und Botschaft Jesu bezeugen[34]. Die trinitarische gegenseitige Verschenkung in Liebe ist

---

[30] Vgl. Theodramatik IV, 59f, 65f, 90. Zur Bedeutung dieser sogenannten *Realdistinktion* bei Balthasar vgl. T. R. Krenski, Passio Caritatis, 176ff; K.-H. Menke, Stellvertretung, 263ff; J. Disse, Metaphysik der Singularität, 181-191; G. Greshake, Der dreieine, Gott, 244f.

[31] Zur Nicht-Notwendigkeit der Schöpfung vgl. Theodramatik IV, 464.

[32] Theodramatik IV, 66; vgl. auch ebd. 59f.

[33] Vgl. P. Knauer, Der Glaube kommt vom Hören. Ökumenische Fundamentaltheologie, Freiburg [6]1991, 63-68.

[34] Vgl. T. R. Krenski, Passio Caritatis, 180-186. Krenski faßt zusammen (ebd. 182f): »Von der Proexistenz Jesu Christi, der in eben dieser Existenz den dreifaltigen Gott auslegt, öffnet sich der Blick auf das innertrinitarische Für-Einander, so daß das göttlich-dreifaltige Sein nicht zuletzt als In-sich- und Bei-sich-, sondern als Aus-sich- und Auf-den-anderen-Hin, also als Verschenkung-Sein auf uns zutritt. Was also 'die Kenose Gottes genannt wird, ist gewiß akut im einmaligen Leben und Leiden Jesu, aber ist hierin Offenbarung einer ewigen Seinsart Gottes selbst: es ist Gott dem Vater seinsgemäß, seinen Sohn "preiszugeben", sein Preuma "auszugießen", um gerade in dieser Selbsthingabe er selbst in seiner "Gottgestalt" (Phil 2,66) zu sein' [Pneuma

notwendig mit Gottes Gottsein gegeben[35]: Der Vater vollzieht nicht nur die Selbstverschenkung an den Sohn, er *ist* wesenhaft diese Selbstverschenkung; der Sohn vollzieht die sich zurückschenkende Antwort an den Vater nicht nur, der Sohn *ist* wesenhaft diese Antwort[36]; ebenso wesenhaft *ist* der Heilige Geist der »*In*begriff der gegenseitigen Liebe von Vater und Sohn« und die »dieser Liebe entstammende, sich bezeugende Frucht«[37]. Dasein und Sosein der drei göttlichen *Personen* fallen in eins, ihre Personalität ist durch eben dieses Sosein, nämlich durch die gegenseitigen Beziehungen bestimmt[38]. Im Ineinander dieser drei Personen wird das eine Wesen und Sein Gottes als Liebe ansichtig; es läßt sich kein Wesen oder absolutes Sein Gottes beschreiben, das nochmals *hinter* diesem dreifaltigen Zueinander der göttlichen Personen stünde[39]. In Gott ist »ewige staunende Bewunderung und Bejahung des gegenseitigen Andersseins im Einssein«[40].

Eben diese »dreifaltige Differenziertheit« Gottes aber ist es, in der Balthasar auf einer zweiten Ebene nun doch eine Entsprechung zwischen göttlichem und geschöpflichem Sein entdeckt: *Analogia entis*, deren *analogatum princeps* immer Gott bleibt[41]. Weil Gottes Sein kein statischer Zustand ist, gibt es auch in Gott - auf Grund der dreifaltigen Differenzierungen des einen göttlichen Wesens - eine Realdi-

---

und Institution, 55]. Damit aber lichtet sich Gottes dreieiniges Sein als Liebe. Sein meint also nicht Haben sondern Geben, nicht In-sich-Stehen, sondern Aus-sich-Herausgehen, mit anderen Worten: der Sinn von Sein erschließt sich als Für- bzw. Auf-den-Anderen-hin-Sein, so daß Balthasars Ontologie in die These mündet: 'Sein und Liebe sind koextensiv'.«

[35] Vgl. zum folgenden: K.-H. Menke, Stellvertretung, 283.

[36] Vgl. ebd. 136-148.

[37] Theologik III, 146.

[38] Zur analogen Anwendung des Person-Begriffs auf die drei göttlichen Personen vgl. T. R. Krenski, Passio Caritatis, 164-175.

[39] Vgl. Theodramatik IV, 57f. T. R. Krenski, Passio Caritatis, 179 beurteilt diese durchgängig trinitarische Sicht, in der *Ökonomie* und *Theologie* in eins fallen: »Indem Balthasar von vornherein auf der Koexistenz des göttlichen Wesens mit den Hervorgängen besteht, erteilt er der in Rahners Trinitätslehre ausgemachten Tendenz, auf eine 'subsistentia absoluta' hinzudenken, eine klare Absage.« Vgl. auch ebd. 183.

[40] Theodramatik IV, 72 (Zitat A. Brunner).

[41] Vgl. T. R. Krenski, Passio Caritatis, 195-223. In diesem Sinne intendiert Balthasar mit seiner Rede von der *Analogia entis* immer schon, was Barth im Begriff der *Analogia fidei* faßt. Vgl. Christen sind einfältig, 89-91; Karl Barth, 93-181.

stinktion, die freilich der geschöpflichen Realdistinktion *analog* und *nicht univok* gedacht werden muß[42]. Entscheidend für die Andersheit der Welt in ihrem nichtnotwendigen Dasein und ihrem darin begründeten Selbstand Gott gegenüber scheint also, daß in Gott selbst, eben im göttlichen Liebesdialog von Liebendem, Geliebtem und gemeinsamer Liebe schon in göttlicher Notwendigkeit *anderes* ist[43]. So kann Balthasar »die weltliche Realdinstinktion als das strukturelle Abbild des dreieinigen Seins«[44] bezeichnen. Die *innertrinitarische Spannung*, daß der Vater nicht Sohn und Geist ist und Sohn und Geist nicht Vater sind, ist somit der vorausliegende Grund jeder möglichen Spannung zwischen Gott und Welt:

> »Das Nicht auf dem Grund der Kreatur - ihr unaufhebbares Nicht-Gott-Sein, Nicht-aus-sich-sein-Können ist selbst keineswegs identisch mit dem innergöttlichen Nicht, aber das letztere bildet den tiefsten Grund dafür, daß das kreatürliche Nicht die Analogie des Seins zwischen Geschöpf und Gott nicht zerbrechen läßt. Die unendliche Distanz zwischen Welt und Gott gründet in der anderen, urbildlichen Distanz zwischen Gott und Gott.«[45]

2. Schöpfung - "Analogia trinitatis"

Offenbar ist Schöpfung im Sinne Balthasars *in ihrer Unterschiedenheit* von Gott *Analogia trinitatis*[46], d.h. sie ist gerade *in ihrer Distanz* von Gott positiv zu werten. Trinitarischer Gottesglaube ist so trotz allen analogen Sprechens und der damit implizierten Unähnlichkeit zwischen Schöpfer und Geschöpf letztlich die Überwindung jeder einseitig negativen Theologie, insofern er echte geschöpfliche Teilhabe am Sein

---

[42] Vgl. Theodramatik IV, 59f, 66.

[43] Balthasar spricht von einem »Natur- und Nezessitätswillen in Gott, der vom Vater zum Sohn und von Vater und Sohn zum Geist eine unumkehrbare Ordnung grundlegt« (ebd. 77).

[44] Ebd. 65.

[45] Theodramatik II/1, 241f. K.-H. Menke, Stellvertretung, 290, faßt zusammen: »Nur in diesem 'unendlichen Raum' ist ein Geschöpf denkbar, das - sich seiner selbst bewußt - nicht nur scheinbar, sondern wirklich frei ist.«

[46] Theodramatik IV, 463, spricht Balthasar von *Analogia trinitatis*.

Gottes denken läßt bei gleichzeitiger Verschiedenheit von ihm[47]. Die Kurzformel dieses Welt-Verständnisses als Abbild des dreifaltigen Gottes lautet: »Gegenübersein ist selber göttlich«, weshalb gerade die bleibende Unähnlichkeit im analogen Verhältnis von Schöpfer und Geschöpf nochmals aufgehoben ist in der trinitarisch begründeten Gottabbildlichkeit[48]. »Der neue Aeon ist die Erweisung der Endgültigkeit der größeren Verschiedenheit zwischen Gott und Geschöpf - gerade in der Intimität einer Gemeinschaft, wie sie enger und seliger nicht gedacht werden kann.«[49] Was vordergründig als Paradox erscheint, erweist sich so bei näherem Zusehen als christlicher Schlüssel zur alttestamentlich-jüdischen Gottebenbildlichkeit: »Darin gerade, daß du Nichtgott bist, darin bist du Gott ähnlich. Und darin eben, daß du außer Gott bist, darin bist du in Gott. Denn dies: Gott-gegenüber-sein, ist selber göttlich«[50]. Dies muß nun genauer ausgeführt werden im Hinblick auf eine theologische Wertung von »Schöpfung« und »Welt«. Balthasar zieht aus der von der Trinität hergeleiteten »Positivität des Andern«[51] für die Schöpfung eine direkte wertende Konsequenz: »Im

---

[47] Vgl. Christen sind einfältig, 27-30, 89-91, insbesondere 90f: »Gott, der in seinem Wort nie stammelt, will auch nicht, daß sein ihm antwortendes Geschöpf wegen Gottes 'Ganz-Anders-Seins' zu stammeln beginne.
Wenn das Geschöpf vor Gott seine 'Nichtigkeit' anerkennen muß, so heißt das nicht, daß Gott dem Geschöpf nur die Negativität des Nicht-Gottseins gegeben hätte (wie extremer Platonismus auch in christlicher Theologie meint), und nicht die echte Positivität der *causa secunda* mit der ihr eigenen Freiheit und Würde; aber beides, Freiheit wie Würde, erfüllt sich in der Teilgabe, die Gott dem Geschöpf in sich und an sich schenkt. Deshalb liegen Begnadung (als Teilnahme an Gott), Befreiung (zu sich selbst) und Begabung mit einer personalen Sendung untrennbar ineinander, und so kann jeder freie Einsatz eingehen in die Einfalt des Geschöpfes zu Gott.« Vgl. auch: Homo creatus est, 51.

[48] T. R. Krenski, Passio Caritatis, 179, faßt diesen gewagten Gedankengang, der in der geschöpflichen Realdistinktion von Sein und Wesen die Ebenbildlichkeit des dreifaltigen Gottes entdecken läßt, zusammen: »Das Sein ist somit nicht als es selbst, d.h. abgesehen von seiner Verwirklichung, Gleichnis und Abbild Gottes, sondern gelangt erst in dieser wesentlichen Verwirklichung, als Sein des Seienden 'zur vollen Abbildlichkeit'. Die Einheit in der Unterschiedenheit von Sein und Wesen im End-lich-Seienden wird zum 'Gleichnis des dreipersonalen Gottes, in dem die Inkommunikabilität der Hypostasen mit der Einheit des Wesens in jeder von ihnen eins ist'.«

[49] Patristik, Scholastik und wir (1939), 74; zitiert nach W. Löser, Im Geiste des Origenes, 33.

[50] Das Herz der Welt, 20.

[51] Theologik II, 138.

Gesagten liegt eine [...] von der Christusoffenbarung verbürgte Wahrheit über Gott und - aufgrund der Analogie - nachfolgend auch über die Schöpfung: Es ist absolut gut, daß es das Andere gibt.«[52] Die in analoger Rede vorherrschende Unähnlichkeit zwischen Schöpfer und Geschöpf, das Nicht-Gott-Sein, welches auf der geschöpflichen Realdistinktion von Sein und Wesen aufruht, in der die vielen einzelnen Seienden dem allgemeinen Sein gegenübertreten und individuiert werden, wird gerade zum Moment der Ähnlichkeit zwischen Schöpfer und Geschöpf, weil Gott als *Dreifaltiger* das - freilich ungeschaffene - andere seiner selbst in sich trägt, nämlich im Zueinander von Vater und Sohn: »Im Unvergleichlich deines Ichs spiegelst du ab das Einzig deines Gottes. Denn auch in Gottes Einheit ist Distanz und Spiegelbild und ewige Sendung: Vater und Sohn einander gegenüber und dennoch eins im Geist und in der die Drei versiegelnden Natur.«[53] Diese Abbildhaftigkeit gründet zuletzt im *Hervorgang*, der *processio* des Sohnes aus dem Vater: *in* diesem göttlich-ungeschaffenen Hervorgang, der *Zeugung* des Sohnes, vollzieht sich *Schöpfung* der Welt als nicht notwendiger Hervorgang aus Gott[54]; so ist die Schöpfung und in ihr vor allem der Mensch Abbild des Sohnes, auf dessen Vollendung hin die Menschwerdung des Sohnes, seine *missio* in die Welt geschieht:

»'Das Wort, das Gott spricht, um die Schöpfung werden zu lassen, liegt beschlossen im Wort, das er seit ewig spricht und das seit ewig als sein Sohn vor ihn hintritt ... Das Erschaffene ist dem Gezeugten nicht fremd. Und weil Gezeugtsein und Geschaffensein im menschgewordenen Sohn eine Einheit werden wird, ist die geschaffene Welt gleichsam zurückgeholt in die Zeugung hinein.' [...] 'Wir sind im Ge-

---

[52] Theodramatik IV, 71.

[53] Das Herz der Welt, 20. Systematisch behandelt in: Theologik II, 159-170: »Trinitarische Differenz und Seinsdifferenz«.

[54] Vgl. Christen sind einfältig, 106: »Neutestamentliche Theologie lichtet die philosophischen Aporien weiter, indem sie, aufgrund der Menschwerdung des Logos, in Gott selbst unbeschadet seiner Wesensidentität ein Anderssein der Hypostasen ansetzt, dessen höchste Positivität - ist es doch die Voraussetzung dafür, daß Gott in sich selbst und weltunabhängig 'die Liebe' sein kann - die Möglichkeit eines Andersseins als Gott grundlegt. Damit wird endlich auch absehbar, daß dieses geschaffene Andere (durch den 'Sohn') in Gott eingeborgen werden kann, ohne seine endliche Identität opfern zu müssen [...].« Nochmals differenzierter zur Frage der Nicht-Notwendigkeit der Schöpfung vgl. Theodramatik IV, 463-476: »Was hat Gott von der Welt?«

schaffensein bereits wesenhaft zum Sohn unterwegs', weil in Gottes freiem Weltplan die *processio*, in der die *creatio* beschlossen wird, sich in der *missio* des Sohnes vollenden soll.«[55]

a) Die Positivität des Endlichen

Mit diesem trinitarisch verankerten Verständnis der *Analogia entis* wendet Balthasar sich gegen jede »Identitätstheologie«, die meint, nur in der absoluten Einheit von Gott und Welt den ursprünglichen Schöpferwillen erblicken zu können; so etwa gegen die Identitätstheologie Karl Barths in den beiden Fassungen des Römerbriefkommentars, in denen Barth meinte, die Distanz zwischen Gott und Kreatur als solche als Sünde qualifizieren zu müssen[56]. Mit der Neuerschließung von Schöpfung/Welt als *Analogia trinitatis* ist das Andere, das Endliche in seiner *Positivität* zugänglich: Weil im dreifaltigen Gott selbst die Spannung zum Gegenüber, zum Anderen im Verhältnis von Vater und Sohn aufklafft, kann die endliche Welt in ihrer Andersheit und Endlichkeit, in ihrem raum-zeitlichen Charakter positiv gedeutet werden. Gleichzeitig ist mit der Deutung von Welt als *Analogia trinitatis* aber auch die Überhöhung des Endlichen vermieden, die meint das Endliche als notwendigen Ausfluß des Göttlichen interpretieren zu müssen, als Moment der Selbstwerdung Gottes, so aber letztlich das Endliche in seinem Eigenwert gerade abwertet - wie etwa im Gefolge Hegels im Idealismus und den daraus gespeisten philosophischen und theologischen Schulen[57]. Weil Gott in sich schon Anderes findet im Zueinander von Vater und Sohn, ist Schöpfung nicht wesensnotwendig für Gottes »Selbstverwirklichung«; es ist keine Notwendigkeit des einen göttlichen Lebensprinzips, die Welt, d.h. ein von Endlichkeit gezeich-

---

[55] Theodramatik IV, 70 (Zitate: Adrienne v. Speyr).

[56] Vgl. W. Löser, Im Geiste des Origenes, 31.

[57] Vgl. Theologik II, 40-45; Theologik III, 35-37; Theologie der Geschichte, 11. Vgl. W. Löser, Im Geiste des Origenes, 25f; nach Löser setzt Balthasar sich kritisch ab nicht nur vom hegelschen System, sondern auch von der überhöhenden Tendenz der Endlichkeitsphilosophie M. Heideggers (vgl. ebd.). Zur Wirkungsgeschichte Hegels in Balthasars Theologie ausführlicher: T. R. Krenski, Passio Caritatis, 196-205; K. J. Wallner, Gott als Eschaton, 224-269. Zum Gesamtproblem des Endlichen bzw. Singulären bei Balthasar vgl. J. Disse, Metaphysik der Singularität.

netes Anderes aus sich zu entlassen. Welt ist nicht Gott, sondern Schöpfung: freie, nicht notwendige Tat Gottes, die aus ihrer Güte heraus Anderes will und schafft[58]. Dies gilt nicht erst vom christlich-trinitarischen Standpunkt aus, sondern erschließt sich schon von alttestamentlicher Schöpfungs- und Bundestheologie her: »Im biblischen Bereich schon Alten Bundes vertieft sich aber die Kluft zwischen Gott und Geschöpf aufgrund der absoluten Freiheit des Schöpfers.«[59]

Zeit und Raum sind die Grundkategorien der geschöpflichen Begrenztheit[60]. Auch dieser Charakter des Endlichen zum Tod hin ist für Balthasar zutiefst einbezogen in die positive Deutung von Welt - wieder in Analogie zum göttlichen trinitarischen Liebesdialog, denn: »Im Sich-Ereignen der göttlichen Hervorgänge liegen auch die Urideen von Zeit und Raum.«[61] Hymnisch drückt Balthasar diesen Zusammenhang zwischen Zeit- und Gotteserfahrung, in der die »Positivität von Zeit und Raum«[62] liegt, sehr früh aus: »Zeit ist strömendes Dasein; Liebe ist sich selbst verströmendes Leben. Zeit ist wehrlos, ungefragt enteignetes Dasein; Liebe enteignet sich selbst und läßt sich willig entwaffnen.«[63] Freilich muß im dreifaltigen Gott dieser Dialog des verströmenden Lebens überzeitlich und überräumlich gedacht werden[64]. So erscheinen Zeit und Raum zwar als Inbegriff von Geschöpflichkeit, von Endlichkeit und vergehendem Leben, das gegeben und genommen wird; gerade darin sind sie aber auch »Kontaktstelle« mit dem lebengewährenden und lebenentziehenden Schöpfer[65]. Die anerkannten Gren-

---

[58] Vgl. Klarstellungen, 42.

[59] Theologik II, 94.

[60] Vgl. zum Folgenden Theodramatik IV, 80-83, 88-90.

[61] Theodramatik IV, 80.

[62] Ebd.

[63] Das Herz der Welt, 13. W. Löser, Im Geiste des Origenes, 70f, weist auf die Zusammenhänge der Geschichtstheologie Balthasars mit Irenäus von Lyon hin.

[64] Vgl. Theodramatik IV, 81-83. Vgl. K. J. Wallner, Gott als Eschaton, 117f; T. R. Krenski, Passio Caritatis, 142.

[65] Vgl. Das Herz der Welt, 16: »Ein Odem wäre dein Leben, im ruhig-unbewußten Doppelzug der Lungen. Und du selber wärest die Luft, eingesogen und ausgestoßen im Wandelschlag der Gezeitung. Du wärest das Blut im Puls eines Herzens, das dich ansaugt und ausstößt und dich gefangen hält im Kreis und im Bann seiner Adern. [Absatz] Du spürst die Zeit - und spürtest nicht dieses Herz?« Vgl. auch: Christen sind einfältig, 20; zur Grundlegung einer Theologie der Zeit bei Balthasar in:

zen des Endlichen sind es, an denen sich seine Vollendung vollzieht[66]. Wieder ist die Ähnlichkeit zwischen Schöpfer und Geschöpf vom dreifaltigen Liebesdialog her in dem zu suchen, was das Geschöpf dem Schöpfer *unähnlich* macht und von ihm trennt.
Im Kontext einer solchen trinitarisch verankerten Sicht von Welt geschieht »Gottesbegegnung« ausgerechnet dort, wo sie vordergründig nicht erwartet und nicht gesucht wird: in der Unähnlichkeit zwischen Schöpfung und Schöpfer, im Endlichen, in den Grenzen menschlichen Lebens, im *Ab-ständigen* von Gott. Für die Mitglieder der Säkularinstitute geschieht dort »Gottesbegegnung«, wo Gott gerade nicht begegnet, im Alltäglichen: in dieser Nicht-Begegnung ist Gott zu begegnen, oder es ist ihm gar nicht zu begegnen. »Mit Gott leben, als ob es Gott nicht gäbe« könnte in Anlehung an Dietrich Bonhoeffer das Stichwort einer von hier aus zu lebenden Spiritualität des Alltags sein[67].

b) Die Positivität des Einzelnen

Schon die Reflexion auf Zeit und Raum als Grundkategorien des Endlichen hat darauf verwiesen, daß *Welt* letztlich den Menschen beschreibt, insofern er fähig ist, Raum und Zeit zu erleben und die Welt zu deuten. Das geschöpfliche Andere Gottes, die Welt, hat seine Spitze im Menschen, weil hier die Andersheit den Charakter von Personalität, von ich-hafter Freiheit trägt, die nicht nur *das* Andere ist, sondern wirklich als *der* und *die* Andere angesprochen werden kann. Erst vom trinitarischen Hintergrund her erhellt sich diese menschliche Personalität, die Fähigkeit des Menschen, sich als der und die Andere zu bestimmen und zu lieben - so wie in Gott *Sohn* und *Geist* in ihrem Gegenüber zum *Vater* »nicht nur (im Wesen) 'der Gleiche', sondern ebenso der unendlich 'Andere' sind, so daß Gottes Liebe, um jenseits des

---

Theologie der Geschichte, 31-39.

[66] Vgl. Kosmische Liturgie, 152.

[67] Vgl. A. Bettinger, Leben im Alltag der Gegenwart: Herausforderung an die christliche Spiritualität. Grundlegung und Kriterien gegenwartsbezogener Alltags-Spiritualität, Würzburg 1995.

Gleichen den Anderen (im Hegelschen Sinn) zu lieben, nicht erst den Menschen erfinden muß«[68]. Von der Dreifaltigkeit her, wie sie geschichtlich in Botschaft und Leben Jesu greifbar wird, ist der biblisch-theologische Person-Begriff zu deuten und nicht umgekehrt ein trivialer Person-Begriff ins Gottesbild hinein rückzuübertragen[69]. Balthasar resümiert geradezu plakativ: »Nur ein trinitarischer Gott verbürgt also dem geschaffenen Menschen, der zunächst ein Freier, beinah ein Fremder vor Gott zu sein scheint, daß er in der Einigung mit Gott seine Selbständigkeit nicht verliert.«[70] Menschliche Freiheit wächst proportional mit der Bindung des Menschen an Gott und verliert sich nicht darin[71]. Dieser von der Trinität her erschlossene Personbegriff erfährt eine entscheidende Vertiefung vom Paschamysterium her, von der erfahrenen Liebe Jesu Christi her zum je individuellen Menschen: »Daß einer, Jesus Christus, mich so sehr als Geistperson nimmt, daß er für mein ewiges Heil stirbt und sterbend mein Unheil mit sich in der Hölle begräbt, dies erweckt mich erst zur Person.«[72]

Gerade dieser Einzelne ist es, der durch seine Sendung individuierte Mensch, der sich in die spannende Polarität von Individuum und Gemeinschaft hineinbegeben kann, wie ein Säkularinstitut sie darstellt: ein Maximum an persönlichem Selbstand korreliert hier mit einem Maximum an religiöser Bindung, ein Äußerstes an beruflich-gesellschaftlicher Verantwortung wird verbunden mit einer klaren gemein-

---

[68] Zu einer christlichen Theologie der Hoffnung, 100; zitiert nach: T. R. Krenski, Passio Caritatis, 203. Vgl. auch: Spiritus Creator, 273-275.

[69] Vgl. Existenz als Sendung, 707; vgl. T. R. Krenski, Passio Caritatis, 167: »Da in Jesus Christus Selbst- und Sendungsbewußtsein zusammenfallen - er versteht sich ganz und nur vom Vater her und auf ihn hin -, ist er 'Person schlechthin', sodaß in ihm sichtbar zu werden verspricht, was Person theologisch meint. In ihm ist nichts Eigenes, das in sich zu bleiben suchte und damit eine Differenz zwischen Sein und Sendung klaffen ließe, ausgespart. Er ist in der Identität mit der Sendung des Vaters reines Für- und Auf-den-Vater-hin-Sein, so daß die archetypische, aber doch auch göttliche Person Jesu Christi verstehen läßt, 'was Person von der Schrift her heißen muß: nicht eine sich abschließende Substanz, sondern das Phänomen der totalen Relativität'.«

[70] Theodramatik IV, 95.

[71] Vgl. Theologie der Geschichte, 84f.

[72] Spiritus Creator, 275.

schaftlichen Gehorsamsbindung. Von hier aus wird sichtbar, daß auch und gerade im Säkularinstitut Kirche Gestalt annehmen muß nach dem Bild der dreifaltigen *Communio* Gottes, um ihrem Auftrag gerecht zu werden[73].

3. Welt als Schöpfung des Vaters im Sohn

Ein erstes Teilergebnis kann dahingehend formuliert werden, daß die theologische Deutung von *Welt* bei Hans Urs von Balthasar zutiefst trinitätstheologisch rückgekoppelt ist. »Mit dem Leitwort 'Welt aus Trinität' [Theodramatik IV, 105] weist Balthasar auf den inneren Zusammenhang von Trinitäts- und Schöpfungslehre hin, den er darin beschlossen sieht, daß der Unterschied zwischen Gott und Welt im ewig-innergöttlichen Unterschied von Vater und Sohn gründet und ermöglicht ist.«[74] In der biblisch inspirierten Sprache Adriennes von Speyr heißt dies: »Ja, die Welt als ganze wird vom Vater 'nach dem Urbild des Sohnes' geschaffen, 'er erschafft sie in den Sohn hinein, indem er ihren Bestand (Kol 1,17) in ihn hineinverlegt'.«[75] Balthasar nennt Jesus Christus den »Mittler zwischen Schöpfung und Trinität«[76]. In ihm ist die Wahrheit der Welt begründet, die darin besteht, »daß die Welt trotz und wegen ihrer echten, freien Geschaffenheit nicht 'außerhalb' Gottes zu sein vermag, da es ein solches Außerhalb unmöglich geben kann, sie vielmehr innerhalb der trinitarischen Beziehungen ihren Ort haben muß, der in seiner Endlichkeit von der unendlichen Differenz der göttlichen Personen immer eingefaßt und überholt wird«[77]. Hymnisch läßt Balthasar Christus selbst dieses In-sein der Welt in Gott aussprechen: »Mein Reich ist nicht von dieser Welt, aber

---

[73] Vgl. M. Kehl, Die Kirche. Eine katholische Ekklesiologie, Würzburg 1992, 63-131: »Die Gemeinschaft der Glaubenden als Sakrament der Communio Gottes«.

[74] T. R. Krenski, Passio Caritatis, 208. Zum Folgenden ebd. 208-212: »Die Eröffnung der Gott-Welt-Differenz *(creatio)* in der immanenten Differenz von Vater und Sohn *(generatio)*«.

[75] Theodramatik IV, 71.

[76] Ebd. 102.

[77] Ebd. 361.

die Welt ist in meinem Bereich.«[78]
Allerdings muß doch auch unbedingt »auf den bleibenden Unterschied von Zeugung und Schöpfung aufmerksam gemacht werden. Die Folgen einer Identifizierung liegen auf der Hand. Schlicht gesprochen: Welt und Sohn fielen ineinander.«[79] Wie ist diese Differenz zu wahren und zu denken? »Die gleiche Positivität des Andersseins in Gott, die seine Unendlichkeit nicht hindert, sondern im letzten ermöglicht, verbürgt auch einer in Gott hinein mündenden Welt ihren Abstand in Gott; sie wird von seiner Unendlichkeit nicht verschlungen.«[80] D.h. die Welt wird auch von ihrer Eingestaltung in den Hervorgang des Sohnes aus dem Vater nicht »verschlungen«. »Welt« im Sinne Balthasars ist jenes *nichtnotwendige* und darin gerade freie geschöpfliche Andere, das Gott »hineinerschafft« in die ungeschaffene, *gottnotwendige* Differenz der göttlichen Liebe zwischen Vater und Sohn[81]. »Funktion« des Heiligen Geistes ist es hierbei, »höchster Zeuge für das Gutsein des Gegenüber- und Andersseins«[82] zu sein. So verbürgt das Geschaffensein im Sohn zugleich die Freiheit der Welt Gott gegenüber als auch ihre bleibende Gottgehörigkeit. Deshalb ist Welt als freie und somit zur Sünde fähige Welt nie restlos gottfern; Gott begibt sich in der Menschwerdung nicht an einen »gottunmöglichen« Ort, sondern an jenen Ort, der eröffnet ist in der Differenz zwischen Vater und Sohn.

> »Damit 'Menschwerdung Gottes' im christlichen Sinn möglich werde, muß Gott auf unsere Seite treten *können*, ohne seine eigene 'Seite' zu verlassen; diese Opposition setzt aber wesenhaft jene ewige Opposition voraus, von der schon beim Blick auf die innergöttliche Liebeslebendigkeit die Rede war. Welt mit ihrer Freiheit kommt im letzten Plan Gottes zwischen Gott Vater und Gott Sohn zu stehen und erhält teil an jener höchsten Freiheit, die christlich der gemeinsame, von Vater und Sohn ausgehende, ihre Liebeseinheit ausdrückende göttliche

---

[78] Das Herz der Welt, 134.

[79] T. R. Krenski, Passio Caritatis, 210f.

[80] Theodramatik IV, 89.

[81] Vgl. ebd. 53-57; Christen sind einfältig, 106. Hier ist hinzuweisen auf die Bedeutung der Logos-Theologie Maximus des Bekenners für die Balthasarsche Schöpfungstheologie; vgl. W. Löser, Im Geiste des Origenes, 202, 206.

[82] Christen sind einfältig, 107.

Geist heißt.«[83]

Von dieser trinitarischen Weltsicht her kann auch christliche Sendung in die Welt hinein nie so weit »nach außen« erfolgen, daß ein Christ an einen letztlich gottlosen Ort geraten könnte. Der Christ kann immer nur den Spuren Jesu in die Welt hinein folgen, und das heißt, er kann letztlich immer nur der Erlöserspur Jesu folgend auf die Schöpferspur Gottes des Vaters stoßen. Es gibt keine »zu weltliche Welt«, die dem Christen als Standort verwehrt wäre; es ist dem Menschen unmöglich, sich in ein Außerhalb Gottes zu begeben, »denn die Distanz zwischen den [göttlichen] Personen ist innerhalb der Dynamik des göttlichen Wesensgeschehens unendlich, so sehr, daß jedes in der Endlichkeit sich abspielende Geschehen sich nun *innerhalb* dieser Dynamik, die es umgreift, ereignen kann«[84]; es gibt keine Grenze innerhalb der Welt, jenseits derer der Mensch sich in einem gottlosen Raum bewegen könnte. Gerade das »Weltlichste« - die Grenzen von Raum und Zeit, die Grenzen der je anderen Person, Freiheit und Sterblichkeit - sind Orte der Gottesbegegnung in trinitarischer Analogie[85].
Das alles hat weitreichende Folgen für den Bezug jedes Christen zur Welt. Auch und gerade für den Getauften gibt es innerhalb der Schöpfung keinen unmöglichen Ort, an dem er nicht den Spuren Gottes begegnen könnte und in geschöpflicher Selbstverantwortung einen »Posten« einnehmen könnte. Er kann in der Wahrnehmung seiner Weltverantwortung in kein Außerhalb Gottes geraten, mag ihm die Welt noch so gottfern erscheinen. Diese Ferne bleibt immer eingeborgen der Ferne »zwischen Gott und Gott«[86], weshalb »Welt« bei Balthasar nie isoliert als »sündige Welt« qualifiziert werden kann, sondern immer

[83] Klarstellungen, 45.

[84] Theodramatik IV, 221.

[85] Welche Konsequenzen diese Sicht im Hinblick auf Orte der *Sünde* und der bewußten *Trennung von Gott* hat, wird im christologischen Teil von der Karsamstagstheologie her zu erhellen sein.

[86] Vgl. Theodramatik II/I, 242: »Die unendliche Distanz zwischen Welt und Gott gründet in der anderen, urbildlichen Distanz zwischen Gott und Gott.«

vom erlösenden Tun Gottes in Jesus Christus umgriffen bleibt[87]. Diese Tiefenschau des Verhältnisses zwischen dem trinitarischen Gott und der ihm eingeschaffenen Welt eröffnet sich für Balthasar nicht zuletzt vom ignatianischen »Gott in allem finden«[88] her; sie öffnet auf eine *welthafte* Spiritualität hin, die vor allem den Laien eine christliche Deutemöglichkeit ihres »weltlichen Standortes« ermöglicht:

> »lange hatte man zwischen Gott und der Welt die letzte und höchste Mauer errichtet; deshalb mußte, wer sich zu Gott kehren wollte, sich von der Welt für eine Zeit oder für immer abkehren. [...] Und obwohl Gottes heiliges Wesen niemals verwechselt werden kann mit einem oder mit der Gesamtheit seiner Geschöpfe, so will uns Gott doch nicht anders sichtbar werden als im Zusammenhang seiner Geschöpfe: noch in der ewigen Seligkeit, da wir ihn von Angesicht schauen werden, wird unsere Schau keine weltlose sein. In allen Dingen, so wollte es Ignatius, sollen wir Gott finden, der sich in allem uns offenbaren und schenken will.«[89]

Offenbar impliziert die Neubestimmung des Zueinanders von Trinität und Schöpfung, dies klingt hier an, auch ein neues Verhältnis von Natur und Gnade; das ist nun genauer zu erörtern.

II. Natur und Gnade

Analogia entis im Sinne einer *Analogia trinitatis* kann, wie aufgewie-

[87] Vgl. auch die Definition von »Welt« in *Gaudium et Spes* (Art. 2) als »die Welt der Menschen, das heißt die ganze Menschheitsfamilie mit der Gesamtheit der Wirklichkeiten, in denen sie leben; die Welt, der Schauplatz der Geschichte der Menschheit, von ihren Unternehmungen, Niederlagen und Siegen geprägt; die Welt, die nach dem Glauben der Christen durch die Liebe des Schöpfers begründet ist und erhalten wird; die unter die Knechtschaft der Sünde geraten, von Christus aber, dem Gekreuzigten und Auferstandenen, durch die Brechung der Herrschaft des Bösen befreit wurde; bestimmt, umgestaltet zu werden nach Gottes Heilsratschluß und zur Vollendung zu kommen«.

[88] Vgl. den gleichnamigen Aufsatz in: Homo creatus est, 368-375.

[89] Schleifung der Bastionen, 82.

sen wurde, als grundlegende Verständniskategorie für das Schöpfer-Geschöpf-Verhältnis im Denken Hans Urs von Balthasars bezeichnet werden. Darüber hinaus bzw. auf dieser Grundlage bezeichnet, worauf W. Löser hingewiesen hat, der Ausdruck *Analogia entis* »aber noch einen anderen, wenngleich mit dem eben genannten eng verknüpften Sachverhalt«, nämlich »eine Chiffre für die Naturordnung, insofern sie sich von der Gnadenordnung unterscheidet«[90], d.h. eine Kurzform für den theologischen, nicht philosophischen Naturbegriff, wie Balthasar ihn versteht. Diese vor allem in Dialog mit und in Abgrenzung von Karl Barth erarbeitete Begrifflichkeit zur Beschreibung der Naturordnung im Gegenüber zur Gnadenordnung benennt mit *Analogia entis* »die natürliche Gleichnishaftigkeit der Welt für die Überwelt«[91].
Biographisch gesehen ist Balthasars Interesse für das Spannungsverhältnis von Natur und Gnade auf die Zeit seines Theologiestudiums in Fourvière zurückzuführen. Der Kontakt mit Henri de Lubac und der *Nouvelle théologie* machte ihn mit de Lubacs Bestrebungen nach einer »Überwindung der völligen Trennung der Welt der Natur von der Welt des Übernatürlichen«[92] vertraut. Gemeinsam mit de Lubac wandte sich Balthasar von nun an gegen jene »neuzeitliche, naturalistische Hilfskonstruktion«, die meinte, »der Mensch hätte von Gott auch in einem Stand 'reiner Natur' erschaffen werden können, worin ihm ein innerweltlich-natürlich befriedigendes letztes Ziel erreichbar gewesen wäre«[93]. In einer solchen Sicht kann das gnadenhafte Ziel des Menschen zuletzt nur als ein von außen hinzukommendes erscheinen, das im Grunde - zumindest für die irdische Existenz des Menschen - auch entbehrlich wäre; eine trinitarisch verortete Schöpfungstheologie, wie sie oben vorgelegt wurde, wäre in dieser Konzeption undenkbar. Balthasar litt mit vielen anderen im Gefolge de Lubacs an dieser trennenden Unterscheidung von Natur und Gnade, wie sie in der katholischen Theologie bis in die Mitte des Jahrhunderts üblich war

---

[90] W. Löser, Im Geiste des Origenes, 29; vgl. zum Ganzen ebd. 33-40.

[91] Söhngens Begriff des Mysteriums, 61, zitiert nach: W. Löser, Im Geiste des Origenes, 34. Zum Naturbegriff vgl.: Karl Barth, 278-335.

[92] E. Guerriero, Monographie, 56.

[93] In Gottes Einsatz leben, 75.

und das kirchliche Leben weithin prägte. Er suchte nach einer Überwindung dieses Mißverhältnisses, in dessen Gefolge Glaube und Leben, Gottgehörigkeit und Weltbindung, Christsein und profane Wissenschaftlichkeit zu Gegensätzen zu geraten schienen. Der Weg der Säkularinstitute legte sich ihm nahe als *lebensmäßiger* Lösungsansatz dieses Mißverhältnisses, als zur Lebensform gewordene Konkretisierung eines neuen Verhältnisses von Natur und Gnade.
Der dabei zu beschreitende Weg ist für Balthasar nicht bequem. Wahre Natur ist nicht schon Gnade, es gilt eben gerade nicht kurzschlüssig, daß das Christliche nichts weiter sei als das wahre Humane und daß eine zeitgemäße Form der Christusnachfolge schon erreicht wäre durch undistanzierte Anpassung an die Zeitverhältnisse oder durch eine klare Trennung zwischen kirchlichem und weltlichem Bereich. Diese modischen, aber keineswegs theologisch ausgereiften Kurzschlüsse deckt Balthasar schonungslos auf[94]. Weder die Ineinssetzung von Natur und Gnade, noch ihre Trennung können das angezielte Verhältnis umreißen. Statt dessen ist das Natur-Gnade-Verhältnis von der christologischen Formel der ungetrennten zwei Naturen - der göttlichen und der menschlichen - in der Person Jesu Christi her zu denken[95]. Balthasar faßt in Kürze zusammen: »Christlich gesehen liegt der synthetische

[94] Vgl. narrativ-ironisch: Das Herz der Welt 87ff; Wer ist ein Christ?, 51: »Wo man vorgängig die Differenzen heimlich schon aufgehoben hat, ist es zwecklos so zu tun, als hielte man sie noch aufrecht und sage etwas christlich Tiefsinniges, wenn man das Weltliche geistlich und das Geistliche weltlich nennt.«

[95] Vgl. Kosmische Liturgie, 253-257. Eine kritisch-konstruktive Relecture der chalkedonensischen Formel findet sich bei G. Greshake, Der dreieine Gott, 359-362. Greshake interpretiert die Zwei-Naturen-Lehre als Chiffre für die »doppelte Relationalität« Jesu Christi:
»(1) Er ist einerseits derjenige, der im Heiligen Geist ganz und gar in Beziehung zum Vater steht: ganz von ihm her (gesandt und in Dienst genommen) *und* ganz auf ihn hin (ihm glaubend und ihm gehorsam);
(2) er ist andererseits derjenige, der im Heiligen Geist ganz in Beziehung zu uns steht: ganz auf die Welt hin (sie zur Einheit sammelnd, ihre Dissoziationen heilend, ihr in proexistentem Dasein dienend) *und* ganz von der Welt her (insofern er als Sohn eines Menschen aus ihr hervorgeht, sein Leben von der Weltgeschichte prägen, sich von ihrer Not in Anspruch nehmen und mit ihrer Sünde beladen läßt).« (a.a.O. 360f)
Insofern diese von Greshake vorgeschlagene relationale Interpretation der chalkedonensischen Formel eine funktionale Größe zur Interpretation des Gott-Welt-Verhältnisses darstellt (vgl. die graphischen Darstellungen a.a.O. 361), ist sie durchaus vereinbar mit der von Balthasar vorgeschlagenen theologischen Funktion der Zwei-Naturen-Lehre.

Punkt zwischen Gott und Welt und die konkrete Integration der Welt zu Gott hin immer bei Christus.«[96] Von diesem christologischen Ansatz des Gott-Welt-Verhältnisses her kann die *chalkedonensische Glaubensformel* im Sinne Balthasars als »Weltformel« bezeichnet werden, insofern sie das Spannungsverhältnis von Welt und Gott sowie von Natur und Gnade erschließt durch das »Mysterium der seinshaften (hypostatischen) Einigung der göttlichen und der menschlichen Natur in Christus, welches Mysterium nunmehr sein Licht und seinen Schatten steiler oder flacher über alle innerweltlichen Geltungen ausbreitet«[97]. In Analogie zum Mysterium Jesu Christi, in dem zwar göttliche und menschliche Natur *ungetrennt*, also wirklich in einer Person vereinigt, und doch *unvermischt* sind (das heißt, ohne seine Menschlichkeit zu vergöttlichen und seine Göttlichkeit zu vermenschlichen), ist das gesamte Verhältnis zwischen Natur und Gnade, zwischen Welt und Gott zu denken[98]. Jesus Christus ist in diesem Sinne die Chiffre für alle Einheit zwischen Gott und Welt, er ist in seiner Person Darstellung der »katholische[n] 'Ordnung des Seins', der in der Menschwerdung Gottes sich darstellenden und begründenden Vereinbarkeit von Himmel und Erde wie von Idee und Existenz«[99]; er ist »nicht nur

---

[96] Spiritus Creator, 257.

[97] Theologie der Geschichte, 17. Die zentralen Passagen der chalkedonensischen Formel lauten: »In der Nachfolge der heiligen Väter also lehren wir alle übereinstimmend, unseren Herrn Jesus Christus als ein und denselben Sohn zu bekennen: derselbe ist vollkommen in der Gottheit und derselbe ist vollkommen in der Menschheit; derselbe ist wahrhaft Gott und wahrhaft Mensch aus vernunftbegabter Seele und Leib; [...] ein und derselbe ist Christus, der einziggeborene Sohn und Herr, der in zwei Naturen unvermischt, unveränderlich, ungetrennt und unteilbar erkannt wird, wobei nirgends wegen der Einung der Unterschied der Naturen aufgehoben ist, vielmehr die Eigentümlichkeit jeder der beiden Naturen gewahrt bleibt und sich in *einer* Person und *einer* Hypostase vereinigt [...]« (DH, Art. 301-302).

[98] Wie stark Balthasar sich mit dieser Analogiebildung im Gedankenstrom des Zweiten Vatikanums bewegt, zeigen die Ausführungen von *Lumen Gentium*, Abs. 8; hier wird die Analogie zwischen Christus und Kirche auf dem Hintergrund der Zweinaturenlehre beschrieben: »Die mit hierarchischen Organen ausgestattete Gesellschaft und der geheimnisvolle Leib Christ, die sichtbare Versammlung und die geistliche Gemeinschaft, die irdische Kirche und die mit himmlischen Gaben beschenkte Kirche sind nicht als zwei verschiedene Größen zu betrachten, sondern bilden eine einzige komplexe Wirklichkeit, die aus menschlichem und göttlichem Element zusammenwächst. Deshalb ist sie in einer nicht unbedeutenden Analogie dem Mysterium des fleischgewordenen Wortes ähnlich.« Vgl. M. Kehl, Die Kirche, 133-138.

[99] Nochmals Reinhold Schneider, 43.

Repräsentant des Bundes zwischen Gott und Mensch, sondern dieser Bund in Person«[100].

Balthasar stellt diesen hier thesenhaft formulierten Zusammenhang zwischen *Analogia entis* und *christologischer Zweinaturenlehre* ausdrücklich her, wenn er schreibt: »In diesem Sinne kann Christus die *konkrete Analogia entis* genannt werden [sic!] da er in sich selbst, in der Einheit seiner göttlichen und menschlichen Natur das Maßverhältnis für jeden Abstand zwischen Gott und Mensch bildet. Und diese Einheit ist seine Person in beiden Naturen.«[101]

Die funktionalen Zentralbegriffe der chalkedonensischen Formel »ungetrennt« und »unvermischt« sollen nun auf das Verhältnis Natur-Gnade angewandt werden an Hand zentraler Spannungsfelder christlichen Lebens (*Wissen und Glaube*, *Kunst und Offenbarung*, *Amor und Caritas*, *Geschichte und Eschaton*, *Welt und Kirche*). Dabei geht es um die gedankliche Erarbeitung des »In-Seins Gottes in aller Kreatur bei gleichzeitig unberührter Selbständigkeit«[102] derselben, um von dort das ungeschmälerte *Weltengagement* der Mitglieder der Säkularinstitute abzuleiten. Gibt es doch, so die These Balthasars, einen direkten inneren Begründungszusammenhang zwischen der gottmenschlichen Einheit Jesu Christi und der von den Säkularinstituten angestrebten Synthese: »Jesus Christus [... ist] die ursprüngliche, einmalige und nie überholbare Synthese zwischen Gott und Mensch, Hinwendung zu Gott und Hinwendung zur Welt, und damit Urbild und Begründung für alle Formen unserer Weltgemeinschaften«[103].

1. Wissen und Glaube: natürliche und übernatürliche Wahrheit

Die Frage nach dem Zueinander von Natur und Gnade ist keineswegs

---

[100] K.-H. Menke, Stellvertretung, 287. Menke verweist hier auf *Spiritus Creator* (302f) sowie auf *Pneuma und Institution* (402f).

[101] Theologie der Geschichte, 53 (Anm. 1). Dazu ausführlich »Christologische Analogia Entis« in: Theodramatik II/2, 202-210.

[102] Christen sind einfältig, 31.

[103] Nachfolge Jesu Christi mitten in dieser Welt, 8; vgl. ebd. 11f.

nur ein innertheologisches Problem. Sie begegnet jedem gläubigen Studierenden in den profanen Wissenschaften. Balthasar wußte dies aus der Erfahrung seiner germanistischen Studienjahre und durch den vielfältigen Kontakt mit Studierenden aller Fachrichtungen während seiner Basler Jahre als Studentenseelsorger. So spricht er in seiner *Schleifung der Bastionen* die existentielle Not an, die sich mit dem Eindruck einer »doppelten Wahrheit« - hier die Glaubenswahrheit des betenden Menschen, dort die Wahrheit der wissenschaftlichen Disziplin - verbindet. Sein Lösungsansatz liegt auf der Linie der oben angesprochenen »christologischen Weltformel«:

> »Es ist wichtig zu wissen, daß dieses Gefühl einer 'doppelten Wahrheit', das gerade die besten und lebendigsten Studenten zu befallen pflegt, nicht Anzeichen einer Ungehörigkeit ist. Die beiden Gesichtswinkel, die hier auseinanderklaffen, können ebensowenig zusammenfallen wie göttliche und menschliche Wahrheit, Kirche und Welt, oder in Christus die göttliche und die menschliche Natur und die einer jeden eigenen Erkenntnisweise. Der christliche Auftrag lautet unbedingt auf Ertragen dieser Spannung und Spannweite, aber auch auf fortschreitende Bändigung und Durchdringung.«[104]

Offensichtlich gibt es für den Christen keinen Weg jenseits der Spannung zwischen Glaube und Wissen; er muß sich ihr stellen und sie in der eigenen Person austragen. Das chalkedonensische »ungetrennt und unvermischt« kann hierbei zum hilfreichen Schlüssel werden. Im Sinne des »ungetrennt« postuliert Balthasar die Theologie bzw. das dahinter stehende Christus-Mysterium als »Norm« aller profanen Wissenschaften, insofern Christus Schöpfungsgrund und Schöpfungsziel ist und alle natürliche Wahrheit letztlich nur von ihm her und auf ihn hin gedacht werden kann: keine Wissenschaft kann für sich eine totale Unabhängigkeit vom Glauben beanspruchen, einen neutralen Standpunkt jenseits aller Weltanschauung[105]. Erst recht nicht kann der christliche Wis-

---

[104] Schleifung der Bastionen, 58.

[105] Vgl. Glaubhaft ist nur Liebe, 93f. Als Negativ-Folge einer solchen Trennung von Wissen und Glaube konstatiert Balthasar (ebd. 94): »Wo aber dieses Verhältnis (von Natur und Gnade) im Sinn der vorerwähnten Gegensatzdialektik von 'Wissen' und 'Glauben' zerrissen wird, dort wird das weltliche Sein notwendig unter das Vorzeichen des je größeren 'Wissens' gestellt und damit die immanenten Liebeskräfte der

senschaftler einen solchen Standort einnehmen - und sei es mit dem Argument der Neutralität und Sachlichkeit - und seinen Glauben als gegenstandslos für die betriebene Wissenschaft behaupten.

> »Weder kann man natürliche Metaphysik, natürliche Ethik, natürliches Recht, natürliche Geschichtswissenschaft betreiben, als wäre Christus nicht die konkrete Norm von allem, noch kann man eine beziehungslose 'doppelte Wahrheit' aufstellen, indem man die weltlichen Fachleute und die Theologen über den gleichen Gegenstand forschen läßt, ohne daß die beiden Methoden sich je begegneten und kreuzten, noch kann man endlich die weltlichen Wissenschaften in Theologie aufgehen lassen, als sei diese deshalb allein zuständig, weil Christus die alleinige konkrete Norm ist.«[106]

Nach dem hier Gesagten gilt aber auch umgekehrt im Sinne des »unvermischt«, daß die Theologie sich nicht zur Überinstanz der übrigen Wissenschaften erklären darf und daß sie dem christlichen Wissenschaftler seine spezifische Fachkompetenz nicht abstreiten kann. Ebensowenig kann der Glaube des Wissenschaftlers ihn von der geforderten Sachlichkeit dispensieren. »Die Theologie hat in den Gebieten weltlicher Strukturen keine unmittelbare Kompetenz, sie entläßt den glaubenden Christen in sie hinein nur mit einem Bild vom Menschen, von dem her und auf das hin er die Strukturen so sinnvoll und verantwortlich ordnen soll, als er kann.«[107]
Dies alles hat weitreichende Folgen für das Verhältnis zwischen kirchlichen Amtsträgern und Laien im profanen Beruf. Dem neuen Verhältnis von Kirche und Welt, wie Balthasar es in der *Schleifung der Bastionen* postuliert, entspricht auch eine neue Verhältnisbestimmung der Theologie und des kirchlichen Amtes zu den profanen Wissenschaften. Hier rundet sich die geschichtsbewußte Sicht Hans Urs von Balthasars zur genuinen Verantwortung der christlichen Laien im heutigen Wis-

---

Welt von Wissenschaft, Technik, Kybernetik überwältigt und erstickt. Es entsteht eine Welt ohne Frauen, ohne Kinder, ohne Ehrfurcht vor der Armuts- und Demutsgestalt der Liebe, eine Welt, in der alles auf Rendite und Machtgewinnung hin angeschaut, alles Interesselose aber und Umsonstige und Vergebliche verachtet, verfolgt und ausgelöscht, und sogar der Kunst Maske und Gesicht der Technik aufgestülpt wird.«

[106] Theologie der Geschichte, 16.

[107] In Gottes Einsatz leben, 93.

senschaftsbetrieb hin. So ist für ihn

> »die Bewegtheit zwischen beiden Feldern [Welt und Kirche] seit dem Mittelalter besonders in einer Richtung fortgeschritten: in der Art, wie die einfache Überordnung der Theologie ergänzt wurde durch eine Nebenordnung der Fakultäten, oder, was dasselbe ist: wie die Schranken zwischen der Civitas Dei und der Civitas terrena zugunsten einer neu gesichteten Solidarität (im Irdischen wie im Geistlichen) gefallen sind: Die Folge davon kann nur sein, daß neben der 'Facherfahrung' des Christen, der Theologe ist, die 'Facherfahrung' des christlichen Laien, der nicht Theologe, sondern Arzt, Jurist, Handelsmann oder Arbeiter ist, in ihrer Eigenständigkeit an Rang und Bedeutung gewinnt.«[108]

Es gibt keine übergeordnete Warte, von der her diese Spannung des »ungetrennt und unvermischt« zwischen Glaube und Wissen(schaft), zwischen Theologie und profanen Wissenschaften auflösbar wäre. »Gerade weil Christus absolut einmalige Norm ist, bleibt seine Gegenwart den innerweltlichen Normen inkommensurabel, und es läßt sich kein endgültiges innerweltliches Abkommen zwischen der Theologie und den übrigen Fakultäten treffen.«[109] Dem christlichen Wissenschaftler bleibt nur der spannungsreiche Weg hin und her zwischen beiden Welten, »bis allmählich die Entschiedenheit des Schreitens zu einer durchgereiften christlichen Erfahrung und Weisheit wird und eine überlegene Form der erlittenen und erprobten Wahrheit aus sich hervorbringt«[110].

Die Anerkennung der weltlichen Ordnung und Wahrheit, »die echte christliche Erfahrung der weltlichen Wahrheit« bedingt auch immer das Gewahrwerden »des Fremdseins dieser Wahrheit, ihres Unangepaßtseins an den heiligen Innenraum der göttlichen Wahrheit, von der Christus und die Kirche leben und worin sie heimisch sind«[111]. In dieser Spannung stehen zu können, ohne darin unterzugehen, ist Geschenk Gottes: Charisma. Für die Mitglieder der Säkularinstitute - besonders für jene, die im wissenschaftlichen Bereich ihre Berufs-

---

[108] Schleifung der Bastionen, 66.

[109] Theologie der Geschichte, 16f.

[110] Schleifung der Bastionen, 58.

[111] Ebd. 67.

tätigkeit ausüben - ist das Ausharren in dieser Spannung ein Konstitutivum ihrer Lebensform: ein tagtägliches Pendeln zwischen Eucharistiefeier und Arbeitsplatz, zwischen Glaube und Wissen, zwischen geglaubter Wahrheit und zu erforschender Wissenschaft.

2. Kunst und Offenbarung: natürliche Ästhetik und göttliche Herrlichkeit

Ein zweites Anwendungsfeld des Verhältnisses von Natur und Gnade ist das Zueinander von Kunst und christlicher Offenbarungswahrheit, wie es dem christlichen Künstler zur Vermittlung aufgetragen ist[112]. Im christlichen Künstler - vor allem der bildenden Künste - erblickt Balthasar den Prototyp des christlichen berufstätigen Laien überhaupt, insofern ihm die Gestaltung der materiellen und sinnenhaften Welt von Christus her aufgetragen ist:

> »Als Urbild des Laien könnte man den christlichen Künstler nehmen. Nicht weil seine Tätigkeit eine wesentlich andere wäre als die der übrigen Laien, sondern weil sich an ihr sinnbildlich das Wirken des Laien erläutern läßt. Der Kirchenbauer hat mit den Mitteln des irdischen Materials und der weltlichen Technik das Heilige, Übernatürliche und Himmlische darzustellen, ja der Kirche selber zu einer Form zu verhelfen: für die Kirche und für die sie betrachtende Umwelt. Er hat, über die Erwägungen der Notwendigkeit und Nützlichkeit hinaus, die Schönheitsseite der Wahrheit zur Anschauung zu bringen, die in der bloßen begrifflichen Formel nicht hinreichend zum Ausdruck kommt und doch im Fleischwerdungsgeheimnis eine entscheidende Rolle spielen muß.«[113]

Im Sinne des chalkedonensischen »ungetrennt« kommt in einer sich so verstehenden christlichen Kunst mit den ihr eigenen natürlichen Mitteln (Material, Stil, Technik, Können des Schaffenden) wirklich Gnade zur *An-schauung*, überdeutlich im Kirchenbau als Ausdruck der Gegenwart

---

[112] Vgl. zum Ganzen Balthasars Beitrag *Christliche Kunst und Verkündigung*; vgl. auch M. Lochbrunner, Analogia Caritatis, 191-200: »Balthasars Überlegungen zur christlichen Kunst«.

[113] Der Laie und die Kirche, 344.

Gottes in der Welt, aber auch in jedem anderen Werk eines christlichen Künstlers, insofern darin die ihm eigene Weltdeutung ansichtig wird. Dieser Abhängigkeit zwischen Kunst und Offenbarung entspricht auf Seiten des Künstlers die von ihm geforderte Orientierung seines persönlichen Charismas am kirchlichen Glaubensgut[114]. Analoge Aussagen können für jeden handwerklich arbeitenden Christen getroffen werden, insofern ihm die Gestaltung der materialen Welt aufgetragen ist[115].

Trotz der Ungetrenntheit zwischen menschlichem Schaffen und göttlicher Zuwendung fallen beide nicht in eins, Kunst und Offenbarungsinhalt bleiben »unvermischt«. Weder kann Gnade fehlende künstlerische Fähigkeit ersetzen: »Das Natürliche ist durch keine übernatürliche Gnade (wie in andern kirchlichen Charismen) ersetzbar, wohl nicht einmal steigerbar«[116], formuliert Balthasar im Hinblick auf den christlichen Künstler; noch gibt es *eine* christliche Stilrichtung, die normativer Ausdruck der christlichen Wahrheit sein könnte[117]. Auch auf der Ebene der Kunst - und nicht nur der begrifflichen Formel - gibt es nie den *einen* adäquaten Ausdruck für die Offenbarungswahrheit, künstlerisches Schaffen bleibt immer bloßer Versuch, die »vollkommen adäquate Verleiblichung Gottes in Christo in einer - notwendig inadäquaten - Neuverleiblichung mit den Mitteln der Kunst«[118] zur Darstellung zu bringen. Dieser letzten Distanz zwischen Kunst und Offenbarungsinhalt entspricht die Freiheit der persönlichen Inspiration des Künstlers[119].

Neben die Spannung zwischen natürlichem Schaffen und gnadenhafter Offenbarung tritt für den christlichen Künstler die Kluft zwischen den

---

[114] Vgl. Christliche Kunst und Verkündigung, 715-718.

[115] Balthasar hat in seiner Konzeption der Säkularinstitute handwerklich bzw. nichtakademisch arbeitende Laien praktisch nicht vorgesehen. Den Auftrag effektiver Weltgestaltung schreibt er vor allem den akademisch gebildeten Laien zu. Hierin ist ohne Zweifel ein echtes Defizit zu sehen, das sich zudem deckt mit der anhaltenden Entfremdung zwischen kirchlichem Leben und nichtintellektueller Arbeiterschaft.

[116] Christliche Kunst und Verkündigung, 715.

[117] Vgl. ebd. 725.

[118] Ebd. 716.

[119] Ebd. 715-718.

ästhetischen Gesichtspunkten[120] seines Schaffens und der Herrlichkeit Christi, die sich gerade in seiner Erniedrigung in Kreuz und Höllengang letztgültig offenbart, und zwar als Liebe[121]. Dieser *heruntergekommenen* Herrlichkeit Christi wegen ist es dem christlichen Künstler eigen, daß er »freiwillig und in bewußter religiöser Verantwortung auf alle Brillanz seines Könnens verzichtet, um mit dem Herrn zusammen in die Kenose aller Schönheit abzusteigen«[122]. Christliche Kunst bleibt immer in der Spannung des Hinweischarakters auf das in Jesus Christus schon anwesende, aber noch in seiner vollen Sichtbarkeit ausstehende Eschaton. Sie ist verwiesen auf die kenotischen Inhalte christlicher Offenbarung: Menschwerdung und Paschamysterium, um als künstlerischer Ausdruck christlichen Glaubens »gerade jene Dunkelheiten, die aus jeder ästhetischen Betrachtung herauszufallen scheinen, als bevorzugten Ort für das Erscheinen der Liebe Gottes, somit als seine ausbrechende Herrlichkeit zu verstehen«[123] und darzustellen. Deshalb »können linkische Techniken, die den Ausdruck eben erst finden, mehr aussagen als technisch vollendete Werke aus lässigem Können«[124]; selten hingegen - so räumt Balthasar ein - »gelingen wohl immer wieder echte und fromme Transparenzen, auch wo alle Register der irdischen Schönheitsorgel gezogen werden«[125]. Wie jeder christliche Weltauftrag ist auch der des Künstlers in die enge Grenze einer zuletzt nie adäquaten und ohnmächtigen Nachfolge Jesu verwiesen[126].

Der dargelegten inneren Nähe zwischen dem Auftrag des christlichen

---

[120] Es sei kurz erwähnt, daß der hier verwendete umgangssprachliche Ästhetik-Begriff sich nicht deckt mit Balthasars theologischem Begriff der Ästhetik, der gerade nicht als Gegenbegriff zur Herrlichkeit Christi verwendet werden kann. Vgl. Glaubhaft ist nur Liebe, 6: »Damit ist, was hier 'Ästhetik' genannt wird, als etwas rein Theologisches gekennzeichnet, nämlich als der nur im Glauben wahrnehmbare Empfang der sich selbst auslegenden Herrlichkeit der allerfreiesten Liebe Gottes.«

[121] Vgl. Herrlichkeit III/2/2; Glaubhaft ist nur Liebe, 57; Cordula oder der Ernstfall, 39-45; Weltliche Schönheit und göttliche Herrlichkeit, 515.

[122] Mein Werk, 57.

[123] Herrlichkeit III/1/2, 976.

[124] Christliche Kunst und Verkündigung, 719.

[125] Weltliche Schönheit und göttliche Herrlichkeit, 516.

[126] Vgl. Christliche Kunst und Verkündigung, 718.

Künstlers und dem eines Laien im Rätestand geht Balthasar schon 1948 in seinem Programm-Buch *Der Laie und der Ordensstand* nach. Hier kennzeichnet er den Künstler (diesmal weiter gefaßt auch im Hinblick auf die schriftstellerische Kunst) als einen, der »in einer Art seltsam schwebender Mitte zwischen Weltzugewandtheit und Askese, zwischen Weltstand und Rätestand lebt«[127]. Deshalb liest Balthasar gerade an ihm ab, was für das Mitglied der intendierten Weltgemeinschaften in der Spanne zwischen Gottgehörigkeit und Weltbindung gälte:

> »Oft genug steht er kraft seines Berufes und dessen Forderungen naturhaft an jener Stelle, an der übernatürlich ein Laie im Räteleben stünde. Aus einer innersten Distanz zur Welt und zu den Dingen der Welt muß er doch in größter Nähe zu ihnen, in stetem Ringen mit ihnen schaffen; er hat mehr als irgendein anderer Mensch eine Sendung und ein Sendungsbewußtsein, welches ihn in eine fast unheimliche Nähe zum Priester und zum Ordensmann bringt.«[128]

Daß es Künstler im Orden und in den angezielten Weltgemeinschaften geben kann und soll, verbindet sich mit diesen frühen Aussagen bei Hans Urs von Balthasar selbstredend: »Der Stand der Vollkommenheit könnte dem schöpferischen Menschen, auch dem Genie, zum Rahmen seiner höchsten gottgewollten Entfaltung werden.«[129] Bleibt abschließend zu erwähnen, daß die nach *Primo feliciter* den Säkularinstituten eigene Aufgabe, die christliche Spannung des »in der Welt - nicht von der Welt« exemplarisch darzustellen, am christlichen Künstler, der christlichen Künstlerin hervorragend sichtbar wird: »Wie sollte der christliche Dichter aus der Grundforderung seiner Existenz: in der Welt zu sein als nicht von der Welt, mit Christus der Welt gestorben und in Gott verborgen zu sein, herauszutreten gezwungen sein, um einen christlichen Auftrag zu erfüllen? Der Auftrag ist da, er kann nur in Schatten und Gleichnis des gesamten christlichen Auftrags erledigt werden.«[130]

---

[127] A.a.O. 84.

[128] Ebd.

[129] Ebd. 85.

[130] Nochmals Reinhold Schneider, 185f.

3. Gottes- und Nächstenliebe: Christus und der Bruder/die Schwester

Während bisher die vom Christen zu gestaltende Welt der Wahrheiten bzw. Wissenschaften und die materiale Welt in den Blick genommen wurden, ist nun die zentrale Herausforderung im Kontext einer *welthaften* Spiritualität zu benennen, nämlich die Begegnung zwischen Mensch und Mensch, Ich und Du, zwischen Christ und Mitmensch. Auch hier steht im Hintergrund die Frage nach Natur und Gnade - angewandt auf das Verhältnis zwischen Menschenliebe und Gottesliebe[131]. Wieder kann die chalkedonensische Formel - die »ungetrennte« und »unvermischte« Einheit von göttlicher und menschlicher Natur in der Person Jesu Christi - zum Schlüssel werden, diesmal um das Spezifikum christlicher Liebe im Zueinander von Gottes- und Nächstenliebe in den Blick zu bekommen: »Die Bewegungsrichtung dieser Liebe geht von uns weg auf Gott und den Nächsten zu; beide innig verbunden in Jesus Christus, Gott und Mensch, Gott bei uns allen und der Mensch für uns alle.«[132] Gerade dieser christologische Ansatz der Fragestellung ist es, der ihre Beantwortung nicht schon durch »eine abstrakte Zusammenfügung von 'Natur' und 'Übernatur' (Sittlichkeit und Caritas)« geknüpft sein läßt, sondern erst »an die von Jesus Christus repräsentierte Synthese«[133] von Gott und Mensch, die ihren neutestamentlichen Niederschlag in dem Satz findet: »Was ihr für einen meiner geringsten Brüder getan habt, das habt ihr mir getan.« (Mt 25, 40) Diese Spannungseinheit ist genauer zu qualifizieren.

Zunächst gilt: es gibt keine Gottesliebe ohne Menschenliebe; erstere dispensiert nicht von letzterer. »Es wäre völlig undenkbar, daß der Mensch sich Gott gegenüber, gleichsam vertikal, religiös, bundesgerecht verhielte, und dem Mitmenschen gegenüber, horizontal,

[131] Vgl. Balthasars Beitrag *Nachfolge Jesu Christi in der Liebe - mitten in dieser Welt*; hierzu auch: M. Scheuer, Die Evangelischen Räte, 111-112: »Der Bruder, für den Christus starb«.

[132] Wer ist ein Christ?, 96; vgl. auch: Glaubhaft ist nur Liebe, 83f.

[133] Cordula oder der Ernstfall, 93. Auf die hier (84-96) ausgetragene Kontroverse zwischen Karl Rahner und Hans Urs von Balthasar zum Verhältnis von Gottes- und Nächstenliebe - unter dem in diesem Kontext geprägten Stichwort des *anonymen Christen* - soll an dieser Stelle nur hingewiesen, aber nicht näher eingegangen werden.

ethisch, ein ganz anderes Verhaltensgesetz annehmen würde.«[134] Umgekehrt ist es aber auch unmöglich, die Gottesliebe in Nächstenliebe hinein aufzulösen, den christlichen Glauben in reine Ethik hinein zu verdünnen; für Balthasar gibt es unmöglich eine totale Verlegung der kontemplativen Dimension des Glaubens in geschwisterliche Aktion hinein[135].

Statt dieser Auflösungen der Spannung nach einer Seite formuliert Balthasar im Sinne des chalkedonensischen »ungetrennt« ein Ineinander von Gottes- und Nächstenliebe bzw. von Christus- und Nächstenliebe: »Der Christ begegnet Christo *im* Nächsten, nicht hinter ihm oder über ihm; so allein entspricht es der inkarnatorischen und leidenden Liebe dessen, der sich ohne Artikel 'Menschen-Sohn' nennt (Jo 5,27) und in jedem sich Nähernden der Allernächste ist.«[136] Offenbar ist in Jesus Christus eine unerhörte Einheit als Möglichkeit eröffnet, die »Möglichkeit [...] des wirklichen Findens des geliebten Gottes im geliebten Menschen, ohne daß die menschliche Liebe im geringsten die Unbedingtheit der göttlichen gefährdete«[137]. Hier wird der Nächste zum *Ort* der Gottesbegegnung aufgrund der Identifikation Jesu mit jedem Menschen in der Menschwerdung: »Wer den Nächsten christlich liebt, hat Gott in ihm geliebt, denn in Christus sind beide Naturen in einer Person verbunden.«[138] Diese universale Identifikation Jesu mit jedem Menschen birgt ihrerseits für den Christen den Imperativ zur *universalen* Liebe, worin sie sich grundsätzlich von jeder innerweltlichen Humanität unterscheidet.

---

[134] In Gottes Einsatz leben, 28.

[135] Vgl. Glaubhaft ist nur Liebe, 72f; Cordula oder der Ernstfall, 12f; Homo creatus est, 28f.

[136] Glaubhaft ist nur Liebe, 76f. Vgl. Die Gottesfrage des heutigen Menschen, 214: »Es wird von ihr [der christlichen Liebe] ja nicht gefordert, daß sie in einer Art Versteckspiel Christus 'hinter' dem fremden Bruder, ihn 'stellvertretend' entdecken müsse und gar Christus 'an Stelle' des Bruders lieben solle, sodaß zwischen den beiden Subjekten ein unklares Hin- [sic!] und Her entsteht. Es reicht, wenn er den Bruder mit Christus zusammen liebt; dann wird er ihn auf den Vater zu lieben, wird aber auch nicht anders können, als im verhüllten und entstellten Antlitz des Bruders das Urbild aller Verhüllung und Entstellung - aus Liebe - aufleuchten zu sehen.«

[137] Christlicher Stand, 168; hier wird das Zueinander von Maria und dem Lieblingsjünger Johannes als Typos dieser neu geschenkten Einheit vorgestellt.

[138] Ebd. 18.

> »Daß die Liebe es so halten muß, daß sie nicht beim Menschen, auch nicht beim erbärmlichsten, liebebedürftigsten haltmachen darf, unterscheidet sie als christliche Liebe von jeder Form innerweltlicher Humanität. Sie liebt durch den Bruder hindurch Gott: Gott in sich und Gott für uns in Christus und in der Kirche. Sie muß es, weil göttliche, von Gott her kommende Liebe unendlich ist und darum nur bis zu Gott selber sich erstrecken kann. Sie darf es, weil die geschaffene Person, die geliebt wird, nur dann in ihrer wahren Wirklichkeit ins Auge gefaßt ist, wenn sie in ihrem Zusammenhang mit Gott, ihrem Kommen von Gott und Gehen zu Gott, ihrem Geschaffen-, Begnadet- und Erlöstsein durch Gott, ihrer in Gottes Gnade liegenden besonderen Berufung, begriffen wird.«[139]

So wird die der Nächstenliebe inhärierende Gottesliebe nicht zum Anlaß einer spiritualistischen Verflüchtigung menschlicher Liebe, sondern sie wird zur Garantie einer Liebe, die wirklich den anderen Menschen in seiner gottgegebenen Unverzwecklichkeit und Würde meint. Diesen Gedankengang des Ineinanders von göttlichem und menschlichem Subjekt als den beiden verschränkten Adressaten der christlichen Liebe denkt Balthasar in direktem Zusammenhang mit seinen Ausführungen über die *Analogia entis*; ja, diese findet direkte Anwendung auf das Verhältnis von Gottes- und Nächstenliebe, weshalb es gilt,

> »sich noch einmal klarzumachen, daß Gott als das Meer und der Abgrund des Seins nicht ein Seiendes unter andern ist und somit nicht ein 'Gegenstand', der herauslösbar wäre aus einer Umwelt und vor allem auch aus dem erkennenden Subjekt. Er ist, wie der Kusaner zu wiederholen pflegte, der Nicht-Andere, Non aliud. Er kann es nicht sein, eben *weil* er als das absolute Sein aller Relativität überlegen ist und ihrer nicht bedarf.«[140]

Als der Nicht-Andere kann Gott nicht zur konkurrierenden Größe der Liebe zwischen Mensch und Mensch werden, vielmehr ist er als der Nicht-Andere ungetrennt jedem menschlichen Sein verbunden, sichtbar geworden in der Person Jesu Christi.

Fähig zur Liebeszuwendung zum Nächsten wird der Christ nicht allein aufgrund seiner natürlichen Begabungen, sondern durch sein »Hin-

---

[139] Die Gotteserfahrung des heutigen Menschen, 212.

[140] Ebd.

eingenommenwerden aus Gnade in das Tun Gottes, im Mitlieben mit Gott«; aus Gnade kann der Mensch das »schon in der Fülle Getane mittun und so das schon Verwirklichte und Vollendete verwirklichen und vollenden«[141], weil Gott uns in Christus zuerst geliebt hat. So wird gerade die geschwisterliche Liebe des Christen zum hervorragenden Anwendungsfall des Zueinanders von Natur und Gnade, von natürlicher Disposition und göttlicher Befähigung zur Liebe. Bezüglich des *Aktes* der Liebe - als Ineinander von göttlichem und menschlichem Tun - gilt also ebenso die chalkedonensische Formel («ungetrennt und unvermischt«) wie in der Anwendung auf die ineinander verschränkten *Objekte* dieser Liebe: Gott und der Nächste.

Die Begegnung mit dem Nicht-Glaubenden unterscheidet sich in ihren Gesetzmäßigkeiten für den Christen nicht von der mit dem Glaubenden[142]; für den Nicht-Glaubenden kann und soll die Begegnung mit dem Christen allerdings zum Erfahrungsort der Liebe Christi, zum Ort der Offenbarung Gottes werden[143], zur einzig möglichen in einer ansonsten restlos entsakralisierten Welt[144]. Alle Christen, die sich in nichtchristlichen Milieus bewegen, haben hier eine besondere Zeugnisfunktion; dies wird vor allem auf die Laien zutreffen. Mitmenschliche

---

[141] Glaubhaft ist nur Liebe, 78.

[142] Vgl. In Gottes Einsatz leben, 60.

[143] Vgl. Spiritus Creator, 276.

[144] Vgl. Herrlichkeit III/1/2, 976f: »Die Christen von heute, in einer Nacht, die tiefer ist als im Spätmittelalter, erhalten die Aufgabe zugewiesen, unbeirrt von Düsternis und Verzerrung den einen Akt des Jasagens zum Sein stellvertretend und repräsentativ für die Menschheit zu vollziehen: einen für sie zunächst theologischen Akt, der aber die ganze Dimension des metaphysischen Aktes der Seinsbejahung in sich einschließt. [...] Der Weg zur Erfüllung dieser Aufgabe ist dem Christen aus seinem eigensten Gut her gewiesen. Wenn die Menschen durch ihre fortschreitende Erblindung für das Seinslicht die Güter der Liebe verloren bis auf die unveräußerliche 'Notration' der zwischenmenschlichen Beziehungen - als letzter Wärmequelle im kalten Raum -, so ist der Christ gerade bei diesem Ärmsten und Geringsten ganz bei seiner Sache. Sein Amt ist, in der Nächstenliebe die Gegenwart der absoluten Liebe sowohl zu erfahren wie selbst zu verwirklichen und sichtbar zu machen; ihm liegt ob, aus dieser Armut ('was ist das für so viele?') das Wunder der Brotvermehrung zu wirken. Sein Glaube weist ihn an, im unscheinbarsten Ich-Du die Vergegenwärtigung und das 'Sakrament' des ewigen Ich-Du zu verstehen, das der Grund der freien Schöpfung ist und nochmals der Grund, warum Gott der Vater seinen Sohn für das Heil jedes Du in den Tod der Finsternis dahingibt. Christliche Bruderliebe ist deshalb etwas völlig anderes als ein gutes sittliches Vorbild für zwischenmenschliches Benehmen«.

Begegnung soll zum Sakrament, zum Zeichen der Nähe Gottes werden. Dieses »Sakrament des Bruders«[145]/der Schwester wird gespendet in jener »unausweichlichen Begegnung, die den Bruder zum Nächsten macht. Die jenen Lichtkegel auf ihn fallen läßt, der ihn heraushebt aus allen möglichen Zu-liebenden und ihn zum jetzt unabweisbar Liebefordernden macht. Zum Träger der Anrede Gottes, zum Sakrament des Wortes Gottes an mich.«[146] Die Alltäglichkeit, die *Welthaftigkeit* dieses Sakramentes ist sein entscheidender Charakter: »Dieses Sakrament spendet sich im Alltag, nicht im Kirchenraum. Im Gespräch, nicht während der Predigt. Nicht in Gebet und Betrachtung, sondern dort, wo das Gebet sich bewährt und Betrachtung ausmündet in Sendung.«[147] Ob und wie dieses alltägliche »Sakrament des Bruders« gespendet wird, entscheidet über die Qualität der liturgisch-sakramentalen Vollzüge im engeren Sinne. Die Liebe zur Schwester und zum Bruder ist der Ort, »wo es sich entscheidet, ob ich im Gebet wirklich Gottes Wort gehört habe, ob ich im Kirchenraum wirklich Gottes Fleisch und Blut empfangen habe: und die Entscheidung fällt, wie sie fallen soll, wenn sich erweist, daß ich dem Nächsten das Brot und den Wein des Wortes und des eigenen Lebens zu kredenzen gewillt bin.«[148] Zwei Anwendungsfälle dieses grundsätzlichen Verhältnisses von Gottes- und Nächstenliebe, wie Balthasar sie einerseits für die christliche Ehe, andererseits für den Rätestand skizziert, sollen nun kurz vorgestellt und besprochen werden. Dabei wird sich erweisen müssen, ob Balthasar das prinzipiell von ihm angedachte Ineinander von Gottes- und Nächstenliebe auch für Konkretisierungen menschlicher Liebe durchzuhalten vermag.

a) Christliche Ehe als Anwendungsfall des Ineinanders von Gottes- und Nächstenliebe

Als erster »Ernstfall« des Zueinanders von Gottes- und Nächstenliebe,

---

[145] Die Gottesfrage des heutigen Menschen, 205.

[146] Ebd. 216.

[147] Ebd. 216f.

[148] Ebd. 217.

von gnadenhaft erschlossener und natürlicher Liebe, begegnet bei Hans Urs von Balthasar die theologische Wertung des Eros und der natürlichen Liebe innerhalb der christlichen Ehe. Wegweisend erscheint dabei für Balthasar »Dantes Kühnheit, die irdische Liebe durch Mann und Frau bis zum Throne Gottes zu tragen und den Eros bis zur Agape durchzuläutern, ein theologisches Ereignis ersten Ranges«[149]. Das Ehesakrament wird hier zum Exempel der Einheit und gegenseitigen Durchdringung von Gottes- und Nächstenliebe: zunächst im Sinne einer »ungetrennten« Einheit beider Aspekte - die Sakramentalität der Ehe lebt geradezu von der Einheit von Gottesliebe und menschlicher Liebe -, dann aber auch im Sinne einer klaren Unterschiedenheit beider.

Wo das ungetrennte Zueinander von Gottes- und (in diesem Fall) *Gatten*liebe im Lebensvollzug eingeholt wird, wo der Eros durch die Agape geläutert wird, hat die christliche Ehe im Sinne Balthasars nicht minder eschatologische Dimension als die Ehelosigkeit: »Was an irdischer Liebe [die Reinigung des Menschen durch den Tod hindurch] übersteht, ist das, was sich an himmlischer in ihr inkarniert hat. Das kann viel sein; eine fast völlige Verwandlung und Durchformung des Eros durch die Agape.«[150] In dem Maße, wie die Eheleute gewillt sind, für die Partnerin/den Partner das Leben zu geben, so wie Christus es in seinem Sterben am Kreuz gegeben hat, kommt in der natürlichen Liebe zwischen Mann und Frau die christliche Agape zum Durchbruch; der ursprüngliche unsündige Zustand eines vollkommenen Ineinanders von Liebe zu Gott und Liebe zur Welt, von Eros und Agape wird von der erlösenden Hingabe Jesu Christi her wieder angenähert[151]. Allerdings - so Balthasars Urteil - bleibt das Ehesakrament »gebunden an die Form der fleischlichen Hingabe, die es nur im schwer erreichbaren Grenzfall zu einer vollkommenen Lösung von jeder schuldbedingten Begierlichkeit bringt«[152].

---

[149] Mein Werk, 65; vgl. auch Herrlichkeit II/2, 388. Ausgewertet bei Ch. Kaiser, Theologie der Ehe, 198-201.

[150] Theodramatik IV, 461.

[151] Vgl. Die großen Ordensregeln, 11-14, 16; Christlicher Stand, 188, 197f.

[152] Christlicher Stand, 202.

So ist in der Sakramentalität der Ehe zugleich der Aspekt des »unvermischten« Verhältnisses zwischen Gottes- und Gattenliebe impliziert. Denn abschließend und ausschießlich kann in der gegenseitigen Liebe der Ehepartner die Liebe zu Gott nicht zum Ausdruck gebracht werden[153]. Wo eine solche horizontale Reduktion geschieht, Einebnung des Glaubens in bloße Humanität, ist für Balthasar das Christliche schon verraten, in anderen menschlichen Bindungen ebenso wie in der ehelichen Bindung[154]. Auch im Blick auf die christliche Ehe wird deutlich: Die Gottesliebe behält für den Christen eine unbedingte Vorrangstellung, derentwegen keine noch so christlich motivierte Zuneigung und kein humanitäres Engagement die ausdrücklichen Vollzüge des Glaubens und der Gottesverehrung wie Gebet, Sakramente und Wortzeugnis (mit der Bereitschaft zum Martyrium) je ersetzen kann. Es bleibt eine letzte »Relativierung der Ehe«[155] angesichts der von Balthasar vorgenommenen Verhältnisbestimmung von Gottes- und Menschenliebe bzw. Gnade und Natur im Zueinander der Ehepartner bestehen. Ch. Kaiser beschreibt diese Balthasar-typische Relativierung kritisch:

> »In der Verhältnisbestimmung von Natur und Gnade, die eine der wichtigsten Weichenstellungen für das Eheverständnis darstellt, bleibt v. Balthasar in der Frage der gegenwärtig ('schon jetzt') wirkmächtigen Gnade im geschichtlichen Vollzug des Ehesakramentes sehr zurückhaltend, obwohl seine Verhältnisbestimmung von Natur und Gnade im Ganzen eine solche Zurückhaltung nicht nahelegt. [...] Gottes gnädiges Heilshandeln ist jedoch für die menschliche Ehe kein Fremdkörper, der auf eine in sich vollendete Natur trifft und sie insofern fremdbestimmt. Gratia supponit naturam. V. Balthasar schöpft aber an dieser Stelle die Bedeutung und die Weite des Axioms nicht aus. Er hebt vielmehr immer wieder die unlösbare Verstrickung der Ehe in den postlapsarisch schuldbedingten Kreislauf von Zeugung, Geburt und Tod hervor.«[156]

---

[153] Ch. Kaiser, Theologie der Ehe, 201-203.

[154] Vgl. die ganze Streitschrift *Cordula oder der Ernstfall.*

[155] Ch. Kaiser, Theologie der Ehe. Der Beitrag Hans Urs von Balthasars, Würzburg 1997, 214f.

[156] Ebd. 214.

Grundlegend für das Verhältnis zwischen Gottes- und Nächstenliebe, auch innerhalb der christlichen Ehe, bleibt für Balthasar offenbar - in Absetzung von den Dialogikern des philosophischen Personalismus - die »Differenz zwischen interpersonal-geschöpflicher und göttlich-transzendenter Wirklichkeit [...] Das Gottesverhältnis wird bei von Balthasar nicht im Zwischenmenschlichen, sondern im Anruf und in der Sendung des Einzelnen durch Gott begründet, woraus sich erst interpersonale Beziehungen ergeben.«[157] Damit ist die Gottesbeziehung bleibend jeder menschlichen Bindung vor- und nicht eigentlich eingeordnet, auch und besonders in der engsten Gemeinschaft der christlichen Ehe; hier ist die Gottesliebe für die Ehepartner geradezu *conditio sine qua non* jeder gegenseitigen Liebe. Der umgekehrte Weg eines gemeinsamen Reifens von der natürlichen, partnerschaftlichen Bindung her in die Gottesbeziehung hinein wird dem gegenüber in Balthasars Reflexion kaum bedacht.

b) Räteleben als Anwendungsfall des Verhältnisses von Gottes- und Nächstenliebe

Einen vorzüglichen Ausdruck der unveräußerlichen Priorität der Gottesbeziehung sowie des »unvermischten« Verhältnisses zwischen Gottes- und Nächstenliebe sieht Balthasar in der Entscheidung für die evangelischen Räte bzw. den Ordensstand. Alle Nächstenliebe entspringt für den Rätechristen unbedingt und unmittelbar seiner Hingabe an Christus und vom Kreuz her. Es geht - so führt Balthasar angesichts der Entscheidung Thereses von Lisieux für den Karmel aus - um »unmittelbare Gründung der Liebe in der alleinigen Liebe Christi kraft des Ordensgehorsams, daraus folgend Indifferenz, diese aber nicht als der Ausdruck natürlicher Gleichgültigkeit, sondern der erweiterten, universalisierten Liebe, Zärtlichkeit und Empfindlichkeit des Herzens, die alle natürlichen Gesetze und Bindungen übersteigend diese doch in sich schließt.«[158]

Balthasar entwirft hier zwar zunächst - ebenso wie für die christlichen

---

[157] M. Scheuer, Die Evangelischen Räte, 37.

[158] Schwestern im Geist, 153.

Eheleute - ein Modell, in dem »alle natürlichen Gesetze und Bindungen« nicht nur überstiegen werden, sondern auch integriert sein sollen in die größere Bindung an Gott. Praktisch scheint im Rätestand dann aber doch die Gesetzmäßigkeit eines getrennten Verhältnisses zwischen Gottes- und Nächstenliebe, zwischen Eros und Agape, zwischen Natur und Gnade zu walten. So formuliert er etwa nicht ohne die Tendenz zur Polarisierung zwischen Rätestand und Weltstand:

> »Dieser Maßstab [der innerhalb des Ordenslebens gültige Maßstab der Liebe] ist einzig und allein die übernatürliche Liebe Christi und nicht etwa eine aus natürlicher (auch aus reinster geschöpflicher) und übernatürlicher Liebe entsprechend den Fähigkeiten und Grenzen der Kreatur gemischten Liebe. Eine solche Synthese, ein solcher Ausgleich mag außerhalb des Ordenslebens, in der Familie, notwendig sein, wo die Gesetze der irdisch-fleischlichen Liebe nicht auszuschalten, sondern nur zu verklären und zu erheben sind. Im Stand der Jungfräulichkeit dagegen braucht auf diese Gesetze der (letztlich doch erbsündig bedingten) Fleisch-Natur keine Rücksicht genommen zu werden: als einziges Gesetz gilt die Liebe des fleischgewordenen Gottes, der sich selbst für seine Brüder dahingegeben hat und für den alles geist- und fleischlich-Naturhafte nur Werkzeug und Ausdruck der unendlichen göttlichen Liebe war.«[159]

Anhand Thereses von Lisieux exemplifiziert Balthasar die zwei von ihm unterschiedenen Weisen der Liebe einerseits im Weltstand und andererseits im Ordens- bzw. Rätestand, wobei Therese das Exempel der durch die Rätebindung geforderten »Umpolung« des Verhältnisses von Gottes- und Nächstenliebe darstellt: »für Therese ist rein natürliche Liebe mit Selbstliebe eins, und Selbstliebe mit Egoismus«[160]. Erst die in die Liebe Christi integrierte natürliche Liebe erhält nach Balthasar für den Rätechristen positive Wertigkeit, weshalb mit der Entscheidung zum Rätestand nicht bloß die Nachordnung aller natürlichen Bindungen, sondern eine Lossagung von ihnen einher zu gehen scheint:

> »Die Liebe im Ordensstand hat also ihr Fundament und ihren immerwährenden Ausgangspunkt in der Universalität der Liebe Christi;

---

[159] Ebd. 145f.

[160] Ebd. 155.

gerade darum hat sich der Mensch im Ordensstand von allen persönlichen und irdischen Belangen losgesagt, um unmittelbar in dieser Universalität zu stehen und durch keine Bande darin gehindert zu werden. Sie [Therese] hat diese Bande nicht gelöst, um in einem unmöglichen und unmenschlichen Jenseits aller irdischen Beziehungen zu stehen; im Gegenteil: die irdischen Beziehungen, zumal der Familie, werden ohne Schwierigkeiten in diese Universalität einbezogen; sie bilden einen Teil von ihr, vielleicht sogar einen bevorzugten Teil; aber sie können, auf Grund der Loslösung in den Gelübden, niemals mit der Universalität der Liebe in Konflikt treten. Die Liebe im Weltstand strebt von den sakramental begründeten Bindungen zur Universalität hin, die Liebe im Ordensstand strebt von der gelübdehaft begründeten Universalität zu den partikulären Bindungen hin.«[161]

Wieder begegnet hier die im ekklesiologischen Teil erörterte Gegenüberstellung, dergemäß sich Rätestand und Weltstand bzw. Ehestand zueinander verhalten wie zwei gegenläufige Bewegungsrichtungen, wenn auch beide Ausdruck der einen christlichen »Kreisbewegung« zwischen Gott und Welt sind: die christliche Ehe erscheint als Bewegung von der partikulär angelegten Bindung zur universalen, das Räteleben als Bewegung von der universal angelegten Bindung zur partikulären.

Die Frage ist unumgehbar, ob Balthasar hier nicht doch in einer - theologischen wie praktischen - Überhöhung der Ehelosigkeit, in einer schroffen Gegenüberstellung von natürlicher und gnadenhaft geschenkter Liebe steckenbleibt, was keineswegs einer gegenseitigen Integration von Gottes- und Nächstenliebe im Rätestand dient. Die Spannung zwischen »ungetrennt« und »unvermischt« scheint hier nach der Seite des »unvermischt« aufgelöst; ein abwertender Ton gegenüber den »erbsündig bedingten« Gesetzen natürlicher Liebe scheint unüberhörbar. In der Folge scheinen Räte- und Weltstand einander doch wieder unvermittelt gegenüberzustehen als zwei Wege mit durchaus verschiedenen Gesetzmäßigkeiten der Liebe. Ob Balthasar mit dieser polarisierenden Konzeption von Gottes- und Nächstenliebe nicht nur zahlreichen Säkularinstituten, sondern auch Ordensgemeinschaften in ihrem heutigen Selbstverständnis gerecht werden kann, muß als Frage stehenblei-

---

[161] Ebd. 148f.

ben[162]. Die Möglichkeit eines Säkularinstitutes, das in bewußter Entscheidung die natürlichen Bindungen - etwa familiärer, freundschaftlicher oder beruflicher Art - gerade nicht aufgibt, auch nicht in einer vorläufigen »Trennung«, sondern in ihnen verbleibt, um die solidarische Position mit den übrigen Laien nicht nur äußerlich, sondern auch innerlich auszufüllen und von dort her zu einer Heiligung der natürlichen Ordnung beizutragen, ist hier undenkbar; noch viel weniger ist dies nach Balthasar für eine Ordensgemeinschaft zu denken.

III. Schöpfung und Erlösung, Geschichte und Eschaton

So wie für das Verhältnis von Natur und Gnade die Spannung des »ungetrennt und unvermischt« aufrecht erhalten werden muß, so gilt dies auch für das Verhältnis von Schöpfung und Erlösung. Die Eigenwertigkeit der geschöpflichen Ordnung hebt Balthasar als unabdingbar hervor, um überhaupt das Eigene der Erlösungsordnung werten zu können; eine theoretisch-praktische Vermischung beider Bereiche wäre ebenso fatal wie eine totale Trennung. So führt Balthasar über das von ihm intendierte Spannungsverhältnis von Schöpfung und Erlösung in seiner *Theologie der Geschichte* aus:

> »Ohne die Annahme einer immanenten, von der Schöpfung her geschenkten und unverlierbaren Wesenheit sowohl des Einzelmenschen wie der Weltgeschichte in ihrer zeitlichen Erstreckung und Entwicklung ließe sich auch keine wahre Menschwerdung und Geschichtswerdung Gottes aufrechterhalten. Es ist nicht die Wesensdefinition des Menschen, daß er ein Glied Jesu Christi ist, und nicht die der Weltgeschichte, daß sie (in Verhüllung) zusammenfällt mit der Geschichte des Reiches Gottes. Nur wenn ein echtes geschöpfliches Eidos gedanklich vorausbesteht, bedeutet die Herablassung Gottes auf die Ebene der Geschöpfe jene Kenosis, als die sie beschrieben wird, und nur dann

[162] Vgl. A. Herzig, »Ordens-Christen«, 318-320.

hebt er, sich herablassend, und ohne es zu zerstören, jenes Eidos mit sich empor in die Geborgenheit des ewigen Lebens.«[163]

Geradezu plakativ fordert Balthasar von daher den Eigenstand der Schöpfungsordnung im Gegenüber zur Erlösungsordnung ein, aber nicht in jener »Plattheit« mancher nachvatikanischer Aussagen, die mit der Rückgewinnung einer Eigenständigkeit der Schöpfungsordnung die Dimension der Erlösungsordnung faktisch für obsolet erklären, sondern indem er beide Ordnungen in wechselseitiger Bedingtheit einander zuweist, denn: »Überspringt man die Stufe des Eigengehaltes des Geschöpflichen, dann geht alles in einem Pan-Christismus auf, der das Gnadenereignis der Menschwerdung Gottes zu einem kosmologischen, gnostischen Vorgang verflacht.«[164] Das Zueinander der Typoi Christus und Adam ist bildhafter Ausdruck dieses Zueinanders von Schöpfung und Erlösung bzw. Gnade und Natur[165]; es versinnbildlicht das scholastische Axiom: »Gratia praesupponit, non destruit, sed perficit et elevat naturam«, das von Balthasar vielfältig herangezogen wird[166]. Freilich bleibt dabei Christus integrierende Mitte aller Schöpfungsordnung und ihr vorgeordnet[167], er ist das Zielbild der Vollendung des Menschen, er »bringt die vollkommene Einheit zwischen dem unverkürzten ewigen Leben und dem unbeeinträchtigten menschlichen Leben zustande«[168], ohne dabei jedoch die Kreatürlichkeit oder den kreatür-

[163] Theologie der Geschichte, 84.

[164] Ebd. 86 (Anm. 1).

[165] Vgl. Theodramatik IV, 462f: »Das Verhältnis zwischen dem ersten Adam als einem erdhaft-sinnlichen, von der Erde stammenden, und dem zweiten, lebenspendenden und vom Himmel kommenden (1 Kor 15,45 f) ist nicht einseitig auflösbar, denn der zweite, als der ewig überlegene, hat die Gestalt des ersten in sich aufgenommen, nicht um sie zu zerstören, sondern um sie vollendend in seine himmlische Gestalt zu verklären. [...] Wäre dem nicht so, dann wäre die Erlösungsordnung nicht die von Anfang an intendierte Vollendung der Schöpfungsordnung, sondern schwebte beziehungslos gnostisch über ihr. Daher muß alle echte Positivität der Schöpfungsordnung eingeborgen werden in die 'Unsterblichkeit', und hierbei wird noch einmal alles belangvoll, was anfangs über den Reichtum der *analogia trinitatis* gesagt wurde. Je trinitarisch-reicher unser Gottesbild ist, desto bejahender können wir zur ewigen Vollendung der geschaffenen und erlösten Welt in Gott stehen.«

[166] Vgl. Ch. Kaiser, Theologie der Ehe, 59-64.

[167] Vgl. Theologie der Geschichte, 46-61: »Schöpfung und Erlösung«.

[168] Theodramatik IV, 470.

lichen Abstand zwischen Schöpfer und Geschöpf aufzuheben: »Im Eingehen in die Gemeinschaft mit dem Menschgewordenen vollzieht sich die Erlösung der Menschen. Auch in der Endvollendung bleibt die kreatürliche Distanz des Menschen Gott gegenüber erhalten.«[169]

Letztlich ist Balthasars vorbehaltlose Bejahung der Schöpfungsordnung verwurzelt in der vom Karsamstag her gedeuteten Sicht des Erlösungsgeschehens (vgl. Zweiter Teil. B. Zweites Kapitel). Weil selbst das sündige »Nein« der Welt im Abstand des Sohnes vom Vater ermöglicht und in seinem Todesgang eingeholt ist, kann die Welt in ihrer Gesamtheit bejaht werden. Deshalb trägt der katholische (so würde Balthasar einschränken) Christ »das Ja wie das Nein der Welt vor Gott und sucht in der Erwartung endgültiger Verklärung beides von Gott aus zu bejahen. Er weiß, daß sich Gott selbst schon im Herzen dieses Nein und Nichts eingerichtet hat und daß diesem so jede Endgültigkeit entzogen ist.«[170] So ist es wirklich *diese* Welt, die der Erlösung entgegengeht und an deren Vollendung die Christen mitwirken sollen. Eschatologie im Sinne Balthasars hat präsentische Vorzeichen: »die Welt, die der Mensch mit seinen natürlichen Kräften zu bauen hat, ist auch das Reich Gottes, an dessen Ankunft er durch Geburtswehen mitzuwirken hat [...], zugleich eschatologisch und weltlich engagiert, zugleich geistlich und politisch.«[171]

Für die traditionelle Ordenstheologie hat die Eschatologie immer einen besonderen Stellenwert gehabt, indem das Räteleben als Vorwegnahme oder zumindest als Hinweis auf das anbrechende und ausstehende Leben in Gott interpretiert wurde. Diese Interpretation des Rätelebens verliert für die *Theologie der Säkularinstitute* nicht einfach ihre Bedeutung, aber sie erhält durch eine veränderte Eschatologie eine *weltbezogene* Akzentsetzung:

> »Verheißen ist ein neuer Himmel und eine neue Erde. Der neue Himmel wird dann sein, wenn die Erde in den Himmel gekommen ist. Und das wird dann auch die neue Erde sein, in der Gottes Wille auf

---

[169] W. Löser, Im Geiste des Origenes, 33.

[170] Der seidene Schuh, Nachwort, 376.

[171] Cordula oder der Ernstfall, 97f.

Erden wie im Himmel geschieht. So läuft die Hoffnung der Christen nicht von der Geschichte weg, sondern der Geschichte entlang auf das Ende zu.
Damit ist auch das Schlagwort von der 'weltlichen Welt' und der modernen Profanität in ein wahres christliches Wort umgewandelt. Profan heißt: draußen vor dem Heiligtum (fanum). Das 'Pro' heißt für uns, daß wir noch nicht darin sind, aber auch, daß wir immer davor stehen und darauf zugehen. So in jeder Begegnung mit einem Menschen: sie findet vor dem Heiligtum statt, aber sie fände gar nicht statt, wenn der Christ nicht durch die Profanität hindurchsähe auf das Heilige, und in diesem Durchsehen auch darauf zuschritte. Im Schreiten hebt sich die Differenz zwischen profan und sakral auf. Aber immer nur gerade im Schreiten.«[172]

So geschieht gerade im Zuschreiten auf die Welt der eschatologisch ausgerichtete Schritt auf Gott zu. Für die Säkularinstitute heißt dies: In ihrer Einwurzelung in die Welt haben sie Teil an der Zeugnisfunktion der gesamten Kirche, deren Aufgabe es ist, in Christus die Einheit von profaner und sakraler Geschichte, von Schöpfung und Erlösung zu bezeugen, denn »seit Christus ist alle Geschichte grundlegend 'sakral', aber sie ist es nicht zuletzt durch die bezeugende Gegenwart der Kirche Christi innerhalb der einen, totalen Weltgeschichte.«[173] Aus dieser Einsicht ergeben sich neue Möglichkeiten des kirchlichen Dialoges: mit den Naturwissenschaften, mit dem Kommunismus.

1. Evolution und Finalität der Schöpfung auf Christus hin - Dialog mit den Naturwissenschaften

Ein Anwendungsfall des Verhältnisses von Schöpfung und Erlösung ist das Verhältnis zwischen den Naturwissenschaften bzw. dem sie prägenden evolutiven Weltbild und der biblisch-christlichen Vorstellung des Weltzieles und der Vollendbarkeit der Schöpfung in Christus[174].

---

[172] Wer ist ein Christ?, 127f.

[173] Theologie der Geschichte, 105.

[174] Zum Ganzen vgl.: Das Ganze im Fragment; Die Spiritualität Teilhards de Chardin; Theodramatik IV, 134-147; Wer ist ein Christ?, 109-113 (auf Balthasars Auseinandersetzung mit Teilhard de Chardin soll hier nicht näher eingegangen werden, sie bildet freilich den Hintergrund aller Aussagen des Autors zur Evolutionstheorie).

Balthasar kritisiert immer wieder die direkte Übertragung des naturwissenschaftlich-evolutiven Weltbildes auf das christliche Weltbild als zu kurz gegriffen, weil dabei die Geschichtlichkeit, Endlichkeit und Gottbezogenheit der Welt außer acht gelassen werde; so vermerkt er etwa ironisch: »im evolutiven Weltbild haben wir noch unendliche Zeit vor uns bis zum Tag Omega, so fallen alle Vorkehrungen ('wachet und betet') für eine baldige Wiederkunft Christi hinweg. Ferner stammt im neuen Weltbild der Mensch wesentlich von unten, aus der Natur: er ist kein Fremdling, sondern durch und durch in der Welt zuhause, und seine Ethik wird darin bestehen, ihr auf die tiefste Weise 'treu' zu bleiben.«[175] Geschichtlichkeit bzw. Endlichkeit und leib-geistige Verfaßtheit des Menschen[176] sind die Grunddaten, die Balthasar einer evolutionistischen Verkürzung des christlichen Menschenbildes entgegenhält; denn nur auf diesem Hintergrund könne die geschichtlich konkrete Gestalt Jesu Christi und des Christentums adäquat gedeutet werden[177].

Die Richtigkeit der *biologischen* Evolutionstheorie und des naturwissenschaftlich-evolutiven Weltbildes zweifelt Balthasar dabei in keiner Weise an[178], sehr wohl aber »deren naive Übertragung auf das Feld der natürlichen und übernatürlichen Menschheitsgeschichte«[179], dergemäß diese Entwicklung als sich steigernder Fortschritt zu denken wäre. So stellt er die Frage: »Wo steht geschrieben, daß die Evolution, in der die Christen einbezogen sind, und die dem Menschen steigende

---

[175] Evangelische Räte in der heutigen Welt?, 188.

[176] Vgl. Die Gottesfrage des heutigen Menschen, 64-77; Die Spiritualität Teilhards de Chardin, 345-347.

[177] Vgl. Pneuma und Institution, 47: »Hinter Hegel scheint kein Weg zurückzugehen, für den die Geschichte Schädelstätte (ein drastischer Ausdruck statt Bilder- und Gestaltengalerie) des Geistes ist. Die biologische Evolutionslehre, als geringerer Nachfahr Hegels, löst die Gestalten genauso im Strom des Werdens auf, und Blochs Utopismus ist der Absud und das Exkokt aller personalen, tragischen und aus der Tanszendenz sich aufbauenden Gestalten. Die drei Systeme mögen sich noch so dionysisch gebärden [...], sie sind im Grunde doch Aschermittwoch, Kehraus und Ausverkauf aller Gestalten, die in sich Endgültiges einzubergen versuchten. Hier liegt die entscheidende Herausforderung an das Christentum.« Vgl. auch Spiritus Creator, 289f.

[178] Vgl. die positive Auswertung in: Theologie der Geschichte, 105f.

[179] Wer ist ein Christ?, 46.

Macht über die Dinge in die Hand spielt, zu einem bestmöglichen Zustand führen muß, ja auch nur kann?«[180] Diesem Fortschrittsoptimismus stellt Balthasar die biblische Zukunfsperspektive entgegen, die durchaus mit einer apokalyptischen Katastrophe am Ende »dieser ins Ungemessene schwellenden Entwicklung«[181] der Welt rechnet, diese aber dem göttlichen Heilsplan eingeordnet weiß[182]. Evolution im christlichen Sinne kann, so sieht es Balthasar, nicht die Entwicklung zu je größerem welt- und menschheitsgeschichtlichem Fortschritt meinen, sondern - wenn man den Begriff christlich überhaupt anwendet - nur die heilsgeschichtlich sich ereignende *Vergöttlichung* von Mensch und Kosmos beschreiben[183]. Diese Vergöttlichung ereignet sich aber gerade nicht als selbstlaufende Aufstiegsbewegung, die »Weltgeschichte ist auf keinen Fall eine progressive Christifizierung des Kosmos«[184], sondern sie ereignet sich nur durch den Tod hindurch, im Glauben an die Menschwerdung Gottes, im Eingehen in Tod und Auferstehung Jesu Christi; sie ist verdanktes, geschichtliches Geschehen, nicht Produkt einer Weltgesetzmäßigkeit[185].

Wichtig für unsere Fragestellung ist nun die sich hieraus ergebende Gestalt der christlichen Beteiligung am menschheitlichen Fortschritt, enger gefaßt die Frage nach dem Platz der Christen im weltlichen Fortschritts-Betrieb: »Wie dient ein Christ der Welt - und wie nicht?«[186] Welche genuin christliche Hoffnung setzt er dem evolutionistischen Fortschrittsbild entgegen? Nach Balthasar ist der menschheitliche Fortschritt von zwei Grenzen durchsetzt, die zwar nicht direkt den Fortschritt des Ganzen in Frage stellen, aber sehr wohl den des Einzelnen. Die erste Grenze ist der je individuelle Tod, denn »das Subjekt dieser Zeit ist ja nicht eine abstrakte Menschheit, die unange-

---

[180] Die Wahrheit ist symphonisch, 85.

[181] Ebd.; vgl. hierzu: Das Ganze im Fragment, 214-216 (»Die Unvermeidbarkeit des Apokalyptischen«).

[182] Vgl. Die Wahrheit ist symphonisch, 85.

[183] Vgl. Mein Werk, 42.

[184] Cordula oder der Ernstfall, 41.

[185] Vgl. ebd. 41, 116f; Die Spiritualität Teilhards de Chardin, dort v.a. 347.

[186] Vgl. das gleichnamige Kapitel in: Wer ist ein Christ?, 109-113.

fochten durch die Jahrhunderte existiert, sondern die konkrete Anzahl von Menschen, von deren [sic!] in jeder Minute Tausende sterben«[187]; Hinweise auf diese Todverfallenheit des Einzelnen sind die »Sterbenden, Kranken, Wahnsinnigen«[188]. Eine zweite Grenze sind die »der Natur eingeschriebenen Gesetze(n) des Willens zur Macht, der Aggression, der Überwältigung des Edleren durch das Gemeine«[189] - all das, was biblisch *Sünde* genannt wird. Auch hier gibt es keine menschheitliche Evolution, die gleichsam zwangsläufig das Individuum zu größerer moralischer Reife mit sich zöge: »die Menschheit kann einen 'Fortschritt' machen, der dem Auftrag Christi entspringt, und doch wird der einzelne immer am selben Punkt der Erbsünde neubeginnen, um sich durch Schuld und Buße der Liebe entgegenzuläutern«[190].

Diese bleibenden Grenzen eines menschheitlichen Fortschritts - Tod und Sünde - und die mit ihnen einhergehende »Vergeblichkeit entbindet den Menschen nicht von seiner Verantwortung, Welt und Menschheit zu gestalten«[191]; dies hervorzuheben erscheint Balthasar wesentlich. Ebensowenig entbindet der Glaube an Auferstehung und Sündenvergebung den Christen von seiner Verantwortung, sich den innerweltlichen Fortschrittsbemühungen aller Menschen einzureihen. Der Christ kann sich vielmehr mit um so größerer Gelassenheit engagieren, weil seine Hoffnung wirklich diese Welt meint, aber in jener Vollendung, die durch keine Evolution und keinen menschlichen Fortschritt je erreichbar ist noch erreicht werden muß. Sein Glaube kann den Christen - entgegen dem marxistischen Vorwurf - mit größerem Realitätssinn ausstatten und ihn zu unüberbietbarer Treue der Erde gegenüber anstiften, weil er weiß, daß alles, was er hier gestaltet, noch einmal »überholt« wird (im doppelten Sinne von *Ablösung* und *Erneuerung*) vom vollendenden Tun Gottes in Jesus Christus: Gott vollendet wirklich das Tun *des Menschen*; zugleich wirkt er aber auch *weit hinaus*

[187] In Gottes Einsatz leben, 64.

[188] Ebd. 69.

[189] Ebd. 66.

[190] Nochmals Reinhold Schneider, 228.

[191] In Gottes Einsatz leben, 66.

über das, was der Mensch je hätte tun können und wozu die Schöpfung sich aufgrund ihrer eigenen Gesetzmäßigkeiten entwickeln könnte. Von hier aus ergibt sich ein neuer, legitimer, in gewissem Sinne *welthafter* Begriff von »Weltflucht«: »Weltflucht - weil die Heimat anderswo ist - kann man als christliches Motiv nicht leugnen, aber es muß 'Weltflucht der Hoffnung' sein, und zwar mit der Welt zusammen (von der die Kirche doch ein Teil ist) 'nach vorn', der Vollendung entgegen.«[192] Evolution und innerweltlicher Fortschritt stehen ihrerseits also in einem »unvermischten« und »ungetrennten« Verhältnis zur in Christus erschlossenen »Rettung der ganzen Welt und der ganzen Geschichte, Vergangenheit, Gegenwart und Zukunft, in das ewige Leben Gottes hinein«[193].

Abschließend scheint es wichtig zu betonen, daß die hier zusammengetragenen Inhalte der Auseinandersetzung Hans Urs von Balthasars mit dem evolutionistischen Weltbild sich vor allem auf den Niederschlag der Evolutionstheorie im Werk *Teilhards de Chardin* beziehen[194]. Dies impliziert auch, daß die Auseinandersetzung sich auf den von Teilhard de Chardin rezipierten Stand der Evolutionsforschung bezieht. Eine heutige Diskussion müßte mit wesentlich anderen Argumenten geführt werden. Führende Evolutionstheoretiker vertreten inzwischen gerade nicht jenen Fortschrittsoptimismus, der in der Evolution einen zweckmäßigen, zielgerichteten, auf steigende Vervollkommnung ausgerichteten Prozeß erkennen zu können meint, der im Menschen seine bleibende Krone gefunden habe. So bemerkt etwa der Biologe und Wissenschaftstheoretiker F. M. Wuketits mit direkter Spitze gegen Teilhard de Chardin, aber auch gegen christliche Schöpfungsdeutung generell:

> »Der Gedanke, daß die Welt als Ganzes zweckgebunden ist im Sinne von zielorientiert, erfreut sich indes großer Beliebtheit. Auch heute noch herrscht in breiten Kreisen die Vorstellung, daß die Entwicklung des Universums - und mit ihr die Evolution des Lebenden - *final*

---

[192] Cordula oder der Ernstfall, 97.

[193] In Gottes Einsatz leben, 67.

[194] Einen ersten Überblick über das Werk bietet: Das Teilhard de Chardin Lesebuch. Ausgewählt von G. Schiwy, Olten 1987.

verläuft, einem 'Punkt Omega' zustrebt, wie das TEILHARD DE CHARDIN nicht müde geworden war, zu versichern (so etwa in seinem Buch "Le Phenomène Humain" 1955). Der Glaube an eine 'zweckgerichtete Weltordnung' hat tiefe psychologische Wurzeln. Er ist jenem schon erwähnten Bedürfnis nach Geborgenheit in der Welt zuzuordnen und entspricht einer weitgehend anthropomorphen Weltdeutung. [...] Dazu kommt jene von verschiedenen illusionären Denksystemen dem Menschen oktroyierte Vorstellung, 'Krone der Schöpfung', 'Endpunkt der Evolution' zu sein. Erst die insbesondere durch DARWIN initiierte naturalistische Betrachtungsweise hat diese Vorstellung ins Wanken gebracht und sie schließlich als unhaltbar ausgewiesen. Der 'Endpunkt der Evolution' kann der Mensch allenfalls in dem Sinne sein, daß er möglicherweise - und vieles spricht heute leider dafür - sich selbst ausrotten und durch einen atomaren Holocaust alles weitere Leben auf diesem Planeten verhindern wird. So oder anders - aus einer biologisch zu verstehenden Evolutionslehre sind keinerlei Hinweise dafür abzuleiten, daß die Entwicklung des Organischen irgendwo an einem *vorgesehenen* Endpunkt irgendein Ziel erreicht haben wird.«[195]

Zwischen diesem heutigen Vertreter eines evolutiven Weltbildes und Hans Urs von Balthasar könnte - gerade auf dem Hintergrund der Annahme einer durch den Menschen provozierten globalen Katastrophe - neu der Dialog gesucht werden; hier würden sich einige der von Balthasar gegen Teilhard de Chardin ins Feld geführten Argumente erübrigen. Denn evolutives und christliches Weltbild müssen nicht, wie hier von Wuketits gemutmaßt, zueinander stehen wie Realitätssinn zu illusionärer Idealisierung. Sie können in Dialog kommen, wo christlicher Glaube zum Realismus befreit, wo ernst gemacht wird mit einem gleichermaßen »ungetrennten« wie »unvermischten« Verhältnis zwischen naturwissenschaftlichen Erkenntnissen und christlichem Glauben. Hier könnte - anders als innerhalb des zu einem gewissen irrationalen Holismus neigenden Ansatzes Teilhards de Chardin - der wissenschaft-

[195] F. M. Wuketits, Evolution, Erkenntnis, Ethik. Folgerungen aus der modernen Biologie, Darmstadt 1984, 53; vgl. dort etwa auch weniger polemisch 41: »Doch ist es nicht unwesentlich, zu bemerken, daß sich die Evolution - eben durch den Antagonismus 'Zufall - Notwendigkeit' - als ein Prozeß abspielt, der beides enthält: den Vorteil *und* seine Mängel [...] Nur wir Menschen neigen dazu, dieses und jenes zu beschönigen und so die Evolution auf uns hin gerichtet zu sehen. Die Evolution aber hat sich, nach allem, was wir heute darüber wissen, 'jenseits von Gut und Böse' vollzogen. [...] dann aber wird er [der Mensch] auch einsehen müssen, daß die Evolution im ganzen nicht nur *schöpferisch*, sondern ebenso *destruktiv* wirkt«.

lichen Erkenntnis und Prognose volle Eigenständigkeit innerhalb ihres Systems belassen werden; dies gerade aufgrund der existentiellen Gesichertheit des Christen in Jesus Christus - durch alle persönlichen und kosmischen Katastrophen hindurch. Einzelne Christen müßten diese Integration leisten, das ist die Überzeugung Hans Urs von Balthasars: sei es als »normale« Laien oder als Mitglieder von Säkularinstituten im wissenschaftlichen Beruf.

2. Atheistischer Humanismus und christliche Weltgestaltung - Dialog mit dem Kommunismus

Im Kontext des Verhältnisses von Schöpfung und Erlösung ist auch das Verhältnis von menschlicher Arbeit und Erlösung zu bestimmen. Hier könnten die Mitglieder der Säkularinstitute gemeinsam mit allen christlichen Laien in ihrem werktätigen und erwerbstätigen Tun zur Versöhnung zwischen marxistischer Utopie und christlicher Hoffnung beitragen, indem sie durch ihre Lebensform die Frage nach einer Theologie der Arbeit und nach dem Spezifikum der christlichen Weltgestaltung im Gegenüber zum atheistischen Humanismus aufwerfen. Hans Urs von Balthasar stellt diesen Zusammenhang zwischen christlichen und marxistischen Idealen mit seinen provozierenden Fragen ganz unverblümt her[196]. Sein lebhaftes Interesse für den Lebensweg Madeleine Delbrêls, das sich in seiner Übersetzer- und Herausgebertätigkeit niedergeschlagen hat, zeugt von diesem Bemühen um den Dialog zwischen Marxismus und Christentum[197]. Balthasar scheut die Frage

---

[196] Vgl. Mein Werk, 43: »Warum sollte nicht auch im marxschen Gesamt-Arbeitsprozeß als der Rückkehr der Menschheit aus ihrer Selbstentfremdung und als Verwandlung der Welt durch Technik ins Menschenförmige, eine christliche Wahrheit stecken? Und wenn der Marxismus das Selbstopfer des Individuums an das Kollektiv und an dessen Zukunftsideal fordert: wieso könnte nicht in einer christlichen Theologie der Arbeit dieser Prozeß, dieses Opfer, diese Anonymität und Armut des Einzelnen viel tiefer verstanden und im Licht der Heilsordnung verklärt werden, nach dem Prinzip Hoffnung auf ein eschatologisches Reich, in das ohnedies die Gesamtanstrengung der Menschheit einmünden muß?«

[197] Vgl. Madeleine Delbrêl, Gebet in einem weltlichen Leben, Einsiedeln 1974; dies., Wir Nachbarn der Kommunisten, Einsiedeln 1975; dies., Frei für Gott. Über Laien-Gemeinschaften in der Welt, Einsiedeln 1976. Zum Verhältnis M. Delbrêls zum

nicht, ob »es eines Kommunismus bedurft« hätte, »wenn die Christen zur rechten Zeit hell und nüchtern gewesen wären« und »wenn nicht die fatalen Bindungen zwischen Ausbeutern und christlicher Religion bestanden hätten«[198]. Die sich den Christen schon überfällig stellenden »Forderungen der elementaren Humanität« liegen für Balthasar auf der Hand; ungeduldig fragt er deshalb weiter: »Wozu also die überweltlichen Verstiegenheiten, das unzeitgemäße Schielen nach dem Jenseits, wenn die christlichen Aufgaben einem massenhaft direkt vor der Nase liegen? Und zwar heute genauso wie zur Zeit des kommunistischen Manifests?«[199] Statt einer einseitigen Jenseitsorientierung ist dem Christen geboten, »seine Religion [zu] inkarnieren«[200]. Ganz schlicht heißt dies: »Hellwacher Sinn für Brüderlichkeit, statt pharisäisches, weltblindes Praktizieren«[201] des Christlichen.
Trotz dieser Korrektur des christlichen Selbstverständnisses zugunsten des innerweltlichen Engagements lehnt Balthasar jede innerweltliche Vollendungshoffnung - wie schon im Blick auf seine Anfragen an das evolutive Weltbild deutlich wurde - ab: »jeder Versuch einer Selbstvollendung diesseits des physischen Todes ist seinswidrig und zerstörend«[202], urteilt er scharf. Deshalb bleibt der marxistische *Materialismus* für den Christen indiskutabel; hier überschneidet sich Balthasars Kritik am Marxismus mit der am evolutionistischen Weltbild. Die Verhältnisbestimmung des Menschen als Geistwesen gegenüber der sonstigen Schöpfung gebietet ein »Leitbild des Menschen, der nun gerade, als Geist, nicht reines evolutionistisches Produkt der Natur im marxistischen Sinn sein kann«[203]. Über die Ablehnung des marxistischen Konzeptes hinaus verbietet sich grundsätzlich jeder innerwelt-

---

Kommunismus vgl. auch dies., Christ in einer marxistischen Stadt, Frankfurt a. M. 1974; G. Fuchs (Hrsg.), »... in ihren Armen das Gewicht der Welt«. Mystik und Verantwortung: Madeleine Delbrêl, Frankfurt a. M. 1995.

198 Wer ist ein Christ?, 48f.

199 Ebd. 49.

200 Ebd.

201 Ebd.

202 Theodramatik IV, 97.

203 Die Gottesfrage des heutigen Menschen, 69f. Vgl. auch: Die Wahrheit ist symphonisch, 136-139.

lich-utopische Ansatz, wie ihn Balthasar zuletzt auch im jüdischen Messianismus erblicken zu müssen meint[204]. Trotz dieser Kritik bleibt für Balthasar die Forderung nach einer Anerkennung des atheistischen *Humanismus* und nach einer Zusammenarbeit zwischen Christen und Marxisten bzw. Atheisten dort, wo Arbeit und Leben im gemeinsamen Milieu dies nahelegen, bestehen.

IV. Welt und Kirche

Nach der Systematisierung des Verhältnisses von Natur und Gnade sowie von Schöpfung und Erlösung im Denken Hans Urs von Balthasars muß doch resümiert werden, daß alle Versuche, das Verhältnis zwischen Welt und Gott, Natur und Gnade, Schöpfung und Erlösung in ein *System* zu bringen, scheitern müssen. Gerade in seiner letzten Unergründlichkeit ist das Dogma von Chalkedon mehr Grenz-Aussage darüber, wie Gott und Welt *nicht* zueinander stehen (schließlich geht es um die Attribute *un*getrennt und *un*vermischt), als daß hiermit ein vom Menschen her überblickbares Verhältnis ausgesagt wäre. Das hat Konsequenzen für den Standort der Christen in der Welt, generell für die Stellung der Kirche zur Welt. Auch hier ist kein System benennbar, in dem sich kirchliches Bewußtsein souverän im Gegenüber zur Welt bestimmen könnte.

> »Gott und Welt, Gnade (Übernatur) und Natur, lassen sich vom Menschen nie und nimmer in ein von ihm überblickbares Verhältnis bringen; der Mensch stünde sonst als dritte, synthetisierende Instanz über Gott und Welt [...] Dasselbe für die Kirche gesagt: es ist ihr gänzlich und apriori und für immer unmöglich, ihr eigenes Verhältnis zur 'Welt' in ein für sie selber überblickbares und damit handhabbares

---

[204] Zu den Bezügen zwischen marxistisch-kommunistischer Utopie und Judentum vgl.: Die Wahrheit ist symphonisch, 157-159. Zur Bedeutung des Judentums in der Theologie Balthasars generell vgl. M. Lochbrunner, Analogia Caritatis, 41 (dort ausführliche Literaturhinweise auf Balthasars Werk); M. Kehl, Ein Porträt, 38f.

System zu bringen, wonach sie ihre Schritte der 'Welt' gegenüber regeln, ordnen, auswählen könnte; ja - weil sie doch selber ein Stück Welt ist! - sie kann nicht einmal sich selbst gegenüber jemals ins Reine kommen«[205].

Das Verhältnis zwischen Kirche und Welt ist eher im Bild einer unabschließbaren »Osmose«[206] zu denken, als offenes Verhältnis »in zwei gegenläufigen Bewegungen«: nämlich von der einen Seite her »die progressive verwandelnde Aufnahme von Welt im Raum der Kirche«, von der anderen Seite her »das immer neue Sich-selbst-Überschreiten der Kirche in die Welt hinein«[207]. Weder ist die Kirche der Welt gegenüber verschlossen (gerade jene Kirchenväter, die von einer »auf den heiligen Kosmos duchsichtigen Kirche«[208] her denken - wie etwa Dionysius und Maximus Confessor -, sind für Balthasar unentbehrlich), noch ist die Welt als eine in sich geschlossene und der Kirche gegenüber abgeschlossene Größe zu denken: die Kirche hat »offene Kosmosgestalt, wie der Kosmos verborgene Kirchengestalt hat«[209]. Dieser fließende Übergang zwischen Welt und Kirche ist zugleich »Wendepunkt« zwischen Erde und Himmel[210].

---

[205] Zur Theologie des Rätestandes, 20.

[206] Vgl. Christlicher Stand, 280f: »Es wird also zwischen dem Bereich der Kirche und der Welt außer ihr nicht nur ein unvermeidlicher weltlicher Verkehr und Austausch stattfinden, sondern ein in den Gesetzlichkeiten der Heilsgeschichte selbst zutiefst grundgelegter: eine Osmose zwischen beiden Bereichen, durch die Welt in die Kirche hinein, Kirche in die Welt hinaus wirkt.«

[207] Ebd. 281; vgl. auch: Schleifung der Bastionen, 43.

[208] Mein Werk, 65.

[209] Vgl. den Zusammenhang in: Mein Werk, 30f: »Kirche im Neuen Bund vollendet das Wesen der Synagoge, Volk der Verheißung, Volk für alle zu sein. Als Vorwegnahme des universalen Gottesreiches transzendiert Kirche je ihre sichtbare - und als solche von Christus gegründete und nicht aufzuhebende - Form in eine (eschatologische) Ganzheit hinein. So sahen die griechischen Väter sie, als das Sakrament des erlösten Kosmos, als das progressiv in alle Dunkelheiten der Welt einleuchtende Licht Christi. Darum hat die Kirche bei Maximus offene Kosmosgestalt, wie der Kosmos verborgene Kirchengestalt hat.«

[210] Vgl. Das Herz der Welt, 149; Christus spricht hier: »Ich bin einmal gestorben [sic!] und einmal nur geht mein Leib, meine Kirche, vom Tod über zum Leben. Es ist die einzige Wendung. Jedes deiner Glieder vollzieht sie mit, an seinem Ort, in seinem Jahrhundert, aber in der Einheit einer einzigen Wandlung, in der Transsubstantiation dieser Welt in die andere Welt (die gleiche). Es ist eine einzige Wendung, in der die Erde zum Himmel wird, und der Wendepunkt ist die Kirche [...] Hier wird das Rätsel der Welt gelöst durch das Geheimnis Gottes. Hier schließt sich die

Genau in diesem hiermit skizzierten fließenden Grenzbereich zwischen Kirche und Welt »bewegt sich« - so Balthasar - »angestammtermaßen der Laie, und diese Grenze ist so fließend, daß unmöglich scharf unterschieden werden kann, wo der Laienchrist sich als ein Glied der Kirche in der Kirche und wo er sich als ein Glied und Repräsentant der Kirche in der nichtkirchlichen Welt betätigt«[211]. Diese Grenze, auf der sich - vor allem durch das Tun der christlichen Laien - das Christliche im Weltlichen zu verleiblichen, die Gnade im Natürlichen zu inkarnieren hat[212], ist nun aber gerade nicht Randbereich, sondern »eigentlich Mitte der Kirche, wenn auch diese Mitte die Eigentümlichkeit hat, sich auf der Grenze zwischen Übernatur und Natur zu finden«[213].

Weil sich ein derart in der *Welt* lebender Christ also immer schon im Raum der *Kirche* vorfindet, erscheint Balthasar die »angsthafte Sorge um Verunreinigung« der Laien schon im Ansatz falsch und unbegründet: »Priester und Menschen im Ordensstand machen sich diesbezüglich oft überflüssige Sorge um die Christen in der Welt. Wo ein Christ ist, da ist Kirche; er trägt das Licht mit sich und gerät deshalb (solange er es wirklich trägt) niemals in ein Außerhalb der Kirche.«[214] Besagte Laien in der *Welt* können sich, wo sie in der Sendung Christi verwurzelt bleiben, nicht nur selbst nicht gefährden durch die Berührung mit der Welt, sie werden im Gegenteil zu Verbreitern der Kirche in die Welt hinein: »was von einem Kinde und Hausgenossen Gottes betreten wird, das wird ihm Heimat, da es vom Vater stammt und dem Reich des Sohnes angehört.«[215] Gleichwohl bleibt dieses Schreiten in die Welt immer mit der Paradoxie behaftet, daß *Welt* auch der Ort der Sünde ist, weshalb »der Christ sich mit Vorsicht und nicht ohne starke Waffen in die dunkle Fremde hinausbegibt, [sic!] und doch den glei-

---

Kluft zwischen Himmel und Erde, denn deine Gläubigen leben in beiden Bereichen zugleich.«

211 Der Laie und die Kirche, 333.

212 Vgl. ebd. 345.

213 Ebd. 343.

214 Schleifung der Bastionen, 70.

215 Ebd. 70f.

chen Gang tut in der Sorglosigkeit eines daherhüpfenden Kindes«[216]. Die Frage nach dem Zueinander von Welt und Kirche beinhaltet abschließend auch die Frage nach dem Verhältnis von *Universalität* und *Lokalität*, von »All-Präsenz« der Kirche und ihrer zeitlich-örtlich gebundenen Wirksamkeit. Für Balthasar muß die universale Anwesenheit der Kirche in der Welt - bei aller Anerkennung ihrer verborgenen, universalen Wirksamkeit - vor allem *lokal konkret* werden: örtlich verwurzelt, zeitlich gebunden, personell benennbar, strukturell nachweisbar. Dies ist für ihn ein Postulat für die Kirche gerade unserer Zeit, weshalb der von ihm angezielte Laien-Apostolat und die Säkularinstitute eine besondere Stellung innehaben - ergänzend zum universellen Apostolat der Orden. Die *Verwandlung der weltlichen Wüste in christlich geprägte Kulturlandschaft* ist vor allem von den Laien zu leisten: in einem Leben schlichter kulturschaffender Präsenz. Denn diese Verwandlung muß geleistet werden von Menschen, die nicht ständig abrufbereit und immer neu im Aufbruch sind - ein Spezifikum vieler der alten Orden -, sondern die in dauerhafter Bindung an Beruf, Familie, Orte und gesellschaftliche Milieus das Evangelium einwurzeln und langsam wachsen lassen. Balthasar beschreibt die sich hieraus ergebende Gegenüberstellung von Ordensleuten und Laien im Säkularinstitut in seinen Ausführungen über *Wesen und Tragweite der Säkularinstitute*:

> »gerade unserem Geschlecht, dem die positive Bedeutung der geschichtlichen Situation so stark zu Bewußtsein kommt, könnte es vorbehalten sein, zu verstehen, daß zwischen apostolischer Universalität und geschichtlicher Einwurzelung kein Gegensatz besteht oder zu bestehen braucht. Mehr noch: daß das Reich Gottes, das (als Kirche) am Kommen ist, nirgends anders kommen soll als *in der Welt*. Es ist gewiß sehr schön, wenn ein Franz Xaver im Fluge durch Asien rast und Völker und Reiche für Christus 'in Beschlag nimmt'. Aber ein auf einem Gipfel aufgepflanztes Fähnlein ist noch keine Verwandlung der Wüste in Kulturlandschaft. Wer aber leistet diese Verwandlung?«[217]

Auf diese provozierende, abschließende Frage würde Balthasar ohne

---

[216] Ebd. 71.

[217] Wesen und Tragweite der Säkularinstitute, 206f.

Zweifel die Säkularinstitute anführen, insofern sie als Laien in der Welt eingewurzelt sind und durch ihre Rätebindung jene Disponibilität mitbringen, die für eine große apostolische Aufgabe gefordert ist.

Exkurs: Integration oder Integralismus?

Vor dem Konzil als Rezipient der *Nouvelle théologie* kritisch beobachtet und nach dem Konzil als Verteidiger der Tradition verschrieen, ist Hans Urs von Balthasar sich doch immer treu geblieben[218]. Was ihn zum unbequemen Theologen sowohl aus rechter wie aus linker Warte macht, ist seine kompromißlose, aufrichtige Differenziertheit, die ihm kein Mitschwimmen mit der Mode erlaubt, wenn es um das Weltverhältnis und die Weltsendung der Christen geht. Sein Urteil gegen alle Zerrformen einer vermeindlichen christlichen Sendung in die Welt ist unerbittlich und mißt sich an der Person Jesu Christi: »Die total verzichtende Liebe [Jesu Christi] ist es also, die das 'Einzig Notwendige' wirkt. Durch sie, nicht durch Reden, Aktionen, Organisationen, aggiornamenti ist die Welt erlöst worden.«[219] Alle *Fluchtwege*[220] vor »dem Akt des wirklichen Glaubens«[221], sei es die Flucht in die *Verchristlichung des Weltlichen* oder diejenige in die *Verweltlichung des Christlichen*, die für Balthasar beide »Anzeichen einer fliehenden Angst«[222] sind, versucht er immer neu kritisch zu skizzieren, um ihnen so wirkungsvoll begegnen zu können.

Im Stichwort des *aggiornamento*, der »Verheutigung«, d.h. der ungeschützten kirchlichen Tuchfühlung mit den Zeitverhältnissen, sah

---

[218] Differenziert über Balthasars Entwicklung im Umkreis des Zweiten Vatikanums vgl. P. Henrici, Erster Blick, 53f.

[219] Evangelische Räte in der heutigen Welt?, 190f.

[220] Vgl. Wer ist ein Christ?, 32f: »Es ist die Parole sehr vieler moderner Christen - Kleriker und Laien -, von denen man fürchten muß, sie hätten sich für ihre Flucht weg von Gott den Namen Sendung als evangelische Tarnung zugelegt. Damit ist die Schärfe der Krisis gezeigt, in welcher der heutige Kirchentrend im ganzen und einzelnen steht. [...] Unterwegssein von Gott zur Welt *kann* authentische christliche Sendung, christlicher Weltauftrag sein, es *kann* aber auch Flucht vor Gott, Angst vor dem Kreuz-Ärgernis, Verrat an Christus sein. Alle Dinge haben ihre Kehrseite, nur Christus hat keine.«

[221] Ebd. 76.

[222] Ebd.

Balthasar eines der großen Ergebnisse des Zweiten Vatikanischen Konzils: »wehrlose Aussetzung der Kirche zur Welt hin«, und zwar »ohne Hintergedanken eines neuen Triumphalismus, nachdem der alte ungangbar geworden ist«[223], aber auch ohne die falsche Anpassungsbereitschaft derer, die »bei jeder fallenden Schranke Jubelrufe des 'Fortschritts' und der wachsenden 'Mündigkeit' ausstoßen«[224]. Während die erste Gruppe - vereinfacht kann sie unter dem Titel *Integralismus* als kirchliche Rechte qualifiziert werden - ihre Kirchlichkeit dadurch definiert, daß sie »der Welt bekenntnishaft das geschlossene Programm der Kirche« entgegenhält, tritt die zweite Gruppe - sozusagen die kirchliche Linke unter dem Stichwort des *Progressismus* - »mit dem Programm einer möglichst weiten Mitarbeit mit der Welt«[225] an. Ein besonderes Augenmerk richtet Balthasar bei seiner Kritik auf die erstgenannte Gruppe, jene kirchlichen Bewegungen und Gemeinschaften, denen er den Verdacht des *Integralismus* aussprechen zu müssen meint[226]. Was faßt Balthasar inhaltlich in diesem inzwischen recht klischeehaft gebrauchten Kritik-Wort? Er definiert Integralismus kurz als »die (gottvergessene) Indienstnahme der spezifisch weltlichen Machtmittel für angebliche Förderung des Gottesreiches auf Erden«, »die naiv vorausgesetzte Identität von Gottesreich und politisch-kulturellem Kircheneinfluß, der dann praktisch gleichgesetzt wird mit dem Machteinfluß einer Gruppe«[227]. An dieser Definition des Integralismus läßt sich nochmals ablesen, wie sehr die von Balthasar vorgenommene Verhältnisbestimmung von Kirche und Welt begründet ist in der Verhältnisbestimmung von Natur und Gnade. Auch und gerade hier ist

---

223 Cordula oder der Ernstfall, 116.

224 Ebd. 108; vgl. auch ebd. 12, 61. Zum Stichwort des *Aggiornamento* vgl. H. de Lubac, Ein Zeuge Christi in der Kirche, 390f.

225 In Gottes Einsatz leben, 98. Trotz dieser Differenzen zwischen beiden kirchlichen Bewegungen betont Balthasar (Integralismus, 740), daß Progressismus und Integralismus »so spinnefeind sie einander sind, sich doch berühren, ja in ihrem tiefsten Wesen zusammenfallen«, denn: »Beiden dient, wenn man sie auf eine einfache Formel bringt, die christliche Botschaft als Mittel zu weltlichem Ziel, sosehr das Ziel auch als irdisch gekommenes 'Reich Gottes' gepriesen, das Mittel mit der Sauerteigparabel entschuldigt wird.«

226 Vgl. die Artikel: Integralismus, in: Wort und Wahrheit 18 (1963) 737-744; Integralismus heute, in: Diakonia 19 (1988) 221-229.

227 Wer ist ein Christ?, 111.

die Spannung des »ungetrennt und unvermischt« aufrecht zu erhalten, weil andernfalls die natürliche Ordnung in ihrem Eigenwert mißachtet oder für kirchliche Zwecke instrumentalisiert wird[228]. Die natürliche Ordnung, in die der Christ eingebunden ist, wird durch seine Präsenz und sein Tun nicht zur kirchlich-gnadenhaften Ordnung, sie behält ihren natürlichen Charakter und Eigenwert.

Ein instrumenteller Mißbrauch der natürlichen Ordnung für kirchliche (Macht-)Zwecke verbietet sich - so wird deutlich - deshalb, weil das Engagement des Christen in der Welt nur so lange evangeliumsgemäß bleibt, wie das Verhältnis von Kirche und Welt unter den Vorzeichen des Gekreuzigten - und das heißt: des Armen, Gehorsamen, Jungfräulichen - steht. Hierin ist positiv der Kerngehalt der Balthasarschen Vorordnung des Rätelebens vor die christliche Ehe zu sehen. Alles weltliche Engagement der Christen, alle Teilhabe am schöpferischen Tun Gottes in der Weltgestaltung hat ein Korrektiv im Gekreuzigten und seiner Hingabehaltung. Deshalb muß sich die Authentizität jeder kirchlichen Gruppierung daran messen lassen, ob sie die Spannungspole *Natur* und *Gnade*, wie sie sich niederschlagen im Zueinander von *Schöpfungstheologie* und *Kreuzestheologie*, ohne Vereinseitigung aufrechtzuerhalten vermag. Offenbar kann nicht von Synthesen, sondern nur von kritischen Spannungen ein fruchtbares Tun der Kirche ausgehen: »der Erfolg (wenn dieses Wort überhaupt am Platz wäre) wird nicht aus überblickbaren Synthesen zwischen Kirche und Welt zu erhoffen sein, denn solche sind für unsere Weltzeit am allerwenigsten verheißen. Ihre Einheit bleibt ein eschatologischer Begriff. Aber in der lebendigen Begegnung (die immer wieder bis ans Ende für die Kirche auch Kampf und Verfolgung sein wird) wird für beide das Heil lie-

[228] Vgl. Integralismus, 739: »Der Integralist strebt mit allen Mitteln, sichtbaren und verborgenen, öffentlichen und geheimen, *zuerst* die politische und soziale Machtstellung der Kirche an, um dann von dieser errungenen Festung und Kanzel aus die Bergpredigt und Golgotha zu verkünden. Das scheinbar rein taktische 'Zuerst' birgt wesensnotwendig, bewußt oder unbewußt, eine Höherwertung in sich. Der Ziel-Wert, um dessentwillen primär und zuerst das Geld, die irdische Macht und Organisation gesammelt, gehortet, lanciert wird, gerät unfehlbar ins Schlepptau des angeblichen Mittelswertes [sic!], wenn der Zielwert eben das gedemütigte Lamm, die gekreuzigte Liebe ist.«

gen.«[229] Eine solche Bereitschaft zu Kampf und Verfolgung verbietet für kirchliches Handeln von vornherein Zweckbündnisse, die nicht vom Geist des Evangeliums geprägt sind.
Balthasars Befürchtungen einer solchen Vereinseitigung wandten sich namentlich vor allem gegen bestimmte Tendenzen innerhalb des *Opus Dei*. Er beobachtete das augenfällige Wachstum dieser Gemeinschaft, die seit 1950 den Status eines Säkularinstitutes trug, bis ihr 1982 der Status einer Personalprälatur eröffnet wurde[230], zunächst mit großem Interesse[231], später zunehmend mit kritischer Distanz. Die Entwicklung seiner Stellungnahmen soll kurz skizziert und für die Frage des Weltauftrages der Säkularinstitute ausgewertet werden[232].
1952 sah Balthasar in der »Schleifung der Bastionen« die Entwicklung des *Opus Dei* noch ganz auf der Linie der von ihm mit der Programmschrift *Der Laie und der Ordensstand* umrissenen Mobilisierung des Laienapostolates. In seiner Breitenwirkung erschien ihm das *Opus Dei* als Prototyp des Angezielten:

> »Die Zukunft der Kirche - die heute die größten Chancen besitzt - hängt davon ab, ob jene Laien sich finden, die aus der ungebrochenen Kraft des Evangeliums zu leben und die Welt zu gestalten gewillt sind. Daß Klerus und Orden dazu nicht mehr hinreichen können, ist jedem Hellsichtigen klar; es ist nicht deren Schuld, sondern die der Mündigwerdung der Welt, die sich seit dem Mittelalter unaufhaltsam vollzieht, in immer klarerer Unterscheidung von Civitas terrena und Civitas Dei, wie sie sich etwa in den Definitionen des Vaticanums sanktioniert fand. Wo die Weltuhr dies geschlagen hat, ist die Heraufkunft einer neuen Form christlichen Apostolats beschlossene Sache. Und es gilt nur, Christi erwählende Stimme zu hören und sich mit der gleichen Freudigkeit zur Verfügung zu stellen wie die Apostel einst. Zwei in der heutigen Kirche sind sicher und für alle sichtbar aufgestanden: der Arbeiterpriester und der Mensch im Laienorden, etwa vom Typus des spanischen Opus Dei.«[233]

---

[229] Die Gottesfrage des heutigen Menschen, 222f.

[230] Vgl. O. Stoffel, Das Opus Dei als Personalprälatur, in: Ordenskorrespondenz 23 (1982) 430-436.

[231] Vgl. Das Ärgernis des Laienordens (1951), 494; Welt, Orden, Weltorden. Antwort an meine Kritiker (1953); Wandlungen im Ordensgedanken (1953), 684.

[232] Vgl. P. Henrici, Erster Blick, 40.

[233] Schleifung der Bastionen, 29.

Das Verhältnis von Welt und Kirche - wie wir es zuvor anhand der Kategorien »ungetrennt« und »unvermischt« bestimmt haben - nennt Balthasar hier in den augustinischen Termini einer Unterscheidung von *Civitas terrena* und *Civitas Dei*[234]. Eben diese Unterscheidung von *Civitas terrena* und *Civitas Dei*, die nach seiner Analyse erst den Boden geschaffen hatte für die Entstehung der Säkularinstitute, sah Balthasar wohl in späteren Jahren im *Opus Dei* nicht mehr in genügendem Maße gewährleistet. So meinte er in seinem 1963 veröffentlichten Artikel *Integralismus*, daß die spanische Bewegung durchaus der Versuchung erliege, »Geistliches mit weltlichen Mitteln durchzusetzen«[235], insbesondere bezüglich des Spannungsfeldes von »Geld und Geist«[236]. Freilich konnte diese scharfe Stellungnahme nicht ohne Reaktion aus den Reihen des *Opus Dei* bleiben, weshalb Balthasar sich veranlaßt sah, in seinem darauf folgenden Aufsatz *Friedliche Fragen an das Opus Dei*[237] differenziertere Fragen vor allem an die dortige Spiritualität zu stellen. Schließlich war es aber auch in diesem wohlwollenden Beitrag die Frage nach dem Verhältnis von kirchlichem Einsatz und Geld, die Balthasar - speziell im Hinblick auf den Status des *Opus Dei* als *Säkularinstitut* - zu neuer Kritik veranlaßte. Balthasar be- oder verurteilt hier nicht, aber er stellt Fragen, die er stellen zu müssen meint:

> »Was hat das Opus beigetragen zum christlichen Verständnis der neuen Existenzform in den Weltgemeinschaften? Ist diese ihm ernsthaft zum Problem geworden? Wie verhält sich das Leben in den evangelischen Räten - *alles* verlassen! - zu dem Besitz und der Verwaltung aller Güter dieser Welt? Ist zum Beispiel die Verheißung Jesu, wer alles verlasse, werde auf Erden schon das Hundertfache gewinnen, so auszulegen, daß dem, der ins Opus eintritt, das Hundertfache auf der Bank von Navarra bereitliegt?«[238]

---

[234] Vgl. Balthasars Beitrag *Gottes Reich und die Kirche*.

[235] Integralismus, 740, in: Wort und Wahrheit 18 (1963) 733-744; spezieller über das *Opus Dei* vgl. ebd. 742-744.

[236] Ebd. 744.

[237] Friedliche Fragen an das Opus Dei, in: Der christliche Sonntag (Freiburg) 16 (1964) [Nr. 15, 12. April 1964] 117f.

[238] Ebd. 118.

Selbstverständlich möchte Balthasar nicht grundsätzlich eine christlich motivierte Güterverwaltung diskreditieren, selbstverständlich darf ein Christ »mit dem Einsatz der weltlichen Mittel«[239] und das heißt auch des Geldes, an der Gestaltung einer menschengerechten Welt mitarbeiten, allerdings nur unter der Voraussetzung, daß er um dieses Auftrages willen ebenso zum »Kleinsein und Verachtetwerden«[240] bereit ist. Ob diese Bereitschaft aufrechterhalten bleibt, bezweifelt Balthasar angesichts des *Opus Dei*; auch als das Werk den Status einer Personalprälatur erhält und nicht mehr unter dem Titel eines Säkularinstitutes rangiert, verstummt Balthasars Kritik nicht[241].
Nie ist es Hans Urs von Balthasar bei der hier angeführten Kritik um grundsätzliche Ablehnung oder Verunglimpfung des *Opus Dei* gegangen. Vielmehr sah er sich im Blick auf diese große und einflußreiche Gemeinschaft veranlaßt, grundsätzlich die Frage nach dem Verhältnis zwischen Kirche und Macht bzw. Kirche und Geld anzugehen. Balthasar tat dies im eigenen Verantwortungsbewußtsein für den Auftrag der Säkularinstitute. Seine Auseinandersetzung mit dem *Opus Dei* war von daher zuletzt Bestandteil einer grundlegenderen Auseinandersetzung um die Vermittlung von Evangelium und weltlicher Macht, von Kirche und Welt. Diesen weiten Horizont seiner Kritik formuliert Balthasar in seinem Interview *Geist und Feuer* von 1976, indem er die gestellten Fragen selbstkritisch zurückbindet an die Adresse aller Säkularinstitute:

> »Anpassung - ja, es gibt sie auch positiv. Man denke an die Kleinen Brüder und Schwestern, an die Mutter Teresa, an das Faktum von Medellín und alles, was daraufhin erfolgt ist und noch erfolgen wird. An die positiven Seiten etwa auch des 'Opus Dei'. Sein Wagnis der Synthese eines vollen evangelischen Lebens mit einer vollen Welthaftigkeit. [...] Natürlich sind die Gefahren evident und sehr groß. Wie verträgt sich weltliche Machtposition mit dem letzten Platz des Evangeliums? Das ist *das* Problem der Säkularinstitute. Darum ist es irgendwo auch mein spezielles Problem.«[242]

---

239 Ebd. 117.

240 Ebd.

241 Vgl. die dezenten, aber höchst kritischen Hinweise ohne namentliche Nennung des *Opus Dei* in: Integralismus heute, 225, in: Diakonia 19 (1988) 221-229.

242 Geist und Feuer, 80.

Nur wo Macht und Aszese ineinandergreifen, scheint für Balthasar dieses Problem gelöst und das angezielte Gleichgewicht erreicht. Der Mensch als königlicher Herrscher erscheint als Bild dieser Einheit.

> »Er ist Inbegriff des Kosmos, 'Weltidee' (A. Dempf), und als solcher, von unten emporgewachsener, Herr und König des Ganzen; er ist Haupt der Natur, die aber nicht mehr bloß als sein untertanes Reich, sondern als sein naturhafter 'mystischer Leib' erscheint. Er kann sich von diesem Leib nicht abscheiden, auch nicht um Gottes willen; das bedingt eine neue Form der Aszese, die weniger in spiritualistischer Weltabkehr als in einer dem Geist als König der Natur zukommenden Beherrschung liegen wird - und wieviel Aszese wird von einem König verlangt!«[243]

Dritte Zusammenfassung: Die Verhältnisbestimmung von Gott und Welt als Ansatzpunkt für eine genuine Laienspiritualität

Um die hier vorgelegte Verhältnisbestimmung von Gott und Welt bzw. Kirche und Welt in ihrer Bedeutung für eine *Theologie der Säkularinstitute* würdigen zu können, ist zunächst in Erinnerung zu rufen, welches Ungenügen Hans Urs von Balthasar seit den frühen Jahren seiner seelsorglichen Tätigkeit daran empfunden hatte, daß bis in die Mitte unseres Jahrhunderts hinein die starke Mehrheit jener Christen, die in den normalen Bezügen von Gesellschaft, Beruf und Familie verblieben (die wir in Ermangelung eines besseren Begriffes *Laien* genannt haben), nach wie vor gemessen wurde an der Minderheit derer, die in den Orden die Nachfolge Christi im Sinne eines *Abschiedes von der Welt* interpretierten. Angesichts dieser »kirchlichen Schieflage«, die den Laien nur eine von den Ordenschristen abhängige Spiritualität zuerkannte, formulierte Balthasar seine Forderung nach einer

[243] Die Gottesfrage des heutigen Menschen, 67.

genuinen Laienspiritualität, »nach einer eigenständigen, originären, durch die existentielle Situation des Christen in den Weltordnungen bedingten Auslegung der Bergpredigt«[244].

Eine solche *welthafte* Auslegung der Bergpredigt ist für Balthasar in keiner Weise eine nachträgliche Eintragung ins Evangelium, sondern sie gründet in der biblisch bezeugten Weltbejahung und Weltzuwendung Gottes selbst[245]. Schöpfung als *Analogia trinitatis* ist das Stichwort einer solchen Sicht, welche die Welt in ihrer Andersheit und Abständigkeit von Gott positiv zu deuten vermag und den Standort des Christen in der Welt nicht länger mit negativen Vorzeichen belegt. Vielmehr gilt, daß die Welt - der göttlich-trinitarischen Differenz zwischen Vater und Sohn eingeschaffen - gleichsam das »Wasserzeichen«[246] des Sohnes trägt. Durch die Menschwerdung Gottes ist die Person Jesu Christi zur *Chiffre* für alle Einheit zwischen Gott und Welt geworden. Die Zentralaussage der christologischen Formel von Chalkedon kann von hier aus als umfassende Deutekategorie des Verhältnisses zwischen Gott und Welt bestimmt werden: »ungetrennt und unvermischt« stehen beide Größen zueinander. Hierin liegt die zentrale Aussage der hier zusammengetragenen schöpfungstheologischen Fundierung einer *Theologie der Säkularinstitute* im Werk Hans Urs von Balthasars.

«Ungetrennt und unvermischt« stehen Welt und Gott, Natur und Gnade, Schöpfung und Erlösung, Welt und Kirche zueinander. Was dies insbesondere für die christlichen Laien heißt, konnte anhand einer Vielzahl von Spannungsfeldern in Wissenschaft, Beruf, Familie und Gemeinschaft, Kirche und Gesellschaft aufgezeigt werden. Grundlinien einer genuinen Laienspiritualität wurden sichtbar, in der immer zugleich die *rechtmäßige Autonomie der Welt* in ihren Gesetzmäßigkeiten und Werten als auch die unveräußerliche *Bezogenheit der Welt auf den*

[244] Vgl. Zur Theologie des Rätestandes, 12.

[245] Vgl. In Gottes Einsatz leben, 100f: »Das christliche Bekenntnis zu Gottes Ja ist das Zeugnis der endgültigen Weltzuwendung Gottes, es ist deshalb selber nicht weltabgewandt, auch nicht religiös-fanatisch, sondern hält nur die Eindeutigkeit des Einsatzes durch, den der Christ als verantwortlicher Mitmensch für die gemeinsame Welt auf sich genommen hat.«

[246] Schleifung der Bastionen, 82.

Schöpfer Anerkennung erfahren[247].

Als ernstester Anwendungsfall der Balthasarschen Verhältnisbestimmung von Gott und Welt bzw. Gnade und Natur kam hierbei das Zueinander von Gottes- und Nächstenliebe zur Sprache. Denn *Welt* meint nicht nur oder primär die zu gestaltende geistige und materielle Welt, sondern zuallererst die personale Welt der Begegnung zwischen Mensch und Mensch. Hierin liegt auch für die meisten Zeitgenossen der zentrale, wenn auch gefährdetste Wert. Im anderen Menschen begegnet dem Christen das entscheidende Gut, das um Gottes Willen nicht zu verneinen ist; angesichts des anderen Menschen gilt vor allem: »Jedes Gut ist dem katholischen Menschen nötig, er kann sich nicht das kleinste Nein erlauben, wo er vor einem weltlichen Gut steht.«[248] Dieser Grundsatz gilt an sich für den Rätechristen nicht weniger als für den Laien in Ehe und Familie. Ensprechend ist innerhalb der von Balthasar eingeforderten genuinen Laienspiritualität die Integration menschlicher - sei es familiärer, beruflicher, gemeinschaftlicher oder freundschaftlicher - Bindungen in die Gottesbeziehung als zentrale Herausforderung zu erblicken.

Allerdings ist gerade hier eine gewisse Skepsis Hans Urs von Balthasars nicht zu übersehen: Für den Rätechristen im Orden allemal, aber auch für den Laien im Säkularinstitut, gilt nach Balthasar, daß die Radikalität der Bindung an Jesus Christus einer *vorherigen* Lösung aus allen menschlichen Bindungen bedarf, um von dort her in der reinen Agape Jesu Christi neu auf die Menschen zuzugehen. Ja, selbst im Hinblick auf die christliche Ehe ist Balthasars grundsätzliche Skepsis an der Möglichkeit einer vollen Integration der menschlichen Bindung in die Gottesbeziehung unüberhörbar. Es fragt sich, ob Balthasar hier - angesichts der entscheidenden Herausforderung an eine genuine Laienspiritualität - nicht jener zeitweiligen, inzwischen weitgehend überwundenen spiritualistischen Engführung der alten Orden verhaftet geblieben ist, die ihre Hingabe an Gott meinte um den Preis einer Verneinung menschlicher Bindungen erkaufen zu müssen. Dies wäre um so bedauernswerter, als er in seiner trinitätstheologisch-christologi-

---

[247] Vgl. Papst Paul VI., Zum 25. Jahrestag von »Provida Mater Ecclesia«, 73.

[248] Der seidene Schuh, Nachwort, 376.

schen Erschließung von *Welt* eine solche integrierende Sicht der menschlichen Bindungen an sich angelegt und eingeleitet hat.
Angesichts dieser Ergebnisse können auch kritische Fragen an den erzielten Gewinn für eine Spiritualität der Säkularinstitute nicht ausbleiben. Denn gerade in den Säkularinstituten, sofern ihre Mitglieder wirklich von innen her und nicht nur im Erscheinungsbild Laien in der Welt sind, müßte der Zentralwert menschlicher Bindungen ausdrücklicher Bestandteil der ihnen eigenen Rätespiritualität sein. In einer solchen Sicht könnte christliche Ehelosigkeit auf der Grundlage nicht erst gnadenhafter, sondern auch menschlich-natürlicher Beziehungs- und Liebesfähigkeit aufruhen[249]. In der Auswertung der Balthasarschen Konkretisierungen für den Rat der christlichen Jungfräulichkeit in den Säkularinstituten wird hierauf zurückzukommen sein (vgl. Zweiter Teil. B. Drittes Kap.III.3.a).
Trotz dieser Anfragen muß unbedingt anerkannt werden, daß Balthasar eine Vielzahl überzeugender Ansätze für eine genuine Laienspiritualität, sei es für die Mitglieder der Säkularinstitute oder für die übrigen Laien, formuliert hat. Denn die Verhältnisbestimmung von Gott und Welt im Sinne des chalkedonensischen »ungetrennt und unvermischt« wirft - wie am Ende zu sehen war - ihrerseits neues Licht auf das Selbstverständnis von Kirche in ihrem Gegenüber zur Welt: Schöpfungstheologie prägt Ekklesiologie und umgekehrt. Dieses wechselseitige Verhältnis, wie Balthasar es beschreibt, gilt es mit Interesse in den Blick zu nehmen, ist doch am Ende der Moderne die Aufgabe einer neuen Verhältnisbestimmung von Kirche und Welt zu bewältigen. So fordert etwa M. Kehl für die Gegenwart von der katholischen Kirche ein Ende des »zwiespältigen Umgangs mit der Kultur der Moderne«[250]. Gerade hier könnte sich Katholizität beweisen, denn: »Der katholische Glaube hat nie nur vom *Kontrast* zur umliegenden Welt und Kultur gelebt, sondern immer auch von der *Anknüpfung*«[251];

---

[249] Ansatzpunkte hierzu bieten z.B.: A. Rotzetter, Aus Liebe zum Leben. Die Evangelischen Räte neu entdeckt, Freiburg i.Br. 1996, 97-129, 225-245; L. Penners, Eine Pädagogik des Katholischen. Studien zur Denkform P. Joseph Kentenichs, Vallendar-Schönstatt 1983, 102-116.

[250] Vgl. M. Kehl, Wohin geht die Kirche?, 61f.

[251] Ebd. 67f.

durch »*Anknüpfung* an bestimmte kulturelle Begebenheiten und zugleich - wo nötig - durch *Widerstand* gegen herrschend kulturelle Plausibilitäten«[252] soll sich das Leben jedes Christen auszeichnen. Unschwer lassen sich die Begriffe »Anknüpfung« und »Widerstand« den in Anlehnung an Balthasar vorgetragenen Begriffen »ungetrennt« und »unvermischt« zuordnen. In den Säkularinstituten verdichtet sich diese Frage nach dem Verhältnis von »Anknüpfung« und »Widerstand« im Verhältnis der Kirche zur Moderne, weil hier ein Modell des Rätelebens - worin immer Widerstand liegt - unter den Vorzeichen der Anpassung an verschiedenste gesellschaftliche Milieus erprobt wird. Die von Balthasar vorgelegte trinitarisch begründete Verhältnisbestimmung von Gott und Welt ermöglicht offenbar eine »trinitarische Dehnung« des Räteverständnisses[253] und eine theologische Deutung der Welt, auch und gerade der *modernen*, die den »Standort Welt« als genuinen Ort für Rätechristen eröffnet. Innerhalb einer solchen Sicht stellen die Säkularinstitute »Versuchslaboratorien« dar, »in denen die Kirche die konkreten Möglichkeiten ihrer Beziehung zur Welt einer Probe unterzieht«[254].

---

[252] Ebd. 37.

[253] Vgl. M. Scheuer, Die Evangelischen Räte, 65f: »Insofern die trinitarischen Beziehungen das Urbild der Schöpfung sind, sind die Räte auch in das ursprüngliche Bild des Menschen als Geschöpf Gottes im Sohn eingezeichnet. Für von Balthasar sind Verdankung, Armut, Gehorsam, Indifferenz, Ruf, Sendung, Jungfräulichkeit und Fruchtbarkeit die christlichen Alternativen zur neuplatonischen Entwerdung, Entselbstung, Vernichtung. In der positiven Preisgabe alles Eigenen bejaht und vollzieht das Geschöpf die Bejahung der grundlos sich mitteilenden Liebe Gottes, es nimmt die Welt und sich selbst an.«

[254] G. Pollak, Zum Weltbezug des gottgeweihten Lebens, 407. Der Begriff »Versuchslaboratorien« stammt von Papst Paul VI., An die Teilnehmer der Weltkonferenz der Säkularinstitute am 25.8.1976. Dt. in: CMIS (Hrsg.), Das weltliche Gebet. Protokoll 2. Versammlung 1976, Rom 1980, 172. (bibliographische Angabe nach G. Pollak, a.a.O.)

Zweites Kapitel

In der Form des Sohnes - Die spezifische Christusnachfolge der Säkularinstitute

Daß es überhaupt für den Christen die Möglichkeit der Nachfolge *in der Form des Sohnes* Gottes, daß es Nachfolge Jesu Christi gibt, ist keine Selbstverständlichkeit[1]. Zunächst gilt, daß es eine aus den Möglichkeiten des Menschen abgeleitete Teilhabe oder gar eine Mitwirkung an dem, was der Sohn des Vaters in seiner Menschwerdung und im Durchschreiten der Todesgrenze vom Karfreitag zum Ostersonntag, im Paschamysterium, getan hat, nicht geben kann: »Dieses Wichtigste scheint [...] jeder Nachfolge und Nachahmung unzugänglich zu sein.«[2] Andererseits gilt jedoch auch, daß gerade dieses unnachahmbare Tun Jesu Christi den Christen in ein Leben der Nachfolge und Nachahmung hineinruft, und zwar als Frucht des Tuns Jesu Christi: »Durch Jesu Leben ist die Kirche und alles innerhalb der Kirche gelebte Leben möglich geworden; es ist potentiell darin erhalten und als echt zukünftiges verbürgt.«[3] Die Befähigung zur Nachfolge, zum Eingehen in die Sendung Jesu, verdankt sich also nicht dem aktiven Zugriff des Menschen, sondern wird nur durch »marianische Rezeptivität«[4] und das gehorsam-freie Mitgehen des Menschen möglich:

> »Teilnahme an der Sendung und Existenzform Christi wird, über die bleibende Differenz zwischen ihm und uns hinweg, dort möglich, wo

---

[1] Zur Herkunft der Formulierung »in der Form des Sohnes« bei Balthasar vgl. Aktion und Kontemplation (1942), 118: »Im Gehen mit Christus in die Welt sind wir in der Form und im innern Leben Christi und haben damit teil an den innergöttlichen 'Sendungen'.« Zur generellen Möglichkeit nachösterlicher Nachfolge vgl.: Theodramatik II/2, 113-119 (»Transpositionen der Nachfolge«); Nachfolge Jesu Christi mitten in dieser Welt, 12-15.

[2] In Gottes Einsatz leben, 42; dort weiter 42-48.

[3] Theologie der Geschichte, 60; vgl. auch Theologie der drei Tage, 90f.

[4] Vgl. Theologie der drei Tage, 95; vgl. auch M. Kehl, Kirche als Institution, 285.

ein Glaubender im Jawort des Glaubens seine Existenz als Sendung zu empfangen und zu leben bereit ist. Das ist nach Paulus die Struktur kirchlicher Existenz: sich in der 'Analogie des Glaubens' seinen Auftrag nicht etwa in 'Mündigkeit' selber zurechtzulegen und herauszunehmen, sondern ihn sich 'von Gott zuteilen' (Röm 12,3), 'von Christus bestimmen' (Eph 4,7.11f) zu lassen.«[5]

Die Unverfügbarkeit des Rufes in die Nachfolge und Sendung Jesu Christi gilt für jeden Christen, insofern schon das neue Leben aus der Taufe freies Geschenk Gottes ist, der sich dem glaubenden Menschen zusagt und ihn teilhaben läßt am dreifaltigen Leben Gottes selbst. Diese »Struktur der Unverfügbarkeit«, wie sie für die in der Taufe gründende allgemeine Berufung gilt, hat in besonderer Weise für alle hervorgehobenen Berufungen, etwa zu den evangelischen Räten, Geltung; hier spitzt sie sich gleichsam zu. Darin unterscheidet sich die Christusnachfolge, wie Hans Urs von Balthasar sie für das Räteleben im Säkularinstitut zeichnet, nicht von den übrigen Grundformen des Rätelebens[6]. Auch die meist unauffällige und unspektakuläre Berufung zu einem Räteleben »mitten in der Welt« bleibt ein Herausruf in eine spezifische Nähe zu Jesus Christus, in eine besondere, d.h. von anderen unterschiedene Form der Nachfolge, die sich nicht eigenmächtig ergreifen läßt.
Dies muß im Auge behalten werden bei allen Aussagen, mit denen im folgenden die spezifische christologische Gestalt der Nachfolge in den Säkularinstituten skizziert wird. In einem gegenseitigen Erschließungszusammenhang werden dabei die christologischen Eckdaten *Inkarnation* und *Paschamysterium* auf das Räteleben im Säkularinstitut bezogen. Der christologische Horizont einer *Theologie der Säkularinstitute* kommt in den Blick, wie er, wenn auch mit je verschiedenen Akzenten, für jedes Säkularinstitut und alle seine Mitglieder gilt. Welche der genannten Aspekte das einzelne Institut ins Zentrum seiner Aufmerksamkeit rückt und wieweit das einzelne Institutsmitglied in diese christologische Tiefendimension der gesamten Lebensform hineingezogen wird, bleibt allerdings gemäß dem oben Gesagten dem Wechselspiel

---

[5] Spiritus Creator, 309.

[6] Vgl. Die Nachfolge Christi im Neuen Testament, 15-17.

zwischen der Verfügung Gottes und dem freien Mitgehen der jeweiligen Gemeinschaft und des einzelnen Menschen überlassen[7]. Nachfolgewege sind nicht normierbar.

I. Ausgespannt zwischen den christologischen Grundgeheimnissen

Selbst vom Ordensleben herkommend, war es für Hans Urs von Balthasar offensichtlich, daß die in der Entstehung befindliche neue Form des Rätelebens einer grundsätzlich anderen Begründung bedurfte als das traditionelle Ordensleben, wie Balthasar es im Jesuitenorden und in der theologischen Diskussion der ersten Jahrhunderthälfte kennengelernt hatte. In der oben beschriebenen Auseinandersetzung mit Karl Rahner um den ekklesiologischen Ort der Säkularinstitute war deutlich geworden, daß eine »rein-eschatologische Begründung des Rätestandes der Verbindung von Rätestand und Laientum jede Basis von vornherein raubt«[8]. Ergänzend zu dieser eschatologischen Begründung, die bezüglich des mit den evangelischen Räten gegebenen *Verzichtes* auf Partnerschaft und auf freie Verfügung über Eigentum und Eigenwillen immer bedeutsam bleibt, entfaltet Balthasar deshalb im Blick auf die Säkularinstitute vor allem eine ausgesprochen christologische Begründung des Rätelebens: Inkarnation und Paschamysterium sind dabei die von ihm reflektierten Zentralereignisse[9]. In der Spannung zwischen den Polen dieser beiden Eckdaten spannt sich die christologische Begründung der Weltgemeinschaften, und zwar präzise in ihrem *Zwischen*, d.h. in ihrer Komplementarität und gegenseitigen Verwiesenheit.
Warum die Rede von einem theologischen Ort der Säkularinstitute *zwi-*

---

[7] Vgl. In Gottes Einsatz leben, 108f.

[8] Wesen und Tragweite der Säkularinstitute, 205.

[9] Zum Gesamt der Balthasarschen Christologie vgl. H. Heinz, Der Gott des Je-mehr. Der christologische Ansatz Hans Urs von Balthasars, Frankfurt am Main 1975.

schen Inkarnation und Paschamysterium? Vor einer weiteren inhaltlichen Vertiefung ist zunächst zu vermerken: Der klaren christologischen Zuweisung zu *einem* dieser Zentralereignisse, wie Balthasar sie für Welt- und Ordensstand etwa in seinen Ausführungen über Therese von Lisieux vornimmt, scheinen sich die Säkularinstitute in ihrem ekklesialen Bindegliedcharakter zwischen beiden »Ständen« zu widersetzen[10]: hier wird der *Weltstand* dem Geheimnis der *Menschwerdung* Gottes zugeordnet, während der *Ordensstand* seinen Ort beim Geheimnis des *Kreuzes* erhält[11]. Balthasar selbst nimmt in diesen Erörterungen zum theologischen Ort der *Säkularinstitute* keine Stellung. Allerdings dürfte dieser Ort im Sinne des dort Ausgeführten durch die ekklesiale Brückenfunktion der Säkularinstitute zwischen Welt- und Ordensstand in der Komplementarität und gegenseitigen Verwiesenheit der beiden christologischen Zentralgeheimnisse zu suchen sein: *ausgespannt zwischen den christologischen Grundgeheimnissen* können die Säkularinstitute in ihrer spezifischen Form der Christus-Nachfolge beschrieben werden. Diese These kann bestärkt werden durch die hymnisch gestalteten Aussagen, die Balthasar 1945 in seinen Meditationen *Das Herz der Welt* als ersten Reflex der Erfahrungen mit Adrienne von Speyr im Umkreis der Gründung der *Johannesgemeinschaft* formulierte:

---

[10] Balthasar beschreibt den christologischen Standort des »Weltstandes« im Gegenüber zum »Ordensstand« (Schwestern im Geist, 203): »Der Begriff des Standes beantwortet die Frage nach einem räumlichen oder geistigen Wo-Sein; er setzt einen Standort, einen Standpunkt voraus. Dieser Ort aber kann für einen Christen, welchen Standes auch immer, nur der Ort des Herrn sein: 'Wer mir dienen will, der folge mir, denn wo ich bin, da soll auch mein Diener sein' (Joh 12,26). 'Vater, ich will, daß jene, die du mir gegeben hast, dort seien, wo ich bin' (Joh 17,24). Für den Weltstand heißt das: dort und so in der Welt stehen, wo und wie Christus, vom Vater kommend, im Fleische in der Welt stand. Für den Ordensstand heißt es: aus der Welt ausgehend durch das Kreuz zum Vater zurückkehren, aus der 'bleibenden Stätte' hinausziehen in ein durch ihn ermöglichtes Außerhalb: 'Jesus hat außerhalb des Stadttors gelitten ... gehen also auch wir hinaus zu ihm aus der Bundeshege, indem wir seine Schmach tragen (Hebr 13,12-13).«

[11] Wenigstens am Rande soll die Frage vermerkt werden, ob sich die Ordenschristen in der einseitigen Zuordnung zum Kreuzesgeheimnis wiederfinden können. Gerade in den Jahren nach dem Zweiten Vatikanischen Konzil hat auch in der Ordenstheologie der Aspekt der Inkarnation zunehmend an Bedeutung gewonnen; vgl. A. Herzig, »Ordens-Christen«, 311.

»Weihe sie für die Wahrheit! Wie du mich in die Welt gesandt hast, so habe auch ich sie hinausgesandt in die Welt. Opfre auch sie in der Sendung, daß sie, als Strahlen des Lichts, leuchtend untergehen im Dunkel und vergehend das Dunkel erhellen; daß sie, teilnehmend an meiner Sendung von dir, ausgehen von mir und in Wandern, Strahlen und Strömen innewerden ihrer Einheit mit mir, meiner Einheit mit dir; daß sie erfahren, was unsere Liebe ist, die sich nicht bewahrt, sondern die Trennung wagt bis in das Spiel der letzten Verlassenheit - denn du, Vater, wirst mich nun fahren lassen«[12].

Inkarnation und Paschamysterium klingen hier an als hintergründige Dimensionen der christlichen Sendung in die Welt. Diese christologischen Grunddaten haben für Balthasar ihren einen Grund im trinitarischen Geheimnis, in der göttlichen Urdifferenz zwischen Vater und Sohn. So stehen Theologie und Ökonomie in direktem Zusammenhang; letztere ist Ausdruck der ersteren: »Das innertrinitarische Geschehenlassen findet seinen Ausdruck im ökonomischen Geschehenlassen. Der Sohn läßt sich in den Schoß der Jungfrau Maria tragen, aus ihr gebären, er läßt sich vom Geist in die Wüste treiben, er läßt sich vom Vater ans Kreuz und in die Verlorenheit des Todes geben.«[13] Die zeitliche Sendung des Sohnes in die Welt ist Ausdruck und Folge des ewigen Hervorganges des Sohnes aus dem Vater[14]. Jesus Christus ist das in die Welt gesandte Wort des Vaters - Inkarnation Gottes; durch das Paschamysterium hindurch bewegt sich diese Sendung in die Welt »kreisförmig« zum Vater zurück, im Gepäck die erlöste Menschheit. So bilden in der vom Vater ausgehenden Sendung des Sohnes beide Geheimnisse im Sinne Balthasars eine Einheit: »Das Kreuz ist der Ernstfall der Liebe; und die Menschwerdung hat im ganzen kein anderes Ziel als diesen Ernstfall; sie ist Weg daraufhin und *als* Gehorsamswerk (Kenosis) hat sie schon Anteil daran.«[15]
Diese Grunddaten Balthasarscher Christologie stehen nun keineswegs neutral zu jener Grundfrage nach einem neuen Verhältnis zwischen

[12] Das Herz der Welt, 61.

[13] T. R. Krenski, Passio Caritatis, 144.

[14] Vgl. Theodramatik II/2, 209.

[15] Christologie und kirchlicher Gehorsam, 189.

Glaube und Leben, die durch die Gründungsgestalten der Säkularinstitute aufgeworfen wurde. Vielmehr sieht Balthasar die in den Säkularinstituten angestrebte neue Synthese »zwischen Religion und Alltag, zwischen Sakral und Profan, zwischen Kontemplation und Aktion« wiederhergestellt im Geschehen der Menschwerdung Gottes und in Tod und Auferstehung Jesu, »weil die Quelle der Liebe Gottes ja in Jesus Christus tätig in die Welt einströmt und sich bis zur äußerst-möglichen Tat: zum stellvertretenden Einsatz für den letzten Sünder vorgewagt hat.«[16] Gott selbst tritt aus der innertrinitarischen Kontemplation heraus in den tätig-liebenden Einsatz für die Welt.
Damit werden Inkarnation und Paschamysterium in ihrem Zueinander für Balthasar zum Lösungsansatz jenes Widerspruchs, der die moderne Geistesgeschichte prägt: jenes »Grundwiderspruchs in der Sinndeutung der Moderne zwischen 'voller Verklärung der Welt, der Vergottung der Erde' einerseits und dem 'reinen Fallen, dem Weg ins Nichts und ins Gericht' andererseits«[17]. Dem »reinen Fallen«, der totalen Abwertung der Schöpfung, steht die *Menschwerdung Gottes* entgegen, in der die gesamte Schöpfung grundsätzlich gutgeheißen und erneuert ist. Der »Vergottung der Erde«, dem Sein-wollen-wie-Gott als der Ur-Sünde des Menschen, deren Folge der Bruch zwischen Gott und Mensch ist, begegnet der *Tod Jesu*, indem er in der Gottverlassenheit des Karfreitags und Karsamstags diesem Bruch auf den Grund geht und ihn von unten her heilt. Beide Geheimnisse sind einander zugeordnet, komplementär und korrelativ, es kann keine inkarnatorisch begründete Weltzuwendung geben ohne Kreuzestheologie und umgekehrt: »Am Kreuz allein ist der Sinn der Fleischwerdung Gottes offenbar«[18]. Gottes Wegen folgend, können auch Christen diesen Gang in die Welt wagen.
Die hier angerissenen Aspekte bedürfen nun einer detaillierten Anwendung auf die Frage nach der christologischen Bestimmung der Säkular-

[16] Die Wahrheit ist symphonisch, 99.

[17] A. M. Haas, Hans Urs von Balthasars »Apokalypse der deutschen Seele«. Im Spannungsbereich von Germanistik, Philosophie und Theologie, 72, in: K. Lehmann/W. Kasper, Gestalt und Werk, 62-77.

[18] Cordula oder der Ernstfall, 37.

institute, um so das Spezifikum ihrer Christusnachfolge zu bestimmen.

1. Inkarnation

»Die neue Stellung der Kirche zur Welt ist das Anzeichen einer immer tiefern und ernsteren Inkarnation«[19], so formuliert Hans Urs von Balthasar in *Schleifung der Bastionen* 1952 sein Kirchenprogramm und hat dabei insbesondere »die Laien mit der ihnen eigenen fachlichen Zuständigkeit«[20] im Blick. Was sich hier zunächst unter dem Leitwort der »Inkarnation« wie eine simple Zustimmung zum modischen Programm der *Weltzuwendung des Christen* ausnimmt, ist für Balthasar in Wahrheit kritischer Reflex auf die nach seiner Beurteilung zu oberflächlich betriebene kirchliche *Weltentdeckung* in den Aufbruchsjahren der Jahrhundertmitte. Scharf formuliert er seine diesbezügliche Kritik:

> »Was ist denn für euch Christen das Christliche, das ihr in der Welt zu inkarnieren gedenkt? Definiert man einen Begriff, so darf man ihn nicht nochmals in der Definition verwenden. Ihr habt also - im Rücken - immer schon einen Begriff des Christlichen (und damit des Christen), mit dem ihr operiert, wenn ihr eure Weltaktion plant. Denn ihr werdet doch wohl nicht sagen wollen, Weltzuwendung *als solche* sei das Christliche? Ihr seid doch selber ein Stück der Welt, braucht euch deshalb nicht noch eigens ihr zuzuwenden. Diese Gebärde könnte man höchstens Gott zuschreiben, der von sich aus nicht 'Welt' ist und in seiner Weltzuwendung der Welt eine 'Gnade' gewährt.«[21]

Hinter dieser Kritik verbirgt sich Balthasars Anstoß an der Verharmlosung des Inkarnationsgedankens, die ihm seine Schärfe nimmt und ihn mit der Entschuldigung »der irdischen Sendung der Christen, der Weltzugewandtheit des modernen Geistes, den griechischen Infiltrationen im frühchristlichen Geist« mißbraucht »für alle unsere irdischen Belange und Bequemlichkeiten«[22]. Dieser weltfreudigen Verharmlo-

---

[19] Schleifung der Bastionen, 54.

[20] Ebd.

[21] Wer ist ein Christ?, 47.

[22] Die Gottesfrage des heutigen Menschen, 148.

sung des Inkarnationsgedankens, hinter der er zuletzt nicht viel mehr als billige Weltanbiederung oder Verweltlichung des Christlichen erblickt, setzt Balthasar eine trinitarische Besinnung auf die göttliche Tiefendimension der Menschwerdung entgegen, dergemäß die Menschwerdung des Sohnes Gottes ihren Ausgang im innertrinitarischen unendlichen Abstand nimmt und im Paschamysterium in den unendlichen Abstand zwischen Schöpfer und sündig-gottentfremdetem Geschöpf einmündet[23]:

> »Was enthält die ewige Zeugung des Sohnes durch den Vater, die Entlassung in das absolute Anders innerhalb der einen unendlichen Gottnatur für Abgründe, die in Gott immer schon durchmessen sind, aber in der Eröffnung einer endlichen Geschöpfwelt erst schrittweise als Formen der Entfremdung durchwandert werden müssen? Dennoch sind es Schritte, die nur innerhalb der trinitarischen unendlichen Erstreckung, die diese Schritte immer schon hinter sich hat, getan werden können. Und wenn sich das besondere Geheimnis der Menschwerdung des Sohnes ereignet, dann durchschreitet dieser als Mensch mit allen Leidenden zusammen und für sie die Verlassenheitsräume, die er als Gott immer schon hinter sich hat.«[24]

In einer solchen trinitarischen Tiefensicht von Inkarnation wird Nachfolge des Menschgewordenen notwendig *Kreuzesnachfolge*, so wie »alle vorausliegenden Ereignisse des Lebens Jesu auf das Kreuz vordeuten, ja in bestimmtem Sinn ihm bereits zugehören«[25]. Von hier aus kann dann auch neu - und diesmal berechtigt - das Geheimnis der Menschwerdung Gottes zum Schlüssel für jegliche christliche Aktion und insbesondere für das alltägliche Tun der Laien in der Welt werden. »Inkarnation der unsichtbaren Gnade in die weltliche Sichtbarkeit ist alles christliche Tun: der Eltern an ihren Kindern, der Erzieher, die den edelsten Stoff zu formen haben, der Ärzte, der Anwälte und Richter, der Denker und Planer, der Schriftsteller, Verleger und Buchhändler.«[26] Die Reihe der genannten Berufe ließe sich beliebig verlängern

---

[23] Vgl. ausführlich T. R. Krenski, Passio Caritatis, 216-222, 284-292, 320-324.

[24] Theodramatik IV, 459.

[25] Theologie der drei Tage, 85.

[26] Der Laie und die Kirche, 345.

hin zu allen Posten, an denen Christen Gott ihre Hände, ihr Herz und ihr Denken anbieten, um seiner menschgewordenen Liebe je neu Gestalt zu verleihen. Dabei wird jedes Tun der »Braut-Kirche«, die sich Jesus anzugleichen sucht, die Reibung zwischen Gott und Welt zu spüren bekommen, so wie Jesus selbst sie zu spüren bekommen hat. Diese existenzielle Not der Kirche, daß sie gemeinsam mit ihrem Herrn »in der Welt, aber nicht von der Welt« zu sein hat, ist Nachfolge der Inkarnation:

> »Du wirst auf Erden leben müssen, [sic!] und doch keine Heimstatt besitzen, dich vertraut machen müssen mit allen Sitten und Unsitten der Völker und allen Nöten der Menschen; aber die Menschen werden dafür sorgen, daß du bei ihnen nicht vertraut und vertraulich wirst. Sie werden dich fühlen lassen, daß du die Fremde im Hause bleibst, allerhöchstens geduldet, niemals wahrhaft geliebt.«[27]

Der Blick auf die inkarnatorische Dimension der Nachfolge macht deutlich, daß Balthasar jenes *Bleiben* in der Spannung zwischen Gott und Welt, wie es die Mitglieder der Säkularinstitute ausdrücklich wählen, in keiner Weise als Zugeständnis an das »Noch« dieser Zeit deutet; es handelt sich bei diesem *Bleiben* auch nicht um menschliche Schwäche, die sich jenen radikalen Abschied von der Welt nicht zutraute, wie ein eschatologisch ausgerichtetes Ordensleben ihn setzt[28]. Vielmehr haben jene Christen, die im Bleiben in den profonanen Bezügen von Familie, Beruf und Gesellschaft die evangelischen Räte zu realisieren versuchen, für Balthasar in ausgezeichneter Weise teil an den »dunklen Seiten« der Inkarnation; in der Nachfoge des Inkarnationsgeheimnisses leben sie den ihnen eigenen Modus der Kreuzesnachfolge: »Das Ertragen dieser Fremdheit gehört zum christlichen Leben in der Welt, ja es gehört ursprünglich zum Opfer, das Gott in der

---

27 Das Herz der Welt, 141f.

28 Vgl. Zur Theologie der Säkularinstitute, 448: »Solange nur dieser erste Aspekt im Blickfeld steht - christlicher Radikalismus als 'Form' und gleichsam 'Reinkultur' -, müßte auch die Idee eines Rätelebens im Weltstand nicht als Paradox und abwegig erscheinen. Denn es ist nicht abzusehen, warum dieser Radikalismus nicht das eine Mal mehr das 'Eschatologische', das andere Mal mehr das 'Inkarnatorische' hervorheben könnte, warum es nicht möglich sein sollte, jene Totalität des Christlichen, der das 'Hundertfältige' verheißen ist, in einer weltlichen Situation darzuleben«.

Menschwerdung bringt, und so ist die kirchliche Duldung oder Toleranz zuletzt ein Teil ihres Kreuzes: das Dulden und Ertragen dieser fremden Last, wie der Herr selber sie ertrug, da er das 'Leben unter diesem verkehrten Geschlecht' (Mt 17,17) auf sich nahm«[29]. Einer solchen Nachfolge des Inkarnationsgeheimnisses Jesu Christi ist nicht weniger hundertfältige Frucht verheißen wie einer eschatologisch ausgerichteten Nachfolge[30].

Der Christ, der sich in eine nichtchristliche Umwelt hinauswagt, sei es in das postmoderne plurale Milieu westeuropäischer Gesellschaften oder in ausdrücklich nichtchristliche Milieus, bewegt sich also immer auf den Spuren Jesu Christi; seine Weltzuwendung weitet sich zur Nachfolge der Inkarnationsbewegung Gottes, sie wird zur Teilhabe an der Bewegung Gottes in Jesus Christus auf die Welt zu. Balthasar beschreibt diese *christliche Bewegung* und rehabilitiert damit schließlich auch die eingangs kritisierte Weltzuwendung des modernen Christen:

> »Nunmehr kann die wahre Tragweite des modernen Trends gesichtet werden. Die Bewegung der Kirche über ihre eigenen Grenzen hinaus zu den christlichen, jüdischen, nichtchristlichen Brüdern könnte die Bewegung der Selbstexpropriation Gottes und Christi sein. Sie wäre es, wenn die Christen nicht Erleichterungen für sich, [sic!] oder diplomatische Avancen als Erleichterungen für die Andern anstrebten, sondern das Schwerste: das schutzlose, selbstlose Ausgesetztsein.«[31]

Eben dieses »Schwerste: das schutzlose, selbstlose Ausgesetztsein« streben die Mitglieder der Säkularinstitute in der Wahl ihrer Lebensform ausdrücklich an. Die Quelle, aus der sich der Gründungsimpuls und die verschiedenen charismatischen Aufbrüche dieser Gemeinschaften speisen, »ist Jesus Christus [selbst], Wort Gottes, das Mensch wird, Mensch, der zur Rechten des Vaters erhöht wird, die ursprüngliche, einmalige und nie überholbare Synthese zwischen Gott und Mensch, Hinwendung zu Gott und Hinwendung zur Welt, und damit

[29] Schleifung der Bastionen, 68.

[30] Vgl. Zur Theologie der Säkularinstitute, 448.

[31] Wer ist ein Christ?, 119f.

Urbild und Begründung für alle Formen unserer Weltgemeinschaften«[32]. Weil Gott in Jesus Christus die geschöpflichen Kategorien von Geschichte und Zeit als Modi seines erlösenden Tuns angenommen und so befreit und erneuert hat[33], kann auch Nachfolge Christi als menschliche Teilhabe an der Erlösung *im Modus der Welt*: im Modus von Zeit und Geschichte, von Endlichkeit und Diesseitigkeit verwirklicht werden und eine eigene Lebensform ausprägen[34]. Von hier aus bestimmen sich für Balthasar die Inhalte authentischen Christseins. Deshalb gilt auf die Frage: »Wer ist ein Christ?« die Antwort: »In letzter Instanz derjenige, der das Christliche am tiefsten in die Materie der weltlichen Welt hineinverwurzelt, es am gründlichsten 'inkarniert'.«[35] Inwiefern ein solches Inkarnieren des Christlichen in die Welt in Anwendung der chalkedonensischen Formel zu realisieren ist und was dies inhaltlich besagt, konnte im schöpfungstheologischen Kontext erörtert werden (vgl. Zweiter Teil. B. Erstes Kap.II-IV).

---

[32] Einleitung zu B. Albrecht/H. U. v. Balthasar, Nachfolge Jesu Christi mitten in dieser Welt, 8.

[33] Vgl. Theologie der Geschichte, 57f: »Er hat kein abstraktes Menschenleben gelebt, sondern lebend die bunte, rauhe Geschichtlichkeit der realistischen Menschheit eingeholt und erkundet, in seinem Gehorsam gegenüber dem Vater die ganze konkrete Geschichtlichkeit der Geschöpfe des Vaters rekapituliert, um ihren wahren Sinn zu befreien und dadurch den Vater und Schöpfer der Welt zu ehren und zu rechtfertigen. Zeit und Geschichte, in die er kraft seiner Stellvertretung und in der Einbeziehung des konkreten Menschenschicksals in sein Erlöserschicksal einging, sind ihm fortan so innerlich und einwohnend, daß bei der Austeilung der Gnaden (die ja nur das Gegenstück zur Einbeziehung der Welt in seinen 'wachsenden Leib' ist) beide immanente Eigenschaften seiner Gnade sind.«

[34] Hier zeigt sich ein erstes Mal eine Parallele der *Theologie der Säkularinstitute* zum *Kleinen Weg* Thereses von Lisieux, wie Hans Urs von Balthasar ihn in *Schwestern im Geist* darstellt. Vgl. ebd. 299: »Der irdische Mensch, in seiner Niedrigkeit und Demütigung besitzt einen Schatz, der größer ist als die Schätze der Engel. Die schwere, sorgenvolle, erdhafte Existenz hat mehr Gewicht, mehr Glanz, mehr Fruchtbarkeit als die leichte, sorgenlose, nur in Licht und Liebe hingehende himmlische Existenz. Wohin sind wir geraten? Diesmal doch in die Nähe sehr moderner Gedankengänge? In die Nähe der Existenzialisten, in die Nähe besonders jenes stolzen Dialogs in den Duineser Elegien mit dem Engel: dem Engel, der seinen ganzen himmlischen Vorteil für sich hat, nur das eine nicht: den strahlenden, durch nichts aufzuwiegenden Kummer der Erde. Die Demut der Zeitlichkeit und des Todes. Zeit also schwerer wiegend als Ewigkeit? Mensch schwerer als Engel, der staunend steht, ja die Knie beugt vor dem in Christus vergöttlichten Geheimnis von Leiden und Tod? In der Tat, Therese stimmt mit voller Kehle in diesen Chor ein. Wenige Motive sind hartnäckiger in ihren Gesängen als dieses«.

[35] Wer ist ein Christ?, 47.

2. Paschamysterium - Theologie der drei Tage

Im Gefolge des Zweiten Vatikanums wurde vielfach - nicht nur von Hans Urs von Balthasar - auf die nahezu unkritische Fortschrittsfreudigkeit und Dialogfreudigkeit der Kirche im Gegenüber zur Welt hingewiesen, wie sie sich aus einer einseitig schöpfungstheologisch-inkarnationstheologischen Perspektive ergab. Vernachlässigt wurde in dieser Sicht die »Perspektive der Auseinandersetzung, die die Weltgeschichte im Hinblick auf die Realität der Sünde und den Einfluß des Bösen als Kampfgeschehen deutet«[36]. Zu den genialsten Intuitionen Balthasarscher Theologie gehört auf der Linie dieser Kritik die Neuerschließung des Paschamysteriums (darin insbesondere des Karsamstags) in der Christologie, wie sie im Dialog mit der Mystik Adriennes von Speyr in der *Theologie der drei Tage*[37] - Karfreitag, Karsamstag und Ostern - ihren Niederschlag gefunden hat.

Von hier aus kann eine schöpfungstheologisch-inkarnatorische Engführung des kirchlichen Weltauftrages aufgesprengt werden und so von der »Erfolgsschiene« eines oberflächlichen christlichen Optimismus heruntergeholt werden. Dies scheint auch für eine *Theologie der Säkularinstitute* höchste Relevanz zu haben, weil sonst ihr Weltengagement integralistisch fehlinterpretiert oder einer »verwässernde[n] Deutung der Räte«[38] Vorschub geleistet würde. Das »christlich-weltliche Ja«[39] zur Schöpfung und das daraus gespeiste Weltengagement entgehen solange der Gefahr einer Anbiederung an die Welt, wie sie gleichsam durchkreuzt bleiben vom Geschehen des Paschamysteriums: der »drei Tage«.

Hier kommt es dann zu jenem Ineinander von Weltbindung und Weltverzicht, das den tragischen Ernst - erlebt als Spannung und oft genug auch als Zerrissenheit - einer Berufung zum Säkularinstitut ausmacht: »Bloßer Weltverzicht kann nicht tragisch sein, sondern nur das

---

[36] E. Braunbeck, Der Weltcharakter des Laien, 136.

[37] Vgl. das gleichnamige Buch, erstmals erschienen Einsiedeln 1969; dann in: Mysterium Salutis III/2, Einsiedeln 1970, 133-326; zuletzt Freiburg 1990 (hiernach zitiert).

[38] Unser Auftrag, 113.

[39] Mein Werk, 59.

Ringen um die rechte Liebe zur Welt in Gott, um ein Ja, das, vom Kreuz durchschnitten, Schöpfer und Schöpfung nicht trennt.«[40]
Um dieses Durchschnittensein vom Kreuz soll es in der Besinnung auf den Zusammenhang zwischen dem Paschamysterium einerseits und dem Lebensentwurf der Säkularinstitute andererseits gehen. Unmöglich kann dabei freilich die gesamte - für die Theologie Hans Urs von Balthasars zentrale - Frage des Paschamysteriums reflektiert werden[41]. Lediglich die Korrelation zwischen dem christologischen Ort der Mitglieder der Säkularinstitute und dem leidenden Tun Jesu Christi im Paschamysterium kann Thema der Untersuchung sein. Die im schöpfungstheologischen Teil erhobenen Aussagen werden dabei von der Kreuzestheologie her nicht in Frage gestellt, sondern vielmehr in ihren zentralen Aussagen bestätigt und in ihrer Ermöglichung durch den erlösenden Hindurchgang Jesu durch den Tod aufgehellt.
Möglichkeiten, aber auch Grenzen der spezifischen Christusnachfolge im Säkularinstitut kommen dabei in den Blick. Grundsätzlich gilt: Für den Christen haben der Mitgang mit den Wegen Jesu in die Nacht der Menschen und die Solidarität mit dem sündigen Dunkel der ihn umgebenden Umwelt eine klare Grenze. Dies muß in besonderer Weise den Mitglieder der Säkularinstitute gesagt sein, die ihre dabeibleibende und mitgehende Leidenschaft für die Welt, auch und gerade die nichtchristliche, »auf die Spitze treiben«. Die Solidarität mit dem sie umgebenden nichtchristlichen oder gar sündigen Milieu kann nie soweit gehen, daß sie sich distanzlos anpassen und darin verlieren. Ihnen gilt in besonderer Weise, was Balthasar im Hinblick auf alle Christen formuliert:

> »Der Christ muß Sonnenuntergänge um sich herum erleben können, ohne daß ihm deswegen seine Sonne mit untergeht [...] Und gewiß werden die Sonnenuntergänge ihn wirklich mit in die Schatten hüllen, in das, was man wohl eine Weltnacht und Gottesfinsternis nennen mag. Aber es ist ihm untersagt, sich selber aus angeblichen Mitleidsgründen

---

[40] Ebd.

[41] Zum gesamten Fragenkomplex vgl.: Theologie der drei Tage; Theodramatik III, 212-395. Hierzu sind ausführliche Erhebungen geleistet bei T. R. Krenski, Passio Caritatis; K.-M. Menke, Stellvertretung, 266-310.

mitverfinstern zu lassen.«[42]

Die Spannung des »in der Welt, aber nicht von der Welt« muß im Nachgehen der Leidenswege Jesu und seiner äußersten Solidarität mit allen aufrecht erhalten bleiben. Nur der eine Sündenlose kann sich für die Sünder zur Sünde machen und darin lauter bleiben[43]; für die nachfolgenden, erlösten Sünder bleibt dieser »wunderbare Platztausch«[44] unmöglich, sie haben sich als erbsündlich belastete Menschen immer im Abstand zur Sünde zu halten, weil sie bleibend durch sie gefährdet sind. Ihre Solidarität ist immer diejenige einer realen Schicksalsgemeinschaft von Sündern mit Sündern und nicht frei übernommene Solidarität wie diejenige Jesu.
So wird nochmals deutlich, daß es Nachfolge Jesu Christi immer nur in ehrfürchtigem Abstand geben kann, als ein passiv-aktives Tun, das dabeibleibt bei dem, was ein anderer für uns tut, und mitgeht mit den Wegen, die ein anderer für uns geht[45]. Erst aufgrund dieses *für uns* des Leidens Jesu Christi, verstanden als »einer realen Übernahme der personal-sozialen Situation des Sünders«, ist der »Raum christlicher Sendung« eröffnet: nämlich die Kirche als jener eine Leib Jesu Christi, in dem Haupt und Glieder eins sind, »in welchem« die Christen »an seinem heilsamen Tun und Leiden für die Welt Anteil erhalten können«[46] (vgl. Kol 1,24). Dieses Mittun allerdings ist wesentlich und gehört zur Grundstruktur des Christlichen und der Kirche, denn: »Von Anfang an will Gott die Freiheit, die Personalität, die Verantwortung, das Mittun des Menschen. Deshalb geschieht auch die Erlösung nicht ohne die Erlösten: nicht ohne das Ja des Einzelnen *und* nicht ohne den stellvertretenden Einsatz derer, die ihr Ja schon gesagt haben.«[47]
Im Bedenken der »drei Tage«: Karfreitag, Karsamstag und Ostern, soll diesen Wegen kirchlichen Mittuns und christlicher Nachfolge unter das

---

[42] Wer ist ein Christ?, 20f.

[43] Vgl. Theologie der drei Tage, 97-102; Theodramatik III, 309-327.

[44] Christen sind einfältig, 58; vgl. Theodramatik II/2, 218-225.

[45] Vgl. Das Herz der Welt, 138.

[46] Theodramatik II/2, 221f; vgl. auch Theodramatik III, 357-362; Theologie der drei Tage, 130-132.

[47] K.-H. Menke, Stellvertretung, 298.

Kreuz nun nachgegangen werden, wie sie sich spezifisch für die Säkularinstitute darstellen.

a) Karfreitag - Heilender Keim einer neuen Welt

Der Kreuzigung Jesu voraus geht seine zunehmende *Vereinsamung*, wie sie sich in der Situation des Ölgartens in der Nacht des Gründonnerstags spiegelt: »Vereinsamung gegenüber dem sich entfremdenden, aber noch nicht entschwundenen Gott«, darin aber auch »Vereinsamung gegenüber den Jüngern, die sowohl mitgenommen wie im Abstand zurückgelassen werden«[48]. Was hier in kritischem Blick auf die Jünger formuliert wird, gilt im Hinblick auf jede nachösterliche Kreuzesnachfolge: Die »Dialektik eines abwesenden Dabeiseins der Kirche mit dem leidenden Haupt ist nicht auflösbar«[49]; es gibt zuletzt nicht mehr als ein abständiges Stehen beim Kreuz Jesu[50]. »Und erst von diesem einsamen Leiden des Einen für alle her gibt es seit der Auferstehung und untrennbar von ihr so etwas wie Nachfolge Christi.«[51]
Wie ist diese Kreuzes-Nachfolge inhaltlich zu füllen, wie ist sie zu füllen für Christen im Säkularinstitut? Welche Kreuze warten auf die Menschen in dieser Lebensform, um täglich auf sich genommen zu werden? Gibt es für die Mitglieder der Säkularinstitute einen spezifischen Ort beim Kreuz? Diesen Fragen soll nun in zurückhaltender Annäherung nachgegangen werden.
Auf der Suche nach dem Schlüssel zum Zusammenhang zwischen dem Kreuzesgeschehen auf Golgotha und der spezifischen Kreuzesnachfolge im Säkularinstitut verweisen die Schriften Hans Urs von Balthasars in vielfachen Gedankengängen auf den Lieblingsjünger Johannes, den Namenspatron der *Johannesgemeinschaft*, wobei Johannes als Prototyp für den in die besondere Nachfolge der evangelischen Räte gerufenen Christen vorgestellt wird. Ihn beschreibt Balthasar im »Entwurf« der *Johannesgemeinschaft* wie folgt:

---

[48] Theologie der drei Tage, 96; vgl. auch: Das Herz der Welt, 73.

[49] Theologie der drei Tage, 96.

[50] Vgl. ebd. 111f.

[51] In Gottes Einsatz leben, 107.

»Der Sohn hat sich aus der Schar seiner Jünger einen ausgewählt, den er besonders liebte, [sic!] und dessen Schriften bezeugen, daß auch er - gleichsam als die archetypische Gesellschaft Jesu - seinen Meister besonders liebte, Johannes [...], dem Jesus auf dem Höhepunkt seines Erlöserwirkens am Kreuz, wahrhaft testamentarisch, seine Mutter anvertraute, damit beide zusammen die lebendige Urzelle seiner Kirche bilden sollten.«[52]

Johannes, der als solcher Symbolträger für das in der *Johannesgemeinschaft* im besonderen und in den Säkularinstituten im allgemeinen Angestrebte ist[53], zeichnet sich im Umkreis des Kreuzes Jesu durch zwei zentrale Symbolgehalte aus: erstens steht er nicht alleine unter dem Kreuz, sondern in *Gemeinschaft mit der* ihm anvertrauten *Mutter Jesu*; zweitens bilden Maria und Johannes den Typos der Kreuzesnachfolge schlechthin, nämlich die erste kirchliche Kernzelle eines gemeinsamen *Rätelebens*[54], das in diesem Anfang selbstredend nicht klösterlich ist, sondern als ein *apostolisches Leben* dem Alltag der Urgemeinde eingegliedert bleibt. Diese beiden Aspekte bedürfen einer kurzen näheren Entfaltung.
Für die *Johannesgemeinschaft* vorab gilt: »aus der Stellung des Liebesjüngers weiht sie sich in besonderer Weise Maria, dem Urbild der heiligen Kirche«[55]. Hinter diesem spirituellen Vollzug der Gemeinschaft steht bei Balthasar eine theologische Sicht des Lieblingsjüngers im Gegenüber zur Mutter Jesu. Der einzige Jünger, der bis zur Kreuzigung Jesus gefolgt ist, erträgt diese Nähe zum Gekreuzigten offensichtlich nur in Gemeinschaft mit der Mutter Jesu, weshalb er mit Maria die *Liebeskirche* (im Gegenüber zur in Petrus personalisierten *Amtskirche*) repräsentiert[56]. Dieses Verständnis einer *Berufung in die Nähe der Mutter Jesu* hat - bei aller Spezifizierung im Hinblick auf die *Johannesgemeinschaft* - nach Balthasar doch auch generelle Bedeutung

[52] Unser Auftrag, 105.

[53] Vgl. ebd. 105-108: »*Der Name der Gemeinschaft*«. Vgl. in dieser Arbeit Zweiter Teil. A. Zweites Kap.IV: »Rückbindung an die dem gesamten Volk Gottes gemeinsame Berufung: Maria und Johannes - Typoi der Gesamtkirche«.

[54] Vgl. ebd. 120, Abs. (35).

[55] Ebd. 108.

[56] Vgl. ebd. 105f.

für jeden Rätechristen und für jedes Säkularinstitut. Berufung zu den Räten ist immer Berufung in die Nähe Mariens und darin Berufung zum Kirche-Sein, zum Stehen unter dem Kreuz in Gemeinschaft und Einheit mit der *Ecclesia-Maria*, um von dort her als *Kirche aus dem Kreuz* die Ströme des Heils aus dem geöffneten Herz Jesu zu empfangen und sakramental an die Welt weiterzuleiten[57]. *Generell* gilt für Balthasar somit, daß Kreuzesnachfolge sich in der »Gemeinschaft Maria-Johannes« realisiert und zwar in der inneren Haltung von Gehorsam, Armut und Jungfräulichkeit:

> »Die Gemeinschaft Maria-Johannes, der petrinischen Kirche eingestiftet, hat ihren Ursprung am Kreuz, geht von ihm aus und kehrt immer zu ihm zurück. Sie wird im Kreuzesgehorsam und in der Kreuzesarmut eingegangen und ist eine jungfräuliche. Dieses dreifache Entsagen liegt fortan im Herzen der Kirche als ihr heimlich belebender und die Wunden von Kirche und Welt durch Zurückführung zur Quelle des Heils heilender Keim.«[58]

Deutlich wird hier nun auch der zweite Aspekt: daß Balthasar Kreuzesnachfolge im Säkularinstitut primär *apostolisch* deutet, d.h. mit der Zielsetzung, »die Wunden von Kirche und Welt durch Zurückführung zur Quelle des Heils« zu heilen. Grundlegende Motivation zu einem Leben im Säkularinstitut ist immer die *Heiligung der Welt*; Kreuzesnachfolge ist im Selbstverständnis der Säkularinstitute nie Selbstzweck - etwa um der eigenen Vollkommenheit willen[59], sondern ihre Mitglieder haben in der eigenen Person *heilender Keim einer neuen Welt* zu sein. Von hier aus erscheint es Balthasar selbstverständlich, daß das Kreuz von den Mitgliedern der Säkularinstitute nie selbst gesucht und selbst auferlegt werden darf[60]; sondern ihre Kreuzeserfahrung

---

[57] Vgl. Theologie der drei Tage, 125-133; Theodramatik III, 327-337 (hier wird die Rolle Marias im Kreuzesgeschehen ausführlich erörtert und der problematische Begriff der »Miterlöserin« diskutiert); Christlicher Stand, 167.

[58] Unser Auftrag, 106; vgl. Christlicher Stand, 168.

[59] Vgl. Der Laie und der Ordensstand, 47.

[60] Hierin ist die Aszese der Säkularinstitute wiederum dem *Kleinen Weg* Thereses von Lisieux verwandt. Vgl. Schwestern im Geist, 236-237.

»liegt mehr im unfreiwillig als im freiwillig Übernommenen, mehr im Geistigen als im Physischen: es meint Mißerfolg, Verachtung, Spott, Verleumdung und das scheinbare Verlassensein von Gott, Dinge, die Jesus in den Seligpreisungen programmatisch vorgestellt und in seinem eigenen Leiden durchgemacht hat, und die auch Paulus als das einem Apostel Zustehende schildert (1 Kor 4,9-13).«[61]

Der Hinweis auf die Leiden Jesu und des Apostels Paulus qualifiziert die zu erwartenden Leiden der Mitglieder der Säkularinstitute nochmals ausdrücklich als *apostolische Leiden*, d.h. als solche, die sich aus der übernommenen Aufgabe der christlichen Weltdurchdringung ergeben. Deshalb gilt »die für alle Weltgemeinschaften wichtige Grundregel: die Anregung für ein echtes Nachfolgeleben soll ihnen nicht nur vom Evangelium und der Kirche her zukommen, sondern ebensosehr von der Not und Unwissenheit der entchristlichten Welt her«[62]. Sich dieser Not der sie umgebenden Menschen nicht entziehen zu können, auch der Sünde und dem Unheil nicht ausweichen zu können, sondern ihnen gleichermaßen schutzlos ausgesetzt zu sein wie alle anderen Menschen im jeweiligen Lebensmilieu, ist ein wesentliches Charakteristikum der Kreuzeserfahrung im Säkularinstitut. Teilhabe am Kreuz geschieht hier durch Teilhabe an der spezifischen Einsamkeit Jesu, nicht einer solchen in klösterlicher Klausur, sondern im *weltlichen Gewühl*: »Durch eines Herzens Einsamkeit wurde die Welt erlöst. Nicht durch die schöne Einsamkeit der Klause, die sich schützend verschalend um des Lebens Narben legt, sondern durch jene, die uns wehrlos preisgibt dem Gewühl.«[63]
Jesus selbst endet nicht im »Gewühl« der Menschen, vielmehr wird er von hier aus nochmals hinausgeworfen aus jeder menschlichen Gesellschaft. In dieser letzten Einsamkeit - im schandvollen Tod außerhalb der Stadtmauern Jerusalems - bündelt sich für Hans Urs von Balthasar sinnenfällig in letzter Schärfe das Lebensschicksal Jesu und seine Heilswirksamkeit: in seiner Ausstoßung aus den Menschen »alle

[61] Unser Auftrag, 113f.

[62] Unser Auftrag, 112. Hier weist Balthasar ausdrücklich auf die Qualifizierung der Nachfolge im Säkularinstitut »veluti ex saeculo« hin, wie sie in *Primo feliciter* vorgenommen wird.

[63] Das Herz der Welt, 46.

menschlichen Abscheidungen von Gott nicht nur äußerlich zu verkörpern, sondern innerlich in sich zu sammeln und zu durchleiden«[64]. Derart menschlicher Gewalt ausgesetzt, begibt Jesus »sich weiter hinab in die verdunkelte Landschaft der Versuchung, um in sich die konkrete Situation jedes Menschen zu rekapitulieren, der der Anziehungsmacht der Sünde ausgesetzt ist«; dabei geht er das »Wagnis der Begegnung mit dem Bösen« real ein - nur mit jener Hilfe, »die grundsätzlich auch jedem Glaubenden, Hoffenden und Liebenden nach ihm und durch ihn zur Verfügung steht«[65]. Er hat diese Möglichkeit, auch die letzte Gottferne als Orte *Gottes* aufzusuchen, durch sein Kindesverhältnis zu Gott, dem Vater, d.h. von der trinitarischen Differenz zwischen Vater und Sohn her. So ist es gerade das Geschehen des Kreuzes, das in der Konzeption Hans Urs von Balthasars die Positivität der Welt vor jeder Abwertung bewahrt, weil hier die Gott-Welt-Differenz, auch in der vom Menschen verursachten sündigen Abständigkeit, endgültig in die Differenz zwischen Vater und Sohn eingeborgen wird[66]: »Im Kreuz Jesu Christi liegt 'lauter Ja', wie Paulus sagt.«[67] Hier wird die Welt in das adäquate Verhältnis zu Gott zurückgeholt durch die »Bereitschaft

---

[64] Christen sind einfältig, 58.

[65] Theologie der Geschichte, 51f.

[66] Vgl. Zweiter Teil. B. Erstes Kap.I.1: »Trinität als Urdifferenz«. Vgl. Theodramatik III, 297-309; Theologie der drei Tage, 133-137. Krenski faßt diese gewagteste der Einsichten Hans Urs von Balthasars zusammen (Passio Caritatis, 215): »Sünde, Entfremdung und Schmerz gründen als Implikate der Gott-Welt-Differenz im urbildlich-innergöttlichen Unterschied von Vater und Sohn, so daß sich dieser Unterschied, der sich der vorsichtslos-wesentlichen Verschenkung des Vaters auf den Sohn verdankt, als wesentliches Fundament aller in der freien Schöpfung miteröffneten Unterschiede erweist.« Vgl. den ganzen Abschnitt »Negativ-Implikate der Gott-Welt-Differenz: Entfremdung - Verlassenheit - Schmerz« (ebd. 212-215).

[67] Geist und Feuer, 77; vgl. den ganzen dort dargestellten Zusammenhang: »Nun: fragt man nach dem Sinn des Daseins im ganzen, so gibt es außerhalb des Christentums im Letzten nur zwei Antworten. Die eine ist die der Religion - nennen wir konkret den Buddhismus, weil er heute bei uns aktuell ist - und die andere ist die des Marxismus. Beide sind eine Flucht aus dem Jetzt, das als sinnlos erscheint. Entweder in eine Vertikale Oben-Unten durch Evasion, durch Versenkung, oder nach vorn in ein kommendes messianisches Reich. [...] Im Kreuzpunkt zwischen der Flucht nach oben und der Flucht nach vorn steht das Kreuz Jesu Christi. Und nur an diesem Punkt wird das sonst sinnlose Hier und Jetzt der Gegenwart bejaht - durch Gott nämlich. Im Kreuz Jesu Christi liegt 'lauter Ja', wie Paulus sagt. Und nur Gott kann dieses Ja sprechen, indem er dem Kreuz die Auferstehung schenkt, die in ihm schon verborgen liegt. Christentum ist deshalb die einzig wirkliche weltbejahende Weltanschauung.«

des Sohnes, den Willen des Vaters bis zu diesem Äußersten gehen zu lassen für die Überwindung der Fremdheit zwischen ihm und seiner Schöpfung«[68].

Diesem Tun Jesu Christi als Rätechrist in der »Gemeinschaft Maria-Johannes« nachzufolgen, kann als Kerngehalt der von Balthasar skizzierten Nachfolge in den Karfreitag bezeichnet werden, wie sie sich im Säkularinstitut realisiert: schutzlos ausgesetzt der Versuchungssituation und Not aller Menschen, um dort durch ein Leben der evangelischen Räte in der eigenen Person die Welt zu heiligen, sie in das göttliche »Ja« zurückzubinden - nicht aus eigener Kraft, sondern in der Kraft des Kreuzes Jesu. Wo in den Säkularinstituten dieser Geist lebendig ist, werden sie zum *heilenden Keim einer neuen Welt.*

b) Karsamstag - Zeugnis der Freude in der Solidarität des Dunkels

Für Hans Urs von Balthasar ist der Karsamstag nicht etwa jener ereignislose Tag zwischen Karfreitag und Ostern, theologisch wie liturgisch bedeutungslos; Balthasar liest ihn vielmehr unter Zuhilfenahme der biblischen Tradition im Sinne einer stellvertretenden Höllenerfahrung Jesu als letzten, bedeutungsvollen Akt des Einigungswerkes zwischen Gott und Welt[69]. So kann er Christus in den hymnischen Texten *Das Herz der Welt* sprechen lassen: »Mein Untergang, mein schwindelnder Hinuntergang, mein Gang hinunter (unter mich selbst) in alles Fremde, Ungottgemäße, in die Unterwelt: das war der Aufstieg dieser Welt in mich, in Gott.«[70]

Eine erste, deutende begriffliche Kategorie für dieses Geschehen des Karsamstags ist für Balthasar das Wort von der »Solidarität«[71] Gottes

---

[68] Christen sind einfältig, 62.

[69] Zum Ganzen vgl. Theologie der drei Tage, 139-176; Theodramatik IV, 223-293; Pneuma und Institution 387-400; Theologik II, 314-329.

[70] Das Herz der Welt, 133.

[71] Vgl. Theologie der drei Tage, 153-161; Pneuma und Institution, 273, 408. Später hat Balthasar diesen Begriff der »Solidarität mit den Toten«, wie er ihn in der frühen *Theologie der drei Tage* ausbildet, als Kompromißformel relativiert: vgl. Theologik II, 315 (Anm. 1). Der Begriff soll hier trotzdem als hilfreich im Hinblick auf die Fragestellung der Säkularinstitute beibehalten werden. Als theologischer Alternativ-Begriff, der das von Balthasar Angezielte genauer faßt, müßte allerdings der Begriff

mit der durch die Sünde dem Tod ausgelieferten Menschheit im Menschen Jesus von Nazareth: eine Solidarität, die tiefer nicht gedacht werden kann, eine »Solidarisierung von innen mit denen, die alle Solidarität verweigern«[72]. Gott als Mensch wird solidarisch mit dem Menschen in seiner durch die Sünde provozierten *Gottesverfinsterung*, die es ihm verunmöglicht, der Liebe Gottes zu trauen, und ihn so dem Tod ausliefert. Nur Gottes Abstieg in die Isolierung des Menschen von Gott kann den Menschen in die Gottesgemeinschaft zurückbinden:

> »nicht Gott mit irgendeinem Menschen zusammen, sondern Gott, der absolut Einzige, in diesem absolut einzigen Menschen, der deshalb der Einzige ist, weil er Gott ist. Und der aus diesem und keinem andern Grunde es auch vermag, seine Mitmenschen, mit denen er tiefer solidarisch wird, als je ein Mensch es mit einem andern sein kann - im Tod nämlich, wo jeder sonst absolut einsam ist -, an seinem einmaligen Kreuz zu beteiligen.«[73]

Diese »Solidarität« Gottes mit dem Sünder faßt Balthasar ontisch-real und keinesfalls reduziert »auf eine rein soziale oder psychologische Stellvertretung«[74]. Geschichtlich-sakramental konkret wird die Teilhabe an jenem neuen Leben in Gott, das im Tod Jesu Christi eröffnet ist, für den Einzelnen in der Taufe. Und erst aufgrund dieser von Gott her geschenkten Teilhabe an der versöhnenden Frucht des Kreuzes ist eine bedingte Nachfolge des Christen in den Karsamstag eröffnet[75]. »Christi Stellvertretung« aller Sünder in der Gottlosigkeit der Hölle bewirkt die »Verwandlung der Vertretenen in Vertretende«[76], d.h. in die Gemeinschaft jener Menschen, die ihrerseits solidarisch Stellvertretung für andere wahrnehmen im Heil und Unheil, nämlich die Kirche[77]. Hans Urs von Balthasar wagt Aussagen zu einer solchen kirchlichen

---

der »Stellvertretung« angeführt werden; vgl. K.-H. Menke, Stellvertretung, 266-310.

[72] Pneuma und Institution, 409.

[73] Theologie der drei Tage, 135.

[74] K.-H. Menke, Stellvertretung, 288; ausführlich entfaltet ebd. 291-296.

[75] Den Begriff der »Nachfolge« in den Karsamstag führt Balthasar im Anschluß an Blondel ein; vgl. Theologie des Abstiegs zur Hölle, 140, 142, 145.

[76] K.-H. Menke, Stellvertretung, 296.

[77] Vgl. ebd. 296-301.

Nachfolge in den Karsamstag nur mit äußerster Verhaltenheit, vornehmlich unter Rekurs auf die Tradition der christlichen Mystiker[78]. Daneben finden sich direkte Aussagen bezüglich einer Nachfolge in den Karsamstag, wenn auch im Genus der hymnischen Meditation, in Balthasars früher Schrift *Das Herz der Welt*; gerade durch ihre Nähe zur Gründungssituation der *Johannesgemeinschaft* haben diese Aussagen besonderes Gewicht für die Frage einer Beziehung der Säkularinstitute zum Karsamstag. Hier wagt Balthasar sich vor bis hin zu einer Aufforderung Jesu an den ihm nachfolgenden Christen, an seiner Solidarität mit den Menschen im Kerker der Sünde teilzunehmen: »Aber sieh, noch manche deiner Brüder schmachten im Kerker. Wirst du deine Freiheit genießen, während sie leiden? Oder willst du mir helfen, ihnen die Fesseln zu lösen? Zusammen mit mir ihren Kerker zu teilen?«[79] Gleichwohl weiß Balthasar, daß es strenggenommen unmöglich ist, in diesem letzten Grenzbereich zwischen Gott und Welt noch von *Nachfolge* Jesu Christi zu sprechen - in den Tod der Sünde, der Trennung von Gott hinein. Deshalb läßt er der Einladung Jesu Christi den Einwand folgen: »und schließlich nahte der geheimnisvolle, der letzte Ort am Rand des Seins, und dann der Fall ins Leere, das Überkippen in den bodenlosen Abgrund, das Schwinden, Enden, Entwerden -: der ungeheure Tod, den ich allein gestorben (euch allen ists durch meinen Tod erspart und niemand wird erfahren, was das bedeutet: Sterben) -: das war mein Sieg.«[80]

Was hier in einem frühen hymnischen Text (*Das Herz der Welt* wurde 1943 verfaßt, erstmals veröffentlicht 1945) unter dem ersten Eindruck der Karsamstagserfahrungen Adriennes von Speyr ausgedrückt ist[81], hat Balthasar später in seiner *Theologie der drei Tage* (1969) kritisch reflektiert in der rhetorischen Frage, »wie solche Begleitung [Jesu in

---

[78] Hier vor allem in Texten zur Mystik bzw. zur Bedeutung der »dunklen Nacht«, etwa in: Die Gottesfrage des heutigen Menschen, 194f; Herrlichkeit II/2, 469-471; Theodramatik IV, 281f; Theologie des Abstiegs zur Hölle. Äußerst kritisch gegen die Möglichkeit einer Nachfolge in den Karsamstag sind die Aussagen in Theologik II, 316-319. Vgl. hierzu K.-H. Menke, Stellvertretung, 293.

[79] Das Herz der Welt, 105.

[80] Ebd. 130.

[81] Vgl. Unser Auftrag, 81.

den Karsamstag] theologisch möglich sei - da der Erlöser stellvertretend in letzte Einsamkeit sich begibt - und ob sie anders als Begleitung gekennzeichnet werden kann als durch irgendwelche echte, das heißt christlich auferlegte Teilnahme an solcher Einsamkeit: mit dem toten Gott tot zu sein[82]«. Offenbar gibt es hier Nachfolge Christi nur im Modus der stillen *Begleitung*, die letztlich außen vor bleiben muß und in diesem Sinne kaum mehr als *Nachfolge* bezeichnet werden kann. Unter systematischer Rücksicht vermerkt Balthasar in *Theologik II* (1985) deshalb auch schließlich, daß es *keinen* Zusammenhang zwischen dem Unzustand Jesu im Tod und der Nachfolge des Christen gebe: »Alles, was nach Liebe aussieht, ist jetzt hinterlegt, ebensowenig gibt es irgendeine Hoffnung. Deshalb kann man allerhöchstens die Spuren des Herrn ahnen, der durch die Hölle hindurchgegangen ist, aber weil es in ihr keinen Weg gibt, gibt es auch keine Nachfolge, und die Spuren sind nicht wirklich feststellbar.«[83]
Hans Urs von Balthasar ist bei dieser Negativaussage über einen möglichen Zusammenhang zwischen dem Geheimnis des Karsamstags und der christlichen Nachfolge nicht stehengeblieben. Für ihn war jede systematische Theologie rückzubinden an konkretes christliches Leben, wie es in den Heiligen und in den Vollzügen der gesamten Kirche seinen Ausdruck findet. Heiliges, in Jesus Christus geglücktes Leben war für Balthasar der genuine *Locus theologicus*, von dem aus auch die Frage einer Nachfolge in den Karsamstag nochmals tiefer bedacht werden muß.

Nachfolge in den Karsamstag konkret: Therese von Lisieux

Trotz der genannten, zunehmend geschärften Einwände gegen eine Nachfolge in den Karsamstag verortet Balthasar das *Ordensleben* - und zwar im Hinblick auf Therese von Lisieux - genau in diesem Mysterium. So beurteilt er etwa in seiner *Geschichte einer Sendung* (zuerst 1950, dann wieder 1970) Thereses Eintritt in den Karmel unter dem

---

[82] Theologie der drei Tage, 176.

[83] Theologik II, 319.

Blickwinkel des Karsamstagsmysteriums:

> »Therese weiß, indem sie den Schleier nimmt, ganz genau, was sie tut. Sie weiß, daß die Form des Ordenslebens die Form des Kreuzes ist, und zwar eines Kreuzes, dessen subjektives Karfreitagsleiden sich kirchlich-liturgisch verhüllt und objektiviert in der Sachlichkeit und Unpersönlichkeit des Karsamstags, in jener großen Pause zwischen Leiden und Auferstehung, wo das alte Ich mit seinen Menschlichkeiten gestorben, das neue Ich mit seiner göttlichen und jenseitigen Subjektivität noch nicht auferstanden ist. In diesem der Welt so verborgenen Zwischen, das - wie Therese sagt - ein 'Leben des Todes' ist, ist das Ordensleben beheimatet und bildet die große Klammer zwischen Leiden und Auferstehung, zwischen weltlicher und himmlischer Existenz.«[84]

Gilt diese Zuweisung des Ordenslebens zum Karsamstag generell oder nur für Therese von Lisieux bzw. den Karmel? Gilt sie für das Räteleben im allgemeinen oder nur für die Berufung zum Orden? In welcher Weise kann sie auf die Rätechristen im Säkularinstitut übertragen werden? Zunächst kann wohl gesagt werden: Balthasar hat hier mit der Rede von einer *kirchlich-liturgisch verhüllten und objektivierten* Lebensweise primär das Ordensleben, und zwar vor allem im spezifischen Gepräge des Karmel, wie Therese von Lisieux es gewählt hat, vor Augen. Therese wählt im wahrsten Sinne des Wortes - zunächst äußerlich - ein *verhülltes* Leben: einen kirchlichen Standort, der mit den Kategorien eines effektiven Apostolates, einer tätigen Weltgestaltung oder eines sichtbaren Martyriums nicht zu fassen ist, weil es »sich über alle soziologischen Nützlichkeitserwägungen erhebt«[85]. Äußerlich sichtbar wird diese Verhüllung bei Therese von Lisieux durch ein Leben nach der karmelitischen Regel in Klausur, Ordenskleid, Schweigen und Gebet. In diesem ersten Sinne kann jedes kontemplative Ordensleben als Nachfolge in den Karsamstag gefaßt werden.

Spezifisch für Therese von Lisieux kommt hinzu, daß ihr innerer Weg, so wie Balthasar ihn beschreibt, mit dem »Abbau« sämtlicher christ-

[84] Schwestern im Geist, 141.

[85] Pneuma und Institution, 257.

licher Leistungen und Privilegien einhergeht[86] und mit dem »Aufbau« aller erdenklichen Verzichte auf das Gewicht des eigenen Selbst[87]. So ist auch Thereses *innerer* Weg eine fortschreitende *Verhüllung*. In ihrer Annäherung an die Ohnmacht und Verborgenheit Jesu im *Nichts* des Karsamstags ist Therese von Lisieux nicht zu übertreffen. Hier liegt ihre Nähe zu diesem Mysterium; es geht ihr um das unbemerkte »Verschwinden in der Gewöhnlichkeit«[88].

Trotzdem macht Balthasar zwei Grenzmarken aus, jenseits derer Therese gerade nicht mehr mit dem tiefsten Mysterium des Karsamstags in Berührung kommt und kommen kann: Da ist zunächst ihr Glaube an die Liebe Gottes, der Therese - wenn auch in ein »Halbdunkel«[89] verschattet - nie verläßt[90], weshalb ihr eine erlebnismäßige Solidarität mit dem in der Glaubensunfähigkeit eingeschlossenen Menschen verwehrt bleibt. Gravierender noch schließlich Thereses Grenze, Jesu Solidarität mit den Sündern als Solidarität mit ihrer *eigenen* Sündigkeit zu erleben: sich selbst - wahrhaft solidarisch - mit der eigenen Sünde unter alle Sünder einzureihen. In ihrer seelischen Verfassung des reflexiven Wissens um die eigene Heiligkeit ist es Therese bis wenige Tage vor ihrem Tod verunmöglicht, sich als Sünderin zu empfinden, weshalb ihre Solidarität mit allen anderen Sündern immer eine von außen kommende bleibt[91]. Unglaube und Sünde bleiben der Erlebniswelt Thereses von Lisieux letztlich äußerlich und fremd. Dies heißt aber in letzter Konsequenz, »daß die Hölle in Theresens existentiellem Weltbild keinen Platz hat«[92], weder im Hinblick auf die eigene

---

86 Vgl. Schwestern im Geist, 227-260.

87 Vgl. ebd. 260-291.

88 Ebd. 304.

89 Ebd.

90 Vgl. ebd. 329: »Was Therese entzogen ist, ist das Gefühl, die Evidenz, die Sieghaftigkeit des Glaubens, keineswegs der Glaube selbst.«

91 Vgl. Ebd. 331: »Aber wie soll Therese, die von sich selber weiß, daß sie eine Heilige ist, sich in eine letzte, bedingungslose Gemeinschaft mit den Sündern begeben können? [...] Das Verhängnis ist dieses, daß ihre karmelitische Sendung eine letzte ununterschiedene Gemeinschaft mit den Sündern fordert, daß aber ihre reflektierte Heiligkeit eine solche Gemeinschaft verhindert.« Ausführlich Balthasars diesbezügliche Kritik ebd. 330-342.

92 Ebd. 342; dort weiter 342-346.

Sünde noch letztlich auch auf die aller anderen Menschen. So bleibt die Nachfolge in den Karsamstag bei Therese von Lisieux stehen auf jener eingangs erwähnten Stufe des »Verschwindens« in der kirchlich-liturgisch verhüllten und objektivierten Lebensweise des Karmel; diese allerdings wird von ihr in voller Tiefe ausgelotet.

Nachfolge in den Karsamstag konkret: Adrienne von Speyr

Will theologische Reflexion mit der Geistesverfassung des modernen Menschen Ernst machen, muß sie den durch Therese von Lisieux nicht übersprungenen Graben überspringen; sie muß die Gottesbotschaft buchstabieren im Angesicht menschlicher Glaubensunfähigkeit und Sünde, angesichts der Sündenverstrickungen und der Qualen des Holocaust[93] und der dadurch aufgegebenen Fragen an die Gottesrede[94]. Die Solidarität der Christen im Heil und Unheil muß weitergehen können als jene Thereses von Lisieux, will sie es aufnehmen mit der abgründigen Erfahrung der *Verfinsterung* des Gottesglaubens, wie sie seit nunmehr zwei Jahrhunderten in den säkularisierten Gesellschaften an ihren historischen Tiefpunkt gerät. Auf dem Hintergrund der »gegenwärtige[n] Erfahrung der Gottesferne, der Gottverlassenheit, der höllischen Kommunikationslosigkeit und Ich-Einsamkeit«[95] bekommt die Rede im Bildwort der »Hölle« eine nie gewesene *existentiell* rückgebundene Dimension[96]. Damit ist eine *theologische* Definition von »Hölle« keineswegs obsolet; Balthasar leistet diese ausdrücklich: »Hölle ist (schon im Alten Bund) der Ort, wo Gott nicht ist, wo es das Licht von Glaube, Hoffnung, Liebe, der Teilnahme an Gottes Leben nicht mehr gibt; Hölle ist das vom richtenden Gott aus

---

93 Vgl. Theologie des Abstiegs zur Hölle, 144.

94 Vgl. E. Biser, Hat der Glaube eine Zukunft?, Düsseldorf 1994, 31-33.

95 W. Maas, Das Geheimnis des Karsamstags, 128, in: Adrienne von Speyr und ihre kirchliche Sendung. Akten des römischen Symposiums 27.-29. September 1985, hrsg. von H. U. v. Balthasar, G. Chantraine, A. Scola, Einsiedeln 1986, 128-137.

96 Vgl. E. Biser, Hat der Glaube eine Zukunft?, 9-84; ders., Abgestiegen zu der Hölle. Versuch einer aktuellen Sinndeutung, in: Münchener Theologische Zeitschrift 9 (1958) 205-212, 283-293; W. Maas, Gott und die Hölle. Studien zum Descensus Christi, Einsiedeln 1979, bes. 311-313; ders., »Abgestiegen zur Hölle«. Aspekte eines vergessenen Glaubensartikels, in: IkaZ Communio 10 (1981) 1-18, bes. 9f.

seiner Schöpfung Wegverdammte, sie ist mit dem gefüllt, womit Gott auf keinen Fall auskommt, wovon er sich ewig abwendet: mit der Realität aller Gottlosigkeit in der Welt, mit der Summe der Weltsünde.«[97] Aber diese theologische Definition erschließt sich gerade vom existentiellen Ansatzpunkt im Lebensgefühl vieler Zeitgenossen her.

Vermittelt über die mystische Erfahrung Adriennes von Speyr hat Hans Urs von Balthasar in der Theologie des Karsamstags einen letzten Schlüssel gefunden[98], von Gott zu sprechen angesichts der vielfältigen »Höllen«, in denen sich heutige Menschen vorfinden - abgeschnitten von wahrer menschlicher Kommunikation, abgeschnitten von jeglicher Möglichkeit einer Gottesbeziehung[99]. Vermittelt über die Erfahrung Adriennes von Speyr kommt Balthasar zu einem neuen Dialog mit dem Atheismus der Gegenwart (der nicht mehr durch aggressive Religionskritik, sondern vornehmlich durch erlittene Glaubensunfähigkeit gekennzeichnet ist[100]), ja zu einem Standpunkt *jenseits* des Atheismus, von wo aus sich neu eine Möglichkeit des Glaubens eröffnet. So scheut er sich nicht, die Erfahrungen Adriennes von Speyr in direkter Relevanz für den Dialog mit dem beschriebenen Atheismus zu deuten: »Zudem hat sie [Adrienne] aufgrund ihrer Leidenserfahrungen, ihrer dunkeln Nächte und Höllenabstiege den Schritt über die Welt des Atheismus hinaus getan, das heißt der Ablehnung eines rettenden Gottes und seines gesandten Sohnes; sie hat sogar den Abgrund des Karsamstags überschritten. So könnte man ihre Sprache als eine 'nachatheistische' kennzeichnen.«[101] Wenn hier von Adrienne von Speyr als derjenigen die Rede ist, die »aufgrund [...] ihrer dunkeln Nächte und Höllenabstiege den Schritt über die Welt des Atheismus hinaus

---

[97] Erster Blick auf Adrienne von Speyr, 58.

[98] Vgl. H. U. v. Balthasar, Theologie des Abstiegs zur Hölle; ders., Erster Blick auf Adrienne von Speyr, 56-59; B. Albrecht, Eine Theologie des Katholischen, Bd. I (90-127), Bd. II (121-148); W. Maas, Das Geheimnis des Karsamstags; T.R. Krenski, Passio Caritatis, 340.

[99] Vgl. Die Gottesfrage des heutigen Menschen, 174-204; Theologik II, 314-329; W. Maas, Das Geheimnis des Karsamstags, 128-130.

[100] Vgl. E. Biser, Hat der Glaube eine Zukunft?, 9-11.

[101] G. Chantraine, Das Verhältnis von Christus - Kirche als Urbild für Ehe und Jungfräulichkeit, 89, in: Adrienne von Speyr und ihre kirchliche Sendung, 74-89.

getan« hat, dann gilt dies selbstredend mit der Einschränkung, daß hier in christlicher Nachfolge *nur* erfahrungshaft-denkerische Annäherung an das geschieht, was *Jesus Christus* getan hat. Gott selbst und Gott allein ist in Jesus Christus an den letzten Ort der sündigen Gottverlorenheit und Glaubensunfähigkeit hinabgestiegen, um den »Dialog« Gottes mit dem Menschen jenseits jeden Dialoges zu eröffnen[102].
In diese von Gott erschlossene Öffnung hinein ergibt sich - wenn auch vereinzelt - endlich doch die »Möglichkeit einer Nachfolge des Herrn in einer gewissen geschenkten Erfahrung von Kreuz und Hölle«[103] - im Sinne einer kirchlichen Stellvertretung. Diese menschliche Erfahrung reicht aber insofern nie an die Erfahrung Jesu Christi von Kreuz und Hölle heran, als der Nachfolgende immer »in einem unauflöslichen Widerstreit und Widerspruch stehen [wird] zwischen dem, was er in Christus leidet und dem, was er ihm als Sünder (der eins ist mit allen Sündern) antut«[104]. Es gibt hier nie eine ausschließliche Stellvertretung für andere, weil jeder Christ - und sei es der heiligste - immer auch im Namen der eigenen Sünden leidet.
Adrienne von Speyr hat nach dem Zeugnis Hans Urs von Balthasars diese Möglichkeit der Nachfolge in den Karsamstag in einer bisher in der christlichen Tradition nicht gewesenen Form erlebt und erlitten[105]. Und ihre Nachfolge in den Karsamstag, so folgert er, ist zum Grundstein der durch ihn und Adrienne von Speyr gegründeten *Johannesgemeinschaft* geworden: »Sie ist aufgebaut auf einem Ozean von Leiden: physischen, aber vor allem geistigen: Gottverlassenheiten, finsteren Nächten, Abstiegen zur Hölle«[106]. Damit schließt sich der Kreis hin zur Ausgangsfrage nach den Bezugspunkten zwischen der Nachfolgeform der Säkularinstitute und dem Geschehen des Karsams-

---

[102] Vgl. Pneuma und Institution, 443f.

[103] Theologik II, 325.

[104] Ebd. 326f.

[105] Vgl. Balthasars Urteil in: Erster Blick auf Adrienne von Speyr, 59: »Adriennes Erfahrung ist in der Theologiegeschichte einmalig«; vgl. auch die Literaturhinweise in Theologik II, 315 (Anm. 1). Balthasar verweist im Werk Adriennes von Speyr vor allem auf: Kreuz und Hölle (Bd. I und Bd. II), die Tagebücher »Erde und Himmel« (Bd. I-III), Objektive Mystik.

[106] Die Johannesgemeinschaft, Sp. 1.

tags. Zumindest für die *Johannesgemeinschaft* gibt es diesen Zusammenhang vermittelt über den Nachfolgeweg ihrer Gründerin Adrienne von Speyr.

Nachfolge in den Karsamstag konkret: die Säkularinstitute

Mit vorsichtiger Verhaltenheit soll die hier beschriebene Möglichkeit christlicher Nachfolge in den Karsamstag auf die christologische Tiefendimension der Säkularinstitute und ihrer spezifischen Christus-Nachfolge transponiert werden. Im Sinne einer These soll formuliert werden, daß die Karsamstags-Theologie Hans Urs von Balthasars den äußersten Ort markiert, an den die Säkularinstitute Jesus zu folgen bereit sein möchten: durch ihre Präsenz in nachchristlichen Gesellschaftsstrukturen, durch ihre dabeibleibende Solidarität mit den zum Glauben unfähigen Mitmenschen, durch ihre »Stand-Haftigkeit« in einer Umwelt, die von zahlreichen Verfalls- und Todeszeichen, vorab der Sünde in vielfältigsten Formen, geprägt ist.
Ein solcher Nachfolge-Weg wird sich in der Regel nicht in der außergewöhnlichen Tiefendimension der Mystiker bewegen (wie im Fall Adriennes von Speyr), sondern auf der schlichten Ebene einer betenden Präsenz in dieser Welt. Auf die Frage, was wir - die kaum mit außerordentlicher Mystik begabten und belasteten »normalen« Christen - tun können, antwortet Balthasar schlicht: »Vieles. In unserem Leben den Geist der Solidarität neu beleben, diese Macht, die Last der andern mitzutragen, mit Inbrunst beten - und solches Gebet ist unfehlbar -, daß unsere Brüder und Schwestern sich nicht endgültig verlieren. Buße tun [...]«[107]. Namentlich als »Programm« an die Adresse der Säkularinstitute formuliert Balthasar in diesem Sinne: »aus der Einsamkeit Gottes [hier als Chiffre für die kontemplative Dimension der Lebensform zu lesen] in die vollkommene mitmenschliche Solidarität hinausgehen, ohne einen andern Vorbehalt als den Jesu Christi: 'in allem uns gleichgeworden außer der Sünde'«[108]. Diese - zweifelsohne ge-

---

[107] Theologie des Abstiegs zur Hölle, 146.
[108] Pneuma und Institution, 277.

wagte - These hat nun ihrerseits weitere Implikationen, die der Erklärung bedürfen.
Zunächst fällt von hier aus ein Licht zurück auf die schöpfungstheologischen Aussagen Hans Urs von Balthasars, ja, durch die theologische Erschließung des Karsamstags ist jede schöpfungstheologische Begründung der Säkularinstitute nochmals überboten. Ist doch erst in der Theologie des Karsamstags auch die dunkle Seite der Schöpfung - die in der Freiheit der Geschöpfe liegende Möglichkeit zur Sünde und zur endgültigen Trennung von Gott - in ihrer Gottbezüglichkeit aufgehellt[109]. In seinem Sterben in die Gottlosigkeit der Hölle hinein offenbart Jesus gleichsam die positive Seite jener *Medaille*, die *Hölle* heißt: Gott kann in der Gottwidrigkeit von Tod und Hölle gefunden werden, weil sich auch und gerade darin die freilassende Liebe des Schöpfers spiegelt, der »die Möglichkeit der Freiheit des Geschöpfs und aufgrund des Mißbrauchs dieser Freiheit dessen mögliches ewiges Verlorengehen voraussah und verantwortete«[110]. Im Karsamstag kommt die freilassende Liebe Gottes zur äußersten Geltung als »Macht der Liebe, die den Sünder nicht übermächtigt und gegen seinen Willen 'zum Heile zwingt', sondern die ihn in der gleichsam stummen Gebärde des Dabeiseins begleitet in die letzte Einsamkeit hinein«[111]. Schlichteste Nachahmung dieser »stummen Gebärde des Dabeiseins« jenseits aller Möglichkeit von direktem Apostolat oder effektiver Weltgestaltung kann das »Apostolat des Seins« der Christen im Säkularinstitut sein[112]. Das Nichts-tun-Können wird hier zur möglichen Form der Nachfolge, die mit Jesus Christus die Ohnmacht seines Todes teilt.

---

[109] Vgl. Zur Theologie des Rätestandes, 24.

[110] Theologik II, 321.

[111] M. Kehl, Ein Porträt, 52.

[112] Hier ist nochmals die oben schon erwähnte Verwandtschaft mit dem *kleinen Weg* Thereses von Lisieux zu bemerken. Vgl. Schwestern im Geist, 236: »Obwohl Therese den großen Weg als den Weg der außergewöhnlichen Bußwerke und Leistungen, zu denen nur wenige berufen sein können, hinstellt, den kleinen Weg dagegen als den, auf welchem alle 'kleinen Seelen' wandeln und ihr folgen können, hat sie selbst nur zu gut erfahren, welchen Einsatz er fordert. Er will ja nicht die einzelne Leistung, sondern das ganze Sein. Nicht den Akt, sondern den Zustand und Seelengrund, aus dem die Akte hervorgehen.«

Die Universalität der Hoffnung für alle, die sich im Rahmen der Karsamstagstheologie und der systematischen Erschließung des Themas »Hölle« bei Hans Urs von Balthasar entfaltet[113] (und in der dann auch die Unvorstellbarkeit der Hölle bei Therese von Lisieux rehabilitiert ist[114]), findet - so soll hier thesenhaft formuliert werden - ihre Entsprechung in der Universalität des Gesandtseins der Mitglieder der Säkularinstitute zu allen Menschen und an alle Orte. Kein Welt-Ort ist seit dem Höllenabstieg Jesu zu gottlos, als daß dort nicht die Spuren Jesu gesucht werden könnten, denn nun gilt: »Auch das, was wir 'Hölle' nennen, ist, obschon es der Ort der Verworfenheit ist, noch immer ein christologischer Ort.«[115] Die wahrhaft universale Präsenz Christi bis in die Gottferne der Schöpfung hinein trägt ihre Frucht in der universalen christlichen Weltsendung, so daß sich für den Christen geradezu der Imperativ einer Nachfolge Christi in die von der Sünde entstellte Schöpfung hinein ergibt: »Im Lichte der Kenose Jesu kann der Gehorsam nie Flucht vor der Welt in eine heile Ordnung sein. Das universale Ganze wird gerade in der Gestalt entfremdeter Sünde durch apostolische Liebe versöhnt.«[116]

In Anwendung auf die Säkularinstitute heißt dies: Die *Bewegung des Karsamstags* hat - wenn auch in unerreichbarem Abstand - eine analoge Entsprechung in der *Bewegungsrichtung der Nachfolge in den Säkularinstituten*: mit Gott von Gott weg zu gehen und so auf Gott zu[117]. Diese Bewegungsrichtung ist für Balthasar zwar primär diejenige der ganzen Kirche[118], aber zugleich die spezifische, ausdrücklich übernommene Bewegungsrichtung der Säkularinstitute in ihrer Weltsen-

---

[113] Vgl. Theologik II, 315f, 327. Hierzu T. R. Krenski, Passio Caritatis, 330-342; K.-H. Menke, Stellvertretung, 301-306.

[114] Vgl. Die Gottesfrage des heutigen Menschen, 201f.

[115] Pneuma und Institution, 444.

[116] M. Scheuer, Die Evangelischen Räte, 94.

[117] Vgl. Theologik II, 322: »Insofern ist der 'Weg' des Sohnes in das Ausweglose der Sünde hinein, ohne daß er es wahrnimmt, zugleich der direkteste und trinitarisch intimste Weg in den Vater hinein.« Vgl. M. Scheuer, Die Evangelischen Räte, 90.

[118] Vgl. Pneuma und Institution, 268: »Die Existenzform der zentrifugalen Ausstrahlung in die Welt ist, theologisch gesprochen, kontemplativen wie aktiven Orden, Kongregationen, Weltgemeinschaften und Laienvereinigungen gemein. Sie ist es der Kirche im ganzen.«

dung. In diesem Sinne gilt auch bezüglich der *abwegigen* Möglichkeit einer Nachfolge in den Karsamstag: »Die Situation der Mitglieder von Weltgemeinschaften ist theologisch gesehen nicht paradoxer als die eines jeden Christen, weil sie nur die Situation der gesamten Kirche zur Veranschaulichung bringt.«[119]
Trotz der hier skizzierten, christologisch begründeten Bereitschaft der Mitglieder der Säkularinstitute, durch ihre Sendung und Verwobenheit in alle Lebensbezüge und Milieus im paulinischen Sinne »allen alles zu werden«, sieht Balthasar eine ganz deutliche Grenze solchen apostolischen Totaleinsatzes: »Paulus hätte niemals den Christen empfohlen, mit den Ungläubigen ungläubig zu sein, [sic!] oder auch nur mit den Zweifelnden zu zweifeln. Die Angel, in der seine Tür sich dreht, ist immer die des christlichen Glaubens«[120], der zuletzt ein in aller Gottferne und Gottesnot durchgetragener Glaube an die Auferstehung ist. Für den Christen, so ist Balthasar überzeugt, kann es Nachfolge in den Karfreitag und Karsamstag immer nur von Freude zu Freude, von Ostern zu Ostern geben: »Wenn wir mit unserem Einsatz in die Nachfolge des Einsatzes Gottes in Christus berufen werden, so immer ins Ganze, und das Berufenwerden als solches ist Freude, ist Gnade von Ostern her.«[121] Dies gilt nicht nur um des Berufenen willen, als Ermöglichung für sein Durchhalten in den Erfahrungen des Kreuzes, sondern es gilt auch um derjenigen willen, für die er sich berufen weiß; schließlich soll es um ein »Zeugnis der *Freude* in der Solidarität des Dunkels«[122] gehen. *Wirksame* Solidarität im Dunkel kann es nur geben, wo die Menschen, zu denen der Christ sich gesandt weiß, durch ihn frohe Botschaft erfahren, denn: »Was haben sie davon, wenn einer mehr mit ihnen zusammen verzweifelt ist?«[123] Dies muß sich die Solidarität der Säkularinstitute mit der umgebenden Welt ausdrücklich gesagt sein lassen, wenn sie den Bogen der Nachfolge bis zum

---

[119] Ebd. 277.

[120] In Gottes Einsatz leben, 106.

[121] Ebd. 107; vgl. Spiritus Creator, 413; Die Wahrheit ist symphonisch, 131-146; Christologie und kirchlicher Gehorsam, 193.

[122] In Gottes Einsatz leben, 106 (Hervorhebung durch die Autorin).

[123] Ebd. 108.

äußersten spannt.

c) Auferstehung - Österliche Siegesgewißheit für diese Welt

Bleibt zuletzt im Hinblick auf die christologischen Grunddaten noch die Frage, welchen Bezugspunkt Hans Urs von Balthasar zwischen dem Glauben an die Auferstehung Jesu Christi und der in den Säkularinstituten angezielten Nachfolge herstellt. Balthasar beantwortet diese Frage im Zusammenhang des Spannungsfeldes zwischen *Eschatologie* und *Inkarnation* innerhalb einer *Theologie der Säkularinstitute*[124]. Das *eschatologische* Moment des christlichen Lebens wird hier von Balthasar - zunächst noch unspezifisch im Hinblick auf jeden Getauften - formuliert mit klarer Sinnspitze in der *Auferstehung Jesu Christi*, in welcher die eschatologische Hoffnung der Christen begründet ist und zum Engagement in der noch unvollendeten Welt herausgefordert wird:

> »Nach Paulus sind die Christen kraft der Taufe der Welt abgestorben, mit Christus begraben, mit ihm auferstanden und dadurch dem himmlischen, eschatologischen Reich einverleibt, sie sind als Bürger des nahenden Himmelreiches Fremdlinge auf Erden; sie erwarten es vom Himmel her und helfen ihm zugleich zu seinem Durchbruch aus der Welt her (Eph 4,15f.).«[125]

Was hier auf den ersten Blick doch wieder als Darstellung einer rein jenseitig orientierten Eschatologie erscheinen mag, nimmt Balthasar im Kontext seiner Überlegungen zur *Theologie der Säkularinstitute* hingegen zum Ausgangspunkt einer *welthaften* Eschatologie. Mit diesem Verständnis von Eschatologie verbindet er eine klare Absage an jenes Verständnis von eschatologischer Existenz, das diese im Sinne von »Entweltlichung, Vergeistigung, Abkehr von Geschichte und irdischer Arbeit und Kultur«[126] interpretieren möchte. Statt dessen wird das in der Taufe begründete eschatologische Leben des Christen im Auferstandenen nach Balthasar zum »Ausgangspunkt der christlichen Sen-

---

[124] Vgl. Zur Theologie der Säkularinstitute, 444-446.

[125] Ebd. 444.

[126] Ebd. 445.

dung in die Welt, so wie sie ist. Und dies im Namen des Auferstandenen, dem die Welt als ganze gehört (Mt 28,18f.), da sie durch ihn und auf ihn hin gegründet und geschaffen ist (Kol 1,16-17) und da er gerade durch seine Auferstehung zum Herrscher des gesamten Kosmos inthronisiert wurde (Phil 2,9-11)«[127]. Wo der auferstandene Jesus Christus als Herrscher der gesamten geschöpflichen Welt vorgestellt wird, sind Christen offenbar berechtigt zur österlichen Siegesgewißheit für *diese konkrete Welt.* Wo christliche Existenz von der Auferstehung Jesu Christi her geprägt ist, geschieht keineswegs Auswurzelung aus der vorläufigen Welt in die zukünftige hinein, so daß ein Christ gleichsam nur noch *als ob* das Leben dieser Welt teilen würde, sondern »in der Auferstehung [...] ist das Gottesreich so mächtig geworden, daß das gesamte Weltreich ihm eingepflanzt erscheint«[128]. *Diese* - wenn auch noch unvollendete - *Welt* ist es, die durch die Auferstehung Jesu Christi als Vollendung seiner Menschwerdung positive Vorzeichen erhalten hat; Auferstehung ist »Bejahung des gesamten leibseelischen Menschen in Gott«[129].

Im Balthasarschen Verständnis sind vor allem die Laien im Gottesvolk - unter ihnen spezifisch die Mitglieder der Säkularinstitute - Vorboten und Zeugen dieser von der Auferstehung Jesu Christi her rehabilitierten und in Gott eingeborgenen Welt. Sie leben aus der Kraft der Auferstehung Jesu Christi »gottgeweihte Existenz in der sündigen Welt als Vertretung der werdenden erlösten Welt«[130]; als solche sind sie Vertreter einer von der Auferstehung Jesu geprägten christlichen Existenz[131]. Hiermit sind die Laien im Gottesvolk positiv und unterscheidend - was nicht heißt trennend - gegenüber Ordensleuten und Priestern qualifiziert, denen Balthasar den Schwerpunkt einer auf die endgültige Vollendung ausgerichteten Eschatologie, »das Absterben und

---

[127] Ebd.

[128] Ebd.

[129] Klarstellungen, 23.

[130] Zur Theologie der Säkularinstitute, 445.

[131] Vgl. ebd.

jenseitige Auferstehen«[132], zuordnet.

II. Geprägt von den christologischen Grundgeheimnissen in der Sendung des Vaters

Wie in vielfältigen Bezügen erarbeitet wurde, verstehen die Säkularinstitute sich nicht als Selbstzweck zur Heiligung der eigenen Mitglieder; ihr ganzes Dasein will vielmehr *apostolisch* gedeutet werden[133]. Genauso wenig hat die von Balthasar implizierte *Weltzuwendung* der Säkularinstitute mit *Weltangleichung* zu tun; sie geschieht vielmehr in der Teilhabe an der Sendung Jesu Christi in die Welt. In Jesus Christus wird die *Weltzuwendung* der Säkularinstitute zum Modus ihres Stehens *in der Sendung des Vaters*, zum Leben *in Gottes Einsatz*[134]. Wer von daher die Weltzugewandtheit für ihre Mitglieder als angenehme Zwischenform zwischen einem laikalen Ordensleben und dem normalen Leben eines Laien deuten wollte, hätte Balthasar - und mit ihm die anderen geistlichen Väter und Mütter dieser Lebensform - zutiefst mißverstanden. Die Spannung zwischen Herausruf aus der Welt und Sendung in die Welt, wie Balthasar sie für das Räteleben generell beschreibt, gilt ausdrücklich und zugespitzt für das Räteleben in der Form der Säkularinstitute:

»herausgerufen aus Welt und Beruf folgen sie dem Herrn in die Ein-

---

[132] Vgl. den gesamten Sinnzusammenhang ebd.: »Und wenn nun in dieser Blickrichtung die 'Christen in der Welt' viel positiver dastehen - neben die Eschatologie tritt die Inkarnation, neben das Absterben und jenseitige Auferstehen tritt die gottgeweihte Existenz in der sündigen Welt als Vertretung der werdenden erlösten Welt -, so erscheinen nun doch auch die Ordensleute (und Priester) als jener 'Hilfsstand' *(secundario et instrumentaliter* sagt Thomas), der die Welt 'verlassen' hat, um besser mit Christus in sie hineinzugehen, Sauerteig zu sein für Kirche und Welt, in Aktion und Kontemplation, hundertfältige Frucht im Acker, der die Welt ist, und damit christliche Radikalform auch der 'Inkarnation'.«

[133] Vgl. Nachfolge Jesu Christi mitten in dieser Welt, 22-24.

[134] Vgl. In Gottes Einsatz leben.

samkeit [...] um, auf den Wegen seiner Sendung von ihm erzogen, erst probeweise, dann endgültig in alle Welt hinausgesendet zu werden. Aber ihr Zurück in die Welt ist nicht weniger radikale Trennung von der Welt als ihr erstes Hinaus aus der Welt. Ja, man kann sagen, daß sie erst in diesem Zurück in die Welt die ganze Tiefe der Kluft ermessen, die sie von der Welt trennt.«[135]

Als Grundregel folgert Balthasar: »Je äußerlich weltlicher eine christliche Sendung ist, desto innerlich in Gott gefestigter muß, wenn sie gelingen soll, der Gesendete sein.«[136]. Dies gilt es nun in Hinblick auf einige wenige zentrale Spannungsmomente in den Lebensvollzügen der Säkularinstitute aufzuzeigen: »Weihe und Weltverzicht«, »Weltgestaltung und Ohnmacht«, »Aktion und Kontemplation«, »ausgesetzt und geborgen« sind dabei jeweils Komplementärbegriffe, in denen die christologisch begründete Spannung der Lebensform konkret gefaßt werden kann.

1. Weihe für die Welt und Weltverzicht

Zu den Grundkategorien einer theologischen Bestimmung der *Säkularinstitute* gehört neben *Apostolat* und *Welthaftigkeit* die Kategorie der *Weihe*[137]. Insbesondere die Verhältnisbestimmung von *Weihe* und *Welthaftigkeit* ist in den theologischen Ansätzen zur Bestimmung der Lebensform äußerst vielfältig und konträr diskutiert worden[138]. Balthasar seinerseits hat in der hier aufscheinenden Sachproblematik eine eigene Begrifflichkeit erarbeitet. Üblicherweise werden mit dem Begriff der *Weihe* in seiner Anwendung auf ein Leben nach den evangelischen Räten drei Konstitutiva verbunden: »der gnadenhafte Ruf zu dieser Lebensform, die freie Antwort des Menschen in der Verpflichtung auf das Räteleben und die Entgegennahme der Verpflichtung

[135] Die großen Ordensregeln, 29f.

[136] Ebd. 30.

[137] Vgl. G. Pollak, Der Aufbruch der Säkularinstitute und ihr theologischer Ort, 223-249.

[138] Vgl. ebd. 234f.

durch die Kirche«[139]. Diese allgemeine Bestimmung erhält durch Balthasars Referat *Die Nachfolge Christi im Neuen Testament* eine klare Bestätigung in allen drei Elementen[140], wird aber darüber hinaus in einigen wenigen Aspekten spezifiziert.

Den »gnadenhaften Ruf zu dieser Lebensform« faßt Balthasar im Begriff der *consecratio*, die - selbstredend für eine kirchliche Berufung - der bestätigenden Entgegennahme durch die Kirche bedarf[141]. Aufschlußreich ist nun, daß Balthasar diesen ersten Aspekt der *Weihe* in direkten Zusammenhang bringt mit dem die Säkularinstitute spezifizierenden *Weltauftrag*: »Der besondere Ruf ist es, [...] der ihn über die Taufweihe hinaus in einer neuen und innigeren Weise Gott und dem Dienst am Welteinsatz Gottes weiht.«[142] D.h. für die Mitglieder der Säkularinstitute ist es gerade ihre *Weihe* an Gott, die sie auch tiefer - will heißen: über die Taufweihe hinaus - dem Dienst an der *Welt* weiht und zum *Welteinsatz* befähigt. *Weihe* wird hier von Balthasar immer schon verstanden als *Weihe für die Welt*, *Weihe zum Dienst an der Welt*.

Mit dieser Spezifizierung hat Balthasar dem Begriff der *Weihe* in seiner Anwendung auf die Säkularinstitute eine Konnotation beigelegt, durch die dieser Begriff geradezu zum Unterscheidungsmerkmal zum Räteleben im Orden wird. Während für die traditionelle Ordensspiritualität der *Weltverzicht* das tragende Moment war, kommt für die Säkularinstitute nach Bathasar ergänzend das Moment der *Weihe* hinzu: *Weihe zum Räteleben in der Welt, für die Welt*. *Weihe* wird im Balthasarschen Sprachgebrauch zum Synonym der für die Säkularinstitute geforderten Einwurzelung des Christlichen in die Welt[143]. Diesen, die herkömmliche Rätespiritualität ergänzenden Aspekt, den er im Begriff *Weihe* faßt, findet Balthasar bestätigt in den Ausführungen der Apostolischen Konstitution *Provida Mater*. Er kommentiert: »Es könn-

---

[139] Ebd. 238.

[140] Vgl. Die Nachfolge Jesu im Neuen Testament, 17-21.

[141] Vgl. ebd. 18f. Selbstverständlich faßt Balthasar den Begriff *consecratio* hier nicht im engen Sinne einer Weihe zum kirchlichen Dienstamt.

[142] Ebd. 18.

[143] Vgl. Wesen und Tragweite der Säkularinstitute, 207.

te deshalb wichtig sein, daß in 'Provida Mater' neben dem Stichwort vom Apostolat andere Worte als Synonyma auftauchen wie 'Durchdringung' und 'Kontakt', und vor allem neben dem Aspekt des Weltverzichts der Aspekt der 'Weihe' ('*consecratio* et instrumentum valde opportunum *penetrationis* et apostolatus ... per *contactum intrinsecum et quotidianum*' PM 9-10).« [144]

Dabei möchte Balthasar den Aspekt des *Weltverzichtes* keineswegs zugunsten des Aspektes der *Weihe für die Welt* aufgeben, sondern den einen durch den anderen erhellen. Weltverzicht bleibt auch für die Nachfolge im Säkularinstitut, insofern es eine Nachfolge im Modus der evangelischen Räte ist, gleichsam als Ausgangsposition der Sendung in die Welt bedeutsam. Balthasar stellt in diesem Kontext allerdings die Frage nach dem *Wie* dieses Weltverzichtes: Es geht darum, »Uns also zu fragen, inwiefern ein Christ, der sich zu einer besondern Nachfolge des Herrn berufen weiß, der Welt 'absterben' muß, um von ihm mit der Botschaft vom Reich in sie zurückgesendet werden zu können.«[145] Diese Frage ist nicht erst an den Christen im Säkularinstitut gerichtet, sondern schon an jeden Getauften, erfährt aber dort brisante Zuspitzung. Insbesondere dem Laien im Rätestand kommt es zu, durch seine Lebensform die Unabdingbarkeit des Weltverzichtes *inmitten* aller Weltbindung und Weltsendung zu betonen; ihm kommt es zu, durch den Verzicht der evangelischen Räte den *transzendenten* Gott zu bezeugen, der sich *weltimmanent* offenbart. Von hier aus erklären sich Balthasars dialektische Aussagen: »Christliche Sendung in die Welt setzt ein Gestorbensein für die Welt voraus, nicht nur in der Nachfolge des irdischen Weges Jesu, sondern damit im Christen die unfaßbare Dialektik der je größeren Immanenz Gottes in seiner je größeren Transzendenz eine bleibende Darstellung erhält.«[146] Nur durch diese dialektische Sprechweise ist gewährleistet, daß die Lebensweihe den Christen im Säkularinstitut weder zur Flucht aus der Welt noch zum distanzlosen Mitschwimmen mit den innerweltlichen Kräfteverhältnissen verleitet. Balthasars Aussage trifft nicht erst den Christen im

[144] Ebd.

[145] Unser Auftrag, 109.

[146] Die Wahrheit ist symphonisch, 115.

Säkularinstitut, sondern sie meint zunächst jeden Getauften, allerdings verleihen die Säkularinstitute in ihrer Synthese von *Weihe für die Welt* und *Weltverzicht* dieser Spannung einen greifbaren, zur Lebensform gewordenen Ausdruck.

2. Weltgestaltung und Ohnmacht

Damit sind die Überlegungen schon angelangt bei der Thematisierung des zweiten typischen Spannungsfeldes eines Lebens im Säkularinstitut: beim Verhältnis zwischen der aus dem Geist Christi motivierten *Weltgestaltung* und der in der Kreuzesnachfolge begründeten *Ohnmacht* des Christen in der Welt. Beide Male - sei es in der machtvoll zugreifenden Weltgestaltung, sei es in der Erfahrung der Ohnmacht - nimmt der Christ Maß an Jesus Christus. Im einen Fall geht es um schöpferische Weltgestaltung in der Stellvertretung Jesu Christi, des *Menschgewordenen*, der zur Kirche spricht: »Ich bin das Haupt, ihr seid die Glieder. Was ich denke und sinne, das sollt ihr darstellen und tun. Durch euch, meine Hände und Füße, will ich die Welt durchwandeln, verwandeln.«[147] Im anderen Fall geht es darum, daß durch die Kirche die Ohnmacht Jesu Christi, des *Gekreuzigten*, zur Darstellung kommt: »Die ruhmlose Schwäche, mit der du in diesem Jahrhundert des Untergangs vor der Welt stehst, unfähig sie zu verwandeln, diese Schwäche ist einbezogen in das Geheimnis meiner eigenen ruhmlosen Schwäche, denn wann war ich selber stark genug, das Angesicht dieser äußeren Welt zu erneuern?«[148], diese Frage läßt Balthasar Jesus Christus an die Kirche stellen. Unauflösbar bleibt für den Christen so die Spannung, »daß weltliche Macht unter dem Gesetz der freiwilligen Machtlosigkeit des Erlösers verwaltet werden muß«[149].
Daß es zu einem derart spannungsreichen Verhältnis kommt, ist nicht

[147] Das Herz der Welt, 58.
[148] Ebd. 147.
[149] Nochmals Reinhold Schneider, 61f.

zuletzt Folge der erbsündlichen Belastetheit der Welt[150], die noch im Widerstreit steht mit dem Willen Gottes; es ist Folge des spannungsvollen Verhältnisses von Gnade und Macht, von Kirche und Welt[151] (vgl. Zweiter Teil. B. Erstes Kap.). Sprechend ist das Bild, das Balthasar zur Bestimmung des Verhältnisses von Kirche und Welt bezüglich der *Machtfrage* gebraucht: Wo die Kirche sich wiederfindet in der ohnmächtig-machtvollen Position eines *David vor Goliath*, dort steht sie in der gottgewollten Relation zur Macht.

> »Dabei sorgt eine Vorsehung dafür, daß die Disproportion zwischen dem Goliath der Weltmächte und dem christlichen David anschaulich bleibe: es wird für diesen nicht darum gehen, im Harnisch der Macht einherzustolzieren, die Schalthebel der Weltwirtschaft und Weltpolitik zu beherrschen, das Steuer mit Kurs auf ein Reich Gottes auf Erden herumzuwerfen. 'Nicht zu siegen verlangt man von uns, sondern zu widerstehen' (Claudel).«[152]

Keineswegs muß die Kirche deshalb eine Befürworterin totaler politischer Gewaltlosigkeit oder des Pazifismus sein[153], aber in ihrer *eigenen* Sache hat sie sich strikte gewaltlos und bar aller Ambitionen zu weltlichen Machtpositionen zu verhalten, damit sie nicht »auf dem Umweg über weltliche Machtpositionen angeblich christliche Wirkungen hervorzubringen«[154] versucht. Balthasars diesbezügliche Mahnungen an die Kirche sind eindeutig:

---

[150] Vgl. ebd. 131f: »Von einer 'Harmonie zwischen Natur und Übernatur kann wohl abstrakt die Rede sein, aber das Mysterium des Kreuzes läßt sich nie als ein 'harmonisches' Moment in eine Synthese einbauen, und wo Forderungen der erbsündigen Sozialordnung und des Gebotes des Evangeliums zusammenstoßen, *kann* ein Verhältnis von Spruch und Widerspruch sich durchaus ergeben.«

[151] Vgl. ebd. 107f, 111f, 121.

[152] Die Wahrheit ist symphonisch, 92.

[153] Vgl. Theodramatik IV, 458: »Es gibt im Neuen Testament Stellen genug, die zum Kampf in der Waffenrüstung Gottes und zum Ergreifen des von Jesus gebrachten 'Schwertes' auffordern; nicht einzusehen ist, weshalb hier gerechte Notwehr, bewaffnete Verteidigung des als gottgewollt und -gegeben betrachteten Gutes nicht miteingeschlossen sein sollte, aller Einsatz ohne habsüchtigen Egoismus für irdische Güter, die, obzwar in ihrer Gestalt vergänglich, ihren letzten Stützpunkt im Willen und in der Herrschaft Gottes besitzen.«

[154] Integralismus heute, 225; vgl. auch: Glaubhaft ist nur Liebe, 86; Nochmals Reinhold Schneider, 223.

»Nur im grundsätzlichen Verzicht darauf, das jenseitige Reich auf Erden zu bauen, kann die Kirche so etwas wie Macht unter den Völkern zu gewinnen suchen. Haarscharf daneben - so scharf, daß ein menschlicher Blick kaum hinreicht, hier die Geister zu scheiden - klafft der Abgrund: die Sicherung der eigenen (nur in Gott gesicherten!) Existenz durch die Mittel irdischer Macht, die geheime Angst vor dem Kreuz, getarnt in tausend Erfordernissen gedeihlichen Daseins auf Erden, zuletzt in die Erfordernisse der Repräsentation.«[155]

Offenbar ist eine schwierige Gratwanderung angesagt, die nur mit den Mitteln der Unterscheidung der Geister zu leisten sein wird. Ein Denken mit den Maßstäben Jesu Christi ist gefordert, denn es scheint geradezu eine antiproportionale Gesetzmäßigkeit zu geben dergestalt, daß die Fruchtbarkeit der Kirche für das Reich Gottes in dem Maße zunimmt, wie ihre Macht in der Welt abnimmt. Zumindest stellt Balthasar diese Vermutung an: »Vielleicht gehört es zum Ohnmachtsgeheimnis der Kirche, daß sie als Licht der Welt den Völkern immer intimer ihre Wahrheit vermittelt, deren Kraft sie - die ausspendende Lichtquelle - kaum noch zu besitzen scheint.«[156]
Dieses spannungsvolle Verhältnis zwischen *Weltgestaltung* und *Ohnmacht* muß für Balthasar auch wesentlich die Gestalt der Säkularinstitute und ihr Verhältnis zur Macht bestimmen; hier liegt für ihn sogar ein herausstechendes Kriterium, ob diese Nachfolgeform im Geist Jesu gelebt wird oder nicht. So stellt er der eigenen *Johannesgemeinschaft* das Zeugnis aus: »Wir streben bewußt nicht nach Macht, weder in der Welt noch in der Kirche, denn nach Paulus bleibt es ewig wahr: 'Wenn ich schwach bin, dann bin ich stark', 'Gott hat uns Apostel auf den letzten Platz gestellt', 'Wie Sterbende, aber siehe, wir leben'«, dies in bewußter Abgrenzung von jenen Sekten und Bewegungen, »die unverhältnismäßig viel Kräfte auf Werbung für die eigene Sache [...] verschwenden«[157]. Generell für alle Säkularinstitute stellt Balthasar deshalb die Frage: »Wie verträgt sich weltliche Machtposition mit dem letzten Platz des Evangeliums? Das ist *das* Problem der Säkularinstitu-

---

155 Nochmals Reinhold Schneider, 231.

156 Ebd. 228.

157 Die Johannesgemeinschaft, Sp. 2.

te. Darum ist es irgendwo auch mein spezielles Problem.«[158]
Der Knotenpunkt, an dem Balthasar eine mögliche Vermittlung von beiden Kräften festmacht, ist der christliche *Gehorsam.* Ausübung von Macht legitimiert sich für den Christen nur, wo sie hervorgeht aus der Gehorsamshaltung gegen Gott: »Wer aber Gott gehorcht, in dem stellt Gottes Macht sich dar und gibt ihm teil an der Verwaltung. Das Gottesreich in der Welt und mitten in der Weltgeschichte ist nichts anderes als diese in den Gehorsamen sich darstellende, ausbreitende Macht Gottes.«[159] Deshalb ist eine klar strukturierte Gehorsamsbindung der Christen im Säkularinstitut für Balthasar unabdingbare Voraussetzung ihres gestalterischen Welteinsatzes. Gerade in ihrer Gehorsamsbindung an die jeweilige Gemeinschaft - und in ihr an die Kirche - werden die Mitglieder der Säkularinstitute zum Modellfall für jeden Christen, der in der Welt Macht ausübt: »Und so rückt unversehens das Bild des *Nichtwiderstehenden*, das heißt des Gehorsamen, noch einmal in die Mitte, als das Bild dessen, der seinen Standort im Rätestand hat, aber seine Wirkkraft darin erhärten muß, daß er zum Vor-Bild für die Herrscher und die Verantwortlichen dieser Welt wird.«[160] Hiermit hat Balthasar ein für allemal klargestellt, daß christlicher Einsatz in der Welt sich nicht an meßbarem Erfolg bemißt, sondern - selbst für jene, die auf auf gewichtige Posten gestellt sind - anhand der Nähe zum Gekreuzigten zu beurteilen ist. Damit ist die Übernahme hoher, weltlicher Verantwortung für einen Christen zwar nicht grundsätzlich diskreditiert, aber sehr wohl in das größere Ganze der Kreuzesnachfolge integriert. Wo die kirchliche Gehorsamsbindung eines Christen im Säkularinstitut nochmals indirekt zu kirchlicher Machtausübung instrumentalisiert würde, wäre die angestrebte Synthese von *Weltgestaltung* und *Ohnmacht* in der Nachfolge des Gekreuzigten unterschwellig pervertiert. Der zu beschreitende Grat verläuft haarscharf.

---

[158] Geist und Feuer, 80.

[159] Nochmals Reinhold Schneider, 120.

[160] Ebd. 158.

3. Aktion und Kontemplation

Ohne Zweifel muß eine Lebensform, die sich dem Zueinander von radikaler Bindung an Gott und ebenso radikalem Einsatz für Menschen und Welt verschrieben hat, notwendig in das spannungsreiche Verhältnis von *Kontemplation* und *Aktion* hineingeraten. So verwundert es nicht, daß Hans Urs von Balthasar seit Beginn der 40er Jahre in mehreren Anläufen versuchte, zukunftweisende Ordnung in die verworrene Geschichte dieses Begriffspaares zu bringen[161], das die Geschichte des Christentums wesentlich mitbestimmt hat. Ohne die von Balthasar dargestellte zweitausendjährige Geschichte des Zueinanders von Aktion und Kontemplation hier referieren zu wollen, kann doch gesagt werden, daß eine wirklich biblisch-christliche, frei von allen antik-hellenistischen Anleihen geprägte Verhältnisbestimmung der beiden Größen in der Sicht Balthasars erst mit den Mendikantenorden[162] und schließlich vollends mit *Ignatius von Loyola* anhebt:

> »Indem Ignatius von Loyola jede theoretische Erörterung der Frage über Aktion und Kontemplation übergeht und in seinen 'Geistlichen Übungen' mit der Starre der Exklusivität auf das Vorbild des menschgewordenen Herrn schaut, gewinnt bei ihm die Frage noch einmal ein neues Gesicht. Bei diesem unverwandten Blick auf den Herrn wird ihm deutlich, daß jener Gegensatz überhaupt ein sekundärer ist, daß er im Evangelium selbst keine letzten Grundlagen hat.«[163]

Hatte vor Ignatius - mehr oder weniger, ausgesprochen oder unausgesprochen - immer noch die hellenistische Vorordnung der Kontemplation vor der Aktion Einfluß auf die Bewertung und Entwicklung der christlichen Lebensmodelle gehabt[164], wurde mit der ignatianischen Betrachtung des Lebens Jesu ein neuer, unvoreingenommener und vor allem biblischer Blick eröffnet. Jetzt erst konnte die bis dahin vorherr-

---

[161] Vgl. Aktion und Kontemplation, in: Die katholische Schweizerin (Einsiedeln) 41 (1942) 115-120; Aktion und Kontemplation, in: Geist und Leben 21 (1948) 361-370; Jenseits von Kontemplation und Aktion?, in: IkaZ Communio 2 (1973) 16-22.

[162] Vgl. Aktion und Kontemplation (1948), 363f.

[163] Aktion und Kontemplation (1942), 116f.

[164] Vgl. Aktion und Kontemplation (1948), 361-364.

schende Entgegensetzung von kontemplativem und aktivem Leben aufgehoben werden in eine neue Integration hinein, was in den folgenden Jahrhunderten erhebliche Auswirkungen auf die gesamte Landschaft des Ordenslebens[165] bis hin zur Entstehung der Säkularinstitute haben sollte. Diese biblisch-jesuanische Neudeutung des Verhältnisses von Aktion und Kontemplation, wie sie mit Ignatius anhebt, ist es, aus der Balthasar seine theologische Bestimmung des Verhältnisses speist. Balthasar denkt hier - wie an vielen anderen Stellen - vornehmlich trinitarisch. Die Wurzel der Spannung zwischen *Aktion* und *Kontemplation* erblickt er - wie bei allen polaren geschöpflichen Spannungsverhältnissen - im *innertrinitarischen* Leben Gottes:

> »Sohn und Geist 'zeigen, daß Gottes Liebe im Himmel ein ewiges lebendiges Spiel enthält: zwischen aktivem Hervorbringen und passivem Gezeugt- und Gehauchtwerden, zwischen prägender Liebe und liebendem Geschehenlassen'.
> Vorweg wird sichtbar, wie von hier die Möglichkeit verschiedener Dualismen innerhalb der Schöpfung verständlich werden [sic!]: zwischen Akt und Potenz, zwischen Aktion und Kontemplation, zwischen den geschlechtlichen Differenzen.«[166]

Dabei weist Balthasar nicht etwa nur dem Vater in Gott Aktion zu, während Sohn und Geist nur Kontemplation repräsentieren würden, sondern immer spielen in allen göttlichen Personen beide Haltungen komplementär ineinander[167], weil »der trinitarische Gott ununterscheidbar immerdar ruht und wirkt, immerdar sich schaut und die innergöttlichen Sendungen trägt«[168].
Über dieses kontemplativ-aktive innertrinitarische Geschehen hinaus zeigt Gott sich in der Erschaffung der Welt und in ihrer Erlösung zutiefst aktiv. Aktion und Kontemplation - so wird deutlich - gehen

---

[165] Vgl. die Auswirkungen des sich wandelnden Modells »vita activa - vita contemplativa« auf die Gründung der Kleinen Schwestern Jesu bei A. Daiker, Kontemplativ mitten in der Welt. Die Kleinen Schwestern Jesu. Frauen im Spannungsfeld von Mystik und Politik, Freiburg 1992, 26-56.

[166] Theodramatik IV, 77 (Zitat: Adrienne von Speyr).

[167] Vgl. ebd; Theologie der Geschichte, 40f; Aktion und Kontemplation (1948), 366f.

[168] Aktion und Kontemplation (1948), 366.

»als zwei Spannungspole aus einer tieferen Einheit hervor, die sie beide umfaßt und überholt: aus der Einheit der Sendung«[169], jener Sendung innerhalb der dreifaltigen Liebe Gottes zur Welt, die der Sohn vom Vater her als aktiv zu vollziehenden Auftrag der Welterlösung empfängt; auch innerhalb dieses *ökonomischen* Geschehens sind Aktion und Kontemplation vollkommen eins[170]. Deshalb, so urteilt Balthasar, »hat sich der Dualismus zwischen Gebet und Tat, Kontemplation und Aktion auf seltsame Art verschoben«; es ist fortan unmöglich, »von der dramatischen Aktion Gottes in Menschwerdung, Kreuz und Auferstehung Christi [zu] abstrahieren, um 'dahinter' ein in sich ruhendes, ewig seliges urgründiges 'Wesen' Gottes zu kontemplieren«[171].

Von hier aus ergibt sich für Balthasar ein Bewertungskriterium für die Echtheit jeglicher christlicher Kontemplation, denn: »Dort, wo Gott Mensch wird, um in Ewigkeit Mensch zu bleiben, wäre es gotteslästerlich, dieser Menschheit und Welt den Rücken zu kehren, um den umgekehrten Weg von der Welt weg zu Gott zu versuchen.«[172] Jeder Christ - in welcher Lebensform auch immer - hat sich zu verstehen von der Sendung Jesu Christi in die Welt her, er hat sein eigenes Leben in der Nachfolge des einen Gesandten des Vaters *apostolisch* zu deuten[173]. Und genau im Mitvollzug der Sendung Jesu Christi besteht die spezifisch christliche Kontemplation: »In dieser erlösenden Aktion, nicht vor, nicht außerhalb, nicht nach ihr, vollzieht sich christliche Kontemplation. Im Gehen mit Christus in die Welt sind wir in der Form und im innern Leben Christi und haben damit teil an den innergöttlichen 'Sendungen'.«[174]

Dies heißt nun keineswegs, daß Hans Urs von Balthasar eine Position grundsätzlicher Kritik gegen die streng monastischen oder kontemplativen Lebensentwürfe eingenommen hätte. Er kann sich sogar zum

---

[169] Aktion und Kontemplation (1942), 117.

[170] Vgl. ebd. 117f.

[171] In Gottes Einsatz leben, 53f.

[172] Aktion und Kontemplation (1942), 118.

[173] Vgl. ebd. 119.

[174] Ebd. 118.

ausgesprochenen Anwalt für den Sinn der kontemplativen Ordensformen gegen einen laikalen Aktionismus machen, wenn er etwa im Hinblick auf die kontemplativen Heiligen des vergangenen Jahrhunderts urteilt: »Die Durchschlagskraft Thereses und Charles' de Foucauld, auch im heutigen Zeitalter der antikontemplativen Laien-Ideologien, zeigen, wie recht sie und ihresgleichen haben.«[175] Anstatt die beiden Lebensweisen polarisierend einander entgegenzusetzen, geht es ihm darum, die Komplementarität der verschiedenen Berufungen und ihre Einheit in der gemeinsamen Haltung der Hingabe an Gott aufzuzeigen[176]. Deshalb spricht Balthasar sich für die absolute Unverzichtbarkeit der kontemplativen Dimension im Organismus der Kirche und im Leben jedes Christen aus. Was zuerst für Jesus gilt, wird zur Norm für die Kirche als ganze: »Im Leben des Herrn gehen dreißig Jahre Kontemplation einer dreijährigen Aktion voraus, und diese drei Jahre beginnt er mit dem vierzigtägigen Fasten in der Wüste«[177]. Jeder aktive, apostolische Einsatz hat aus Kontemplation hervorzugehen - »und zwar so, daß der tieferen Aktion die tiefere Kontemplation als Voraussetzung und Ermöglichung *vorausgeht*«[178]. Umgekehrt gilt aber auch für jede wahrhaft christliche Kontemplation, daß sie sich in apostolischer Gesinnung dem Einsatz Gottes für die Welt einzuorden hat. Dies gilt auch für die streng kontemplativen Berufungen innerhalb der Kirche; auch sie haben sich gerade in ihrer Zurückgezogenheit bedingungslos dem erlösenden Tun Jesu Christi an der Welt einzufügen[179]. Eine letzte Absichtslosigkeit des Menschen ist ebenso Bedin-

---

[175] Mein Werk, 52.

[176] Vgl. Aktion und Kontemplation (1948), 370; Jenseits von Kontemplation und Aktion?, 20-22; vgl. auch: Kosmische Liturgie, 333-335.

[177] Der Laie und der Ordensstand, 17.

[178] Ebd. 17f.

[179] Wer ist ein Christ?, 82: »Man darf, wenn man christlich von Glaubenskontemplation spricht, nicht den griechisch-philosophischen Begriff unterstellen, der einen eindeutig-einseitigen 'Aufstieg' vom Zeitlichen zum Ewigen, von der Welt weg zu Gott hin meint, einen Begriff, der hintergründig nicht nur im syrisch-ägyptischen Mönchtum (Evagrius und seine Schule), sondern noch bei Thomas von Aquin spukt und der nur äußerlich und nachträglich mit der apostolischen Hinwendung zur Welt verbunden werden kann. Man muß Kontemplation vielmehr zentral biblisch fassen; dann schließt sie die ganzheitliche Antwort des Glaubenden an Gottes Wort in sich ein: unbegrenzte Hingabe an dieses Wort und an seine welterlösenden Zwecke.« Vgl.

gung jeder wahren christlichen Kontemplation wie jeder wahren christlichen Aktion[180]. Beide Male ist der eine christliche Grundakt gefordert: »offen sein für das Geheimnis, verfügbar für Gott, für seine Gnade, für immer neue Beschlagnahmung, für den Auftrag«[181].
Im Blick auf die Mystik des Johannes vom Kreuz[182] findet Balthasar nun einen Anwendungsfall für dieses neu gewonnene Verhältnis zwischen Kontemplation und Aktion. Ausgangspunkt ist dabei die Frage, welchen Rang die »Nichtkontemplativen« innerhalb der Kirche einnehmen, also all jene Christen, die nicht im ausdrücklichen Sinne eine - zumeist im Orden gelebte - exklusiv kontemplative Berufung haben, sondern als »gewöhnliche« Menschen aktiv in der Welt leben. Die hierbei implizit gestellte Frage könnte lauten: Ist den ausdrücklich Kontemplativen ein direkterer Weg zur Höchstform der christlichen Liebe eröffnet als den übrigen Christen, weshalb ihr Modus der Nachfolge als normativ für alle übrigen zu gelten hat? Balthasar verneint diese Frage ausdrücklich: »Die möglichen Modalitäten vollkommenen Glaubens und Liebens sind durch keine Einzelerfahrung [hier die des Johannes vom Kreuz] kanonisch festzulegen; und in diese Modalitäten müssen die Formen der aktiven christlichen Lebensformen eingehen können.«[183] Die Größe einer christlichen Berufung bemißt sich für Balthasar nicht daran, wer in eine tiefere Gottesschau hineingezogen wird (etwa durch den von Johannes vom Kreuz aufgezeigten Weg der Kontemplation), sondern einzig daran, wer tiefer in das erlösende Tun Jesu Christi hineingenommen wird, wessen Leben tiefer zum *Apostolat* geworden ist. Und dies kann in jeder christlichen Lebensform geschehen, es kann - im Sinne Balthasars - *gerade* in einem aktiven Leben mitten in der Welt geschehen. Denn vom erlösenden Tun Jesu Christi selbst sagt Balthasar jene Gewöhnlichkeit aus, die das Leben der al-

---

auch: Monastisches Leben heute, 35.

180 Vgl. Christlicher Stand, 284: »was Aktion christlich überhaupt heißt. Es heißt nicht nur nicht, daß die Kirche immer schon von sich selbst weg in die Welt hineinwirken muß, ehe sie sich selbst glaubhaft konstituiert hat, sondern primärer, daß die tiefsten Wirkungen des Aktes der Hingabe weltlich gar nicht meßbar sind.«

181 Geist und Feuer, 79.

182 Herrlichkeit II/2, 465-531.

183 Ebd. 529.

lermeisten Christen ebenfalls prägt,

> »da die 'Erlösungsaktion' den *Verzicht* auf die Gotteserfahrung des Sohnes in Forma Dei einschließt, sie als verlassene im Rücken hat und sich um des zu erlösenden Sünders willen mit dem schêma anthropou (Phil 2,7) begnügt, dem Schema des 'gewöhnlichen' Menschen, der in seinem Glauben, Hoffen, Lieben das Erfahrungsmoment der erwählten Kontemplation nicht besitzt.«[184]

Wo selbst dem Sohn Gottes, dem Gottmenschen, die Erfahrung der eigenen Göttlichkeit und die Erfahrung der Gegenwart des göttlichen Vaters entzogen ist und bis in den Tod hinein entzogen bleibt, kann der alltägliche Weg der Nichterfahrung, wie er den meisten »gewöhnlichen« Christen beschieden ist, zum ausgezeichneten Weg der Nachfolge werden. Wahre Gotteserkenntnis wird also nicht dort ermöglicht, wo der Mensch sich der Dimension des Pathischen in der Erfahrung des Irdisch-Sinnlichen entzieht, sondern vielmehr dort, wo er lernt, seine menschliche Empfänglichkeit für alles Sinnliche auf Gott hin zu ordnen[185]. Normativ - um auf die Ausgangsfrage zurückzukommen - ist der Weg der Kontemplativen also nicht im Sinne einer Vorordnung, sondern in dem Sinne, daß die von ihnen gewonnene Gebetserfahrung grundsätzlich auf das Leben jedes Christen anwendbar sein muß[186]. Prototypen eines Ineinanders von Kontemplation und Aktion gibt es nun von beiden Seiten her, von der Seite der kontemplativen wie der aktiven Lebensformen her: den Typ der »*Kontemplation als* Aktion« ebenso wie das Leben einer »Kontemplation *in der Aktion*«[187]. Balthasar deutet etwa den karmelitischen Weg Thereses von Lisieux im Sinne einer »Kontemplation als Aktion«[188], insofern Therese in ihrem kontemplativen Leben »die stärkste, weitreichenste Aktion erblickte«, eben jene apostolische Tat, die in einer »Hinopferung für die Bedürf-

---

[184] Ebd.

[185] Vgl. Kosmische Liturgie, 341-343.

[186] Vgl. Balthasars Anwendung der Gebetserfahrung Adriennes von Speyr auf jedes christliche Leben: Unser Auftrag, 89.

[187] Vgl. Aktion und Kontemplation (1942), 118. Hier greift Balthasar den Begriff des »contemplativus in actione« auf.

[188] Schwestern im Geist, 182.

nisse der heiligen Kirche«[189] bestand. Den anderen Typ jenes Christen, der die »Kontemplation in der Aktion« zu leben versucht, erblickt Balthasar zuerst bei Ignatius von Loyola und in der ignatianischen Formel »in actione contemplativus«[190], jener Grundformel für alle Lebensformen, deren aktive Lebensführung sich aus der Kontemplation speist.

Im Säkularinstitut ist der Schwerpunkt nach dieser von Ignatius aufgezeigten Seite hin verschoben: hier ist Kontemplation integriert in einen aktiven Lebenstil, sie ist hingeordnet auf Weltgestaltung, auf geschichtliche Tat. Gleichwohl steht und fällt die Fruchtbarkeit dieser Tat auch mit der Qualität des inneren Lebens und das heißt mit der Gehorsamshaltung des Menschen vor Gott. Deshalb ist die von Balthasar eingeforderte Kontemplation in ihrem tiefsten Sinn nichts anderes als der Raum des Hörens, der den Gehorsam ermöglicht, Kontemplation ist Einstimmen in die Haltung Jesu vor dem göttlichen Vater[191]. Deshalb wäre eine »katholische Aktion, die das Gesetz der Kontemplation mißachten würde, [...] in Gefahr, zu einer Art verweltlichtem Pseudoorden zu werden«, und »der letzte christliche Sinn und Geist des Gehorsams, der ja einzig im kontemplativen Verhältnis Christi zum Vater begründet ist, bliebe dieser Organisation fremd«[192].

Daß die von Balthasar an die Adresse aller christlichen Laien und der Mitglieder der Säkularinstitute gestellte Forderung eines kontemplativen Lebens inmitten einer aktiven Lebensführung gelingen *kann*, ist

[189] Ebd. 185; vgl. den Gesamtzusammenhang ebd. 182-193; vgl. auch Aktion und Kontemplation (1948), 370.

[190] Aktion und Kontemplation (1948), 369; vgl. auch die Ausführungen in: Christlicher Stand, 284. Die Formel »In actione contemplativus« stammt von Hieronymus Nadal, wie Emerich Coreth nachweist; vgl. E. Coreth, »In actione contemplativus«, in: ZKTh 76 (1954) 55-82.

[191] Vgl. Mein Werk, 36: »Je tiefer Aktion eindringen soll, desto tiefer muß die vorausgehende und mitfolgende Kontemplation sein. Je freier, männlicher und verantwortlicher die christliche Tat und Entscheidung in der Welt werden soll, um so geöffneter muß sie nach innen in horchendem Gehorsam werden. Die Einheit von Gehorsam und freier Verantwortung, schlicht dargelebt, wäre eine der fruchtbarsten Grundlagen frisch erblühenden theologischen Denkens in der Kirche und über sie - wenn es überhaupt im Plan der Vorsehung liegt, der Kirche der nächsten Zukunft viel Theologie zu schenken und nicht eher neu im Heiligen Geist den 'Erweis von Geist und Kraft' - mitten in der Welt und nicht von der Welt.«

[192] Der Laie und der Ordensstand, 18.

ihm selbstverständlich; im Leben Mariens sieht Balthasar diese Möglichkeit vorgezeichnet[193]. Trotzdem weiß er: »Die Einheit von Aktion und Kontemplation ist [...] immer in Gefahr, auseinanderzubrechen.«[194] Ihre Integration bedarf der »Lebensübung«, um »immer mehr zu lernen, auch in aller weltlichen Aktion den Ursprung nicht zu verlassen«[195]. Ein Heiligentyp, der dieses Programm der *Kontemplation in der Aktion* exemplifizierte und so dazu beitrüge, daß »der Verdacht der Gnosis endgültig schwände«, wäre die »verheißende Mitte«[196], auf die hin Hans Urs von Balthasar denkt. Diese Mitte zielt er in den Säkularinstituten an, wohl wissend, daß damit für die Mitglieder der Säkularinstitute, die ja im normalen Getriebe des beruflichen, familiären und gesellschaftlichen Lebens verbleiben, eine Forderung ausgesprochen ist, die selten in ihrer Fülle einzulösen sein wird.

4. Ausgesetzt und geborgen

Wenn nun abschließend eine letzte Spannung thematisiert wird, in die Hans Urs von Balthasar die Säkularinstitute gestellt sieht: einerseits der Welt *ausgesetzt*, andererseits durch das Spezifikum der Lebensform aber auch in der Welt *geborgen* zu sein, dann kommt ein Aspekt dieser neuen Form des Rätelebens zur Sprache, den Balthasar mit auffallendem Engagement, fast Pathos, verschiedentlich sprachlich zu fassen versuchte. Offenbar ist mit den Komplementärbegriffen »ausgesetzt« und »geborgen« ein Grundproblem der Lebensform angesprochen, das über Balthasars Aussagen hinaus Fragen offen läßt.

Im Hinblick auf alle Rätechristen gilt zunächst, daß sie durch den

---

193 Vgl. Christlicher Stand, 165.

194 Aktion und Kontemplation (1942), 119.

195 In Gottes Einsatz leben, 57.

196 Nochmals Reinhold Schneider, 259. Vgl. auch ebd. 241: »Denn nicht ist wahr, daß die Seele rein ist, bevor sie Leib und Geschichte betritt: sie ist ja in Erbschuld geboren. Und nicht ist wahr, daß die Kontemplation das Reine und Klare ist, die Aktion das Trübe, denn Christus ist aktiv ebenso rein wie kontemplativ. Aber dies ist wahr, daß die Seele aus den reinen Händen des Schöpfers und Erlösers hervorging und dorthin zurück muß und daß alle reine Aktion aus reiner Kontemplation stammen muß, um bestehen zu können.«

Verzicht auf Ehe und Familie in eine Ungeschütztheit hineingestellt werden, die dem verheirateten Christen in dieser Weise nicht zugemutet ist und die einen ersten Anteil der Kreuzesnachfolge im Rätestand umreißt: »Der Mensch in der Ehe ist relativ geborgen in den Falten der Natur; der jungfräuliche Mensch ist in der Welt, vor ihr und für sie entborgen, ausgesetzt, entblößt; er geht nicht in Deckung, er geht ins Exponiertsein des Kreuzes.«[197] Durch einen göttlichen »Ruf von oben in die Entblößtheit des Weltapostolates Christi«[198] ist der Rätechrist an die Kirche enteignet, um von dorther an Gott verschwendet zu werden »in die Ungeschütztheit der reinen Liebesflamme, aber entsprechend auch in die Welt hinein, der er mit ungeschütztem Herzen begegnet«[199]. Damit ist jener Grundimpuls des Rätestandes benannt, der allen konkreten Ausformungen vorausliegt und ihnen gemeinsam ist: die Entborgenheit des Rätechristen aus der privaten Existenz heraus in eine kirchlich-apostolische Existenz hinein. Leben und Person des Rätechristen sind im wahrsten Sinne des Wortes *ausgesetzt* in den Raum der Kirche hinein, um dort apostolisch verbraucht zu werden.
Was für alle Rätechristen gilt, wird ausdrücklich formgebend in den Säkularinstituten: Hier prägt sich das allen Rätechristen gemeinsame *Ausgesetztsein* in den apostolischen Auftrag hinein aus in der »offenste[n] Form des ungeschützten Hinaus-in-die-Welt«; sichtbar wird dies vor allem in jenen Säkularinstituten, die ohne den Schutz einer Dach- und Tischgemeinschaft leben und nicht in gemeinschaftsinternen Apostolatsfeldern berufstätig sind. Balthasar beschreibt in großer Lebensnähe, aber auch mit unüberhörbarer Schwere, welches Kreuz darin für die alltägliche Existenz eines Mitgliedes im Säkularinstitut liegen kann:

> »Was er leidet, ist mehr vom Herrn unmittelbar als vom 'Schicksal' her auferlegt. Es ist mehr Leid von innen und weniger von außen her, Teilnahme an der Form der Erlösung. Die aber kann gerade in der Form der Weltlichen Institute - auch wesentlich erlitten werden durch das ungeborgene Ausgesetztsein des Liebenden und Erwählten in die Mitte einer ahnungslosen, oft feindlichen, hassenden, lieblosen Welt.

[197] Die großen Ordensregeln, 17.
[198] Ebd. 18.
[199] Zur Theologie der Säkularinstitute, 462.

> Er ist in seiner Sendung sehr allein. Er erlebt die übernatürliche Geborgenheit, die zu seiner Sendung gehört, vielleicht sehr wenig bewußt. Der Übermacht der Umgebung ausgeliefert, hat er kaum Hoffnung auf namhaften Erfolg. Als ein weltlich Besiegter muß er standhalten. Oft genügt es, wenn er nur da ist. Durch seinen weltlichen Beruf sind ihm weitgehend die üblichen Werbemittel versagt; er muß indirekt wirken. Er sieht die wohnlichen Innenräume der Familien und oft auch der Klöster und der Pfarrhäuser, und es kommt ihm vor, als stünde er außerhalb, zwischen Stuhl und Bank, einsam, von keinem wirklich aufgenommen. In diesem sehr fühlbaren, sehr empfindlichen 'Außerhalb' [...] steht er genau auf dem Weg der Nachfolge Christi und gewinnt auch in einer ganz besonderen Weise Anteil an der Lebensform der Kontemplativen: die 'Gottes-Wüste', die diese erleben, wird ihm in der 'Welt-Wüste' fühlbar.«[200]

Offenbar geschieht gerade in dieser letzten Fremdheit des Rätechristen *mitten in der Welt* eine Angleichung an die Vereinzelung und Schutzlosigkeit Jesu am Karfreitag (vgl. Zweiter Teil. B. Zweites Kap.I.2.a). Wenn Balthasar damit auch eine ausgesprochene Tiefensicht der Kreuzesnachfolge im Säkularinstitut aufzeigt, die es in einen Rang stellt mit den großen kontemplativen Wegen in die »Gottes-Wüste«, so stellt sich doch die Frage, *von woher* dem Christen im Säkularinstitut die von Balthasar ebenfalls benannte »übernatürliche Geborgenheit« kommen soll: jene Geborgenheit, die der Herbheit dieser Form der Kreuzesnachfolge etwas von der Zartheit Jesu Christi entgegensetzt und sie so erst ermöglicht. Verbindet sich doch mit der geringen gemeinschaftlichen »Rückendeckung« in den Säkularinstituten zunächst eine Problemanzeige: Wie ist eine derart *vereinzelnde* Lebensform zu gestalten, ohne in *Vereinsamung* der Gemeinschaftsglieder zu münden? Wird hier nicht - wenn auch christologisch begründet - eine Vereinzelung spirituell überhöht und gerechtfertigt, die für viele Mitglieder der Säkularinstitute zur unerträglichen Spannung werden kann? Balthasar selbst wendet gegen diese Einwände ein:

> »Der 'eschatologische' Schritt aus der Welt in Christus hinein wird, im auferstandenen Herrn, zu einer Geborgenheit in ihm und in der Christus gehörenden, ihm einverkörperten Welt. Darum kann eine Existenz

---

[200] Ebd. 463f.

wie die Pauli weltlich gesehen aufs äußerste ausgesetzt sein, sie wird in Christus gehalten (just damit Paulus soviel leiden kann). Gerade in den Säkularinstituten wird etwas von diesem Paradox neu lebendig. Der Christ erhält in ihnen jenes Minimum an Rückhalt, der erfordert ist, um sich rückhaltlos in die Aufgabe hineinzubegeben.«[201]

In erster Linie scheint es also doch, so Balthasar, die - wenn auch minimale - gemeinschaftliche Rückbindung im Säkularinstitut («jenes Minimum an Rückhalt«) zu sein, die den Mitgliedern die in Christus gewonnene Geborgenheit äußerlich erfahrbar machen soll. Daneben bringt Balthasar aber einen weiteren Aspekt zur Sprache, indem er an dieser Stelle nicht nur von der Geborgenheit *in Christus* spricht, sondern auch »in der Christus gehörenden, ihm einverkörperten *Welt*«. Offenbar schenkt gerade die Eigenart der Säkularinstitute, die ihren Mitgliedern eine direkte Tuchfühlung mit den Menschen der je umgebenden Lebenswelt ermöglicht (in Beruf, Familie, Freundeskreis), eine alltäglich erfahrbare konkrete Geborgenheit *in der Welt*. Insofern die Welt Christus *gehört* und *ihm einverkörpert* ist, trägt sie anscheinend jene positiven Züge, die - bei aller Erfahrung des Ausgesetztseins - doch auch eine echte *Geborgenheit* in der Welt erlauben. An den Grenzen und Möglichkeiten der Gemeinschaftsregel des jeweiligen Säkularinstitutes sowie an der Beziehungs- und Integrationsfähigkeit des einzelnen Mitgliedes wird sich entscheiden, ob eine solche *Geborgenheit inmitten aller Ausgesetztheit* auch tragend erfahrbar wird.
Im Zusammenhang der Spannungseinheit »ausgesetzt und geborgen« soll abschließend ein Wort im Hinblick auf die für viele Säkularinstitute übliche *Unerkanntheit* ihrer Mitglieder gesagt sein, der zuweilen das Motiv der Bekenntnisscheu oder der politischen Strategie zu größerer Einflußnahme in Kirche und Welt unterstellt wird. Der *Geborgenheit* des Mitgliedes eines Säkularinstitutes in der Welt korrespondiert die relative *Verborgenheit* seiner Lebenswahl: Derart eingebunden in berufliches Umfeld, Herkunftsfamilie und Freundeskreis, ist oft nicht ersichtlich, aus welcher Option heraus dieser Christ so lebt, wie er lebt. Welchen Sinn mißt Balthasar dieser Verborgenheit bei? Zunächst gilt: Es ist nicht das willentliche Verbergen der eigenen Lebensform

---

[201] Ebd. 463.

angezielt. Eine solche willentliche Verbergungsmentalität erscheint Balthasar schon deshalb unstatthaft, weil sie die öffentliche Dimension des »Standes« der evangelischen Räte übergehen würde, der immer - auch im Säkularinstitut - zur sichtbaren Dimension der Kirche gehört; einzig eine ausgesprochene Verfolgungssituation der Kirche könnte ein absolutes Verbergen der Zugehörigkeit zum Rätestand nahelegen[202]. Motiv einer solchen Verborgenheit darf laut Balthasar auch keineswegs ein »Geheimbündlertum« des gesamten Institutes sein[203]. Vielmehr kann es dabei nur darum gehen, daß das *einzelne* Mitglied einer Gemeinschaft in der stillen Gebärde des wirklichen Mitseins die Größe Gottes aufstrahlen läßt. Um dieses schlichte, aber gewaltige Programm geht es Balthasar, für die ganze Kirche, vor allem für die große Zahl der Laien, unter ihnen exemplarisch für die wenigen Mitglieder der Säkularinstitute:

> »Vor aller christologischen Deutung der Zeit und als unveränderlicher Hintergrund, auf dem die verschiedenen Geheimnisse Christi sich abzeichnen, muß die Majestät Gottes aufragen. [...] Daß Gott je höher aufragen muß über dem heute höher gestellten Menschen, und daß der so erhöhte Mensch tiefer niederfallen muß vor diesem ins Unendliche höher aufragenden Herrn: das ist der Gehalt unserer Zeit. Noch einmal anders entbrennen zu Gott: unbedingter wenn möglich, verschwiegener, verzehrter, in weniger pathetischen Gebärden und Hingabeformen (die im Barock noch durchgehen konnten, im 19. Jahrhundert unmöglich wurden), in einer Verhaltenheit, die dem Untertauchen des Christen unter das uniform kostümierte Menschenvolk entspricht und gerade dadurch an Wahrhaftigkeit, an Intensität demütiger Sachlichkeit gewinnt: das werden die Christen müssen. Ein paar wenigstens sollten es können.«[204]

Von seinem Ordensvater Ignatius her, nicht erst durch den speziellen Ansatzpunkt des Säkularinstitutes, kommt Balthasar dazu, die Nachfolge des Gekreuzigten in unserer Zeit als einen derart verborgenen Vorgang zu beschreiben, denn: »Nicht vor allem auf das physische Sterben kommt es an, sondern darauf, täglich sein Leben für den

---

[202] Vgl. Der Laie und der Ordensstand, 59f.

[203] Vgl. die kritischen Anfragen in: Friedliche Fragen an das Opus Dei, 118.

[204] Die Gottesfrage des heutigen Menschen, 150.

Herrn und die Brüder hinzugeben. Und dabei in der Gewöhnlichkeit unterzugehen, so ganz, daß Worte schon viel zu laut tönen.«[205] »Gewöhnlichkeit« im positiven Sinne kann als ein Grundmoment *jeder* Nachfolge Jesu Christi gelten, im Säkularinstitut wird sie zum Konstitutivum für alle Lebensvollzüge und der Lebensform als ganzer.

Vierte Zusammenfassung: In Jesus Christus Existenz im Herzen der Kirche

Jedes Leben nach den evangelischen Räten ist - vor jeder weiteren Sinnbestimmung - *Nachfolge Jesu Christi*, die sich der Form seines Sohnesverhältnisses zum Vater und seines Verhältnisses zur Welt einfügen möchte. Innerhalb dieser allgemeinen Sinnbestimmung des Rätelebens ergeben sich Spezifizierungen in Entsprechung zum besonderen Charisma des einzelnen Christen und der jeweiligen Gemeinschaft. Für die Säkularinstitute wird dieser Nachfolge-Weg jene spezifische Gestalt annehmen, die sich durch die Rahmenbedingungen eines Rätelebens *mitten in der Welt* ergibt. Trotz aller Unterschiede der zahlreichen Säkularinstitute bezüglich ihrer äußeren Lebensgestaltung, des jeweiligen Apostolates und der je eigen geprägten Spiritualität sind hier doch Gemeinsamkeiten zu benennen, die einen Grundmodus der Christus-Nachfolge in den verschiedensten Säkularinstituten erwarten lassen. Unter Rekurs auf die Christologie Hans Urs von Balthasars wurde versucht, Eckpunkte einer solchen Nachfolge zu benennen, die allen Säkularinstituten gemeinsam sein könnten. *Inkarnation* und *Paschamysterium* begegneten dabei als die christologischen Grunddaten, die es auf die Nachfolge in den Säkularinstituten hin auszuwerten galt. In Zusammenschau mit den Ergebnissen des schöpfungstheologischen

---

[205] Cordula oder der Ernstfall, 119.

Teils (Zweiter Teil. B. Erstes Kap.) wurde nun sichtbar, daß sich von der *Menschwerdung* her vor allem der *Eigenstand der grundsätzlich guten Schöpfung* im Gegenüber zum Schöpfer erschließt, während angesichts des *Paschamysteriums* vor allem die *Rückführung der gottfernen und verlorenen Schöpfung* zu Gott ins Blickfeld gerät.
In der Symbolsprache Hans Urs von Balthasars begegnet uns als zentrales christologisches Bild das *Herz der Welt*, das Jesus Christus selbst ist. Das *Herz* Jesu Christi ist - so Balthasar - jenes Organ, das Gott sich schafft, um »einzudringen in das Innre der Welt, um sie von innen her zu verwandeln«, es ist »der Talisman, um das verriegelte Tor zu erbrechen«[206], das durch die Sünde zwischen Gott und Welt trennend aufgerichtet wurde. Im Kontext dieser Symbolsprache können auch die Säkularinstitute namhaft gemacht werden: und zwar als *Werkzeug dieses Herzens in der Mitte der Welt*. Vorrangig an die Säkularinstitute ergeht somit jene Weisung, die Balthasar an die Adresse der gesamten heutigen Kirche formuliert: »Anstatt am Worte Gottes vorbei den vermessenen Anstieg weiter zu verfolgen bis zum Vater hinauf, erging eine neue Weisung: mit dem Wort zusammen Umkehr zu halten, abzusteigen die erklommenen Stufen, Gott zu finden auf der Straße zur Welt, auf keinem anderen Weg als dem des Sohnes zum Vater zu wandern.«[207]
Diesen erlösenden *Weg des Sohnes zum Vater* zeichnet Balthasar nun als einen solchen, der keinesfalls vom Karfreitag direkt in den Ostermorgen mündet, weder für Jesus Christus noch für die Kirche, sondern als einen Weg, der nur über den Abstieg des Karsamtags an das Ziel des Ostermorgens gelangen konnte. Hier in der *Karsamstagstheologie*, die entscheidende Inspirationen durch Adrienne von Speyr empfangen hat, kann die Sinnspitze der gesamten Balthasarschen Passiologie gefunden werden. So ist es nur stringent, hier auch die Kerninhalte der Kreuzesnachfolge für die Säkularinstitute zu suchen, wie Balthasar sie zeichnet. Die »Option für die Armen«, wie sie sich für alle Räte-

---

[206] Das Herz der Welt, 28.

[207] Das Herz der Welt, 25.

christen gebietet[208], erschließt sich - so die hier vorgetragene These - für die Säkularinstitute vor allem von der Solidarität Jesu mit der gottverlassenen Menschheit, vom *Karsamstag* her. Im »Säkulum«, auch und gerade im gottabgewandten und gottverlorenen, Gott suchen zu gehen, wird dabei zur Grundbewegung evangelischer Nachfolge.

Mit der Begründung des Rätelebens im Geheimnis des Karsamstags ist jene Tiefendimension der Nachfolge in den Säkularinstituten erschlossen, die als das herausragende Spezifikum der *Theologie der Säkularinstitute* im Werk Hans Urs von Balthasars bezeichnet werden kann. Diese Einsicht Balthasars dürfte nicht minder originär wie genial sein, stellt sie doch einen Schlüssel dar zum Sinn des Paradoxons eines gottgehörigen Lebens in oft gottloser Umgebung, in das hinein die Mitglieder der Säkularinstitute gerufen sind. Wenn das Charisma der Säkularinstitute von hier aus - wie im Titel dieser Arbeit - als »Existenz im Herzen der Kirche« bezeichnet wird, ist eben diese Einheit angesprochen zwischen dem *Herzen Jesu*, das sich in die Finsternis der gottlosen Welt hinausbewegt, und dem *Herzen des Christen* im Säkularinstitut, der als Glied der Kirche dieser absteigenden Bewegung Jesu in die Welt hinein zu folgen wagt. Typische Spannungsmomente ergeben sich hierdurch für die Lebensform, die in den Komplementärbegriffen »Weihe und Weltverzicht«, »Weltgestaltung und Ohnmacht«, »Aktion und Kontemplation« sowie »ausgesetzt und geborgen« zu fassen versucht wurden. Wie die Spannung einer solchen Nachfolgeform im Alltag des Einzelnen geglückt bewältigt werden kann, muß dabei als Anfrage an die Regeln des jeweiligen Institutes offenbleiben.

[208] Vgl. Nachsynodales Schreiben VITA CONSECRATA, 98-100, Abs. 82: »Die Vorzugsoption für die Armen und die Förderung der Gerechtigkeit«.

Drittes Kapitel

Unter der Regel des Geistes - Räteleben mit *welthaften* Vorzeichen

Während die schöpfungstheologischen Aspekte einer *Theologie der Säkularinstitute* bei Hans Urs von Balthasar klar *patrozentrische* Strukturen aufweisen (vgl. Zweiter Teil. B. Erstes Kap.) und die Nachfolgeform der Säkularinstitute selbstredend *christologisch* gefaßt werden muß (vgl. Zweiter Teil. B. Zweites Kap.), kann die Konkretisierung dieser Nachfolge in den evangelischen Räten, wie sie sich in allgemeinen Richtlinien für die Säkularinstitute und in der Regel des jeweiligen Institutes verdichtet, unter *pneumatologischer* Rücksicht betrachtet werden. Um diese *geistliche* Sicht des Rätelebens in den Säkularinstituten geht es in diesem letzten Kapitel des *theologischen Gangs*.

Wenn im folgenden ausdrücklich die evangelischen Räte: Gehorsam, Armut und Jungfräulichkeit, thematisiert werden, mag dies zunächst als Doppelung erscheinen; schließlich handelt die gesamte bisherige Arbeit von nichts anderem als von einem spezifischen Modus des Rätelebens, so daß alles bisher Geleistete *Rätetheologie* darstellt. Trotzdem schien eine solche Fokussierung angebracht, um abschließend die drei Räte - in ihrem je eigenen Gehalt - zu entfalten und auf die Möglichkeit einer *welthaften* Konkretisierung hin zu befragen, wie sie für die Säkularinstitute unabdingbar ist. Vom Aspekt der *Welthaftigkeit* her ergibt sich hierbei ein erster Bezug zum Geist Gottes, ist doch »der an Pfingsten geschenkte Heilige Geist vor allem ein Geist der Kraft für die Sendung in alle *Welt*«[1], so wie es auch der Geist ist, der »nicht nur die Kirche, sondern die Welt, die von Christus grund-

[1] Theologik III, 367 (Hervorhebung durch die Autorin); vgl. auch ebd. 381-395: »Geist und Welt«.

sätzlich erlöste, ihrer Vollendung entgegen[treibt]«[2].
Was Räteleben mit *welthaften* Vorzeichen *konkret* meint, wird deutlich anhand jener Eckdaten, die Hans Urs von Balthasar für die inhaltliche Gestaltung gemeinschaftlicher Regeln bzw. Satzungen benennt. Hierzu ist einleitend eine theologische Erhellung des Verhältnisses von »Geist« und »Regel« zu leisten, wodurch nochmals die pneumatologische Verortung dieses letzten Kapitels über die Rätetheologie Hans Urs von Balthasars sichtbar wird; gibt es doch Räteleben in der Kirche immer nur im Rahmen einer konkreten Ordnung: des allgemeinen Kirchenrechtes, diözesanrechtlicher Bestimmungen, gemeinschaftlicher Regeln und Satzungen.

I. Die Einheit von Geist und Regel

Mit der gewählten Kapitelüberschrift »Unter der Regel des Geistes« wird eine äußerst ungewohnte begriffliche Einheit hergestellt, die der Erklärung bedarf. Denn üblicherweise werden »Geist« und »Regel« als unvereinbare Begriffe einander gegenübergestellt, etwa mit den Konnotationen »Freiheit« und »Frohbotschaft« auf der einen Seite, »Gesetz« und »Drohbotschaft« auf der anderen Seite[3]. Hans Urs von Balthasar hingegen hat den inneren Zusammenhang von »Geist« und »Regel« selbstverständlich angenommen und pneumatologisch begründet[4]. Dieser Zusammenhang soll in einem ersten Schritt von trinitarisch-ekklesiologischer Perspektive her dargestellt werden: trinitarisch, weil Gottes Geist sich nicht isoliert betrachten läßt, er ist nur zu fassen im Blick auf das Verhältnis Jesu zu seinem göttlichen Vater; ekklesiolo-

---

[2] Ebd. 384.

[3] So sind z.B. die Formulierungen der Kirchenvolksbegehren in den deutschsprachigen Ländern Ausdruck einer solchen polarisierenden Gegenüberstellung, die zwischen »Geist« und »Regel« keine Einheit mehr zu erkennen vermag.

[4] Vgl. Theologik III, 282-380, dort vor allem 325-330.

gisch, weil Gottes Geist sich in jenen Wirkungen offenbart, die in der Kirche als seine Früchte sichtbar werden. Dabei kann nur ausschnittartig die Pneumatologie Hans Urs von Balthasars angerissen werden[5], in jenen wenigen Aspekten, die sich als notwendige Hinführung zur Verhältnisbestimmung von »Geist« und »Regel« und zu einer *welthaften* Theologie der Räte erweisen.

1. Geist und Regel trinitarisch

Ausgehend vom neutestamentlichen Befund, beschreibt Hans Urs von Balthasar einen direkten Zusammenhang zwischen der Befolgung des Gesetzes, wie es Jesus im Alten Bund begegnet, seiner Gehorsamshaltung vor dem Vater und seiner Geisterfülltheit, denn:

> »Das Gesetz Gottes steht in der Mitte seines Herzens (Ps 40,9), ist der ständige Gegenstand seiner anbetenden Liebe. Es ist, wie wir früher sagten, der Heilige Geist in-über ihm, der ihm den Willen des Vaters je-jetzt vorstellt, in welchem der Alte Bund, Gesetz und Propheten, erfüllt und übererfüllt sind, der aber als göttlicher Geist nicht aufhört, für den menschgewordenen Sohn die anbetungswürdige absolute Norm, die schlechthinige amtliche Instanz zu sein.«[6]

Weil in dieser Tiefe Gottes *Geist* und *Gesetz* für Jesus eins sind, kann Balthasar vom Heiligen Geist als der »Regel« sprechen, jener objektiven Größe, die *im Bereich der Ökonomie* zwischen Jesus und dem Vater vermittelt[7]. In seiner Geisterfülltheit ist Jesus »der Pneumatiker

---

[5] Vgl. vor allem: Spiritus Creator, 95-105, 106-122; Theologik III: Der Geist der Wahrheit. Ausdrücklich pneumatologische Zugänge zum Werk Hans Urs von Balthasars bieten: Kossi K. Joseph Tossou, Streben nach Vollendung. Zur Pneumatologie im Werk Hans Urs von Balthasars (Freiburger theologische Studien Bd. 125), Freiburg 1983; J. Randall Sachs, Spirit and Life. The Pneumatology and Christian Spirituality of Hans Urs von Balthasar. Diss. Tübingen, Kath.-Theol., 1984.

[6] Christlicher Stand, 208f.

[7] Diese aktive Rolle des Geistes im Gegenüber zum Sohn kommt ihm zu aufgrund der sogenannten »trinitarischen Inversion«, jener »heilsökonomischen Umkehrung des Verhältnisses zwischen Sohn und Geist« (Pneuma und Institution, 224), die den Geist dem *Menschgewordenen* gegenüber eine bestimmende, treibende und normierende Rolle annehmen läßt. Vgl. M. Kehl, Kirche als Institution, 276; K. K. J. Tossou, Streben nach Vollendung, 49-52; J. R. Sachs, Spirit and Life, 144-159.

schlechthin, der den Geist ohne Maß besitzt, aber der Geist schwebt zugleich über ihm als die objektive Vermittlung des Willens des Vaters, gleichsam als Regel, die im Leiden so streng werden kann, daß das Antlitz des liebenden Vaters dahinter entschwindet.«[8] In seinem Gehorsam gegenüber der »Regel« des Geistes liegt allerdings keinerlei Fremdbestimmung Jesu, weil ihm hier der Wille jenes Vaters begegnet, mit dem er sich eins weiß: »Zwischen Jesus und seinem Vater besteht keinerlei Heteronomie (Fremdsinnigkeit), sondern in der Communio des gleichen Heiligen Geistes etwas, das man Homonomie, Gleichsinnigkeit nennen kann.«[9] Gottes Geist geht aus der Einheit zwischen Jesus und dem Vater hervor und gewährleistet sie zugleich - bis hinein in das kenotische Geschehen der Menschwerdung und des Paschamysteriums, wo die »Regel« des Geistes zu »einem reinen fordernden Willen«[10], ja zur Überforderung werden kann.

In diesem trinitarischen Geschehen, wo Gottes Geist und der in die Passion führende väterliche Wille zur »Regel« werden, erblickt Balthasar den Ursprung dessen, was theologisch »Institution« meint[11]; Institution »wird« gleichsam an jener Schnittstelle, wo Gottes Liebe durch die Menschwerdung des Sohnes konkrete, menschlich faßbare Gestalt annimmt[12]. Anders als im Eingehen in irdische Regeln und Gesetze kann sich der Wille Gottes weder im Leben Jesu noch im Leben der Kirche inkarnieren: »Diese 'Verobjektivierung' des Geistes ist die Weise, wie dieser an der Kenose des Sohnes teilnimmt, und die Voraussetzung dafür, daß es so etwas wie kirchliche Institution geben kann: daß in der Kirche Christi der Geist sich sowohl objektiv (als regula fidei, und in besonderen Fällen als regula einer Ordensgemeinschaft) und gleichzeitig als subjektiv in den Herzen (als liebende

---

[8] Gehorsam im Licht des Evangeliums, 19.

[9] In Gottes Einsatz leben, 84; vgl. ausführlicher: Christlicher Stand, 147-152.

[10] Pneuma und Institution, 139.

[11] Vgl. M. Kehl, Kirche als Institution, 275-279: »Die 'institutionelle' Dimension des Hl. Geistes«.

[12] Vgl. Pneuma und Institution, 226: »In dieser soteriologischen Modalisierung des Verhältnisses zwischen Vater, Sohn und Geist liegt der Ursprung für alles, was im theologischen Sinn als *'Institution'* bezeichnet werden kann: sie ist eine Metamorphose der Liebe dort, wo absolute in ökonomische Trinität übergeht, ist aber deswegen keine Entfremdung dieser Liebe.«

Bereitschaft) darstellen kann.«[13] Gottes Geist muß im Bereich der Ökonomie zugleich als *Regel* und *Freiheit*, *Institution* und *Liebe*, *Objektivität* und *Subjektivität* beschrieben werden, weil es auch innertrinitarisch unmöglich ist, »den Heiligen Geist anders als von zwei Seiten her anzunähern als (subjektiver) *In*begriff der gegenseitigen Liebe von Vater und Sohn, als deren Band *(nexus)* er dann erscheint, und als (objektive) dieser Liebe entstammende, sie bezeugende Frucht«[14]. Damit ist trinitätstheologisch bzw. pneumatologisch der Ausgangspunkt umrissen, von dem her über »Regel« im Bereich der Kirche und des Rätelebens gehandelt werden kann.

2. Geist und Regel ekklesiologisch

Was über das Verhältnis Jesu zum Vater unter der »Regel« des Geistes gesagt wurde, hat seine Entsprechung im Leben der Kirche[15]. Gottes Geist ist die normative Dimension der Kirche, ihr Wesensgesetz, demgemäß sich ihre konkrete Gestalt ausprägt; er ist »Formprinzip des kirchlich Institutionellen«[16]. Insofern den institutionellen Elementen der Kirche - etwa in der Form von Regeln und Gesetzen - die Funktion zukommt, sowohl *konkretisierend* als auch *universalisierend*, sowohl *normierend* als auch *befreiend* zu wirken, gehen sie aus dem Wirken des Geistes hervor und wirken lebenschaffend[17].

Einen Anwendungsfall dieses Zueinanders von *Geist* und *Institution* stellt das Verhältnis des Rätechristen zu den evangelischen Räten dar, in denen ihm die zu befolgende »Lebens-Regel des Geistes« begegnet.

---

[13] Göttliches und Menschliches im Räteleben nach den grossen Ordensregeln, 400.

[14] Theologik III, 146.

[15] Vgl. Pneuma und Institution, 229-235. Als urbildliche Kirche ist Maria Idealbild der angezielten Integration von Geist und Regel, denn: »In ihr gibt es keinerlei Dualismus zwischen Gebot und Rat, zwischen Freiheit und Gehorsam, zwischen göttlichem Auftrag und eigener Verantwortung.« (Ueber den Gehorsam in den Weltgemeinschaften, 1027.)

[16] M. Kehl, Kirche als Institution, 279; vgl. Theologik III, 282-339.

[17] Vgl. Pneuma und Institution, 229-235; Theologik III, 180-188; vgl. auch M. Kehl, Kirche als Institution, 279.

In der Befolgung der evangelischen Räte - differenziert in Gehorsam, Armut und Keuschheit - steht der Christ unter eben jener »Regel des Geistes«, die auch Jesus an den Willen des Vater bindet, so wie die Räte als Inbegriff der göttlich-trinitarischen Liebe bezeichnet werden können[18]. Von hier aus - pneumatologisch ansetzend - definiert Balthasar das Räteleben:

> »Dieses zutiefst demütige Offensein für den Vater und den von ihm - als Regel - ausgehenden Geist ist die ursprüngliche Haltung des Rätelebens: Gehorsam in Armut und Reinheit angesichts des uneinholbar 'größeren Vaters' (Joh 14,28), und dies in der ewigen Bewegung des Sohnes zum Vater innerhalb des Geistes, ob dieser Geist den Gesendeten nun mehr vom Vater zur Welt weht und weist oder von der Welt zum Vater hin.«[19]

Menschliche Institution, verkörpert in Regeln, Satzungen, gemeinschaftlichen Konventionen, wird hier zum Ort der Vermittlung des Geistes. Durch den Geist wird dem Rätechristen die Tiefendimension der *Inhalte* seiner Gemeinschafts-Regel, der Wille des Vaters, erschlossen; zugleich bewirkt derselbe Geist im Christen auch die Regel*befolgung*. So kann er - analog der Vermittlung zwischen Vater und Sohn in Gott - als Ermöglichung der Vermittlung zwischen Regel und Regelbefolgung bezeichnet werden sowie als Vermittler zwischen christlicher Theorie und Praxis[20]. Vom Heiligen Geist gilt nach Balthasar: »Weil er Geist des Vaters und Geist des Sohnes in personaler Einheit ist, darum kann er gleichzeitig das Innerste des väterlichen Gebotes wie das Innerste des sohnlichen Gehorsams sein«[21].
So wie Jesus in seinem Gehorsam gegenüber dem Geist als dem Träger des väterlichen Willens keiner fremden, ihm äußerlichen Regel

---

[18] M. Scheuer, Die Evangelischen Räte, 63, faßt diese trinitarische Sicht zusammen: Die evangelischen Räte sind »im trinitarischen Vollzug der Liebe grundgelegt. Sie sind die Modi, in denen Einheit und Differenz der Hypostasen in Gabe und Empfang vollzogen werden. Sie hüten die Differenz des Sohnes zum Vater, sie halten die Beziehung zwischen Vater und Sohn auf das Je-mehr der Fruchtbarkeit im Geist offen.«

[19] Christlicher Stand, 222.

[20] Vgl. Theologik III, 175-179.

[21] Theologie der Geschichte, 48.

gehorcht, sondern dem seinem Herzen innersten Gesetz der Liebe, so soll auch der Gehorsam des Rätechristen nach Balthasar nicht auf der Ebene einer heteronom gesteuerten Regelbefolgung stehenbleiben[22], sondern in einem allmählichen Aneignungsprozeß zur persönlichen Angleichung mit der Gestalt Jesu Christi vorstoßen[23]. Den Oberen der Gemeinschaften kommt hierbei als Vertretern der institutionellen Dimension der Kirche offenbar eine personalisierende, sichernde und konkretisierende Funktion im Prozeß der Aneignung der Regel zu[24]; geht es doch um »die Unbedingtheit eines pneumatischen Gehorsams gegenüber einer vom Geist inspirierten Regel, die aber (vom Obern) personale Auslegung erhält«[25].

Das hiermit beschriebene Spannungsgefüge zwischen Geist und Regel, pneumatischem Gehorsam und gemeinschaftlich vermitteltem Gehorsam, innerer Gestalt und äußerer Form ist unauflösbar[26]. Einerseits gilt, daß eine kirchliche Regel niemals vollkommen adäquat den Willen des Geistes ausdrücken kann, immer bleibt »ein Überhang von Geist über das in Regeln Formulierbare bestehen«[27], immer bleibt eine Spannung bestehen zwischen der Führung des Einzelnen durch Gottes Geist und durch die vorstehenden kirchlichen Oberen[28]. Andererseits besteht aber auch ein unauflösbarer Zusammenhang zwischen Geist

---

[22] Vgl. Christlicher Stand, 151; in Anwendung auf das Kirchenrecht generell: Theologik III, 325.

[23] Vgl. Christlicher Stand, 218f; Theologik III, 329.

[24] Vgl. Ueber den Gehorsam in den Weltgemeinschaften, 1029-1031. Zur Funktion der Oberen innerhalb der kirchlichen Gehorsamsbindung vgl. M. Scheuer, Die Evangelischen Räte, 132f.

[25] Gibt es Laien in der Kirche?, 101.

[26] Vgl. Die großen Ordensregeln, 8.

[27] Göttliches und Menschliches im Räteleben nach den grossen Ordensregeln, 407.

[28] Vgl. Zur Theologie des Rätestandes, 46f: »Der Meister stiftet seine Kirche und schenkt ihr seinen eigenen Heiligen Geist, so daß neben die persönliche Charismatik nunmehr eine objektive Charismatik der Kirche tritt: so wünschbar und gefordert es ist, daß beide Formen des Charismas in einem geistlichen Vater (Abbas, Oberen) zusammentreffen, sosehr beide einander rufen, einander gegenseitig fördern und erhöhen: man muß doch im katholischen Raum mit einer Spannung zwischen beiden Formen rechnen, einer Spannung, die ihr Gutes an sich hat: daß nämlich der Jünger sich nicht allzu einseitig an eine einzelne Persönlichkeit binde, in ihr mehr das Amt als die Person sehe, mehr Christi und Gottes Autorität als eine persönliche, was doch bei jedem religiösen Gehorsam Sinn und Ziel bleibt.«

und Regel, insbesondere in den gemeinschaftlichen Formen des Rätelebens, den Orden und ihnen verwandten Gemeinschaften[29].
Mit den Oberen ist die Ebene der jeweiligen *Gemeinschaft* angesprochen, die sich einer konkreten Regel verpflichtet weiß. In der vorliegenden Arbeit kann es nicht darum gehen, die Regel bzw. Satzung eines einzelnen Säkularinstitutes zu analysieren, um daran die Frage eines Rätelebens mit *welthaften* Vorzeichen zu exemplifizieren, sondern allgemeiner geht es darum, *Grundlagen* eines *welthaften* Rätelebens aufzuzeigen. Trotzdem ergibt sich eine gewisse, nun näher zu bestimmende, Fokussierung auf die *Johannesgemeinschaft* und die für sie getroffenen Regelungen, insofern sie im Werk Hans Urs von Balthasars einen Niederschlag gefunden haben.

3. Geist und Regel der Johannesgemeinschaft

Hans Urs von Balthasar hat, wenn auch oft nur in Randnotizen, allgemeine Grundlinien, wie sie ihm generell für das Räteleben in den Weltgemeinschaften opportun erschienen, formuliert - dies vor allem in den kurzen Gelegenheitsschriften über die Säkularinstitute und seinen Beiträgen zur Erneuerung des Rätelebens (vgl. Erster Teil. Zweites Kap.I.1 und I.3.c). Neben diesen gelegentlichen und allgemeinen Äußerungen hat er in *Unser Auftrag* einen »Entwurf« der *Johannesgemeinschaft* vorgelegt, der - wiewohl exemplifiziert an der eigenen Gründung - doch auch Allgemeingültiges für die Säkularinstitute darlegen sollte[30].
Einleitend vermerkt Balthasar hierzu: »Was im folgenden geboten werden soll, sind nicht die differenzierten Regeln der zum Teil schon

[29] Vgl. Ueber den Gehorsam in den Weltgemeinschaften, 1029: »Wenn später die Kirche Regeln von Orden und andern Gemeinschaften approbiert und dabei die geistliche Autorität ihrer Vorgesetzten anerkennt, so geschieht es jeweils in Anerkennung eines Wehens des Geistes, der innerhalb der grossen Kirche ein kleineres, intensiveres und wirksameres Modell erweckt, an dem Christen in den Gehorsamsgeist Christi und der heiligen Kirche eingeübt werden sollen.«

[30] Vgl. Unser Auftrag, 101-153.

existierenden, zum Teil noch im Aufbau begriffenen Gemeinschaft mit ihren drei besonderen Zweigen, dem priesterlichen und den zwei Laienkreisen, einem weiblichen und einem männlichen, sondern deren allgemeine, vor allem geistliche Ausrichtung.«[31] Allgemeine Ausrichtung wird hier zunächst für die *Johannesgemeinschaft* selbst geleistet; aber gerade in diesem Sinne einer allgemeinen Ausrichtung kann der »Entwurf« der *Johannesgemeinschaft* auch auf andere Säkularinstitute transponiert werden. Denn mit der Vorlage des »Entwurfes« geht es Balthasar nicht um eine Zur-Schau-Stellung der eigenen Gründung, schon gar nicht um die Behauptung, die *Johannesgemeinschaft* sei *das* Säkularinstitut schlechthin im Sinne einer wertenden Exemplarität. Vielmehr hat diese öffentliche Vorstellung der eigenen Gemeinschaft ihren Grund und ihre Berechtigung im Sendungsverständnis Hans Urs von Balthasars. *Sendung* ist für ihn das Gerufensein in einen objektiven Auftrag, der vom Gesendeten möglichst frei von subjektiven Vorlieben zu verwirklichen ist; die bei Gott von Ewigkeit her gedachte Gestalt soll möglichst urbildgetreu abgebildet werden[32]. So deutet Balthasar seinen eigenen Auftrag als Theologe sowie den Auftrag der *Johannesgemeinschaft*: möglichst rein soll die Grundidee eines Säkularinstitutes, in Entsprechung zur oben skizzierten Theologie, verwirklicht werden. Auf diesem Hintergrund gewinnt die unauffällige Gestalt der *Johannesgemeinschaft*, ihrer Spiritualität und ihrer alltäglichen Lebensvollzüge, ein neues Gesicht: Das *Katholische* im allgemein-gültigen Sinn soll zur Darstellung kommen, frei von dem Anliegen, eine eigene *Spiritualität* ausprägen zu wollen[33]. So erscheint die Gründung Hans Urs von Balthasars - zumindest in ihrer Zielgestalt - als Verlebendigung des theologisch Bedachten, als Ineinander von Orthodoxie und Orthopraxie[34]. Die damit behauptete »Exemplarität« der *Johannesgemeinschaft* meint

---

[31] Ebd. 101.

[32] Vgl. Existenz als Sendung, dort v.a. 707.

[33] Vgl. Unser Auftrag, 102f, Abs. (3); Das Evangelium als Norm und Kritik aller Spiritualität in der Kirche, 247-263; Spiritualität, 226-244.

[34] Vgl. Geist und Feuer, 74: »Sie fragen mich eigentlich, ob die Orthodoxie oder die Orthopraxie mir wichtiger erscheinen, es wäre schön, wenn durch die Gründung unserer Johannesgemeinschaft diese Disjunktion einfach überholt und obsolet würde - in einem Stadium, da die Gemeinschaft einmal ausgewachsen sein wird.«

somit nicht Normativität für jede andere Gemeinschaft, sondern bedeutet den Auftrag dieser Gemeinschaft, die von Balthasar skizzierte *Theologie der Säkularinstitute* möglichst ungetrübt zur Anschauung zu bringen. Entsprechend ist das Abweichen der vielen anderen Säkularinstitute von diesem Grundentwurf von vornherein mitbedacht und beabsichtigt: als Spezifizierung des Allgemeinen gemäß dem jeweiligen Auftrag.
Wenn der *Johannesgemeinschaft* im folgenden eine »Exemplarität« zugesprochen wird, was sich in zahlreichen Verweisen auf den erwähnten »Entwurf« und andere Aussagen Hans Urs von Balthasars zur Umsetzung der evangelischen Räte in der *Johannesgemeinschaft* niederschlägt, so geschieht dies mit den hiermit formulierten Einschränkungen. Die »Regeln« einer konkreten Gemeinschaft sollen auf die dahinterstehende allgemeingültige geistige Haltung hin befragt werden. Die eigentlichen *Satzungen* der *Johannesgemeinschaft* wurden im März 1988 in Rom vorgelegt, sind bisher (d.h. zum Zeitpunkt der Abfassung dieser Arbeit) allerdings nicht approbiert und stehen somit einer öffentlichen Zitation nicht zur Verfügung. Inhaltlich decken sie sich weitgehend mit dem, was Balthasar an anderer Stelle ausführt.

II. Grundzüge der Balthasarschen Rätetheologie

Bevor die Spezifika des *welthaften* Räteverständnisses Hans Urs von Balthasars nachgezeichnet werden, ist es notwendig, in einigen wenigen Linien die allgemeinen Grundzüge der Balthasarschen Rätetheologie zu umreißen, wie sie innerhalb seiner ekklesiologischen Konzeption unterschiedslos für *alle* Formen des Rätelebens gelten. Aspekte, die schon zur Sprache gekommen sind, vor allem die ekklesiologische Dimension des Rätelebens (vgl. Teil II.A), werden dabei nicht noch einmal entfaltet. Eine umfassende Wertung der evangelischen Räte in der Theologie Hans Urs von Balthasars kann und soll dabei freilich nicht geleistet werden[35].

1. Räteleben als Christus- und Marienförmigkeit

Um die vorrangige Stellung zu begreifen, die Hans Urs von Balthasar dem Räteleben im Gefüge der Kirche zuweist, ist zunächst die christologisch-trinitarische Bedeutung der Räte, wie er sie pointiert entfaltet, zu beachten. Jesus Christus selbst, von Ewigkeit her Sohn des Vaters, ist seinem Wesen nach *Gehorsam*, *Armut* und *Keuschheit*:

> »Er ist nicht gehorsam; sein Wesen ist der ganze Gehorsam, und dieser ist für ihn die ewige Freiheit. Er ist nicht arm; sein Wesen selbst ist die Armut, denn sein ewiger Reichtum ist es, nichts zu besitzen, was nicht des Vaters wäre, und alles, was er gewinnt, dem Vater zu Füßen zu legen. Er ist nicht rein, sein Wesen ist Reinheit, da er keinen Gedanken zu fassen vermag, der nicht mit Anfang und Ende in der vollkommenen, ausschließlichen Liebestreue zum Vater verliefe und aus dieser Geschlossenheit gerade die unendlich ausströmende Fruchtbarkeit der Liebe gewänne. Sein Wesen selbst als Sohn ist ein ewiges und unauflösbares Gelübde an den Vater, in welchem er zu dem wird, der er ist: zu dem Hingeweihten, der im unabschließbaren Aufbruch seiner Selbstverleugnung dasselbe unendliche Maß gewinnt wie die Selbsthingabe des Vaters, um so in der Einheit des Geistes zu seinem vollendeten Ebenbild zu werden.«[36]

In der theologischen Deutung Hans Urs von Balthasars sind *Gehorsam*, *Armut* und *Jungfräulichkeit* nichts anderes als Ausdrucksweisen der göttlichen Liebe selbst, die zwischen Vater und Sohn als ewige gegenseitige Verschenkung im Heiligen Geist hin- und herflutet; Freiheit, Fülle und Fruchtbarkeit sind dieser gehorsamen, armen und keuschen Liebe inhärent[37]. Selbstredend kann eine solche Aussage über die Eigenschaften göttlicher Liebe nur analog verstanden werden und nicht im Sinne eines Befehle ausführenden Gehorsams, materialer

---

[35] Eine allgemeine Einführung in sein Räteverständnis bietet Balthasar zuerst in: Die großen Ordensregeln, 7-31. Umfassend zur Theologie der Räte bei Balthasar vgl. M. Scheuer, Die Evangelischen Räte, 22-153.

[36] Die großen Ordensregeln, 10.

[37] Vgl. M. Scheuer, Die Evangelischen Räte, 57-63.

Armut und leiblicher Jungfräulichkeit. In ihrem analogen Aussagegehalt bezeichnen *Gehorsam*, *Armut* und *Jungfräulichkeit* den Inbegriff der innergöttlichen vollkommenen Liebe. Als solche versinnbildlichen die Räte auch die Liebe Gottes zur Welt, wie sie sich nach außen mitteilt in der endgültigen Offenbarung durch Jesus Christus, nach dessen Bild die Welt und vor allem die Menschen geschaffen sind[38]. Von hier aus erklärt sich die von Balthasar behauptete *soteriologische* Bedeutsamkeit der Räte: »Die Räte sind [...] in Christus nicht nur die innere Form der Liebe Gottes zu uns, sondern auch das 'einzig wirksame Mittel unserer Erlösung'. In Armut (vgl. 2 Kor 8,9), Gehorsam (Phil 2,6-11; Hebr 5,8-9) und Jungfräulichkeit (vgl. Eph 5) ist er total auf die Welt und gerade auf die äußerste Sünde hin exzentrisch, um so alles konzentrisch auf den Vater hin umzupolen.«[39]
In diese »Kreis-Bewegung« Jesu: von Gott zur Welt und von dort her wieder zurück zu Gott, sieht Balthasar nun alle ausdrückliche Nachfolge in den evangelischen Räten einbezogen; ja, es »zeichnet sich immer mehr ab, daß der Stand der Erwählung in ausgezeichneter Weise der *Stand Christi* ist«[40]. Räteleben ist im Rahmen einer solchen Konzeption nichts anderes als eine spezifische, radikale, *real-symbolische* Verwirklichung der in der Taufe grundgelegten Angleichung des Christen an die Gestalt Jesu Christi. *In ihrer Lebensform* stellen die Rätechristen dar, was für jeden Christen gilt, sie realisieren das *Besondere des Allgemeinen.* Als solche erscheinen die Rätechristen in der theologischen Wertung Hans Urs von Balthasars als Prototypen der Getauften schlechthin (vgl. Zweiter Teil. A. Drittes Kap.I.5). Für alle

---

[38] Vgl. Evangelische Räte in der heutigen Welt?, 189-191; vgl. M. Scheuer, Die Evangelischen Räte, 63-67.

[39] M. Scheuer, Die Evangelischen Räte, 113. Scheuer zitiert hier den Aufsatz von Balthasars *Evangelische Räte in der heutigen Welt?*, 190. Zur soteriologischen Bedeutung der Räte vgl. auch: Monastisches Leben heute, 35: »Der Sinn des Rätelebens besteht im Gehorsam dem Ruf Christi gegenüber, alles zu lassen und ihm und seiner Lebensweise nachzufolgen, die aber Funktion seiner Sendung ist: durch Armut, Jungfräulichkeit und Gehorsam die Welt zu erlösen. Wenn es auch wahr ist, dass einzig der Gottessohn durch sein Entsagungsleben (mit der Passion als Höhepunkt) die gesamte Welt erlösen konnte, so ist dennoch, durch seine Gnade, der Ruf in seine Nachfolge ein Ruf zur Mitwirkung an seinem Erlösungswerk. Das heisst: das Räteleben ist seinem Ursinn nach soteriologisch, [sic!] und in einem umfassendsten Sinn apostolisch.«

[40] Christlicher Stand, 124.

Getauften realisiert sich Nachfolge offenbar im Modus der evangelischen Räte, sei es *materialiter* oder im *Geist* der Räte. In den Begrifflichkeiten *Armut*, *Jungfräulichkeit* (bzw. *Keuschheit*) und *Gehorsam* faßt Balthasar bevorzugt jene Inhalte, die den Christen zu einem total gottverfügten, Christus gleichgestalteten Menschen machen. Gewirkt wird diese Angestaltung des Menschen an Jesus Christus im Heiligen Geist[41]. *Liebe* und *Geist der Räte* sind für Balthasar derart eins, daß das christliche Liebesgebot ebensogut in einem »Gebot« zu Gehorsam, Armut und Keuschheit gefaßt werden könnte[42]; vor allem für den Gehorsam als zentrale Haltung Jesu und biblische Glaubenshaltung kann dies gesagt werden[43]. In der Angleichung menschlicher Liebesgesinnung an die Gesinnung der evangelischen Räte geschieht die in der Taufe grundgelegte Angleichung an die göttliche Liebe, der allein auch gottgewirkte Fruchtbarkeit verheißen ist[44]; trägt doch die Liebe des dreifaltigen Gottes selbst die Gestalt von Armut, Jungfräulichkeit und Gehorsam.

Von hier aus eröffnet sich ein weiteres Mal der Blick hin zur Mutter Jesu. Als zuerst Erlöste und *urbildliche Kirche* ist Maria die geschöpflich vollkommenste Entsprechung zu der in Jesus Christus aufscheinenden göttlichen Liebe[45], sie »gleicht [...] sich, soweit eine Kreatur es vermag, dem Vorbild ihres Sohnes an«[46]. Als jungfräuliche Mutter Jesu und Gattin Josefs lebt sie nach Balthasar in einer neuen, vom

---

[41] Vgl. Theologik III, 169-174: »Vergöttlichung und Einverleibung«.

[42] Vgl. Christlicher Stand, 20f: Der Liebende »wird es als seine höchste *Freiheit* erachten, nicht seinen eigenen Willen zu tun, sondern den des Geliebten. Er wird es als seinen höchsten *Reichtum* betrachten, nichts anderes zu besitzen, als was der Geliebte ihm schenkt. Und er wird es als seine höchste *Fruchtbarkeit* ansehen, sich ausschließlich als Gefäß für jeden befruchtenden Samen des Geliebten bereitzuhalten.« Vgl. M. Scheuer, Die Evangelischen Räte, 127f, 131.

[43] Vgl. Theologik III, 283; vgl. M. Scheuer, Die evangelischen Räte, 129-131.

[44] Vgl. Christlicher Stand, 201: »Je mehr aber die Liebe eines Menschen der göttlichen gleicht, je mehr sie also sich selber vergißt und aufgibt, um innerlich die Gestalt von Armut, Jungfräulichkeit und Gehorsam anzunehmen, um so mehr wird auch die Frucht dieser Liebe eine göttliche sein: eine Frucht über alle menschliche Fruchtbarkeit und menschliche Vermutung hinaus.«

[45] Vgl. Die großen Ordensregeln, 14-16.

[46] Christlicher Stand, 163.

Kreuz her ermöglichten Einheit von Welt- und Rätestand[47]; ihre Liebe zu Gott und zu den Menschen nimmt dabei selbstverständlich die Form der evangelischen Räte an[48]. Deshalb ist Maria - gerade in ihrer reinen Geschöpflichkeit - nicht minder Vorbild eines Lebens nach den evangelischen Räten als Jesus Christus selbst: »Alles, was später Kirche und Glaube sein wird, schart sich um die erste Leidenschaft: nur Magd sein zu wollen für den Herrn, und in diesem Arm-Sein und Gefäß-Sein sich belasten zu lassen mit der Frucht des Herrn.«[49]

2. Die Dreizahl der evangelischen Räte als Ausdruck der menschlichen Ganzheit

Als Ausdruck für die Gottgehörigkeit und Christusförmigkeit des Christen markieren die evangelischen Räte drei Aspekte einer *Ganzheit*, der ungeteilten Nachfolge Jesu[50]. Ausgehend von der biblischen Begründung dieser Ganzheit in der Aufforderung Jesu, *alles* zu verlassen[51], beschreibt Balthasar die Ungeteiltheit der evangelischen Räte vor allem anthropologisch-christologisch: »Die drei Evangelischen Räte (über deren historische Ausformulierung hier nicht zu handeln ist) sind nicht drei nebeneinanderstehende Wesenheiten, sondern die anthropologisch notwendig dreifache Ausfaltung einer Haltung totaler Disponibilität für Nachfolge in der christologischen Sendung«[52], weshalb sie für Balthasar in Anlehnung an Thomas von Aquin *»miteinander das Feld des Hingebbaren erschöpfen«*[53]. So kann letztlich nie nur einer der Räte gewählt werden, auch wenn sie neutestamentlich zunächst durchaus geschieden als je verschiedene Aufforderungen zur Nachfolge

---

[47] Vgl. ebd. 160-168.

[48] Vgl. ebd. 166.

[49] Christologie und kirchlicher Gehorsam, 194.

[50] Vgl. M. Scheuer, Die Evangelischen Räte, 119f.

[51] Vgl. Existenz als Sendung, 707.

[52] Gehorsam im Licht des Evangeliums, 140.

[53] Christlicher Stand, Vorwort, 10; vgl. ebd. 48f.

hervortreten[54]. Insofern es dem Rätechristen um die eine Hingabe des ganzen Lebens geht, gibt es also theologisch nur *einen* evangelischen Rat zur Nachfolge und ein Gelübde[55]; diese eine Hingabe kann aber von verschiedenen Ansatzpunkten her erschlossen werden: von der Jungfräulichkeit her, von der Armut oder vom Gehorsam her; jeder dieser drei Räte kann den Zugang zu den beiden anderen eröffnen[56], »so, dass je zwei aus dem einen die beiden andern sich organisch ableiten lassen und Ausdruck der [Lebens-]Weihe sind«[57].
Trotz dieser Einheit der evangelischen Räte differenziert Balthasar sie ihrem Inhalt nach und beschreibt eine gewisse Hierarchie im Zueinander der Räte, der zufolge die Armut gleichsam als »Eingangspforte«[58] in die Nachfolge erscheint, der notwendig der jungfräuliche Verzicht auf die Verfügung über den eigenen Leib folgt, um schließlich im Gehorsam die volle Verfügung über die persönliche Freiheit an Gott zurückzuerstatten:

> »Von einer Mehrheit von Räten kann gesprochen werden in Hinsicht auf die Gegenstände der Hingabe, denn diese sind, dem menschlichen Wesen und Dasein entsprechend, in Vielheit verstreut. Es gibt die Umwelt mit Hab und Gut: ein äußerster Kreis. Es gibt zweitens den eigenen Leib und seine höchste, würdevollste Funktion, die Fortpflanzung: schon ein Teil des Menschen selbst. Es gibt drittens seinen innersten Raum: Selbstbewußtsein, persönliches Denken und schöpferische Freiheit, sein Unveräußerlichstes. [...] Thomas von Aquin ist somit recht zu geben, wenn er sagt, der Gehorsam sei der wesentlichste und entscheidenste Akt der Gesamthingabe«[59].

---

[54] Vgl. Zur Theologie des Ordensgelübdes, 8: »Die das ganze Leben der erwählten Jünger aus den Angeln hebende Anforderung Jesu ist total und fordert totale Antwort, darin ist er sicher mehr als ein 'Rat'. Erst recht ist er mehr als ein materiell begrenzter Rat - zum Beispiel zur Jungfräulichkeit, aber nicht zum Gehorsam -, er differenziert jene einzelnen Sachgebiete noch nicht, die man später als 'evangelische Räte' unterschieden hat.«

[55] Vgl. den Titel des Vortrages *Zur Theologie des Ordensgelübdes*; Zur Theologie des Rätestandes, 26f, 30; Evangelische Räte in der heutigen Welt?, 193; Die drei evangelischen Räte, 129.

[56] Vgl. Zur Theologie des Ordensgelübdes, 11f; Christlicher Stand, 120ff.

[57] Ueber den Gehorsam in den Weltgemeinschaften, 1028.

[58] Christlicher Stand, 121.

[59] Zur Theologie des Rätestandes, 29.

Innerhalb der Christologie nimmt die Gehorsamshaltung Jesu vor Gott, dem Vater, wie wir gesehen haben, eine Schlüsselstellung ein. Dem entspricht innerhalb der Rätetheologie die hier beschriebene Vorordnung des Gehorsams vor Armut und Jungfräulichkeit; der Gehorsam ist für Balthasar »der Angelpunkt der evangelischen Räte«[60], ihr »Mittelpunkt«[61]. Dennoch gewichtet Balthasar die Ehelosigkeit - als das eigentlich standesscheidende Moment - unter ekklesiologischer Rücksicht an erster Stelle[62]; gemäß der frühchristlichen Deutung der Jungfräulichkeit im Sinne eines unblutigen Martyriums versinnbildlicht gerade dieser dritte Rat jenes Zeugnis für Jesus Christus, das den Einsatz des eigenen Lebens und Leibes nicht scheut[63]. Trotz dieser standesscheidenden Funktion der evangelischen Ehelosigkeit weist Balthasar zuletzt dem Gehorsam jene Schlüsselposition zu, von der her seine gesamte Rätetheologie ihre Prägung erhält. Eine biographische Wurzel dieser Vorordnung des Gehorsams findet sich wohl in Balthasars Zugehörigkeit zur *Gesellschaft Jesu* bzw. zum ignatianischen Gehorsam. Auch für die Säkularinstitute - und dort sogar in besonderem Maße - möchte Balthasar den Angelpunkt des Rätelebens im Gehorsam lokalisieren, weshalb in der folgenden Darstellung für den Gehorsam die mittlere, zentrale Position zwischen Armut und Jungfräulichkeit gewählt wurde.

3. Die evangelischen Räte als Ausdruck der christlichen Martyria

Wir haben gesehen, daß Hans Urs von Balthasar wie wenige Zeitgenossen bis in die Tiefe seiner Theologie hinein dem *aggiornamento*, der Öffnung der Kirche zur heutigen Welt hin, den Weg bereitet und es mitvollzogen hat. Zugleich behielt er aber die Ambivalenz dieser Bewegung der Kirche im Auge. 1965, zu einer Zeit, wo viele sich ge-

---

[60] M. Scheuer, Die Evangelischen Räte, 82.

[61] Christlicher Stand, 122.

[62] Vgl. Die großen Ordensregeln, 18; Zur Theologie des Rätestandes, 30; Christlicher Stand, 292.

[63] Vgl. Zur Theologie des Ordensgelübdes, 9.

rade erst in der Sicherheit ungetrübter kirchlicher Aufbruchsfreude wähnten, sah Balthasar sich schon genötigt, die Schein-Sicherheit einer falsch verstandenen Öffnung zur Welt zu entlarven:

»Der Anschluß an die Kultur der Zeit scheint, nach einer Periode der innern Emigration, wiedergefunden. Und alles Kirchlich-Positive scheint durchsichtig auf die gemeingültigen Gesetze von Kosmos und Menschheit - und damit gerechtfertigt. Das 'Weltamt der Christen' scheint gesichert, der Raum des Laien [...] als der authentisch christliche Raum erobert [...]. Christen und Christen, Christen und Juden, Christen und Nichtchristen oder Antichristen kommunizieren endlich im großen Raum der Schöpfung Gottes, die als ganze mit einem Exponenten der Gnade versehen ist. Grandios. Aber es hat einen Haken.«[64]

Jener Haken besteht für Balthasar darin, daß es in diesem System der grenzenlosen Kommunikation zwischen Christen verschiedener Konfession, zwischen Christen und Nichtchristen, zwischen Christen und Welt letztlich beliebig zu werden droht, ob einer nun Christ ist oder nicht, ob einer sich zu den »ausdrücklichen« oder den »anonymen« Christen zählt. Aber genau diese Beliebigkeit und Anonymität gibt es für Balthasar nicht. Das wäre Verrat an der Pflicht des Christen zum Zeugnis - zum *Martyrium* - für den, der für die Vielen ans Kreuz gegangen ist und eben dort und nicht anders die Gnade für alle und die Möglichkeit der Einheit aller erwirkt hat. Für Balthasar gibt es die Öffnung der Christen zur Welt hin nur um den Preis einer *gekreuzigten* Christusförmigkeit derer, die sich der Welt öffnen. Deshalb ist für ihn das Leben nach den evangelischen Räten - als innere Form aller Christen und als äußere, ausdrücklich gewählte Form zumindest einiger weniger - die *conditio sine qua non* des *aggiornamento*[65].

---

[64] Mein Werk, 45.

[65] Vgl. ebd. 46: »Zu meinem Unglück hatte ich [...] bei Kierkegaard gelesen, der Apostel Christi (und wer erhebt heute nicht Anspruch auf diesen Titel?) sei einer, der sich für Christus totschlagen lasse [...]. Ist so etwas Leitbild, dann gibt es doch wohl keinen anonymen Christen, so viel Menschen im übrigen - hoffentlich alle! - durch Christi Gnade das Heil erlangen. Aber die Gnade für alle hängt an der Lebensform Dessen, der durch die Schande seiner Armut, seiner Folgsamkeit und seiner leiblichen Verschnittenheit (Mt 19,22) Gottes Gnade verkörpert hat und vom Anfang (Maria) über die Mitte (Apostel) bis ans Ende (die Frauen in Betanien, am Kreuz, am Grab) immer schon Teilnehmer an seiner Lebensform wollte.«

Wenn im folgenden die Züge einer *welthaften* Armut, eines *welthaften* Gehorsams und einer *welthaften* Jungfräulichkeit aufgezeigt werden, wie Balthasar sie entwirft, geht es um die Bestimmung des Beitrages der *Säkularinstitute* zum *aggiornamento*, insofern sie ungeschützte Weltoffenheit mit radikaler Christuszugehörigkeit zu verbinden suchen. Dabei darf die durch den Auftrag der Säkularinstitute geforderte Anpassung an die jeweiligen zeitlichen, gesellschaftlichen und beruflichen Gegebenheiten laut Balthasar keineswegs zu einer Abschwächung des Ernstes der Räte führen. »Diese Anpassung kann« zwar, so Balthasar, »konkrete schwierige Probleme mit sich bringen, sie ist aber keineswegs als ein grundsätzlicher Kompromiß mit der 'Welt' zu verstehen oder praktisch nur in einem solchen durchführbar.«[66]

III. Grundzüge einer welthaften Rätetheologie im Sinne Hans Urs von Balthasars

Als Werkzeug des Geistes Gottes ist die Kirche als *ganze* mit der missionarischen Sendung in die Welt hinein betraut[67]. Für Hans Urs von Balthasar »bricht mit dieser Finalität der Kirche auf die Welterlösung eine neue Fragestellung auch für die kirchlichen Stände auf: In welcher Weise sind die einzelnen beteiligt an der Weltsendung der Kirche?«[68] Für die Laien beantwortet er diese Frage mit definierender Klarheit: »Ihnen fällt es hier zu, im Raum der Kirche praktisch sichtbar zu machen, wie man geistige und materielle Güter einer verfallenen Weltordnung der christlichen selbstlosen Liebe dienstbar machen kann.«[69] Was Balthasar an dieser Stelle primär an die Adresse der *verheirateten* Laien ausführt, die Anwendung der evangelischen Räte

---

[66] Der Laie und der Ordensstand, 51f.

[67] Vgl. Christlicher Stand, 279-282.

[68] Ebd. 280.

[69] Ebd. 286.

auf die weltlichen Gebiete des *materiellen Besitzes*, des *Eros und Sexus* sowie der *menschlichen Autonomie*[70], findet für ihn eine direkte Entsprechung im Leben der Laien im *Säkularinstitut*. Mehr noch: Die Fülle der kirchlichen Sendung *aller* Laien erschließt sich für Balthasar geradezu erst durch die evangelischen Räte und durch Laien im Rätestand. Diese durchgängige These, Balthasars leitende Grundidee im Hinblick auf die Säkularinstitute, soll hier nochmals - in einer Formulierung von 1954 - in Erinnerung gerufen werden:

> »Vielleicht ist aber der letzte Reichtum der Laienwelt aus dieser erst zu entfalten, wenn sich das Verständnis für die Stellung und Verantwortung des Laien im Bewußtsein der Kirche organisch verbunden hat mit demjenigen der evangelischen Räte. Diese sind unüberholbar und innerlich mit dem Begriff der christlichen Lebensfülle und hundertfältigen Ernte verbunden. Es gälte bloß, die monastische Auslegung der Räte, die bisher aufs ganze gesehen die vorherrschende, beinah einzige war, um eine weitere zu bereichern. Das Mönchtum ist weltabgewandt; seine Rolle in der Kirche der Vergangenheit und Gegenwart als Mahnung, Klärung, Hilfe von oben bleibt lebendig und unbestritten. Das Evangelium ist aber nicht innerlich monastisch, und seine Wegweisungen haben weiterreichende Geltung. Maria ist nicht Nonne, aber sie ist Mutter, *weil* Jungfrau. Christus ist nicht Mönch, aber er ist König, *weil* arm und gehorsam bis zum Tod. Nicht durch katholische 'Aktion' wird die Welt erlöst, sondern durch Armut und Gehorsam und Ausschließlichkeit zu Gott. Und es entspräche unserer vorgerückten Zeit, daß die Katholiken besser verstehen lernten, wie Weltverantwortung sich mit Gehorsam, Weltverfügung mit Armut, Welterfahrung mit Jungfräulichkeit verträgt, ja daß die letzte Fruchtbarkeit auch im eigensten Bereich der Laien gerade hieraus erwartet werden darf. Fasse es, wer es fassen kann.«[71]

Die hier eingeklagte Verbindung von Weltgestaltung und evangelischen Räten müßte auf dem Hintergrund der schöpfungstheologischen Weichenstellungen gründen in jenem Gott-Welt-Verhältnis, wie es in der *Formel der Analogia entis* und in Anwendung der *christologischen*

---

[70] Vgl. ebd. 286f.

[71] Der Laie und die Kirche, 346f. Vgl. auch die Wertung in: Mein Werk, 41: »Wer befehligen will, muß christlich folgen gelernt haben, wer die Güter der Welt verwalten will, muß erst aller Besitzlust bar und ledig geworden sein, wer der Welt christliche Liebe zeigen will, muß sich bis zur puren Selbstlosigkeit (auch in der Ehe) in Christi Liebe eingeübt haben.«

Formel von Chalkedon gefaßt wurde (vgl. Zweiter Teil. B. Erstes Kap.). Wo die Andersheit der Schöpfung im Gegenüber zum Schöpfer und der Selbstand des Einzelnen in der Kirche positiv bestimmt werden, dort können auch Armut, Gehorsam und Jungfräulichkeit von der Bejahung der natürlichen Ordnung her neu formuliert werden[72]. Dieser Ansatzpunkt kann als Grundlage jenes *welthaften* Räteverständnisses festgehalten werden, wie es Hans Urs von Balthasar eigen ist. Im Blick auf die von Balthasar vorgeschlagenen Konkretisierungen *welthafter* Armut, *welthaften* Gehorsams und *welthafter* Jungfräulichkeit wird sich zeigen müssen, ob er dieser von ihm selbst angestoßenen Zielgestalt voll gerecht zu werden vermag.

1. Grundlagen einer welthaften Theologie der Armut im Sinne Balthasars

Als Rat Jesu, alles zu verlassen, um voll in seiner Nachfolge verfügbar zu sein, stellt die evangelische Armut den *ersten*, eröffnenden Rat in dem von Balthasar skizzierten Gefüge dar[73]. So wie Jesus als Meister »*der Arme schlechthin*«[74] ist und keinen Ort hat, wo er sein Haupt hinlegen kann, sollen auch seine Jünger nachfolgend und nachahmend eine gewisse irdische Heimatlosigkeit annehmen. In diesem Deutungsrahmen stellt die Armut einen wesentlichen Aspekt der *Kreuzes*nachfolge dar; geht es doch um Angleichung an Jesus Christus, der sich bis zum letzten entäußerte - bis hinein in seine Solidarität mit den Sündern[75]. Im radikalen Verzicht auf jeden Eigenbesitz drückt sich

---

[72] M. Scheuer (Die Evangelischen Räte, 53) hat auf diesen Zusammenhang hingewiesen: »Analogie denkt den Menschen als Geschöpf, das auf Gott verwiesen ist (Armut), von ihm her seine Bestimmung erfährt (Gehorsam) und von seiner Freiheit und seinem Geheimnis stets überstiegen wird. Analogie denkt die Differenz zwischen Gott und Geschöpf als Raum positiver Relation und somit auch die Endlichkeit in Positivität und Dignität. Somit ist bei von Balthasar schon im Begriff der Analogie eine Grundgestalt der Räte notwendig impliziert. Kreatürlichkeit kann so gesehen nicht mit Sünde identifiziert werden. Sünde wäre es gerade, die Armut und den Gehorsam, die geschöpfliche Distanz zu Gott in Identität aufzulösen.«

[73] Vgl. Christlicher Stand, 121; Herrlichkeit III/2/2, 118-130, hier v.a. 122.

[74] Herrlichkeit III/2/2, 122.

[75] Vgl. ebd. 126-130.

die Uneigennützigkeit der Liebe Christi aus, die nichts als ihr Eigen betrachten möchte, sondern alles dem Geliebten überantwortet.
An dieser *armen* Liebe Jesu hat die Kirche aller Zeiten Maß zu nehmen. So wie es nach Balthasar in der trinitarischen Communio keinen Eigenbesitz von Vater oder Sohn oder Geist gibt, sondern allen in der einen Liebe alles gemeinsam ist, postuliert er auch für die kirchliche Communio das Ideal schenkender Liebe, die keinen Eigenbesitz kennt. Für Balthasar gilt: »Das Prinzip des Personalen - die unantastbare Voraussetzung für die totale Communion - schließt vollkommen aus, was man in der Welt der endlichen Wesen das 'Private' nennt.«[76] Erst in einer solchen kommunialen Gemeinschaft, die zwischen Mein und Dein nicht unterscheidet, wäre jener integre Urzustand wieder angenähert, der vor dem Sündenfall den Menschen prägte[77]. In den Orden und Säkularinstituten soll dieses Ideal realisiert und innerlich angeeignet werden. Das Modell der Gütergemeinschaft scheint für *alle* Formen des Rätelebens das anzustrebende Idealbild zu sein, insofern es innerhalb der Balthasarschen Konzeption keine theologisch fundierte Legitimität für privaten Besitz mehr gibt.

---

[76] In Gottes Einsatz leben, 38.

[77] Vgl. Die großen Ordensregeln, 11: »So war Adam in ein Dasein eingesetzt, [...] in dem die Armut, die von Mein und Dein nicht einmal eine Ahnung hatte, ein und dasselbe sein sollte wie die Herrschaft über den ganzen Reichtum der paradiesischen Schöpfung«. M. Scheuer erhellt diesen Zusammenhang in seinen Konsequenzen für Balthasars Armutsverständnis: »Das Eigentum als je-meiniges und je-deiniges wird von von Balthasar mit einer Fülle von Väterzeugen eindeutig der Existenz nach dem Sündenfall zugeordnet. Es ist durch die Sünde, d.h. durch die Abwendung vom paradiesischen Reichtum, entstanden. Ursprünglich war nach den Väterzeugnissen das Eigentum allen gemeinsam, weil alles Gott gehört. Der Übergang vom primären Naturrecht ('communis possessio') zum sekundären Privateigentum ist durch 'usurpatio', '*prolêpsis*', durch die Zerreißung der ursprünglichen Gleichheit von Freiheit und Knechtschaft, von Reichtum und Armut, durch Ungerechtigkeit oder Habsucht entstanden.
Von Balthasar wehrt sich mit Troeltsch gegen die einseitige neuzeitliche Apologie des Privateigentums. Den Umschlag setzt er zur Zeit des Thomas an, wo aus dem abgeleiteten sekundären Recht auf Eigentum nach dem Sündenfall der Begriff einer 'Natur an sich' gesucht wird. Er beurteilt den Besitz zwar nicht als in sich schlecht, sieht ihn aber als häufiges Hemmnis der Liebe und als Nährboden tödlicher Machtkämpfe. Erlösung wird von der Zerreißung der ursprünglichen Einheit erst wieder dadurch geschehen, daß der Mensch in Christus auf die äußerste materielle und geistige Armut reduziert wird, darin alles vom Vater empfängt und sich umsonst liebend hingeben kann. Erlösung hat also wieder die Einheit vom [sic!] Armut und Fülle in der äußersten Zerspannung zu leben.« (Die Evangelischen Räte, 71f.)

Zweifellos vergißt Hans Urs von Balthasar in seinen Erörterungen zur evangelischen Armut nicht, daß auch die Rätechristen vom alltäglichen Umgang mit Geldmitteln nicht dispensiert sind. Aber ihm schwebt hier für den Gebrauch der irdischen Güter ein dritter, integrativer Weg vor, »der uns weder anweist, irdisch geschäftstüchtiger zu sein, um dadurch das Gottesreich besser verbreiten zu können, noch uns rät, uns einzig auf die übernatürliche Ebene zu beschränken, sondern uns zeigt, wie Jesus selber Einfalt mit Klugheit verbunden haben möchte[78]«. Zu solcher Klugheit gehört für Balthasar wesentlich der Gebrauch des Geldes im Dienst an den Armen und Bedürftigen[79]. Großzügiges Almosengeben sowohl im Dienst der Armen als auch im Dienst des Apostolates scheint für Balthasar der prädestinierte und letztlich einzige Weg zur »*Befreiung des Geldes aus seiner Gegenstellung zu Christus* (Mt 6, 24)«[80]. Vor allem für die Laien in der Kirche stellt er einen solchen sozial und apostolisch ausgerichteten Umgang mit dem Geld als maßgeblichen Weg vor: »Ihnen fällt es hier zu, im Raum der Kirche praktisch sichtbar zu machen, wie man geistige und materielle Güter einer verfallenen Weltordnung der christlichen selbstlosen Liebe dienstbar machen kann.«[81] In der Solidarität mit den Armen dieser Welt geschieht Nachahmung der Solidarität Jesu mit aller menschlichen Kleinheit und Armut, zuletzt mit der Armut der Sünde[82].
Als Schule für die geistliche Armutshaltung können materielle Entbehrungen für Balthasar auch den Aspekt der Buße annehmen[83]. Immer geht es dabei um die Rückgewinnung jener Sorglosigkeit, die der vorsorgenden Güte Gottes bedingungslos vertraut[84], weil sie Gott im Bittgebet als Vater nennt und erfährt[85]; in diesem Kontext wird Armut zum Synonym für den alttestamentlichen »Glauben (der nichts hat als

---

[78] Christen sind einfältig, 40f.

[79] Vgl. M. Scheuer, Die Evangelischen Räte, 138f: »Armut und Solidarität«.

[80] Christlicher Stand, 286.

[81] Ebd.

[82] Vgl. Herrlichkeit III/2/2, 125f.

[83] Vgl. Unser Auftrag, 122.

[84] Vgl. Herrlichkeit III/2/2, 121.

[85] Vgl. ebd. 122-124.

Gott)« und neutestamentlich für die »Liebe (die im Geist Gottes alles weggegeben hat)«[86]. Geistliche und materielle Armut schenken dem Christen jene innere Leichtigkeit, die ihn im Heiligen Geist »in Richtung auf Wege des Gotteswillens und Gottesauftrags 'treibt'«[87]; vor allem ist Gottes Geist jene Gabe selbst, die nur dem Armen reich zuteil werden kann[88].

Die aufgewiesenen Aspekte des Armutsverständnisses Hans Urs von Balthasars lassen unschwer eine große Nähe zum Armutsverständnis seines Ordensvaters Ignatius von Loyola erkennen[89]. Verwandte Motive sind etwa: das Verständnis der Armut als »Eingangspforte« zur Nachfolge schlechthin[90]; die Nachfolge des armen Jesus in der Wahl eines armen Lebens[91]; die Präferenz der »Vita communis« als institutionelle Form der Armut[92]; ein apostolisches Verständnis der Armut[93]; Armut als innere Haltung des Vertrauens in die Sorge des himmlischen Vaters[94]. So weist Balthasars Theologie der Armut zurück auf die Prägung, die er durch die ignatianischen Exerzitien und die geistliche Schulung innerhalb des Jesuitenordens erhalten hat.

Zusammenfassend, insbesondere im Hinblick auf die durch die Säkularinstitute aufgeworfenen Anfragen an die evangelische Armut, können folgende Aspekte festgehalten werden: Für Hans Urs von Balthasar liegen persönlicher Besitz und menschliche Versuchbarkeit zur unlauteren Machtausübung derart nah beieinander, daß ihm eine grundsätzliche Skepsis gegenüber jedem materiellen wie geistigen Eigentum geraten scheint[95]. Privat-Eigentum als mit der Personalität und Indivi-

---

86 Berufung, Abschnitt 5; vgl. Herrlichkeit III/2/2, 123f; zur inneren Einheit von Glauben, Gehorsam und Armut vor Gott vgl. auch: Evangelische Räte in der heutigen Welt?, 191.

87 Herrlichkeit III/2/2, 124.

88 Vgl. ebd. 125.

89 Vgl. G. Switek, »In Armut predigen«. Untersuchungen zum Armutsgedanken bei Ignatius von Loyola, Würzburg 1972.

90 Vgl. ebd. 48ff.

91 Vgl. ebd. 74f, 242-244.

92 Vgl. ebd. 252.

93 Vgl. ebd. 244-246.

94 Vgl. ebd. 246-248.

95 Vgl. Unser Auftrag, 122f.

dualität jedes Menschen mitgegebenes, schöpfungsgemäßes Gut kann im Sinne Balthasars nicht gedacht werden. Entsprechend findet in seiner Armuts-Konzeption persönlicher Besitz weder für Orden noch für Säkularinstitute eine theologische Legitimierung, es sei denn im Sinne eines Zugeständnisses an den postlapsarischen Zustand des Menschen oder an ökonomische Gegebenheiten. Insbesondere im Hinblick auf die Säkularinstitute gemahnt Balthasar von daher ausdrücklich zur Wachsamkeit: »Hier liegt für die Weltgemeinschaften, gerade die kulturell einflußreichen, die gefährlichste Klippe, an der sie nur dann nicht scheitern, wenn sie unaufhörlich wachen Geistes auf der Hut sind und Mahnung und Beispiel des Herrn ernstnehmen.«[96] Konkrete Auswirkungen auf Balthasars Verständnis einer *welthaften* Armut, wie sie von den Laien in den Säkularinstituten zu leben wäre, zeichnen sich ab[97].

a) Spezifizierung im Hinblick auf die Säkularinstitute

Auf dem Hintergrund der umrissenen trinitätstheologischen und protologischen Begründung christlicher Armut kann nach Balthasar dieser erste evangelische Rat auch für die Säkularinstitute nur auf der prinzipiellen Grundlage persönlicher Besitzlosigkeit der Einzelnen entfaltet werden: »Jedes Mitglied, das Armut gelobt hat, muß sich sagen, daß ihm nichts von dem gehört, was es zur Ausübung seines Auftrages verwendet. Das betrifft nicht nur Wohnung, Nahrung, Kleidung, Verkehrsmittel usf., sondern ebenso alles, was es an geistigen und kulturellen, beruflichen und andern Kenntnissen sich hat aneignen können.«[98]

Unter dieser Voraussetzung persönlicher Besitzlosigkeit sind dann im Konkreten verschiedene Modi gemeinschaftlicher Armutsverpflichtung denkbar: etwa daß die einzelnen Mitglieder ihre Einkünfte zwar selbst verwaltet, aber hierüber Rechenschaft ablegen und pflichtmäßige Ab-

---

[96] Ebd. 123.

[97] Zur Konkretisierung der Armut in der *Johannesgemeinschaft* vgl. M. Scheuer, Die Evangelischen Räte, 137f.

[98] Unser Auftrag, 122.

gaben an die Gemeinschaft leisten[99]; oder daß alle Einkünfte in einer gemeinsamen Kasse gesammelt werden, aus der »die Einzelnen empfangen, was sie zu ihrem standesgemäßen Auskommen brauchen«[100]. Für die erste Lösung konstatiert Balthasar einen Nachteil, daß »gewisse Mitglieder sich Dinge (zum Beispiel Ferien) 'leisten' können, die andern versagt sind«, für die zweite Lösung sieht er den Nachteil in der Gefahr »einer gewissen Anhäufung von Gütern bei der Gemeinschaft«[101].

Natürlich drängt sich die Frage auf, wie eine solche Konkretisierung *welthafter* Armut, die immer die Besitzlosigkeit des Einzelnen zur Voraussetzung hat, mit jenem Lebensstandard: der Ausstattung etwa an Kleidung, Wohnraum und Arbeitsmitteln, vereinbart werden kann, der durch die Berufstägigkeit der Mitglieder der Säkularinstitute gefordert ist. Balthasar präzisiert seine Vorstellungen hierzu:

> »Die *Armut* wird dem Geiste nach eine vollkommene, der Auswirkung nach eine standesgemäße sein müssen. Die Vollkommenheit wird mehr in der Gesinnung restloser Abhängigkeit im Verfügen und in der Unmöglichkeit, etwas zu besitzen oder zu eigen zu erwerben, bestehen als in einer besonders zur Schau getragenen Entbehrung des zum standesgemäßen Leben Notwendigen. Diese Abhängigkeit wird für den in der Welt lebenden peinlicher und verdemütigender sein als für den Mönch im Kloster, wo das um Erlaubnisfragen oft mehr Zeremonie als innere Erniedrigung ist. Zwar wird es einem stark beschäftigten Beruftätigen [sic!] in der Welt nicht möglich sein, für jede Kleinigkeit den Obern um Erlaubnis zu bitten. Er wird eine gewisse Verfügungsbreite über Geld, Zeit, Lebenseinrichtung erhalten, über deren Verwaltung er aber umso strenger Rechenschaft abzulegen hat.«[102]

Offenbar geht es für die Säkularinstitute darum, jene Spannung zu erzeugen, in der die von der *Gemeinschaft als ganzer* geforderte Anpassung des Lebensstandards an die beruflichen und gesellschaftlichen Milieus der Mitglieder verbunden wird mit einer höchstmöglichen inneren Unabhängigkeit von materiellen Gütern, was den *Einzelnen*

---

[99] Vgl. ebd. 121; Das Wagnis der Säkularinstitute, 242.

[100] Unser Auftrag, 121; vgl. Das Wagnis der Säkularinstitute, 242.

[101] Das Wagnis der Säkularinstitute, 242.

[102] Der Laie und der Ordensstand, 54.

betrifft. Hierbei kommt nach Balthasar den gemeinschaftlichen Regeln eine unverzichtbare Funktion zu, die er nicht als Reglementierung mißverstanden wissen möchte.
Um dem oben benannten sozialen und apostolischen Aspekt der Armut Geltung zu verschaffen, schlägt Balthasar (in Anlehnung an Adrienne von Speyr) für die Säkularinstitute vor, »alles Erworbene und für die nächste Zukunft nicht absolut Erforderte solle in kürzeren Abständen - etwa halbjährlich - anonym an Bedürftige oder an kirchliche Hilfswerke u. dgl. weitergegeben werden«[103]. Mit einer solchen Praxis wäre zugleich die Möglichkeit gegeben, jenes Vertrauen in die Sorge Gottes einzuüben, das der ängstlichen Vorsorge für das eigene Leben einen gewissen Riegel vorschiebt. Entsprechend plädiert Balthasar dafür, sich beim Abschluß von Versicherungen an die untersten Versicherungssätze zu halten[104].
Bei allen Detailregelungen zielt Hans Urs von Balthasar nach eigener Aussage nicht auf einengende Kasuistik; vielmehr motiviert ihn grundsätzlicher die Frage nach dem Verhältnis von Geld und Macht. Kein noch so ehrenwerter Vorwand darf eine Gemeinschaft dazu verleiten, »für sich selber Güter [zu] horten oder sie zu Zwecken [zu] verwenden, die dem eigenen Wohlstand und Ansehen dienen«[105]. Von dieser Vorsicht sind auch die schon erwähnten kritischen Bemerkungen an die Adresse des *Opus Dei* geleitet:

> »Ohne Zweifel brauchen wir heute eine echte Spiritualität der Verwaltung der irdischen Güter, ohne Ressentiment gegen die Macht in allen ihren materiellen und spirituellen Formen. Aber eine solche Spiritualität *kann* nur (wenn Jesu Worte ernst genommen werden) dialektisch gedacht und gelebt werden, zumal wenn die Menschen, die hier verwalten, die evangelischen Räte leben, und zwar nicht nur im stillen Kämmerlein ihres Privatlebens, sondern ausstrahlend, als Stadt auf dem Berge. Ich denke mir zum Beispiel, eine Institution, die so mit irdischen Gütern gesegnet ist, müßte ganz ungeheure Summen als Almosen ausgeben, und zwar so, daß keinerlei irdischer Gewinn oder

---

[103] Unser Auftrag, 121; vgl. Das Wagnis der Säkularinstitute, 242.

[104] Vgl. Unser Auftrag, 137; die hier für den priesterlichen Zweig getroffene Regelung gilt wohl für die ganze Gemeinschaft.

[105] Ebd. 121.

Vorteil dem Institut dadurch erwachsen dürfte, am besten anonym.«[106]

Mit diesen Ratschlägen benennt Balthasar nochmals präzise die ihn leitende Vorstellung eines *welthaften* Armutsverständnisses, wie es von den Säkularinstituten anzuwenden wäre. Wenn diese Konkretisierungen der evangelischen Armut, wie Balthasar sie vor allem im Hinblick auf die *Johannesgemeinschaft* formuliert, auch Ausdruck eines in sich schlüssigen Verständnisses *welthafter* Armut darstellen, so werfen sie doch angesichts des pluralen Spektrums anderer Säkularinstitute (mit den verschiedensten Konkretisierungen der evangelischen Armut) einige Fragen auf. Vor allem muß festgestellt werden: Einen *theologisch positiv* bestimmten Raum für gottgewollten Eigenbesitz oder gar für eine »Ethik des Konsums« bietet die hier vorgestellte Konzeption der Armut letztlich weder für die Laien im Säkularinstitut noch für verheiratete Laien. Schon die von Balthasar gesetzten trinitätstheologischen und protologischen Prämissen, wie sie oben dargestellt wurden, verunmöglichen einen solchen positiven Zugang zu Besitz und Konsum. Denn in Gott selbst - der gegenseitigen trinitarischen Verschenkung in Liebe - gibt es nach Balthasar keinen Raum des Privaten, nichts eigenes der göttlichen Personen, das nicht zugleich Besitz des anderen wäre. So scheint auch für den Menschen die gottgewollte Integration von Armut und Fülle, wie sie den paradiesischen Zustand kennzeichnete, nur über den Weg von Kreuz und Verzicht wiederherzustellen zu sein, weshalb den *Rätechristen* - und nicht den verheirateten Laien - als dem *Stand der Verzichtenden* bei der Heiligung der Welt die eigentliche Schlüsselstellung zukommt. Radikalität der evangelischen Räte ist innerhalb einer solchen theologischen Konzeption offenbar nur denkbar als größtmöglicher, freilich den Umständen angepaßter *Verzicht*, nicht aber auch als bestmöglich *verantworteter Gebrauch und Genuß* der irdischen Güter.
Die Aufgabe der Heiligung der Schöpfung des Vaters, eines christlich motivierten Gebrauchs und Genusses der irdischen Güter, bleibt so letztendlich doch wieder jenen Laien überlassen, die nicht nach den

---

[106] Friedliche Fragen an das Opus Dei, 118.

evangelischen Räten leben. Wie ein solcher Gebrauch und Genuß der irdischen Güter christlich verantwortet realisiert werden kann, beantwortet Balthasar im Rahmen seiner theologischen Erschließung der evangelischen Armut nicht. Die im schöpfungstheologischen Teil grundgelegte positive Wertung des Endlichen wird in ihrer naheliegenden Relevanz für eine *welthafte* Theologie der Armut nicht aufgegriffen; eher hat man den Eindruck, daß diese positive Wertung am Ende von der stark akzentuierten Passionstheologie Hans Urs von Balthasars *aufgesogen* wird.
Bleibt die Frage, ob mit einem derartigen aszetischen Ansatz die ökonomischen Gegebenheiten der *Welt* schon innerlich durchheiligt sind oder ob nicht vielmehr lediglich eine äußere Angleichung der Rätechristen im Säkularinstitut an die sie umgebenden *weltlichen* Milieus erreicht ist. Die hiermit formulierte Anfrage wird der kritischen Rückfrage Hans Urs von Balthasars nicht entgehen, weil sie in seiner Sicht einer »verwässernden Deutung der Räte« gleichzukommen scheint. Kann es doch für Hans Urs von Balthasar »zwischen echter Welthaftigkeit und echter Zugehörigkeit zu Christus keine problematische Spannung geben«, weshalb »man jede verwässernde Deutung der Räte - etwa um einer glaubhaften 'Weltlichkeit' willen - ablehnen«[107] muß. Zwei Deutungsmöglichkeiten *welthafter* Armut treffen aufeinander, die schwer vermittelbar erscheinen.

2. Grundlagen einer welthaften Theologie des Gehorsams im Sinne Balthasars

Mit dem evangelischen Rat des Gehorsams ist - wie eingangs erwähnt - nicht nur die Mitte der Rätetheologie Hans Urs von Balthasars angesprochen, sondern auch die Achse seiner gesamten Christologie: »Für Balthasar, der die Gestalt Jesu vornehmlich aus der 'abschließenden' Perspektive des Johannes-Evangeliums wahrnimmt und von ihr her die synoptischen Texte liest, liegt der entscheidende Offenbarungsgehalt

[107] Unser Auftrag, 113.

des ganzen Jesus-Ereignisses im *Gehorsam des Sohnes.*«[108] In dieser johanneischen Sicht entspringen Gehorsam und Armut - beide Ausdruck seiner »Überlassung« an den Vater - der einen Haltung Jesu[109]. Jesus Christus ist nicht einfach gehorsam, seine ganze Existenz ist Gehorsam vor Gott, dem Vater, insofern seine Person vollkommen eins ist mit seiner Sendung[110]. Die vermittelnde Instanz zwischen dem väterlichen Willen und dem durchaus eigenen Willen Jesu erblickt Balthasar - wie schon in der Verhältnisbestimmung von Geist und Regel dargelegt - im Heiligen Geist[111]. Durch seinen vollkommenen Gehorsam ist Jesus Christus legitimiert als die eine und eigentliche Autorität, die jeden kirchlichen Gehorsam entgegennimmt[112].

Daß der kirchliche Gehorsam seinen Ursprung im neutestamentlich bezeugten Verhältnis der Jünger zu Jesus hat, wird Balthasar nicht müde darzustellen[113]. Gerade im Gehorsam der Getauften geschieht Nachfolge Jesu als Nachahmung seines Sohnesverhältnisses zum Vater, das sich in den kirchlichen Gehorsamsverhältnissen abbildet und vermittelt[114], freilich in einem Spannungsverhältnis von Übereinstimmung und Differenz zwischen göttlichem Willen und menschlicher Vermittlung[115]. Getragen wird diese Spannung, wie schon in der

---

[108] M. Kehl, Ein Porträt, 34. Zur zentralen Position des Gehorsams im Gesamt der Balthasarschen Theologie vgl. auch: M. Scheuer, Die Evangelischen Räte, 147f.

[109] Vgl. Herrlichkeit III/2/2, 130.

[110] Vgl. Christologie und kirchlicher Gehorsam, 186f; Ueber den Gehorsam in den Weltgemeinschaften, 1025.

[111] Vgl. Christologie und kirchlicher Gehorsam, 187f; Ueber den Gehorsam in den Weltgemeinschaften, 1025f.

[112] Vgl. Gehorsam im Licht des Evangeliums, 135-139.

[113] Vgl. Christlicher Stand, 122-124; Gehorsam im Licht des Evangeliums, 133-134; Zur Theologie des Rätestandes, 33f, 45f; Ueber den Gehorsam in den Weltgemeinschaften, 1028f.

[114] Vgl. Christologie und kirchlicher Gehorsam, 199: »Das konkrete Modell für das Verhältnis zwischen Führung und Geführtsein in der Kirche bleibt das Verhältnis des Menschen Jesus zum Vater im Heiligen Geist: der Vater begleitet den Sohn in der Intimität der Liebe; der Geist des Vaters im Sohn ist Auftrag, Ortsanweisung, dadurch aber keineswegs personale Distanzierung (autoritäre Veramtlichung) des Vaters gegenüber dem Sohn.« Vgl. auch Christlicher Stand, 123f; Gehorsam im Licht des Evangeliums, 139.

[115] Vgl. Gehorsam im Licht des Evangeliums, 135-139. M. Scheuer (Die Evangelischen Räte, 148) hat allerdings darauf hingewiesen, daß Balthasar eine Problematisierung dieses Verhältnisses kaum im Blick hat: »Ohne theologischen und weltlichen

Verhältnisbestimmung von »Geist« und »Regel« entfaltet wurde, vom vermittelnden Wirken des Geistes Gottes; deshalb gilt, »dass christlicher Gehorsam nur pneumatisch, das heisst im Heiligen Geist der Freiheit und Liebe Gottes gelebt und verstanden werden kann, auch dort, wo er institutionelle und rechtliche Formen annimmt«[116]. So ist »Befreiung durch Christus zur Geistfreiheit [...] gleichzeitig Einweisung des freien Menschen in die gehorsame Christusnachfolge«[117], so wie auch Christus in seiner Gehorsamsbindung an den Vater und in seinem Leben unter der Führung des Geistes zum Eigenen, zur Kindschaft und zum Dürfen der Liebe befreit ist[118].
Das hiermit angesprochene Verhältnis von Gehorsam und Freiheit denkt Balthasar als ein solches gegenseitiger Bedingtheit: »Aller Gehorsam ist Erziehung in die Freiheit hinein«[119], so daß der Mensch in der Aufforderung zum Gehorsam letztlich eingeladen ist, die schöpfungsgemäße Einheit beider - wie sie vor dem Sündenfall herrschte[120] - wiederzuerlangen. Möglich wird diese neue Einheit von Freiheit und Gehorsam für den Christen durch den soteriologisch bedeutsamen Gehorsam Jesu[121], den er durch Leiden hindurch lernen mußte und der ihn »für uns« bis in den Tod führte[122].
Daß Gehorsam und Freiheit innerhalb dieser theologischen Wertung nicht als zwei vollkommen adäquate Größen zu stehen kommen, verwundert von hier aus nicht[123]: Letztlich kommt dem Gehorsam, nicht der Freiheit, die zentrale, der Freiheit vorgeordnete Position in Baltha-

---

Gehorsam zu identifizieren, betont von Balthasar stärker die Kontinuität zwischen beiden Ebenen als den möglichen Konfliktfall.«

[116] Ueber den Gehorsam in den Weltgemeinschaften, 1024f.

[117] Theologik III, 228.

[118] Vgl. Gehorsam im Licht des Evangeliums, 133.

[119] In Gottes Einsatz leben, 21. Zum Verhältnis von Gehorsam und Freiheit: Gehorsam im Licht des Evangeliums, 143f; Zur Theologie der Säkularinstitute, 457-459.

[120] Vgl. Christlicher Stand, 71-73.

[121] Vgl. Zur Theologie des Rätestandes, 46: »Der Gehorsamsakt des Meisters ist dem Jünger gegenüber nicht nur pädagogisches Vorbild, sondern in seinem Liebesverzicht der soteriologische Akt schlechthin: Gehorsam erzieht nicht nur, er erlöst.«

[122] Vgl. Gehorsam im Licht des Evangeliums, 129-132; Ueber den Gehorsam in den Weltgemeinschaften, 1026.

[123] Vgl. M. Scheuer, Die Evangelischen Räte, 147f.

sars Evangeliendeutung zu[124]. Was im Rahmen dieses Gefälles von Maria gilt, gilt erst recht vom gehorsamen Ja jedes Christen: »Es ist nicht das von Gott abgewartete Jawort eines ihm gegenüberstehenden 'freien Partners', denn mit der Menschwerdung ist die Zeit eines solchen doppelseitigen Bundes ja vorbei (Gal 3,20), sondern das Je-Gott-über-sich-Verfügenlassen«[125]. Marias Gehorsam ist somit bei aller eigenen Verantwortung immer zugleich dem Willen Gottes eingefügt, ihr Gehorsam ist »immer ein *überlassender*, damit sie mit der richtigen Spontaneität reagieren kann«[126]. So wird im Blick auf Maria die Vorrangstellung des Gehorsams vor der Freiheit des Menschen nochmals eindrücklich bestätigt; der Mensch befindet sich vor Gott zuletzt immer in einer Gehorsamsposition; Gehorsam ist schlechthin der Ausdruck erlöster Geschöpflichkeit. Deshalb zielt insbesondere der Rat des Gehorsams auf eine von *allen* Christen geforderte Haltung; in seiner Konkretisierung innerhalb der Orden und Säkularinstitute ist er »nichts anderes als die Heraushebung der formalen Verfaßtheit von Kirche *als Kirche* in einer materialen Existenz«[127].

Dem Verhältnis von *Gehorsam* und *Freiheit* entspricht die Zuordnung von *Gehorsam* und *Verantwortung*, wie Balthasar sie im Hinblick auf ein *welthaftes* Gehorsamsverständnis zeichnet. Dabei wird der freien Verantwortung des einzelnen Christen eine der Gehorsamsbindung ein- und untergeordnete Stellung zugewiesen, so wie auch Jesus »in seiner Existenz eine völlige Identität zwischen Gehorsam an den Vater und Uebernahme persönlicher Verantwortung bei der Durchführung seiner Aufgabe«[128] zeigt. In der Konsequenz urteilt Balthasar: »Bei Christus und auch bei der heiligen Kirche gibt es keine Spannung, keinen Gegensatz zwischen Gehorsam und eigener Verantwortung.«[129] Dabei nehmen die Säkularinstitute für ihn keine Sonderstellung unter den übrigen Rätechristen ein - etwa in dem Sinne, daß in ihnen die Eigen-

---

[124] Vgl. Christologie und kirchlicher Gehorsam, 190.

[125] Ebd.; vgl. weiter ebd. 191f.

[126] Ueber den Gehorsam in den Weltgemeinschaften, 1027.

[127] Christologie und kirchlicher Gehorsam, 200.

[128] Ueber den Gehorsam in den Weltgemeinschaften, 1026.

[129] Ebd. 1029.

verantwortung eine größere Rolle als in den übrigen Instituten spielen würde[130]. Sie demonstrieren nach Balthasar lediglich mit größerer Deutlichkeit, was für alle Christen gilt; sie laden durch ihre Existenz dazu ein, grundsätzlich das Verhältnis von Gehorsam und christlicher Verantwortung zu bedenken, denn in jedem Gehorsam des in die Welt gesandten Christen geht es um »Verzicht zu *Verantwortung* hin«[131]. Balthasar denkt also ganz und gar von der Kontinuität zwischen Ordensgehorsam und der Gehorsamsbindung im Säkularinstitut her, ohne einen wie auch immer gearteten wesentlichen Unterschied zu suggerieren[132]. Lediglich hinsichtlich der äußeren Ausformung gilt: »Dieser Gehorsam kann verschiedenste Schattierungen annehmen, je nachdem er im Rahmen eines vorwiegend buchstäblichen 'Verlassens des alten Äons', somit innerhalb des Klosters als eines Modells von vollkommener Kirche gelebt wird, oder in der Weltoffenheit späterer apostolischer Orden, oder schliesslich 'mitten in der Welt' wie in den Säkularinstituten.«[133] Analog zu seinem Verständnis einer *welthaften* Armut wird sichtbar, daß für Balthasar die Nachfolge der Gehorsamshaltung Jesu Christi nur realisierbar scheint über den Weg eines möglichst »radikalen« Gehorsams, der sich durchaus einschneidend und konkret in die Lebensvollzüge der Gemeinschaftsmitglieder hinein auswirkt. Was dies für die Säkularinstitute heißen kann, muß nun anhand einiger Einzelbestimmungen, wie Balthasar sie formuliert, aufgewiesen werden.

a) Spezifizierung im Hinblick auf die Säkularinstitute

In Entsprechung zur hohen theologischen Bedeutsamkeit, die er dem Gehorsam beimißt, erwartet Hans Urs von Balthasar insbesondere von

---

130 Vgl. Christologie und kirchlicher Gehorsam, 202.

131 Ebd. 192 (Hervorhebung durch die Autorin).

132 Vgl. Gehorsam im Licht des Evangeliums, 139: »Die Verschiedenheit der Sendungen - Priester, Ordensmann, Laie in einem Säkularinstitut - mögen die konkreten Ausformungen des Lebens nach den Räten verschieden abschatten, der Grundintention nach stehen alle unter der gleichen Norm: der möglichst nahen Nachfolge Christi auch in seinem Gehorsam.«

133 Zur Theologie des Ordensgelübdes, 12.

der Durchdringung des Laienlebens mit dem evangelischen Rat des Gehorsams einen epochalen Wandel des kirchlichen und gesellschaftlichen Lebens[134]. Diese Durchdringung bedarf allerdings eingehender theologischer Klärungen, um nicht in eine rein oberflächliche Berührung zwischen christlicher Weltverantwortung und kirchlichem Gehorsam zu münden[135]. Balthasar hat hier ein ausgesprochen starkes Problembewußtsein, mit dem er im evangelischen Rat des Gehorsams - weit vor Armut und Jungfräulichkeit - die eigentliche Klippe und Schwierigkeit für eine Vermittlung von Laienleben und Rätestand erblickt[136].

Im Mittelpunkt einer solchen Durchdringung des Laienlebens mit dem Geist des Gehorsams steht für ihn die Frage nach dem Zueinander von beruflicher Eigenständigkeit und gemeinschaftlicher Gehorsamsbindung. Wo beide Größen nicht in Korrespondenz gebracht werden, fürchtet Balthasar einen neuen Dualismus zwischen weltlichem und geistlichem Bereich - diesmal im Leben der Rätechristen selbst[137]. Gegenüber einer solchen Gefahr ist festzuhalten: »Der Beruf bildet keinen Privatbereich, der dem Gehorsam grundsätzlich entzogen bliebe.«[138] So formuliert Balthasar etwa seine Anfrage an das Verhältnis zwischen Gehorsam und Berufstätigkeit in den Säkularinstituten: »Die Frage beschäftigte mich nicht nur theologisch und allgemein spirituell, sondern praktisch in Hinsicht auf den Gehorsam in Säkularinstituten. Die Frage muß ohne theologische oder praktische Kompromisse gelöst

---

[134] Vgl. Die Gottesfrage des heutigen Menschen, 174: Für Balthasar »[...] hängen Gegenwart und Zukunft der Christenheit davon ab, ob in Einzelnen, unsichtbar, ein Escorial schweigenden Gehorsams auferstehe. Die Wirkung ins Breite, der kirchliche Heranruf der Laien, wird nur dann nicht Versandung, Verharmlosung und Zersplitterung sein, wenn die innern Türme der unsichtbaren Kathedralen immer gleich hoch in Gottes Geheimnis hineinragen. [...] Denn nicht durch humane und soziale Werke hat der Sohn die Welt erlöst, sondern durch das in Vergeblichkeit sich verspritzende Blut seines Kreuzesgehorsams«.

[135] Vgl. Friedliche Fragen an das Opus Dei, 118.

[136] Vgl. Zur Theologie des Rätestandes, 52: »Die eigentliche Schwierigkeit scheint im Gebiet des Gehorsams zu liegen«; vgl. auch; Der Laie und der Ordensstand, 53: »Der *Gehorsam* wird in einer in den weltlichen Bereichen, Berufen, Bindungen lebenden Gemeinschaft die schwierigsten Probleme stellen.«

[137] Vgl. Der Laie und der Ordensstand, 53.

[138] Unser Auftrag, 114.

werden: wie kann ein in seinem Beruf verantwortlich arbeitender Laie, ein seinem Bischof gegenüber gehorsamer Priester innerhalb einer Weltgemeinschaft den evangelischen Rat des Gehorsams vollkommen erfüllen?«[139] Oder lapidar auf die Frage der persönlichen Selbständigkeit eines kompetenten Laien zurückgestrafft: »Kann ein Mensch, der in einem weltlichen Beruf kompetent ist, sich von einem andern Menschen im Namen Gottes etwas vorschreiben lassen?«[140]

Den theologischen Schlüssel zur Beantwortung dieser Frage findet Balthasar wiederum im pneumatologischen Kontext. So wie Gottes Geist im Leben Jesu den Willen des Vaters sowohl »als Eingebung und Auftrag unmittelbar von oben« präsentiert als auch »als das dem Sohn im Gesetz und in den Verheissungen in irdischer, geprägter Form Vorgegebene«, muß analog das »Mitglied einer Weltgemeinschaft gleichzeitig den Forderungen der geistlichen Regel und der weltlichen Situation zu entsprechen versuchen«[141]. Die »Regel« steht hier synonym für den Willen Gottes, wie er in der gemeinschaftlichen Norm und den Oberen begegnet, während mit der »weltlichen Situation« die Sachzwänge des Berufes und der weltlichen Verantwortung angesprochen sind. Beide Größen gilt es unter der persönlichen wie gemeinschaftlichen Führung des Geistes zu vermitteln.

Konkret beabsichtigt Balthasar zur Realisierung dieses Verhältnisses nun nicht minutiöse Regelungen oder eine Dirigierung des alltäglichen Lebens, sondern eine wirksame Gewährleistung der Weltsendung der jeweiligen Rätechristen[142]. Geht es doch um die wechselseitige Integration von »ganze[r] Hingabe an Gott und ganze[r] Hingabe an Welt und Beruf«[143], so daß etwa für die *Johannesgemeinschaft* gilt: »die

---

[139] Ebd. 96; vgl auch: Der Laie und der Ordensstand, 53f; Ueber den Gehorsam in den Weltgemeinschaften, 1029.

[140] Evangelische Räte in der heutigen Welt?, 195.

[141] Ueber den Gehorsam in den Weltgemeinschaften, 1025f.

[142] Vgl. Gedanken zum Mangel an Priester- und Ordensberufen, 30: »Wenn die Christen, die Gehorsam geloben, aktiv in der Welt arbeitende Ordensleute sind oder gar Laien in weltlichen Berufen, wird der Gehorsam nicht in die Fachgebiete selbst und ihre beruflichen Entscheidungen hineinspielen, sondern an der Basis verharren: die Übernahme der Sendung im ganzen und die christliche Haltung in ihrer Durchführung betreffen«.

[143] Evangelische Räte in der heutigen Welt?, 196.

beiden Laienzweige trennen nicht zwischen dem Gehorsam fordernden Ruf Gottes in der Kirche und dem weltlichen Beruf«[144]. Was über Gehorsam und freie Verantwortung generell gesagt wurde, findet hier Anwendung auf die Säkularinstitute: Der Gehorsam hat eine die freie Verantwortung stützende und stärkende, aber keineswegs dispensierende Funktion[145]. Im Detail kann dies in Anwendung auf die Berufstätigkeit der Institutsmitglieder heißen:

- Vorgängig zu jeder Einzelbestimmung gilt es, die Mitglieder vor ihrem Eintritt »zunächst einmal geistig auf den Punkt der Bereitschaft zu allem«[146] zurückzuführen. Deshalb wird die Wahl des Berufes bzw. die Gestaltung des Studiums, soweit hierüber nicht vor dem Eintritt entschieden wurde, für das (werdende) Mitglied eines Säkularinstitutes - wenn auch nach Anhörung und Besprechung mit dem Betroffenen - von den Oberen bestimmt[147]. So ist von vornherein gewährleistet, daß das Institutsmitglied sich *gesendet* weiß in den weltlichen Aufgabenbereich[148] und »die ganze weltliche Arbeit vom Segen dieses Gehorsams mitgedeckt sei«[149].

- Die spätere Aufnahme einer beruflichen Stelle unterliegt ebenfalls der Pflicht zur Absprache mit der Gemeinschaft[150]. Gleiches gilt für etwaige Ernennungen, Beförderungen, Veränderungen im beruflichen Bereich; sie werden erst nach Rücksprache mit den Oberen angenommen oder durchgeführt[151].

---

[144] Unser Auftrag, 107.

[145] Vgl. Zur Theologie der Säkularinstitute, 460: »Praktisch wird diese Gehorsamsbindung in den allermeisten Fällen nichts anderes tun als die exponierte freie Verantwortung des Beauftragten stützen: sie zunächst erziehen, sie dort, wo sie zurückweichen, sich hinter Autoritäten verschanzen, vor den härtesten Entscheidungen ausweichen wollte, in die geforderte Entscheidung hinein stärken: väterlich und doch unerbittlich.« Vgl. weiter zum Verhältnis von Gehorsam und Freiheit ebd. 464f; Unser Auftrag, 118, Abs. (31).

[146] Unser Auftrag, 115; vgl. ebd. 141f.

[147] Vgl. Der Laie und der Ordensstand, 53; Ueber den Gehorsam in den Weltgemeinschaften, 1031; Unser Auftrag, 115.

[148] Vgl. Zur Theologie des Rätestandes, 52f; Evangelische Räte in der heutigen Welt?, 195.

[149] Unser Auftrag, 150.

[150] Vgl. Der Laie und der Ordensstand, 53.

[151] Vgl. ebd.

- Den Oberen steht das Recht zu, nach Rücksprache und hinreichender Begründung den Wechsel des Berufes für ein Gemeinschaftsmitglied zu verfügen[152]. Zweifelsohne erblickt Balthasar in einem solchen Fall eine Ausnahme, handelt es sich doch um die Abberufung aus einem Beruf, »zu dem man sich vielleicht durch Jahre und Jahrzehnte hat ausbilden müssen«[153].

- Um willkürlichen oder unsachgemäßen Entscheidungen der Oberen vorzubauen, plädiert Balthasar für die Ernennung von Beratern aus den jeweiligen Berufssparten (diese sind selbstredend ihrerseits Gemeinschaftsmitglieder), die die beruflich relevanten Interessen der übrigen Mitglieder gegenüber den Oberen fachgerecht vertreten sollen; zugleich kommt diesen »Fachberatern« eine helfende Funktion unter den Gemeinschaftsmitgliedern ihrer Berufsgruppe zu[154].

- Schließlich schlägt Balthasar vor, Arbeitsverträge - wo möglich - nur für beschränkte Zeit einzugehen, so »daß der Obere ohne wesentliche Schwierigkeiten allfällig notwendige Versetzungen durchführen kann«[155].

Insgesamt kommt dem Gehorsam im Kontext des Berufes der Gemeinschaftsmitglieder eine schützende Funktion zu: Weil der Christ im Säkularinstitut sich seine Berufstätigkeit nicht selbst gesucht hat, sondern sie im Gehorsam übertragen bekommen hat und ausübt, braucht er nie - »auch im profansten Berufsgewühl« zu befürchten, »seiner geistlichen Sendung untreu zu werden«, denn er verrichtet ja alles, »auch das scheinbar Weltlichste, unter dem Vorzeichen des Gehorsams«[156]. Das gesamte berufliche Tun der Mitglieder der Säkularinstitute wird so ausdrücklich zum Apostolat im Dienst der Kirche; deshalb wird auch eine ausdrückliche Unterstellung der *Johannesge-*

---

[152] Vgl. ebd. 54; Evangelische Räte in der heutigen Welt?, 195f; Ueber den Gehorsam in den Weltgemeinschaften, 1031; Unser Auftrag, 115f, 142f, 152.

[153] Zur Theologie des Rätestandes, 53.

[154] Vgl. Der Laie und der Ordensstand, 54; Ueber den Gehorsam in den Weltgemeinschaften, 1031f; Unser Auftrag, 118f, Abs. (32).

[155] Der Laie und der Ordensstand, 53.

[156] Ebd. 45.

meinschaft unter den Papst von Balthasar als selbstverständlich erachtet[157].

Andere Anwendungsfelder für den evangelischen Rat des Gehorsams - neben dem des Berufes - hat Hans Urs von Balthasar offenbar nur am Rande im Blick. Einzig die Frage von gegenseitiger, geschwisterlicher Korrektur wird von ihm noch in den Horizont dieses evangelischen Rates gerückt[158]. Offensichtlich muß in dieser einseitigen Fokussierung der Gehorsamsfrage auf das *Berufsfeld* des Christen im Säkularinstitut eine Entsprechung zu jener Engführung namhaft gemacht werden, mit der Balthasar im ekklesiologischen Kontext die Laizität der Säkularinstitute vorrangig vom profanen Beruf her begründet (vgl. Zweiter Teil. A. Drittes Kap.III.1.a). Die Perspektive des Ordensmannes Hans Urs von Balthasar, der - angefangen mit seiner Programmschrift *Der Laie und der Ordensstand* - vor allem nach einer Rückgewinnung der *profanen Berufe* für den Rätestand fragt, ist nicht zu übersehen[159]. Dem gegenüber treten andere mögliche Anwendungsfelder des evangelischen Gehorsams eher zurück: etwa in der Frage nach dem Zueinander von Gehorsam und familiärer Bindung oder nach dem Verhältnis von Gehorsam und Lebensstil.

Überhaupt nicht erörtert wird die Möglichkeit eines grundsätzlich neuen, *säkular* oder *laikal* geprägten Gehorsamsverständnisses und -stils für die Säkularinstitute. Im Kontext eines solchen Gehorsamsverständnisses könnte - auf der Grundlage der von Balthasar an sich geleisteten Anerkennung der natürlichen Schöpfungsordnung - der eigenen Verantwortung des einzelnen Gemeinschaftsmitgliedes ein größerer Stellenwert eingeräumt werden. Die den familiären und gesellschaftlichen Gebilden eigenen Strukturen: zu denken wäre etwa an das Subsidiaritätsprinzip, könnten prägenden Einfluß auf eine *welt-*

[157] Vgl. Unser Auftrag, 108: Die *Johannesgemeinschaft* »betrachtet den Nachfolger Petri 'als ihren höchsten Obern, dessen Weisungen sie sich aufgrund eines heiligen Gehorsamsbandes' (CIC 590) unterstellt«.

[158] Vgl. ebd. 117, Abs. (27). 119, Abs. (33).

[159] Wieder wären hier (wie schon im Hinblick auf die Armut geschehen) Linien zu ziehen von den Balthasarschen Konkretisierungen des Gehorsams für die Säkularinstitute hin zum ignatianischen Gehorsam, dem Balthasar sich bleibend verpflichtet wußte; vgl. Christologie und kirchlicher Gehorsam, 203 (Anm. 16).

hafte Gehorsamspraxis gewinnen. Solche Möglichkeiten zieht Balthasar nicht in Erwägung, weil sie ihm grundsätzlich unvereinbar erscheinen mit dem Ernst des evangelischen Gehorsams. Die Anwendung des Subsidiaritätsprinzips auf die Gehorsamspraxis in den Rätegemeinschaften lehnt Balthasar sogar ausdrücklich ab[160].
Zur Wiederherstellung der schöpfungsgemäßen Ordnung gilt für Balthasar auch hier, was analog schon zur Armut angeführt werden mußte: Einzig über den Weg des *Verzichts* auf den freien Gebrauch der Selbstbestimmung scheint die gottgewollte Einheit von Gehorsam und Freiheit postlapsarisch wieder herzustellen zu sein. Die im schöpfungstheologischen Teil eröffnete positive Wertung des Einzelnen und seiner Verantwortung gewinnt nur geringen Einfluß auf ein *welthaftes* Räteverständnis; sie scheint gleichsam aufgesogen von den Implikationen einer Kreuzestheologie, die den totalen, gehorsamen Verzicht Jesu auf alle Selbstbestimmung als Ursache der Erlösung deutet.

3. Grundlagen einer welthaften Theologie der Jungfräulichkeit im Sinne Balthasars

Zahlreiche Aspekte einer Theologie der Jungfräulichkeit konnten im Kontext der Gegenüberstellung von Ehe- und Rätestand, wie Hans Urs von Balthasar sie vornimmt, schon ausgeführt werden: so vor allem das Zueinander von *Ehe und Rätestand zwischen Paradies und Vollendung* (Zweiter Teil. A. Drittes Kap.I.1) und die *Teilhabe an der Wirklichkeit Braut-Kirche in der Ehe und im Rätestand* (Zweiter Teil. A. Drittes Kap.I.4). Daneben hatte für eine Theologie der Jungfräulichkeit im Balthasarschen Sinne auch die Erhellung des Verhältnisses Maria-Johannes unter dem Kreuz einen zentralen, symbolhaften Stel-

[160] Vgl. Christologie und kirchlicher Gehorsam, 199: »Man erkennt, wie mißverständlich und unheilstiftend die Anwendung des weltlichen sogenannten 'Subsidiaritätsprinzips' auf die Kirche Christi ist: 'Soviel Freiheit wie möglich und nur soviel Einschränkung als notwendig' [Zitat: A. Ebneter, Autorität und Freiheit, in: Schweizer Rundschau 68 (1969) 168-177, Zit. 173 a]. Hier wird a) nicht bedacht, daß christliche Freiheit keine bürgerliche ist, sondern Freiheit zum selbstlosen Dienst mit der ganzen Person am Reich Gottes, und daß b) die Funktion der Einheit von der Mitte an den äußersten Rand verdrängt wird.«

lenwert (Zweiter Teil. B. Zweites Kap.I.2.a). Als umfassender Horizont der theologischen Deutung christlicher Jungfräulichkeit schienen in diesen vielfältigen Bezügen *Ekklesiologie* und *Mariologie* auf: die marianische Kirche als *jungfräuliche Mutter und Braut Christi* ist das prägende ekklesiologische Modell der Balthasarschen Deutung christlicher Ehelosigkeit[161]. Deshalb gibt Balthasar der Benennung dieses dritten evangelischen Rates mit dem Begriff *Jungfräulichkeit* eindeutig den Vorrang vor den Bezeichnungen *Ehelosigkeit* und *Keuschheit*, wobei alle drei Begriffe von ihm - wenn auch in verschiedener Häufigkeit - synonym gebraucht werden. Diese schon benannten Aspekte bedürfen hier keiner weiteren Erörterung mehr, sollten aber als Hintergrund des folgenden in Erinnerung gerufen werden.

Noch vor Maria steht Jesus Christus als der eigentlich Maßgebende vor dem Rätechristen, um den Rat der Jungfräulichkeit in seinem Sinngehalt zu erschließen. Die Ehelosigkeit und Jungfräulichkeit Jesu - von Balthasar in Anschluß an die Evangelien vorausgesetzt[162] - symbolisiert hier zweierlei: Zum einen ist sie Ausdruck der »Ausschließlichkeit seiner Sendung im Gehorsam an den Willen des Vaters«[163], d.h. sie ist Ermöglichungsgrund der ungeteilten Disponibilität Jesu für den Willen des Vaters (und als solche eins mit seinem Gehorsam und seiner Armut); zum anderen steht die Jungfräulichkeit Jesu im eucharistisch-kreuzestheologischen Kontext für seine totale Lebenshingabe am Kreuz, aus der die Kirche hervorgeht: »Das hingegebene Fleisch und Blut des Herrn ist der Ursprung aller christlichen Fruchtbarkeit durch die Zeiten hin, ist das Urbild und der Quellgrund für die Lebenskonsekration im 'Stand des Gelöbnisses'.«[164]

Beide Aspekte spielen bei Balthasar eine hervorgehobene Rolle für die

---

[161] Vgl. Zur Theologie des Rätestandes, 30-32; Pneuma und Institution, 378f; Unser Auftrag, 119, Abs. (34).

[162] Vgl. Zur Theologie des Rätestandes, 32. Zum Zueinander von Christologie und Jungfräulichkeit vgl. M. Scheuer, Die Evangelischen Räte, 99-103.

[163] Zur Theologie des Rätestandes, 32.

[164] Ebd. 33; vgl. auch - sehr drastisch - *Pneuma und Institution*, 376: »Er gibt sein Fleisch und Blut für das Leben der Welt dahin, natürlich ein unangetastetes, durch keinen ehelichen Verkehr schon angebrauchtes, durch kein privates Treueverhältnis in Beschlag genommenes Fleisch und Blut. Die eucharistische Hingabe Jesu am Kreuz hängt ganz wesentlich mit seiner Ehelosigkeit zusammen.«

Deutung christlicher Ehelosigkeit bzw. Jungfräulichkeit in der Nachfolge Jesu: In Entsprechung zum ersten Aspekt versinnbildet gelebte Ehelosigkeit bzw. Jungfräulichkeit - sinnenhafter als die beiden anderen Räte - die ganzheitliche, leibseelische Beanspruchung des Rätechristen durch den Willen Gottes, seine Hineinnahme in die Sendung Jesu Christi[165]; in Anwendung des zweiten, kreuzestheologisch-eucharistischen Aspektes auf den Nachfolgenden wird ersichtlich, daß christliche Jungfräulichkeit in der Nachfolge Jesu niemals Sterilität meinen kann, sondern geistlich-eucharistische Fruchtbarkeit, die aus dem Verzicht der leiblichen Hingabe an einen Ehepartner hundertfältige Frucht für Welt und Kirche hervorgehen läßt und die paradiesische Einheit von Keuschheit und Fruchtbarkeit wiederherstellt[166]. Weil »christliche Liebe [auch und gerade in der Form der Ehelosigkeit] nicht leiblos ist, sondern den ganzen Menschen mit dem menschgewordenen Gott eint«, wie die eucharistische Mahlgemeinschaft sinnenfällig erfahren läßt, ist der jungfräuliche Mensch keineswegs »ein seelischer Krüppel«[167]. Im eucharistischen Kontext erscheint christliche Jungfräulichkeit vielmehr als eine der »irdischen Vorformen [...] himmlischer Fruchtbarkeit«[168] (neben der Eucharistie als ebensolcher Vorform). Insbesondere die Ehelosigkeit des Priesters erhält in diesem eucharistischen Zusammenhang für Balthasar höchsten Sinn als Ausdruck der Angestaltung an die eucharistische Lebenshingabe Jesu Christi[169].
Anders als die beiden anderen Räte bespricht Balthasar den evangelischen Rat der Jungfräulichkeit ausdrücklich im *eschatologischen* Kontext, was für ihn nun aber keineswegs gleichbedeutend ist mit einem Verweischarakter auf *ausstehende* Vollendung oder eine *jenseitige* Existenzform des Menschen, sondern von Balthasar im Sinne einer *präsentischen* Eschatologie ausgedeutet wird. Christliche Jungfräulichkeit ist für ihn *das* eschatologische Zeichen schlechthin, sie ist das

---

165 Vgl. Pneuma und Institution, 377.

166 Vgl. Zur Theologie des Rätestandes, 42f; Pneuma und Institution, 379-381; Unser Auftrag, 119, Abs. (35).

167 Evangelische Räte in der heutigen Welt?, 195.

168 Theodramatik IV, 462.

169 Vgl. Unser Auftrag, 137, Abs. (77).

Zeichen der schon *angebrochenen* Erfüllung aller menschlichen Hoffnungen in Jesus Christus: denn in der Geburt des Messias ist die alttestamentliche Hoffnung auf seine Ankunft, wie sie sich mit der Zeugung von Nachkommenschaft im alttestamentlichen Bundesvolk verband, an ihr Ziel gelangt. Von hier aus kann die in Jesus Christus eröffnete christliche Jungfräulichkeit zum Zeichen der Freiheit gegenüber Zeugung und Fortpflanzung werden, wie sie im neuen Bund eröffnet ist: »Mit Christi Geburt aus der Jungfrau Maria, mit seinem jungfräulichen Leben, mit seinem Tod, seiner Höllenfahrt und Auferstehung aus den Toten ist theologisch eine ganz neue Situation geschaffen. Die Geschlechtlichkeit ist an ein inneres Ende gelangt, die weitere Fortpflanzung des Geschlechtes hat eine gewisse theologische Unerheblickeit gewonnen«[170]. So ist die Geschlechtlichkeit des Menschen als Ganze im Ereignis Jesu Christi relativiert[171].
Die hiermit umrissenen Aspekte einer Theologie der Jungfräulichkeit finden bei Hans Urs von Balthasar *unterschiedslos* Anwendung auf ein Leben im Orden wie im Säkularinstitut, denn - so faßt er den Sinn der evangelischen Jungfräulichkeit in Anwendung auf die neuen Gemeinschaftsformen zusammen: »Über den 'diakritischen Punkt' der Ehelosigkeit ist kein Zweifel möglich, aber auch nicht über seinen positiv christlichen Grundsinn: Freiheit für allgemeinere Liebe, in der Universalität des Kreuzes, der Eucharistie, der allgegenwärtigen auferstandenen Menschheit Jesu: Freiheit für jene Agape, wie sie sich zwischen Christus dem Bräutigam und der Kirche-Braut als Vertreterin der gesamten Menschheit feiert.«[172] Dieser *eine* Sinngehalt einer vollen, freien Verfügbarkeit für die Pläne Gottes in der bräutlichen Ausschließlichkeit zu Jesus Christus hin ist - bei aller Pluralität der Formen des Rätelebens - für Balthasar nicht veränderbar.
Trotzdem, so führt Hans Urs von Balthasar andernorts aus, erscheint dieses Allgemeine in perspektivischer Verschiebung, wo es *mitten in*

---

170 Pneuma und Institution, 378.

171 Vgl. Homo creatus est, 129f.

172 Zur Theologie des Rätestandes, 52.

der Welt gelebt werden soll[173]. Die als Auftrag für die Säkularinstitute proklamierte Ineinanderfügung von Gott und Welt setzt sich hier um in die gegenseitige Vermittlung von Gottesliebe und Liebe zum Mitmenschen. Die liebende Hinwendung zum Mitmenschen kann in keiner Weise mehr als Alternative oder gar als Konkurrenz zur ausschließlichen Gottesliebe verstanden werden, sondern gerade in der Hinwendung zum Bruder und zur Schwester drückt sich die jungfräuliche Hinwendung zu Gott aus (vgl. Zweiter Teil. B. Erstes Kap.II.3.b). Der Abschied von der klösterlichen Klausur, wie ihn die Säkularinstitute vollziehen, ist sinnenfälligster Ausdruck hierfür:

> »wo bisher Stein zu sein schien, an den die freiwillige Klausnerin stieß, da ist jetzt warmes durchblutetes Fleisch: Fleisch des unbekannten Bruders, der im Nebenraum schläft und wohnt und arbeitet und leidet und stirbt. Die Nonne Kirche muß lernen, ob dieser Nähe nicht zu erschrecken. Und lernen, ihre Ausschließlichkeit zum Bräutigam Christus auch durch diese Nähe hindurch zu bewahren, ja sie gerade durch diese Nähe neu und tiefer zu finden.«[174]

Was im Bild für die »Nonne Kirche« gilt, hat für die Mitglieder der Säkularinstitute eine direkte Entsprechung in der gewählten Nachfolgeform: daß ihnen der »Bräutigam Christus« alltäglich nicht anders und nirgends tiefer begegnet als in den Menschen ihres Lebensraumes und Arbeitsfeldes.

Natürlich gibt es in der von Balthasar entworfenen Spiritualität der Säkularinstitute immer noch den - schon von den Orden beschrittenen - Weg von außen nach innen, von der Tat zur Kontemplation, vom »Umgang mit dem Du zur beseligenden Einsamkeit mit dem Ich«[175] und von dort zum Geheimnis Gottes. Aber dieser Weg ist gezeichnet und »erschwert dadurch, daß der Sucher Gottes im Innenraum nochmals das Außen, das Du, die Profanität trifft, und nur mit allen Brü-

---

[173] Vgl. Der Laie und der Ordensstand, 52: »Für die *Keuschheit* dürften keine grundsätzlichen Fragen auftreten. Sie ist wie kein anderer Rat klar und unteilbar. Einzig praktische und seelsorgliche Probleme neuer Art entstehen dort, wo ein Laie, ohne Klausur und Ordenskleid, unter Laien zu leben hat. Unlösbar sind diese Probleme nicht«.

[174] Schleifung der Bastionen, 80.

[175] Ebd. 81.

dern und Geschöpfen zusammen vor den einen Gott, Vater, Sohn und Geist treten kann«[176]. Hier wird deutlich, wie der äußerlich solidarische Ort der Säkularinstitute *mitten in der Welt* auch zu innerer Solidarität führt und führen muß, zu einer Solidarität, die schließlich auch auf die spezifische Realisierung der Jungfräulichkeit Einfluß haben wird, weil sie nicht nur ein äußeres, sondern mehr noch ein inneres Distanznehmen des Rätechristen von menschlichen Bindungen verunmöglicht. Diese *welthafte* Modalität der Jungfräulichkeit, wie Balthasar sie in Anwendung des dritten evangelischen Rates auf die Säkularinstitute denkt, wird nun auf von ihm benannte Konkretionen hin zu überprüfen sein.

a) Spezifizierung im Hinblick auf die Säkularinstitute

Prinzipiell gilt, wie schon erwähnt, daß Hans Urs von Balthasar bezüglich Form und Inhalt des evangelischen Rates der Jungfräulichkeit keine Unterschied zwischen Ordensgemeinschaften und Säkularinstituten ausmachen kann; lediglich bezüglich der inneren wie äußeren Rahmenbedingungen spricht er sich bei den Säkularinstituten für eine gewisse praktisch und seelsorglich motivierte Anpassung an den ungeschützten Lebenskontext *mitten in der Welt* aus. Für einige wenige Bereiche hat er dies näher ausgeführt.
Die relative Ungeschütztheit eines ehelosen bzw. jungfräulichen Lebens *mitten in der Welt* erfordert für Balthasar vor jeder äußeren Anpassung an diesen Umstand vor allem eine entsprechende innere, möglichst positive Haltung dem Geschlechtlichen gegenüber. Eine solche Haltung müßte gekennzeichnet sein durch »eine gesunde und starke, sehr positiv gerichtete Askese, die entgegen aller negativen oder prüden oder totschweigenden Einstellung zu allen Fragen des Geschlechts, der Liebe und der Ehe, diesen Fragen aus der Kraft der tieferen, stärkeren Liebeseinheit von Christus und der Kirche mit voller Unbefangenheit ins Antlitz sieht«[177]. Hier wird deutlich der Einfluß Adriennes von

---

[176] Ebd.

[177] Ebd.

Speyr greifbar, die als Ärztin und Ehefrau dieser »überlegenen, wissenden und verstehenden Einstellung zu allen Fragen des Leibes, des Geschlechts und der Liebe«[178] für geglücktes eheloses Leben generell, aber besonders in den Säkularinstituten, einen hohen Stellenwert einräumt[179]. Nur von hier aus ist es auch denkbar, daß die Mitglieder der Säkularinstitute in allen pflegenden und heilenden Berufen tätig sind[180]; nur von hier aus wird ein weitgehend der Welt ausgesetztes eheloses Leben möglich, das mit einem Minimum an gemeinschaftlichem Schutz: in der Regel ohne gemeinsame Tracht und ohne Klausur und oftmals ohne Vita communis, auszukommen sucht. Analoges gilt für die Ehelosigkeit der Priester im Säkularinstitut, deren Aufgabe es sein wird, in »Natürlichkeit ihres Verhaltens dem Geschlechtlichen gegenüber die Weihe ihrer Geschlechtskraft an Gott als eine ernste, den Priesterberuf zutiefst betreffende Sache« zu verstehen und sich zugleich »die Vornehmheit und Unbefangenheit Jesu im Umgang mit Frauen zum Vorbild zu nehmen«[181].
Neben dieser inneren Disposition für ein eheloses Leben im Säkularinstitut durch eine entsprechend positiv gerichtete Askese erscheint Balthasar freilich die äußere Notwendigkeit »einer starken, das einzelne Glied tragenden, erfüllenden, ernährenden Gemeinschaft« unabdingbar, um den Schwierigkeiten auf dem Gebiet »geistiger Einsamkeit und Ergänzungsbedürftigkeit«[182] wirkungsvoll begegnen zu können. Solche Gemeinschaft muß für den Einzelnen »sichtbar und fühlbar« sein, denn es »würde nicht angehen, und es wäre nicht kirchlich gedacht, heutige Apostel in die Einöde der Welt, der Großstadt, der Fabriken hinauszuschicken wie Einsiedler«[183]. Welche Formen diese gemeinschaftliche Bindung in den verschiedenen Säkularinstituten annimmt, kann für Balthasar einer großen Spannbreite unterliegen. Denkbar sind häufige zentrale oder eher regionale Kontakte, ein örtliches Zusam-

[178] Ebd. 53.

[179] Vgl. die Hinweise in: Unser Auftrag, 120f, Abs. (37).

[180] Vgl. Der Laie und der Ordensstand, 52; Unser Auftrag, 120f, Abs. (37).

[181] Unser Auftrag, 138.

[182] Der Laie und der Ordensstand, 53.

[183] Ebd. 55f.

menwohnen kleiner Gruppen oder einzeln lebende Mitglieder, die sich jedoch auf lokaler Ebene regelmäßig treffen[184].
Offenbar bedarf es eines starken menschlichen und spirituellen Rückhalts zur dauerhaften Gewährleistung der jungfräulichen Lebensform im Säkularinstitut. Balthasar setzt dies vor allem für Frauengemeinschaften voraus; hier plädiert er - anders als für Männergemeinschaften - immer für kleine Wohngruppen und nicht für Einzelhaushalte, denn: »die Klosterfrau [gemeint ist in diesem Kontext das Mitglied eines Säkularinstitutes] kann, ohne dem Ordensgeist untreu zu werden, mitten in der laisierten Welt arbeiten, durch keine Haube moralisch behindert, aber mit dem für die Frau doch notwendigen Rückhalt eines sichtbaren Heims, das ihr Heimat ist, Ruhe, Erholung und Sammlung verbürgt. Denn noch weniger als der Mann kann die apostolisch wirkende Frau in der Welt isoliert und ohne greifbare, geformte Gemeinschaft gelassen werden.«[185] (Man fragt sich freilich, von woher diese Unterscheidung begründet ist.) Allerdings - so denkt es Balthasar - darf dieser gemeinschaftliche Rückhalt keineswegs die Form eines *Familienersatzes* annehmen, weshalb es ihm ungeraten erscheint, »der Gemeinschaft künstlich den Charakter eines 'Familienbetriebs' aufzuprägen«[186]. Ebenso unangemessen erscheint es ihm, wenn jungfräulich Lebende die mit ihrem Verzicht auf Ehe und Familie verbundene Einsamkeit »in mehr oder weniger sinnlich gefärbten oder auch nur rein-weltlichen Privatfreundschaften in oder außerhalb der Gemeinschaft«[187] zu kompensieren versuchen. Die warnenden und abwertenden Untertöne in diesen Aussagen sind unüberhörbar.
Die oben benannte Offenheit auf menschliche Bindungen hin, wie sie dem Balthasarschen Verständnis einer *welthaft* angelegten Jungfräulich-

[184] Vgl. ebd. 56. Balthasar konkretisiert Form und Inhalt solcher Treffen (ebd. 58): »Die Mitglieder stehen in regem Kontakt untereinander und mit dem Obern und sie versammeln sich öfters und obligatorisch zu Geisteserneuerungen, Zeiten der Sammlung, des Gebetes, der Kontemplation, der Versenkung in die Heilige Schrift. Andere Treffen vereinigen die Mitglieder derselben Fachschaft zur Erörterung gemeinsamer Fragen in Weltanschauung und Beruf.«

[185] Der Laie und der Ordensstand, 66; vgl. den gesamten Abschnitt »Die Frau und der Ordensstand«, ebd. 64-66.

[186] Unser Auftrag, 120.

[187] Ebd.

keit eigen ist, soll sich, so muß im Anschluß an diese vornehmlich skeptische Bewertung persönlicher Beziehungen geschlossen werden, ausschließlich in *apostolisch* ausgerichteten Kontakten zu Mitmenschen, aber nicht in *privaten* Freundschaften äußern. Nur so scheint der Ernst christlicher Jungfräulichkeit auch für die Säkularinstitute gewahrt werden zu können, nur so scheint die von Balthasar gezeichnete Durchkreuzung und Verwandlung des Eros in reine Agape, wie er von den zur Ehelosigkeit Berufenen in der Kirche anzustreben ist, möglich[188]. Zumindest für die eigene Gründung *Johannesgemeinschaft* scheint Balthasar diese Unterscheidung zu treffen. Die Möglichkeit, in einem *welthaft* ausgerichteten jungfräulichen Lebensstil der Pflege persönlicher Freundschaften einen ausdrücklichen Platz einzuräumen (im Sinne einer Integration und Entfaltung der natürlichen Liebesfähigkeit innerhalb des jungfräulichen Lebensstils), scheint für Balthasar kein gangbarer Weg zu sein[189].

IV. Die rechtliche Bindung in den Säkularinstituten

Zum Abschluß der Frage nach dem *welthaften* Räteverständnis Hans Urs von Balthasars soll die Frage nach der rechtlichen Bindung der Säkularinstitute gestellt werden; Balthasar behandelt diese Frage nicht systematisch und schon gar nicht mit der Präzision kirchenrechtlicher

---

[188] Vgl. M. Scheuer, Die Evangelischen Räte, 103-106: »Der gekreuzigte Eros«.

[189] Daß weder für die Säkularinstitute generell noch in einer sich *welthaft* verstehenden Ordensgründung jene Skepsis gegenüber Privatfreundschaften und ausgesprochener Familienhaftigkeit das Normale sein müssen, beweisen die Akzentsetzung der *Kleinen Schwerstern Jesu* (vgl. A. Daiker, Kontemplativ mitten in der Welt, 158f) und der Säkularinstitute innerhalb der Schönstattbewegung. Für die Säkularinstitute der Schönstattbewegung liegt hierhin sogar geradezu ein spezifischer Aspekt *welthafter* Jungfräulichkeit, daß die vielfältigen menschlichen (nicht nur durch das apostolische Einsatzfeld bedingten) Bindungen in die eine Bindung an Gott integriert und für sie fruchtbar gemacht werden (vgl. R. Birkenmaier, Art. »Jungfräulichkeit«, in: Schönstatt-Lexikon, hrsg. v. H. Brantzen u.a., Vallendar-Schönstatt 1996, 187-190; G. M. Boll, Zölibatserziehung, in: Regnum 4 (1970) 125-137, bes. 132f).

Unterscheidungen, sondern in verstreuten Einzelbemerkungen. Generell geht es ihm dabei um die Frage, welche äußere, kirchenrechtlich relevante Bindung der inneren Wahl der evangelischen Räte in den Säkularinstituten angemessen ist, um diese sinnenhaft auszudrücken und wirksam zu schützen[190]. Eine detaillierte kirchenrechtliche Behandlung der Frage, die der Sache angemessen wäre, kann somit im Rekurs auf *Hans Urs von Balthasar* nicht geleistet werden. Lediglich einige wenige dogmatisch relevante Aspekte, wie sie sich in seinen Ausführungen spiegeln und einer kirchenrechtlichen Behandlung der Frage zugrundeliegen, können ausgeführt werden.

Unter Bezugnahme auf *Provida Mater* weist Hans Urs von Balthasar vor jeder kirchenrechtlichen Differenzierung darauf hin, daß das »Band, das die Glieder mit dem Institut eint«, *stabil* sein muß, »entweder auf Lebenszeit oder auf beschränkte Zeit, nach welcher es zu erneuern ist«[191]. Für Balthasar gibt es dem materialen Gehalt nach nur die eine, alles umfassende und einmalige, wenn auch je neu zu ratifizierende Hingabe des Menschen an Gott[192], und zwar als Antwort auf die einmalige und endgültige Zusage Gottes zum Menschen in Jesus Christus[193]. Für den zu den evangelischen Räten Berufenen muß seine Hingabe also immer die »stabile« Form eines »Gelübdes« annehmen (wenn nicht der äußeren Form, so doch zumindest der inneren Intention nach). »Gelübde« meint hierbei für Balthasar - diesseits jeder kirchenrechtlichen Unterscheidung zwischen privaten und öffentlichen, einfachen oder feierlichen Gelübden - ein »Treuege-

---

[190] Allgemein zur Frage der rechtlichen Bindungsform von Rätechristen (hier vorwiegend aus der Perspektive der Orden) vgl: H. Rotter, Gelübde und Versprechen, in: Geist und Leben 43 (1970) 354-369; A. Völler, Zeitliche Gelübde oder Bindungen anderer Art? Theologische und rechtliche Überlegungen, in: Ordenskorrespondenz 12 (1971) 426-444.

[191] Der Laie und der Ordensstand, 55.

[192] Vgl. Christlicher Stand, 44-50: »Liebe und Gelübde«.

[193] Vgl. Zur Theologie des Ordensgelübdes, 7: »Sofern Jesu ganze Existenz das letzte, alles zusammenfassende unwiderrufliche Heilswort Gottes an die Menschheit ist, kann auch der auf Jesu Ruf antwortende Akt des Menschen, der das in Jesus gekommene Heil ergreifen soll, nur ein endgültiger, unwiderruflicher, die ganze Existenz einschliessender eschatologischer Akt sein (Mt 8,19ff; Lk 9,62). Er ist Selbsthingabe ohne Rückweg (Joh 6,68) als Gehorsam gegenüber dem erwählenden Ruf, wie immer Entschluss und Tat sich näherhin gestalten mögen.«

löbnis fürs Leben Christus gegenüber«[194]; der Begriff »Gelübde« wird in diesem ersten, allgemeinen Kontext als *Terminus technicus* für die Ganzhingabe des Menschen an Gott in der Form der evangelischen Räte verwendet. Welche weiteren inhaltlichen Implikationen verbinden sich nun mit diesem Begriff, und welche Konsequenzen ergeben sich hieraus in Balthasars Sicht für die Säkularinstitute?
Zunächst verortet Balthasar den Terminus »Gelübde« im Rahmen der theologischen Anthropologie, genauer im Spannungsverhältnis zwischen menschlicher Freiheit und Verbindlichkeit vor Gott. Hier gilt für ihn nun, daß einzig eine Bindungsform, die durch kirchenrechtliche Schranken die Freiheit des Einzelnen durchaus beschneidet, dem postlapsarischen, durch die Freiheit versuchlichen Zustand des Menschen gerecht zu werden vermag. Dies scheint Balthasar am ehesten gewährleistet durch die Bindungsform eines nun im engeren, auch kirchenrechtlichen Sinn verstandenen Gelübdes, von dem nur über den Weg kirchlicher Instanzen dispensiert werden kann. So führt Balthasar etwa, nicht ohne kritischen Unterton gegen solche Räte-Gemeinschaften, die andere »unverbindlichere« Bindungsformen wählen, aus:

> »Wären wir endgültig im neuen Äon etabliert, so könnten wir gefahrlos auf unsere dauernde Sponaneität freier Hingabe abstellen (wie manche kirchliche Gemeinschaften ohne Gelübde es zu tun versuchen); aber da wir im schmerzlichen Uebergang zwischen dem alten und dem neuen Äon leben, ist es sachgemäss, unseren Entschluss, im neuen Äon eingewurzelt zu sein, durch eine Bindung zu festigen, die uns hindern soll, in den alten zurückzufallen.«[195]

Offenbar läßt der postlapsarische, noch nicht endgültig erlöste Zustand des Menschen einen größeren Spielraum der menschlichen Freiheit für Balthasar nicht zu. Der unbedingten Ganzhingabe des Menschen in den evangelischen Räten muß sichernd eine unbedingt gültige rechtliche Bindungsform entsprechen, die wirkungsvoll vor den Launen und

---

[194] Ebd. 9.

[195] Ebd.

Wechselfällen des Lebens zu schützen vermag[196].

Entsprechend kennt die Hingabe an Gott ihrem Wesen nach auch keine zeitliche Begrenzung, denn: *»Die Endgültigkeit liegt im Sinne der Hingabe selbst.* Hingabe auf Zeit wäre damit überführt, überhaupt keine wirkliche Hingabe zu sein, sondern höchstens ein vorbereitender, abwartender, erprobender Zustand auf die wirkliche Hingabe hin.«[197]

Eine vorläufige Bindung an die evangelischen Räte - sei es in einem zeitlichen Gelübde, zeitlichen Versprechen oder einer anderen zeitlich befristeten Bindung - hat für Balthasar somit nur Geltung im Sinne einer Probezeit, innerhalb derer die eigentliche Standeswahl noch nicht gefallen ist, der göttliche Ruf noch nicht jene Eindeutigkeit erlangt hat, die für die endgültige Bindung erforderlich ist, oder die Bindung an eine konkrete Gemeinschaft noch der Bewährung bedarf. Ein »Gelübde auf Zeit« als zeitlich begrenzte Standeswahl, die später fallweise revidiert werden könnte, ist für Balthasar hingegen ebenso sinnlos wie eine »Ehe auf Zeit«; beides widerspräche der Unbedingtheit liebender Hingabe[198].

Dies alles hat Folgen für die von Balthasar postulierte rechtliche Bindungform der Säkularinstitute. So formuliert er im Sinne des eben Gesagten kritische Anfragen an alle Säkularinstitute, die keine *Gelübde* zum Ausdruck und zum Schutz ihrer Ganzhingabe in den evangelischen Räten ablegen, sondern zur Wahrung und Konkretisierung ihres Laienstatus andere, »geringere« Bindungsformen wählen, etwa ein Versprechen oder einen Vertrag:

»Die in den Weltgemeinschaften angestrebte Synthese würde auch

---

[196] Einen alternativen Ansatz theologischer Anthropologie, der die Bindung des Menschen an Gott gerade durch ein Maximum an Freiheit und Hochherzigkeit zu schützen vermag, stellt die Vertragsweihe der Schönstätter Säkularinstitute dar. Vgl. G. Pollak, Auf der Spur neuer Verbindlichkeit. Zur Bindungsform schönstättischer Säkularinstitute, in: Regnum 28 (1994) 99-107, v.a. 100f u. 105-107.

[197] Christlicher Stand, 47; vgl. Klarstellungen, 129; Zur Theologie des Ordensgelübdes, 8f.

[198] Vgl. Evangelische Räte in der heutigen Welt?, 193: »Ein solches Angebot [im Gelübde der evangelischen Räte] kann im letzten nicht zeitlich beschränkt werden ('Gelübde auf Zeit' gibt es höchstens während einer Probezeit; es gibt sie so wenig, wie es 'Ehe auf Zeit' geben kann). Im Engagement für Leben liegt die ganze christliche Kraft der Hingabe.«

gefährdet, wo man einerseits unter dem Vorwand, Ablegung besonderer 'Gelübde' würde die Mitglieder vom Laienstand trennen, ganz auf Gelübde verzichtet, weil ja die 'Weihe' implizit schon in der Taufe gegeben sei, wo man sich anderseits in der Lebensform übermäßig an das in den Orden und Kongregationen Übliche anlehnt (bis hin zu einer besondern Tracht, die vielleicht nur im Haus der Gemeinschaft getragen wird). Das erste Extrem wird wahrscheinlich zu einer innern Selbstauflösung der Gemeinschaft führen, um so rascher, als sie auf einen geordneten Gehorsam verzichtet und Entscheidungen nur noch durch allgemeine Diskussionen und Mehrheitsbeschlüsse trifft. Das zweite Extrem hat mehr Chancen zu überleben, würde aber in der Verfolgungssituation in ähnlicher Weise gefährdet sein wie die Orden.«[199].

Balthasar propagiert hier - durchaus in innerem Bezug zueinander - zwar einerseits eine *möglichst geringe* Anlehnung an die äußeren Formen des Ordenslebens: etwa durch seine Ablehnung einer gemeinsamen Tracht für Säkularinstitute, zugleich aber eine *möglichst große* Anpassung an die rechtliche Bindungsform der Orden: durch seine Bevorzugung der rechtlichen Form des Gelübdes auch für die Säkularinstitute. Hinter der Ablehnung der rechtlichen Form des Gelübdes wittert Balthasar hingegen die Neigung, den von ihm postulierten unverkürzten Geist evangelischen Gehorsams nur halbherzig in gemeinschaftliche Strukturen umzusetzen. Für den Argumentationsgang jener Säkularinstitute, die bewußt keine Gelübde ablegen, um ihrem bleibenden Laienstatus auch in der gewählten Bindungsform einen adäquaten Ausdruck zu verleihen[200], kann Balthasar im Rahmen seiner Argumentation kein Verständnis aufbringen.
Trotz dieser kritischen Anfragen an jene Säkularinstitute, deren rechtliche Bindung »unterhalb« des Verpflichtungscharakters eines Gelübdes verbleibt, geht es Balthasar letztlich nicht um die *rechtliche Form* eines Gelübdes, sondern um dessen *inneren Gehalt*, die »Unwiderruflichkeit der eschatologischen Lebenshingabe«, die sich fallweise auch in anderer rechtlicher Form verleiblichen kann:

---

[199] Das Wagnis der Säkularinstitute, 243, Anm. 3.

[200] Vgl. die erwähnten Ausführungen von G. Pollak über die Vertragsweihe der Schönstätter Säkularinstitute: Auf der Spur neuer Verbindlichkeit, 104f. Zu den Säkularinstituten ohne Gelübdebindung zählte bis zur Umwandlung in eine Personalprälatur auch das *Opus Dei*; vgl. O. Stoffel. Das Opus Dei als Personalprälatur, 432.

»Die Unwiderruflichkeit der eschatologischen Lebenshingabe (devotio), die im öffentlichen Raum der Kirche als solche erkannt und anerkannt wird, bekommt durch diese Anerkennung und kirchliche Vermittlung den Charakter einer Weihe (consecratio). Damit erhält sie auch, klar ausgesprochen oder implizit, einen rechtlichen Aspekt im Raum der Kirche als geordneter Körperschaft. Es ist keineswegs erfordert, daß diese Hingabe und Weihe von Anfang an die - von anderswo vorgeprägte, [sic!] und in mancher Hinsicht auch vorbelastete - Form eines 'Gelübdes' angenommen haben muß.«[201]

Diesen zentralen *Inhalt* jedes Rätelebens, wie er prototypisch von den Orden ausgebildet wurde und in feierlichen Gelübden seinen kirchenrechtlichen Ausdruck gefunden hat, auch für die Säkularinstitute sicherzustellen, ist das Anliegen Hans Urs von Balthasars in seinen Stellungnahmen zur Frage der Gelübdebindung in den Säkularinstituten[202]. Zusammenfassend kann also gesagt werden: Es gibt in der Gedankenführung Hans Urs von Balthasars zwar eine klare *Kongruenz* zwischen der - nun auch rechtlich verstandenen - Bindungsform des Gelübdes und der Lebensweihe in den evangelischen Räten, aber keine *Identität*; der Akt der Lebenshingabe eines Christen in den evangelischen Räten geht immer weit hinaus über das, was in der Rechtsform des Gelübdes gefaßt werden kann[203]. Für Hans Urs von Balthasar ist »die Form des Gelübdes [...] eine gültige Darstellungsweise des unvergleichlichen eschatologischen Entschlusses, dem in Christus mich rufenden Gott für sein Heilswerk nachzufolgen«[204], aber - so darf wohl in seinem Sinne ergänzt werden - nicht die einzig mögliche gültige Darstellungsweise dieses Entschlusses zur Nachfolge. So scheint zuletzt die Vielfalt der Bindungsformen in den verschiedenen Säkularinstituten trotz aller Kritik und Anfrage legitimiert oder zumindest toleriert.

---

[201] Zur Theologie des Ordensgelübdes, 10.

[202] Vgl. ebd. 11: »Daß die 'vita religiosa' in ihrer historischen Ausgestaltung das analogatum princeps für die inhaltliche Darstellung des Nachfolgelebens sei, läßt sich theologisch nicht erweisen, auch Säkularinstitute können dieses Leben ebenso genuin verkörpern. Anderseits werden diese nicht hinter das bezüglich der 'evangelischen Räte' theologisch Verdeutlichte zurückgehen können.«

[203] Vgl. ebd. 13.

[204] Ebd. 14.

Fünfte Zusammenfassung: Auf dem Weg zu einer *welthaften* Gestalt des Rätelebens

Die zuletzt geleistete Fokussierung auf die *Konkretisierung* der evangelischen Räte in den Säkularinstituten ließ eine Bündelung und Umsetzung aller bisher gesicherten Teilergebnisse erwarten: Die ekklesiale Brückenfunktion der Säkularinstitute vom Rätestand zu den verheirateten Laien hin ließ erwarten, daß die praktische Gestaltung der evangelischen Räte in den neuen Laiengemeinschaften vielfältige Elemente eines »normalen« Laienlebens enthält. Die im schöpfungstheologischen Kapitel erhobenen Zugänge zum Selbstand des Einzelnen und den natürlichen Gesetzmäßigkeiten der Welt ließ ein Räteverständnis erwarten, das diese Werte positiv zu würdigen und zu integrieren weiß. Die im christologischen Kapitel angedachte umfassende Solidarität der Christen im Säkularinstitut mit den - zumeist ungläubigen - Zeitgenossen schürte den Gedanken an eine Form des Rätelebens, die ohne jede Ängstlichkeit und Zurückhaltung nicht nur in geistlicher Verbundenheit, sondern vor allem in alltäglicher Tuchfühlung und Schicksalsgemeinschaft mit den Menschen des umgebenden beruflichen und gesellschaftlichen Milieus das Leben teilt. Angesichts dieser zweifelsohne hohen Erwartungen werden der Leser und die Leserin womöglich ernüchtert sein, wenn sie das Ergebnis dieses letzten, pneumatologisch situierten Kapitels innerhalb des *systematischen Gangs* betrachten.
Vor jeder Kritik ist allerdings dem grundsätzlichen Anliegen Hans Urs von Balthasars hohe Anerkennung zu zollen: den *Ernst* der evangelischen Räte in ihrer vollen Tragweite in das Leben der Laien zu transponieren. Darin mag eine der Grundmotivationen des Theologen liegen: den Kritikern der neuen Lebensform glaubhaft zu versichern, daß in den Säkularinstituten in keiner Weise Abstriche von der Radikalität des Rufes in die evangelische Nachfolge gemacht werden. Ja, Balthasar scheint in seiner theologischen Arbeit geradezu als Anwalt dieser Radikalität der neuen Lebensform auftreten zu wollen. Daß der Rätechrist im Säkularinstitut nicht weniger Ernst macht als ein Ordenschrist: mit dem materiellen Verzicht, welcher der evangelischen Armut

einhergeht, mit der Aufgabe der Selbstbestimmung im evangelischen Gehorsam und mit jener Einsamkeit, die in der Berufung zur evangelischen Jungfräulichkeit liegt, wird Balthasar nicht müde hervorzuheben und in konkreten Vorschlägen für die Satzungen eines entsprechenden Institutes sicherzustellen. Ohne den Sinn der Grundhaltung des *Verzichtes* für jedes Räteleben in Abrede stellen zu wollen, ergeben sich aus dieser Beobachtung im Hinblick auf die Rätegestalt in den Säkularinstituten doch auch Fragen.

Der Leser und die Leserin gewinnt bei der Lektüre der einschlägigen Balthasarschen Texte (dabei ist vor allem an den »Entwurf«[205] zu denken), bei genauerem Hinsehen den Eindruck, daß hier für die Säkularinstitute die Gestalt der evangelischen Räte mit einer deutlichen *Einseitigkeit* vom Moment des *Verzichtes* her formuliert wird[206]. Mehrfach kamen in diesem Zusammenhang die unübersehbaren Einflüsse ignatianischen Räteverständnisses[207] auf die Balthasarsche Konzeption in den Blick. Andere Zugänge zu einem *welthaften* Räteverständnis - etwa vom Moment des *verantworteten Gebrauchs und Genusses* der natürlichen Schöpfungsgaben her - werden dem gegenüber eher vernachlässigt. So suchen der erwartungsvolle Leser und die Leserin eine wirkliche *Inkarnierung* von Armut, Gehorsam und Jungfräulichkeit in die alltäglichen Gegebenheiten eines normalen Laienlebens zumeist vergeblich. Eher stellt sich bei Balthasar die Konkretisierung der evangelischen Räte in den Säkularinstituten als Kontrast-

---

205 Unser Auftrag, 99-153.

206 Zur Theologie des Rätestandes, 35f, mag als repräsentative Ausführung hierzu angegeben werden: »Es gibt überhaupt keinen christlichen Weltbesitz und keine christliche Weltgestaltung, die nicht in der Tiefe von der Wirklichkeit des christlichen Rätelebens, das heißt von der Kreuzesgesinnung Jesu Christi selber und dem Jawort Mariens zum Kreuz mitgeprägt wären: der 'Geist' der evangelischen Räte ist schlechterdings der Geist der Kirche; wer kirchliche Gesinnung hat, hat die Gesinnung der Agape, das heißt der verzichtenden Liebe, die 'nicht das ihre sucht [...] Es gibt aber kein anderes Mittel, diese all-kirchliche Gesinnung in den Gemeinden und in den Herzen der Einzelnen wachzuhalten, als ihre exemplarische Darlebung in der Wörtlichkeit des Räte-Lebens. Die Selbsttäuschungen sind auch für die Christen sonst allzu zahlreich, die Verlockungen in allen drei Gebieten - weltliche Güter, Eros, geistige Macht und Freiheit - so stark, daß sonst viele ihnen unter dem Anschein des Guten und Nützlichen verfallen würden.«

207 Hiermit wird keine Aussage über *das* ignatianische Räteverständnis gefällt, sondern lediglich jene Gestalt ignatianischen Räteverständnisses benannt, die von Balthasar rezipiert wurde.

programm zur umgebenden Welt dar, während sich die von ihm selbst angemahnte *Anpassung an die weltlichen Gegebenheiten* vor allem auf der Ebene des gemeinsamen beruflichen Milieus und Auftrages zur Weltgestaltung anzusiedeln scheint.
Es stellt sich die Frage, ob eine *Theologie der Säkularinstitute* nicht über das hier Vorgelegte hinausgehen müßte, um eine wirkliche Brükkenfunktion zu den verheirateten Christen bzw. zu jenen Laien hin zu schlagen, die nicht im Rätestand leben. Mit der hiermit ausgesprochenen Anfrage soll keineswegs eine Kritik an die Adresse der *Johannesgemeinschaft* formuliert sein. Die eigentlichen Satzungen der Gemeinschaft waren nicht das Objekt der Untersuchung; ebenso wenig konnte und sollte die in der *Johannesgemeinschaft* gelebte *Umsetzung* dessen beurteilt werden, was Hans Urs von Balthasar schriftlich vorgetragen hat. Vielmehr zielt die hier formulierte Anfrage auf grundsätzliche Weichenstellungen innerhalb des Gebäudes Balthasarscher *Theologie*. Angewandt auf die evangelischen Räte kann diese Anfrage, wie sie schon im Verlauf der Untersuchung zur Sprache kam, dreifach differenziert und auf die dahinter liegenden theologischen Grundprinzipien zugespitzt werden:
Die Theologie des evangelischen Rates der Armut bestimmt sich, so wie sie durch Balthasar vorgelegt und auf die Säkularinstitute angewendet wird, vor allem von den trinitätstheologischen Prämissen her. Im Rahmen der Balthasarschen Betrachtungen über das innergöttliche Zueinander von Vater und Sohn ist kein theologischer Ort des Privaten denkbar. Durchaus stringent leitet Balthasar hieraus für die zwischenmenschlichen Relationen innerhalb der kirchlichen Communio die Unmöglichkeit ab, daß ein Christ im strengen Sinne *private* Güter, sei es geistiger oder materieller Art, besitzen könne. Dies gilt nach Balthasar erst recht für die Mitglieder einer kirchlichen Rätegemeinschaft, etwa eines Ordens oder eines Säkularinstitutes. Vollkommene Gütergemeinschaft erscheint so zuletzt - angesichts der trinitarischen »Gütergemeinschaft« - als einzig mögliche Form des »Besitzes« für einen Rätechristen. Ohne eine weitere Klärung anzustreben, soll hier die Frage gestellt sein, ob die trinitätstheologischen Prämissen eines solchen Armutsverständnisses, wie Balthasar sie zeichnet, die einzig möglichen sind. Gibt es nicht im neutestamentlich bezeugten Verhältnis Jesu zum

Vater durchaus den Raum des *Privaten* und *Eigenen*, wo der Vater nicht über die Güter des Sohnes und der Sohn nicht über die Güter des Vaters verfügt und verfügen kann, um die Freiheit des je anderen zu wahren? Könnte nicht von hier aus durchaus eine Theologie der evangelischen Armut entfaltet werden, die private Werte zugesteht, um den Freiheitsraum jeder Person anzuerkennen und zu fördern - auch und gerade in der engen Verbundenheit einer welthaften Rätegemeinschaft? Müßte nicht vielleicht insbesondere für die Säkularinstitute, insofern sie Laiengemeinschaften sind, der Wert privaten Besitzes, wie er jedem »normalen« Laien selbstverständlich ist, in ein *welthaftes* Räteverständnis Eingang finden?
Angesichts der theologischen Erschließung des evangelischen Rates des Gehorsams und seiner Anwendung auf die Säkularinstitute sind analoge Anfragen zu stellen. Es konnte aufgewiesen werden, daß Balthasar die menschliche Freiheit dem Gehorsam vor Gott nicht ein-, sondern unterordnet. Die Kategorie eines *freien Bündnisses* erscheint auf diesem Hintergrund für Balthasar als höchst ungenügende theologische Form, um das Spezifikum des Gott-Mensch-Verhältnisses zu beschreiben. Dies hat Auswirkungen auf das von ihm skizzierte Gehorsamsverständnis für die Säkularinstitute. Hier scheint die Radikalität des evangelischen Gehorsams nur wirksam gewahrt, wo ein Rätechrist die Verfügung über den eigenen Willen in einem der Gesinnung nach totalen und spürbaren Verzicht an die Oberen ausliefert, insbesondere in der Frage der persönlichen Berufswahl. Eine stärkere Integration der persönlichen Verantwortung und freien Wahl in diesen Vorgang wird von Balthasar kaum besprochen. Klar abgelehnt wird hingegen die Einbindung des Subsidiaritätsprinzips in gemeinschaftliche Entscheidungsprozesse und Gehorsamsstrukturen; denn hiermit schiene für Balthasar der Ernst evangelischen Gehorsams in Frage gestellt. In kritischer Auseinandersetzung mit der hier vorgetragenen Sicht hätten eingehende biblisch-anthropologische Studien zu klären, ob und inwiefern die menschliche Freiheit wirklich dem Gehorsam vor Gott unter- und nicht eingeordnet ist und was dies für die Realität des Gott-Mensch-Verhältnisses besagt, wie es sich in der Form des Rätelebens konkretisiert. Die Möglichkeit eines *welthaften* Gehorsamsverständnisses, das die Grundstrukturen profaner sozialer Gebilde, etwa der

persönlichen Freiheit und des Subsidiaritätsprinzips, in die Gehorsamspraxis zu integrieren weiß, wäre zu überdenken.
Schließlich ist auch die von Balthasar angerissene Verwirklichung evangelischer Jungfräulichkeit in den Säkularinstituten einer kritischen Anfrage zu unterziehen. Es ist deutlich geworden, daß die Beziehungen, die das Mitglied eines Säkularinstitutes zu den Menschen des umgebenden alltäglichen Milieus aufnimmt, im Sinne Balthasar mit einer gewissen Einseitigkeit auf *apostolisch bedingte Kontakte* eingeschränkt werden sollten. Private freundschaftliche Bindungen sind hier kaum erwünscht, weder inner- noch außerhalb des jeweiligen Säkularinstitutes, weil sie laut Balthasar den Ernst evangelischer Jungfräulichkeit aufzuweichen drohen. Hier stellt sich die Frage: Wäre nicht auf dem Hintergrund der von Balthasar geleisteten neuen Verhältnisbestimmung von Natur und Gnade die Integration natürlicher Bindungen, auch privater Freundschaften und familienhafter Beziehungen, in das Gefüge des jungfräulichen Lebensstils nicht nur denkbar, sondern sogar gefordert? Dies um so mehr, als die Säkularinstitute mit dem ihnen eigenen *welthaften* Modus des Rätelebens dazu berufen und gesandt sind, alle Werte der profanen Welt, insbesondere die personalen Werte, mit dem Geist des Evangeliums zu durchdringen?
Die ungelöste Spannung zwischen der von Balthasar erarbeiteten *welthaften* Theologie, etwa aus schöpfungstheologischer und christologischer Perspektive, einerseits und der von ihm bedachten Übertragung dieser Theologie in die äußeren Formen eines Säkularinstitutes andererseits drängt sich am Ende dieser Untersuchung unweigerlich auf. Während Balthasar im Rahmen seiner systematischen Erörterungen die Grundlagen schafft für eine Gestalt der evangelischen Räte, die weit über die bisherige Form des Rätelebens in den Orden hinausginge, müssen angesichts seines Versuches einer Umsetzung des Bedachten in den Säkularinstituten starke Anleihen beim Ordensleben (wie Balthasar es in der ersten Hälfte des Jahrhunderts kennengelernt hatte) namhaft gemacht werden. So erscheint der hier vorgelegte Entwurf Hans Urs von Balthasars, was die *praktische* Seite betrifft, zuletzt als Projekt *auf dem Weg zu einem welthaften Räteverständnis*, nicht schon als vollgültige Gestalt eines solchen.

Zum Schluß

Christusnachfolge auf den Straßen dieser Welt

Am Ende eines langen Weges möchte Rückschau gehalten werden auf die zurückgelegte Strecke, um den Gewinn zu ermessen für die vor uns liegende Zukunft. Dies gilt am Ende dieser Untersuchung, es gilt an Etappenzielen auf persönlichen Lebenswegen, es gilt für Kirche und Gesellschaft am Ende des 20. und zu Beginn des 21. Jahrhunderts. Wir müssen zurückblicken auf zahllose Zusammenbrüche im kirchlichen und gesellschaftlichen Bereich; zugleich dürfen wir aber auch dankbar auf eine Vielzahl von Lebens-Aufbrüchen und geistlichen Bewegungen schauen, die der Kirche dieses Jahrhunderts und damit auch der profanen Gesellschaft als Zukunftsmöglichkeiten geschenkt worden sind. Unter diesen Aufbrüchen nehmen all jene eine besondere Stellung ein, die ausdrücklich den Dialog mit den Strömungen der Postmoderne suchen und erste Anzeichen einer neuen Verständigung zwischen Kirche und Welt hervorgebracht haben. »Christusnachfolge auf den Straßen dieser Welt«, so könnte der gemeinsame Nenner dieser vielfältigen Aufbrüche in neues Land lauten[208], denen die ausdrückliche Wahl des »weltlichen Postens« als des angestammten Ortes ihrer Berufung eigen ist. Ordensgemeinschaften wie die *Kleinen Brüder und Schwestern Jesu* im Geist Charles des Foucaulds, geistliche Bewegungen wie die *Schönstatt-* oder die *Fokolar-Bewegung*, kleine verbindliche Lebensgemeinschaften wie die *Equipe Madeleine Delbrêls*, Säkularinstitute wie die *Johannesgemeinschaft* zählen zu ihnen. Diese Aufzählung macht deutlich, daß die zuletzt genannten Säkularinstitute *ein* Instrument unter vielen anderen sind im notwendigen Dialog zwischen Kirche und Welt. Allen gemeinsam ist die Option, die

[208] Vgl. das gleichnamige Jahresthema des Informationszentrums Berufe der Kirche im Christusjahr 1997; vgl. Berufung. Zur Pastoral der geistlichen Berufe, Heft 35, hrsg. vom Informationszentrum Berufe der Kirche, Freiburg 1997.

»Glaubens-Wüste« des jeweiligen Kulturraumes nicht zu fliehen, sondern gerade in dieser Wüste Orte der Gottesbegegnung zu suchen und Gottes Gegenwart zu bezeugen[209]; dabei gilt dieses Zeugnis vor allem denen, die - auf welche Weise auch immer - auf den Wegen ihres Lebens an den »Rand« gedrängt werden: sei es durch materielle oder geistige Armut, durch Behinderungen oder Alter, durch vordergründige Unkirchlichkeit oder vermeintliche Areligiosität, um nur einige sogenannte Randgruppen zu nennen.
Angesichts der vielfältigen neuen Formen christlicher Nachfolge »auf den Straßen dieser Welt« entsteht die Frage nach den unterscheidenden Merkmalen der Säkularinstitute und nach einer ihnen eigenen Theologie. Werk und Leben Hans Urs von Balthasars erschienen als geeignete Größe, um diese Frage zu vertiefen.

I. Hans Urs von Balthasar - Theologe eines Säkularinstitutes

Am Beginn dieser Untersuchung wurde die These vorgestellt, Hans Urs von Balthasar sei ein, wenn nicht gar *der* Theologe der Säkularinstitute (zumindest für den deutschsprachigen Raum). Nun am Ende der Untersuchung soll diese These dahingehend präzisiert und auch eingegrenzt werden, daß uns in Hans Urs von Balthasar vor allem der Theologe *eines* Säkularinstitutes begegnet, nämlich der von ihm mitbegründeten *Johannesgemeinschaft*. Diese Präzisierung und Eingrenzung erfolgt aufgrund zahlreicher Beobachtungen, die sich zuletzt verdichtet haben im Hinschauen auf die Konkretisierungen der evangelischen Räte, wie Balthasar sie im Rahmen seiner Theologie für die Säkularinstitute fordert - exemplifiziert anhand der eigenen Gründung *Johannesgemeinschaft*. Die von ihm konzipierte Form eines Säkularinstitutes trägt zwar durchaus *welthafte* Züge, dies sollte trotz mancher

[209] Vgl. M. Kehl, Wohin geht die Kirche?, 38f.

Anfragen in keiner Weise in Abrede gestellt werden; die hier ausgestaltete Form der *Welthaftigkeit* ist aber nicht ohne weiteres auf andere Säkularinstitute übertragbar.
Was Balthasar vorstellt, ist, so soll als These formuliert werden, die Theologie eines Säkularinstitutes, das sich ausgesprochen dem Geist *Ignatius von Loyolas* und der Botschaft *Adriennes von Speyr* verpflichtet weiß; aus diesen geistlichen Quellen ergeben sich Präzisierungen der evangelischen Räte, die eine mögliche - und in der *Johannesgemeinschaft* wohl weitgehend verwirklichte -, aber nicht die repräsentative Form *welthaften* Rätelebens für alle Säkularinstitute darstellen. Bei weitem nicht alle Aspekte der von Balthasar entworfenen *Theologie der Säkularinstitute* sind übertragbar auf andere Säkularinstitute; zu denken ist etwa an konkrete Regelungen der Armut und des Gehorsams und ihre theologische Begründung vom Räteverständnis des Ordenslebens her, wie Balthasar es im Jesuitenorden der ersten Hälfte des 20. Jahrhunderts kennengelernt hatte. Selbstverständlich hätte Balthasar für sich und seine Gründung hier auch keine Normativität in Anspruch genommen, aber mit der Gesamtgestalt seiner Theologie geht doch zuweilen ein derartiger Wahrheitsanspruch einher, daß auch die von ihm formulierten Eckdaten einer *Theologie der Säkularinstitute* zur Norm zu werden scheinen. Gegen eine solche Absolutsetzung der Balthasarschen *Theologie der Säkularinstitute* soll die Relativität seiner Konzeption ausdrücklich festgehalten werden; andernfalls würde die reiche Vielfalt anderer Zugänge zu einem Räteleben *mitten in der Welt* von dem gewaltigen Anspruch Balthasarscher Theologie erdrückt.

II. Die Theologie des Karsamstags - Schlüssel zur Gemeinsamkeit aller Säkularinstitute

Trotz der hier formulierten Relativität Balthasarscher *Theologie der Säkularinstitute* soll doch *eine* Komponente ausdrücklich in ihrer Relevanz für alle Säkularinstitute gewürdigt werden: die Theologie des

Karsamtags, wie sie im Dialog mit der inneren Erfahrung Adriennes von Speyr entstanden ist. Vom Karsamstag her bietet Balthasar eine überzeugende christologische Deutungsmöglichkeit der spezifischen Christusnachfolge der Säkularinstitute: Der inkarnatorische Abstieg Jesu Christi in die Welt, zuletzt in die Gottverlorenheit der Sünde jedes einzelnen Menschen und in die gottwidrigen Bereiche der gesamten Schöpfung, wird zur Begründung und zum Modell jener Nachfolgeform, die Gott in allem, auch und gerade im von Gott abständigen *Säkulum* suchen und finden möchte. Die umfassende Solidarität Jesu, wie sie sich im Karsamtag offenbart, wird zur Motivation einer umfassenden Solidarität des Christen im Säkularinstitut, einer Solidarität, die Gott hineintragen möchte in alle Bereiche der Welt: hinein in Gesellschaft und Familie, Beruf und Wissenschaft, Politik und Wirtschaft, um nur einige Teilbereiche zu nennen, ja selbst an die »Ränder« der gottgehörigen Welt, die durch Sünde und Tod bestimmt sind.
Von einer solchen christologisch-passiologischen Sicht her verlieren die alten Unterscheidungen zwischen Kirche und Welt, zwischen sakralem und profanem Bereich, zwischen kontemplativem und aktivem Leben nicht einfach ihre Bedeutung, aber sie sind doch nicht länger »Stände«-scheidend in dem Sinne, daß eine radikale Christusnachfolge vorwiegend dem kirchlich-sakralen Bereich zuzuordnen wäre. Christus-Nachfolge kann sich vielmehr ausdrücklich im solidarischen Verbleiben in den profanen Lebens- und Verantwortungsbereichen realisieren. Gilt dies schon für alle apostolisch ausgerichteten Orden und insbesondere für die Gesellschaften des apostolischen Lebens, so in zugespitzter Weise für die Säkularinstitute. Es wird zum Konstitutivum der Lebensform.
Hier scheint allerdings auch das entscheidende Desiderat der Balthasarschen Konzeption einer *Theologie der Säkularinstitute* zu liegen: Ihre starke kreuzestheologische Akzentsetzung läßt die schöpfungstheologischen und inkarnationstheologischen Begründungszusammenhänge der Lebensform - trotz der aufgewiesenen Ansätze hierzu - zuletzt in den Hintergrund treten. Die großen Themen einer *Theologie der Welt und Weltgestaltung* und hieraus abgeleitet etwa einer *Ethik des Konsums* bedürften über das von Balthasar Vorgelegte hinaus einer umfassenden Vertiefung, um den Weltauftrag der Säkularinstitute und zuletzt der

christlichen Laien generell adäquat zu beschreiben und ein wahrhaft laikales Räteverständnis zu erschließen. Trotz dieses Desiderates bleibt der unübersehbare Gewinn Balthasarscher Theologie für die Säkularinstitute gültig; bietet er doch eine überzeugende Deutung des solidarischen »Mitten drin«, wie die Säkularinstitute es realisieren.

III. Berufung zum »Milieu-Grenzgänger« - Unterscheidungsmerkmal zum Ordensleben hin

Von dieser umfassenden Solidarität her, wie sie von den verschiedensten Säkularinstituten angestrebt und verwirklicht wird, muß auch das Unterscheidungskriterium zu jenen Ordensgemeinschaften hin gesucht werden, die ebenfalls die »Mitte der Welt« als den genuinen Ort ihrer Christus-Nachfolge definieren. Zu denken ist etwa an die *Kleinen Brüder und Schwestern Jesu* in der Ordensfamilie Charles' de Foucauld[210]; sie können stellvertretend für eine Vielzahl von Ordensgemeinschaften stehen, die - insbesondere im Gefolge des Zweiten Vatikanums - in der Alltäglichkeit weltlicher Bezüge die evangelischen Räte zu leben versuchen[211].

Solidarität mit »denen am Rand« soll und kann die Kirche in allen gesellschaftlichen Milieus verwirklichen. Während in den Gemeinschaften Charles de Foucaulds mit der ihrem Charisma eigenen Einseitigkeit diese Solidarität ausdrücklich den unteren gesellschaftlichen Schichten gilt, ist der Radius dieser Solidarität in den verschiedenen Säkularinstituten »nach oben hin« geweitet. Hier werden auch die gebildeten und wohlhabenden Milieus zu Orten christlicher Solidarität, wo auch immer die Gottesnot der dort angesiedelten Menschen ein

---

[210] Balthasar weist wiederholt hin auf die innere Verwandtschaft zwischen seinem und dem Anliegen der Ordensfamilie Charles' de Foucauld; vgl: Pneuma und Institution, 276; Zur Theologie des Rätestandes, 16; Evangelische Räte in der katholischen Kirche von heute, 291f; Geist und Feuer, 79f.

[211] Vgl. A. Daiker, Kontemplativ mitten in der Welt, 171-195.

gläubiges Dabeibleiben erfordert und wo auch immer die weltlichen Gesetzmäßigkeiten der Norm des Evangeliums bedürfen, um sich nicht inhuman zu verselbständigen. Hier können die Mitglieder der Säkularinstitute zu »Milieu-Grenzgängern«[212] werden, die den Radius des christlichen Zeugnisses über jene Grenzen hinaus zu erweitern, welche den Ordensgemeinschaften durch ihre ausdrücklich - auch und besonders in ihren materiellen Konsequenzen - übernommene »Option für die Armen« gesetzt sind.
Selbstverständlich wird eine solche Ausweitung des Aktionsradius' des christlichen Zeugnisses die Gestalt der evangelischen Räte selbst - ihrem äußeren Erscheinungsbild wie ihrem inneren Gehalt nach - entscheidend verändern; eine Akzentverschiebung des Räteverständnisses vom passiologisch motivierten Verzicht auf die zentralen Schöpfungsgaben hin zu einem schöpfungstheologisch-inkarnatorisch motivierten Gebrauch derselben ist hier festzuhalten. Andernfalls handelte es sich bei einem solchen Rätechristen auf vorgeschobenem Posten doch nur um einen »Ordenspartisan«, wie die Mitglieder der Säkularinstitute unzutreffend bezeichnet worden sind[213]. Dem gegenüber muß die *Laizität* der Lebensform unbedingt festgehalten werden, um so den genuinen Auftrag der Weltgestaltung aus dem Inneren der Welt heraus und in den ihr eigenen Gesetzmäßigkeiten zu erhellen.

IV. Geweihte Welthaftigkeit - in Verbundenheit mit der gesamten Laienwelt

Diesen Auftrag teilen die Mitglieder der Säkularinstitute ununterschieden mit der übrigen, nicht dem Ordensleben angehörenden christlichen Laienwelt, weshalb am Sinn des (nicht rein kanonistisch

---

[212] M. Kehl, Wohin geht die Kirche?, 41.

[213] Vgl. N. Martin, Der Ordenspartisan. Zur Soziologie der Säkularinstitute in der katholischen Kirche, Meisenheim am Glan 1968.

verstandenen) Laien-Begriffs zur Umschreibung des christlichen Weltauftrages generell und der Säkularinstitute im besonderen in dieser Arbeit festgehalten wurde. Trotz dieser grundlegenden Gemeinsamkeit zwischen den Laien in Ehe und Familie und jenen Laien, die einem Säkularinstitut angehören, bleibt doch eine ekklesiologisch bedeutsame Unterscheidung dieser beiden Weisen des Laieseins bestehen; andernfalls hätten die Säkularinstitute nicht dem gottgeweihten Leben zugerechnet werden können, sondern bestenfalls als *Pia Unio* Anerkennung finden dürfen oder im allgemeinen Rahmen einer geistlichen Bewegung verbleiben können. Diese Unterscheidung liegt auf der Ebene einer *bewußten Wahl der Welthaftigkeit aufgrund einer spezifischen Berufung* - und zwar im Modus der evangelischen Räte, in der Gestalt einer ehelosen, gehorsamen und armen Christusnachfolge. Dieser Modus der Berufung rückt die Säkularinstitute einerseits von der übrigen Laienwelt ab, insofern hier eine Radikalität zutage tritt, die nicht von jedem Laien gefordert ist. Eben deshalb treten die Mitglieder der Säkularinstitute aber auch in eine besondere Nähe zu allen übrigen Laien, weil sie - wenn auch durch die evangelischen Räte radikal zugespitzt - den Weltauftrag aller Laien exemplarisch zum Ausdruck zu bringen haben. Deshalb kommt ihnen eine größere Verantwortung für das Ganze der christlichen Weltgestaltung zu; sie stehen auf exponiertem Posten und können sich nicht einfach vollkommen unerkannt der breiten Masse des Kirchenvolkes einfügen.

V. Eine Frage am Ende: Haben die Säkularinstitute ausgedient?

Mit der These von einer Exemplarität der Laien im Säkularinstitut erübrigt sich beinahe schon die am Ende zu stellende Frage, ob die »Stunde der Säkularinstitute« am Ende des 20. Jahrhunderts und am Ende der Moderne, 30 Jahre nach dem Zweiten Vatikanischen Konzil und 50 Jahre nach der Veröffentlichung der Apostolischen Konstitution

»Provida Mater« nicht vorbei sei. Trotzdem soll sie gestellt sein, weil sie bei genauerem Hinsehen durchaus berechtigt ist: Sind diese Gemeinschaften nicht schon von den großen, neuen geistlichen Laien-Bewegungen und deren Lebenszentren, in denen Rätechristen und Verheiratete, Priester und Laien in einer Gemeinschaft unter einer gemeinsamen Leitung und Spiritualität in der Nachfolge stehen, überholt? Sind die Säkularisierungsprozesse in den westlichen Gesellschaften der nördlichen Hemisphäre nicht derart weit fortgeschritten, daß angesichts eines neuen Heidentums nur noch zahlenmäßig weitaus größere Gruppen als die Säkularinstitute wirksamen Einfluß nehmen können? Zur Beantwortung dieser berechtigten Fragen mag hingewiesen werden auf jene Antwort, die Medard Kehl der Behauptung entgegenstellt, »die unruhige 'Experimentierphase' nach dem Konzil sei zu Ende«. Vielmehr gilt, so Kehl, »daß uns die 'heiße Phase' einer wirklich schöpferischen Auseinandersetzung zwischen christlichem Glauben und moderner Kultur erst noch bevorsteht - falls wir nicht von vornherein unsere Gegenwartskultur theologisch und pastoral abschreiben wollen«[214]. Als *ein* Instrument dieser schöpferischen Auseinandersetzung bleiben die Säkularinstitute auf lange Sicht für Kirche und Welt unverzichtbar, zumindest solange sie ihre Aufgabe als »Milieu-Grenzgänger« nicht fliehen und sich nicht - müde geworden an den Zerreißproben ihrer Lebensform - erneut in schützende, vermeintlich kirchlichere Bastionen vor der Welt zurückziehen. Wenn und wo in den verschiedenartigen Säkularinstituten genuine Berufungen in die fruchtbare Auseinandersetzung mit der Welt und für die Welt geschenkt werden, sollte es zu einem solchen Rückzug nicht kommen. Ist es doch Gottes Geist, der am Werk bleibt, die Welt in Christus zu erneuern.

---

[214] Wohin geht die Kirche?, 43.

Literaturverzeichnis

Die in den Anmerkungen verwendeten Kurztitel sind jeweils *kursiv* angegeben. In der Primärliteratur mitaufgeführt sind Titel unter der Herausgeber- und Übersetzerschaft H. U. von Balthasars.

I. Primärliteratur - Hans Urs von Balthasar

1. Monographien

Adrienne von Speyr und ihre kirchliche Sendung. Akten des römischen Symposiums 27.-29. September 1985, hrsg. von Balthasar, H.U.v./ Chantraine, G./Scola, A., Einsiedeln 1986. = *Adrienne von Speyr und ihre kirchliche Sendung*

Christen sind einfältig (Kriterien 66), Einsiedeln 1983.

Christlicher Stand, Einsiedeln [2]1981.

Cordula oder der Ernstfall (Kriterien 2), Einsiedeln/Trier [4]1987.

Credo. Meditationen zum Apostolischen Glaubensbekenntnis (Kriterien 95). Einführung von Medard Kehl SJ, Freiburg 1996.

Das Ganze im Fragment. Aspekte der Geschichtstheologie, Einsiedeln/Freiburg [2]1990.

Das Herz der Welt. Vierte, erweiterte Auflage, Ostfildern bei Stuttgart 1988.

Der dreifache Kranz. Das Heil der Welt im Mariengebet (Beten heute 9), Einsiedeln 1977.

Der Laie und der Ordensstand (Christ Heute 1/2), Einsiedeln 1948.

Der Seidene Schuh: vgl. P. Claudel, Der Seidene Schuh.

Die Entwicklung der musikalischen Idee - Bekenntnisse zu Mozart (Studienausgabe 1), Einsiedeln/Freiburg 1998.

Die Gottesfrage des heutigen Menschen, Wien 1956.

Die grossen Ordensregeln (Lectio Spiritualis 12), Einsiedeln [7]1994.

Die Wahrheit ist symphonisch. Aspekte des christlichen Pluralismus (Kriterien 29), Einsiedeln 1972.

Einsame Zwiesprache. Martin Buber und das Christentum, Einsiedeln/Freiburg ²1993.

Erster Blick auf Adrienne von Speyr, Einsiedeln ³1968.

Gelebte Kirche: Bernanos, Einsiedeln/Trier ³1988. = *Bernanos*

Geschichte des eschatologischen Problems in der modernen deutschen Literatur. Abhandlung zur Erlangung der Doktorwürde der philosophischen Fakultät I der Universität Zürich (Studienausgabe 2), Einsiedeln/Freiburg ²1998.

Glaubhaft ist nur Liebe (Christ heute 5/1), Einsiedeln ⁵1985.

Gottbereites Leben. Der Laie und der Rätestand. Nachfolge Christi in der heutigen Welt, Einsiedeln/Freiburg 1993.

Gregor von Nyssa, Der versiegelte Quell. Auslegung des Hohen Liedes. In Kürzung übertragen und eingeleitet von Hans Urs von Balthasar (Christliche Meister 23), Einsiedeln 1984.

Herrlichkeit. Eine theologische Ästhetik. Bd. II: Fächer der Stile. Teil 2: Laikale Stile, Einsiedeln ³1984. = *Herrlichkeit II/2*

Herrlichkeit. Eine theologische Ästhetik. Bd. III, 1: Metaphysik. Teil 2: Neuzeit, Einsiedeln ²1975. *Herrlichkeit III/1/2*

Herrlichkeit. Eine theologische Ästhetik. Bd. III, 2: Theologie. Teil 2: Neuer Bund, Einsiedeln/Trier ²1988. = *Herrlichkeit III/2/2*

Homo creatus est. Skizzen zur Theologie V, Einsiedeln 1986.

In Gottes Einsatz leben (Kriterien 24), Einsiedeln ²1972.

Irenäus. Gott in Fleisch und Blut. Ein Durchblick in Texten. Ausgewählt und übertragen von Hans Urs von Balthasar (Christliche Meister 11), Einsiedeln 1981.

Jesus nachfolgen - arm, ehelos, gehorsam (Antwort des Glaubens 27), hrsg. vom Informationszentrum Berufe der Kirche, Freiburg 1982.

Karl Barth. Darstellung und Deutung seiner Theologie, Einsiedeln ⁴1976.

Klarstellungen. Zur Prüfung der Geister, Freiburg 1971.

Kosmische Liturgie. Das Weltbild Maximus' des Bekenners, Einsiedeln/Trier ³1988.

La realtà e la gloria. Articoli e interviste, Mailand 1988.

Mein Werk. Durchblicke, Einsiedeln/Freiburg 1990.

Nochmals: Reinhold Schneider. Zweite, veränderte und vermehrte Auflage verfaßt für die Weltgemeinschaften und ihnen gewidmet, Einsiedeln/Freiburg 1991. = *Nochmals Reinhold Schneider*

Pneuma und Institution. Skizzen zur Theologie IV, Einsiedeln 1974.

Prüfet alles - das Gute behaltet (Interviews mit Angelo Scola), Ostfildern 1986.
Rechenschaft 1965. Mit einer Bibliographie der Veröffentlichungen Hans Urs von Balthasars, zusammengestellt von Berthe Widmer (Christ heute 5/7), Einsiedeln 1965 ; wiederveröffentlicht in: Mein Werk, 37-73 (hiernach zitiert).
Reinhold Schneider. Sein Weg und sein Werk, Köln/Olten 1953.
Schleifung der Bastionen. Von der Kirche in dieser Zeit (Christ heute 2/9), Einsiedeln/Trier [5]1989.
Schwestern im Geist. Therese von Lisieux und Elisabeth von Dijon, [4]1990. = *Schwestern im Geist*
Spiritus Creator. Skizzen zur Theologie III, Einsiedeln 1967.
Sponsa Verbi. Skizzen zur Theologie II, Einsiedeln [3]1971.
Theodramatik, Band II: Die Personen des Spiels. Teil 1: Der Mensch in Gott, Einsiedeln 1976. = *Theodramatik II/1*
Theodramatik, Band II: Die Personen des Spiels. Teil 2: Die Personen in Christus, Einsiedeln 1978. = *Theodramatik II/2*
Theodramatik, Band III: Die Handlung, Einsiedeln 1980. = *Theodramatik III*
Theodramatik, Band IV: Das Endspiel, Einsiedeln 1983. = *Theodramatik IV*
Theologie der drei Tage. Neuausgabe, Einsiedeln/Freiburg 1990.
Theologie der Geschichte. Ein Grundriss. Neue Fassung (Christ heute 1/8), Einsiedeln [5]1959.
Theologik, Band II: Wahrheit Gottes, Einsiedeln 1985. = *Theologik II*
Theologik, Band III: Der Geist der Wahrheit, Einsiedeln 1987. = *Theologik III*
Texte zum ignatianischen Exerzitienbuch. Auswahl und Einleitung von Jacques Servais SJ (Christliche Meister 46), Einsiedeln/Freiburg 1993. = *Exerzitienbuch*
Unser Auftrag. Bericht und Entwurf, Einsiedeln 1984.
Verbum Caro. Skizzen zur Theologie I, Einsiedeln/Freiburg [3]1990.
Wer ist die Kirche? Vier Skizzen, Einsiedeln 1961/Freiburg 1965.
Wer ist ein Christ? (Offene Wege 1), Einsiedeln [4]1966.

2. Artikel und Beiträge zu Sammelwerken

Aktion und Kontemplation, in: Die katholische Schweizerin 29 (1942) 115-120. = *Aktion und Kontemplation (1942)*

Aktion und Kontemplation, in: Geist und Leben 21 (1948) 361-370. = *Aktion und Kontemplation (1948)*

Berufung, in: Zur Pastoral der geistlichen Berufe. Zum Welttag der geistlichen Berufe am 24. April. Informationszentrum Berufe der Kirche, Freiburg 1966, 3-15.

Christen sind einfältig (Kriterien 66), Einsiedeln 1983.

Christliche Kunst und Verkündigung, in: Mysterium Salutis I. Grundriß heilsgeschichtlicher Dogmatik, hrsg. von J. Feiner und M. Löhrer, Einsiedeln/Köln 1965, 708-726.

Christologie und kirchlicher Gehorsam, in: Geist und Leben 42 (1969) 185-203.

Das Ärgernis des Laienordens, in: Wort und Wahrheit 6 (1951) 485-494.

Das Evangelium als Norm und Kritik aller Spiritualität in der Kirche, in: Spiritus Creator, 247-263.

Das Wagnis der Säkularinstitute, in: Internationale katholische Zeitschrift Communio 10 (1981) 238-245.

Der Laie und die Kirche, in: Sponsa Verbi, 332-348.

Die drei evangelischen Räte, in: Klarstellungen, 125-134.

Die Johannesgemeinschaft, in: Pastoralblatt für die Diözesen Aachen, Berlin, Essen, Hildesheim, Köln, Osnabrück, Köln 1985, Nr. 37, 85-87; zitiert mit eigener Nummerierung der Spalten.

Die Nachfolge Christi im Neuen Testament, in: Albrecht, B./Balthasar, H. U. v., Nachfolge Jesu Christi - mitten in dieser Welt (Theologie und Leben 5), Meitingen 1971, 11-26.

Die Spiritualität Teilhards de Chardin, in: Wort und Wahrheit 18 (1963) 339-350.

Evangelische Räte in der heutigen Welt?, in: Civitas. Monatszeitschrift des Schweiz. Studentenvereins 21 (1966) 187-197.

Evangelische Räte in der katholischen Kirche von heute, in: Reformatio 15 (1964) 289-297.

Exerzitien und Theologie, in: Orientierung 12 (1948) 229-232.

Existenz als Sendung. Christus und seine Nachfolge, in: Schweiz. Kirchenzeitung 145 (1977) 705-709.

Friedliche Fragen an das Opus Dei, in: Der christliche Sonntag (Freiburg) 16 (1964) [Nr. 15, 12. April 1964] 117f.

Gedanken zum Mangel an Priester- und Ordensberufen, in: Die Erneuerung des Fastengeistes durch Seelsorge und Erziehung, hrsg. von der Bischöflichen Hauptarbeitsstelle Hoheneck-Zentrale, Hamm 1956, 25-30.

Gehorsam im Licht des Evangeliums, in: Neue Klarstellungen (Kriterien 49), Einsiedeln 1979, 128-144.

Geist und Feuer. Ein Gespräch mit Hans Urs von Balthasar, Interview von Michael Albus mit H. U. v. Balthasar in: Herder Korrespondenz 30 (1976) Heft 2/Februar, 72-82. = *Geist und Feuer*

Gibt es Laien in der Kirche?, in: Internationale Zeitschrift Communio 8 (1979) 97-105.

Göttliches und Menschliches im Räteleben nach den grossen Ordensregeln. Referat auf dem Österreichischen Ordenstag 1975, in: Ordensnachrichten. Hrsg. im Auftrag der Superiorenkonferenz der männlichen Ordensgemeinschaften Österreichs, Heft 85 (1975) 394-408.

Gottes Reich und die Kirche, in: Communio 15 (1986) 124-130.

Gott in allem finden, in: Homo creatus est, 368-375.

Im Grenzbereich des Laientums, in: Internationale katholische Zeitschrift Communio 8 (1979) 187-189.

Integralismus, in: Wort und Wahrheit 18 (1963) 737-744.

Integralismus heute, in: Diakonia 19 (1988) 221-229.

Jenseits von Kontemplation und Aktion?, in: Internationale katholische Zeitschrift Communio 2 (1973) 16-22.

Laienbewegungen in der Kirche, in: Gottbereites Leben, Freiburg 1993, 214-240.

Le »comunità secolari« nel momento attuale, in: Vita consacrata 9 (1973) 492-496.

Le paradoxe des Institutes séculiers, in: Vie consacrée 466 (1974) 199-203.

L'obbedienza nella Chiesa, in: L'Osservatore Romano 114, 29 dicembre 1974, 3.

Monastisches Leben heute, in: Points de vue actuels sur la vie monastique, Montserrat 1966, 35-42.

Nachfolge Jesu Christi in der Liebe - mitten in dieser Welt, in: Albrecht, B./ Balthasar, H. U. v., Nachfolge Jesu Christi - mitten in dieser Welt (Theologie und Leben 5), Meitingen 1971, 65-79.

Neue Gemeinschaftsformen in der heutigen Kirche. Zur Entwicklung der »Weltlichen Institute«, in: Universitas 13 (1958) 167-174.

radicalisme évangelique, in: Vie consacrée 47 (1975) 238-240.

Spiritualität, in: Verbum Caro, 226-244.

Theologie des Abstiegs zur Hölle, in: Adrienne von Speyr und ihre kirchliche Sendung, 138-146.

Theologie und Heiligkeit, in: Verbum Caro, 195-224.

Ueber den Gehorsam in den Weltgemeinschaften, in: Acta Ii Congressus Internationalis Institutorum Saecularium Romae 20-26 IX 1970, ed. O.R. Milano 1971, 1024-1032.

Über priesterliche Spiritualität, in: Kontakte. Zeitschrift der Theologen des Collegium Borromäeum, Freiburg Nr. 14, Juni 1979, 4-14.

Une vie livrée à dieu. Sens de la vie selon les conseils aujourd'hui, in: Vie consacrée 43 (1971) 5-23.

Von der Kultursendung der Kirche, in: Christliche Kultur. Beilage zum Basler Volksblatt Nr. 250, 24. Oktober 1952, ohne Seitenangabe.

Vom Ordensstand. Zum Tag der geistlichen Berufe, Gut-Hirt-Sonntag 1968, in: Schweiz. Kirchenzeitung 136 (1968) 241-243.

Wandlungen im Ordensgedanken, in: Schweizer Rundschau 52 (1953) 679-687, Sondernummer »Die Kirche«.

«Warum ich Priester wurde«, in: E. Guerriero, Monographie, 399-401.

Was hemmt den Nachwuchs an Ordensschwestern?, in: Caritas 58 (1957) 217-224.

Weltgemeinschaften - ein Paradox, in: Säkularinstitute. Berufe der Kirche 8. Information, Freiburg ^{2}1975, 2-5.

Weltliche Schönheit und göttliche Herrlichkeit, in: Internationale katholische Zeitschrift Communio 11 (1982) 513-517.

Welt, Orden, Weltorden, in: Sonnenland. Eine Gabe für Mädchen. 2. Folge 1953, 95-97.

Welt, Orden, Weltorden, in: Michael, Nr. 38/1953, ohne Seitenangaben. (Hierzu: Unsere Diskussion, in: Michael, Nr. 42/1953, ohne Seitenangaben; Antwort an meine Kritiker, in: Michael, Nr. 50/1953, ohne Seitenangaben.)

Wer ist ein Laie?, in: Internationale katholische Zeitschrift Communio 14 (1985) 385-391.

Wesen und Tragweite der Säkularinstitute, in: Civitas 11 (1956), Sondernummer «Der Laie in der Kirche«, 196-210.

Zölibatäre Existenz heute, in: Pneuma und Institution, 369-383.

Zu einer christlichen Theologie der Hoffnung, in: Münchener Theologische Zeitschrift 32 (1981) 81-102.

Zur Theologie der Säkularinstitute, in: Sponsa Verbi, 434-469.
Zur Theologie des Ordensgelübdes, in: 3. Tagung der Novizenmeister monastischer Gemeinschaften Deutschlands in Engelthal (16.-20. November 1971). Unveröffentlichte Hektographie.
Zur Theologie des Rätestandes, in: S. Richter (Hrsg.), Wagnis der Nachfolge, Paderborn 1964, 9-57.

II. Sekundärliteratur

Hans Urs von Balthasar Bibliographie 1925-1990. Bearbeitet und ergänzt von Cornelia Capol, Einsiedeln/Freiburg 1990.

1. Literatur von Adrienne von Speyr

Arzt und Patient, Einsiedeln 1983.
Aus meinem Leben, Einsiedeln 1968. = *Aus meinem Leben*
Bereitschaft. Dimensionen christlichen Gehorsams, Einsiedeln 1975.
Christiane. Briefe über Liebe und Ehe, Luzern 1947.
Die Abschiedsreden. Betrachtungen über Johannes 13-17, Einsiedeln 1948.
Geburt der Kirche. Betrachtungen über Kapitel 18-21 des Johannesevangeliums, Einsiedeln 1949.
Geheimnis der Jugend. Die Nachlaßwerke, herausgegeben und eingeleitet von Hans Urs von Balthasar, Bd. VII, Einsiedeln 1966. = *Geheimnis der Jugend*
Erde und Himmel. Ein Tagebuch. I. Teil: Einübungen. Die Nachlasswerke, herausgegeben und eingeleitet von Hans Urs von Balthasar, Bd. VIII, Einsiedeln 1975. = *Erde und Himmel I*
Erde und Himmel. Ein Tagebuch. II. Teil: Die Zeit der grossen Diktate. Die Nachlasswerke, herausgegeben und eingeleitet von Hans Urs von Balthasar, Bd. IX, Einsiedeln 1975. = *Erde und Himmel II*
Erde und Himmel. Ein Tagebuch. III. Teil: Die späten Jahre. Die Nachlasswerke, herausgegeben und eingeleitet von Hans Urs von Balthasar, Bd. X, Einsiedeln 1976. = *Erde und Himmel III*

Ignatiana. Die Nachlasswerke, herausgegeben und eingeleitet von Hans Urs von Balthasar, Bd. XI, Einsiedeln 1974.
Johannes I. Das Wort wird Fleisch, Einsiedeln 1949.
Kreuz und Hölle I: Die Passionen. Die Nachlaßwerke, herausgegeben und eingeleitet von Hans Urs von Balthasar, Bd. III, Einsiedeln 1966.
Kreuz und Hölle II: Die Auftragshöllen. Die Nachlaßwerke, herausgegeben und eingeleitet von Hans Urs von Balthasar, Bd. IV, Einsiedeln 1972.
Magd des Herrn, Trier [3]1988.
Maria in der Erlösung, Einsiedeln 1979.
Markus. Betrachtungspunkte für eine Gemeinschaft, Einsiedeln 1971.
Theologie der Geschlechter. Die Nachlasswerke, herausgegeben und eingeleitet von Hans Urs von Balthasar, Bd. XII, Einsiedeln 1969.

2. Kirchenamtliche Dokumente

Das gottgeweihte Leben und seine Sendung in Kirche und Welt. Lineamenta zur Bischofssynode. 9. November 1992, hrsg. vom Sekretariat der DBK, Bonn o.J. = *Lineamenta*
Die kirchlichen Urkunden für die Weltgemeinschaften (INSTITUTA SAECULARIA). Gesammelt von J. Beyer S.J./ Mit einem Vorwort von H. U. v. Balthasar, Einsiedeln 1963. = *Die kirchlichen Urkunden*
Papst Johannes Paul II., Nachsynodales Apostolisches Schreiben CHRISTIFIDELES LAICI, über die Berufung und Sendung der Laien in Kirche und Welt. 30. Dezember 1988 (Verlautbarungen des Apostolischen Stuhls Nr. 87), hrsg. vom Sekretariat der DBK, Bonn o.J.
ders., Nachsynodales Apostolisches Schreiben VITA CONSECRATA, über das geweihte Leben und seine Sendung in Kirche und Welt. 25. März 1996 (Verlautbarungen des Apostolischen Stuhls Nr. 125), hrsg. vom Sekretariat der DBK, Bonn o.J. = *Vita Consecrata*
Papst Paul VI., An die Teilnehmer des Internationalen Kongresses der Säkularinstitute, in: Conférence Mondiale des Instituts Seculiers (CMIS), Die Säkularinstitute in der Lehre der Kirche, Rom 1974, 55-64.
ders., Zum 25. Jahrestag von »Provida Mater Ecclesia«, in: Conférence Mondiale des Instituts Seculiers (CMIS), Die Säkularinstitute in der Lehre der Kirche, Rom 1974, 65-77.

ders., An die Hauptverantwortlichen der Säkularinstitute, in: Conférence Mondiale des Instituts Seculiers (CMIS), Die Säkularinstitute in der Lehre der Kirche, Rom 1974, 79-88.

Synode der Bischöfe. IX. Ordentliche Vollversammlung. Das gottgeweihte Leben und seine Sendung in Kirche und Welt. Instrumentum Laboris, hrsg. vom Generalsekretariat der Bischofssynode, Vatikanstadt 1994. = *Instrumentum Laboris*

3. Sonstige Monographien, Sammelbände und Artikel

Albrecht, Barbara, Eine Theologie des Katholischen. Einführung in das Werk Adriennes von Speyr (Band I: Durchblick in Texten, Einsiedeln 1972; Band II: Darstellung, Einsiedeln 1973).

dies., Stand und Stände. Eine theologische Untersuchung, Paderborn 1962.

Albrecht, B./*Balthasar,* H. U. v., Nachfolge Jesu Christi - mitten in dieser Welt (Theologie und Leben 5), Meitingen 1971.

Albus, M., Geist und Feuer. Ein Gespräch mit Hans Urs von Balthasar, Interview in: Herder-Korrespondenz, 30/2 (1976) 72-82.

Baumer, I., Vermittlung des Unzeitgemäßen, in: Lehmann, K./Kasper, W. (Hrsgg.), Gestalt und Werk, 85-103.

Baumert, N., Frau und Mann bei Paulus. Überwindung eines Mißverständnisses, Würzburg 1992.

Bettinger, A., Leben im Alltag der Gegenwart: Herausforderung an die christliche Spiritualität. Grundlegung und Kriterien gegenwartsbezogener Alltags-Spiritualität (Studien zur Theologie und Praxis der Seelsorge 16), Würzburg 1995.

Beyer, J., Als Laie Gott geweiht. Theologisches und Kirchenrechtliches zu den Weltgemeinschaften. Übertragen und eingeleitet von Hans Urs von Balthasar (Der neue Weg 3), Einsiedeln 1964.

Birkenmaier, R., Art. »Jungfräulichkeit«, in: Schönstatt-Lexikon, hrsg. v. H. Brantzen u.a., Vallendar-Schönstatt 1996, 187-190.

Biser, E., Hat der Glaube eine Zukunft?, Düsseldorf 1994.

ders., Abgestiegen zu der Hölle. Versuch einer aktuellen Sinndeutung, in: Münchener Theologische Zeitschrift 9 (1958) 205-212; 283-293.

Boehme, Katja, Gott aussähen. Zur Theologie der weltoffenen Spiritualität bei Madeleine Delbrêl (Studien zur systematischen und spirituellen Theologie 19), Würzburg 1997.

Boll, G. M., Zölibatserziehung, in: Regnum 4 (1970) 125-137.

Braunbeck, Elisabeth, Der Weltcharakter des Laien. Eine theologisch-rechtliche Untersuchung im Licht des II. Vatikanischen Konzils (Eichstätter Studien XXXIV), Regensburg 1993.

Cadotsch, A., Dank an den Seelsorger, in: Hans Urs von Balthasar 1905-1988. Privatdruck der Akademischen Arbeitsgemeinschaft, Basel 1989, 24-27.

Capol, Cornelia, (Hrsg.), Monika. Ein Zeugnis in Ungarn (Der neue Weg 7), Einsiedeln 1982.

Chantraine, G., Das Verhältnis von Christus - Kirche als Urbild für Ehe und Jungfräulichkeit, in: Balthasar, H. U. v., u.a. (Hrsgg.), Adrienne von Speyr und ihre kirchliche Sendung, 74-89.

Claudel, P., Der Seidene Schuh. Deutsche Übertragung und Nachwort: Hans Urs von Balthasar, Salzburg [11]1939.

Coreth, E., »In actione contemplativus«, in: Zeitschrift für Katholische Theologie 76 (1954) 56-82.

Daiker, Angelika, Kontemplativ mitten in der Welt. Die Kleinen Schwestern Jesu. Frauen im Spannungsfeld von Mystik und Politik, Freiburg 1992.

Delbrêl, Madeleine, Christ in einer marxistischen Stadt, Frankfurt a. M. 1974.

dies., Gebet in einem weltlichen Leben, mit einem Vorwort von Hans Urs von Balthasar (Beten heute 4), Einsiedeln 1974.

dies., Wir Nachbarn der Kommunisten. Diagnosen, übersetzt und mit einem Vorwort versehen von Hans Urs von Balthasar, Einführung von Jacques Loew, Einsiedeln 1975.

dies., Frei für Gott. Über Laien-Gemeinschaften in der Welt, aus dem Französischen übertragen und mit einem Vorwort versehen von Hans Urs von Balthasar (Der neue Weg 4), Einsiedeln 1976.

dies., Leben gegen den Strom. Anstöße einer konsequenten Christin, Freiburg 1992.

Dirks, W., Die Antwort der Mönche, Frankfurt 1952.

Disse, J. Metaphysik der Singularität. Eine Hinführung am Leitfaden der Philosophie Hans Urs von Balthasars, Wien 1996.

Ein Jesuit [anonym veröffentlicht], Arm um zu bereichern, in: H. U. v. Balthasar u.a. (Hrsgg.), Adrienne von Speyr und ihre kirchliche Sendung, 36-39.

Ein Mitglied [anonym veröffentlicht], Kurze Darstellung der Johannesgemeinschaft, in: H.U.v. Balthasar u.a. (Hrsgg.), Adrienne von Speyr und ihre kirchliche Sendung, 49-57.

Forte, B., Laie sein. Beiträge zu einem ganzheitlichen Kirchenverständnis (Übersetzung aus d. Ital.: Bettina Schlemmer), München 1987.

Fuchs, G. (Hrsg.), »... in ihren Armen das Gewicht der Welt«. Mystik und Verantwortung: Madeleine Delbrêl, Frankfurt 1995.

Gabriel, K., Christentum zwischen Tradition und Postmoderne (Quaestiones disputatae 141), Freiburg [4]1995.

ders., Woran noch glauben? Orientierungsversuche zwischen Erlebnisgesellschaft und Rückkehr der Klassen, in: G. Fuchs (Hrsg.), »... in ihren Armen das Gewicht der Welt«, Frankfurt 1995, 63-90.

Giussani, L., Was ist und was will Communione e Liberazione. Interview mit Robi Ronza (Der neue Weg 5), Einsiedeln 1977.

Göbbeler, H.-P., Existenz als Sendung. Zum Verständnis der Nachfolge Christi in der Theologie Hans Urs von Balthasars, St. Ottilien 1997.

Gordan, P., (Hrsg.), Säkulare Welt und Reich Gottes, Graz/Wien/Köln 1988.

Greiner, M., Die Johannesgemeinschaft. Ein Gespräch mit Cornelia Capol und Martha Gisi, in: Lehmann, K./Kasper, W., (Hrsgg.), Gestalt und Werk, 133-151.

Greshake, G., Der dreieine Gott. Eine trinitarische Theologie, Freiburg [2]1997.

Guerriero, E., Hans Urs von Balthasar. Eine Monographie, Freiburg 1993. (Nach der italienischen Ausgabe E. Guerriero, Hans Urs von Balthasar, Milano: Edizioni Paoline, 1991 übertragen von Carl Franz Müller.) = *Monographie*

Gut, W., Zum Gedenken an Dr. Hans Urs von Balthasar, Gründer der studentischen Schulungsgemeinschaft und der Akademischen Arbeitsgemeinschaft - Abschiedsgruß seiner Vaterstadt, in: Hans Urs von Balthasar 1905-1988, ausgewählt und herausgegeben von der akademischen Arbeitsgemeinschaft und der römisch-katholischen Kirche Basel, Basel 1989, 33-37. = *Zum Gedenken*

Haas, A. M., Hans Urs von Balthasars »Apokalypse der deutschen Seele«. Im Spannungsbereich von Germanistik, Philosophie und Theologie, in: Lehmann, K./Kasper, W. (Hrsgg.), Gestalt und Werk, 62-77.

Hans Urs von Balthasar-Stiftung (Hrsg.), Vermittlung als Auftrag. Vorträge am Symposion zum 90. Geburtstag von Hans Urs von Balthasar 27. - 29. September 1995 in Fribourg (Schweiz), Einsiedeln/Freiburg 1995.

Heimbach-Steins, Marianne, Unterscheidung der Geister - Strukturmoment christlicher Sozialethik. Dargestellt am Werk Madeleine Delbrêls (ICS Schriften 31), Münster 1994.

Heinz, H., Der Gott des Je-mehr. Der christologische Ansatz Hans Urs von Balthasars (Disputationes Theologicae 3), Frankfurt a. M. 1975.

Henrici, P., Erster Blick auf Hans Urs von Balthasar, in: Lehmann, K./ Kasper, W., (Hrsgg.), Gestalt und Werk, 18-61. = *Erster Blick*

ders, Hans Urs von Balthasar: his cultural and theological education, in: Mc Gregor O.P., B./Norris, Th. (Hrsgg.), The Beauty of Christ. An Introduction to the Theology of Hans Urs von Balthasar, Edinburgh 1994, 10-22. = *Education*

Herzig, A., »Ordens-Christen«. Theologie des Ordenslebens in der Zeit nach dem Zweiten Vatikanischen Konzil (Studien zur systematischen und spirituellen Theologie 3), Würzburg 1991.

Informationszentrum Berufe der Kirche (Hrsg.), Berufung. Zur Pastoral der geistlichen Berufe, Heft 35, Freiburg 1997.

Kaiser, Ch., Theologie der Ehe. Der Beitrag Hans Urs von Balthasars, Würzburg 1997 (Studien zur systematischen und spirituellen Theologie 22). = *Theologie der Ehe*

Kannengießer, Ch., In der Schule der Väter. Balthasars Beschäftigung mit der patristischen Theologie, in: Lehmann, K./Kasper, W. (Hrsgg.), Gestalt und Werk, 78-84.

Kaufmann, F.-X./Zingerle, A., (Hrsgg.), Vatikanum II und Modernisierung. Historische, theologische und soziologische Perspektiven, Paderborn 1996.

Kehl, M., Die Kirche. Eine katholische Ekklesiologie, Würzburg 1992.

ders., Hans Urs von Balthasar. Ein Portrait, in: Kehl, M./Löser, W. (Hrsgg.), In der Fülle des Glaubens. Hans Urs von Balthasar-Lesebuch, Freiburg 1980, 13-60. = *Ein Porträt*

ders., Kirche als Institution. Zur theologischen Begründung des institutionellen Charakters der Kirche in der neueren deutschsprachigen katholischen Ekklesiologie (Frankfurter Theologische Studien 22), Frankfurt a. M. 1976. = *Institution*

ders., Wohin geht die Kirche? Eine Zeitdiagnose, Freiburg 1996.

Knauer, P., Der Glaube kommt vom Hören. Ökumenische Fundamentaltheologie, Freiburg [6]1991.

Konda, J., Das Verhältnis von Theologie und Heiligkeit im Werk Hans Urs von Balthasars (Bonner Dogmatische Studien 9), Würzburg 1991.

Krenski, Th. R., Passio Caritatis, Trinitarische Passiologie im Werk Hans Urs von Balthasars (Sammlung Horizonte Neue Folge 28), Einsiedeln 1990.

ders., Hans Urs von Balthasar. Das Gottesdrama, Mainz 1995. = *Gottesdrama*

Leahy, B., The Marian Principle in the Church according to Hans Urs von Balthasar (Europäische Hochschulschriften 558), Frankfurt a. M. 1996.

Lehmann, K./Kasper, W. (Hrsgg.), Hans Urs von Balthasar. Gestalt und Werk, Köln 1989. = *Gestalt und Werk*

Le Tourneau, D., Das Opus Dei. Kurzporträt seiner Entwicklung, Spiritualität, Organisation und Tätigkeit, Stein am Rhein ²1988.

Lochbrunner, M., Analogia Caritatis. Darstellung und Deutung der Theologie Hans Urs von Balthasars (Freiburger Theologische Studien 120), Freiburg 1981. = *Analogia Caritatis*

ders., Unterwegs zu einer Balthasar-Biographie? in: Internationale katholische Zeitschrift Communio 25 (1996) 75-90.

Löser, W., Im Geiste des Origenes. Hans Urs von Balthasar als Interpret der Theologie der Kirchenväter (Frankfurter Theologische Studien 23), Frankfurt a. M. 1976.

ders., Die Ignatianischen Exerzitien, in: Lehmann, K./Kasper, W. (Hrsgg.), Gestalt und Werk, 152-174.

Lubac, H. de, Ein Zeuge Christi in der Kirche: Hans Urs von Balthasar, in: Internationale katholische Zeitschrift Communio 4 (1975) 390-409. = *Ein Zeuge Christi in der Kirche*

Maas, W., »Abgestiegen zur Hölle«. Aspekte eines vergessenen Glaubensartikels, in: Internationale katholische Zeitschrift Communio 10 (1981) 1-18.

ders., Das Geheimnis des Karsamstags, in: Adrienne von Speyr und ihre kirchliche Sendung, 128-137.

ders., Gott und die Hölle. Studien zum Descensus Christi, Einsiedeln 1979.

Martin, N., Der Ordenspartisan. Zur Soziologie der Säkularinstitute in der katholischen Kirche, Meisenheim am Glan 1968.

Menke, K.-H., Stellvertretung. Schlüsselbegriff christlichen Lebens und theologische Grundkategorie (Sammlung Horizonte, Neue Folge 29), Freiburg ²1997. = *Stellvertretung*

Metz, J. B., Theologie als Biographie. These und ein Paradigma, in: Concilium 12 (1976) 311-315.

Neufeld, K. H., »Der Schrei des Todes - Der Schrei der Liebe«. Christwerden in atheistischer Zeit, in: Fuchs, G. (Hrsg.), »... in ihren Armen das Gewicht der Welt«. Mystik und Verantwortung: Madeleine Delbrêl, Frankfurt a. M. 1995, 108-126.

Penners, L., Eine Pädagogik des Katholischen. Studien zur Denkform P. Joseph Kentenichs, Vallendar-Schönstatt 1983.

Pieper, J., Noch wußte es niemand. Autobiographische Aufzeichnungen 1904-1945, München 1976.

Pollak, Gertrud, Auf der Spur neuer Verbindlichkeit. Zur Bindungsform schönstättischer Säkularinstitute, in: Regnum 28 (1994) 99-107.

dies., Der Aufbruch der Säkularinstitute und ihr theologischer Ort. Historisch-systematische Studien, Vallendar-Schönstatt 1986.
= *Der Aufbruch der Säkularinstitute*

dies., Ein Fest der Berufung. 50 Jahre »Provida Mater«, in: Regnum 32 (1998) 14-26.

dies., Zum Weltbezug des gottgeweihten Lebens. Als Mitglied eines Säkularinstitutes bei der Bischofssynode 1994, in: Ordenskorrespondenz 36 (1995) 400-411.

Puzik, E., Über die Kunst, in unserer Welt heilig zu werden (Der neue Weg 6), Einsiedeln 1982.

Rahner, K., Über das Laienapostolat, in: Schriften zur Theologie II, Einsiedeln 1955, 339-373.

ders., Laie und Ordensleben. Überlegungen zur Theologie der Säkularinstitute, in: Sendung und Gnade, Insbruck ^{4}1966, 359-391.

ders., Hans Urs von Balthasar, in: Civitas. Monatsschrift des Schweiz. Studentenvereins 20 (1965) 601-604.

Randall Sachs, J., Spirit and Life. The Pneumatology and Christian Spirituality of Hans Urs von Balthasar. Inaugural-Dissertation zur Erlangung der Doktorwürde der Katholisch-Theologischen Fakultät der Eberhard-Karls-Universität zu Tübingen, Tübingen 1984.

Roten, J. G., Die beiden Hälften des Mondes, in: Lehmann, K./Kasper, W. (Hrsgg.), Gestalt und Werk, 104-132.

Rotter, H., Gelübde und Versprechen, in: Geist und Leben 43 (1970) 354-369.

Rotzetter, A., Aus Liebe zum Leben. Die Evangelischen Räte neu entdeckt, Freiburg 1996.

Ruh, U., Säkularisierung als Interpretationskategorie, Freiburg 1980.

ders., Art. »Säkularisierung«, in: Böckle, F., u.a. (Hrsgg.), Christlicher Glaube in moderner Gesellschaft, Bd. 18, Freiburg/Basel/Wien 1982, 59-100.

Scheuer, M., Die Evangelischen Räte. Strukturprinzip systematischer Theologie bei H. U. von Balthasar, K. Rahner, J. B. Metz und in der Theologie der Befreiung (Studien zur systematischen und spirituellen Theologie 1), Würzburg 1990.

Schindler, D. L. (Hrsg.), Hans Urs von Balthasar. His Life an Work, San Francisco 1991.

Schleinzer, Annette, Liebe ist unsere einzige Aufgabe. Das Lebenszeugnis von Madeleine Delbrêl, Ostfildern 1994.

Schmid, J., Im Ausstrahl der Schönheit Gottes. Die Bedeutung der Analogie in »Herrlichkeit« bei Hans Urs von Balthasar (Münsterschwarzacher Studien 35), Münsterschwarzach 1982.

Schneider, M., Theologie als Biographie. Eine dogmatische Grundlegung (Schriftenreihe des Patristischen Zentrums KOINONIA - ORIENS Bd. XLIV), St. Ottilien 1997.

Scola, A., Hans Urs von Balthasar - ein theologischer Stil, Paderborn 1995.

Servais, J., Die Johannesgemeinschaft, vgl.: Ders., La Communità San Giovanni.

ders., La Comunità San Giovanni, in: Rivista Internazionale di Teologia e Cultura: communio 120 (1991) 116-126 (die zitierte, unveröffentlichte Übersetzung ins Deutsche stammt von C. Capol).
= *Die Johannesgemeinschaft*

ders., Une Théologie des »Exercices Spirituels«. Hans Urs von Balthasar, interprète de Saint Ignace; Excerpta ex dissertatione ad Doctoratum in facultate Theologiae Pontificiae Universitatis Gregorianae, Roma 1992.

Sicari, A., Theologie und Heiligkeit. Dogmatik und Spiritualität bei Hans Urs von Balthasar, in: Lehmann, K./Kasper, W. (Hrsgg.), Gestalt und Werk, 191-206.

Stinglhammer, H., Freiheit in der Hingabe. Trinitarische Freiheitslehre bei Hans Urs von Balthasar. Ein Beitrag zur Rezeption der Theodramatik (Bonner Dogmatische Studien 24), Würzburg 1997.

Stoffel, O., Das Opus Dei als Personalprälatur, in: Ordenskorrespondenz 23 (1982) 430-436.

Strukelj, A., Zivljenje iz polnosti vere. Teologija krscanskih stanov pri Hansu Ursu von Balthasrju (= Leben aus der Fülle des Glaubens. Theologie der christlichen Stände bei Hans Urs von Balthasar); mit einem Geleitwort von Hans Urs von Balthasar; Zusammenfassung dt.: 322-325, Ljubljana [3]1995 (zuerst 1981). = *Theologie der christlichen Stände*

Switek, G., »In Armut predigen«. Untersuchungen zum Armutsgedanken bei Ignatius von Loyola (Studien zur Theologie des geistlichen Lebens VI), Würzburg 1972.

ders., Die Eigenart der Gesellschaft Jesu im Vergleich zu den anderen Orden in der Sicht des Ignatius und seiner ersten Gefährten, in: Ignatianisch. Eigenart und Methode der Gesellschaft Jesu, hrsg. v. Sievernich, M./ Switek, G., Freiburg 1990, 204-232. = *Die Eigenart der Gesellschaft Jesu*

Teilhard de Chardin, Pierre, Das Teilhard de Chardin Lesebuch. Ausgewählt von G. Schiwy, Olten 1987.

Thompson, J., Barth and Balthasar: an ecumenical dialog, in: McGregor, B./Norris, T. (Hrsgg.), The Beauty of Christ. An Introduction to the Theology of Hans Urs von Balthasar, Edinburgh 1994, 171-192.

Timmermann, H. A., Die Weltgemeinschaften im deutschen Sprachraum. Mit einem bibliographischen Anhang. Zusammengestellt von Jean Beyer S.J. und Hans Albert Timmermann (Der neue Weg 2), Einsiedeln 1963.

Tossou, Kossi K. Joseph, Streben nach Vollendung. Zur Pneumatologie im Werk von Hans Urs von Balthasar (Freiburger Theologische Studien 125); mit einem Geleitwort von Hans Urs von Balthasar, Freiburg 1983.

Völler, A., Zeitliche Gelübde oder Bindungen anderer Art? Theologische und rechtliche Überlegungen, in: Ordenskorrespondenz 12 (1971) 426-444.

Wallner, K. J., Gott als Eschaton. Trinitarische Dramatik als Voraussetzung göttlicher Universalität bei Hans Urs von Balthasar (Heiligenkreuzer Studienreihe 7), Heiligenkreuz/Wien 1992.

Wuketits, F. M., Evolution, Erkenntnis, Ethik. Folgerungen aus der modernen Biologie, Darmstadt 1984.

Wulf, F., Theologische Phänomenologie des Ordenslebens, in: Mysterium Salutis 4/2, Grundriß heilsgeschichtlicher Dogmatik, hrsg. von J. Feiner und M. Löhrer, Einsiedeln/Köln 1965, 450-487.

Studien zur systematischen und spirituellen Theologie

Herausgegeben von Gisbert Greshake, Medard Kehl und Werner Löser

Band 1: Manfred Scheuer: **Die evangelischen Räte.** Strukturprinzip systematischer Theologie bei H.U. von Balthasar, J.B. Metz und in der Theologie der Befreiung. 1990. ^{2}1992. XIII + 449 Seiten. ISBN 3-429-01296-1.

Band 2: Dagmar Heller: **Schriftauslegung und geistliche Erfahrung bei Bernhard von Clairvaux.** 1990. IX + 228 Seiten. ISBN 3-429-01332-1.

Band 3: Anneliese Herzig: **"Ordens-Christen".** Theologie des Ordenslebens in der Zeit nach dem Zweiten Vatikanischen Konzil. 1991. XI + 464 Seiten. ISBN 3-429-01369-0.

Band 4: Christoph Benke: **Unterscheidung der Geister bei Bernhard von Clairvaux.** 1991. XI + 320 Seiten. ISBN 3-429-01366-6.

Band 5: Sabine Pemsel-Maier: **Rechtfertigung durch Kirche?** Das Verhältnis von Kirche und Rechtfertigung in Entwürfen der neueren katholischen und evangelischen Theologie. 1991. XIV + 415 Seiten. ISBN 3-429-01399-2.

Band 6: Peter Scharr: **Consensus fidelium.** Zur Unfehlbarkeit der Kirche aus der Perspektive einer Konsenstheorie der Wahrheit. 1992. XI + 257 Seiten. ISBN 3-429-01465-4.

Band 7: Gerd Summa: **Geistliche Unterscheidung bei Johannes Cassian.** 1992. XI + 266 Seiten. ISBN 3-429-01468-9.

Band 8: Gerhard Marschütz: **Die verlorene Ehrfurcht.** Über das Wesen der Ehrfurcht und ihre Bedeutung für unsere Zeit. 1992. XI + 340 Seiten. ISBN 3-429-01469-7.

Band 9: Eva-Maria Faber: **Kirche zwischen Identität und Differenz.** Die ekklesiologischen Entwürfe von Romano Guardini und Erich Przywara. 1993. XI + 449 Seiten. ISBN 3-429-01491-3.

Band 10: Stefan Zekorn: **Gelassenheit und Einkehr.** Zu Grundlage und Gestalt geistlichen Lebens bei Johannes Tauler. 1993. X + 256 Seiten. ISBN 3-429-01516-2.

Band 11: Andreas Wollbold: **Therese von Lisieux.** Eine mystagogische Deutung ihrer Biographie. 1994. IX + 367 Seiten. ISBN 3-429-01601-0.

Band 12: Herbert Hecker: **Phänomenologie des Christlichen bei Edith Stein.** 1995. XII + 399 Seiten. ISBN 3-429-01642-8.

Band 13: Toni Witwer: **Die Gnade der Berufung.** Allgemeine und besondere Berufung bei Hieronymus Nadal am Beispiel der Gesellschaft Jesu. 1995. X + 299 Seiten. ISBN 3-429-01686-X.

Band 14: Peter-Felix Ruelius: **Mysterium Spes.** Gabriel Marcels Philosophie der Hoffnung und ihre Relevanz für die Eschatologie. 1995. XII + 412 Seiten. ISBN 3-429-01687-8.

Band 15: Josef Freitag: **Geist-Vergessen - Geist-Erinnern.** Vladimir Losskys Pneumatologie als Herausforderung westlicher Theologie. 1995. XVI + 459 Seiten. ISBN 3-429-01688-6.

Band 16: Roland Faber: **Der Selbsteinsatz Gottes.** Grundlegung einer Theologie des Leidens und der Veränderlichkeit Gottes. 1995. XII + 472 Seiten. ISBN 3-429-01689-4.

Band 17: Stefan Kiechle: **Kreuzesnachfolge.** Eine theologisch-anthropologische Studie zur ignatianischen Spiritualität. 1996. XII + 446 Seiten. ISBN 3-429-01787-4.

Band 18: Gabriele Kieser: **Jesus Christus im Armen.** Zur Bedeutung der Armut und des Armen bei Léon Bloy. 1996. X + 213 Seiten. ISBN 3-429-01829-3.

Band 19: Katja Boehme: **Gott aussäen.** Zur Theologie der weltoffenen Spiritualität bei Madeleine Delbrêl. 1997. X + 311 Seiten. ISBN 3-429-01841-2

Band 20: Thomas Dienberg: **»Ihre Tränen sind wie Gebete« (Elie Wiesel).** Das Gebet nach Auschwitz in Theologie und Literatur. 1997. XII + 448 Seiten. ISBN 3-429-01897-8.

Band 21: Michael Bangert: **Demut in Freiheit.** Studien zur Geistlichen Lehre im Werk Gertruds von Helfta. 1997. X + 404 Seiten. ISBN 3-429-01946-X.

Band 22: Christoph Kaiser: **Theologie der Ehe – der Beitrag Hans Urs von Balthasars.** 1997. X + 293 Seiten. ISBN 3-429-01952-4.

Band 23: Franziska Knapp: **»Lieben – Sein Herz zum Fenster hinauswerfen«.** Die Botschaft der Liebe in Leben und Werk Marie Noëls auf dem Hintergrund der französischen Spiritualität. 1998. VIII + 470 Seiten. ISBN 3-429-02016-6.

Band 24: Andreas Frick: **Der dreieine Gott und das Handeln in der Welt.** Christlicher Glaube und ethische Öffentlichkeit im Denken Klaus Hemmerles. 1998. X + 483 Seiten. ISBN 3-429-02015-8.

Band 25: Mirjam Schambeck: **Contemplatio als Missio.** Zu einem Schlüsselphänomen bei Gregor dem Großen. 1998. XII + 473 Seiten. ISBN 3-429-02074-3.

Band 26: Karl-Heinz Wiesemann: **»Zerspringender Akkord«.** Das Zusammenspiel von Theologie und Mystik bei Karl Adam, Romano Guardini und Erich Przywara als theologische Fuge. 1999. XI +431 Seiten. ISBN 3-429-02183-9.

Band 27: Daniela Mohr: **Existenz im Herzen der Kirche.** Zur Theologie der Säkularinstitute in Leben und Werk Hans Urs von Balthasars. 2000. XIV + 471 Seiten. ISBN 3-429-02223-1.